本文集由晨讯科技集团、暨南大学211工程第三期项目赞助出版

鄧喬彬學術文集

第四卷

唐宋词艺术发展史(上)

邓乔彬　著

安徽师范大学出版社

责任编辑：潘　安　祝凤霞
装帧设计：丁奕奕

图书在版编目(CIP)数据

唐宋词艺术发展史.上/邓乔彬著. —芜湖：安徽师范大学出版社，2013.8
（邓乔彬学术文集；4）
ISBN 978-7-5676-0146-8
Ⅰ.①唐… Ⅱ.①邓 Ⅲ.①唐宋词—词曲史—研究 Ⅳ.①I207.23

中国版本图书馆CIP数据核字（2012）第300297号

唐宋词艺术发展史.上
邓乔彬　著

出版发行：安徽师范大学出版社
芜湖市九华南路189号安徽师范大学花津校区　　邮政编码：241002
网　址：http://www.ahnupress.com/
发行部：0553-3883578　5910327　5910310（传真）　E-mail:asdcbsfxb@126.com
经　销：全国新华书店
印　刷：安徽芜湖新华印务有限责任公司
版　次：2013年8月第1版
印　次：2013年8月第1次印刷
规　格：787×1092　1/16
印　张：32　插　页：4
字　数：681千
书　号：ISBN 978-7-5676-0146-8
定　价：65.00元（平装）　75.00元（精装）

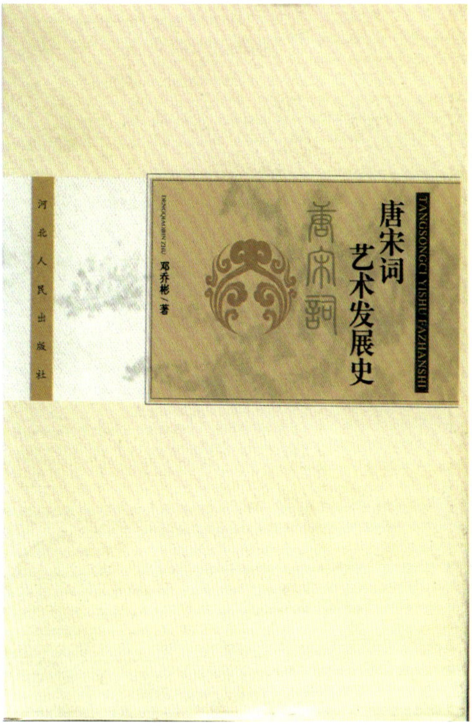

2010年版封面照

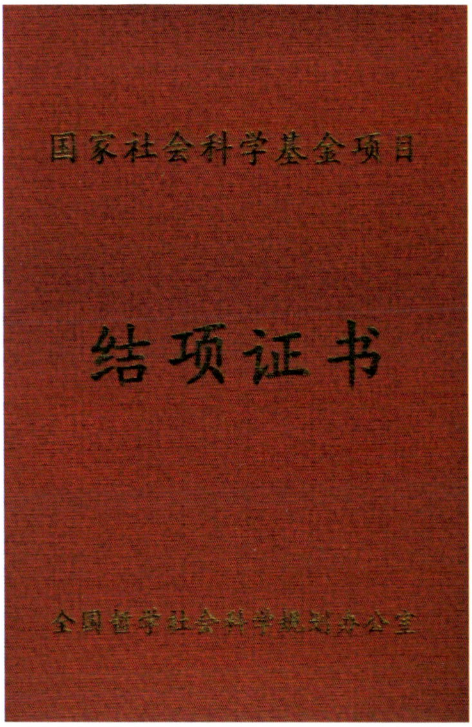

结项证书

本书出版前，部分内容先行发表之学术期刊

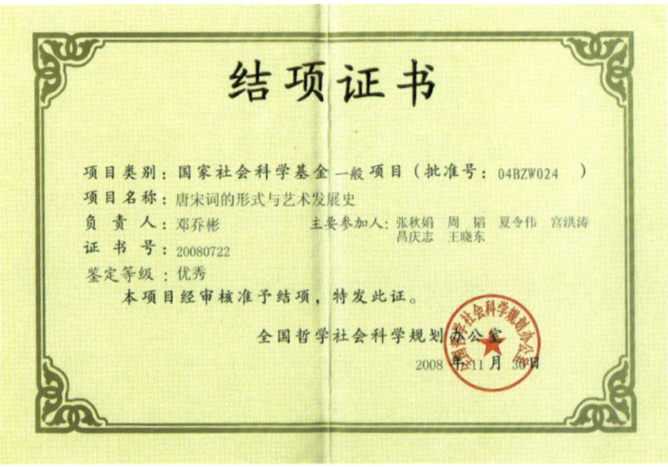

结项证书

项目类别：国家社会科学基金一般项目（批准号：04BZW024 ）

项目名称：唐宋词的形式与艺术发展史

负 责 人：邓乔彬　　主要参加人：张秋娟　周　韬　夏令伟　宫洪涛　吕庆志　王晓东

证 书 号：20080722

鉴定等级：优秀

本项目经审核准予结项，特发此证。

全国哲学社会科学规划办公室

2008年11月30日

结项证书

2003年，上饶

2004年，广州越秀山

2006年，开平碉楼

2011年，开封

总 序

孔子说："吾十有五而志于学，三十而立，四十而不惑，五十而知天命，六十而耳顺，七十而从心所欲，不逾矩。"我今年七十周岁，应以之对照反省并思考其中原因了。

孔子以六艺授徒，实行全才式教育，我于1956年考入华东师大附中，勉强可算"十有五而志于学"，却已开始偏科。试前突击可考数、理、化优良，日常所好却为文哲、史地与艺术。高中再入师大附中，不久就被调到区体校，虽安排就读于同是名校的复兴中学，兴趣使然，偏科更为严重。直到高三，情况始变：体校为兼顾运动会得分和高考录取率，全班仅剩十七人，在最小的教室上课，一流老师讲课，我虽近视未戴眼镜，仍看得清又听得明，能集中思想学习。我不仅是文、史课代表，空间解析几何、有机化学等课程的测验、考试也几为全优。学业之进，使我误以为自己能做到文理兼长，因看到了历年对《红楼梦》研究、对胡适思想、对诸多文艺现象和人物的批判，深感"文科危险"，于是，在高考的选择上，决定报考理工科。我有绘画之长，又爱制作船模，原欲报考同济大学建筑系或上海交大造船系，后来却突然生变。原因是：在六月举行的上海市中学生运动会体校组比赛中，我获得跳高冠军和三项全能亚军，被观战的华东师大体育老师相中，劝我报考师大。他告以师大物理系毕业生多分配至高校或科研单位，到中学的仅百分之五。而因经济困难，我曾对父母许诺读大学不要家里负担，师范生由国家提供膳食，能不爽所约，故而听从所劝，改以华东师大物理系为第一志愿，并被录取。

入学后，开始还信心满满，但随着时间推移，却对学习越来越不感兴趣。尤其是高等数学，常布置几十道题，有时竟然半天也解不了一题，使我深感烦恼。有次实验，一女同学失手损坏了仪器配件，被命赔偿，她的痛哭使我难以平静，就此视实验为畏途。我住在运动员宿舍，见文科生毫无作业、实验负担，同室一位羽毛球队员读中文系，是印尼归侨，曾说："我们的同学真厉害，高中就读过《三国演义》、《水浒传》、《红楼梦》！"听此叹慕，我心中暗笑："这些小说，鄙人小学时就读过了，岂止读过，人物和情节都能随口说出！”我深感文理科的苦乐不同，心想：“毕业后拿一样的工资，何必要读物理系？学得如此之苦！”为此，因高考弃长取短、选择了理科而后悔，开始有转系之念。

那时的高校，转系极难。我先向物理系提出转读中文系的申请，未得理睬。后听说，有一数学系转中文系的学生，曾向市委书记柯庆施写信，历尽周折才得批准，且必须从一年级读起。我当然不愿去中文系“留级”，更不愿在物理系勉强升级，决定破釜沉舟、“舍命”一搏。于是，所有的专业课都亮起“红灯”，以证我不宜在物理系学习；同时，正式提出转读中文系二年级的申请。在受阻于物理系、教务处之后，我决定写信给校党委书记兼副校长常溪萍，申明要求转系的理由。常溪萍抗战时入党，曾是山东的模范专员，保持老八路本色，经常出现在学生宿舍、食堂和运动场，爱打篮球，曾多次看我跳高，认识我。我刚入学，就在新生运动会上破了校纪录。1963 年参加高校运动会，所有高度都一次过杆，最有希望夺冠，却在跳 1 米 86 时，心想过此高度将集冠军、高校纪录和一级运动员于一身，杂念一生，三跳失败，仅获亚军。虽如此，我仍是华东师大田径队的“希望之星”。我候在丽娃河桥畔，见他经过，把信交他手上，只说：“常校长，这是我要求转系的信。”转身就走。不久，教务处约我谈话，认真听取我要求转系的理由，后又同意我参加中文系考试，以决定能否转读二年级。事后得知，这是奉常校长所命而办，而常校长之所以同意我转系，主要不在于我是学校的优秀运动员，而是通过查阅高考作文卷，知我所写《雨后》一文似是得了理科生的最高分，这是可以转读中文系的重要理由和依据。

因期终考试已过，我被安排参加中文系一年级的补考，所有课程都通过，优多良少，我终于没成为“留级生”，在 1963 年下半年转到中文系二年级就读。这年冬天，成为一级运动员，自感学习上驾轻就熟，大有余力读书。次年春，我以 1 米 92 打破 1 米 86 的上海高校跳高纪录，距新的运动健将标准仅 3 厘米，是全校最有希望成为健将的人选。我开始酝酿学习与体育双优的计划，期待毕业能留校工作，走上高校教学和文学研究的道路。

但是，在中文系仅读了一年，1964 年 10 月，全年级同学就被命参加“社教”工作队，到安徽农村搞“四清”。先是“访贫问苦”、“扎根串连”，后是“整那些走资本主义道路的当权派”，从全椒县到定远县，先后参加了三期运动。1966 年 5 月，结束“社教”，恢复了大学生身份，回到学校。但随即“五一六”通知下达，“无产阶级文化大革命”真正拉开序幕，我在无“学”、不“学”的大学度过了“乱也看惯了，篡也看惯了”的两年多。好不容易在被拖一年后，于1968年毕业分配。五年制的大学六年毕业，我实际上只读了一年物理系，一年中文系，在“四面向”（厂矿、农村、基层、边疆）的潮流中，被分到甘肃永登水泥厂。服从建材部安排，我于1968年9月到江苏南通长江边的东方红农场，接受解放军的再教育。战天斗地，劳动一年半，于1970年3月结束锻炼。5月初到甘肃永登水泥厂报到，开始在黄土高原的山沟接受工人阶级的永久性再教育。

我先被安排随政工组挖防空洞，后到原料车间，每天推小车，数月后，再被分到班组，当了三班倒工人。一年多后，职工子弟小学一位体育教师调回老家，厂政工组找我谈话，令去学校顶缺，理由是我不久前获兰州市首届运动会跳高冠军，教体育很合适。我认为自己虽能当专业教练却教不了小学体育，在压力之下还是顺从了。每天面对小麻雀般的一二年级小学生，和“我们今天玩什么”的发问，我只能摇头苦笑，唯求不出意外，何有教学可言！一年后，我改任职工子弟中学的军体课，课馀还曾满怀热忱训练学生田径队。后被同事告知：校长对我教体育穿运动鞋和运动服、戴太阳帽（均自费购置）很不满，认为是资产阶级作风，差点过不了转正一关。在教了近两年军体课后，我“归队”当语文教师，而因“阶级”的嫌疑，冷却了对学校体育事业的热心。

很快就到了“而立”之年。难出于时代之外，此时的我是不“学”又未“立”。应付每周十二节语文课兼一个班的班主任，每周三个晚上的学习毛选、马列，是极其容易的。在“知识越多越反动”的年代，不必“给人一杯水，自己要有一桶水”，此时除了马列、毛选，实在无书可读，我仅是利用为厂文艺宣传队创作节目的机会，借口找参考书，在厂图书馆发现了几本藏在角落的外国小说，读了以前未读过的梅里美《嘉尔曼》、《高龙巴》等书。

黄土高原的杨树叶生生落落，我的生活在“看人儿女大，为客岁年长”中循环……终于到了1976年，周恩来、朱德先后逝世，唐山大地震，毛泽东逝世……不久，传来了一举粉碎“四人帮”的消息，举国欢庆之后，很快就是一系列的拨乱反正。终于，在1977年听到了恢复高考的喜讯，不久又传来研究生招生的消息。“伤痕文学”的出现，促使人们反思“文革”，陈景润攻克“哥德巴赫猜想”的报告文学，更鼓舞了许多人，“志于学”的时代终于来临了！我在1978年春报考了古代文学研究生，以母校华东师大为第一志愿，在永登县城参加考试，除俄语外，其他三门课自感较好。在等待中得到了复试通知，却因夏天的洪水冲断宝天铁路，只能向厂领导申请乘飞机回沪，且不顾只准飞兰州到西安的批示而直飞上海，参加复试。9月，收到录取通知，我成为了“文革”后“黄埔一期”研究生，得以从中年开始“志于学”。

三年研究生，是我真正的读书期。深感本科六年、毕业十年的无学，蹉跎岁月之痛，激起了学习的热情。我尽废以前所好，停止了体育锻炼，渐入学术之门。1981年，研究生毕业，留校工作，既是我学术研究的继续，又是逐渐开拓的起始。很快就进入“不惑”之年，对于人生之途自无所“惑”，而对学术问题则“惑”者甚多，因之而兴趣渐广。我先是为写研究吴梅的硕士论文而用力于戏曲和曲论，后因兴趣主要在词而转向唐宋词与词学批评，以上研究领域的相关成果分别是《吴梅研究》与《唐宋词美学》二书及参撰的《中国词学批评史》，还有多篇词学论文。而因唐宋词与词学批评分别被同事设为选修课，且作为科研主攻方向，我就避之而将研究转到了古代诗画比较。这一转向并非有意作跨界研究，而是或因我青年时对诗画皆有所好的“情结”所致，此时因浸淫学术而多了几分中年的理性，虽未能用力于诗画创作，却对研究二者尤其是比较其异同感兴趣。遂从钱锺书先生的两篇论文及所提出的问题出发，写出了古代诗画比较的讲稿，以此稿开了多年的选修课，并据此而写成、出版了《有声画与无声诗》一书。此书被一书评称为“中国的《拉奥孔》”，虽或过誉，但也确是点出了构建中国古代诗画比较理论体系，揭示民族特色的意旨。

《吴梅研究》初稿成于1981年，出版于1990年底，历时近十年；《有声画与无声诗》成稿五年后，才于1993年出版。《唐宋词美学》1993年出版，《中国词学批评史》1994年出版。以上四种著作，都出在五十岁左右。而因前两者的出版历尽艰难，使我真正懂得学术研究成果的面世受制于市场，这就改变了以前的观念，大概可算是我的“五十而知天命”了！

虽然上述的专著、合著都出版于二十世纪九十年代，却是我八十年代“学”之所成，所以这十年之所“治”，主要是词曲与诗画之学。

1988年起，我受命参与华东师大文科第一个复合型硕士专业的筹建，开始指导这一名为“中国文化建设”方向的硕士生，又有授课的任务，遂用了很多时间阅读文化学、文化史著作，结合我国古代的文学与艺术，写成《中国文化与文艺》讲稿。除了为这一方向的硕士生授课外，又在中文系各层次、范围的学生中以选修课讲过多次。在讲述十年后，写成《古代文艺的文化观照》一书，作为我主持的教育部项目成果，在2003年出版。在研读文化学、文化史的过程中，我一度对图腾、民俗颇感兴趣，曾费时费力地借助放大镜阅读影印版《二十五史》，企图从古史记载中寻找图腾制的遗迹，欲写《中国图腾艺术史》。此事虽未行，却因对文化学、文化史及中国古代史著作的阅读，引发出对史前文艺与神话研究的兴趣。适逢中文系有人主持撰写二十世纪中国美学研究丛书，以人为题，确定了十位对象，将其中的闻一多研究交给我，我虽因读了俞兆平的《闻一多美学思想论稿》而自感难以再作全新之论，却因对闻一多用文化人类学方法研究神话、《诗经》的兴趣，而将论题扭转到对闻氏的古代文学研究作文化的观照，与赵晓岚合作，写成了《学者闻一多》。

与上述研究几乎同时，我又延续了对诗、画的研究兴趣。《有声画与无声诗》出版后，因感到西方是力图拉开诗与画的距离，而我国古代却着力于诗画的融合，可是，诗与画毕竟所属不同，艺术介质、手段有异，虽可比又不可比，为此而生分写《中国诗歌思想史》与《中国绘画思想史》之念。我以先生后熟为原则，先作后者，全书百万字，始于1994年，因有集体项目和教学任务，主要用暑假写作，耗时四年才完成，也同《有声画与无声诗》一样，经历了曲折的过程，才在成稿三年多后出版。此时，已入新世纪，同事萧华荣的《中国诗学思想史》已出多年，使我只能将另一选题调整为《中国诗歌艺术思想史》，却因对能否出版的疑虑，令我不敢贸然动笔。而因2002年接受暨南大学之邀担任古代文学学科带头人，则更使我的生活发生了很大改变，这一写作计划终未能实施。近十年之后，出版拙著《中国绘画思想史》的贵州人民出版社要我自报选题，争取国家出版基金资助，而此时经历了一场大病，我的健康状况已不允许再写大部头著作。于是，我的诗画之学就只能终止于这种跛腿的状态了。

九十年代的十年，我的治学既延续了诗画之学而偏在绘画，又新辟了文化与文艺的宏观关系研究，还在学术史范畴以学者为对象继作“研究之研究”。以上三方向的成果，就是分别出版于2001年的《中国绘画思想史》，2003年的《古代文艺的文化观照》，2001年的《学者闻一多》。三著的出版，在我六十岁左右，此时的辨识力已较前为高，虽非和光同尘，却听到的多能泰然入耳，看到的也见怪不怪，虽无反潮流的勇气，却能不跟风而动，此或为我的“六十而耳顺”之义。

2002年底，为申报古代文学博士点及中文一级学科博士点，我被借调到暨南大学，担任学科带头人，次年，前者得批，后者未就，我正式调入暨大。河南大学出版社的《宋代研究丛书》已出多种，或因我有《中国绘画思想史》之作，向我约写《宋代绘画研究》。成约于2002年6月，而因我的调动，应对多事，虽只用了半年多撰稿，成书却已在2004年8月，出版则是2006年10月了。我的学术兴趣屡转，虽不怕“学书不成学画，学画不成学塑”之讥，却因只问耕耘、不问收获，从未在各界求取认同，故似只有词学界还将我看作“自己人”，因此而有回归词界之想。我先应上海古籍出版社之约写了《宋词与人生》，又在该社出了《词学廿论》，在齐鲁书社再版了《唐宋词美学》，以维持先入为主的词学学者形象。2004年，国家社科基金项目“唐宋词的形式与艺术发展史”获批，为应对考核而发表了30多篇论文后，我在2007年一年内完成了《唐宋词艺术发展史》的百万字书稿，三年后正式出版。

我曾有二十年的体育锻炼和体力劳动史，自三十五岁重回大学以来，为追回岁月，就停止了锻炼，虽自感体能退化，却无明显的不适，为之还自我调侃：“青年时应是狮子老虎，老年时要像乌龟王八。”而实际上我不应提前进入“乌龟王八”状态，故从中年起已因久坐不动而疾病暗生。1999年，第一个验血指标高出临界，此后各指标逐年飘红，渐成“三高”人员，本应重启体育锻炼，却停不下高强度研究的脚步。因多年的连轴转，健康严重透支，终在2009年大病一场，躺上了手术台。此时，我才意识到体育锻炼确应是一生之事，对于运动员出身的人尤应如此。悔之晚矣，亡羊补牢，却已非其时！我只能停止了将要进行的研究，为自己的学术生涯不情愿地划上休止符。

从前曾流行过“为祖国健康工作五十年”的口号，我的真正为学始于三十五岁，应工作到八十五岁，但因健康亮起红灯，身患多种疾病，我只能止于七十。这本是“从心所欲，不逾矩”之年，我虽不逾法度规矩，却受制于健康而不能从心所欲了。有了这一清醒认识，我只能中止原先计划，仅在出版《唐宋词艺术发展史》后，于2011年再版了《中国绘画思想史》插图本，旋即开始整理三十多年的著作、论文，拟在七十周岁时出版自己的学术文集，就此将“换一种活法”，以度余生。这样，原先计划要写的几种著作都不能付之实施了。按先后，这些著作是：《进士文化与唐诗》、《中国诗歌艺术思想史》、《中国韵文学概论》，以及力图构建新体系、体现“一代之所胜”的《中国文化史纲》，此外，还有一或两种词籍别集的校笺。

新著写作未成，旧作整理已就，如今，名之为《邓乔彬学术文集》的十二卷本将正式出版。十二卷文集分别是：

第一卷：《文化与文艺》，包括专著《古代文艺的文化观照》和相关论文七篇。

第二卷：《比较诗学》，包括平行比较与影响比较两个专题。前者是：专著《有声画与无声诗》，古代诗画比较论文一篇，中外比较诗学论文六篇。后者是：与陈学祖合作的影响比较研究书稿《现代新诗与古典诗词》三章。

第三卷：《文化诗学》，包括四组论文：文化与诗，十二篇论文；进士文化与唐诗，十二篇论文；诗歌美学，十篇论文；曲学及其他，十一篇论文。

第四卷：专著《唐宋词艺术发展史（上)》。

第五卷：专著《唐宋词艺术发展史（下)》。

第六卷：《词学三著》，分别是《唐宋词美学》、《宋词与人生》、《爱国词人辛弃疾》。

第七卷：《词学论文集》，包括：词学总论，十三篇；词人词作论，十三篇；词论研究，十篇；其他，八篇。

第八卷：专著《中国绘画思想史（上)》。

第九卷：专著《中国绘画思想史（下)》。

第十卷：《宋画与画论》，包括《宋代绘画研究》及研究绘画与画论的论文六篇，访谈一篇。

第十一卷：《学者研究》，包括《吴梅研究》与《学者闻一多》二著，及论述二人学术成就或研究方法的论文二篇。

第十二卷：《杂缀集》，包括六部分：第一部分是为古代六十种画论著作所写的提要，第二部分是九十二篇古文的提要，第三部分为序跋后记，第四部分为学习笔谈，第五部分为发言、讲座稿，第六部分为作品赏析。最后附有作者分年度的著作、论文、文章目录。

回顾七十年的人生，恰以1978年三十五周岁为界：此前是在中学、大学偏科、移易的“志于学”与不能“学”之十多年，学工、学农、学军的数年，不能给人以学、自己亦不能学的工厂子弟学校教师的七年；

此后则是真正在高校的为学、治学，经历了不惑、知天命、耳顺、从心所欲而不逾矩的生命历程、节点。十多年的蹉跎岁月，即使放弃体育锻炼及诸般爱好，也难以追回！若老天能再给我以十多年的健康岁月，本应有逾千万的文字用于结集的，如今却只能止于古稀之年而仅得六百多万字。不过，人们常说，学问是做不完的，念此也就不必自责、自叹了。

本文集的出版，先得暨南大学第三期211工程经费的资助，所缺的大半费用由晨讯科技董事长杨文瑛女士赞助，在我筹款无门、不得已而向这位从无联系的初中同学求助时，立即就得到她的无条件应允，随即将钱款打入出版社账户。对此，实在是难以表达我内心的感激之情！本文集的整理、出版，得我沪、穗两地历届的博士生、博士后助力甚多，分别负责各卷的整理、校核者是：

第一卷：刘兴晖、金国正

第二卷：陈学祖

第三卷：彭国忠

第四、五卷：刘兴晖、昌庆志

第六卷：吴思增、王毅

第七卷：杨柏岭、仲冬梅

九卷：李杰荣、刘兴晖、王嘉、陈建穰

第十卷：何平华、汪涤

第十一卷：李俊（委托刘晓亮）

第十二卷：程刚、夏令伟

文集能顺利出版，衷心感谢他们！

安徽师范大学出版社将本文集列为重点图书，社领导统筹安排，诸位编辑兢兢业业，特此致谢！

围绕为学主题，回顾五十多年人生历程，权以为序。啰嗦之至，望读者谅之！

邓乔彬

2013年5月22日

本卷提要

第四、五卷收入专著《唐宋词艺术发展史》,因字数多达百余万,故分作两卷。

本卷所收六章,其要义是:

第一章,燕乐歌辞之起与敦煌曲子词。

概述隋唐雅乐与清乐,尤其是燕乐的发展情况,论述唐代燕乐杂言歌辞之起,教坊曲与词调的关系,“选词以配乐”,“非由乐以定词”的创作原则;从唐代边塞文化、爱情、婚恋与女性、社会生活与多元文化等角度论敦煌曲子词的文化内涵,以朱祖谋所说“其为词朴拙可喜 洵倚声椎轮大辂”论敦煌曲子词的艺术,并具体论其格律甚宽、同调异体、语言质朴、长于叙事、喜作铺排、抒情直切、长于比兴、多有联章体、代言体与戏剧性等特点。

第二章,唐代文人词的艺术奠基。

从宫廷文化论词的诞生与盛唐词,从多元文化论中唐词,从士大夫享乐文化论刘、白词,从进士文化的“轻薄”、“无行”论晚唐文人词。就词的艺术而言,李白“丽句妍词、意兴苍凉”,张志和与王建分得“远韵超逸”与“节短情长”,刘、白有“乐天梦得,声调渐开”之说,而皇甫松则措词闲雅、不入侧艳。温庭筠为倚声之祖,其词多为文字的仕女图,貌似雕缋满眼、境余于意,其实是强化诱情因素,主于印象、重在直觉、成于联想;韦庄词情意深厚、寓浓于淡,意婉词直、似达而郁,风格清艳绝伦,具疏爽之致。二人分开疏、密二派。

第三章,花间与南唐词的不同艺术走向。

论五代歌词繁盛之由,《花间集》的主要题材与文化成因。将“花间”分为前后两期、三组词人。分论雅近韦庄的薛昭蕴,“飞卿流亚”牛峤,及张泌,毛文锡与牛希济;绮艳轻和的欧阳炯,“艳词上驷”顾敻,鹿虔扆、阎选、尹鹗和毛熙震;“曲子相公”和凝,自具面貌的孙光宪,另辟一境的李珣,“有思致”、创长调的李存勖。论南唐不同于西蜀的宫廷文化。忧患意识、比兴寄托是冯延巳“和泪试严妆”的成因,析其“情溢词外、意蕴言中”,沉郁顿挫、“深美闳约”特点,“上翼二主、下启晏欧”的地位;论“哀而不伤”的李璟词,以亡国后所作为主的李煜词的艺术:“粗服乱头、不掩国色”,直抒性灵、不事寄托,清便宛转、“词家王孟”,以及王国维所说“眼界始大、感慨遂深”涵义。

第四章,北宋前期词艺术的多元多向发展。

明确北宋词的分期根据,论士大夫文化的形成、特点,及其对北宋前期词的阻厄与导向。从宋初气象论丁谓、夏竦、聂冠卿,从寄托与清丽论王禹偁、寇准、钱惟演等,及较为特殊的潘阆、林逋与陈亚,以“人非太上、未免有情”论范仲淹。以晏殊、欧阳修为此期士大夫之词的代表,二人继承冯延巳而不同:晏温润秀洁,风流闲雅,缘情体物、细妙入微，语浅而情深；欧疏隽深婉，表现闲愁宦情，“只如无意、沉着和平”因以词为“小道”，又受柳永影响，故颇多俚俗之作。柳永善写羁旅行役，长于讴歌太平，又具“宋玉情结”，有“唐人高处”，更以代表市井文化的青楼艳歌知名，“骫骳从俗”而长于叙事，“铺叙展衍，备足无余”，是慢词的创调名家，善于熔情入景，具有“上承飞卿，下开金元”的词史地位。张先词“韵高”而味隽永、适得其中而无大起落，似书法中的钟繇。仁宗朝还有宋祁、王琪、韩琦、张昪、刘潜、李冠、尹洙、梅尧臣、杜安世，各有一二名作。

第五章，北宋中期词与苏轼的开拓、贡献。

士大夫文化对此期词的影响主要有三：感叹“飘零官路，荏苒年华”，努力化解思想矛盾，体现了雅俗结合的创作观。司马光、王诜、舒亶、王安石、王观、曾布、魏玩所作，见证了此期的守成与突破。晏几道置身主流文化之外，以真情与韵致见长，微痛纤悲中蕴无限伤心，淡语有味、浅语有致，为“花中文杏”。苏轼将歌者之词变为诗人之词，“一洗绮罗香泽之态，摆脱绸缪宛转之度”，吟咏情性，寓意高远；他的“以诗为词”是：题材上“无意不可入，无事不可言”，风格上“刚亦不吐，柔亦不茹”；苏词的“豪放”源于阳刚阴柔说，因天资不凡，故辞气迈往，有“文自为文，歌自为歌”的特点。黄庭坚受苏轼影响，意境、风格较相似，部分如己诗之瘦健精险，其俚艳俳狎之作，被视为北曲先声。秦观有独到的“词心”，受累于党争，“情钟世味，意恋生理”，将“身世之感打并入艳情”，人以之辞情相称、酸楚凄婉，俊逸清新、和婉醇正，也有俚俗之词。晁补之与苏词为近，以神姿高秀、沉咽雄邈见长。仲殊与陈师道词分有“脱尽寒俭”和“僻涩质朴”的特点。

第六章，北宋后期词的艺术发展与集成。

此期论主要创作期在徽宗朝的词人，而不以年龄分。苏门外围词人渐见艺术之变：李之仪清婉峭蒨、渐近沉著，赵令畤婉约风流，惠洪清俊通脱，毛滂间有雅调，王安中清丽芊绵。贺铸词有较多的创意与艺术开拓，因沉抑下层，难展其才，故所作颇有屈宋之旨，见骚情雅意，体现其“格见成篇，气出言外”原则，笔势飞舞又变化无端，风格兼有盛丽妖冶与幽洁悲壮。周邦彦知音律、善制曲，言情体物，穷极工巧，长于铺叙，重视法度，所作具有开阖动宕、回环往复之妙，善于以六朝小赋与唐诗入词，风格富艳精工，集北宋词艺术之大成，转自然为精能，收柳秦而开姜史，是承前启后的词人。此期的大晟词有知音守律之长，却“颂圣贡谀，病于无韵”，谐谑词“滑稽无赖”而以谐谑嘲讽为特色。

目　录

自 序

词起于唐代，有人甚至上探六朝以究其源，对于词学，亦有上溯之论，如胡丹凤《吴衡照莲子居词话序》云："词学萌芽于唐，根柢于宋。"而实际上，词之为学应是肇始于宋，延续于元明，而尤盛于清。北宋杨绘《时贤本事曲子集》被认为是最古的词话，李清照的《词论》则是更为著名的词学理论，南宋陈振孙的《直斋书录解题》著录了词的总集、选集、别集等逾一百三十种，并逐一作出评价，由宋入元的张炎作《词源》，所探讨者兼及词乐与作法，是词的乐律论、创作论的系统著作，标志着词作为专门之学的开始。明代的张綖撰有《诗馀图谱》三卷，是现存最早的词调谱，又提出婉约、豪放二体说，对后来词的体派论影响很大。至清代，四库馆臣虽未脱"小道"观念，将词曲入于集部之末，谓："二体在文章、技艺之间。厥品颇卑，作者弗贵，特才华之士以绮语相高耳。""其於文苑，尚属附庸，亦未可全斥为俳优也。"然而却终不碍词学之大昌。有清一代，仅词话就有五六十种，浙西、常州二派，先后各有编选及理论标举，后者的影响更及于现代。晚清词学进入近代期，进而发展出现代词学。到二十世纪三十年代，龙榆生在《词学季刊》第一卷第四号发表《研究词学之商榷》，列举了三百年来的词学成就，分别以万树的图谱之学，凌廷堪、方成培的音律之学，戈载的词韵之学，张宗橚的词史之学、朱孝臧的校勘之学为代表，并主张另创声调、批评与目录之学。以其所见，完全的词学应由"八学"和"三义"构成，这也代表了当时对词学作为系统工程的认识，是现代词学应有之义。

虽说我国的传统学术有自身的体系和特点，但由于现代学术是受西方文化影响而生成的，因而确实不同于旧学。钱穆《现代中国学术论衡·序》云："文化异，斯学术亦异。中国重和合，西方重分别。民国以来，中国学术界分门别类，务为专家，与中国传统通人通儒之学大相违异。"虽说晚清时期通儒尚多，但仅就词学而言，对于王鹏运、朱祖谋、况周颐、郑文焯诸大家，已是各有所司的专门之学。从民国时期到新中国成立后，以夏承焘、唐圭璋、龙榆生、任二北、胡云翼、刘永济、俞平伯、詹安泰等先生为代表的词学家，都具有全面的素养，而所治词学，仍是各有侧重。改革开放以来的新一代词学，在前人所治文献的基础上，又有较大的发展，仅以现代意义的词史著作而言，已与张宗橚的《词林纪事》大异，且有多部有影响的著作问世。但是，新时期以来虽也有涉及各子学科的通论性著作，可由于词学的专门性太强，很难逾越"分门别类，务为专家"之限。

基于对词学概念的认识，有感于词学界多年来虽有多部词的通史、断代史、流派史问世，出于对词为"倚声"的认识，亦有词与音乐关系的专论，但迄今为止，尚未见全面论述唐宋词艺术发展的专史，为此，我常感到不无遗憾。千年时光带不走时代的印迹，作为文艺作品，唐宋词除了可作为社会史、心灵史来认识，以及自身所具有的审美价值外，尚应注重其艺术手法、形式本身的发展史；而词不仅是广义的诗歌的一种，又是倚声而歌的歌词，因此，尤应关注其与音乐的关系。对此，我一直有个愿望：有志于完成一部专论唐宋词艺术发展的专著。在2004年申报国家社科基金项目《唐宋词的形式与艺术发展史》获批后，这一愿望得以实现，三年多后，写成本书。

就通史的写作而言，对于历史的发展究竟是否有规律可寻，怕很难作出绝对的回答，实际上不少的史的写作，多经作者的主观逻辑化过程，对于本书，我也是抱定这一宗旨的。面对着纷繁复杂的文艺现象，数百年的诸多作者，通过各种形式传播的作品，写史当然不能只是词人词作的描述，简单的相加，赏析的串帐；而鉴于词学实为“分门别类，务为专家”之学的事实，本书虽为唐宋词的艺术专史，却力图兼顾其他，有意于在“批评之学”的基础上写出图谱、音律、词韵、声调诸学构成的立体之“史”。从主观上说，是欲以系统工程的眼光和结构，打破以往各子学科间的藩篱，构建全面论述唐宋词艺术发展的专门史，并力图体现出文献学、文艺学与文化学三结合的原则，欲在已见的关于唐宋词的研究成果之外，将清朝以来以律谱之学为代表的词的形式研究赋予现代意义，更对批评之学作全面、系统的整理，建立起评价较为客观、公正的体系。为此，尽力搜集古今的评论资料，汲取词学家所见，并以己见相统，努力做到判断准确，持论公允。本书首次将唐宋词的艺术发展写成专史，主于文学而兼及音乐，意在填补前述基础性研究的相对空缺。从词学学术史的角度言，应对传统词学领域有所发展、开拓，是在前人研究基础上的延伸和提高，故力求做到旧学与新知相结合，使研究更为全面、系统，更加科学化。因此，在方法论上能注重多学科的结合，尤见于历史与文学的结合，文学与音乐的结合，传统批评与现代理论的结合。由于欲体现古与今相结合，词内与词外相结合的原则，本书的研究本着对词为“倚声”的认识，在词学领域探寻并描述文乐互为表里的规律，以及文、艺结合的特征，从而在传统文化的大背景下，力求能还原古代文艺的生态，以及文艺之士的生存状态，出自心灵的感情倾诉。

就我自己的治学专长而言，因曾涉猎文化学、文化史、文艺美学和古代文论，故力图借助它们且作“内化”，以描述“史”的全貌。因此，全书以文化的发展、转换理论为枢纽，以之观照词由思想内容、表现手法，到艺术形式、创作风格、词人流派的主要变化，视之为主要的发展动因。提出的重要观点有：宫廷文化引发了文人词之起，进士文化促使了词之盛，边塞文化与民间多元文化使敦煌曲子词显著区别于文人词，西蜀与南唐因不同的宫廷文化背景而使词风相异，北宋士大夫文化与市井文化分别导致晏欧词与柳永词的雅、俗发展，苏轼的以诗为词是前者于词体变革的体现，故而是“士大夫之词”的完成，靖康的民族文化劫难引发了南渡词之变，坚持这一文化使南宋词“复雅”成为潮流，文化集成、南北综融是辛弃疾成为伟大词人的主要标识，江湖文化是风雅词派的生成基础，临安吟社文化则是宋季风雅词的生存土壤。相较而言，以上这些论述似乎新意较多，是我自己较为自信的。

本书意在弥补学界对唐宋词艺术体系研究的不足，拟将其置于我国古代诗歌发展的流程中,作动态性的观照,力图体现出对龙榆生所下词学定义的探讨,即有意于“推求各曲调表情之缓急悲欢,与词体之渊源流变,乃至各作者利病得失之所由”。在写完了百万字的书稿后,终于发现,由于词乐不存,加以自身知识结构的不足,调谱之学治之极难,自己对“推求各曲调表情之缓急悲欢”,是难以做得令人满意的。也因此体会到,为何吴梅先生临终前将耗时十年所成的《南北词简谱》视为自己一生中最重要的著作,委托得意门生卢前为之梓行,以期完成遗愿;也体会到从学于“一代词宗”夏承焘先生的吴熊和教授所说的“词是专门之学”,是自有其特定涵义和真切感受的。在写作的过程中,我虽曾向音乐史、词曲史家洛地先生请教词乐、调谱等问题,却因自己在这些方面的先天不足,难以学好、领会先生所赐论文、材料,有负先生的美意,确实感到惭愧。且不说图谱、音律之学,在拙著中,即使是论列各作者,亦多言其“利”与“得”,却少见其“病”与“失”。可知:要评判古人并非易事,打造能秤山之秤,自身又该有多少铜铁!更何况“同情之了解”实在又是知易而行难。自己感到比较满意的,是对唐宋词的发展、演进,多有全局性的宏观文化观照,有史的意识;在全面阅读词人作品的基础上,有自己的思考、比较,能联系历代论家的评论,择善而从,归纳出各词人在艺术上的特点和贡献。从总体而言,尚未离异艺术发展这一主题,大概在这一点上,还可以结合批评之学,为唐宋词的艺术发展作出了较全面的论述和总结。

改革开放的新时期以来,被古人视作“小道”的词学已渐成“显学”,无论是文献整理还是研究著作,都出了大量成果。仅以影响较大的词史而言,就有杨海明的《唐宋词史》,刘扬忠的《唐宋词流派史》,陶尔夫、诸葛忆兵的《北宋词史》,陶尔夫、刘敬圻的《南宋词史》,邓红梅的《女性词史》等。其中杨、刘二位与我同辈,拙著的出版却分别较之晚了二十二年和十年,这是很令我惭愧的。按理说,拙著应该早就写出,却为何拖到今日呢?个中的主要原因是:内外的治学环境加上自己的兴趣屡转,使得我实际上离开词学已经较久。因此,本书的写成,应是我返回词学界、求取认同的表示。

词学界的朋友多以我是界内之人,其实我的治学很杂。三十年来,我先治近代曲论,很快就转到了唐宋词与词学批评,再转至古代诗画比较,接着再转古代文化与文艺。而转至文化与文艺宏观研究的原因是:二十世纪八十年代末,我担任了研究生新专业“中国文化建设”的硕士生导师,为此,花了不少时间阅读文化学、文化史著作,且一度对图腾、民俗感兴趣,甚而企图从古史记载中寻找图腾制的遗迹,欲写作中国图腾艺术史。此事未果,却因对史前文艺与神话研究的兴趣,而有了对闻一多以文化人类学研究中国古代文学的“研究之研究”成果。又因凭藉此前所作诗画比较研究的基础,在完成了 1992 年获批的国家社科基金项目《中国古代诗画艺术思想史》之后,延伸出古代诗歌与绘画思想史的研究。先是出版了《有声画与无声诗》,后因感到诗与画虽可比又不可比,自己应分别写作《中国诗歌思想史》与《中国绘画思想史》二书。于是,先作后者,全书百万字,耗时四年才完成,而此时同事萧华荣的《中国诗学思想史》已出,加以拙著颇费周折的出版过程,使我不得不“以销定产”,调整为“诗歌艺术思想史”的选题终未进行。我这十多年来用力于几个方向的研究,其结果就是近十年间先后出版的《学者闻一多》(与赵晓岚合著)、《中国绘画思想史》、《古代文艺的文化观照》、《宋代绘画研究》等著；而为了维持在学界先入为主的词学研究者形象，又有《宋词与人生》、《词学廿论》二著，再版了《唐宋词美学》与《中国词学批评史》(与方智范、高建中、周圣伟合著)。

虽疏离词学已久，又经历了从上海到广州的调动，却因国家社科基金项目获批，我终于能在拙著《唐宋词美学》的重印后记中，写下了这样一段结语："家乡与故乡，母校与新校，我的思绪、感情常常在此间牵萦。而词学，是我踏上学术研究道路的始点，应是始于斯又终于斯的！"这是近五年前所写，与其说是一个心愿，不如说是一种自励，而到本书的写成，又无异于是还愿了。

十六年前，先师万云骏教授抱病为《唐宋词美学》写序，回忆了当年在上海第二师范求学时，王饮鹤先生教自己读《水云楼词》和《蕙风词》的情况，并摘句以明何为"重拙大"，在肯定拙著同时，又指出："若言尚有所憾，当是未及元明清三代词作"。倏忽间，先师墓木已拱，我也渐入老龄，在旁涉诸多研究领域后，因自己的不图专精、贪多务得而颇以为憾，更因未能在宋代以后之词下功夫，为有负于先师的期待而汗颜。如今自感人入老年，力不从心，三代词作的研究当无以再及，因此，更是愧对以耄耋高龄尚勉力作晚清四大家年谱的马兴荣师。

诸葛亮《诫子书》有云："年与时驰，意与日去，遂成枯落。"读之而感慨良多！

是为序。

邓乔彬

2009年2月12日

引　言

我国的古代文学始于诗歌。较之其他文明古国,我国诗歌重在抒情,而不像希腊、印度之以叙事为主。在古代诗歌漫长的发展历程中,由于诗与乐的离合变化,齐言与杂言之更替,造就出诗体的代兴。经先秦、两汉、魏晋南北朝的发展,到唐代,诗歌各体皆盛,五七言近体更达到高峰,一种倚声而作的曲子词也应运而生,是为后世所称之词。

词本名曲子,后来才称为词。王重民先生《敦煌曲子词集·叙录》指出:"是今所谓词,古原称曲子。按曲子原出乐府,郭茂倩曲子所由蜕变之乐府为'杂曲歌辞',或'近代曲辞'……是五七言乐府原称词(即辞字),或称曲,而长短句则称曲子也。特曲子既成为文士摛藻之一体,久而久之,遂称自所造作为词,目俗制为曲子,于是词高而曲子卑矣。"词之名既出,虽别称仍多,如曲子词、歌曲、乐章、乐府、近体乐府、寓声乐府、琴趣等,但约定俗成,其名自立,且从广义的诗歌中独立而出,而尤盛于宋。王国维以之与此前的楚辞、汉赋、六朝骈文、唐诗,此后的元曲并列为"一代之文学"。且不论此说是否遮蔽了其他文体的成就,是否为学界所公认,而由唐至宋,词的艺术水平之发展,确实是不争的事实,在这一意义上,以词为宋的"一代之文学"并无不妥。

词虽一代之胜,而作为古代诗史的一个链环,其由来不仅限于唐宋,观照其发展之由,应置之于古代诗歌的流程中,且要在以下几方面关注影响其艺术形式的主要制约因素。

第一,齐言与杂言的转换。

汉语与西语的最大不同,在于表义而非表音,其开始于单音节的语言,决定了诗歌的主要民族特色①。随着语言的发展,双音节词汇渐多,汉语及其节奏影响了诗歌的体式,而尤见于句式由短而长的变化,也随之产生了齐言与杂言的不同。

我国古代诗歌在形式上的发展变化主要体现为齐言与杂言的转换。

最早的诗歌是以齐言为主而兼有杂言的。如《吴越春秋》卷九《勾践阴谋外传》所载的《弹歌》为二言:"断竹,续竹,飞土,逐肉。"而《帝王世纪》卷二的《击壤歌》传为帝尧时期的歌谣,则为四言基础上的杂言:"日出而作,日入而息,凿井而饮,耕田而食。帝力于我何有哉!"又,《礼记》卷八《郊特牲》的蜡辞亦近之:"土返其宅,水归其壑,昆虫毋作,草木归其泽。"此传为神农氏所作,虽不可信,但仍是早期歌谣。近似的还有《尧戒》:"战战栗栗,日谨一日。人莫踬于山,而踬于垤。"(《淮南子》卷十八《人间训》)

早期歌谣多为齐言的四言,而实际上有的确为四言,如《康衢谣》:"立我蒸民,莫

① 参拙著《古代文艺的文化观照》上编第六章第一节,上海教育出版社 2003 年版。

匪尔极。不识不知，顺帝之则”(《列子》卷四《仲尼》)；而有的则是三字句加上一个虚词，如《君臣赓歌》：“股肱喜哉，元首起哉，百工熙哉。元首明哉，股肱良哉，庶事康哉”(《尚书》卷二《益稷》)；《卿云歌》：“卿云烂兮，糺缦缦兮。日月光华，旦复旦兮。”(《尚书大传》卷下《虞夏传》)

由于古歌谣有被后人改动或伪托的情况，相较而言，殷墟发掘的商代卜辞更为可信。载于郭沫若《卜辞通纂》的《癸卯卜》其实就是一首诗：“今日雨？其自西来雨？其自东来雨？其自北来雨？其自南来雨？”除第一句，皆每句五字，而除去表疑问的“其”字，则为一首四言诗。

自《诗经》以来，古代诗歌呈现出齐言与杂言的两次大转换。

《诗经》中产生较早的《周颂》，句式多未定型，是不整齐的，稍后的大小雅，句式变为整齐，逐渐定型，尤其《小雅》的不少诗篇与国风几无差别。风诗多重章叠句，反复歌咏，虽也有二、三、五、六、七、八言者，但基本以四言为主。由于《诗经》以国风为大端，也使句式之四言成为了与后世诗歌的显著区别。

《楚辞》自其前身的楚歌起，就与《诗经》不同，体式较多变。如《说苑·正谏篇》所载的《楚人歌》：“薪乎菜乎！无诸御已，讫无子乎！菜乎薪乎！无诸御已，讫无人乎！”为四言体，且重章反复，近于国风。而《论语·微子》所载的《接舆歌》：“凤兮凤兮！何德之衰？往者不可谏，来者犹可追。已而，已而！今之从政者殆而！”则为杂言。此歌在《庄子·人间世》中篇幅变长，且以四言为主，怀疑是经后人仿《诗经》作了改动。另一首《孺子歌》见于《孟子·离娄》：“沧浪之水清兮，可以濯我缨。沧浪之水浊兮，可以濯我足。”若除去“兮”字，则为五言诗。《楚辞》继承了《诗经》的四言体，又吸收了战国时期的散文句式，成为了杂言体。虽屈原早期所作如《橘颂》、《天问》为四言，《离骚》若除去“兮”字基本为六言，但《九歌》却长短参差，至宋玉《九辩》，更见错落变化。因此，《楚辞》总体上可认为是杂言诗。汉乐府以楚声为主要音乐来源，加以新声乐的因乐系辞，故以杂言为主。

由上可知，从《诗经》到汉乐府，是齐言转换到杂言的第一个周期。

汉代开始五言诗的创作后，从最初的“质木无文”，发展到如汉末《古诗十九首》那样的兼备文质，使得在重文而轻乐同时，诗歌又回归于齐言，自此成为了文人诗的主要形式。同时，杂言的乐府诗一直在继续着，历魏晋南北朝而至隋唐，皆如此。虽此期实际上存在着诗乐分(文人诗)与合(乐府诗)的现象，但可视作是齐言与杂言并存的时期。

自“永明体”产生以来，诗歌逐渐进入“近体”阶段，经隋唐两代，五律、五绝、七律、七绝遂成为诗歌的主要形式，而律、绝的成熟，则使得齐言诗的基本形式为之定型。唐人声诗在演唱中因出现声辞不等的现象，长短句随之出现，杂言歌辞也就逐渐演变为词，且大盛于宋。

此后，广义的诗歌因曲的兴起而再盛，无论是以北曲为音乐基础的元曲，还是以南曲为基础的南戏、明清传奇，都是杂言体。

虽诗之旧体代有作者，各体并行是不争的事实，但是，就宏观的发展而言，从古歌到《诗经》而《楚辞》而乐府，是杂言到齐言，再到杂言的第一个转换周期；由汉代五言诗而唐代近体律绝，再到词曲，是齐言到杂言的第二个转换周期。第一个转换期近于循环中的发展，第二个转换期是回复中的上升。

唐宋词以杂言体出现在第二个转换周期的转折点上，在诗歌史上具有特殊的意义。

陆游为《花间集》所写的跋语云："唐自大中后，诗家日趣浅薄。其间杰出者，亦不复有前辈闳妙浑厚之作，久而自厌，然梏于俗尚，不能拔出。会有倚声作词者，本欲酒间易晓，颇摆落故态，适与六朝跌宕意气差近，此集所载是也。故历唐季五代，诗愈卑，而倚声者辄简古可爱。盖天宝以后，诗人常恨文不逮，大中以后，诗衰而倚声作。使诸人以其所长，格力施于所短，则后世孰得而议？"[①]陆游所说，道出了晚唐时期"本欲酒间易晓"的小词，在艺术的发展上"代雄"于诗的缘由、轨迹，"颇摆落故态，适与六朝跌宕意气差近"应包括语言、句式等形式上的变化，因此，"诗衰而倚声作"也可以视为杂言诗歌较之齐言为优的演变结果。

长短句确实具有齐言诗歌所不备的优势，更能见出与人的情感节奏相对应的长处。如李白的《三五七言》诗："秋风清，秋月明。落叶聚还散，寒鸦栖复惊。相思相见知何日，此时此夜难为情。"由景而情，藉阶梯式的句式而递进上升，较之齐言，自有其所长。又如白居易和刘禹锡都曾为苏州虎丘的真娘墓题咏，白诗《真娘墓》云："真娘墓，虎丘道。不识真娘镜中面，惟见真娘墓头草。霜摧桃李风折莲，真娘死时犹少年，脂肤荑手不牢固，世间尤物难留连。难留连，易销歇。塞北花，江南雪。"刘禹锡《和乐天题真娘墓》云："蒼蔔林中黄土堆，罗襦绣黛已成灰。芳魂虽死人不怕，蔓草逢春花自开。幡盖向风疑舞袖，镜灯临晓似妆台。吴王娇女坟相近，一片行云应往来。"沈德潜评白诗，以之"不著迹象，高于众作"，而以刘禹锡诗为劣[②]。其实，二人的优劣当在齐言与杂言：刘诗除了被沈德潜所讥的"芳魂虽死人不怕"外，还因此诗为七律，一韵到底，又无长短变化；而白诗以三字句开头，缓缓道来，主体部分为七言，数次换韵，由叙事转入抒情，又以三言句换韵拟物作结，给人以有馀不尽之感，故为优。

王世贞曾说："三百篇亡而后有骚、赋，骚、赋难入乐而后有古乐府，古乐府不合俗而后以唐绝句为乐府，绝句少宛转而后有词，词不快北耳而后有北曲，北曲不谐南耳而后有南曲。"[③]在这里，他道出了诗歌各体代兴的个中缘由，其中的"绝句少宛转而后有词"，主要当在齐言与杂言之别。刘永济先生对于词之因杂言而"代胜"，有一段精彩的论述：

> 诗自五言倡于汉代，七言成于魏世，一句之中杂有单偶之辞，气脉疏荡，已较四言平整者为优，然而错综之妙，变而未极。填词远承乐府杂言之体，故能一调之

① 陆游：《渭南文集》卷三十，中华书局1976年版。（版本后同）
② 瞿蜕园：《刘禹锡集笺证》，上海古籍出版社1989年版，第1159页。（版本后同）
③ 王世贞：《曲藻》，《中国古典戏曲论著集成》(四)，中国戏剧出版社1959年版，第27页。（版本后同）

中长短互节，数句之内奇偶相生，调各有宜，杂而能理，或整若雁阵，或变若游龙，或碎若明珠之走盘，或畅若流泉之赴谷，莫不因情以吐字，准气以位辞，可谓极织综之能事矣。①

所以，倘能本着进化观而不是复古观看待文学，歌诗之从齐言向杂言转化，由诗而词曲，应是发展、进步。对于词体形式的杂言，及其在齐言与杂言转换中的完成，应作以上之见。

第二，雅乐与俗乐的兴替。

我国古代文化的发展，似乎始终与庙堂文化及民间文化的两极对立统一相联系，表现在音乐上则是雅乐与俗乐的变化、兴替。

雅本通“夏”，指中国，即今中原地区。《荀子·荣辱》：“譬之越人安越，楚人安楚，君子安雅。”王先谦集解引王引之曰：“雅读为‘夏’，夏谓中国也。”其基本意义是“正”，如《诗序》所说：“言天下之事，形四方之风，谓之雅。雅者，正也。”《荀子·儒效》：“道过三代谓之荡，法二后王谓之不雅。”杨倞注：“雅，正也。其治法不论当时之事，而广说远古，则为不正也。”

作为《诗经》“六义”，风、雅、颂的区别如宋郑樵《〈通序〉总序》所说：“风土之音曰‘风’，朝廷之音曰‘雅’，宗庙之音曰‘颂’。”周人尚礼，雅乐用于祭祀天地、神灵和祖先，以及宫廷仪礼、乡射和军事大典中，即“宗庙之音”与“朝廷之音”，也因此可以大致将“雅”“颂”视为雅乐（当然，并非绝对，尤其“小雅”难以雅乐概言之），而“风”作为“风土之音”当然是以俗乐为主。

荀子《乐论》认为，“乐行而志清，礼修而行成，耳目聪明，血气和平，移风易俗，天下皆宁，美善相乐。故曰：‘乐者，乐也。’君子乐得其道，小人乐得其欲。以道制欲，则乐而不乱；以欲忘道，则惑而不乐”。这是儒家关于礼乐思想的重要表达。但是，从音乐的特点而言，“雅”虽正音，却如张世彬《中国音乐史论述稿》对其特点的归纳：以齐奏为主，曲调简单，节拍缓慢。因此，《淮南鸿烈》认为雅乐是“朱弦漏越，一唱而三叹，可听而不可快也。”随着春秋时期的“礼崩乐坏”，也出现了“郑声之乱雅乐”的现象。精于音乐的魏文侯（前446—前396在位）很典型地说出了他对雅乐与郑卫之音的不同感受：“吾端冕而听古乐，则唯恐卧；听郑卫之音，则不知倦。”当他就此向子夏求教何以然时，子夏并不能正面回答，而是引《诗经》的“德音”之说：“莫其德音，其德克明。”相反，郑卫之音则是“淫于色害于德”（《乐记·魏文侯篇》）②。所作的是价值判断，而非学术探讨。事实上，可见在音乐发展中的雅俗更替不是偶然发生的，因为就审美而言，雅乐的效果是不如俗乐的。

战国的音乐较之春秋时期有较大的发展，曾侯乙墓出土的编钟可证当时宫廷音乐的规模和水平，而诸多的文字记载（如“郢人善歌”等）则可见民间的音乐活动，屈原

① 刘永济：《词论》，上海古籍出版社1981年版，第5页。（版本后同）

②《礼记正义》卷三十九，《十三经注疏》，中华书局1980年影印版，第1540页。（版本后同）

的《九歌》为南楚巫音的改造，其原始形态自是民间俗乐，因此，战国时期总体上呈现雅俗乐并进之势。

汉代乐府的音乐为“三声”：雅声乐，楚声乐与新声乐。因秦始皇坑儒灭典，乐经不传，六代庙乐，唯存《韶武》，故汉朝代立后，虽制雅乐，却已非古代面目。班固《汉书·礼乐志》云：“汉兴，乐家有制氏，以雅乐声律世世在大乐官。但能记其铿锵鼓舞，而不能言其义。”儒者叔孙通制定朝仪礼乐，使汉高祖“乃今日知为皇帝之贵”，而据《汉书·艺文志》，文帝时的乐人窦公，武帝时河间儒生，分有献乐与采乐之举，使雅乐得备。但是，比较起来，雅声乐仅是朝廷所奏，汉高祖本人在天下平定后，过沛，与故人父老相乐，醉酒作《大风歌》，令沛中童儿百二十人习而歌之，所歌为楚声之乐。高祖唐山夫人作《房中祠乐》，因高祖乐楚声，此作亦为楚声，孝惠二年，使乐府令夏侯宽备其箫管，更名为《安世乐》。

在雅声乐与楚声乐之外，尚有新声乐，而新声乐之成缘于采诗。《汉书·食货志》言采诗制之缘由：“冬，民既入，妇人同巷相从夜绩……男女有不得其所者，因相与歌咏，各言其伤……孟春之月，群居者将散，行人振木铎徇于路以采诗，献之大师，比其音律以闻于天子，故曰王者不窥牖户而知天下。”《汉书·艺文志》以古言今，总结了采诗以观的政教功能：“《书》曰：‘诗言志，歌咏言。’故哀乐之心感，而歌咏之声发。诵其言谓之诗，咏其声谓之歌。故古有采诗之官，王者所以观风俗，知得失，自考正也。”又说：“自孝武立乐府而采歌谣，于是有代、赵之讴，秦、楚之风，皆感于哀乐，缘事而发，亦可以观风俗，知薄厚云。”其实在这一目的之外，立乐府尚有兴祠祀、夸侈心、享逸乐之旨意。《汉书·礼乐志》道及乐府或采四方歌谣、或取辞人新作，而李延年多作新声之事：“至武帝定郊祀之礼，祠太一于甘泉，就乾位也。祭后土于汾阴，泽中方丘也。乃立乐府，采诗夜诵。有赵代秦楚之讴，以李延年为协律都尉，多举司马相如等数十人造为诗赋，略论律吕，以合八音之调，作十九章之歌。”又《李延年传》云：“是时上方兴天地诸祠，欲造乐，令司马相如等作为诗颂。延年辄承意弦歌所造诗，为新声变曲。”“新声”之谓“变曲”，是因为李延年协律既承辞家旧制，又杂采各方歌谣，尤其是因胡乐(张骞通西域所传)而更造之，与周秦旧乐大异。

大体说来，三声之中，楚声与新声近于俗乐。在三者消长的过程中，“雅声古淡，不乐时耳，虽尚存肄，已同饩羊”①。因此，到东汉时期，竟然如班固《汉书·礼乐志》所说，是“郑声施于朝廷”，郑樵《通志·乐府总序》更谓汉代是风雅不分的时代，“君子之作”与“野人之作”“合而为鼓吹曲”，“列国之风”与“都人之雅”“合而为《相和歌》”。

魏晋以来，乐府诗的郊祀、宴飨之乐，鼓吹、铙歌之篇，虽另撰新辞，却仍沿旧曲，因袭雷同，情韵匮乏。因此，刘勰《文心雕龙·乐府》曾论及乐府诗之雅郑，及喜恶之相反：

---

① 刘永济：《十四朝文学要略》，黑龙江人民出版社 1984 年版，第 94 页。(版本后同)

……魏之三祖，气爽才丽，宰割辞调，音靡节平。观其北上众引，秋风列篇，或述酣宴，或伤羁戍，志不出于淫荡，辞不离于哀思，虽三调之正声，实韶夏之郑曲也。逮于晋世，则傅玄晓音，创定雅歌，以咏祖宗；张华新篇，亦充庭万……若夫艳歌婉娈，怨志诀绝，淫辞在曲，正响焉生？然俗听飞驰，职竞新异：雅咏温恭，必欠伸鱼睨；奇辞切至，则拊髀雀跃：诗声俱郑，自此阶矣……

最后的赞语有云："韶响难追，郑声易启"①，很能说明魏晋以来对雅俗乐的接受、排斥与喜好、选择。

总之，在古代音乐的发展史上，一直都是俗乐与雅乐的对立统一。虽说音乐上的雅乐、俗乐真正区分始于隋文帝，但实际上是古已有之。

隋朝的"开皇乐议"造成了"竞为异议，各立朋党，是非之论，纷然淆乱"的局面，真正懂得音乐的万宝常、郑译被抑，主事者不知相旋为宫之理，雅乐惟用黄钟一调，以恢复华夏正统自命，采用陈朝古乐，废弃有胡乐内容的北周雅乐，使得隋朝雅乐更为没落。与雅乐的制定拖延十多年形成鲜明对照的是：隋朝的燕乐体制很快就得以确立，"七部乐"和"九部乐"如隋文帝所说，"声音节奏及舞，悉宜依旧"(《隋书·音乐志》)，承认了几个世纪以来中外音乐的交流融合，也为唐朝燕乐的发展奠定了基础。

综上，在唐代的曲子词兴起之前，雅乐与俗乐实际上代表了官方与民间、政教与审美的对立，正是在这一对立统一之中，俗乐得到了不断发展，在丰富了音乐宝库同时，也使得俗文学得以发展。唐代的曲子词就是在俗乐的燕乐发展中生成并兴盛起来的。

第三，诗歌与音乐的互为表里。

古人很早就认识到诗歌入乐的感人作用。《尚书·尧典》说："诗言志，歌永言，声依永，律和声。八音克谐，无相夺伦，神人以和。"《汉书·艺文志》阐发"诗言志，歌永言"二语云："故哀乐之心感，而歌咏之声发。诵其言谓之诗，咏其声谓之歌。"可见历来的诗、歌并称实际是主文与主声的结合，而只有将二者结合起来，才更具备感发、激劝之力。因此，钟嵘《诗品序》指出："气之动物，物之感人，故摇荡性情，形诸舞咏。""凡斯种种，感荡心灵，非陈诗何以展其义，非长歌何以骋其情？"纵观我国历代韵文的各种形式，大概除了汉赋属于"不歌而诵"以外，馀皆大体为诗与乐的结合。刘勰《文心雕龙·乐府》云："乐辞曰诗，诗声曰歌"，又说："诗为乐心，声为乐体"，此说既指出了我国古代诗、歌连称之由，诗、乐密不可分的关系，也揭示了二者间表里互动的因由。诗歌与音乐的这种表里关系，用郑樵《通志·乐略》所云，即："乐以诗为本，诗以声为用。"

其实，最早的原始艺术应是歌谣、音乐与舞蹈的三位一体，进入诗歌时代后，舞蹈才逐渐退而居次。在西周时期，舞蹈与诗乐渐见分工，如果说西周雅乐的"六舞"是重在舞蹈与音乐，那么到《诗经》的时代，则转为舞蹈的逐渐减少。阮元《揅经室一集》卷一《释颂》认

① 刘勰著、范文澜注：《文心雕龙注》，人民文学出版社 1978 年版，第 102–103 页。(版本后同)

为,"颂"即"容","风、雅但弦歌笙间,宾主及歌者皆不必因此而为舞容。惟三颂各章皆是舞容,故称为'颂'。"可见,即使是《诗经》,也已经是舞蹈少而以音乐、诗歌为主。

据音乐史家的研究,《国风》与《雅》这两类歌曲有十种不同的曲式:

(一)一个曲调的重复——例如《周南》中的《桃夭》。

(二)一个曲调的后面用副歌——例如《召南》中的《殷其雷》。

(三)一个曲调的前面用副歌——例如《豳风》中的《东山》。

(四)在一个曲调的重复中间,对某几节音乐的开始部分作一些局部的变化,这在后来被称作"换头"——例如《小雅》中的《苕之华》是在第三节上用换头,而《秦风》中的《车邻》在第二、第三节用了更为发展的换头手法。

(五)在一个曲调的几次重复之前,用一个总的引子——例如《召南》中的《行露》。

(六)在一个曲调的几次重复之后,用一个总的尾声——例如《召南》中的《野有死麕》。

(七)两个曲调各自重复,连接起来,构成一个歌曲——例如《郑风》中的《丰》、《小雅》中的《鱼丽》。

(八)两个曲调有规则地交互轮流,联成一个歌曲——例如《大雅》中的《大明》。

(九)两个曲调不规则地交互轮流,联成一个歌曲——例如《小雅》中的《斯干》。

(十)在一个曲调几次重复之前,用一个总的引子;在其后,又用一个总的尾声——例如《豳风》中的《九罭》[①]。

《诗经》以后,《楚辞》中的《九歌》也可歌,杨荫浏认为,这十一首都用重复同一曲调的民歌形式来演唱。此外,从屈原所作来看,还有另一些属于曲式的因素——"乱"、"少歌"和"倡"。其中用到"乱"的有《离骚》、《招魂》,以及《九章》中的《涉江》、《哀郢》、《抽思》和《怀沙》。杨荫浏先生对各首所用的"乱"作出了三点推论,又分析了"少歌"和"倡"的结构,尤其认为《招魂》的手法已经与后来宋代的"致语",歌舞表演的"勾队",金元诸宫调的"引辞"等颇为类似,从屈原的作品至少总结出四种不同的曲式[②]。

汉代乐府诗的分类非常复杂,其相关的音乐如上所说分属雅声、楚声与新声,其中的新声乐来源极广,也最为繁复,此处不论。六朝乐府的音乐情况也很复杂,《晋书·乐志》、《隋书·音乐志》,以及郭茂倩《乐府诗集》、马端临《文献通考》等著论列甚详,兹不赘。乐府诗均应可歌,虽或有文人因不谙音律而自作诗歌,遂使诗乐分离者,但总体而言,我国古代确实是诗乐互为表里,并一直持续至明清时期的。清人冯班《钝吟杂录·古今乐府论》所说甚是:

> 古诗皆乐也,文士为之辞曰诗,乐工协之于钟吕为乐。自后世文士或不闲音律,言志之文,乃有不可施于乐者,故诗与乐画境。文士所造乐府,如陈思王、陆士衡,于时谓之"乖调"。刘彦和以为"无诏伶人,故事谢丝管"。则是文人乐府,亦有

---

① 杨荫浏:《中国古代音乐史稿》,人民音乐出版社2004年版,第57-61页。(版本后同)

② 杨荫浏:《中国古代音乐史稿》,第62-73页。

不谐钟吕，直自为诗者矣……

总而言之：制诗以协于乐，一也；采诗入乐，二也；古有此曲，倚其声为诗，三也；自制新曲，四也；拟古，五也；咏古题，六也；并杜陵之新题乐府，七也。古乐府无出此七者矣。唐末有长短句，宋有词，金有北曲，元有南曲，今则有北人之小曲，南人之吴歌，皆乐府之馀也。①

虽从曹植、陆机的“乖调”，到拟古、咏古题及杜甫的新题乐府，都是诗乐分离的，但他所说自唐末长短句以来的六类“乐府之馀”者，则又回到了“古诗皆乐”的道路。

唐朝是诗歌的黄金时代，诗人所作，既有可歌之歌诗，又有非歌之徒诗。冯班所说的乐府之五、六、七种，当是用乐府之名，而实多为徒诗者。即使这类徒诗，也可以经乐工协以音律以歌之，冯班曾表示自己的疑惑：“李长吉歌诗，云韶工人皆取以协金石。杜陵诗史，不知当时何不采取？”唐代的歌诗，主要是近体。冯班说：“伶工所奏，乐也。诗人所造，诗也。诗乃乐之词耳，本无定体，唐人律诗，亦是乐府也。”②相较而言，近体之中，更以绝句歌之为多。王灼《碧鸡漫志》卷一曾列举了大量例证说明唐人所歌为七绝，而薛用弱《集异记》所载的王昌龄、高适、王之涣“旗亭赌唱”一事，更可证明这点。

对于唐人歌诗的研究，当推任半塘先生的《唐声诗》最具权威性。任先生指出：“声诗合用之始辞，要以唐之近体为归。”③该书的下编共著录唐、五代传词者共一百三十四调、一百五十五格，其中绝大多数是近体诗：计五言四句者四十九调，五言八句者二十三调，七言四句者四十九调，七言八句者九调。足可证明近体诗为唐代歌诗的主力。

唐人的徒诗固然有言志、抒情之用，但限于编集及出版的条件，只能在小范围内流播，因此从流传的角度而言，当然以歌诗为主。尤其因歌诗所具有的社会性功能，如宴饮、交际、娱乐等，是徒诗所不备的，在这些场合的演唱、传播，也产生了较之诗人自赏或少数人欣赏有更大的影响，因之也引导了诗人创作的艺术追求。于是，诗人们既沿袭声诗的创作，又倚声而求变，由齐言而长短句，使得曲子词得以诞生。王骥德说得好：“入唐而以绝句为曲，如《清平》、《郁轮》、《凉州》、《水调》之类；然不尽其变，而于是始创为《忆秦娥》、《菩萨蛮》等曲，盖太白、飞卿实其作俑。入宋而词始大振，署曰‘诗馀’，于今曲益近，周待御、柳屯田其最也……”④

吴梅先生说：“一代之文，每与一代之乐相表里，其制度虽定于瞽宗，而风尚实成于社会。天然之文，反胜于乐官之造作，故尼山正乐，雅颂始得所，而国风则不烦厘定。即后世飨祀符瑞歌功颂德之作，亦每视为官样文章，不如闾巷琐碎，儿女尔汝之争相传述。由斯以例历代乐府之真际，于周代则属风骚，于汉则属古诗，于晋唐则属房中、竹枝、子夜、边调等，于宋则属诗馀，于金元则属杂剧。”⑤这段话既阐明了雅俗乐的更

① 《清诗话》，上海古籍出版社 1978 年新 1 版，第 37-38 页。（版本后同）
② 《清诗话》，第 42 页。
③ 任半塘：《唐声诗》，上海古籍出版社 1982 年版，第 79 页。
④ 王骥德：《曲律》卷一，《中国古典戏曲论著集成》（四），中国戏剧出版社 1959 年版，第 55 页。（版本后同）
⑤ 吴梅：《中国戏曲概论·明总论》，《吴梅戏曲论文集》，中国戏剧出版社 1983 年版，第 142 页。（版本后同）

替之迹,在“官样文章”与“乐府真际”的对比中作出了符合史实的判断;又道出了文乐相表里,而风尚成于社会的生存、弃取原则。对于我们从以上三方面,即:齐言与杂言的转换,雅乐与俗乐的兴替,诗歌与音乐的互为表里,来观照曲子词这一艺术形式的出现,及其在我国古代文艺史上的地位,应是很有启示意义的。

综合三方面而言,唐代的歌诗以齐言的近体诗为主,在倚声而唱中,因“不尽其变”而求变,使得长短句的曲子词应运而生;隋朝燕乐始兴,唐代继续发展,曲子词所倚之声即这一新生之俗乐,因此作宏观的观照,曲子词是在雅俗乐的兴替中伴随新兴俗乐而生的;在曲子词的兴起与发展过程中,先是隋朝之燕乐始兴而有曲子,到唐玄宗时教坊曲大盛,安史之乱后,教坊衰而官私妓乐盛,在酒筵娱乐中开始了曲子词的文人化创作,北宋以后,词乐渐亡,长短句之词型制成熟,但若用王重民的话来说,就是“特曲子既成为文士摛藻之一体”,此即在词的运行流程中诗乐关系的简单表述。

对于唐宋词的艺术发展而言,主要的影响因素还在于文化的转换、变迁。这将在以下的各章中再作论述。

第一章 燕乐歌辞之起与敦煌曲子词

词本名曲子词，顾名思义，是词与曲互为表里、合之为一体的音乐文学形式，故当先从其所依附的音乐论起。

我国自古以来音乐就很发达，统治者出于祭祀、典礼、享乐等各种需要，很重视音乐，制礼作乐是每一朝君主即位后的大事。乐有不同的功用，以建立大一统的封建皇朝且享祚较久的汉朝为例，即如《隋书》所说：

> 古者天子听政，公卿献诗，秦人有作，罕闻斯道。汉高祖时，叔孙通爰定篇章，用祀宗庙；唐山夫人能楚声，又造《房中之乐》；武帝裁音律之响，定郊丘之祭，颇杂讴谣，非全雅什。汉明帝时乐有四品：一曰《大予乐》，郊庙、上陵之所用焉，则《易》所谓"先王作乐崇德，殷荐之上帝，以配祖考"者也；二曰雅、颂乐，辟雍、飨射之所用焉，则《孝经》所谓"移风易俗，莫善于乐"者也；三曰黄门鼓吹乐，天子宴群臣之所用焉，则《诗》所谓"坎坎鼓我，蹲蹲儛我"者也；其四曰短箫铙歌乐，军中之所用焉，黄帝时，岐伯所造，以建武扬德，风敌励兵，则《周官》所谓"王师大捷，则令凯歌"者也。又采百官诗、颂，以为《登歌》……①

虽后来经历代战乱灾荒，统治者仍能极力搜寻乐人，使音乐继作不辍，仍如《隋书》所说：

> 董卓之乱，正声咸荡。汉雅乐郎杜夔能晓乐事，八音七始，靡不兼该。魏武平荆州，得夔，使其刊定雅律，魏有先代古乐，自夔始也。自此迄晋，用相因循。永嘉之寇，尽沦胡、羯。于是乐人南奔，穆皇罗钟磬，苻坚北败，孝武获《登歌》。晋氏不纲，魏图将霸，道武克中山，太武平统万，或得其宫悬，或收其古乐，于时经营是迫，雅器斯寝。孝文颇为诗歌，以勗在位，谣俗流传，布诸音律。大臣驰骋汉、魏，旁罗宋、齐，功成奋豫，代有制作。莫不各扬庙舞，自造郊歌，宣畅功德，辉光当世，而移风易俗，浸以陵夷。②

到曲子词生成的隋唐时期，得南北之传承，文化呈集成之势，由于吸收外来歌舞，音乐尤见丰富，隋朝遂有雅乐与俗乐之分，到唐代更有雅乐、清乐与燕乐之别。

---

① 令狐德棻等：《隋书》卷一三《音乐志上》，《二十五史》，上海古籍出版社、上海书店 1986 年版，第 3285 页。（版本后同）

② 令狐德棻等：《隋书》卷一三《音乐志上》，《二十五史》，第 3285–3286 页。

第一节　雅乐、清乐与燕乐

“词为倚声”是一句被后世说滥了的话,然而,对于“词”所倚者究竟为何“声”,应有所辨。而对曲子词兴起之朝代,学界有不同意见,此处取较多者所认可的唐代说。因此,当首先简述唐代的三类音乐(乐舞)。

一、雅乐与清乐

先说雅乐。

雅乐是古代帝王用作朝贺、宴享及祭祀天地、祖先的舞乐。周代的《云门》、《咸池》等“六舞”,被儒家奉为雅乐的典范。历代帝王在取得政权后,都循例制作雅乐,歌颂本朝功德。春秋时代,礼崩乐坏,孔子曾表其“恶郑声之乱雅乐”(《论语·阳货》)之意。战国时期,更为不堪。秦末战乱之后,汉高祖取得政权,即重建雅乐。《汉书》云:“汉兴,乐家有制氏,以雅乐声律,世世在大乐官,但能纪其铿锵鼓舞,而不能言其义……是时,河间献王有雅材,亦以为治道非礼乐不成,因献所集雅乐。”①

隋朝也是经历了分裂、动乱后建立的统一政权,统治者很重视对乐工的搜罗。《隋书》云:“……及周并齐,隋并陈,各得其乐工,多为编户。至六年,帝乃大括魏、齐、周、陈乐人子弟,悉配太常,并于关中为坊置之,其数益多前代……”②开皇二年,颜之推上奏,鉴于“太常雅乐,并用胡声”,提出应据梁之旧事考寻古典,但隋文帝以梁为亡国之音而不从,令改换所因周乐的声律而不能通,郑译推演声律以拟造乐,遭苏夔、何妥等人反对而不能行,使“开皇乐议”变为一场朋党之争③。后因“开皇九年,平陈,获宋、齐旧乐,诏于太常置清商署以管之”④,遂废具有“胡声”的北周雅乐,改用陈乐,最终因主事者不知旋相为宫之理,闹出了雅乐惟用黄钟一调的笑话。《隋书》对此载之甚详:

> 高祖素不悦学,不知乐,(何)妥又耻己宿儒,不逮(郑)译等,欲沮坏其事。乃立议,非十二律旋相为宫……是时竞为异议,各立朋党,是非之理,纷然淆乱。或欲令各修造,待成,择其善者而从之。妥恐乐成,善恶易见,乃请高祖张乐试之。遂先说曰:“黄钟者,以象人君之德。”及奏黄钟之调,高祖曰:“滔滔和雅,甚与我心会。”妥因陈用黄钟一宫,不假馀律,高祖大悦,班赐妥等修乐者。自是译等议寝。⑤

---

① 班固:《汉书》卷二二《礼乐志二》,《二十五史》,第469–471页。
② 令狐德棻等:《隋书》卷一五《音乐志下》,《二十五史》,第3297页。
③ 令狐德棻等:《隋书》卷一四《音乐志中》,《二十五史》,第3293页。
④ 令狐德棻等:《隋书》卷一五《音乐志下》,《二十五史》,第3293页。
⑤ 令狐德棻等:《隋书》卷一四《音乐志中》,《二十五史》,第3293页。

至于雅乐所用歌辞，也长期未作改动。《隋书》载：

> 先是高祖遣内史侍郎李元操、直内史省卢思道等，列清庙歌辞十二曲，令齐乐人曹妙达于太乐教习，以代周歌……但改其声，合于钟律，而辞经敕定，不敢易之。至仁寿元年，炀帝初为皇太子，从飨于太庙，闻而非之。乃上言曰："清庙歌辞，文多浮丽，不足以述宣功德，请更议定。"①

文帝于是召集群臣"更详故实，创制雅乐歌辞"，而"其曲大抵以诗为本，参以古调"，最终还是"礼乐之事竟无成功焉"②。

唐朝的雅乐建设较之隋朝是较成功的。

《旧唐书》载：唐高祖时，太常少卿祖孝孙"奏请作乐，时军国多务，未遑改创，乐府尚用隋氏旧文。武德九年，始命孝孙修定雅乐。至贞观二年六月，奏之太宗……"③而祖孝孙毕竟不是何妥之辈，建选宫之法，一改隋朝但用黄钟一宫的荒唐，建起了真正的大唐雅乐：

> 孝孙又奏：陈、梁旧乐，杂用吴、楚之音；周、齐旧乐，多涉胡戎之伎。于是斟酌南北，考以古音，作为大唐雅乐。以十二律各顺其月，旋相为宫。按《礼记》云："大乐与天地同和"，故制十二和之乐，合三十一曲，八十四调。祭圜丘以黄钟为宫，方泽以林钟为宫，宗庙以太簇为宫。五郊、朝贺、飨宴，则随月用律为宫。初，隋但用黄钟一宫，惟扣七钟，馀五钟虚悬而不扣。及孝孙建旋宫之法，皆遍扣钟，无复虚悬者矣。④

后来，又经张文收等人加以完善，却因武则天改制而毁之。《新唐书》载：

> 祖孝孙已定乐，乃曰"大乐与天地同和者也"，制十二和，以法天之成数，号大唐雅乐：一曰豫和，二曰顺和，三曰永和，四曰肃和，五曰雍和，六曰寿和，七曰太和，八曰舒和，九曰昭和，十曰休和，十一曰正和，十二曰承和。用于郊庙朝廷，以和人神。孝孙已卒，张文收以为十二和之制未备，乃诏有司厘定，而文收考正律吕，起居郎吕才叶其声音，乐曲遂备，自高宗以后，稍更其曲名。开元定礼，始复遵用孝孙十二和……及高宗崩，改《治康舞》曰《化康》以避讳。武后毁唐太庙，七德九功之舞皆亡，唯其名存。自后复用隋文舞、武舞而已。⑤

---

① 令狐德棻等：《隋书》卷一五《音乐志下》，《二十五史》，第 3295 页。
② 令狐德棻等：《隋书》卷一五《音乐志下》，《二十五史》，第 3295–3297 页。
③ 刘昫等：《旧唐书》卷二八《音乐志一》，《二十五史》，第 3610 页。
④ 刘昫等：《旧唐书》卷二八《音乐志一》，《二十五史》，第 3610 页。
⑤ 欧阳修等：《新唐书》卷二一《礼乐志》，《二十五史》，第 4182–4183 页。

次说清乐。

何谓清乐？即清商乐。原为古代汉族的民间音乐，如汉代的相和歌，包括平调、清调、瑟调的歌曲，称宫商三调，简称清商。永嘉之乱，晋室南迁，渐在南朝发展为江南吴歌、荆楚西声。后来魏孝文帝集中原旧曲及吴歌、西声，总称为清商乐。隋朝平陈而得之，后置七部乐，其二即清商伎，由清商署掌管。

《旧唐书》对清乐入隋述之甚详：

> 自永嘉之后，咸、洛为墟，礼坏乐崩，典章始尽。江左掇其遗散，尚有治世之音。而元魏、宇文，代雄朔漠，地不传于清乐，人各习其旧风。虽得两京工胥，亦置四厢金奏，殊非入耳之玩，空有作乐之名。隋文帝家世士人，锐兴礼乐……开皇八年平陈，始获江左旧工及四悬乐器，帝令廷奏之，叹曰："此华夏正声也，非吾此举，世何得闻！"乃调五音为五夏、二舞、登歌、房中等十四调，宾、祭用之。隋氏始有雅乐，因置清商署以掌之。既而协律郎祖孝孙依京房旧法，推五音十二律为六十音，明六之，有三百六十音，旋相为宫音，定庙乐，诸儒论难，竟不施用。隋世雅音，惟《清乐》十四调而已，隋末大乱，其乐犹全。①

《旧唐书》既释清乐之名，又言其沿革，且说及逐渐沦缺的情况：

> 清乐者，南朝旧乐也。永嘉之乱，五都沦覆，遗声旧制，散落江左。宋、梁之间，南朝文物，号为最盛，人谣国俗，亦世有新声。后魏孝文、宣武，用师淮、汉，收其所获南音，谓之《清商乐》。隋平陈，因置清商署，总谓之《清乐》，遭梁、陈亡乱，所存盖鲜。隋室已来，日益沦缺。武太后之时，犹有六十三曲，今其辞存者惟有《白雪》、《公莫舞》……等三十二曲。②

在隋炀帝设九部乐时，清商乐始改称清乐，列于九部之首。唐初延隋旧制，九部乐中有清商伎。唐太宗设十部乐，其二为清商伎。郭茂倩说："清商乐，一名清乐。清乐者，九代之遗声。"③对其性质判断甚确。因唐代燕乐渐盛而清乐衰，故王灼云："隋氏取汉以来乐器歌章古调并入清乐，馀波至李唐始绝。"④

二、燕　乐

曲子词与燕乐关系密切，故予较多的篇幅以论之。

燕乐，又作宴乐或讌乐，为古代祭祀燕享之乐。《周礼·春官·钟师》："凡祭祀飨食，

① 刘昫等：《旧唐书》卷二八《音乐志一》，《二十五史》，第3610页。
② 刘昫等：《旧唐书》卷二九《音乐志二》，《二十五史》，第3613页。
③ 郭茂倩：《乐府诗集》卷四十四，中华书局1979年版，第638页。（版本后同）
④ 王灼著，岳珍校正：《碧鸡漫志校正》卷一，巴蜀书社2000年版，第3页。（版本后同）

奏燕乐。"贾公彦疏:"飨食,谓与诸侯行飨食之礼,在庙,故与祭祀同乐。"[①]又指内廷之乐。《周礼·春官·磬师》:"教缦乐燕乐之钟磬。"郑玄注:"燕乐,房中之乐。"贾公彦疏:"此即《关雎》、《二南》也。谓之房中者,房中谓妇人后妃以风喻君子之诗,故谓之房中之乐。"[②]

其作宴乐者,见《左传·昭公九年》:"君彻宴乐,学人舍业,为疾故也。"[③]《大戴礼记·保傅》:"号呼歌谣声音不中律,宴乐雅诵迭乐序……凡此其属太史之任也。"王聘珍解诂:"郑注《磬师》云:'燕乐,房中之乐。'贾疏云:'即《关雎》、《二南》也。'诵读曰颂。"[④]

燕乐之别于雅乐,是因为其主要功能有所不同,雅乐用于祭祀与朝贺,而燕乐用于宴饮,"宴"、"醼"二字的基本意义皆此,"宴"字意义自明,且不说;而"醼"字义与"宴"同,即指聚会进酒饭,或请人吃酒饭,如左思《吴都赋》"里醼巷饮,飞觞举白"即此意。燕乐之名始见于《周礼·春官》,虽贾公彦疏云:"在庙,故与祭祀同乐",但"飨食,谓与诸侯行飨食之礼",毕竟是在祭祀完成之后的飨食,虽"在庙",所奏与祭祀之乐同一性质,却又毕竟不同,因为飨食之时是绝对不会演奏庄严肃穆的音乐,令人难以进食的。因此,燕乐一般采自民间俗乐,与庙堂雅乐不同,在发展过程中又吸收、融汇了边裔少数民族的音乐以及外国的音乐,甚而是百戏之类,其涵义的外延极广,也易引起后世理解的歧异。

虽说燕乐之名亦有特殊含义,如《通典》云:"贞观中,景云见,河水清。协律郎张文收采古朱雁、天马之义,制《景云河清歌》,名曰《醼乐》,奏之管弦,为诸乐之首。"[⑤]《旧唐书》亦云:"……十四年,有景云见、河水清,张文收采古《朱雁》、《天马》之义,制《景云河清歌》,名曰《醼乐》,奏之管弦,为诸乐之首,元会第一奏者是也。"[⑥]但主要是指隋的七部乐、九部乐和唐的九部乐、二部(坐部、立部)伎及十部乐。

隋朝雅乐废"胡声"之北周雅乐,改用陈乐,清乐为"九代之遗声",而燕乐却具有最广的内涵和最大的民族包容度,前者取决于燕乐之功用,后者源于长期以来各民族之间的交融。《隋书》对隋之前的音乐融合华戎有很好的描述:

> 祖珽自言,旧在洛下,晓知旧乐。上书曰:"魏氏来自云、朔,肇有诸华,乐操土风,未移其俗。至道武帝皇始元年,破慕容宝于中山,获晋乐器,不知采用,皆委弃之。天兴初,吏部郎邓彦海奏上庙乐,创制宫悬,而钟管不备。乐章既阙,杂以《簸逻回歌》,初用八佾,作始皇之舞。至太武帝平河西,得沮渠、蒙逊之伎,宾嘉大礼,皆杂用焉。此声所兴,盖苻坚之末,吕光出平西域,得胡戎之乐,因又改变,杂以秦

① 阮元校刻:《十三经注疏·周礼注疏》卷二四,中华书局 1980 年版,第 800 页。(版本后同)
② 阮元校刻:《十三经注疏·周礼注疏》卷二四,第 800 页。
③ 阮元校刻:《十三经注疏·春秋左传正义》卷四五,第 2057 页。
④ 王聘珍撰,王文锦点校:《大戴礼记解诂》,中华书局 1983 年版,第 58 页。(版本后同)
⑤ 杜佑:《通典》卷一四六,浙江古籍出版社 2000 年版,第 762 页。(版本后同)
⑥ 刘昫等:《旧唐书》卷二八《音乐志一》,《二十五史》,第 3611 页。

声,所谓秦汉乐也。至永熙中,录尚书长孙承业共臣先人太常卿莹等,斟酌缮修,戎华兼采,至于钟律,焕然大备,自古相袭,损益可知,今之创制,请以为准。"珽因采魏安丰、王延明及信都芳等所著《乐说》而定正声,始具宫悬之器,仍杂西凉之曲,乐名《广成》,而舞不立,号所谓洛阳旧乐者也。①

《旧唐书》亦云:

自周隋已来,管弦杂曲,将数百曲,多用西凉乐,鼓舞曲多用龟兹乐,其曲度皆时俗所知也。惟弹琴家犹传楚汉旧声,及清调、瑟调、蔡邕《杂弄》,非朝廷郊庙所用,故不载。西凉乐者,后魏平沮渠氏所得也。晋宋末,中原丧乱,张轨据有河西,苻秦通凉州,旋复隔绝,其乐具有钟、磬,盖凉人所传中国旧乐,而杂以羌胡之声也,魏世共隋咸重之……《周官》:"韎师掌教韎乐,祭祀则帅其属而舞之,大享亦如之。"韎,东夷之乐名也,举东方,则三方可知矣。又有"鞮鞻氏掌四夷之乐,与其声歌祭祀,则龡而歌之,讌亦如之。"作先王乐者,贵能包而用之。纳四夷之乐者,美德广之所及也。②

这很能说明在统一全国后,那种多民族国家的自信与包容心态。

隋朝的燕乐始于七部乐。据《隋书·音乐志下》:

始开皇初定令,置七部乐:一曰国伎,二曰清商伎,三曰高丽伎,四曰天竺伎,五曰安国伎,六曰龟兹伎,七曰文康伎。又杂有疏勒、扶南、康国、百济、突厥、新罗、倭国等伎。其后牛弘请存鞞、铎、巾、拂等四舞,与新伎并陈。

炀帝时定九部乐。仍见《隋书》:

及大业中,炀帝乃定《清乐》、《西凉》、《龟兹》、《天竺》、《康国》、《疏勒》、《安国》、《高丽》、《礼毕》,以为《九部》。③

唐初,因隋旧制,仍为九部乐,后又更为坐、立二部。《唐会要·讌乐》一节,对唐代燕乐及其来源、沿革载之甚详:

武德初,未暇改作,每讌享,因隋旧制,奏九部乐:一《讌乐》、二《清商》、三《西凉》、四《扶南》、五《高丽》、六《龟兹》、七《安国》、八《疏勒》、九《康国》。至贞观十六年十二月,宴百寮,奏十部乐。先是,伐高昌,收其乐付太常,乃增九部为十部伎。今《通典》所载十

① 令狐德棻等:《隋书》卷一四《音乐志中》,《二十五史》,第3289页。
② 刘昫等:《旧唐书》卷二九《音乐志二》,《二十五史》,第3613页。
③ 令狐德棻等:《隋书》卷一五《音乐志下》,《二十五史》,第3297页。

部之乐，无《扶南乐》，只有《天竺乐》，不见《南蛮乐》。其后分为立、坐二部。①

现对其文中所说立部伎、坐部伎的主要情况列于下：

立部伎

1.《安乐》(周平齐作，周称《城舞》)

2.《太平乐》(亦称《五方狮子舞》)

3.《破陈(阵)乐》

4.《庆善乐》

5.《大定乐》(亦称《八纮同轨乐》，太宗平辽时作)

6.《上元乐》(高宗所作)

7.《圣寿乐》(武后所作，舞时行列成字，字有“圣超千古，道泰百王，皇帝万年，宝祚弥昌”)

8.《光圣乐》(高宗所造)

表演特点：“自《安乐》以下，每奏皆擂大鼓，同用《龟兹乐》，并立奏之。其《大定乐》加以金钲，唯《庆善乐》独用《西凉乐》，最为闲雅。”八部之中，《破陈》、《上元》、《庆善》三舞皆易衣冠、合钟磬，以享郊庙，武则天临朝后，此礼废。

坐部伎

1.《讌乐》(张文收所作，又分为四部：《景云》、《庆云》、《破陈(阵)》、《承天》)

2.《长寿乐》(武后长寿年所作)

3.《天授乐》(武后天授年作)

4.《鸟歌万岁乐》(武后所作，因养吉了鸟尝称万岁，故为乐以像之)

5.《龙池乐》(玄宗所作，因在藩邸时居崇庆坊宅，经雨，地忽为池，即位后以宅为宫，故为乐以表其祥)

6.《小破陈(阵)乐》(玄宗所作，生于立部伎，四人披金甲舞)

表演特点：自《长寿》以下，皆用龟兹乐，舞人皆着靴，唯《龙池》用雅乐，无钟磬，舞人蹑履而行。②

上书同一节又说：

> 贞观末，有裴神符者，妙解琵琶，作《胜蛮奴》、《火凤》、《倾杯乐》三曲，声度清美，太宗深爱之。高宗末，其伎遂盛，于是洎天后至神龙之际，大增加立、坐部伎诸舞。寻亦废之。③

---

① 王溥：《唐会要》卷三三，中华书局 1955 年版，第 609 页。(版本后同)

② 王溥：《唐会要》卷三三，第 609 页。

③ 王溥：《唐会要》卷三三，第 609-610 页。

《旧唐书》亦载有关于立、坐二部的详细情况：

高祖登极之后，享宴因隋旧制，用九部之乐，其后分为立、坐二部。今立部伎有安乐、太平乐、破阵乐、庆善乐、大定乐、上元乐、圣寿乐、光圣乐，凡八部。安乐者，后周武帝平齐所作也，行列方正，象城郭，周世谓之城舞，舞者八十人，刻木为面，狗喙、兽耳，以金饰之，垂线为发，画猰皮帽，舞蹈姿制，犹作羌胡状。太平乐亦谓之五方师(狮)子舞，师(狮)子、鸷兽出于西南夷、天竺、狮子等国，缀毛为之，人居其中，像其俛仰驯狎之容，二人持绳秉拂，为习弄之状，五狮子各立其方色，百四十人……①

文长不再录。通过白居易的《立部伎》诗，大致可见其演出及体制：

立部伎，鼓笛喧。舞双剑，跳七丸。袅巨索，掉长竿。太常部伎有等级，堂上者坐堂下立。堂上坐部笙歌清，堂下立部鼓笛鸣，笙歌一声众侧耳，鼓笛万曲无人听。立部贱，坐部贵。坐部退为立部伎，击鼓吹笙和杂戏。立部又退何所任？始就乐悬操雅音。雅音替坏一至此，长令尔辈调宫徵。圜丘后土郊祀时，言将此曰感神祇。欲望凤来百兽舞，何异北辕将适楚。工师愚贱安足云，太常三卿尔何人？

《旧唐书》对隋唐两朝的诸部音乐来源作了详细交代：

周武帝聘虏女为后，西域诸国来媵，于是龟兹、疏勒、安国、康国之乐，大聚长安，胡儿令羯人白智通教习，颇杂以新声。张重华时，天竺重译贡乐伎，后其国王子为沙门，来游，又传其方音。宋世有高丽、百济伎乐。魏平拓跋，亦得之而未具。周师灭齐，二国献其乐。隋文帝平陈，得《清乐》及《文康礼毕曲》，列《九部伎》，百济伎不预焉。炀帝平林邑国，获扶南工人及其匏琴，陋不可用，但以天竺乐转写其声，而不齿乐部。西魏与高昌通，始有高昌伎。我太宗平高昌，尽收其乐，又造《讌后》而去《礼毕曲》。②

由于融合外国及各民族音乐的燕乐之盛，致使顾炎武作《书女娲庙》诗感叹："凉州龟兹奏宫庙，汉魏雅乐随波涛。"

从《唐会要》可见燕(讌)乐的概念有大小之别，小者为张文收所作，是坐部伎之首，大者则包括立、坐二部伎，亦可见因裴神符作三首琵琶曲所引起的琵琶伎之盛。而"洎天后至神龙之际，大增加立、坐部伎诸舞。寻亦废之"，则很能说明二部伎之设是一个动态的过程。

---

① 刘昫等：《旧唐书》卷二九《音乐志二》，《二十五史》，第 3612 页。
② 刘昫等：《旧唐书》卷二九《音乐志二》，《二十五史》，第 3613 页。

燕乐在古代是祭祀燕享之乐，其祭祀的功能固然也在唐初有所体现，如立部伎的《破阵》、《上元》、《庆善》三舞皆易衣冠、合钟磬，以享郊庙，但是在武则天临朝后，此礼遂废。所以到后来燕乐主要成为了宴享之乐，故其范畴也在不断地扩大，不仅仅只是歌舞，也纳入百戏。《隋书》载，早在北周之时：

明帝武成二年正月朔旦，会群臣于紫极殿，始用百戏。武帝保定元年，诏罢之。及宣帝即位而广召杂伎，增修百戏。鱼龙漫衍之伎，常陈殿前，累日继夜，不知休息。好令城市少年有容貌者，妇人服而歌舞相随，引入后庭，与宫人观听，戏乐过度，游幸无节焉。①

而到盛唐时期，燕乐所吸纳、包含者极其之广。据《旧唐书》载，玄宗"燕设酺会"时，除了雅乐、立部伎、坐部伎表演外，还有"胡夷之伎"，又以群马舞《倾杯乐》曲，"令宫女数百人，自帷出，击雷鼓，为《破阵乐》、《太平乐》、《上元乐》，虽太常积习，皆不如其妙也"。②五方使引大象入场，或拜或舞，竟日而退。尤其是教坊之设，使得民间音乐荟萃于此，培育了大批音乐人才，玄宗亲自作曲制谱，在每年正月十五观灯作乐时，令演出散乐及绳戏、竿木等杂技：

玄宗又于听政之暇，教太常乐工子弟三百人为丝竹之戏，音响齐发……太常又有别教院，教供奉新曲。太常每凌晨，鼓笛乱发于太乐别署。教院廪食常千人，宫中居宜春院。玄宗又制新曲四十馀，又新制乐谱，每初年望夜，又御勤政楼，观灯作乐，贵臣戚里，借看楼观望。夜阑，太常乐府县散乐毕，即遣宫女于楼前，缚架出眺歌舞以娱之，若绳戏、竿木，诡异巧妙，固无其比。③

《新唐书》对唐初以来俗乐的发展，尤其是唐玄宗对俗乐、新乐以及其他艺术的倡导，作了详尽的记述：

自周、陈以上，雅、郑淆杂而无别，隋文帝始分雅、俗二部，至唐更曰"部当"。

凡所谓俗乐者，二十有八调……盖唐自太宗、高宗作三大舞，杂用于燕乐，其它诸曲出于一时之作，虽非绝雅，尚不至于淫放。武后之祸，继以中宗昏乱，固无足言者。玄宗为平王，有散乐一部，定韦后之难，颇有预谋者。及即位，命宁王主藩邸乐，以亢太常、分两朋，以角优劣。置内教坊于蓬莱宫侧，居新声、散乐、倡优之伎，有谐谑而赐金帛朱紫者。酸枣县尉袁楚客上疏极谏……其后，河西节度使杨敬忠献《霓裳羽衣曲》十二遍，凡曲终必遽，唯《霓裳羽衣曲》将毕，引声益缓。帝方

① 令狐德棻等：《隋书》卷一四《音乐志中》，《二十五史》，第 3292 页。
② 刘昫等：《旧唐书》卷二八《音乐志一》，《二十五史》，第 3612 页。
③ 刘昫等：《旧唐书》卷二八《音乐志一》，《二十五史》，第 3612 页。

寖喜神仙之事，诏道士司马承祯制《玄真道曲》，茅山道士李会元制《大罗天曲》，工部侍郎贺知章制《紫清上圣道曲》。太清宫成，太常卿韦绦制《景云》、《九真》、《紫极》、《小长寿》、《承天》、《顺天乐》六曲，又制商调《君臣相遇乐曲》。

初，隋有法曲，其音清而近雅，其器有铙、钹、钟、磬、幢、箫、琵琶。琵琶圆体修颈而小，号曰“秦汉子”，盖弦鼗之遗制，出于胡中，传为秦汉所作，其声金、石、丝、竹以次作，隋炀帝厌其声澹，曲终复加解音……①

玄宗在平王位时已有散乐一部，即位后命宁王主藩邸乐，“以亢太常、分两朋，以角优劣”，用现在的语言来说，就是引进竞争机制。而且还置内教坊，培育新声、散乐、倡优之伎，尤重善谐谑者，可见对戏弄人才的重视。因玄宗本人之崇道，使得道教音乐更是大有创获。上文说法曲起于隋，其音清而近雅，此点可在白居易《法曲歌》自注所说的“法曲虽似失雅音，盖诸夏之声也，故历朝行焉”②中得到证明。法曲在开元时期得到很大发展，玄宗从坐部伎中选拔人才，在梨园设法部，自此法部大盛。丘琼荪曾考得唐法曲二十五种③，多系民间及边地歌曲的加工改造，陈隋的优秀乐曲也被采入法曲。至于教坊音乐，更是极一时之盛。

唐玄宗设置教坊，其原因见论于《资治通鉴》：

开元二年春正月……上精晓音律，以太常礼乐之司，不应典倡优杂伎，乃更置左右教坊以教俗乐，命右骁卫将军范及为之使。又选乐工数百人，自教法曲于梨园，谓之“皇帝梨园弟子”，又教宫中使习之。又选伎女，置宜春院，给赐其家……④

身为皇帝，而又精通音乐，故而在命人整理雅俗乐时，“以太常礼乐之司，不应典倡优杂伎”而“更置左右教坊”，以区别礼教性与娱乐性的音乐。

的确，唐玄宗在俗乐发展的过程中，以其特殊的地位及其特有的艺术才能，起了极大的推动作用。虽说他因帝王的身份，也作庄重雅正之事：如开元二年(714)，下《禁断女乐敕》，有云：“自有隋颓靡，庶政凋缺，徵声违于郑、卫，衒色靡于燕、赵。广场角抵，长袖从风，聚而观之，浸以为俗。所以戎王夺志，夫子遂行。朕方大变浇讹，用清淄蠹，眷兹女乐，事切骄淫，伤风害政，莫斯为甚。既为令式，尤宜禁断。”⑤他自己虽好乐，却也能纳臣下重圣德风化之谏：如《资治通鉴》载，开元元年春二月“庚子夜，开门然灯，又追作去年大酺……上皇与上御门楼临观，或以夜继昼，凡月馀。左拾遗华阴严挺之上疏谏，以为：‘酺者因人所利，合醵为欢。今乃损万人之力，营百戏之资，非所以光

① 欧阳修等：《新唐书》卷二二《礼乐志》，《二十五史》，第4183页。
② 白居易：《法曲歌》，白居易著、朱金城笺校《白居易集笺校》，上海古籍出版社1998年版，第145页。
③ 丘琼荪遗著，隗芾辑补：《燕乐探微》，上海古籍出版社1989年版，第59-61页。(版本后同)
④ 司马光编著，胡三省音注：《资治通鉴》卷二一一，中华书局1956年版，第6694页。(版本后同)
⑤ 李希泌主编：《唐大诏令集补编》卷一九，上海古籍出版社2003年版，第846页。(版本后同)

圣德美风化也。'乃止。"[①]但唐玄宗实际上一直对扶持、发展俗乐给予了极大的热情。《新唐书·礼乐志》有全面的记载:

> 玄宗既知音律,又酷爱法曲,选坐部伎子弟三百,教于梨园,声有误者,帝必觉而正之,号"皇帝梨园弟子",宫女数百,亦为梨园弟子,居宜春北院。梨园法部更置小部音声三十馀人。帝幸骊山,杨贵妃生日,命小部张乐长生殿,因奏新曲,未有名,会南方进荔枝,因名曰《荔枝香》。帝又好羯鼓,而宁王善吹横笛,达官大臣慕之,皆喜言音律。帝尝称"羯鼓八音之领袖,诸乐不可方也。"盖本戎羯之乐,其音太蔟一均,龟兹、高昌、疏勒、天竺部皆用之,其声焦杀,特异众乐。开元二十四年,升胡部于堂上。而天宝乐曲皆以边地名:若《凉州》、《伊州》、《甘州》之类,后又诏道调、法曲与胡部新声合作。明年,安禄山反,凉州、伊州、甘州皆陷吐蕃。
>
> 唐之盛时,凡乐人、音声人、太常杂户子弟,隶太常及鼓吹署,皆番上,总号音声人,至数万人。
>
> 玄宗又尝以马百匹,盛饰,分左右,施三重榻,舞《倾杯》数十曲,壮士举榻,马不动。乐工少年姿秀者十数人,衣黄衫、文玉带,立左右,每千秋节舞于勤政楼下,后赐宴设酺亦会勤政楼。其日未明,金吾引驾骑,北衙四军陈仗、列旗帜、被金甲、短后绣袍。太常卿引雅乐,每部数十人,间以胡夷之技。内闲厩使引戏马,五坊使引象、犀,入场拜舞。宫人数百,衣锦绣衣,出帷中,击雷鼓,奏《小破阵乐》,岁以为常。千秋节者,玄宗以八月五日生,因以其日名节,而君臣共为荒乐,当时流俗多传其事以为盛。其后巨盗起,陷两京,自此天下用兵不息,而离宫苑囿,遂以荒堙,独其馀声遗曲传人间,闻者为之悲凉感动。[②]

由上可见,唐玄宗由于在其统治的前期励精图治,不仅创造了"开元之治"的盛世,也创造了繁荣文化艺术的条件,其执政期长,又具有艺术天分,对新乐、俗乐怀有巨大的热情,因而在盛唐时期使俗乐有很大的发展,也大大扩大、改变了燕乐的内涵,使之极为繁盛。而燕乐的繁盛,又为曲子词之起打下了基础,创造了条件。

第二节　唐代燕乐杂言歌辞之起

在唐代,并无"词"之说,甚至到宋代还很长时期称之为"曲子",虽本书的论述范围因袭旧说而用"唐宋词"之名,但实际上唐人所作的是曲子。任半塘先生《关于唐曲子问题商榷》一文曾指出:后世称之为"词",在唐五代被称作"曲子",文中列举了三十八例[③],可谓

---

① 司马光编著,胡三省音注:《资治通鉴》卷二一〇,第 6679-6680 页。

② 欧阳修等:《新唐书》卷二二《礼乐志》,《二十五史》,第 4183-4184 页。

③ 任半塘:《关于唐曲子问题商榷》,陈文和、邓杰编《从二北到半塘——文史学家任中敏》,南京大学出版社 2000 年版,第 264 页。(版本后同)

力证。在唐人那里,即使是使动用法的“辞”字,也被写作“词”,敦煌写卷中此类例子甚多,宋代以后作为诗歌体裁之一的“词”,并未见于唐五代。因此,本书在论述唐五代时,或用“词”之名义,实际上即曲子词,下面不一一作出说明。

至于所“倚”之“声”,则是这里最需要解决的问题。

一、教坊曲与词调

历来都说曲子词所倚者为燕乐。此燕乐,不是古代祭祀燕享之乐,亦非古代内廷之乐,而是唐代广义的燕乐。丘琼荪说:

> 燕乐是雅俗兼施的,上自郊庙朝廷之所谓“雅”,下至陌头里巷之所谓“俗”。其中有中原乐,有边疆民族乐,也有外族乐;有歌、有舞;有新、有旧;应用的范围既很广泛,性质和内容又较复杂。事实上,典礼中用得少,日常娱乐,尤其是广大的民间用得多。一切民间音乐,可称无一不在燕乐范围之中,所以“燕乐”二字,在唐以后便成为俗乐的代名词了。①

任半塘在其《教坊记笺订》卷首的《唐代“音乐文艺”研究发凡》中则说:

> 唐代音乐,应分雅乐与俗乐两部。俗乐包含朝野所有之燕乐。其小部分介乎雅、俗之间者,如琴曲,如雅乐之采用大曲、曲破等。宜划入俗乐范围。②

以燕乐的概念小于俗乐。

王昆吾认为,唐人所用的燕乐(宴乐)一词,包含三种涵义:一是宴饮享乐;二是贞观十四年协律郎张文收创制的《景云河清歌》,名曰《宴乐》,是编为十部伎和二部伎第一部的一支大型乐曲;三是宫廷宴飨音乐。在考察前代记载的基础上,他提出了具有最大包容性的说法:

> 隋唐燕乐,是对隋唐五代新的艺术性音乐的总称……它概括了张文收所制的《宴乐》、十部伎组成的初唐宫廷燕乐、盛唐的法曲、二部伎、教坊乐以及各种民间流行音乐,是代表它们的总和的一个术语。③

又具体将十部伎、二部伎、法曲、教坊曲、民间歌曲、几种特殊的器乐曲、散乐,共七类纳入其中④。笔者对此没有专门的研究,但从上节所引的史料,可证唐代皇家用于宴享、

---

① 丘琼荪遗著,隗芾辑补:《燕乐探微》,上海古籍出版社1989年版,第5页。(版本后同)

② 崔令钦撰,任半塘笺订:《教坊记笺订》,中华书局1962年版,第1页。(版本后同)

③ 王昆吾:《隋唐五代燕乐杂言歌辞研究》,中华书局1996年版,第15页。(版本后同)

④ 王昆吾:《隋唐五代燕乐杂言歌辞研究》,第18–22页。

庆贺以至娱乐之乐，是不断地变换、增多，也因此可以基本同意上述七类音乐属于燕乐这一看法。笔者以为雅、俗的标准不甚得当，还是“隋唐五代新的艺术性音乐的总称”一说更好，也更接近事实。

音乐及与音乐相关的文学，都有自己的发展历程，其名称之凝定，往往需要较长的时间。清乐是到隋朝才见正式命名的，燕乐在唐朝，也因不同的语境而见其义游移，直到北宋，才作出雅乐、清乐与燕乐的概念区别。沈括说：

> 自唐天宝十三载，始诏法曲与胡部合奏。自此乐奏全失古，以先王之乐为雅乐，前世新声为清乐，合胡部者为宴乐。①

应该说，这是经历了隋唐五代之后，宋人对此前音乐的正确看法，对这三类音乐的性质和特点概括得很准确。燕乐范畴确实太大，其与雅乐、清乐之区别，在是否“先王之乐”与“前世新声”，是甚得其要的。而由于燕乐强烈的吸纳、融汇性，其外国乐、多民族乐的成分也确实与“先王之乐”或“九代遗声”有显著区别，“合胡部”的确是其显著的特征。

那么，是否所有燕乐皆能为曲子词所“倚”呢？显然不是！要研究这一问题，不妨对此前的歌辞作一简单的考察。

无论是何种音乐，都与诗歌结合，而雅乐与清乐的歌辞显然有各自的体系。雅乐的歌辞，正史记载甚多。历史上一些著名的诗人，如沈约等，因其为官既高，诗名亦著，成为了皇家雅乐歌辞的作者。就唐代而言，雅乐的歌辞竟然有一个由雅而俗的变化过程。《旧唐书》有载：

> 贞观二年，太常少卿祖孝孙既定雅乐，至六年，诏褚亮、虞世南、魏征等分制乐章。其后，至则天称制，多所改易，歌辞皆是内出。开元初，则中书令张说奉制所作，然杂用贞观旧词。自后郊庙，歌工乐师传授多缺，或祭用宴乐，或郊称庙词。二十五年，太常卿韦縚、令博士韦逌、直太乐尚冲、乐正沈元福、郊社令陈虔、申怀操等，铨叙前后所行用乐章为五卷，以付太乐、鼓吹两署，令工人习之。时太常旧相传有宫、商、角、徵、羽谦乐五调歌词各一卷，或云贞观中侍中杨仁恭妾赵方等所铨集，词多郑卫，皆近代词人杂诗。至縚，又令太乐令孙玄成更加整比为七卷。又自开元已来，歌者杂用胡夷里巷之曲，其孙玄成所集者，工人多不能通，相传谓为法曲。今依前史旧例，录雅歌词，前后常行用者，附于此志，其五调法曲，词多不经，不复载之。②

清乐的歌辞，也可以在正史中找到记录，其词也多有民间的通俗味。《旧唐书》云：

---

① 沈括著，胡道静校注：《新校正梦溪笔谈》卷五，中华书局1957年版，第61页。（版本后同）

② 刘昫等：《旧唐书》卷三〇《音乐志三》，《二十五史》，第3615页。

> 武太后之时，犹有六十三曲，今其辞存者惟有《白雪》、《公莫舞》、《巴渝》、《明君》、《凤将雏》、《明之君》、《铎舞》、《白鸠》、《白纻》、《子夜》、《吴声四时歌》……《春江花月夜》、《玉树后庭花》、《堂堂》、《泛龙舟》等三十二曲……[1]

这三十二曲的歌辞，现在尚有不少可见者。任半塘先生《教坊记笺订》一书，研究了《教坊记》的二百七十八调，注出为清乐者共八十二调[2]。

既然雅乐与清乐歌辞都有俗化趋势，且能不限于大臣所作，那么燕乐歌辞的创作，就更加使得文人和大众的参与成为了可能。

曲子词与何类燕乐相关呢？主要是教坊乐。

唐自立国便不禁俗乐。唐太宗以为哀乐在于人心，不在乐之雅俗。玄宗更抑雅从俗，首开宫禁标举散乐，使之不受礼司统辖：唐代宫内教坊自武德间仿隋制设立。但开元以前，宫内教坊专事礼乐，属太常统制。任半塘引《旧唐书·职官志》"内教坊"注云："武德已来，置于禁中，以按雅乐，以中官人充使。则天改为云韶府，神龙复为教坊。"又引《新唐书·百官志》"大乐署"条，用孔帖云："开元二年，又置内教坊于蓬莱宫侧……京都置左右教坊，掌俳优、杂伎，自是不隶太常。以中官为教坊使。"[3]据《新唐书》记载："帝即位……分乐为二部：堂下立奏，谓之立部伎；堂上坐奏，谓之坐部伎。太常阅坐部，不可教者隶立部，又不可教者，乃习雅乐。"[4]《教坊记》曰："玄宗之在藩邸，有散乐一部……及膺大位，且羁縻之。常于九曲阅太常乐……诏宁王主藩邸之乐以敌之……翌日诏曰：'太常礼司，不宜典俳优杂伎。'乃置教坊，分为左右而隶焉。"[5]此藩邸之乐即为散乐，而《教坊记》又载："西京：右教坊在光宅坊，左教坊在延政坊。右多善歌，左多工舞，盖相因成习。"[6]又，"妓女入宜春院，谓之'内人'，亦曰'前头人'，常在上前头也。其家犹在教坊，谓之'内人家'，四季给米。其得幸者，谓之'十家'，给地宅，赐无异等。"[7]宜春院以下则是云韶院，"楼下戏出队，宜春院人少，即以云韶添之。云韶谓之'宫人'，盖贱隶也。非直美恶貌殊，佩琚居然易辨——内人带鱼，宫人则否。平人女以容色选入内，教习琵琶、五弦、箜篌、筝者，谓之'搊弹家'。"[8]歌、舞各有专职，兼得玄宗悉心调教，色艺双绝之"宜春院""内人"甚至得到"带鱼"的恩遇！优遇安定的生活，使各"色"乐工潜心伎艺，歌舞器奏皆臻极致。

对比《旧唐书·音乐志》、《新唐书·礼乐志》和《乐书要录》(武后敕撰，约成书于公元700年)所载初、盛唐乐制，显然是玄宗出于个人偏好，使儒家乐教之"雅"急转质变

---

① 刘昫等：《旧唐书》卷二九《音乐志二》，《二十五史》，第3613页。
② 崔令钦撰，任半塘笺订：《教坊记笺订》，中华书局1962年版，第143页。
③ 崔令钦撰，任半塘笺订：《教坊记笺订》，中华书局1962年版，第17页。
④ 欧阳修等：《新唐书》卷二二《礼乐志》，《二十五史》，第4183页。
⑤ 崔令钦撰，任半塘笺订：《教坊记笺订》，中华书局1962年版，第8–9页。
⑥ 崔令钦撰，任半塘笺订：《教坊记笺订》，中华书局1962年版，第14页。
⑦ 崔令钦撰，任半塘笺订：《教坊记笺订》，中华书局1962年版，第19页。
⑧ 崔令钦撰，任半塘笺订：《教坊记笺订》，中华书局1962年版，第25页。

为逞欲耳目之"俗",以李清照《词论》言,自此"郑、卫之声"、"流靡之变"登堂上殿,乃至凌驾于儒家礼乐之上[①]。据任半塘《教坊记笺订》引《说郛》涵本《教坊记序》原注曰:"坊中呼太常人为'声伎儿'"[②],其看轻雅乐一竟若此!

好俗恶雅风气由宫室首倡,渐次接染士族耳目,使俗乐歌舞响彻朝堂内外,更弥漫于坊间巷陌。一如欧阳炯《花间集序》所述:"有唐已降……家家之香径春风,宁寻越艳;处处之红楼夜月,自锁嫦娥。"[③]

开天年间,教坊在玄宗主持下已经积聚了一批曲式结构完整、调式旋律齐备的乐曲。今所见《教坊记》残本有开天年间教坊曲名三百二十四目。据王昆吾《隋唐五代燕乐杂言歌辞研究》所作统计:今可见传辞之唐五代杂言曲子共一百七十目:其中调名与《教坊记》曲目完全吻合者七十七目,另有《教坊记》未录而见著于《羯鼓录》、《乐府杂录》者四目,依次为《五更转》、《石州》、《梦江南》、《十二时》。前此二种,合计八十一目,将近半数。另有调名明显同源者四首,为《甘州遍》、《添声杨柳枝》、《更漏子》、《后庭花破子》。今可见隋唐五代杂言曲子传辞共计二千二百十六首[④],其中配合教坊曲及太乐供奉曲者合计一千八百七十二首,为唐五代杂言曲子辞"倚声"于盛唐教坊乐的力证。

开天教坊乐与传统礼乐、民间散乐有本质区别:其别于太常礼乐,在娱人耳目与因循教化之异趣;其别于民间散乐,在专业之精妙绝伦与业余之浅近鄙陋不同。其乐易则其文异:李白应制《清平乐》四首尽属宫怨,言情绮靡,曲折有致,去文人制撰太庙乐章之"黄钟大吕"极远,又绝不同于《云谣集》民间传辞之旷女怨妇,俚语倾诉,直白浅露。专业"逞欲"之曲(教坊曲)与专业"言情"之词(诗客曲子词)"强强联合","诗客曲子词"本滥觞于宫闱之中。

《唐会要》:"天宝十载九月二日,敕五品已上正员清官,诸道节度使及太守等,并听当家畜丝竹,以展欢娱,行乐盛时。覃及中外。"[⑤]由于玄宗颁俗乐于士族,提炼升华自民间散乐的宫廷"俗乐"——教坊曲始与"绮筵绣幌"结缘。随后因安史之乱,教坊诸"色"之伎多流寓市井,教坊曲又回游民间,寄居市井,如《乐府杂录》"歌"一节就叙述了"永新娘子"殁于风尘之事[⑥]。士族之偏爱教坊曲,以白居易《琵琶行》为例:使诗客"如聆仙乐耳暂明"的,正是"大珠小珠落玉盘"的教坊琵琶曲!今所见诗客曲子词囊集成帙者,以温庭筠《金荃集》曲子为"花间鼻祖",温亦晚唐诗客,"倚声"文学之自觉即由此始。

因此,唐五代曲子起源于开天年间教坊曲无疑。

任半塘先生对《教坊记》所列曲名作了进一步研究,认为这二百余曲可以分为三

---

① 李清照著,王学初校注:《李清照集校注》,人民文学出版社 1979 年版,第 194 页。

② 崔令钦撰,任半塘笺订:《教坊记笺订》,中华书局 1962 年版,第 9 页。

③ 欧阳炯:《花间集序》,赵崇祚辑、李一氓校《花间集校》,人民文学出版社 1958 年版,第 1 页。

④ 王昆吾:《隋唐五代燕乐杂言歌辞研究》,中华书局 1996 年版,第 84-86 页。

⑤ 王溥:《唐会要》卷三四,第 630 页。

⑥ 段安节:《乐府杂录》,《羯鼓录·乐府杂录·碧鸡漫志》,古典文学出版社 1957 年版,第 26-27 页。

类:一是有传辞、为唐人所歌之五、六、七言声诗,二是唐或五代之长短句词,三是其名曾见于敦煌曲者。但三者之间并非界限分明、难以逾越,“前人谓‘词即曲之词,曲即词之曲’,语最简当!唐人歌诗,亦各有其曲调,是诗为曲之辞,而曲为诗之声也。敦煌曲多数杂言,少数齐言,是兼以诗、词为其曲之辞,而其曲乃诗或词之声也”。[①]任半塘先生将这二百多曲确定为词调的共有七十六种。它们是:

抛球乐、清平乐、贺圣朝、春光好、凤楼春、长命女、柳青娘、杨柳枝、柳含烟、浣溪沙、浪淘沙、纱窗恨、望梅花、望江南、摘得新、河渎神、醉花间、思帝乡、归国遥、感皇恩、定风波、木兰花、更漏长、菩萨蛮、临江仙、虞美人、献忠心、遐方怨、送征衣、扫市舞、凤归云、离别难、定西番、荷叶杯、感恩多、长相思、西江月、拜新月、上行杯、鹊踏枝、倾杯乐、谒金门、巫山一段云、望月婆罗门、玉树后庭花、麦秀两歧、相见欢、苏幕遮、黄钟乐、诉衷情、洞仙歌、喜秋天、三台、柘枝引、望远行、南歌子、鱼(五代之后作“渔”)歌子、风流子、生查子、山花子、竹枝子、天仙子、赤枣子、酒泉子、甘州子、破阵子、女冠子、赞普子、南乡子、拨棹子、何满子、水沽子、西溪子。[②]

任先生以教坊二百七十八种曲名中,属声诗者四十六种,加入回波乐、春莺啭、达摩支、一片子、及大曲凉州、伊州、泛龙州、伴侣、突厥三台、四会子,共五十六种。其初为诗、而后已别有长短句词者,约十六调。词的七十六调兼及声诗与词。因为唐人所用的词调主要是教坊曲,而教坊曲本为教坊歌妓所习,所以,在教坊曲变为唐五代词调的过程中,歌妓起了极其重要的作用。任先生又说:“前人编《词律》,略收声诗;编《词谱》,略收大曲;而皆以长短句为词之主体。因其编书之时,诗、词均已不歌,大曲已不作,士大夫于词,惟写一二小遍之长短句而已,遂举所谓‘律’与‘谱’者,专属之于长短句……惟不妨就音乐之系统,划唐人之声诗、大曲、长短句词,五代两宋之大曲及长短句词,皆属于燕乐之领域;而综金之诸宫调、元明之南北曲、明清之小曲,皆属于曲乐之领域,庶几赅切。”[③]此说是任先生观照整个唐代“音乐文艺”的一个很科学的说法。他本人关于唐代这一音乐文艺系列所拟定的十八项研究计划,已经见于自己所作的唐声诗、戏弄、敦煌曲等著作,其弟子王昆吾又继续了多项研究。由于有了这一系列的专门研究,此处还是按习惯侧重在“专属于长短句”,就燕乐的杂言曲子词之起谈些看法。

二、选词以配乐　非由乐以定词

元稹《乐府古题序》指出,《诗经》、《楚辞》之后,诗流为二十四名,其中有诗、行、咏、吟、题、怨、叹、章、篇等九类,“皆属事而作,虽题号不同,而悉谓之为诗可也。后之审乐

① 崔令钦撰,任半塘笺订:《教坊记笺订》,中华书局1962年版,第61页。
② 任半塘自称共76种,笔者据其在调名侧所注统计实为73种。
③ 崔令钦撰,任半塘笺订:《教坊记笺订》,中华书局1962年版,第62页。

者，往往采取其词，度为歌曲，盖选词以配乐，非由乐以定词也”。[1]可见，这些是由“审乐者”“采取其词，度为歌曲”，才使徒诗成为可歌之诗，其创作法是“选词以配乐，非由乐以定词”。这种可歌之诗简称为歌诗，亦即声诗。明人郎瑛《七修续稿》引冯少洲《汉魏诗纪》序曰：“其发而为声诗，能使人甘听忘倦，如饮醇酒。”[2]“发而为声诗”者自是歌妓，她们在酒宴上歌诗是唐代的普遍现象，歌者多年轻貌美，加以近距离的交流，“甘听忘倦，如饮醇酒”的演唱效果不难体会。

后八种的操、引、谣、讴、歌、曲、词、调，“皆起于郊祭、军宾、吉凶、苦乐之际。在音声者，因声以度词，审调以节唱。句度短长之数，声韵平上之差，莫不由之准度。而又别其在琴瑟者为操、引，采民甿者为讴、谣，备曲度者，总得谓之歌、曲、词、调。斯皆由乐以定词，非选调以配乐也”。[3]八种虽亦各有区别，但共同者在于歌辞的创作是“因声以度词”，歌唱者是“审调以节唱”，而“由乐以定词，非选调以配乐”则再次强调了固定的、现成的音乐在先，文学的曲辞在后的性质。显然，这就是倚声填词的曲子词，后来简称为词。

开元、天宝年间，声诗创作最盛，前引《旧唐书·音乐志三》所载：“时太常旧相传有宫、商、角、徵、羽燕乐五调歌词各一卷，或云贞观中，侍中杨仁恭妾赵方等所铨集，词多郑卫，皆近代词人杂诗。至縚，又令太乐令孙玄成更加整比为七卷。”可见当时已将燕乐五调歌词作过整理，但未能留存下来。而现代之从文献搜集到全面研究，任半塘先生的《唐声诗》无疑是最为齐备、周详的。选词配乐的工作，当然要留意当时的著名诗人，因而我们现在可见到的唐代声诗，多为诗中名篇。相比之下，歌辞创作的由乐定词、因声度词，确实要多少懂得音乐，但参与者绝对不会只是著名诗人，作者面是比较大的，敦煌曲子词的发现就证明了这一点。

《苕溪渔隐丛话》后集所载的李清照论词文字，开头即说：“乐府声诗并著，最盛于唐开元、天宝间。”这里的“乐府”就指曲子词。在插入开、天间李八郎善歌一事后，她又说：“自后郑、卫之声日炽，流靡之变日烦。已有《菩萨蛮》、《春光好》、《莎鸡子》、《更漏子》、《浣溪沙》、《梦江南》、《渔父》等词，不可遍举。”[4]这里实际上已经道出了曲子词繁盛之由。前引《旧唐书·音乐志三》所说的“或云贞观中，侍中杨仁恭妾赵方等所铨集，词多郑卫，皆近代词人杂诗”，“又自开元已来，歌者杂用胡夷里巷之曲”，则点出了唐代曲子词生成及发展的两个关键点。唐太宗的礼乐思想较为通达。《旧唐书》云：

> 贞观二年六月……御史大夫杜淹对曰：“前代兴亡，实由于乐。陈将亡也，为《玉树后庭花》，齐将亡也，而为《伴侣曲》，行路闻之，莫不悲泣，所谓亡国之音也。以是观之，盖乐之由也。”太宗曰：“不然。夫音声能感人，自然之道也，故欢

---

① 元稹撰，冀勤点校：《元稹集》，中华书局1982年版，第254页。

② 郎瑛：《七修续稿》卷三，《续修四库全书》第1123册，第357页。

③ 元稹撰，冀勤点校：《元稹集》，中华书局1982年版，第254页。

④ 胡仔：《苕溪渔隐丛话》后集卷三三，人民文学出版社1962年版，第254页。（版本后同）

者闻之则悦,忧者听之则悲。悲欢之情,在于人心,非由乐也。将亡之政,其民必苦,然苦心所感,故闻之则悲耳,何有乐声哀怨能使悦者悲乎?今'玉树'、'伴侣'之曲,其声具存,朕当为公奏之,知公必不悲矣。"尚书右丞魏征进曰:"古人称'礼云、礼云,玉帛云乎哉!乐云、乐云,钟鼓云乎哉!'乐在人和,不由音调。"太宗然之。①

由于音乐思想通达,因而有太宗自己的宫体诗之作,也能有太常燕乐五调歌词的"词多郑卫"。

至于唐玄宗,前面所引的史料已足以说明他对于燕乐发展所起的作用。"开元已来,歌者杂用胡夷里巷之曲",而至天宝的安史之乱起,发生了翻天覆地的变化,不仅造成了极大的社会动乱,也使得音乐遭到很大的破坏。安禄山占领长安后,曾将乐舞的机构及相关人员迁至洛阳,经历战乱,"自此天下用兵不息,而离宫苑囿,遂以荒堙,独其馀声遗曲传人间,闻者为之悲凉感动",甚至使得唐肃宗举行登基大礼时缺礼仪、歌舞之物:"寻而肃宗克复两京,将行大礼,礼物尽阙,命礼仪使太常少卿于休烈,使属吏与东京留台领,赴于朝廷,诏给钱使休烈造伎衣及大舞等服,于是乐工二舞始备矣。"②教坊、梨园乐伎及其余声遗曲流落民间,使同样流寓夔州的老诗人杜甫闻曲伤感,其《秋日夔府咏怀奉寄郑监审李宾客之芳一百韵》写到闻梨园弟子仙奴所歌:"南内开元曲,常时弟子传。法歌声变转,满座涕潺湲。"《乐府杂录》所载籍于宜春院的许永新,"既美且慧,善歌,能变新声。韩娥、李延年殁后千馀载,旷无其人,至永新始继其能"③,"最受明皇宠爱,每对御奏歌,则丝竹之声莫能遏。帝常谓左右曰:'此女歌直千金。'"④但在安史之乱后,甚至沦落妓院,成为了"阿母"的摇钱树,困顿而死。

安史之乱后,在伎人星散、浪迹天涯同时,也产生了一个新现象,即:过去为皇帝所专有的音乐以及乐人,"飞入寻常百姓家",这就使得原先的宫伎们,能为更广大的不同阶层人士提供音乐服务。由于长期熟习教坊曲,随着他们的流落社会,这些曲子也随之流行各处,倚声填词逐渐成为大众之事。

唐朝虽因宫廷喜好俗乐而设女乐,但对臣下却加以限制,《唐会要》载:神龙二年(706),敕准:"三品已上,听有女乐一部;五品已上,女乐不过三人,皆不得有钟磬。"⑤但到不足半个世纪后的天宝十载(751),已经改敕为:"五品已上正员清官,诸道节度使及太守等,并听当家蓄丝竹,以展欢娱,行乐盛时,覃及中外。"⑥安史之乱以后,具有较高水准的歌舞乐伎,更进入私人宅第。中晚唐时期,由于朝廷财力不足,遂将大批乐工和伎女遣散。史载:贞元二十一年三月庚午,"出宫女三百人于安国寺,又出掖庭、教坊

① 刘昫等:《旧唐书》卷二八《音乐志一》,《二十五史》,第3610页。
② 刘昫等:《旧唐书》卷二八《音乐志一》,《二十五史》,第3612页。
③ 段安节:《乐府杂录》,《羯鼓录·乐府杂录·碧鸡漫志》,古典文学出版社1957年版,第26页。
④ 王仁裕:《开元天宝遗事》卷下,《唐五代笔记小说大观》,上海古籍出版社2000年版,第1739页。
⑤ 王溥:《唐会要》卷三四,第628页。
⑥ 王溥:《唐会要》卷三四,第630页。

女乐六百人于九仙门，召其亲族归之”。[1]又，宝历二年十二月“己酉，勅凤翔、淮南先进女乐二十四人并放还本道”，“……教坊乐官、翰林待诏、伎术官并总监诸色职掌内冗员者共一千二百七十人并宜停废……今年已来诸道所进音声女人各赐束帛放还”。[2]这些被放出的女妓和乐工，有的流入州府或方镇，有的流落市井，继续以自己的歌舞技艺谋生，也提高了社会的歌舞艺术表演及欣赏水平，为促使歌词的繁盛发展创造了条件。

关于唐代声诗，任半塘先生认为，在汉、魏、六朝乐府歌辞和宋词、元曲之间，“倘于此一中间阶段——唐诗——寄声寄艺之实况不明，对前者六朝，后者宋、元之声伎体用所在，势必有隔阂或误解。质言之：一般文艺家自来即陷在此项隔阂与误解中，特大都茫然不自察耳”，因此，“欲求通于我国古典文艺内之歌辞专体者，于唐代声诗之学，终不容不治也”。[3]他对于关涉辞、乐、歌、舞四事的“声诗”一体有一个非常简明的界定：“声诗以其特点齐言体与唐曲子及大曲内之杂言体对立，尚须不混于历史上前面所有六朝乐府内之齐言及后面所有宋词内之齐言”，且说：“此稿特性在‘主声’，不‘主文’。其所追求体现者，不仅歌辞之文字，且在声与容之制作与演奏；并注重声诗在当时及后世民间之发展，尽量探索诗调与民俗间之关系；以及查明声与辞之流变及影响……”[4]所说者为我们探寻由唐声诗至曲子词之变，研究词的起源，指出了应走的道路。

按照今天的一般定义，词应该是合乐的长短句歌词，而唐声诗却是齐言体，那么，前者是如何由后者发展、转化而来的呢？据前引元稹所说可知，无论是选词以配乐的声诗，还是由乐以定词的曲子词，都存在一个乐与词相谐的问题。乐曲多参差变化，而唐人却以近体诗入乐，为克服其不谐，必然走上杂言歌辞一路。尤其因中晚唐时发生的变化，使得杂言的过程为之加速，此即流落各地的歌妓常选取诗人的近体诗入乐歌唱：“愿持卮酒更唱歌，歌是《伊州》第三遍。唱著右丞征戍词，更闻闺月添相思。”（陈陶《西川座上听金五云唱歌》）脱离了教坊，也就得不到教坊乐师的配乐，歌妓或自行增减以就乐曲，或如歌《伊州》第三遍那样取歌辞与声相叠而歌，虽本为近体诗，却因依乐定体而变更，逐渐因以按谱填词来解决与音乐结合中的矛盾，遂使齐言歌词渐变为杂言。

总结前人所论，齐言歌词之变为杂言之由，有和声说、泛声说、虚声说和散声说四种。

首倡“和声说”的是沈括。沈氏云：

> 诗之外又有和声，则所谓曲也。古乐府皆有声有词，连属书之，如曰贺贺贺、何何何之类，皆和声也。今管弦之中，缠声亦其遗法也。唐人乃以词填入曲中，不复用和声。[5]

---

[1] 刘昫等：《旧唐书》卷一四《顺宗本纪》，《二十五史》，中华书局1997年版，第3532页。（版本后同）

[2] 刘昫等：《旧唐书》卷一七《敬宗本纪》，《二十五史》，第3547页。

[3] 任半塘：《唐声诗总说》，《唐声诗》上编，上海古籍出版社2006年新1版，第1–2页。

[4] 任半塘：《唐声诗上下编简介》，《唐声诗》上编，第1页。

[5] 沈括撰，胡道静校注：《新校正梦溪笔谈》卷五，中华书局1997年版，第62页。

后来胡震亨也说：

古乐府诗，四言、五言，有一定之句，难以入歌，中间必添和声，然后可歌，如妃呼豨、伊何那之类是也。唐初歌曲，多用五七言绝句，律诗亦间有采者，想亦有剩字剩句于其间，方成腔调。其后即以所剩者作为实字，填入曲中歌之，不复别用和声，则其法愈密，而其体不能不入于柔靡矣，此填词所由兴也。①

“泛声”说以朱熹为代表。《朱子语类》云：

古乐府只是诗，中间却添许多泛声。后来人怕失了那泛声，逐一声添个实字，遂成长短句，今曲子便是。②

“虚声”说，如胡仔云：

唐初歌辞，多是五言诗，或七言诗，初无长短句。自中叶以后，至五代，渐变成长短句。及本朝，则尽为此体。今所存，止《瑞鹧鸪》、《小秦王》二阕是七言八句诗、并七言绝句诗而已。《瑞鹧鸪》犹依字易歌，若《小秦王》必须杂以虚声乃可歌耳。③

“散声”说，见于清人方成培《香研居词麈》：

古者诗与乐和，而后世诗与乐分；古人缘诗而作乐，后人倚调以填词。古今若是其不同，而钟律宫商之理，未尝有异也。自五言变为近体，乐府之学几绝。唐人所歌，多五、七言绝句，必杂以散声，然后被之管弦。如《阳关》诗必至三叠而后成音，此自然之理，后遂谱其散声，以字句实之，而长短句兴焉。④

以上各说不同，但都说出了五七言诗与乐曲之间不能相谐，要做到声与文相从，就必然是将齐言的诗句变为长短句。王灼《碧鸡漫志》逐调讨论各词调的来源及发展，在论及《杨柳枝》时说：“今黄钟商有《杨柳枝》曲，仍是七字四句诗，与刘白及五代诸子所制并同。但每句下各增三字一句，此乃唐时和声，如《竹枝》、《渔父》，今皆有和声也。”⑤添和声、泛声，杂虚声、散声，虽是“选词以配乐”中解决声文相谐的办法，但毕竟较为被动，也是齐言变为杂言的被动途径。沈括所说的“唐人乃以词填入曲中，不复用

---

① 胡震亨：《唐音统签·癸签》卷一五，《续修四库全书》第 1620 册，上海古籍出版社 2002 年版，第 605 页。
② 黎靖德编，王星贤点校：《朱子语类》卷一四○，中华书局 1986 年版，第 3333 页。
③ 胡仔：《苕溪渔隐丛话》后集卷三九，第 323 页。
④ 方成培：《香研居词麈》，丛书集成初编本，中华书局 1985 年版，第 1 页。
⑤ 王灼著，岳珍校正：《碧鸡漫志校正》卷五，巴蜀书社 2000 年版，第 132 页。

和声”则是主动之法，他紧接又说：“此格虽云自王涯始，然贞元、元和之间，为之者已多，亦有在涯之前者。”①王涯生活的时代已晚，故而又有后面的补充。其实，他所说的“贞元、元和之间，为之者已多”是正确的，因为刘禹锡《忆江南》二首的自注已说：“和乐天春词，依《忆江南》曲拍为句。”这就是真正的“由乐以定词，非选调以配乐”。刘禹锡的自注，使后人能据以知道文人曲子词依曲拍为句之始，而在敦煌曲子词中，长短句是早于此时的，这在下面再论。

第三节　敦煌曲子词的文化内涵

1900年，因偶然的机会，敦煌鸣沙山藏经洞被打开，其中两万多卷文献才为人所知晓，沉埋至久的唐五代民间曲子词，穿越了千年岁月，重新回到了人间。

经多年的整理研究，从王重民《敦煌曲子词集》的一百六十四首，任二北《敦煌曲校录》的五百四十五首，饶宗颐《敦煌曲》的三百一十八首，到任半塘（任讷，字中敏，早号二北，晚号半塘）编定《敦煌歌辞总编》的一千二百多首，人们已能近于窥见敦煌歌辞的全部面貌。

敦煌曲子词的写作年代跨越较大，王国维《云谣集杂曲子跋》据集中所用曲调，指出：“案此八调名，均见崔令钦《教坊记》所载曲名中……其人当生玄、肃二宗时，《教坊记》记事讫于开元，亦足推其时代，则此八曲固开元教坊旧物矣。”②任二北《敦煌曲初探》认为年代最早的是五台山曲子《苏幕遮》大曲，大约作于武则天末年，而最晚的约是《望江南》（边塞苦）一首，词中的“太傅”指归义军曹元忠，则可见为后晋出帝开运（944—946）时所作，相隔有二百四十多年之久。③虽大部分作品难以考定写作年代，但可以认为是以晚唐五代所作为多。王国维在同则跋语中又说：“郭茂倩《乐府诗集》近代曲词中，有滕潜《凤归云》二首，皆七言绝句，此则为长短句……盖诗家务尊其体，而乐家只倚其声，故不同也。”④对其倚声而作成长短句的解释，能令人信服。

任半塘先生在其《教坊记笺订》中，曾制作极其详尽的《曲名流变表》，又作《曲名事类》，谓后者的作用有三，其一是“便于探求曲调之本事或始义，进而可以窥见当时社会之现实情形”，而后者实际即是因曲名而见内容。任先生根据郑樵《通志》于“遗声”“以义相从”，及陈暘《乐书》所说原理“古者命歌之名，大抵即事实而号之”，将所有的曲名事类分为自然、人事、物情三大类，余下九调待考，而三大类中，自然类可分为十一类，物情类中可以分为六类，人事类最为繁复，可分为劳动、生产、怨叹、旅情、恋情、士女、衣饰、酒食、游赏、仕进、艺术、故事、宗教、庆祝、歌功、颂德等十七类，其中的艺术又包括音乐十九目、舞蹈十四目、戏玩四目，宗教包括佛教七目、道教七目、祆教

① 沈括撰，胡道静校注：《新校正梦溪笔谈》卷五，中华书局1957年版，第62页。

② 王国维：《云谣集杂曲子跋》，施蛰存《词籍序跋萃编》，中国社会科学出版社1994年版，第627页。（版本后同）

③ 任二北：《敦煌曲初探》第五章《杂考与臆说·时代》，上海文艺联合出版社1954年版。

④ 王国维：《云谣集杂曲子跋》，《词籍序跋萃编》，第627页。

一目、神五目，而四裔为八目[①]。据此，因名而见事，即可见内容包含之广。

在《敦煌曲初探》中，任先生将所校录的五百四十五首分作二十类内容[②]。而从后出的《敦煌歌辞总编》目录看，任先生将敦煌歌辞分为七卷：卷一为杂曲《云谣集杂曲子》，卷二为杂曲、只曲，卷三为杂曲、普通联章，卷四为杂曲、重句联章，卷五为杂曲、定格联章，卷六为杂曲、长篇定格联章，卷七为大曲五套，最后为补遗。就内容言，可以分为怨思、恋情、行旅、进取、隐逸、力作、颓废、史迹、颂谀、故事、咏物、俳体、儒家、佛家、道家、民间疾苦、民间生活、民间故事、贵族生活等类[③]。分类数与《敦煌曲初探》相等，内容所分则近而不同。

任编为全部敦煌歌辞，而王编虽所收较少，却合于词体，故此处主要据王编论之。

王重民先生在其《敦煌曲子词集·叙录》中，曾概括所收作品的内容，认为敦煌曲子词主要写"边客游子之呻吟，忠臣义士之壮语，隐君子之怡情悦志，少年学子之热望与失望，以及佛子之赞颂，医生之歌诀，莫不入调。其言闺情与花柳者，尚不及半。"[④]所说已经兼及敦煌曲子词的主要题材及作者。曲子词的作者面很广，除了杂有温庭筠、唐昭宗李晔、欧阳炯等少数文人词外，其他则是乐工歌妓、商贾游子、征人思妇、工匠医师、僧人隐士，以及文人学士等，具有显见的民间性、群众性，也因此而具有思想、题材的丰富性。而且由于敦煌这一特殊地域，曲子词具有特殊的文化内涵，下面尝试论之。

一、唐代边塞文化的产物

敦煌曲子词是唐代特定的边塞文化的产物。

敦煌是古代通向中亚和欧洲的交通要地。隋朝裴矩所著《西域图记》言之甚确："发自敦煌，至于西海，凡为三道，各有襟带……其三道诸国亦各自有路，南北交通。"[⑤]西来的宗教、艺术都在这里留下了很深的历史印迹，又因其地理的重要，在唐朝也成为唐与吐蕃争夺之地。

唐初，统治者以古为鉴，鉴于隋炀帝的教训："大纵奢靡，加以东西行幸，舆驾不息。征讨四夷，兵车屡动"，以至"数年之间，公私罄竭。财力既殚，国遂亡矣"[⑥]，努力于安定社会，缓和矛盾，发展经济。在唐太宗二十多年的对外斗争中，先后败突厥、平高昌、和吐蕃、灭薛延陀，对西部大为拓展。高宗时期，吐蕃攻占西域十八州，唐被迫撤出安西四镇，但二十多年后又收复其地。唐玄宗在开元时期励精图治，使社会经济达到极盛，改府兵制而行募兵制，军事实力更为增强，从开元十五年(727)起，乘大破吐蕃之势而大开边功，开元二十一年(733)，改全国十道为十五道，又于边地置十个节度、经略使，而以莫高窟为代表的敦煌艺术也进入了鼎盛时期。

---

① 崔令钦撰，任半塘笺订：《教坊记笺订》附录三，中华书局1962年版，第255–263页。

② 任二北：《敦煌曲初探》第五章《杂考与臆说》"内容"。上海文艺联合出版社1954年版，以下凡引本书均为该社出版。

③ 任半塘编著：《敦煌歌辞总编·目录》，上海古籍出版社2006年版，第1–25页。(版本后同)

④ 王重民：《敦煌曲子词集·叙录》，商务印书馆1956年修订2版，第17页。(版本后同)

⑤ 令狐德棻等：《隋书》卷六七《裴矩传》，《二十五史》，第3438页。

⑥ 刘昫等：《旧唐书》卷四八《食货志上》，《二十五史》，第3725页。

敦煌曲子词之体现边塞文化特点，首先在于正面或侧面表现边塞战争。

唐太宗既多年进行对外战争，又对边裔实行羁縻政策，故被西北诸藩尊之为“天可汗”，还通过文成公主嫁吐蕃赞普松赞干布，使汉藏两族交好。后来武则天时期的收复安西四镇，平定契丹叛乱，也是正义的战争。开元时期，唐玄宗在打败外族侵略同时，也能正确处理和战关系。到天宝时期，则转为穷兵黩武，改变了战争的性质，边将亦以边功邀赏，诗人的边塞诗渐多怨刺之作。

与唐人边塞诗相似，敦煌曲子词也有从爱国主义、英雄主义的颂歌，到反战思想、情绪的流露，出现了表达征夫思妇之怨的作品。

前者如《望远行》：

年少将军佐圣朝。为国扫荡狂妖。弯弓如月射双雕。马蹄到处阵云消。休寰海。罢枪刀。迎鸾驾走上超霄。行人南北尽歌谣。莫把尧舜比今朝。

《生查子》：

三尺龙泉剑。箧里无人见。一张落雁弓。万只金花箭。　　为国竭忠贞。苦处曾征战。先望立功勋。后见君王面。

少年将军英武的形象，靖边罢战之愿望，为国征战、建立功勋的志向，都是爱国主义、英雄主义的赞歌。

人民最期盼的是和平，盛唐时期的边塞诗多有此旨。而《菩萨蛮》亦是表现这一主题：

再安社稷垂衣理。寿同山岳长江水。频见老人星。万方休战征。　　良臣安国步。今喜回鸾辂。从此后，泰阶清。齐钦呼圣明。

其次，正如唐代边塞诗既有歌颂又有谴责一样，敦煌曲子词中怨战之作也不少，其中很多是以思妇的口吻写成的。如《云谣集杂曲子》的《凤归云》第一首就是因“征夫数载，萍寄他邦”，而表闺中人的思念及怨恨。第二首尤见因分离而怨战之意：

绿窗独坐。修得君书。征衣裁缝了。远寄边隅。想你为君贪苦战。不惮崎岖。终朝沙碛里。止凭三尺。勇战单于。　　岂知红脸。泪滴如珠。枉把金钗卜。卦卦皆虚。魂梦天涯无暂歇。枕上长嘘。待公卿回故里。容颜憔悴，彼此何如。

又如《洞仙歌》的上片：

悲雁随阳。解引秋光。寒蛩响夜夜堪伤。泪珠串滴。旋流枕上。无计恨征人。

争向金风漂荡。捣衣嘹亮。

所说的“无计恨征人”,是因为征人也出于不得已,因此下片希望“愿四塞来朝明帝”,这样就能边塞安宁,“令戍客休施流浪”。

《云谣集》还有《破阵子》:

日暖风轻佳景。流莺似问人。正是越溪花捧艳。独隔千山与万津。单于迷虏尘。　　雪落庭梅愁地。香檀枉注歌唇。拦径萋萋芳草绿。红脸可知珠泪频。鱼笺岂易呈。

虽整首显得措词空泛,但仅“单于迷虏尘”一句,已可定为表达征妇怨之作。又,《破阵子》二首:

风送征轩迢递。参差千里馀。目断妆楼相忆苦。鱼雁山川鳞迹疏。和愁封去书。　　春色可堪孤枕,心焦梦断更初。早晚三边无事了。香被重眠比目鱼。双眉应自舒。

年少征夫军贴。书名年复年。为觅封侯酬壮志。携剑弯弓沙碛边。抛人如断弦。　　迢递可知闺阁。吞声忍泪孤眠。春去春来庭树老。早晚王师归却还。免教心怨天。

前者上片谓征轩远去,闺中人目断妆楼,鱼雁鲜通,下片希望三边尘靖,征人归家,重作比目。后者上片与王昌龄《闺怨》的“悔教夫婿觅封侯”旨趣相近,下片表时光易去,望王师归来,以免己怨之意。敦煌曲子词中此类作品甚多,从中可感知思妇的眼泪,观孟郊《征妇怨》:“良人昨日去,明月又不圆。别时各有泪,零落青楼前。”可知意旨较近。但所表的又不是一味的怨战,“早晚三边无事了。香被重眠比目鱼”,“愿四塞来朝明帝,令戎客休施流浪”(《洞仙歌》),就与“庶物随交泰,苍生解倒悬,四郊增气象,万里绝风烟”(高适《信安王幕府诗并序》)的愿望很接近。

再次,在唐朝特定的历史条件下,敦煌曲子词又表达了边地人民心向大唐、民族融合的愿望。

唐太宗在进行战争同时,实行羁縻政策也是成功的。东突厥之灭,降众被安置在河套地区,自愿入长安的有数万家。唐玄宗在开元时期能较好处理和战关系,如开元十五年与吐蕃争夺西域,其目的正如陈寅恪先生《外族盛衰之连环性及外患与内政的关系》一文所说,是“欲保其腹心之关陇,不能不固守四镇。欲固守四镇,又不能不扼据小勃律,以制吐蕃,而断绝其与大食通援之道。当时国际之大势如此,则唐代之所以开拓西北，远征葱岭，实有其不容已之故，未可专咎时主之黩武开边也。”[1]开元十七年大败吐蕃后，玄宗纳皇甫惟明之议，与吐蕃相约更不相侵，后来界碑被毁，也是出于吐蕃侵勃律之故。所以，在天宝大开边功之前，玄宗所进行的边塞战争也多可肯定。由于敦煌特殊的地理位置，曾在唐朝与吐蕃之间变动其所辖，尤其中晚唐时期河湟陷于吐蕃，因此，此地产生的曲子词表现民族的认同感，是一个很重要的题材。

《望江南》所表达的是此地人民远仗天威，不愿陷于异族的殷切期盼：

敦煌郡。四面六蕃围。生灵苦屈青天见。数年路隔失朝仪。目断望龙墀。新恩降。草木总光辉。若不远仗天威力。河湟必恐陷戎夷。早晚圣人知。

任半塘认为此辞作于河西数州陷于吐蕃之后数年，即大历元年(766)至德宗建中二年(781)之间，可假定为大历九年(774)。[2]与此辞写于同卷同面的《浣溪沙》：

好是身霑圣主恩。紫襕初降耀朱门。合郡人心咸喜贺。拜圣君。　　竭节尽忠扶社稷。指山为誓保乾坤。看着风前双旌拥。贺明君。

应与上辞时代相次，主题虽不尽同，对圣君、明君的称颂，与上辞的“恩降”、“圣人”颇为一致。

直接写出敦煌对唐朝归属感的有《菩萨蛮》：

敦煌古往出神将。感得诸蕃遥钦仰。效节望龙庭，麟台早有名。　　只恨隔蕃部。情悬难申吐。早晚灭狼蕃。一齐拜圣颜。

很能令人想起晚唐时期张义潮率领民众驱逐吐蕃，收复河西这一历史事件。

值得注意的还有两首《献忠心》。录前一首：

臣远涉山水。来慕当今。到丹阙。向龙楼。弃毡帐与弓剑。不归边土。学唐化。礼仪同。沐恩深。　　见中华好。与舜日同钦。垂衣理。教化隆。臣遐方无珍宝。愿公千秋住。感皇泽。垂珠泪。献忠心。

及后一首的下片：

生死大唐好。喜难任。齐拍手。奏乡音。各将向本国里。呈歌舞。愿皇寿。千万岁。献忠心。

---

① 陈寅恪：《隋唐制度渊源略论稿·唐代政治史述论稿》，北京三联书店2001年版，第331页。

② 任半塘：《敦煌歌辞总编》，第447页。

王重民说:"'生死大唐好','只恨隔蕃部,情肯难申吐;早晚灭狼蕃,一齐拜圣颜'等句,则真已唱出外族统治下敦煌人民的爱国壮烈歌声。"①虽将敦煌所在的沙州人民与"蕃部"相混,但从中华民族的融凝而言,爱国之说也是可以成立的。

再如《赞普子》:

> 本是蕃家将。年年在□头。夏日披毡帐。冬天挂皮裘。 语即令人难会。朝朝牧马在荒丘。若不谓抛沙塞,无因拜玉楼。

由"草头"到"玉楼",这里表达的是对唐朝的归附之由,可以说是文化的感化与认同,对于人民来说,避免了战争和生死离乱,这种中华文化"西被流沙"的结果应是最为理想的。

在唐及五代时期敦煌的历史上,张义潮、曹元忠是极其重要的人物,他们对唐及后唐的忠心及维护统一的功绩,以及人民的拥戴之情,也在敦煌曲子词中得到了反映。

在长达八年的安史之乱结束之时,吐蕃乘唐西北边防空虚之机,尽取河西、陇右之地。数年间,西北数十州相继陷落,又大举进攻并攻占长安,后虽得郭子仪收复,但自此国势长期不振,而敦煌所在的沙州也从唐德宗建中二年(781)起正式为吐蕃王朝所统治。虽先有十年的守城抗战,后有多次驿户起义,但由于吐蕃赞普利用沙州豪族统治,使得政权相对稳定。唐穆宗长庆元年(821)吐蕃遣使请和,而一直到唐宣宗大中三年(849)吐蕃内乱迭起,原被占领的西北三州七关,才相继归顺唐朝。大中五年(851)十月,沙州人张义潮乘吐蕃内乱之机,率众收复包括沙州在内的十一州,地跨今甘肃、新疆、青海三省区,遣其弟张义泽奉十一州图籍入朝,河湟故地始得回归唐朝。

敦煌曲子词中,与张义潮归唐相关者有《望江南》:

> 边塞苦。圣上合闻声。背番归汉经数岁。当为大国作长城。金榜有嘉名。
> 太傅化。永保更延龄。每抱沉机扶社稷。一人有庆万家荣。早愿拜龙旌。

任半塘认为是"辞托瓜沙之三军百姓(斯四二六七有'管内三军百姓奏请表'),代诉义潮对唐室之悃诚。始称义潮领导西陲,拨乱反正,捍卫有年,地方颇历艰苦,而唐室未能加恤;既示献州之初,已蒙金榜酬勋于前,何尚不能推信心腹?晋爵是虚,羁縻是实,'归阙'处置,毋乃寡恩。终望荣秩久长,机权契合,则趋朝拜伏,恩系万家,亦固所愿耳"②。

又《望江南》:

> 龙沙塞。远路隔恩波。每恨诸蕃生流滞。只缘当路寇雠多。抱屈争奈何。

① 王重民:《敦煌曲子词集·叙录》,第17页。
② 任半塘:《敦煌歌辞总编》,第460页。

皇恩溥。圣泽遍天涯。大朝宣差中外使。今因绝塞渐经过。路远合通和。

上书卷二认为是“重在唐室之西遣使节已近边陲，而受寇阻；幸获沙州援纳，乃兴歌咏；以奖其通和，表其忠义”①，并证之以《张义潮变文》，以之可定为大中十年(856)作。

张义潮后入长安，由其侄张淮深代镇瓜州。此期有《谒金门》之作：

开于阗。锦绫家家总满。奉戏生龙及玉椀。将来百姓看。　　尚书座客□典。四塞休征罢战。但□阿郎千秋岁。甘州他自离乱。

“尚书”是指留在长安的张义潮，“阿郎”指其侄子张淮深。词旨如任半塘所指出：“百姓饱看幻戏，上下恬嬉，遂忘甘州之尚在离乱，歌人讽谕，大有微词！”②由于张义潮于咸通八年(867)入长安，十三年(872)卒于此，故此辞应作于此年之前。

另一首《望江南》则与曹议金有关。张义潮之孙张承奉在朱全忠杀唐昭宗后，于唐哀帝天祐二年(905)自立为白衣天子，建号西汉金山国，六年后，回鹘兵逼沙州，张承奉不支而降。曹议金是张承奉的部将，在西汉金山国失败后，他与甘州回鹘议和，并恢复了归义军节度使的称号，与中原朱梁王朝联系，又与周围的浑、龙、羌、蕃各族修好，使得瓜、沙二州成为汉族文化的绿洲，同中原的战乱相比，也是一片和平的绿洲。此词写道：

曹公德。为国拓西关。六戎尽来作百姓。压弹河陇定羌浑。雄名远近闻。

尽忠孝。向主立殊勋。靖难论兵扶社稷。恒将筹略定妖氛。愿万载作人君。

词中充满了边地百姓对曹议金的歌颂、拥戴之情。

二、爱情、婚恋与女性

敦煌曲子词表现了唐代胡汉文化交融背景下的爱情、婚恋和相关的相思、离别之情，以及与婚姻有密切关系的女性题材，打下了清晰的时代印迹。

爱情、婚恋与相思、离别，是《诗经·国风》的传统题材，但自汉代定儒学于一尊以来，“礼”重于情，尤其在经师的阐释下，《诗经》的爱情诗竟然都成了道德的教本，当然也就影响了诗歌创作题材的转移。后来虽有玄、禅代兴，儒学失去了原有的地位，但统治者都懂得维系伦理纲常的重要性，因而也知道应该以儒学来治世，佛、道只能辅以治心与治身而已。由于统治阶级的思想就是统治的思想，所以魏晋南北朝的诗歌虽先后有过不同的兴盛期，也有玄言、游仙、田园、山水等题材的代兴，但除了民歌外，爱情

① 任半塘：《敦煌歌辞总编》，第457页。

② 任半塘：《敦煌歌辞总编》，第464页。

多不见于文人诗，至于齐梁的宫体诗，虽为统治者所爱，多写女性，却并非爱情。这种情况到唐代终于发生了较大的改变。钱锺书先生说："据唐宋两代的诗词看来，也许可以说，爱情，尤其是在封建礼教眼开眼闭的监视之下那种公然走私的爱情，从古体诗里差不多全部撤退到近体诗里，又从近体诗里大部分迁移到词里。"①敦煌曲子词就是实现爱情题材"迁移"的重要领域，而这又与唐代胡汉文化的融合颇有关系。

朱熹曾说："唐源流出于夷狄，故闺门失礼之事，不以为异。"②陈寅恪先生《唐代政治史述论稿》一书的上篇，曾据此出发而详考李唐皇族的族源③。"夷狄"为游牧民族，逐水草而居的长期生活使之绝无汉族的森严礼教，而且唐代所受的外族文化影响，又非止于传统所说的"夷狄"一途，而是广及西域、中亚甚至欧洲。因此，"唐室大有胡气"，是包括从物质到制度、思想、习俗等各个文化层面的。在胡风胡气的影响下，传统的道德、伦理观有所改变，社会也较为开放，在这样的社会风气和文化氛围中，爱情题材广为出现在敦煌曲子词中，是不足怪的。

曲子词中所反映的爱情以表现相思离别为多，又常出以思妇之怨。

如《云谣集杂曲子》的《凤归云·闺怨》四首，其首章表达思妇之怨就较为强烈：

> 征夫数载。萍寄他邦。去便无消息。累换星霜。月下愁听砧杵起。塞雁南行。孤眠鸾帐里。枉劳魂梦。夜夜飞飏。　　想君薄行。更不思量。谁为传书与。表妾衷肠。倚牖无言垂血泪。暗祝三光。万般无奈处。一炉香尽。又更添香。

又，此集中的《天仙子》：

> 燕语莺啼惊觉梦。羞见鸾台双舞凤。思君别后信难通。无人共。花满洞。休把同心千遍弄。　　叵耐不知何处去。正值花开谁是主。满楼明月夜三更。无人语。泪如雨。便是思君肠断处。

又如它卷的《南歌子》：

> 夜夜长相忆。知君思我无。绣帏红褥玉人铺。深夜不来归舍。薄情是我夫。
> 漫画眉端柳，虚匀脸上莲。知他心在阿谁边。天天天□□□。因何用意偏。

都是表现思妇之怨的。与后出的"男子作闺音"不同，这些作品不仅以女性口吻，也是以女性的情感表达对爱的期盼和拟想。如《南歌子》：

① 钱锺书：《宋诗选注·序》，北京三联书店2001年版，第9页。
② 黎靖德编，王星贤点校：《朱子语类》卷一三六，中华书局1986年版，第3245页。
③ 陈寅恪：《隋唐制度渊源略论稿·唐代政治史述论稿》，北京三联书店2001年版，第183–235页。

争不教人忆。怕郎心自偏。近来闻道不多安。夜夜梦魂间错 。往往到君边。　　白日长相见。夜头各自眠。终朝尽日意悬悬。愿作合欢裙带。长绕在你胸前。

此类作品中,有的较为软弱,如《破阵子》:

莲脸柳眉休晕。青丝罢拢云。暖日和风花带媚。画阁雕梁燕语新。卷帘恨去人。　　寂寞长垂珠泪。焚香祷尽灵神。应是潇湘红粉继。不念当初罗帐恩。抛儿虚度春。

因"去人"不念旧情而与"潇湘红粉"相恋,无奈中只能焚香祷告,垂泪求神。而有的较为决绝,如《望江南》:

天上月。遥望似一团银。夜久更阑风渐紧。为奴吹散月边云。照见负心人。

《抛毬乐》:

珠泪纷纷湿绮罗。少年公子负恩多。当初姊妹分明道。莫把真心过与他。仔细思量着。淡薄知闻解好么。

或为弃妇的怨艾,或为失恋的悔恨,都写得直白鲜明,真切可感,尤其是《望江南》,若与古诗《上山采蘼芜》相比,显然是悲怨而又带怒意,真挚而见泼辣。这种不加掩藏的表达,与男子的"代言"之尚存距离毕竟有别,当与歌女直接取自民间歌辞或进行了加工有关。当然,与唐代外向型文化、开放的风气也不无关系。

又如《望江南》:

娘子面。硙了再重磨。昨来忙蓦行车少。盖缘傍畔迸麸多。所以不来过。

莫攀我。攀我太心偏。我是曲江临池柳。者人折了那人攀。恩爱一时间。①

对于此辞,论者多是仅引下片,《敦煌歌辞总编》引赵景深说,谓上片写面坊女工兼任硙、磨,事忙工短致面侧留麸,买者不前②,如此解释接近原意,可以贯穿上下,表现了妓女的不幸遭遇,以及无奈而又无望的心声。

也有极少作品是从男子方面来写的。如《别仙子》:

---

①《敦煌歌辞总编》以为此词"无从牵合为一"(第 321 页),前半部分见第 418 页,后半部分见第 321页。

② 任半塘:《敦煌歌辞总编》,第 419 页。

此时模样。算来似。秋天月。无一事。堪惆怅。须圆阙。穿窗牖。人寂静。满面蟾光如雪。照泪痕何似。两眉双结。　　晓楼钟动。执纤手。看看别。移银烛。猥身泣。声哽咽。家私事。频付嘱。上马临行说。长思忆。莫负少年时节。

显是男子的追忆,写离别情景,告诫自己不要辜负年轻时的这份情意。

《拜新月》(荡子他州去)一首,及《抛毬乐》(珠泪纷纷湿绮罗),都写女子对负心男子的怨愤,较为决绝。而《鱼歌子》(洞房深)则有所不同,如任半塘所说:“辞表主人之情有独钟,而狂狡则远游浪迹,挥金无度。致空房怨苦者懒妆简出,深自韬晦。惟祷去人早归,重修旧好,当不复吝惜一切。”[①]詹安泰认为所写是城市的中下层人物[②]。虽说唐代社会开放,但男女两性毕竟不同,男子可以因求宦、经商而外出,又可以与妓女交往,而女子则只能守在家中,无任何社交可言。所以,不难理解《鱼歌子》中所祈祷、所希望的男子“休恋狂花年少”,“恐犯千金买笑”,也难以责备她以“胸上雪,从君咬”来打动、挽住男子,因为在男权社会中,女子毕竟是弱者。所以,敦煌曲子词在反映思妇之怨中,不仅提供了那些谴责性的作品,创造了决绝、泼辣的女性形象,也写出了“以色笑讨好爱人”的女子,也因此而更见社会生活与历史的真实性。

或因歌者为女性的关系,敦煌曲子词颇多属于女性的题材,爱情婚姻、相思离别,固然是其中的主要内容,但也有虽与婚姻相关,却不属于与之有必然联系的爱情之作,这可以说是一种特殊的文化现象。如《天仙子》:

燕语莺啼三月半。烟蘸柳条金线乱。五陵原上有仙娥。携歌扇。香烂漫。留住九华云一片。　　犀玉满头花满面。负妾一双偷泪眼。泪珠若得似珍珠。拈不散。知何限。串向红丝应百万。

从表面看,这是一首女子的怨辞,以泪珠为珍珠,可谓善于设想,但任半塘似说得更为有理:“此首乃游女情辞,特点在下片诡喻奇譬,但情未必真耳”,认为是“‘游女’游戏情场,择肥而媚”[③],所评虽嫌稍苛,却并非无理,贯穿全首来读,难说是真正的爱情怨辞。

又,《竹枝子》:

高卷珠帘垂玉牖。公子王孙女。颜容二八小娘。满头珠翠影争光。百步惟闻兰麝香。　　口含红豆相思语。几度遥相许。修书传与萧娘。倘若有意嫁潘郎。休遣潘郎争断肠。

---

① 任半塘:《敦煌歌辞总编》,第 277 页。

② 詹安泰著,汤擎民整理:《詹安泰词学论稿》,广东人民出版社 1984 年版,第 245 页。(版本后同)

③ 任半塘:《敦煌歌辞总编》,第 122、123 页。

任半塘认为："人物情调仍不脱游女行径。观其一面自炫，一面则弄人。口头相许，一度而定，是真；几度频频，有口无心，便知是假。"①

有的作品多写女性外貌、打扮，然后表达欲使"五陵""玉郎"对自己产生爱慕之意。如《浣溪沙》：

髻绾湘云淡淡妆。早春花向脸边芳。玉腕慢从罗袖出。捧杯觞。　　纤手令行匀翠柳。素咽歌发绕雕梁。但是五陵争忍得。不疏狂。

《柳青娘》：

青丝髻绾脸边芳。淡红衫子掩酥胸。出门斜撚同心弄。意恛惶。故使横波认玉郎。　　叵耐不知何处去。教人几度挂罗裳。待得归来须共语。情转伤。断却妆楼伴小娘。

二者又有所不同，任半塘认为前者可能为讲唱辞，"颇似演游女央媒"②，而后者也带有戏剧性③。

而《倾杯乐》：

窈窕逶迤。体貌超群。倾国应难比。浑身挂绮罗。装束□□。未省从天得至。脸如花自然多娇媚。翠柳画娥眉。横波如同秋水。裙生石榴。血染罗衫子。观艳质语软言轻。玉钗缀素绾乌云髻。年二八久锁香闺。爱引猧儿鹦鹉戏。十指如玉如葱。凝酥体雪透罗裳里。堪娉与公子王孙。五陵年少风流婿。

任半塘说："此首全为游女自炫求售，当时风气恶劣如此。"并就李隆基夺儿媳，由女冠转为贵妃，为所欲为，"上以风化下"，也致使民间风气沉沦，"杨氏是当时'第一佳人'，实则'第一游女'耳……彼在上之李隆基者，直长安五陵儿中之魁首耳！"④所言甚是。由于前引朱熹所说的原因，连最高统治者也不以乱伦为耻，唐高宗之于武则天、唐玄宗之于杨贵妃就是最典型的例子。"闺门失礼"有其上行下效的原因，"游女自炫求售"是并不奇怪的。

此外，《内家娇》二首，也刻画美女，是很特殊的作品：

丝碧罗冠。搔头坠髻。宝妆玉凤金蝉。轻轻傅粉。深深长画眉绿。雪散胸前。

---

① 任半塘：《敦煌歌辞总编》，第146页。
② 任半塘：《敦煌歌辞总编》，第185页。
③ 任半塘：《敦煌歌辞总编》，第191页。
④ 任半塘：《敦煌歌辞总编》，第211页。

嫩脸红唇。眼如刀割。口似朱丹。浑身挂异种罗裳。更薰龙脑香烟。　屐子齿高。慵移步两足恐行难。天然有□□灵性。不娉凡间。教招事无不会。解烹水银。炼玉烧金。别尽歌篇。除非却应奉君王。时人未可趋颜。

另一注为“御制林钟商内家娇”：

两眼如刀。浑身似玉。风流第一佳人。及时衣著。梳头京样。素质艳丽青春。善别宫商。能调丝竹。歌令尖新。任从说洛浦阳台。谩将比并无因。　半含娇态。逶迤缓步出闺门。搔头重慵憁不插。□□□□。□□□□□□□。只把同心。千遍撚弄。来往中庭。应长降王母仙宫。凡间略现容真。

《敦煌曲初探》已经认为两辞“皆咏杨妃,在其以女道士入宫之后不久也”[①],到《敦煌歌辞总编》则认为是“内廷乐工向李隆基邀宠之作,既不出于文人之手,仍算民间文艺”。[②]詹安泰亦因所写“贵族女人的气氛都十分浓厚,千方百计要供应帝王的色情享乐”,故也认为写杨贵妃“说似可信”[③]。

三、社会生活与多元文化

敦煌曲子词又是唐代社会生活及多元文化的反映。

我们可以看到这些作品表现了唐代社会中各阶层、各类型人的生活状况及其喜怒哀乐。三首《长相思》,都写商人。由于江西是当时的商业要地,尤其浮梁是著名的产茶区,商人趋之若鹜,因此这三首写他们在江西经商,虽有富者、贫者与病者之别,却都走上了共同的“不归”之路。其一写富者：

估客在江西。富贵世间稀。终日红楼上。□□舞著辞。　频频满酌醉如泥。轻轻更换金卮。尽日贪欢逐乐。此是富不归。

其二写贫者：

旅客在江西。寂寞自家知。尘土满面上。终日被人欺。　朝朝立在市门西。风吹□泪双垂。遥望家乡肠断。此是贫不归。

其三写病者：

---

① 任二北:《敦煌曲初探》,第236页。

② 任半塘:《敦煌歌辞总编》,第222页。

③ 詹安泰著,汤擎民整理:《詹安泰词学论稿》,广东人民出版社1984年版,第250页。

作客在江西。得病卧毫釐。还往□消息。看看似别离。　村人曳在道傍西。耶娘父母不知。身上刻牌书字。此是死不归。

读之颇觉有汉乐府民歌的遗风。

三首《菩萨蛮》则写书生求宦、远别家乡之苦。录第一首：

昨朝为送行人早。五更未罢金鸡叫。相送过河梁。水声堪断肠。　唯愁离别苦。努力登长路。驻马再摇鞭。为传千万言。

此亦如任半塘在评另二首《菩萨蛮》时所说："写'学优则仕'之痛苦经过，历历在目：家贫，一也；苦读，二也；离乡，三也；操劳，四也；无成，五也；弥坚，六也。"[①]又，另一《菩萨蛮》下片：

淼淼三江水。半是儒生泪。老尚逐经才。问龙门何日开。

任氏从唐谚"三十老明经，五十少进士"而论其情，很正确地表达了对"儒生仍有蹭蹬半生而不获者"[②]的理解。

而《倾杯乐》（忆昔笄年）一首，则通过一位女子的自白，表现了对夫婿求宦的不满，从侧面反映了科举制度对家庭生活的伤害。此辞从女子自陈生平开始，自道生长深闺，未省离阁，经媒妁之言、父母之命，嫁给了"狂夫"，却是"攻书业抛妾求名宦"，造成自己的独守空闺。且不说儒生的蹭蹬半生难有其获，即使科举得中，也有"纵然选得，一时朝要，荣华争稳便"的顾虑。此三句大有深意，且可作多解。读王定保《唐摭言》可知，新进士曲江游宴之日，也是高门择婿之时[③]，这位女子的担心并非多余。后出的《西厢记》中，崔莺莺不愿张生赴京应举，以及戏曲中塑造的蔡伯喈、陈世美等形象，也说明了这一点，这是对"一时朝要，荣华争稳便"的一种理解。而另一解则是：即使能选官，甚至成为"一时朝要"，但荣华富贵也不一定是稳当的。

归隐是敦煌曲子词的又一重要主题。如《浣溪沙》：

浪打轻船雨打篷。遥看篷下有渔翁。莎笠不收船不系。任西东。　即问渔翁何所有。一壶清酒一竿风。山月与鸥长作伴。在五湖中。

同调又一首：

---

① 任半塘：《敦煌歌辞总编》，第 656 页。

② 任半塘：《敦煌歌辞总编》，第 403 页。

③ 王定保：《唐摭言》卷三"散序"，《唐五代笔记小说大观》，第 1595 页。

倦却诗书上钓船。身披蓑笠执鱼竿。棹向碧波深处去。几重滩。　不是从前为钓者。盖缘时世厌良贤。所以将身岩薮下。不朝天。

归隐而作渔翁,并非本意,只因世厌良贤,才不得已而全身岩下,这与中唐文人词如张志和所作,是有所区别的。《谒金门》写道:

云水客。书剑十年功积。聚尽萤光凿尽壁。不逢青眼识。　终日尘驱役饮食。□□泪珠常滴。欲上龙门希借力。莫教重点额。

可见即使是"云水客",依然有欲上龙门之志,成为隐士是不得已的。

当然,也有如同陶渊明之躬耕自给,不慕荣名的。如《浣溪沙》:

云掩茅亭书满床。冰川松竹自清凉。幽境不曾凡客到。岂寻常。　出入每教猿闭户。回来还伴鹤归装。闲至碧溪垂钓处。月如霜。

山后开园种药葵。洞前穿作养生池。一架嫩藤花簇簇,雨微微。　坐听猿啼吟旧赋。行看燕语念新诗。无事却归书阁内。掩柴扉。

唐朝因皇帝姓李,出于"君权神授"的惯伎,引李耳为祖先,而最重道教。曲子词对道士生活与思想也有所反映。如《谒金门》:

长伏气。住在蓬莱山里。绿竹桃花碧溪水。洞中常晚起。　闻道君王诏旨。服裹琴书欢喜。得谒金门朝帝美。不辞千万里。

此词即"黄冠谒金门",而能得到皇帝垂青,千里奔趋竟然不以为苦。

作为多元文化的体现,曲子词中还多有民情风俗的展示,以及敷演故事、宣传佛道、劝学劝孝、解说医理等内容。

表现风俗的有《拜新月》:

国泰时清晏。咸贺朝列多贤士。播得群臣美。卿贰同如鱼水。况当秋景。蓂叶初敷卉。同登新楼上。仰望蟾色光起。　回顾遇玉兔影媚。明镜匣参差斜坠。澄波美。犹怯怕半钩衔饵。万家向月下。祝告深深跪。愿皇寿千千。岁登宝位。

虽内容为"美朝政,颂皇年",却能见到唐代民间拜月风俗之普遍。相关的还有《婆罗门》(咏月曲子):

望月婆罗门。青霄现金身。面带黑色齿如银。处处分身千万亿。锡杖拨天门。

双林礼世尊。

望月陇西生。光明天下行。水精宫里乐轰轰。两边仙人常瞻仰。鸾舞鹤弹筝。凤凰说法听。

望月曲弯弯。初生似玉环。渐渐团圆在东边。银城周回星流遍。锡杖夺天门。明珠四畔悬。

望月在边州。江东海北头。自从亲向月中游。随佛逍遥登上界。端坐宝花楼。千秋以万秋。

这四首所写的望月，第一首带有明显的佛教崇拜，第二首则见道教意味。由于郑处晦《明皇杂录》载方士叶静能邀唐明皇游月宫，可见此事虽属荒诞，却传说甚早，第四首即写明唐明皇“亲向月中游”，且又“随佛逍遥”而登，可见当时兼崇道佛的时代背景。因唐玄宗生日是千秋节，故由千秋及于万秋。四首既有宗教信仰，又有颂谀之意，但仍可见与民间风俗的融合。

表现风俗的还有《斗百草》四首：

建寺祈长生。花林摘浮郎。有情离合花。无风独摇草。喜去喜去觅草。色数莫令少。

佳丽重名城。簪花竞斗新。不怕西山白。惟须东海平。喜去喜去觅草。觉走斗花先。

望春希长乐。南楼对百花。但看结李草。何时染缬花。喜去喜去觅草。斗罢且归家。

庭前一株花。芬芳独自好。欲摘问旁人。两两相捻笑。喜去喜去觅草。灼灼其花报。

任半塘分析甚好：“《开天遗事》载当时长安士女，斗花特盛。王建宫词中，有写斗花甚详者，曰：‘水中芹叶土中花，拾得还将避众家。总待别人般数尽，袖中拈出郁金芽。’……敦煌《斗百草》辞则曰……盛言斗花，甚于斗草，此点既与《开天遗事》及王建宫词相吻合，则其作辞时代，自可能在开天之间。”①

虽说女子多在闺门，但也参加一些节庆活动，甚至可以结伴而游。《西江月》三首就写了从“女伴同寻烟水”到“女伴各归南浦”的“野欢”。清明节时，还有青年男女相遇的可能，如《菩萨蛮》：

清明节近千山绿。轻盈士女腰如束。九陌正花芳。少年骑马郎。　罗衫香袖薄。佯醉抛鞭落。何用更回头。谩添春夜愁。

① 任二北：《敦煌曲初探》，第237页。

这些,都可见当时风俗。

至于宗教对民间的影响,从《还京乐》看,是很有趣的:

知道终驱猛勇。世间专。能翻海,解移山。捉鬼不曾闲。见我手中宝剑。刃新磨。斫妖魅。去邪魔。□鬼了血洴波。□□□□者鬼。意如何。□□□。□□□。争敢接来过。小鬼咨言大鬼。□□歌。审须听。□□□。□□□□□。[①]

写装神弄鬼,似是扮演中的对答,其事不足道,却生动如见其人,如闻其声。可见在佛教的密宗盛行后,与传统的道士所业几乎相同。任氏云:"至于佛道两家对于接近民间之曲子何以自来都广结因缘,恋恋不舍?无非利其音声正胡汉交融,摩荡于民间,潜在力甚大,一经借用,足资蛊惑,事半功倍耳。"[②]虽此,亦可见在胡汉交融中的当时风气习俗。

解说医理的有《定风波》三首,分说"阴毒伤寒"、"夹食伤寒"和"风湿伤寒"的各种症状及病程,任氏甚至认为:"我国歌辞自《诗经》以降,并汉魏六朝乐府、唐诗、宋词、元曲,以迄明清民间小曲,在生活实用方面最鲜明而具体者,宜莫逾于此三辞。"[③]

以上三类以外,还应注意曲子词中关于政治、时局变迁的历史记录。

王重民说:"此曲子集中所表现之史迹,在唐为农民起义,在敦煌为蕃浑之乱,言及'三峰'者三次……"[④]对于晚唐政治及社会动乱,及人们的心情,都有所反映。

明说黄巢事者是《献忠心》:

自从黄巢作乱。直到今年。倾动迁移。每惊天。京华飘飖。因此荒□。空有心,长思恋。明皇□。　　愿圣明主。久居宫宇。臣等默佑。有望□。常殊弓剑。更抛涯计会将鸾驾。一步步。却西迁。

当是唐僖宗赴蜀后,留京人所作。而《菩萨蛮》二首都言及"三峰":

千年凤阙争雄弃。何时献得安邦计。鸾驾在三峰。天同地不同。　　宇宙憎嫌侧。今作蒙尘客。阃外有忠常。思佐圣人王。

自从鸾驾三峰住。倾心日夜思明主。惯在紫微间。笙歌不暂闲。　　受禄分南北。谁是忧邦国。此度却回鸾。须交社稷安。

史载唐昭宗乾宁间,凤翔节度使李茂贞与朝臣有隙,犯长安,昭宗李晔欲幸太原,

① 《敦煌歌辞总编》以之为四首(第 1030–1031 页)。

② 任半塘:《敦煌歌辞总编》,第 1034 页。

③ 任半塘:《敦煌歌辞总编》,第 617 页。

④ 王重民:《敦煌曲子词集·叙录》,第 15 页。

行止渭北华州，郁郁不乐，登城西齐云楼眺望长安，后作《菩萨蛮》词，其中有句“飘飖且在三峰下”。上面二词即为和作，任氏认为，第二首是昭宗回长安后留守宫伎所作，“惯习笙歌，不废所职。”[①]另二首《菩萨蛮》，则是华州修葺行宫的工匠对李晔所作《菩萨蛮》“飘飖”一章的和作。因一首费解，录其中之一：

常惭血原居臣下。明君巡幸恩霑洒。差匠见修宫。竭诚无有终。　奉国何曾睡。葺治无人醉。尅日却回归。愿天涯总西。

第四节　其为词朴拙可喜　洵倚声椎轮大辂：敦煌曲子词的艺术

对于敦煌曲子词，朱祖谋《云谣集杂曲子跋》有一总体性的说法，可谓概括甚当：

其为词朴拙可喜，洵倚声中椎轮大辂。[②]

椎轮指以圆木为轮的原始车子，大辂即大车，萧统《文选序》有云：“椎轮为大辂之始，大辂宁有椎轮之质。”[③]喻事物由创始而发展至大成。而作为“倚声”之词的创始，敦煌杂曲子在形式上、艺术表现上都具有显见的特点。

一、格律甚宽　同调异体

王国维《唐写本〈云谣集杂曲子〉跋》认为，这30首共八调的曲子均见《教坊记》中，从而得出了八调皆为开元教坊旧物的结论。他还比照其中《凤归云》与《乐府诗集》所载之别，《天仙子》与皇甫松所作之别，而认为唐人词律甚宽[④]。唐圭璋《〈云谣集〉杂曲子校释》总结出敦煌杂曲子的十二个特点：一、调与题合，二、令慢词兼有，三、单双叠兼有，四、字数不定，五、平仄不拘，六、韵脚不拘，七、平仄通叶，八、用方言，九、不限闭口韵，十、入叶去上，十一、上叶入，十二、叙事[⑤]。其中第四到第十一点，基本都属于格律甚宽范围。唐圭璋后出的《敦煌唐词校释》归纳并更之为七点：有衬字，有和声，有双调，字数不定，平仄不拘，叶韵不定，初期词叙事自由[⑥]。后来吴熊和取其中五目，而另立曲体曲式丰富多样一条，并作了疏说[⑦]。

---

① 任半塘：《敦煌歌辞总编》，第469页。
② 朱祖谋：《云谣集杂曲子跋》，《词籍序跋萃编》，第629页。
③ 萧统：《文选·序》，上海古籍出版社1986年版，第1页。
④ 王国维：《唐写本〈云谣集杂曲子〉跋》，《观堂集林》，中华书局2004年版，第1022页。
⑤ 唐圭璋：《〈云谣集〉杂曲子校释》，《词学论丛》，上海古籍出版社1986年版，第749–752页。（版本后同）
⑥ 唐圭璋：《敦煌唐词校释》，《中国文艺》第一卷第一期，文信书局1944年版，第43–45页。
⑦ 吴熊和：《唐宋词通论》，商务印书馆2003年版，第165–167页。

此处不拟对上述的这些特点作全面论述,而先就其体式特点择要说之。

作为早期词,敦煌曲子词的调与题合,是显著的特点。

唐圭璋说:“此集无题,正是初期词体。《花间》无题,则仍保存初期体制也。如《拜新月》有‘万家向月下,祝告深深跪’之语,《喜秋天》有‘芳林玉露催,花蕊金风触’之语,《破阵子》有‘携剑弯弓沙碛边’之语,《竹枝子》有‘垂珠泪滴,点点滴成斑’之语,《天仙子》有‘五陵原上有仙娥’之语,《凤归云》有‘待卿回故里’之语,《洞仙歌》有‘华烛光辉。深下屏帷’之语,《柳青娘》咏柳青娘之美,《内家娇》咏内家之美,《浣沙溪》咏人如西子之美,皆题意与调名相合也。至于《倾杯乐》,最初当是咏夫妇倾杯之乐,《抛毬乐》最初当是咏娼妓抛球之乐,《渔歌子》当是咏船上儿女之私情。此集《倾杯乐》怨夫妇分离,《抛毬乐》怨公子负恩,《渔歌子》咏一般儿女私情,当是由原词引申。题意亦与调名有密切之关系也。”[①]任二北《敦煌曲初探》说敦煌曲子词咏调名本意者,凡十五调计四十七首,可见,虽非全部为调与题合,但仍是普遍的现象。而后出的《花间集》,则渐见调与题远。吴熊和谓《赞普子》咏蕃将,《酒泉子》三首咏舞马宝剑与边地战士,都合本调命意,但到了《花间集》中,则改咏艳情,离调名本意已远[②]。

平仄不拘与叶韵不定可以归并为敦煌曲子词的又一主要特点。

唐圭璋说:“此集如《喜秋天》两首,字数、句法皆相同,而平仄又有可以通融之处。第一首换头作仄仄平平仄,第二首换头则作平平平仄仄。《花间》类此之例亦多。后人填词,动言依平仄、守四声。不知初期词式,固不如后世拘执之甚。”至于叶韵不定,唐氏上文云:“唐词叶韵,亦不拘平仄。同是一调,或用平韵,或用仄韵。此集《拜新月》第一首用平声韵,第二首则用仄声韵。即一调之内,亦可自由变换。如《天仙子》第一首上、下两叠,皆用一韵,而第二首则上叠同用一韵,下叠又换一韵。”[③]

关于叶韵不定,吴熊和又益之以敦煌曲子词与《花间集》在用韵上的又一不同:“《花间集》所用词调,中间转韵与平仄交叶者甚多。敦煌词则除《菩萨蛮》、《西江月》等数调外,大都一韵到底,叶法简单。有些词调后来多转韵的,在敦煌词中却是通首一韵,如《鱼(虞)美人》(东风吹绽海棠开)(略)……此后毛文锡、顾夐、冯延巳、李煜等作《虞美人》,皆四转其韵,无复有敦煌词之全首平韵者。词的叶韵如何,由初期民间的尚简,到后来在文人手中转向繁杂,即于此可见。”接着又说:“同时,敦煌词用韵甚宽,多叶方音,间出韵,不避重韵,这也是民间词在叶韵上常见的现象。其中双调的词,有上、下片用韵一致的,也有上、下片用韵参差出入的,前举《捣练子》、《鹊踏枝》、《竹枝子》、《南歌子》诸调,都有这类情况,表明这些词调原先用韵比后来自由,尚未最后予以律定。”[④]

因格律甚宽,又造成了同调异体现象。由于曲子词是因曲子所唱之词,受制于曲谱的长短变化,故敦煌曲子词的同调之作,无论是内容不相干者,还是内容连贯的“连

---

① 唐圭璋:《〈云谣集〉杂曲子校释》,《词学论丛》,第749–750页。

② 吴熊和:《唐宋词通论》,第167页。

③ 唐圭璋:《〈云谣集〉杂曲子校释》,《词学论丛》,第751页。

④ 吴熊和:《唐宋词通论》,第166–167页。

章体”，其字数、平仄、句式、用韵等，是大体相同或相近的。但是，各首同调的曲子词之间又有些微差别。若将敦煌曲子词与后来的文人词相比，则见有所不同，其间最大的区别就是，文人词的格律显然比敦煌曲子词来得严格、规范。这就可以说明，在曲子词初起之时，其格律并不是如同后来那样严格的，原因主要在于歌唱之“主声”，无论是作词者还是演唱者，都因演唱的需要而对歌词作出适当的处理、调整，从而造成了同调异体现象。

比起后出的文人词，敦煌曲子词在形式上的最大特点就是颇多同调异体现象。如《云谣集杂曲子》的《凤归云》，一调四首，字句各有出入；《竹枝子》二首，一者五十七字，一者六十四字。如果说《竹枝子》前一首是文字有脱误，那么《倾杯乐》二首则无脱误问题，虽二者字数相近（一者一百一十字，一者一百零九字），但显见句式长短有异：

> 忆昔笄年。未省离合。生长深闺院。闲凭着绣床。时拈金针。拟貌舞凤飞鸾。对妆台重整娇羞面。知身貌算料。□□岂教人见。又被良媒。苦出言词相诱衔。　　每道说水际鸯鸾。惟指梁间双燕。被父母将儿匹配。便认多生宿姻眷。一旦娉得狂夫。攻书业抛妾求名宦。纵然选得。一时朝要。荣华争稳便。

又“窈窕逶迤”一首，前已引。前者二十句，后者十七句，句式、用韵、韵位都有很大差别。

《倾杯乐》的问题较为复杂，冒广生曾因柳永《乐章集》的《倾杯》多至八首，宫调歧出，字句参差，而作《倾杯考》①。一般的同调异体，主要是缘于衬字的原因。过去在对衬字的理解上有一个误区，即：曲有衬字而词无衬字。如王骥德《曲律》云：“古诗馀无衬字，衬字自南、北二曲始。”②万树《词律》亦谓词无衬字③。但是，随着敦煌曲子词的发现，这一问题可谓迎刃而解。冒广生《新斠云谣集杂曲子》曾将全部作品的衬字标出，台湾学者林玫仪对每句衬字有一字到四字者详细举证④。兹举冒广生《新斠云谣集杂曲子》第一例《凤归云》（小字为衬字）：

> 征夫数载，萍寄他乡。去便无消息，累换星霜。月下愁听砧杵，拟塞雁□行。孤眠鸾帐里，枉劳魂梦，夜夜飞飏。　　想君薄行，更不思量。谁为传书与，表妾衷肠。倚牖无言垂血泪，暗祝三光。万般无那处，一炉香尽，又更添香。

共五句有六衬字。第二首（绿窗独坐）有六衬字，字数同，所在句同，但衬字位置不同。由于后来柳永《乐章集》所用词调多出唐代，故冒广生又举柳永同调之词，与之对照：

① 冒广生著，冒怀辛整理：《冒鹤亭词曲论文集》，上海古籍出版社 1992 年版，第 196-223 页。

② 王骥德：《曲律》，湖南人民出版社 1983 年版，第 126 页。

③ 万树云“词何得有衬乎”，见《词律》卷九，上海古籍出版社 1984 年版，第 222 页。

④ 详参《论词之衬字》，载林玫仪：《词学考诠》，联经出版事业公司 1987 年版。

> 向深秋雨馀，爽气肃西郊。陌上夜阑，襟袖起凉飚。天末残星，流电未灭，闪闪隔林梢。又是晓鸡声断，阳乌光动，渐分山路迢遥。　驱驱行役，苒苒□□，蝇头利禄，蜗角功名，毕竟成何事，漫相高。抛掷云泉，狎玩尘土，壮节等闲消。幸有五湖烟浪，一船风月，会须归去老渔樵。①

竟然增加二十六字之多。《词律》卷一七、《词谱》皆列柳永平仄二体，平韵体一百零一字，仄韵体一百一十八字②，显是以二者为正体，殊不知在敦煌曲子中为七十三到八十四字不等，柳永所作之不同，主要是增加了衬字。

散见其他各卷中的敦煌曲子词，对比其同调异体者，也是因衬字而造成。如三首《西江月》：

> 女伴同寻烟水。今宵江月分明。舵头无力别一船横。波面微风暗起。　拨棹乘船无定止。楚词处处闻声。连天江浪浸秋星。误入蓼花丛里。
>
> 浩渺天涯无际。旅人舡薄孤洲。团团明月照江楼。远望荻花风起。　东去不回千万里。乘船正值高秋。此时变作望乡愁。一夜苦吟云水。
>
> 云散金波初吐。烟迷沙渚沈沈。棹歌惊起乱栖禽。女伴各归南浦。　船押波光摇橹。贪欢不觉更深。楚词哀怨出江心。正值明月当南午。

同后来通用的《西江月》调相比，第一首有二衬字，第二首有一衬字，第三首亦为一衬字，因衬字位置不同，故体式亦异。

赵尊岳《〈云谣集杂曲子〉跋》认为，《云谣集杂曲子》具有同调异谱的特点，即同调异体，而其原因在于："盖文人之作，按付红牙，即号知音，终有一间之未达。故虽按谱寻声，一字一句，惟恐失之，乃不如歌者之减字偷声循弦赴节……"③

除衬字以外，造成同调异谱的原因还有衬句。如《临江仙》，鹿虔扆与冯延巳所作，虽前者不换韵，后者下片换韵，但均为五十八字。而伯卷2506号、斯卷2607号《临江仙》为六十四字体：

> 岸阔临江帝宅赊。东风吹柳向西斜。春光催绽后园花。莺啼燕语撩乱。争忍不思家。　每恨经年离别苦。等闲抛弃生涯。如今时世已参差。不如归去。归去也。沉醉卧烟霞。

詹安泰先生指出：

---

① 冒广生著，冒怀辛整理：《冒鹤亭词曲论文集》，上海古籍出版社1992年版，第179页。

② 分见万树：《词律》卷一七，第377–378页；王奕清等编著《钦定词谱》卷二九，中国书店1983年版，第1983页。

③ 赵尊岳：《金荃玉屑·读词杂记》，1941年9月《同声月刊》第一卷第十号，第95页。

> 《临江仙》《词律》列体十二、《词谱》列体十一，并无六十四字体。《词谱》谓"以前后段起句、结句辨体"，一般说，前后段起句结句是相同的。《词谱》所列只冯延巳作后段两句比前段少一字。这词前后段两起句两结句不同，玩其语调，当属上下阕都是"七、六、七、四、五"这一格（虽有"六、六、七、五、五"体，不是这词所依从的），那末，这词里前阕的"向"和"撩乱"系衬字；后阕的"归去也"系衬句。①

虽衬句少见，但仍是造成同调异体的原因之一，故对此也不能忽视。

曲子词之添加衬字、衬句当缘于歌唱的需要，在敦煌曲子词的创作时代，无论是作词者还是演唱者，都很注意演唱的效果，也因此在处理歌辞时有一定的机动性，而不似后来的文人词"主文"过于"主声"。

衬字、衬句问题可以从元稹所论中得到解释。元稹在《乐府古题序》中，对前人作诗的实践进行了总结，并叙述了他所在时代"倚声"作歌的实际情况。谈到前人作诗，他说："在音声者，因声以度词，审调以节唱。句度短长之数，声韵平上之差，莫不由之准度。"他以这些作品中"备曲度者，总得谓之歌、曲、词、调，斯皆由乐以定词，非选调以配乐也。"②这里元稹所述的"在音声者"，是指六朝时期大量出现的同题不同辞的乐府诗歌，共有八种。按照元氏的看法，其后四种，即"歌、曲、辞、调"，均为"备曲度者"：即乐曲旋律相对固定，有定腔者。

同一首乐曲，翻唱不同的歌词，乐曲的旋律、乐句是固定的，而每一乐句所唱歌词的长短，亦即每句歌词的句式与字数则有着足够自由的伸缩度：只要能够配合其所在乐句，保证当句唱完即可③。现代流行歌曲如《千千阙歌》等，同一曲调、旋律，配有粤语与国语两种版本的歌词，相应歌唱位置上的歌词字数、句式不尽相等，但均见谐唱。洛地先生的专著《词乐曲唱》中，把这种现象称作"以乐传辞"④。兹借洛先生书中所举民歌《蓝花花》（商调式，调头音为 2）为例，以今释古，说明"以乐传辞"的现象如下（带下划线者为乐曲调头音 2 所在；括号内虚词视歌者需要自由增减）：

1. <u>金</u>线线（地那个）<u>银</u>线线，<u>蓝</u>个　英英（地）采，
2. <u>五</u>谷子（地那个）<u>田</u>苗子，<u>数</u>上（个）高粱　高，
3. <u>正</u>月里（地那个）<u>说</u>　媒，<u>二</u>　月（里）　定，
4. <u>三</u>　班（地那个）<u>吹</u>（来）<u>两</u>　班　　打，
5. <u>蓝</u>花花（地那个）<u>下</u>轿来，<u>东</u>张　西　　照，
6. <u>你</u>　要　　　　<u>死</u>（来）<u>早</u>　早（地）死，

① 詹安泰著，汤擎民整理：《詹安泰词学论稿》，广东人民出版社 1984 年版，第 256 页。

② 元稹撰，冀勤点校：《元稹集》，第 254 页。

③ 善作歌辞者还须充分考虑：当审一曲之调头音（宋人称"结字"、"杀声"）而下以重读字，使歌词之轻重缓急配合乐曲之强弱高低，以突出歌曲的调式特色及主旋律。

④ 洛地：《词乐曲唱》，人民音乐出版社 1995 年版，第 2-4 页。

7. 手提上(那个)　羊　肉,怀　　揣(上)糕,
8. 我见到　我的　情哥哥,说不　　完的　　话,

1. 生下一个　　蓝花花,实实(地)　　爱死(个)人。
2. 一十三省的　女儿家,数上(那个)　蓝花花　好。
3. 三 月里　　　交大钱,四　　　　　月里　　迎。
4. 撇下我的(那个)情哥哥,抬进(那个)周家(的)门。
5. 照见周家的　猴老子,好像　　　一座　　坟。
6. 前 晌你　　　死　,后晌 我　蓝　花花　　走。
7. 冒 上　　　　性 命,往你　　　　家里　　跑。
8. 咱们俩　　　死 活,长在　　　　一　　　搭。

这首歌每段由四个乐句组成。如上所示,全首一共八段歌词,每段歌词分成四个完整的句子,每个乐句唱完一句。同乐句不同段的词句,字数是参差不齐的。乐句断处,词句意思完整,或句或逗,不存在文理不通的现象。这岂非“句度短长之数”要由乐句来准度吗？以今释古,也就可以解释曲子词使用衬字的原理了。

二、语言质朴本色

就艺术上而言,敦煌曲子词最大的特点就是朱祖谋所说的“朴拙”,赵尊岳《云谣集杂曲子跋》所说较详:

此三十首,或出于歌楼酒人之口吻,或即为伎家操索之群工,见有旧谱,为撰新歌,率意取男女爱悦伤离惜别之情事,纬之以音节,被之于歌筵。推其用心,正不在文字之求工,而务合于管色。乃此不必求工之作,有天籁以传其至情,有风会以范其文字,适以近俗之便,遂极行远之长,一时闻者既加激赏,阅世久远,更令读者惊其朴茂,争相著录,此固当日作者之所不及料也。①

那么,敦煌曲子词的“朴拙”主要表现在哪里呢？当首先在语言。敦煌曲子词与文人词相较,语言质朴本色的特点是很显著的。

一是用口语。如《云谣集杂曲子》的《凤归云》:

儿家本是。累代簪缨。父兄皆是。佐国良臣。幼年生于闺阁。洞房深。训习礼仪足。三从四德。针黹分明。　娉得良人。为国愿长征。争名定难。未有归程。徒劳公子肝肠断。谩生心。妾身如松柏。守志强过。鲁女坚贞。

① 赵尊岳:《金荃玉屑·读词杂记》,1942年9月《同声月刊》第一卷第十号,第94页。

《抛毬乐》:

珠泪纷纷湿绮罗。少年公子负恩多。当初姊妹分明道。莫把真心过与他。仔细思量着。淡薄知闻解好么。

前引的《内家娇》(两眼如刀)、《南歌子》(争不教人忆)等,也都是口语或近于口语。

再如《送征衣》上片:

今世共你如鱼水。是前世因缘。两情准拟过千年。转转计较难。教汝独自孤眠。

《捣练子》上片:

堂前立。拜辞娘。不觉眼中泪千行。劝你耶娘少怅望。为吃他官家重衣粮。

《长相思》的:

村人曳在道傍西。耶娘父母不知。

《渔歌子》(恨狂夫)下片:

当初去。向郎道。莫保青娥花容貌。恨狂夫。不归早。交妾实在懊恼。

又一《渔歌子》的:

共别人。好说我不是。得莫辜天负地。

都是极其浅显的口语,阅读时没有任何障碍。有些用语,如《鹊踏枝》(叵耐灵鹊多瞒语)的"灵鹊",任半塘以为"早见于开天间之口语",因此而结合作品中表达的征夫思妇之情,断之为盛唐时所作[1]。

二是用方言俗语。虽说语言因时代的不同而古今有别,以至于今日读唐宋词仍有一些"语障",也因此张相有感于此类特殊语汇"自单字以至短语,其性质泰半通俗,非雅诂旧义所能赅,亦非八家派古文所习见"[2],而作专门的《诗词曲语辞汇释》。但是,敦煌曲子词与文人词相较,更因其多用方言及俗语而见其本色。

---

① 任半塘:《敦煌歌辞总编》,第317页。

② 张相:《诗词曲语辞汇释·叙言》,中华书局1959年第3版,第1页。

虽然敦煌曲子词因传写者文化水平不高而常有错别字，以至造成一些难以读懂的字句，也为后人判断是否方言俗语带来了一定的困难。但是，有些是很明确的。任二北《敦煌曲初探·修辞》列举俗语方言一百零五条[①]，虽其中有些还难以断定，然而大多数应是没有问题的。关于敦煌曲子词所用的方言，詹安泰先生认为："如《洞仙歌》'把人尤泥'的'尤泥'，《柳青娘》'叵耐不知何处去'的'叵耐'，《抛毬乐》'莫把真心过与他'、《鱼歌子》'莫阻两情从过与'的'过与'，《菩萨蛮》'到头归不归'的'到头'，又'且待三更见日头'的'日头'，《南歌子》'夜头各自眠'的'夜头'，《谒金门》'服裹琴书欢喜'的'服裹'等等，按照一般的义训解释不通而又不能校出其中有脱误的，都可能是方言的运用。"[②]将其中主要的方言词汇都找了出来。此外，《洞仙歌》的"酒醒后多风醋"，《鱼歌子》的"畅平生，两风醋"，这"风醋"一语，不见于张相《诗词曲语辞汇释》，也应是方言俗语。

这里试解几处：

叵耐不知何处去。正值花开谁是主。　　——《天仙子》
待伊来际共伊言。须改狂来段却颠。　　——《竹枝子》
向绿窗下左偎右倚。拟铺鸳被。把人尤泥。　　——《洞仙歌》
当初姊妹分明道。莫把真心过与他。　　——《抛毬乐》

"叵耐"本为不可奈何之意，引申而为詈辞，一如今日所说的"可恶"。"尤泥"应是亲密之状，"过与"当为给予之意。"须改狂来段却颠"一句颇费解，潘重规《敦煌云谣集杂曲子新书》说："敦煌卷子往往以'段'为'断'。如斯4654《舜子变》：'儿忆阿耶长段。''长段'即'肠断'。'往来'犹言'往还'，指往还之亲朋。伯2054《禅门十二时》曲：'寻求处士访灵丹，嘱咐往还回药饵。'又：'门庭寥落管弦休，车马依稀往还弃。''往还'为友朋之义甚明……盖'须改往来段却颠'者，须改换旧时往来之恶友，断旧时颠狂之恶习也。所以劝诫良人，敬共伊言者盖如此。"所释可从。

用方言押韵在曲子词中也常可见之。如《苏莫遮》显然是用方言押韵：

聪明儿。禀天性。莫把潘安。才貌相比并。弓马学来阵上骋。似虎入丘山。勇猛应难比。　　善能歌。打难令。正是聪明。处处皆通娴。久后策官应决定。马上盘枪。辅佐当今帝。

此作中用韵，任二北据罗常培《唐五代西北方音》以"清"注"齐"之类例，说明"比"与"并"，"帝"与"定"均可互注[③]。笔者曾在甘肃生活过八年半，对此甚有体会，亦知至

① 任二北：《敦煌曲初探》，第354–370页。
② 詹安泰著，汤擎民整理：《詹安泰词学论稿》，广东人民出版社1984年版，第255页。
③ 任半塘：《敦煌歌辞总编》，第646页。

今甘肃民勤县的方言依然近于如此发音。又,《望月婆罗门》四首,任氏就其所用韵,证明是删、魂、文三韵通用,桓、东、魂三韵通用,以及删、先二韵通用[①],而这三组都与《广韵》歧异,即是用方言的具体表现。

即使不是显著的口语或方言俗语,但所用民间俗语,或用民间常见之物作比喻,也使之很见本色。正如郑振铎《中国俗文学史》所说:

> 像下面所举的二例,民间的风趣却是更为浓厚的。
>
> 《内家娇》:"两眼如刀,浑身似玉……"
>
> 《拜新月》:"荡子他州去,已经新岁未得归……"
>
> 若"两眼如刀""及时衣着,梳头京样""三光也合遥知"一类的语句在《花间》、《尊前》里是绝对找不到的。
>
> 《敦煌零拾》六,载有小曲三种,凡七首,民间的作风,便保存得更多了。
>
> ……但《长相思》三首,其作风便完全不同了;这三首是皆衔接的,似更邻近于"五更转"一类的民歌……[②]

任半塘《敦煌歌辞总编》还对个别不够雅训的用词,谈出了自己的独到看法,以为有独到的表达效果。他针对《菩萨蛮》(常惭血愿居臣下)一首中的"奉国何曾睡。葺治无人醉"二句云:"或曰:'醉'、'睡'二字母乃凑韵,则在民间作者,效颦步韵,达意即是,语不雅训,无足为病。若追义理,且更有当述者:封建统治者大都阘茸昏聩,惟擅长于压迫人民,敲剥人民而已;内外臣僚,亦无非醉生梦死,蠹禄病民者流。右辞'睡'、'醉'两韵之含意在作者自矢忠勤,对若辈乃借此痛施灸刺,使感辛辣入骨,知所悛改,绝非《尊前》、《花间》、《草堂》诸集中所有之'睡'与'醉'也。"[③]虽说颇有"作者未必然,读者未必不然"况味,但也不能以之为过度阐释。

有的作品似受到《古诗十九首》的影响,而多用叠字,如《菩萨蛮》:

> 霏霏点点回塘雨。双双只只鸳鸯语。灼灼野花香。依依金柳黄。　　盈盈江上女。两两溪边舞。皎皎绮罗光。轻轻云粉妆。

虽未及后来如李清照之《声声慢》,但亦如刘永济先生所说:"描写江上女子在春光鲜丽中歌舞之景色,甚为生动。每句皆用偶字作成,而不嫌板滞。"[④]这些叠字的运用使得此作风格在俗与雅之间,近于《古诗十九首》的"若秀才对朋友说家常话"[⑤]。

---

① 任半塘:《敦煌歌辞总编》,第 826–827 页。

② 郑振铎:《中国俗文学史》,《郑振铎全集》第 7 册,花山文艺出版社 1998 年版,第 108–109 页。

③ 任半塘:《敦煌歌辞总编》,第 416 页。

④ 刘永济:《唐五代两宋词简析》,上海古籍出版社 1981 年版,第 15 页。(版本后同)

⑤ 谢榛:《四溟诗话》卷三,《四溟诗话·姜斋诗话》,人民文学出版社 1961 年版,第 66 页。

三、叙事、铺排与联章体

任二北《敦煌曲初探》第一章之将敦煌曲子与汉魏相和歌辞相拟，是很有见地的。除了取材和体制，曲子词确实继承了汉魏乐府的创作精神，也继续了它的创作传统。我国古代的韵文文体，似有约定俗成的不同分工，即“言志”、“体物”的文学功能分属于诗与赋，而到汉魏乐府歌辞的创作阶段，却出现了班固在《汉书》中所说的“感于哀乐，缘事而发”[①]，导致了“缘情”与“叙事”的分流。乐府诗中的相和歌辞有什么特点呢？据《宋书》所说，“凡乐章古词，今之存者，并汉世街陌谣讴”。[②]而郭茂倩《乐府诗集》的十二类之分，相和歌辞即多系“汉世街陌谣讴”[③]，这与郊庙歌辞、燕射歌辞、鼓吹曲辞、横吹曲辞等类是不同的。而以笔者之见，敦煌曲子词固然因其胡夷里巷之谣的性质，而与“街陌谣讴”的相和歌辞为近，但郭茂倩所分的杂曲歌辞，也可以认为是近于敦煌曲。无论是谣讴的性质，还是杂曲的“或心志之所存，或情思之所感，或宴游欢乐之所发，或忧愁愤怨之所兴，或叙离别悲伤之怀，或言征战行役之苦……”[④]虽因感发而抒情，但更见叙事的特点。因此，仅就这一点而言，从诗歌传承史来论定汉魏乐府与敦煌曲子词的关系，亦并非无根之谈。

在敦煌曲子词被发现以前，人们对词的认识存在误区，似乎词自来就是“缘情”文学，此是词之正体，后来“破体”而出的种种新体，则是词之变体。而敦煌曲子词的发现，则令人改变了这一观念，因为初期的曲子词虽也“缘情”，却多叙事，即使抒情也是在叙事的基础上进行的。之所以如此，当既与作者有关，更与传播及接受者有关。由于作者多出民间，就一般规律来说，民间文学都重视叙事，敦煌曲子词主体是民间文学，也难出其外。而从传播与接受来说，曲子词中，文人作品较少，当时的传播以演唱为主，不似后来印刷业、出版业发达，文字成为重要的传播媒介，而接受对象的民间性，更使之不同于文人、官吏的审美情趣。因此，后来的词从乐工转入士大夫之手后，渐成为个人的抒情诗，也使得词以“缘情”为本位。而敦煌曲子词因其民间性、“草根”化的性质，使之易于也宜于向叙事性发展。从创作者、传播者的角度而言，因他们的文化水平都不太高，文字表现能力不是很强，使之创作更长于叙事。人们可能都会有这样的体验：叙述较之于抒情、说理、状物，确实是要容易些。而从接受者的角度言，他们也因出于文化水准的原因，以及相关的审美能力与文人不同，故对故事性、情节性、表演性又具有很大的兴趣。因此，在双重合力之下，敦煌曲子词之重在叙事、长于叙事就可谓必然。此外，由于唐代宣传佛教而出现了被称之为佛曲、讲唱文、押座文，而实为变文的诸多作品，为求得观众，都有很强的故事性，加以变文与曲子词都是韵文体，它们对曲子词也有必然的影响。

敦煌曲子词的作品，虽单篇也有较强的叙事性。如前引的《倾杯乐》(忆昔笄年)，

---

① 班固：《汉书》卷三〇《艺文志》，《二十五史》，第532页。
② 沈约：《宋书》卷一九《乐志一》，《二十五史》，第1693页。
③ 郭茂倩：《乐府诗集》卷二六《相和歌辞一》，中华书局1979年版，第376页。（版本后同）
④ 郭茂倩：《乐府诗集》卷六一《杂曲歌辞一》，第885页。

不啻就是一张简单的履历表：先说自己笄年生长在深闺，常是闲凭绣床，拈线刺绣，绣出舞凤飞鸾，又常对妆台顾影，自赏娇姿，后来经媒人以言词相诱，从父母所命，出阁而嫁，谁料婚姻并不如意，不是媒人所说的水际鸳鸯、梁间双燕，也不是宿世良缘，自己的丈夫是一个追求功名富贵的“狂夫”，攻书业的目的是求名宦，抛下自己走了。最后才是自己的想法：即使丈夫能中举并得以选官，也未必能幸福。言外之意就是宁可贫贱，共守家园也要好于两下分离。

又如前引的《别仙子》(此时模样)，通过男子的追忆，叙述离别情景，以自然状人事，用月亮的圆缺写人的离合，又写月光穿窗而入，照见离人泪眼愁眉。在时光的流逝中，直到晓钟声动，执手相偎而泣别，临歧之时，频频叮咛嘱咐。这离别的一幕，有较长的时间过程，有完整的叙事，其感情是纯然通过叙事来抒发的。

敦煌曲的怨妇之辞，有一定的程式化倾向，也都有较多的叙事成分。如《洞仙歌》上片的“恨征人久镇边夷。酒醒后多风醋。少年夫婿。向绿窗下左偎右倚，拟铺鸳被。把人尤泥”，下片的“须索琵琶重理。曲中弹到。想夫怜处”，都是叙事。《拜新月》上片的交代缘起：“荡子他州去。已经新岁未还归”，“直至于今。抛妾独守空闺”，自己的祝祷之举“花下遥指祝神祇”，“上有苍穹在。三光也合遥知”，亦为叙事，即使别因的“到处辄狂迷”，与重逢的“乞求待见面。誓不辜伊”，也属悬想式的叙事，全篇并不以抒情为主。《渔歌子》的“洞房深。空悄悄。虚把身心生寂寞。待来时。须祈祷。休恋狂花年少”，则属现在式与设想中的叙事。

政治性的题材，更多出以叙事。如《赞普子》，陈说自己本来虽是蕃家之将，却“年年在□头”、“朝朝牧马在荒丘”，过着夏月毡帐、冬天皮裘的生活，与一般的牧民无异，只是在“抛沙塞”后，才得“拜玉楼”，过上文明程度高的好日子。因此，其归附唐朝之旨，不是陈说大义，而是以叙述生活体验来表达的。又如《菩萨蛮》一组及《献忠心》等作，后来读者能够知道是与农民起义、蕃浑之乱，或与李茂贞犯阙有关，也得之于作品中对史事的叙述。所言“三峰”者三次，皆能征之于史实，而“自从黄巢作乱”，更点明事由，其效忠之意，皆以叙事的过去式及设想式出之。再如瓜沙二州三军百姓表达对唐室悃诚的《望江南》，无论是“背番归汉经数岁。当为大国作长城”的叙其事，还是“每抱沈机扶社稷。一人有庆万家荣”叙其意，都重在“叙”；而“每恨诸蕃生留滞。只缘当路寇雠多”，及“大朝宣差中外使。今因绝塞暂经过”，则以所叙见当时唐室遣使从受阻到援纳的原因，以嘉勉张义潮之功。对于“曹公”之德，是通过叙述其为国拓边、六戎尽来、压弹河陇、平定羌浑等具体事实而表出之，虽短章而叙事甚多，当然较之于空言更有说服力。

单篇也能叙事，如上述《望江南》，短短篇幅写出曹公诸多大事、功绩，但毕竟容量有限。这几首《望江南》，精炼、概括，文辞雅训，似出于文人之手，至少也应是经过文人的加工。敦煌曲子词主要是民间之作，尤其要诉诸听觉，高度的概括、文辞的典雅都会成为听觉的障碍，因此，如要充分叙事，必须善于铺排，这就使得单支的只曲的创作体制会被突破，连章体成为了承担叙事功能的很好形式。若以当代电视剧之从单本向连续剧发展，来解释这一现象，当是很容易理解的。

《云谣集杂曲子》的《凤归云》四首,王易以之为"四首演一故事,如古乐府《陌上桑》之类"①。任二北也说"或为四首联章,演一故事"②,但到其《敦煌歌辞总编》卷一则认为不能通作四首联章,前二首属于讲唱,后二首属于戏曲范围,无从相混③。即使不是连章体,其连贯性也是显见的。如任氏所说,前二首内容"包举伤秋、望远、传简、缝衣、寄衣、卜卦、反求宦等,甚为丰富、复杂"④,而后二首"体用特殊,演《陌上桑》型之故事;次章完全代言,为敦煌曲内所罕见,应是歌舞戏辞,原本应有说白"。⑤无论是讲唱还是戏曲,都具有故事性,重在叙事,善于铺陈。如詹安泰所认为,尤其最后一首"把自己的出身、家世、家庭教育、选择配偶、直到丈夫出征、离别难堪和守志不移,都原原本本地叙述出来,而体贴对方、表明自己的心愿仍然表现得十分真切。这在表现主题上虽然是后面的思想感情,而运用的艺术手法却是事状的铺叙"。⑥

前引的《西江月》三首(女伴同寻烟水,浩渺天涯无际,云散金波初吐),以"女伴"始,又以"女伴"终,所写的烟水、江月、波浪、苇荻等,景色一致,显是联章之作。通过三章的不同场景,将她们这一乘月游江的活动叙述得很周全,也使得接受者理解了其中的感情意蕴。《菩萨蛮》二首:

清明时节樱桃熟。卷帘嫩笋初成竹。小玉莫添香。正嫌红日长。　四肢无气力。鹊语虚消息。愁对牡丹花。不曾君在家。

香消罗幌堪魂断。唯闻蟋蟀吟相伴。每岁送寒衣。到头归不归。　千行欹枕泪。恨别添憔悴。罗带旧同心。不曾看至今。

一写初夏,一写深秋,二首皆有"不曾",显是联章体。两首都是先描写相关的季节、景色、物候,再叙述身边之事及自己的生活状况,所想所思,情感亦自出其中。

又《菩萨蛮》三首,其中第一首(昨朝为送行人早)前已录,此处再录二、三首:

自从涉远为游客。乡关迢递千山隔。求官宦一无成。操劳不暂停。　路逢寒食节。处处樱花发。携酒步金堤。望乡关双泪垂。

数年学剑攻书苦。也曾凿壁偷光露。堑云聚飞萤。多年事不成。　每恨无谋识。路远关山隔。权隐在江河。龙门终一过。

任半塘说:"此二辞从'涉远'说到'权隐',情事一贯,又同卷相续,故订为联章。"⑦

① 王易:《词曲史》,江苏教育出版社2005年版,第49页。
② 任二北:《敦煌曲初探》,第303页。
③ 任半塘:《敦煌歌辞总编》,第103页。
④ 任半塘:《敦煌歌辞总编》,第59页。
⑤ 任半塘:《敦煌歌辞总编》,第103页。
⑥ 詹安泰著,汤擎民整理《詹安泰词学论稿》,广东人民出版社1984年版,第253页。
⑦ 任半塘:《敦煌歌辞总编》,第656页。

笔者以为,第一首是写送别,应是从作为居者的女子方面来写,而后二首则立足于行者的男子,写其“涉远”后的遭遇及所想,虽转换了时空,却仍有其一贯性,故可视作三首联章。而这三首,从送别的五更鸡叫,送过鸿梁,水声断肠,离别愁苦,努力上路,驻马摇鞭,嘱咐不忘去后传言;到涉远为客,乡关远隔,求官无成,操劳不停,路逢寒食,携酒步堤,远望家乡,双眼垂泪;再到自己的反思,虽学剑攻书,凿壁偷光,堑雪囊萤,结果还是多年难以成事,只能最终以权隐江河,求得龙门一跃来自劝。所表达的感慨求宦之难的题旨,是通过大量的叙事来实现的,由于此时长调尚较少,连章体的叙事长处就更可见出了。

任氏《敦煌歌辞总编》卷三有两组《捣练子》,皆咏孟姜女故事,一组四首,一组六首,四首者为故事的开端,六首者为故事的结束,当中显然有脱节,但亦可见其大概。四首者的前二首,叙杞梁辞别父母、妻子,所写拜辞、流泪、相劝,以及辞妻时的对话,皆属叙事之笔。后二首写孟姜女做好寒衣后无人相送,决定自己去,想到长城的路如此难行,只能祝祷丈夫早日归来,虽有拟想,亦为叙事。六首一组者下面再论。

《感皇恩》四首,前二首见伯 3129,后二首见伯 3821,虽分属不同卷子,但内容与修辞皆一致,应是联章。辞中所写的主要是:四海及天下诸州,都说今岁无忧,高楼欢宴,诸蕃归顺,朱紫风流,卿相诸侯相列,人们乐业,农民鼓腹田畴,皇帝与兄弟友爱,金枝玉叶相连,百僚列班玉阶,高呼万岁,四海清平,黔黎颂圣,修文偃武,重视农业,群僚相贺,万邦无事,四夷稽首,人人争唱。虽不免为颂谀,但极可能是开元全盛时期的写照,有现实的基础。四首中,只有极少量的议论性文字,其馀都是叙述,虽意多重复,非联章则难以足之。

四、抒情直切 长于比兴

敦煌曲子词风格朴拙,与其善于叙事而多为赋体有关,而就其抒情性而言,则因用第一人称,而尤见朴拙、直切。

尤其是弃妇之词,多是自身体会的表达,与男子所作的“闺音”很见不同,绝无那种作态及隔离感,此当与歌者为女性有关,无论是自陈,还是感情的移入,都易于感人。如前引《望江南》(天上月),夏承焘《唐宋词选》认为这是因“痴心女子负心汉”而生出的悲剧[①]。任半塘称道其“真挚泼辣”,又说:“敦煌俗文艺中类此之作尚有,每混在其他文件中,未经清理,致不获公诸大众”,并举混在《新合孝经皇帝感》的恋情诗与之相对照,如:“我有一口刀,半刚半是柔,不将馀处用,拟斩负心人头!”认为“‘拟’乃‘以’之借,与右辞同一意趣”。[②]此类“同一意趣”为民间作品所特有。这一首作品很可能是歌伎所作(或加工)并演唱的,因此很见其真情实感。

又如《鹊踏枝》:

巨耐灵鹊多瞒语。送喜何曾有凭据。几度飞来活捉取。锁上金笼休共语。

① 夏承焘、盛弢青选注:《唐宋词选》中国青年出版社,1981 年第 3 版,第 1 页。
② 任半塘:《敦煌歌辞总编》,第 345 页。

比拟好心来送喜。谁知锁我在金笼里。欲他征夫早归来。腾身却放我向青云里。

显然这是一首怨词,思妇迁怒于灵鹊,将其锁入笼中,引起了一段代言的灵鹊对话,其下片的灵鹊所言,用第一人称。刘永济先生在指出"谁知"句中的"我"字,及末句的"却""向"二字为衬字同时,又说此词"颇朴拙,如古乐府"①。郑振铎称道其"有趣":"这样有趣的'词',我们在唐、宋人作品里是很少见的。"②以喜鹊报好信,是唐代民俗,任氏举王建《祝鹊》诗以证之:"神鹊神鹊好言语!行人早回多利赂。我今庭中栽好树,与汝作巢当报汝。"他认为《鹊踏枝》"乃人与鹊代言对话,词意亦复恣肆",与王建的诗相较,王诗"虽亦代言,仅出于人一方面而已,鹊未尝人格化,远逊于右辞"。③所以这种朴拙如同古乐府之风,有十分生动传神的表达效果。叙述与代言,叙述者与代言的第一人称转换,二者相结合,是较为少见的艺术手法。加之以拟人化的写鹊,既状鹊之"灵",又衬托出思妇之情,才能成其"有趣"。

抒情直切与叙述,尤其是自叙有关,敦煌曲子词也确实是以"赋体"为多,但并不是不用比兴。《诗经》的国风即长于比兴,曲子词主要是民间文学,也不会舍弃比兴,但其不同于文人者,在于所用比兴多民间况味,诉诸听觉、视觉没有"语障",极易理解,十分生动。

如《菩萨蛮》:

枕前发尽千般愿。要休且待青山烂。水面上秤锤浮。直待黄河彻底枯。白日参辰现。北斗回南面。休即未能休。且待三更见日头。

对照汉乐府民歌《上邪》,此词与之极似:"上邪!我欲与君相知,长命无绝衰,山无陵,江水为竭,冬雷震震夏雨雪,天地合——乃敢与君绝。"《上邪》与这首《菩萨蛮》都是男女相爱的情誓之辞。《上邪》设五事:山无陵而平,江水枯竭,冬日打雷,夏天下雪,天地相合,待此五事齐出,我才会与你相绝。当然,这些都是自然界不可能出现的事,因此,我对你的爱当然也是不可能变的。而《菩萨蛮》则明说枕前发愿,所举的青山烂、秤锤浮、黄河枯、白日参辰并出、北斗移南、三更见日,凡六事,较《上邪》更多,也是不可能出现之事,以此表达对爱情的坚贞。较之《上邪》,此词非但多设一事,而且将前者的正说,变成"要休——且待"的反说,还在列举五事之后,用"休即未能休"作跌宕,最后以又一不可能者作结:"且待三更见日头。"一意分作两层表达,使之情誓为之更重。然而,《上邪》之直说,可以令人相信对爱情的坚贞,而《菩萨蛮》的"发尽千般愿",是在"枕前",这里其实已经埋下了伏笔。试想唐代有多少男子在"仕"与"婚"的冲突中,选择前者而背弃情人,这枕前之愿实在是靠不住的。因此,宜于如俞平伯所说:"虽发尽千般

---

① 刘永济:《唐五代两宋词简析》,第17页。

② 郑振铎:《中国俗文学史》,《郑振铎全集》第7册,花山文艺出版社1998年版,第110页。

③ 任半塘:《敦煌歌辞总编》,第317页。

愿，毕竟负了心，却是不曾说破。”[①]可见虽非直接的弃妇词，但从作品之外可以味出。而就艺术性而言，此词将民间的奇譬诡喻用于其中，博喻齐出，极其生动形象，确实是开元曲修辞之先河。

又如《望江南》（娘子面）一首，赵景深认为上片写面坊女工兼硙、磨之事，太忙而无暇清理脸侧之留麸，致使买者不前，任半塘以此解释接近原意，可以贯穿上下[②]。但周泳先、唐圭璋、王重民等都释“迸麸”为“姘夫”[③]。倘是，则意当别解：因为自己是妓女，如同“硙了又重磨”的“娘子面（麫）”，“迸麸”（姘夫）太多，倘有真爱我者就会“所用不来过”。也因此而在下片发出“莫攀我”之呐喊，为自己的“恩爱一时间”，不能得到异性的真正爱情而愤怨。这样的解释并非不通，而作品则因所用娘子面、迸麸、曲江临池之柳树等，比兴兼谐音，而更能真切表现妓女的不幸遭遇，以及无奈而又无望的心声。

再如《山花子》：

> 去年春日长相对。今年春日千山外。落花流水东西路。难期会。　西江水竭南山碎。忆得终日心无退。当时只合同携手。悔悔悔[④]。

此词下片首句同于《菩萨蛮》的“黄河枯”、“青山烂”，可见民间歌辞对此类诡喻奇譬的习用，相较而言，此词虽未及前者之巧用六喻，却有自己的特色：以时间及相关场景的不同设置，在腾挪之中作今与昔、欢与悔的对比。上片所写同样是春日，去年是“长相对”的厮守，今年是“千山外”的分离，又用落花、流水之去而不返作比，及东西分道扬镳，表明“难期会”以加重之，对照中显见沉痛。下片先回忆情誓，“终日”与“无退”可见挥之不去之痛。是为了满足对方的功名之心，还是其他什么原因，让他一人走了，因此，“当时只合同携手”，没能做到携手同行，以致今日“落花流水东西路”，故连用三个“悔”字作结。

也有个别作品较为特殊，如《郑郎子词》：

> 青丝弦。挥白玉。宫商角徵羽。五音足。何时得对明主弹。一弦弹却天下曲。

任二北指出，周密《齐东野语》曾载有墨斗的谜语：“我有一张琴，丝弦长在腹。时时马上弹，弹尽天下曲。”盖“曲”指木之不直者[⑤]。笔者以为，此词可有两解：既与后出的《齐东野语》所载相似，可视作是墨斗的谜语，着落于“一弦弹却天下曲”；但也可看作是以物比人的比兴之作，且更应是后者。之所以难以断定必是谜语，是因为此词的

---

① 俞平伯：《唐宋词选释》，《俞平伯全集》第 4 卷，花山文艺出版社 1997 年版，第 163 页。

② 任半塘：《敦煌歌辞总编》，第 419–420 页。

③ 任半塘：《敦煌歌辞总编》，第 419 页。

④《敦煌歌辞总编》作“悔□□”，注释中补为三叠字。此据注释补，见《敦煌歌辞总编》，第 359 页。

⑤ 任二北：《敦煌曲初探》，第 272 页。

“一弦弹却”之“曲”,虽也能作木之不直者想,但并无墨斗“丝弦长在腹”的特点,因而更应是以琴自拟,表达愿以明主为知音的自售之意,是以比体寄托志向。倘如此,则是宋词中以物比人的咏物词之先行。

五、代言体与戏剧性

敦煌曲子词之以第一人称叙事，已在表现形式上不同于文人词的男子闺音式代言,但其更不同于文人词者,是在于具有戏剧的代言性质。唐代文人词实为可歌的抒情诗,与声诗的主要区别在于一者齐言、一者杂言,而且二者还有所交叉,虽用于歌唱,却不具备更多的表演手段,也不具备更多的表演性质。而敦煌曲子词却不然,其情况极其复杂。任二北《敦煌曲初探》的附录,已说《云谣集杂曲子》的六字含义,疑指《云谣集》内许多文体之一,曰“杂曲子”,原集所收,当不止此一体,至于其他体裁,可能为声诗,为大曲,不知在集内,又何以名之[①]。故至《敦煌歌辞总编》,则对有些作品作出为大曲的判断,而有些则近于戏弄。大曲为结构复杂的大型音乐歌舞,戏弄是唐代戏剧、百戏概括定名,为任半塘所始用于专指唐五代之戏剧。

《阿婆曹词》三首,标明第一、第二、第三:

昨夜春风来入户。动人怀。只见庭前花欲发,半含咍。直为思君容貌改。征夫镇在陇西坏。正见庭前双鹊喜。君在塞外远征回。梦先来。

独坐幽闺思转多。意如何。秋夜更长难可度。慢怜他。每恨狂夫薄行迹。一从征出镇蹉跎。直为思君容貌改。疆场还道□□□。□□□。

当本只言三载归。灼灼期。朝暮啼多淹损眼,信音稀。妾守空闺恒独寝。君在塞北亦应知。懊恼无辞呈肝胆。留心会合待明时。□□□。

任氏认为三首显见为大曲形式,“调是成熟之杂言,辞是借用民间之《征妇怨》,均值注意”。[②]

又,《何满子词》为四首:

平夜秋风凛凛高。长城侠客逞雄豪。手执钢刀利如雪。腰间恒挂可吹毛。
秋水澄澄深复深。喻如贱妾岁寒心。江头寂寞无音信。薄暮惟闻黄鸟吟。
城旁猎骑各翩翩。侧坐金鞍调马鞭。胡言汉语真难会。听取胡歌甚可怜。
金河一去路千千。欲到天边更有天。马上不知时历变。回来未半早经年。

陈中凡先生认为:“这是一套残曲,把塞上征人和闺中思妇分场描述,最后应有团聚的场面,惜残缺不全,无从推论。但看它用对照的场次,双线进行,然后合到

---

① 任二北:《敦煌曲初探》,第 404 页。
② 任半塘:《敦煌歌辞总编》,第 1673 页。

一起……两人的性格并可从环境中认识清楚，其创造典型的手法也是可取的。”[①] 任半塘则认为是大曲整套的乐舞体制，不宜于戏剧用，且说：“通剧仅唱四辞，则首首紧要。侠客、闺人，生、旦并重……”[②]虽今日难以证实当时的具体演出情景，但通过歌辞仍可以想见。

此外，《剑器词》亦有三首：

皇帝持刀强。一一上秦王。闻贼勇勇勇。拟欲向前汤。应手三五个。万人谁敢当。从家缘业重。终日事三郎。

丈夫气力全。一个拟当千。猛气冲心出。视死亦如眠。弯弓不离手。恒日在阵前。譬如鹘打雁。左右悉皆穿。

排备白旗舞。先自有由来。合如花焰秀。散若电光开。喊声天地裂。腾踏山岳摧。剑器呈多少。浑脱向前来。

陈中凡上文认为：“这是一套小型的舞曲，全套仅三叠，当属次曲。其中依然有人物故事……这样壮烈的表演，实能炫人眼目。最后离开原有的宫声，改唱《浑脱》的角调，唱出甲士们摧坚陷阵的情节。”[③]任氏说：“首章强调刀剑，次章突出弓矢，末章专门描写《剑器》舞容，各有重点，结构紧凑——因此种种，可以肯定全套文字是‘撰辞’，非‘集辞’无疑。”[④]又说：“在大曲辞中，或在《剑器舞》辞中，尚有此等高唱，为前此所未及料。”[⑤]

以上被任半塘认定为大曲者，陈中凡认为具有故事、情节，笔者以为，虽其体制为大曲，但性质为歌舞表演的大曲并不排斥戏剧性。上面这些大曲，也具有显著的扮演特点，可见出角色演出痕迹，也因此具备戏剧的本质特点——代言体，而这正是与文人词的最大区别。

说到戏剧性，曲子词中并不少见。如《云谣集杂曲子》中的《柳青娘》二首，虽为短制，且较为简单，但任氏《敦煌歌辞总编》亦认为虽二者格调参差不一，却都是各有一半卖弄色情，两首都带戏剧性[⑥]。又如《浣溪沙》：

结草衔珠不忘恩。些些言语莫生嗔。比死共君缘外客。悉安存。　　百鸟相依投林宿。道逢枯草再迎春。路上共君先下拜。如若伤蛇口含真。

---

① 陈中凡：《从隋唐大曲试探当时歌舞戏的形成》，陈中凡著、姚柯夫编《陈中凡论文集》，上海古籍出版社1993年版，第949页。

② 任半塘：《敦煌歌辞总编》，第1686页。

③ 陈中凡：《从隋唐大曲试探当时歌舞戏的形成》，陈中凡著、姚柯夫编：《陈中凡论文集》，第951页。

④ 任半塘：《敦煌歌辞总编》，第1694页。

⑤ 任半塘：《敦煌歌辞总编》，第1699页。

⑥ 任半塘：《敦煌歌辞总编》，第191页。

任氏认为这是演故事之辞，“其体用必入讲唱或扮唱；其旨在劝人报恩乐施，已于辞之起结两句中著明。惟应如何不嗔，以迎春和？如何‘相依’，以安‘缘外’？内容显甚繁复”，认为是从成本成套带有说白之曲文中摘录而来①。

前面论敦煌曲叙事性时曾说表现孟姜女事的《捣练子》二组，并简述了四首的一组。此处再看六首的一组：

云疑盖。月已升。朦胧不眠已三更。面上褐绫红分散。号咷大哭呼三星。

对白绵。二丈长。裁衣长短尺上量。夜来梦见秋交末。自怕君身上□□。

孟姜女。秦杞梁。声声懊恼小秦王。秦王敢质三边滞。千番万里筑城长。

长城下。哭声哀。喊俺长城一垛摧。里畔骷髅千万个。十方骸骨不教回。

刃□亮。两拳拳。十个指头血沾根。青竹干投上玄背子。从今以后信和藩。

娘子好。体一言。离别耶娘十数年。早晚到家乡勤饽馓。月尽日交管黄纸钱。少长无□□□□。月尽日交管黄纸钱。

虽至第三首才知系演孟姜女故事，但返而观之，则如任半塘所说：“前二首之情节乃噩梦与制衣；第三首最要：孟与杞魂途中相值，孟知杞死。此说有《变文》可据……人与鬼假托秦王，怒骂唐王，反对筑城，情绪激昂。第四首孟临城下求骨，于是哭城，崩城，暴骨。第五首滴血验骨，裹骨；其后必继以负骨、登程，辞中虽无，可以想见。末句和番思想与第三首末句相应……六辞当是戏文之末段。”②这种具有情节、演唱故事的曲子词，作为戏文的末段，确与文人词大为不同。即使后来如柳永也多叙事性之词，却无联章性、以情节表演见长之作。

《定风波》二首，则是很有趣的问答体：

攻书学剑能几何。争如沙塞骋偻㑩。手执绿沉枪似铁。明月。龙泉三尺斩新磨。　　堪羡昔时军伍。谩夸儒士德能康。四塞忽闻狼烟起。问儒士。谁人敢去定风波。

征服偻㑩未是功。儒士偻㑩转更加。三策张良非奭弱。谋略。汉兴楚灭本由他。　　项羽翘据无路。酒后难消一曲歌。霸王虞姬皆自刎。当本。便知儒士定风波。

这二首留下了清晰的扮演对答痕迹：先是武士骄儒士，以之不能去四塞灭狼烟、定风波；后是儒士以楚汉相争中的谋略胜于武力，项羽为张良所败，表明韬略重于武功的思想。任氏说：“二首与《教坊记》所列《儒士谒金门》、《武士朝金阙》调名之意义正合。”③至《敦煌歌辞总编》又云：“此二首一问一答，显然联章；显然为民间文艺，文人所嗤为

① 任半塘：《敦煌歌辞总编》，第486页。
② 任半塘：《敦煌歌辞总编》，第565页。
③ 任二北：《敦煌曲初探》，第233页。

'俳优体'、为'戏剧文体'者。其内容又一望而知涉及当时之边功、史迹、文化、教育、社会风气等,不平凡,不猥琐。应是盛唐作品。"[①]

再看《南歌子》:

斜影朱帘立。情事共谁亲。分明面上指痕新。罗带同心谁绾。甚人踏破裙。　　蝉鬓因何乱。金钗为甚分。红妆垂泪忆何人。分明殿前实说。莫沉吟。

自从君去后。无心恋别人。梦中面上指痕新。罗带同心自绾。被猢儿踏破裙。　　蝉鬓朱帘乱。金钗旧股分。红妆垂泪哭郎君。妾似南山松柏。无心恋别人。

显然是男女的一问一答,针锋相对,男子指认女子另有"情事",故就脸上指痕、罗带同心、裙子踏破、蝉鬓乱、金钗分,以及红妆垂泪,一一问来,要其实说缘由。而女子则一一作了辩解:面上指痕是梦中所留,罗带的同心结是自己所绾,裙子是被调皮的猢狲踏破,蝉鬓为珠帘所乱,金钗已旧而股自分,红妆垂泪是为了郎君你呀。最后说:"我是南山松柏一样坚贞,无心去爱恋别人!"任半塘认为,"此类风情问答所反映之故事情节,势必超过讲唱技艺,而进入戏弄扮演,庶可充分表达歌唱时所必需有之面部惊慌及身体瑟缩等"。[②]倘作戏弄扮演,可想见其情景。

综上,可用任二北所说,来概括敦煌曲子词:

《尊前》、《花间》在风格上,乃得敦煌曲之一体而已。敦煌曲作风,各派皆备,涵盖较广。二集之与敦煌曲,并非在一雅一俗之分别下,相互对立。

就内容看:敦煌曲富有社会之实际性,与《尊前》、《花间》恰如其名,为有闲阶级之享乐文艺者,显然有别。

从敦煌曲之内容、作者、修辞、体制各方面看,俨然汉魏之相和歌辞也。由汉魏相和歌辞,到明清小曲,在取材与修辞上,竟有确切一贯之处,赖敦煌曲之居间,遂尔明显证实。此乃我国民间文学史上,以前未发现之现象,颇耐寻味。

敦煌曲内容之反战争者,与盛唐反战争之诗篇,作用无殊;而质朴、生动处,或尤过之。因此,二者之写作可能同时;而此种有声之辞,广被于当时之民间里巷,乃至传入宫廷甲第之中,较文人所作之徒诗、哑诗,流行更广,力量尤大,价值自高。[③]

---

① 任半塘:《敦煌歌辞总编》,第650页。
② 任半塘:《敦煌歌辞总编》,第640页。
③ 任二北:《敦煌曲初探》,第19页。

第二章 唐代文人词的艺术奠基

俞平伯先生《唐宋词选释·前言》指出："词的发展本有两条路线：一、广而且深(广深)，二、深而不广(狭深)……受着历史的局限，很不容易走广而且深的道路，它到文士们手中便转入狭深这一条道路上去。"[①]又引用王重民《敦煌曲子词集·叙录》的一段话，即曲子词作品的四大内容"边客游子之呻吟，忠臣义士之壮语，隐君子之怡情悦志，少年学子之热望与失望"，遂作出"其言闺情与花柳者，尚不及半"的判断。的确，敦煌曲子词虽有部分文人作品，但主要是民间所作，故内容还较为"广深"，而从盛中唐到晚唐五代文人词，因入于文人之手，兴趣所在，使之逐渐转为多言闺情与花柳，走上了"狭深"一路。

第一节 文化之变与盛中唐文人词

文人词之所以不同于民间词，会专向狭深方向发展，亦与文化相关。要论述这一问题，还应从文人词的起源谈起。

文人词的起源，是学界探讨多年而未有定论的问题。笔者认为，若从文化动因言，王世贞《艺苑卮言》所说，是很可玩味的。王世贞之论，缘于杨慎所说的"填词起于唐人，而六朝已滥觞矣"。[②]王氏有云："词者，乐府之变也。昔人谓李太白《菩萨蛮》、《忆秦娥》，杨用修又传其《清平乐》二首，以为词祖……盖六朝诸君臣，颂酒赓色，务裁艳语，默启词端，实为滥觞之始。"[③]既然从六朝说起，就不得不涉及宫体诗，而"颂酒赓色"的"务裁艳语"，则又与宫体诗的创作旨趣及文化精神甚合。

一、宫廷文化与盛唐词

对宫体诗的认识，后人所见多出自唐人，其实按近之者所言更可信的原理，我们不妨先看《梁书·徐摛传》："(徐摛)属文好为新变，不拘旧体……春坊尽学之。'宫体'之号，自斯而起。"[④]《庾肩吾传》又说："齐永明中，文士王融、谢朓、沈约文章始用四声，以为新变，至是(按，指萧纲立为太子)转拘声韵，弥尚丽靡，复踰于往时。"[⑤]本来只是"好为新变，不拘旧体"，"转拘声韵，弥尚丽靡"，而唐人却视之为艳体，如《隋书》云："简文之在东宫，亦好篇什。清辞巧制，止乎衽席之间；雕琢蔓藻，思极闺房之内。"[⑥]鉴

① 俞平伯：《唐宋词选释·前言》，《俞平伯全集》第4卷，花山文艺出版社1997年版，第152–153页。
② 杨慎：《词品》卷一，《渚山堂词话·词品》，人民文学出版社1960年版，第43页。
③ 王世贞：《艺苑卮言》，唐圭璋《词话丛编》，中华书局1986年版，第385页。
④ 姚思廉：《梁书》卷三〇《徐摛传》，《二十五史》，第2068页。
⑤ 姚思廉：《梁书》卷四九《庾肩吾传》，《二十五史》，第2095页。
⑥ 令狐德棻等：《隋书》卷三五《经籍志四》，《二十五史》，第3379页。

于前代耽乐失国的历史教训，《隋书·文学传序》更以宫体诗“其意浅而繁，其文匿而彩。词尚轻险，情多哀思，格以延陵之听，盖亦亡国之音乎。”[①]史臣之见如此，他如杜确《岑嘉州集序》，更认为宫体诗是“轻浮、绮靡之词……务于妖艳”。[②]

这里不讨论宫体诗问题，引上面所论，只想概括地说：从梁武帝父子以来，诗歌“好为新变”，得到的结果却如纪昀评《通变》所说“求新于俗尚之中，则小智师心，转成纤仄”[③]，而“弥尚丽靡”，又使不少作品入于“衽席”“闺房”。到陈后主君臣的“狎客”行径，隋炀帝的“大制艳篇，辞极淫绮”[④]，确如王世贞所说的“颂酒赓色，务裁艳语”。那么，为何说这一结果是“默启词端，实为滥觞之始”呢？因为六朝的酒色“艳语”与唐代之词，在创作精神上颇见一致，尤其是它们之间的共同性还体现在宫廷文化之上。

南朝的皇帝都喜爱文学，其中又以梁武帝父子为最，诚如《南史·文学传序》所说：“降及梁朝，其流弥盛。盖由时主儒雅，笃好文章，故才秀之士，焕乎俱集。”[⑤]陈代诗人多由梁入，诗风与梁合称“梁陈宫体”。陈后主即位前就耽于诗酒，好作长夜之饮，即位后更竞奢侈，宠妃嫔，不理政事，与江总等朝臣诗酒宴集，终至亡国。隋炀帝虽非生于深宫之中，长于妇人之手，文学上主张存雅体、归典制，但在他统治的后期，追求享受，多作侧艳之歌。总之，梁、陈、隋数代文学的“艳语”，多与宫廷文化相关，有君臣合作的特点。

唐人词的开始，也与宫廷文化密切相关。唐太宗虽是千古明君，文学主张亦如其《帝京篇序》所说，是“以尧、舜之风，荡秦、汉之弊”[⑥]，但是，一方面他对南朝宫廷诗的华美很是倾慕，另一方面因君臣宴集的宫廷生活颇多，因此应制、奉和之作，在富丽堂皇之外，又多柔靡绮艳之篇，太宗本人甚至“尝作宫体诗，使虞世南赓和”[⑦]。虽说太宗时期的宫廷之作不可等同于梁、陈、隋，但由于宫廷文化的共同性，也使得闻一多《唐诗杂论》从宫体诗的角度共观之[⑧]。

严格说来，唐词起于中宗朝的六言体，即沈佺期的《回波乐》，但在初唐，已有词的初起。贞观初年应诏对策及第的谢偃，被唐太宗引为弘文馆直学士，《全唐诗》载其《踏歌词》三首。任半塘《唐声诗》以之为且步且歌[⑨]。此三首描写宫女的游春踏歌，在赞赏她们的歌声、舞袖、风带、簪花、轻裙、薄鬓、宝袂、红纱同时，又可见内宫的华美环境，隐约透出宫体诗况味，充满了宫廷文化色彩。

沈佺期在高宗时进士及第，一生主要是宫廷文人。其《回波乐》被作为第一首唐词：

---

① 令狐德棻等：《隋书》卷七六《文学列传》，《二十五史》，第 3455 页。
② 杜確：《岑嘉州诗集序》，岑参著，陈铁民、侯忠义校注《岑参集校注》，上海古籍出版社 1981 年版，第 463 页。
③ 转引自刘勰著、范文澜注：《文心雕龙注》，人民文学出版社 1958 年版，第 521 页。
④ 令狐德棻等：《隋书》卷一五《音乐志下》，《二十五史》，第 3297 页。
⑤ 李延寿：《南史》卷七二《文学列传》，《二十五史》，第 2861 页。
⑥ 唐太宗：《帝京篇·序》，《全唐诗》，中华书局 1960 年版，第 1 页。
⑦ 计有功著，王仲镛校笺：《唐诗纪事校笺》卷一，巴蜀书社 1989 年版，第 7 页。
⑧ 闻一多：《宫体诗的自赎》，《唐诗杂论》，上海古籍出版社 1998 年版，第 9-19 页。
⑨ 任半塘：《唐声诗》下编，第 218 页。

回波尔时佺期。流向岭外生归。身名已蒙齿录,袍笏未复牙绯。

据孟棨《本事诗》:“沈佺期以罪谪,遇恩,复官秩,朱绂未复。尝内宴,群臣皆歌《回波乐》,撰词起舞,因是多求迁擢。佺期词曰(略)。中宗即以绯鱼赐之。”[①]胡震亨云:“中宗朝内宴,群臣多撰此词献佞及自要荣位,最盛行。”[②]可见此作有其特定的功用。大概除了同是中宗朝李景伯《回波乐》明言“回波尔时酒卮。微臣职在箴规”外,此调多少为后来词的娱宾侑觞功能确立了导引性。

宫廷文化体现在唐词创作之中,主要还是由宫体诗所见的注重内宫生活一类,其创作精神、旨趣主要发扬于唐玄宗的《好时光》,以及供奉翰林的李白所作之词。《好时光》词云:

宝髻偏宜宫样。莲脸嫩,体红香。眉黛不须张敞画,天教入鬓长。　莫倚倾国貌,嫁娶个,有情郎。彼此当年少,莫负好时光。

唐玄宗洞晓音律,王灼《碧鸡漫志》以其御制曲有《紫云曲》、《万岁乐》、《夜半乐》、《还京乐》、《凌波神》、《荔枝香》、《阿滥堆》、《雨霖铃》、《春光好》、《踏歌》、《秋风高》、《一斛珠》等,今仅存《好时光》。刘毓盘《词史》认为其原是五言八句诗,将和声改为实字,遂成长短句。此词与宫体诗非常相似[③]。

李白词,《全唐诗》收十四首,《尊前集》收十二首,迄今对是否全为其所作尚无定论。其《清平乐》四首,欧阳炯《花间集序》以为是应制之作,俞陛云亦以为是李白在翰林时的应制之作。姑不论是否李白所作[④],观其词:

禁庭春昼。莺羽披新绣。百草巧求花下斗。只赌珠玑满斗。　日晚却理残妆。御前闲舞霓裳。谁道腰肢窈窕,折旋笑得君王。

禁闱清夜。月探金窗罅。玉帐鸳鸯喷兰麝。时落银灯香灺。　女伴莫话孤眠。六宫绮罗三千。一笑皆生百媚,宸衷教在谁边。

诚如俞陛云所说:“先言禁庭春媛,斗草奢华。后言歌舞邀恩,翩嬛旋折,以取媚君王,不惜腰支约瘦”,“前首言昼景,此言夜景,丽句妍词,想见唐宫春色。转头处言粉黛列屋而居,争怜希宠,延伫羊车……”[⑤]历史上晋武帝曾有宫女万人以上,只好乘羊车行于宫中,车之所止即宿。唐玄宗时,长安大内及大明、兴庆二宫,加上东都大内、上阳

① 孟棨:《本事诗·嘲戏第七》,《唐五代笔记小说大观》,上海古籍出版社2000年版,第1252页。

② 胡震亨:《唐音统签·癸签》卷一三,《续修四库全书》第1620册,第589页。

③ 刘毓盘:《词史》,上海书店1985年影印本,第32页。

④ 任半塘认为“李白应制为辞之事,不能限其生平止于此一次而已。综合先后,有作《清平调》者,有作《清平乐》者,有作‘宫中行乐辞’者,各有本事,互不相妨。”所论较通达。见《唐声诗》下编,第475页。

⑤ 俞陛云:《唐五代两宋词选释》,上海古籍出版社1985年版,第4、5页。(版本后同)

宫，宫女共四万人，何止“六宫绮罗三千”，玄宗“随蝶所幸”，更甚于晋武帝的羊车，直到专宠杨贵妃才止。二首着笔于宫女，与盛唐诗人所作《宫怨》类有异曲同工之处。李白的《清平调》三首，虽非长短句，著作权却不为人怀疑，其旨显然是应唐玄宗之命，为“赏名花，对妃子”[①]而作，第二首的“一枝红艳露凝香”，是为所赋木芙蓉而发，而汉宫飞燕之比，也不过是唐人以汉拟唐之惯用，很难说另有深意。此时李白以供奉翰林的御用文人身份作词，宫廷文化背景及色彩显见。夏承焘《瞿髯论词绝句》有云：“青莲妍唱清平调，懊恼宫莺第一声。”[②]一“宫”字，正道出其中关键。

中唐时期，“《宫词》特妙前古”[③]的王建，又作《宫中三台》，所作既名“宫中”，当然是以宫廷生活为题材，是盛唐宫廷文化背景下词的创作精神之再现与延续。

二、多元文化与中唐词

笔者曾认为，长安文化是盛唐的核心文化，其前伸是边塞文化，其后退则为隐逸文化[④]。套用此说，词也可用多元文化观照之：长安文化应由多个文化群落组成，其中的宫廷文化处于重要地位，是词的主导文化，而边塞文化与隐逸文化也在词中有所体现。

学界对“百代词曲之祖”[⑤]的《菩萨蛮》、《忆秦娥》是否李白所作未有定论，若从创作题材及境界、精神来说，二作已越出宫廷和闺阁。二词或晚眺之时望远怀归，或俯仰之中伤今吊古，其时空意识和开阔气象，都远非宫廷之作可比，《忆秦娥》在透出了长安文化底蕴的同时，“咸阳古道”更显示了通向远方边塞的可能。因此，二者作为“词曲之祖”的意义，至少体现在成为后来羁旅行役之词的先导，且使之为词之大端，以及边塞题材在词中的出现与延续、发展。

中唐词已经不为宫廷文化所限，刘长卿《谪仙怨》、韦应物《调笑》，主要是发展了羁旅行役之作，而戴叔伦《转应词》则开始真正涉及边塞。

羁旅是与贬谪密切相关的。文学史上屈贾并称，是因为屈原和贾谊是贬谪文化与文学之祖。唐人诗中的迁谪之作颇多，既与特定的制度有关，又缘于政治和社会的原因。较之前朝，唐代的刑律是有所宽缓的，以流代杀即主要特点。受政治斗争牵连，不少诗人都有被流贬的经历。

唐人诗中涉及贬谪之作极多，词中却是以刘长卿为第一人。刘长卿在天宝时登进士第，任官后曾因事陷狱，在上元元年(760)贬潘州南巴尉，大历十一年(776)前后又贬睦州司马。论者以其《谪仙怨》就作于后一次被贬之时[⑥]。词云：

---

① 李濬：《松窗杂录》，《唐五代笔记小说大观》，上海古籍出版社 2000 年版，第 1213 页。
② 夏承焘：《瞿髯论词绝句》，《夏承焘集》第 2 册，浙江古籍出版社、浙江教育出版社 1997 年版，第 517 页。
③ 傅璇琮主编：《唐才子传校笺》第二册卷四，中华书局 1987 年版，第 160 页。
④ 详见拙文《长安文化与王维诗》，《文学评论》2001 年第 4 期。
⑤ 黄昇：《花庵词选·唐宋诸贤绝妙词选》卷一，中华书局 1958 年版，第 11 页。
⑥ 可参《全唐五代词》刘长卿《谪仙怨》之“考辨”，中华书局 1999 年版，第 21 页。

晴川落日初低，惆怅孤舟解携。鸟去平芜远近，人随流水东西。　　白云千里万里，明月前溪后溪。独恨长沙谪去，江潭春草萋萋。

俞陛云颇能作知人论世之论："'白云千里'，怅君门之远隔；'流水东西'，感谪宦之无依，犹之昌黎南去，拥风雪于蓝关；白傅东来，泣琵琶于浔浦，同此感也。"[①]

如果说刘长卿所作是结合自己被贬的独到体会，那么韦应物的《调笑》则无特指，不过，词人仰视河汉，由牛女二星关合人间离情，有着更大的覆盖面：

河汉。河汉。晓挂秋城漫漫。愁人起望相思。江南塞北别离。离别。离别。河汉虽同路绝。

李白笔下的"咸阳古道音尘绝"，可以有多个去向，西去而至边塞，则是其中之一，无论是盛唐还是中唐，甚至直到晚唐，边塞诗一直都继作不休。而戴叔伦的《转应词》，却使边塞题材首见于词：

边草。边草。边草尽来兵老。山南山北雪晴。千里万里月明。明月。明月。胡笳一声愁绝。

俞陛云说得好："唐代吐蕃、回纥，迭起窥边，故唐人诗词，多言征戍之苦。当塞月孤明，角声哀奏，正征人十万碛中回首之时。李陵所谓'胡笳互动'、'只令人悲增忉怛耳。'"[②]戴叔伦所作，开拓出词的一个新题材。晚唐的"花间鼻祖"温庭筠，虽以香艳著称，多写闺中少妇的相思离别，但也能在此基础上人之以经柔化处理的边塞内容。他或依教坊曲，或创新调以写边事，其《定西番》和《蕃女怨》，常由客观描述转为代思妇抒情，与其代表作《菩萨蛮》十四首相似，有"男子作闺音"况味。

在边塞文化见于词中之时，如同初唐王绩仰慕陶渊明，隐逸文化也在中唐的词中得到延续与发扬，最具代表性的就是张志和的《渔父》五首。张志和年十六游太学，擢明经，曾献策唐肃宗，命待诏翰林，后坐事被贬，赦还而不复仕，隐居越州会稽。颜真卿任湖州刺史时，撰此五首，并相唱和，后传入日本，嵯峨天皇为之作和词，成为日本填词之开山。俞陛云认为："观其每首结句，君子固穷，达人知命，襟怀之超逸可知。"[③]而时人之和词，也多少透露出这一文化的影响。至于源于道家文化的隐逸思想，却体现在佛门中人的词作内，可见于释德诚(船子和尚)的《拨棹歌》。其作品被宋人吕益柔辑入石刻，共三十九首，数量远非此前词人所作可比。由于作者的特殊身份，虽或有人拟之为诗中皎然、齐己，但毕竟不属于主流文化中人，作者又仅居华亭一地，离文化中心

① 俞陛云：《唐五代两宋词选释》，第 8 页。
② 俞陛云：《唐五代两宋词选释》，第 11 页。
③ 俞陛云：《唐五代两宋词选释》，第 7 页。

甚远，未得名家引誉，故现存序跋多系僧人所作，名声未广。《五灯会元》以之作为偈语看[①]，其中颇多人生哲理的感悟，确与一般作品不同。

初盛唐尚是词的肇始期，主要由宫廷文化决定其创作，到中唐时期，则有贬谪、羁旅、边塞等题材及相关文化体现于词作中，隐逸文化更成为一个主要方面。此期所作尚是诗人的偶一为之，张志和、船子和尚所作虽多，却是单一的隐逸文化背景、内涵。应重视的是王建，他以类型、题材、数量均较多的词作和丰富的色彩，代表了中唐词开始三元文化结合的特点：《宫中三台》、《宫中调笑》与宫廷文化较密切，《宫中调笑》与《江南三台》是商业文化所造就的羁情旅思之表达，《江南三台》的后两首（树头花落花开；斗身强健且为），是后来士大夫文化所体现的伤春悲秋、淡淡哀愁的肇始，开启从刘、白到晏、欧一派。

王建《宫中三台》写宫女及宫中生活：

> 鱼藻池边射鸭，芙蓉苑里看花。日色赭袍相似，不著红鸾扇遮。
> 池北池南草绿，殿前殿后花红。天子千秋万岁，未央明月清风。

《宫中调笑》前二首分咏团扇、蝴蝶，并非直接写宫中，但"春草昭阳路断"，"君前对舞春风"，或以秋扇被捐同情嫔妃的不幸遭遇，或借蝴蝶写宫女，第三首更直接点出她们"一世虚生虚过"的主题。俞陛云以前二首为应制之作，是台阁体[②]，宫廷文化的背景与性质可见。

《古今词话》云："三台舞曲，自汉有之，唐王建、刘禹锡、韦应物诸人，有宫中、上皇、江南、突厥之别。"[③]王建所作限于"宫中"和"江南"，然其《宫中调笑》的最后一首已越出宫廷，触及社会，"船头江水茫茫。商人少妇断肠"，与《江南三台》的"扬州池边少妇，长干市里商人"，无论是前者的仅言思妇，还是后者的兼涉两地，都是羁旅行役之情的表达，而羁旅文化又由商业文化所派生。至于《江南三台》的第二首：

> 青草台边草色，飞猿岭上猿声。万里三湘客到，有风有雨人行。

则见贬谪文化所成羁情，与士大夫文化相关。

王建《江南三台》共四首，其最后两首：

> 树头花落花开。道上人去人来。朝愁暮愁即老，百年几度三台。
> 斗身强健且为。头白齿落难追。准拟百年千岁，能得几许多时。

---

① 普济著，苏渊雷点校：《五灯会元》卷五《船子德诚禅师》，中华书局 1984 年版，第 275 页。
② 俞陛云：《唐五代两宋词选释》，第 11 页。
③ 沈雄：《古今词话·词辨》上卷，唐圭璋编：《词话丛编》，中华书局 2005 年版，第 888 页。

是对时岁匆匆、人生易老的感悟,其背后则应是及时行乐之旨。后来在刘禹锡、白居易的词中继有表现,冯延巳进而将此与忧生念乱之旨结合,写得悒郁怆恍、反复缠绵,晏殊、欧阳修并称,仍多上述主题,是士大夫文化在词中的主要体现。

三、士大夫文化与刘白词

如果说李白与张志和代表了唐代前期词的成就,那么中唐词则是以白居易与刘禹锡为代表。李白的词,如不怀疑《菩萨蛮》、《忆秦娥》的著作权,显然包括应制而作与自抒其情两类,白居易和刘禹锡所作不似李白的两类之分,也不同于王建的兼及三元文化,而是将以词应歌与抒发人生感慨结合为一体,标志着词从宫廷文化向士大夫文化的转换。

我们难以在此阐述士大夫文化的全部、具体涵义,只能结合词而言之。士大夫文化本质上具有"士不可以不弘毅,任重道远"(《论语·泰伯》)的品格,在北宋时期,由于科举制度的高度成熟,中唐以来贵族政治被粉碎后,至此而庶族能真正通过科举登上政治舞台,士人之"弘毅"也被范仲淹提升到"居庙堂之高,则忧其君,处江湖之远,则忧其民"(《岳阳楼记》)的高度。但即便如此,传统的"兼济"与"独善",或云"儒道互补"路线,仍发挥着固有的作用。刘禹锡、白居易都是由进士登上仕途的人物,都曾意气风发地投入政治活动中,却因或改革失败,或开罪权贵,都不得已而求"独善",晚年更是过着诗酒人生的闲适生活,是士大夫文化"独善"而享乐一端的体现。

从文学创作言,白居易曾以《策林》表达了改革政治的见解,《与元九书》的"仆志在兼济,行在独善。奉而始终之则为道,言而发明之则为诗"[①],则明白陈述了自己对行道与为诗关系的理解,其讽谕诗更是文学对政治的直接干预。刘禹锡参与了王叔文的改革,即使失败后被贬,所作诗仍或以寓言讥讽政敌,或关心民瘼,指陈时弊,还是体现出战斗精神。但不可否认,他们都难以逃脱未能"兼济"而只求"独善"的规律,呈现出前"儒"后"道"的生活轨迹。而我们以士大夫文化观照其词,是因为他们的词都无与于直接的政事,而是在被贬之时或是晚年所作,是在感悟了政治与人生后,以"中隐"思想行"吏隐"、求闲适,是士人"独善"一端的体现,也是士大夫文化与隐逸文化的结合及延伸。

白居易与刘禹锡在元和初就有往来,宝历二年(826)刘、白在扬州见面,白有《醉赠刘二十八使君诗》,刘有《酬乐天扬州初逢席上见赠》,晚年二人皆以太子宾客分司东都,均在洛阳,诗酒唱和成为此期的主要生活内容,也为中唐词赢得了"声调渐开"的词史地位。白居易在作《中隐》一诗时,尚是为置身政治斗争之外,既能全身远祸,又能免除饥寒而寻找到这样一条道路而自我安慰,而此时对于这两位饱经世事的诗人来说,则早已完成了思想转换,忧患余生,抓紧享受,是此时的人生态度,以诗酒风流自命,成为主要生活内容。白居易《赠梦得》很好地说明了他们当时的生活及思想状态:

---

① 白居易:《与元九书》,《白居易集笺校》,上海古籍出版社1988年版,第2794页。

“年颜老少与君同,眼未全昏耳未聋。放醉卧为春日伴,趁欢行入少年丛。寻花借马烦川守,弄水偷船恼令公。闻道洛阳人尽怪,呼为刘白二狂翁。”因此,晚年刘、白所作之词,是特定的士大夫文化之产物。

刘禹锡与白居易的词包括齐言的声诗及长短句的词。他们都有七言四句体的声诗《竹枝》、《浪淘沙》及《杨柳枝》。据研究,白居易的《竹枝》四首作于元和十四年(819),时年四十八岁,在忠州刺史任上[①],显然,这是在刘禹锡创调之后所作。而白居易的《杨柳枝》和《浪淘沙》,都大约作于大和二年(828)至开成四年(839)的洛阳时期[②],前者显是二人的唱和之作,后者也可能是。

刘禹锡的《竹枝》如屈原之于《九歌》,是士大夫“雅音”对俚俗民歌的成功改造。开头一首点明此调产生在“白帝”、“蜀江”,是南人来歌,而自劝以“北人莫上动乡情”,末一首回应以“巴人能唱本乡歌”,“今朝北客思归去”,使之成为一组很完整的作品。因有经由三峡的体会,巫峡清猿所引发的“愁人肠自断”,因瞿塘峡十二滩之险而想到人心更险,感慨“长恨人心不如水,等闲平地起波澜”,由滟滪堆之石不为波浪所摧,而“懊恼人心不如石,少时东去复西来”,将谪怨、乡愁,对人心与世情的感慨,交织如网,是刘长卿《谪仙怨》以来士大夫贬谪文化在词中的全面反映。而“桥东桥西好杨柳,人来人去唱歌行”,“昭君坊中多女伴,永安宫外踏青来”,在客观描写中表现出地方长官对风土、民俗的喜好;《竹枝》尤以写爱情著称,其中“山桃红花满上头”,“杨柳青青江水平”二首最著名,前者长于比兴,后者学习《吴歌》的谐音寓意,成就了“《竹枝》杂《子夜》体”。

《浪淘沙》与《杨柳枝》皆咏本题。《浪淘沙》由“九曲黄河万里沙”起兴,以下咏洛水、汴水、鹦鹉洲、锦江诸水,又应之以八月涛声、卷沙似雪,再贴本题,而写由“淘金女伴”所引发的感叹:“美人首饰侯王印,尽是沙中浪底来”,“莫道谗言如浪深。莫道迁客似沙沉。千淘万漉虽辛苦,吹尽狂沙始到金。”则是由人而己的不同人生体验,最后一首的“令人忽忆潇湘渚,回唱迎神三两声”,是自己被贬南方的生活回忆。《杨柳枝》第一首点明了此曲属于“新翻”之曲,以下分从各个角度吟咏杨柳,由于历来有折柳送别之俗,词中多专咏之,或写爱情,或抒别情。第四首写“金谷园”、“铜驼陌”,桃李的须臾而尽与垂杨的无限生命相对照,蕴含着深刻的人生体会。由于杨柳与隋炀帝有特殊关系,故十首中两吟之:“炀帝行宫汴水滨。数株残柳不胜春”,及末一首“扬子江头烟景迷。隋家宫树拂金堤”,其题旨与风格都近于梦得所擅长的感慨兴亡之诗。“花萼楼前初种时”,“轻盈袅娜占年华”二首,后人如谢枋得等,曾以之联系刘氏遭遇,以为是有所寄托的[③]。

白居易的《竹枝》、《浪淘沙》及《杨柳枝》三调,与刘禹锡同中有异。白居易有强烈的入世精神,又有闲适的生活情趣和丰富的感情,因之在讽谕诗外,又有“事物牵

---

① 参见《白居易集笺校》,第1184页。

② 参见《白居易集笺校》,第2168、2170页。

③ 谢枋得:《注解章泉涧泉二先生选唐诗》卷一,转引自刘禹锡著,陶敏、陶红雨校注《刘禹锡全集编年校注》,岳麓书社2003年版,第599页。

于外,情理动于内,随感遇而形于叹咏者”[1]的感伤诗。他的词,最能体现闲适结合感伤的特点。

相较而言,《浪淘沙》最不具以上特色。白作此调一如刘之多咏本题,其中的“借问江潮与海水,何似君情与妾心？相恨不如潮有信,相思始觉海非深”“海底飞尘终有日,山头化石岂无时?谁道小郎抛小妇,船头一去没回期”是充满民歌味的爱情之作。“青草湖中万里程,黄梅雨里一人行。愁见滩头夜泊处,风翻暗浪打船声”有自己的迁谪感情体验。总体而言,“歌”的成分较多,同时也能入以自己的真情,但并无多少感伤,也不见闲适。

白居易《竹枝》四首,基调一如词中所说的“水蓼冷花红簇簇,江蓠湿叶碧萋萋”,感情更是“竹枝苦怨怨何人”,无论是“蛮儿巴女齐声唱,怨杀江南病使君”,还是“怪来调苦缘词苦,多是通州司马诗”,都结合自己的生活经历,饱含伤感,折射出士大夫贬谪文化的色彩。

最可见闲适中有感伤的是《杨柳枝》,这组词咏本题者较多,其中二首“红板江桥青酒旗,馆娃宫暖日斜时。可怜雨歇东风定,万树千条各自垂”“苏州杨柳任君夸,更有钱塘胜馆娃。若解多情寻小小,绿杨深处是苏家”蕴含了对苏杭生活的温馨回忆,可与其诗“老来处处游行遍,不及苏州柳最多”(《苏州柳》)共观。苏州的馆娃宫,杭州的苏小小,当年的寻迹怀古,可以引发无端情愫,如今人已老去,面对着“依依嫋嫋复青青,勾引春风无限情”,“叶含浓露如啼眼,枝嫋轻风似舞腰”的柳树,自然会生出“人何以堪”之情。尤其是自己家中姬人都“正当年”,而自己则垂垂老矣,因此,“一树春风万万枝,嫩于金色软于丝。永丰西角荒园里,尽日无人属阿谁”。孟棨《本事诗》以为是借柳感慨小蛮丰艳、而自己老迈[2],所说可信。咏柳而伤春,当是借柳而表现青春不再的人生感慨,全组作品由闲适而感伤,似轻而重,虽淡犹浓,歌之尤能动人,故一时盛传洛下。

“闲适”而“感伤”,表现“闲情”的,还有刘禹锡的五言六句声诗《抛毬乐》,和白居易、刘禹锡的长短句《忆江南》。刘作《抛毬乐》其二:

春早见花枝。朝朝恨发迟。及看花落后,却忆未开时。幸有抛毬乐,一杯君莫违。

前四句对花发花落的心理体会,其实就是对人生的哲理感悟,对美好事物速逝的悼惜,就是对青春不返的萦念。令人怀想的往事不可追,美好的时光不再来,对着人生的“譬如朝露,去日苦多”,只有抓紧“对酒当歌”的享受了。刘作《忆江南》是同样的题旨:

① 白居易:《与元九书》,《白居易集笺校》,上海古籍出版社 1988 年版,第 2794 页。
② 孟棨:《本事诗·事感第二》,《唐五代笔记小说大观》,上海古籍出版社 2000 年版,第 1245 页。(版本后同)

春过也，共惜艳阳年。犹有桃花流水上，无辞竹叶醉尊前。惟待见青天。

白居易的《忆江南》三首，先由江花江水泛言江南美景，追忆游赏之乐；次写月下寻桂、郡亭看潮，发最忆杭州、何日重游之叹；最后转至苏州，忆念吴宫、吴酒、吴娃，更作"早晚复相逢"的期待。在这里，不见民生与宦情，只有美好事物、情趣的追忆，闲适之中透出了淡淡的感伤。

总之，刘、白声诗与词所抒发的感情，以士大夫文化相观照，除了前述的贬谪文化之外，就是士大夫逸乐、闲适文化所生的"闲情"。这始自谢偃《踏歌词》的"欲问今宵乐，但听歌声齐"，而被王建所点明："树头花落花开。道上人去人来。朝愁暮愁即老，百年几度三台。""斗身强健且为。头白齿落难追。准拟百年千岁，能得几许多时。"（《江南三台》）行乐及时，其日无多，是难以解决的矛盾，也就成为了诸多士大夫的不绝咏叹。

士大夫文化所生成的刘、白词主题，以及由此所决定、所影响的艺术表现，都重现并发展于南唐、北宋的词中。刘、白词所传递的信息和情感，到后来冯延巳、晏殊、欧阳修所作，终衍而为词之大端，在苏轼"以诗为词"之前，"闲情"也成为了词中仅次于爱情的抒情题材，并造就出相关的、重要的风格类型。

第二节 晚唐文人词与进士文化

中唐以刘白为代表的词，多作于二人的晚年，故应以士大夫文化与吏隐思想相结合而观之。晚唐以温庭筠、韦庄为代表的词，却多为艳词，当以进士文化论之。

进士文化因推行科举、尤重进士科而在唐代逐渐生成。难以在此阐述其具体内涵，若撮其要，当主要体现在以下三方面：

其一，始于曹魏政权的"九品中正制"，为两晋南北朝沿袭，"上品无寒门，下品无势族"[①]更为发展，因此而造就了六朝的贵族政治。唐代实行科举制，士子"怀牒自列"[②]参加考试，门阀势力由强而弱，中唐以后逐渐退出历史舞台。以选官为核心的制度文化之变引发了政治之变，导致了具有近代意义的社会逐渐生成。

其二，因进士科取士较他科为难，在最被社会重视的同时，又因进士考试行以诗赋取士，使得士人将所习的重心从儒学经典转到了诗赋文章。如果说汉代的"献赋"只是"通经"的辅助手段，后者毕竟是士人踏上仕途的主要途径，那么，唐代则因行科举、重进士科而改变了儒学与文学的传统地位。

其三，随着儒学与文学地位的倒转，习其业的儒生与文士的社会承认度也随之而变，造成了唐代文化从制度进而到思想、行为层面的改变。"儒林"传统向"文苑"精神倾斜、转化，使得统治阶级的新成员——进士阶层，在思想道德、出处大节上形成了一

① 房玄龄等：《晋书》卷四五《刘毅传》，《二十五史》，第1391页。
② 欧阳修等：《新唐书》卷四四《选举制》，《二十五史》，第4254页。

系列被视作“无行”、“轻薄”的特点[1]。

进士文化对唐诗的发展有显著的推助作用[2]，而似乎是因为词作为新出文体的“诗馀”地位，直到晚唐，其真正兴盛始与进士文化相关，较之诗歌来明显晚了一拍。如果说盛唐时期宫廷文化影响了词的初起，士大夫文化决定了中唐词的发展走向，那么，晚唐五代词则与进士文化关系极其密切。

晚唐进士文化正是由诗而词的转变枢纽，尤其是词发展兴盛的文化动因。若以上述进士文化的三个特点来衡量，对于诗人与诗歌应是全面的影响，而对词而言，则主要体现在第三点之上。下面详论之。

一、轻薄与无行

在进士文化生成期的初盛唐，它对诗歌的影响主要是对诗人的感召力，使之焕发出蓬勃向上、积极进取的精神；在安史之乱极大地冲击了贵族政治后，中唐的进士文化逐渐走向成熟，它对诗歌的影响主要是使命意识、责任感，以及踏上仕途后因人生受挫而以道佛思想自宽，追求闲适；由于方镇割据、宦官擅权、党争不已，晚唐进士文化由立足“独善”更转向了恣意率情、浪漫不检，真正形成了“轻薄”与“无行”的群体性品格。

进士的轻薄与无行，固然与取士本身有关系，也与时代不可分。钱穆先生的看法是很中事理的。一般认为，唐代行科举是政权对平民开放，较之汉代的察举，魏晋以后的重视门第，进步性是显见的，但是，钱先生对进士制与门第观有自己的不同看法：“在汉代先经国立大学一番教育，再经地方服务之练习成绩，经察举后再加以考试，求取人才，凡分三项步骤。唐代则专凭考试一项，自不如汉人之精详。惟唐代初期，大门第势力方盛，子弟在大门第中养育成长，既经家庭严肃之礼教，如柳氏家训之类，又有政治上之常识，如南朝所传王氏青箱之例，由此辈青年参加考试，易于成材。考试制度仅是一种选拔人才之制度，而非培养人才之制度。自经此项制度推行日久，平民社会，穷苦子弟，栖身僧寺，十年寒窗，也可跃登上第。渐渐门第衰落，整个政府转移到平民社会手里。但此等平民，在先并未有家庭传统之礼教，亦更无政治上之常识，一旦仅凭诗赋声律，崛起从政，第一是政事不谙练，第二是品德无根柢，于是进士轻薄，遂成为当时所诟病。”[3]

这里不论进士的“政事不谙练”，而侧重说“品德无根柢”，以及因此而引起的诗歌之变。纵观唐代，与进士文化的发展相关，诗歌的功能似乎也发生了相应的改变。如果

---

① 礼部侍郎杨绾对进士制的负面评价，以及《唐摭言》卷三所说的“寻芳逐胜，结友定交，竞车服之鲜华，骋杯盘之意气，沽激价誉，比周行藏”，差可概括进士文化在思想、行为上的特点。前者可参见刘昫等《旧唐书》卷一一九《杨绾传》，《二十五史》，第3889页；后者见《唐五代笔记小说大观》，第1610页。

② 详见拙文《进士文化与唐诗》(《中国文化研究》2006年第3期)、《进士文化与诗可以群》(《文学评论》2006年第4期)、《进士文化与诗可以观》(《学术研究》2006年第11期)、《进士文化与诗可以兴》(《文艺研究》2007年第4期)，《进士文化与诗可以怨》(《文艺理论研究》2007年第4期)等。

③ 钱穆：《中国历史上之考试制度》，《国史新论》，北京三联书店2001年版，第282–283页。

说在进士文化的生成期和成熟期，诗歌最能体现“言志”，多抒发襟抱，那么到了晚唐的进士文化转化期，文学也发生了转向。而随着门第渐衰，进士轻薄，诗词在向“缘情”转变同时，也发生了道德性的改变。

若谓在进士文化生成的初期，儒林与文苑尚未见显著的分界，随着进士文化的发展成熟，二者的分野则极为显见了。《新唐书》特地指出了文士的不足，在与“君子”的对照中，褒贬明显：

> 夫子之门，以文章为下科，何哉？盖天之付与，于君子小人无常分，惟能者得之，故号一艺。自中智以还，恃以取败者有之，朋奸饰伪者有之，怨望讪国者有之。若君子则不然，自能以功业行实光明于时，亦不一于立言而垂不腐，有如不得试，故且阐绎优游，异不及排，怨不及诽，而不忘纳君于善，故可贵也。①

显然，这是北宋史家基于史实而对晚唐五代文人作出的道德批判，在对比之中，实际上已经昭示出文苑与儒林的区别。那么，文苑精神与儒林传统有什么主要的不同呢？曹丕云：“观古今文人，类不护细行，鲜皆能以名节自立。”②《南齐书》史臣赞有云：“文章者，盖情性之风标，神明之律吕也，蕴思含毫，游心内运，放言落纸，气韵天成，莫不禀以生灵，迁乎爱嗜。”③前者道出了文人的弱点，后者虽是就文章而言，然而“情性”、“神明”及“爱嗜”又岂非文士所最重？《汉书》：“儒家者流……游文于六经之中，留意于仁义之际，祖述尧舜，宪章文、武，宗师仲尼。”④《旧唐书》：“古称儒学家者流，本出于司徒之官，可以正君臣、明贵贱、美教化、移风俗。”⑤前者对儒者的学术、思想渊源，后者对其政治性与社会性职能，阐发得非常精到。的确，儒者以辅佐人君、大行治道为己任，而文士则追求抒发情性、驰骋文才，这就是儒林与文苑传统、精神之主要区别。

欧阳修《薛简肃公文集序》如此评判古人：“如唐之刘、柳无称于事业，而姚、宋不见于文章。”⑥这一说法，其实无意间道出了唐宋文化的区别。唐人的事业与文章似乎是分开的，宋人在结合文人、学者与官员为一体的基础上，能将事业与文章兼及一身。即使是唐代，因政治条件、背景的不同，士人的追求亦有区别，其转变的枢纽在中晚唐。如果说盛唐时期诗人所期许的主要还是姚宋事业的话，那么中晚唐则发生了转向，杜牧的诗《登池州九峰楼寄张祜》就是很好的证明：“百感衷来不自由，角声孤起夕阳楼。碧山终日思无尽，芳草何年恨即休？睫在眼前长不见，道非身外更何求？谁人得似张公子？千首诗轻万户侯。”这既有对张祜遭遇的不平，又可见价值观的改变。

---

① 欧阳修等：《新唐书》卷二〇一《文艺传》，《二十五史》，第4737页。

② 曹丕：《又与吴质书》，曹操、曹丕、曹植著，张溥辑评、宋效永校点《三曹集》，岳麓书社1992年版，第162页。

③ 萧子显：《南齐书》卷五二《文学传》，《二十五史》，第2005页。

④ 班固：《汉书》卷三〇《艺文志》，《二十五史》，第529页。

⑤ 刘昫等：《旧唐书》卷一八九上《儒学传上》，《二十五史》，第4070页。

⑥ 欧阳修：《薛简肃公文集序》，《居士集》卷四三，欧阳修著、李逸安点校《欧阳修全集》，中华书局2001年版，第618页。

文苑精神本属文苑，但是，时代的不同，也使之消长游移，而尤其体现在晚唐进士文化之中。晚唐进士文化本应具有两个向度：关心国事与快意人生。以杜牧、李商隐、温庭筠、韩偓等为代表的诗人们，在他们的诗中已经具备这两种倾向。他们热心于政治，有高远的志向，极想有为，却生活在晚唐多事之秋，难以施展抱负，因而在他们多以咏史出现的言志抒怀的诗外，也有不少艳情之作。新兴之词，更几乎是进士文化在后者上的全幅体现。刘昫在为李商隐作传时说：李与温庭筠、段成式齐名，"时号'三十六'。文思清丽，庭筠过之。而俱无特操，恃才诡激，为当途者所薄，名宦不进，坎壈终身"。①而据孙光宪《北梦琐言》，温、李都曾开罪于权相令狐绹，原因在于令狐绹"最受恩遇而怙权，尤忌胜己"②，可见，"俱无特操，恃才诡激"的史家之见也未必公允。因此，"为当途者所薄，名宦不进，坎壈终身"当是他们在言志咏怀之外，另有不少艳情之作的一个重要原因。

所论是晚唐进士文化，其实应肇始于中唐。在中唐的大诗人中，已经可以看到韩柳与元白的两种不同类型。他们尽管都是曾与政治密切相关的文学家，但前者更近于重视政教的儒者，而后者却更近于快意人生的新兴进士。苏轼曾以"文起八代之衰，而道济天下之溺；忠犯人主之怒，而勇夺三军之帅"③概括韩愈的一生。而白居易却是善于进退，"与刘禹锡游，人谓之刘、白，而不陷八司马党中。与元稹游，人谓之元、白，而不蹈北司党中。又与杨虞卿为姻家，而不陷牛李党中"。④其诗则如《西清诗话》所说"贵在近俗，恨为苏小，虽美，终带风尘耳"。虽说从元白所论可见其对以诗干政的绝对强调，但更多的是体现出中唐诗歌对情的张扬，因此他们虽作讽谕诗，流传最广的却是杂律诗和感伤诗。

白居易在青年时期就热衷于与妓女交往，其《江南喜逢萧九彻因话长安旧游戏赠五十韵》一诗，就是当年在长安北里生活的自供状。为官后外放杭州，此地"灯火家家市，笙歌处处楼"，故而"无妨思帝里，不合厌杭州"(《正月十五日夜月》)，春日之时，他"逢花看当妓，遇草坐为茵"(《早春西湖闲游怅然兴怀忆与微之同赏因思在越官重事殷镜湖之游或恐未暇偶成十八韵寄微之》)，夏天他吟咏"绿藤阴下铺歌席，红藕花中泊妓船。处处回头尽堪恋，就中难别是湖边"(《西湖留别》)，过着"修娥慢脸灯下醉，急管繁弦头上催"(《忆旧游》)的生活，因此《西湖游览志馀》谓之"放浪湖山，耽昵声妓，新词艳曲，布浃郡中"。⑤苏州其地，"水驿路穿儿店月，花船棹入女湖春"(白居易《送刘郎中赴任苏州》)，也是富贵温柔之乡，因而在苏州时，他自称"风流吴中客"，而以歌妓为"佳丽江南人"(《郡斋旬假命宴呈座客示郡寮》)。宋龚明之《中吴纪闻》说："乐天为郡时，尝携容、满、蝉、态等十妓，夜游西武丘寺，尝赋纪游诗……可见当时郡政多暇，而吏议甚宽。使在今日，必以罪去矣。"①所以，我们可以看到这样一个有趣的现象：在

---

① 刘昫等：《旧唐书》卷一九〇下《文苑传下》，《二十五史》，第 4086 页。

② 孙光宪：《北梦琐言》卷二，《唐五代笔记小说大观》，第 1810 页。

③ 苏轼：《潮州韩文公庙碑》，苏轼著，傅成、穆俦标点《苏轼全集·文集》卷一七，上海古籍出版社 2000 年版，第 988 页。

④ 晁公武：《衢本郡斋读书志》卷一八，宛委别藏本，台湾商务印书馆 1981 年版，第 582 页。

⑤ 田汝成：《西湖游览志馀》卷十，四库全书本。

后人心目中似是长于伤春伤别的风流诗人杜牧，不待后来的苏轼批评“元轻白俗”[②]，已在《唐故平卢军节度巡官陇西李府君墓志铭》引李戡之语以谴责元白：

尝痛自元和已来有元、白诗者，纤艳不逞，非庄士雅人，多为其所破坏。流于民间，疏于屏壁，子父女母，交口教授，淫言媟语，冬寒夏热，入人肌骨，不可除去。[③]

然而杜牧本人又如何呢？他虽是宰相之后，素有大志，留意财赋兵甲之事，但《唐才子传》又谓之“美容姿，好歌舞，风情颇张，不能自遏”。[④]既因于个性，且受时代影响，故亦有风流放荡的一面。而且，白居易之留连苏杭携妓醉酒的生活是在中年为官之时，而杜牧却在青年时期已恃才而纵色。据李昉《太平广记》引《唐阙史》，杜牧“少隽，性疏野放荡，虽为检刻，而不能自禁。会丞相牛僧孺出镇扬州，辟节度掌书记。牧供职之外，唯以宴游为事。扬州胜地也，每重城向夕，倡楼之上，常有绛纱灯万数……牧常出没驰逐其间，无虚夕”。[⑤]《唐语林》所载更具细节：“杜牧少登第，恃才，喜酒色。初辟淮南牛僧孺幕，夜即游妓舍，厢虞侯不敢禁，常以榜子申僧孺，僧孺不怪。逾年，因朔望起居，公留诸从事，从容谓牧曰：‘风声妇人若有顾盼者，可取置之所居，不可夜中独游。或昏夜不虞，奈何？’牧初拒讳，僧孺顾左右取一箧，其间榜子百馀，皆厢司所申。牧乃愧谢。”[⑥]孟棨《本事诗》曾记其在洛阳对声伎豪华的艳羡，可见其登科后狎游饮酒，作“青楼薄幸”之诗并非偶然[⑦]。又据载，杜牧“恃才名，亦颇纵声色，尝自言有鉴裁之能。闻吴兴郡有长眉纤腰有类神仙者，罢宛陵从事，专往观焉。使君籍甚其名，迎待颇厚。至郡旬日，继以洪饮，睨观官妓曰：‘善则善矣，未称所传也。’览私选曰：‘美则美矣，未惬所望也。’”继而竟然有了观泛彩舟，与所悦少女之母定下十年后迎娶此女之约一事，十四年后出刺湖州，女嫁已三载，有子二人，杜牧惆怅而有“绿叶成阴子满枝”之诗[⑧]。其风流韵事于此可见一斑。张祜曾有《读池州杜员外杜秋娘诗》，诗云：“年少多情杜牧之，风流仍作杜秋诗。可知不是长门闭，也得相如第一词。”“年少多情”一语，正道出了杜牧的特点。由于杜牧本质上与元白无异，刘克庄云：“杜牧罪元、白诗歌传播，使子父女母交口诲淫，且曰：‘恨吾无位，不得以法绳之。’余谓此论合是元鲁山、阳道州辈人口中语，牧风情不浅，如《杜秋娘》、《张好好》诸篇，‘青楼薄幸’之句，‘街吏平安’之报，未知去元、白几何？以燕伐燕，元、白岂肯心服。”[⑨]

---

① 龚明之：《中吴纪闻》卷一，《宋元笔记小说大观》，上海古籍出版社 2001 年版，第 2830 页。
② 苏轼：《祭柳子玉文》，《苏轼全集·文集》卷六三，第 2017 页。
③ 杜牧著，陈允吉校点：《樊川文集》卷七，上海古籍出版社 1978 年版，第 137 页。
④ 傅璇琮主编：《唐才子传校笺》第三册卷六，中华书局 2002 年版，第 202 页。
⑤ 李昉等编：《太平广记》卷二七三，中华书局 1961 年新 1 版，第 2151 页。
⑥ 王谠撰，周勋初校证：《唐语林校证》卷七，中华书局 1987 年版，第 621-622 页。
⑦ 孟棨：《本事诗·高逸第三》，《唐五代笔记小说大观》，第 1247 页。
⑧ 高彦修：《唐阙史》卷上，《唐五代笔记小说大观》，第 1340 页。
⑨ 刘克庄：《后村诗话》后集卷二，中华书局 1983 年版，第 66 页。

二、进士与歌妓

如果说白居易由进士而士大夫，是中唐士大夫逸乐文化的代表，杜牧则可看作开晚唐进士风的代表之一，更具备青年进士的特点。

白居易对苏杭的感情，除了沉迷于山水之美与生活的舒适，也不讳言二地的妓乐之乐。而杜牧自谓"十年一觉扬州梦，赢得青楼薄幸名"(《遣怀》)，因为扬州并不亚于杭州："夜市千灯照碧云，高楼红袖客纷纷。如今不似时平日，犹自笙歌彻晓闻"(王建《夜看扬州市》)，"十里长街市井连，月明桥上看神仙。人生只合扬州死，禅智山光好墓田"(张祜《纵游淮南》)。王建的"高楼红袖"是直言，张祜的"桥上看神仙"也是看妓女。张祜与杜牧很相似，他也有经世之志，任侠尚义，却仕途不顺，遂往来扬州、杭州等地，留连诗酒，纵情声色。《到广陵》一诗实为他的自供状："一年江海恣狂游，夜宿倡家晓上楼。嗜酒几曾群众小，为文多是讽诸侯。逢人说剑三攘臂，对镜吟诗一掉头。今日更来憔悴意，不堪风月满扬州。"夜宴之时，他对歌妓们的"粉项高丛鬓，檀妆慢裹头。亚身摧蜡烛，斜眼送香毬"(《陪范宣城北楼夜谯》)十分留心，可见兴趣之所在。

"买笑歌桃李，寻歌折柳枝"(张祜《公子行》)，几乎成为了一个时代的现象。据载，"崔涯、张祜为一时狂友，好嘲谑，尝戏赠营妓曰：'虽得苏方木，犹贪玳瑁皮。怀胎十个月，生下昆仑儿。'又曰：'布袍披袄火烧毡，纸补箜篌麻接弦。更有一双皮屐子，纥梯纥榻出门前。'又嘲李端端云：'黄昏不语不知行，鼻似烟囱耳似铛。犹把象牙梳插鬓，昆仑山上月初生。'端端得此诗而惭，遂往见二子，再拜请曰：'端端祇候三郎、六郎，伏望哀怜。'乃重为一绝云：'觅得骅骝备绣鞍，善和坊里取端端。扬州近日浑成错，一朵能行白牡丹。'前嘲乃解……"[①]这等"戏""嘲"之举足状其轻薄。而晚唐时期的诗人，绝非个别如此。如薛能，虽有"谁怜合负清朝力，独把风骚破郑声"(《春日使府寓怀二首》)之志，但其为人却"资性傲忽，又多佻轻忤世"[②]，因此其《并州》一诗也与张祜相类："少年流落在并州，裘脱文君取次游。携挈共过芳草渡，登临齐凭绿杨楼。庭前蛱蝶春方好，床上樗蒲宿未收。坊号偃松人在否，饼炉南畔曲西头。"其自称"伤禽栖后意犹惊，偶向䆉竿脱此生。身外不思簪组事，耳中唯要管弦声"(《彭门解嘲二首》)，"身防潦倒师彭祖，妓拥登临愧谢公"(《题彭祖楼》)，因此而有《赠歌者》，在称道其所歌"一字新声一颗珠，转喉疑是击珊瑚"同时，又用汉皋解佩、文君当垆典，而最后的"谁人得向青楼宿，便是仙郎不是夫"，则露出了几分轻薄。薛能还有《舞者》、《赠歌人》等诗，其《戏题》一诗还在"戏"中有暧昧的期许："闪闪动鸣珰，初来烛影旁。拥头珠翠重，萦步绮罗长……坐缺初离席，帘垂却入房。思惟不是梦，此会胜高唐。"

因进士科行诗赋取士，诗人可以说是进士的"预备队"，而诗人之恋妓，无疑是进士文化消极面的体现，是轻薄、无行的主要表现。我们又要看到，德败与情生虽非有必然的关系，但似乎反映在晚唐五代的文学创作中。"无行"与"轻薄"，人之于文学，就是

---

① 阮阅编，周本淳校点：《诗话总龟》前集卷四二，人民文学出版社 1987 年版，第 395 页。

② 傅璇琮主编：《唐才子传校笺》第三册卷七，中华书局 2002 年版，第 317 页。

不讳言个人的情感，尤其是爱情。可以认为，唐代文学虽有诸多言志、载道的呐喊和号召，但抒情似乎更是主潮，而抒情固然有诸多属于政治性的抒情，但更多的是男女之情的表现。陈寅恪先生曾在论及元稹的创作时说："吾国文学，自来以礼法顾忌之故，不敢多言男女间关系"，"微之天才也。文笔极详繁切至之能事。既能于非正式男女间关系如与莺莺之因缘，详尽言之于会真诗传"。虽其对女子始乱终弃的态度不可取，但所作留下了心路和感情的记录，对于抒情性的文学而言，是有贡献的。确如陈先生所说："微之以绝代之才华，抒写男女生死离别悲欢之情感。其哀艳缠绵，不仅在唐人诗中不可多见，而影响及于后来之文学者尤巨。"[①]

由于受限于时代，古代的婚姻成于父母之命、媒妁之言，而不是以当事者本人的感情为基础，尤其唐代重视门第及家族利益，使得"仕"与"婚"成为士人的两大主题，且二者经常纠缠，互为因果。正如恩格斯所说："古代所仅有的那一点夫妇之爱，并不是主观的爱好，而是客观的义务；不是婚姻的基础，而是婚姻的附加物。"[②]因而当时的爱情经常是出于婚外，士人不乏寻找婚外情者，妓女制度也就成为了婚外爱情的重要补充和来源。中晚唐诗歌的爱情之作，突破古代"忆内"、"寄内"，以至"悼亡"之类题材，深入到婚外恋领域。对此，论者过去多从唐代接受"胡风"的影响看待这种现象，其实，文化之变不仅是外来影响的结果，更有出于内部的原因。

中晚唐诗词之所以滥于情，与进士文化关系密切，也与唐代的妓女制度密切相关，这也是诗人颇有涉妓诗的主要原因。妓女制度虽产生较早，但唐代无疑是其鼎盛时期。自上而下，唐代妓女有宫妓、官妓、营妓、家妓、私妓之分，因其特长而所司有别，则有歌妓、舞妓、乐妓、诗妓、饮妓等不同名分。从初唐四杰的诗歌中，就可看到对长安声妓繁华的艳羡："侠客珠弹垂杨道，倡妇银钩采桑路。倡家桃李自芳菲，京华游侠盛轻肥"（骆宾王《帝京篇》），"俱邀侠客芙蓉剑，共宿娼家桃李蹊。倡家日暮紫罗裙，清歌一啭口氛氲"（卢照邻《长安古意》）。盛唐时如李白就经常携妓而游，其《对酒》一诗曰："葡萄酒，金叵罗，吴姬十五细马驮。青黛画眉红锦靴，道字不正娇唱歌。玳瑁筵中怀里醉，芙蓉帐里奈君何。"诗题明示与妓相关的有数首，如《携妓登梁山栖霞山孟氏桃园中》、《邯郸南亭观妓》等，主题多近于《古诗十九首》的及时行乐思想。

中唐以后，进士文化成熟，但进士的阶梯不易攀登，科举的道路挤满了人，取士有限，进士极为人所重。据《文献通考》，唐代贡举每年各科所取人数，多者三五十人，少者仅数人，大抵进士约千人，得第者百之一二，明经倍之，得第者十一二[③]，且礼部试中后，尚要通过吏部考试才能入仕[④]。因此，《通典》说："自是士族所趣向，唯明经、进士二科而已。"[⑤]二者相较，进士较明经更难考，因而有"三十老明经，五十少进士"[⑥]之说。进

① 陈寅恪：《元白诗笺证稿》，北京三联书店 2001 年版，第 103、84 页。
② 恩格斯：《家庭、私有制和国家的起源》，《马克思恩格斯全集》第 21 卷，人民出版社 1961 年版，第 90 页。
③ 马端临：《文献通考》卷二九《选举考二》，浙江古籍出版社 2000 年版，第 271 页。
④ 参见王鸣盛《十七史商榷》："东莱吕氏云：'唐制：得第后不即释褐，或再应皆中，或为人论荐，然后释褐。'"《十七史商榷》卷八一，丛书集成初编本，中华书局 1985 年版，第 868 页。
⑤ 杜佑：《通典》卷一五，中华书局 1982 年版，第 83 页。
⑥ 马端临：《文献通考》卷二九《选举考二》，浙江古籍出版社 2000 年版，第 275 页。

士为唐人所重,从唐太宗之感叹“天下英雄尽入吾彀中”[1],到官员、百姓,整个社会可谓有不同程度的“进士崇拜”,而经过苦读的新进士,在得中之后,也很自然地需要释放紧张情绪,一头扎入平康巷是不奇怪的。

中晚唐涉及爱情的诗词多与妓相关,是因为妓女的非闺阁性质,使之成为了男子能接触的异性,而朝廷允许新进士与京城妓女交往,则更是涉妓诗的主要产生原因。据《唐摭言》载,新进士能享宴游,且“曲江之宴,行市罗列,长安几于半空。公卿家率以其日拣选东床,车马阗塞,莫可殚述”[2]。在可得高门择婿之荣以外,新进士还能享受如同奉旨而行的携妓宴游之乐,其行为放浪也就不足怪了。从孙棨《北里志序》可知,举子、进士的狎妓是官方所特许:

> 自太中皇帝(宣宗)好儒术,特重科第,故其爱婿郑詹事再掌春闱,上往往微服长安中,逢举子则狎而与之语,时以所闻,质于内庭,学士及都尉皆耸然莫知所自。故进士自此尤盛,旷古无俦。然率多膏粱子弟,平进岁不及三数人,由是仆马豪华,宴游崇侈,以同年俊少者为两街探花使,鼓扇轻浮,仍岁滋甚。自岁初等第于甲乙,春闱开送,天官氏设春闱宴,然后离居矣。近年延至仲夏。京中饮妓,籍属教坊,凡朝士宴聚,须假诸曹署行牒,然后能致于他处……诸妓皆居平康里,举子、新及第进士、三司幕府但未通朝籍未直馆殿者,咸可就诣……[3]

《开元天宝遗事》载:“长安有平康坊,妓女所居之地,京都侠少萃集于此,兼每年新进士,以红笺名纸游谒其中。时人谓此坊为风流薮泽。”[4]其“颠饮”一则更见进士之“无行”:“长安进士郑愚、刘参、郭保衡、王冲、张道隐等十数辈,不拘礼节,旁若无人。每春时,选妖妓三五人,乘小犊车,指名园曲沼,藉草裸形,去其巾帽,叫笑喧呼,自谓之颠饮。”[5]而《开元天宝遗事》及唐人孙棨的《北里志》等笔记,都对进士与妓女的交往作了颇多记载。因此,“风流薮泽”也就成为了唐人爱情诗的渊薮。

三、渐入《香奁》 遂启词端

陈寅恪先生说:“贞元元和间社会,其进士词科之人,犹不敢如后来咸通广明之放荡无忌,尽决藩篱。”[6]可见晚唐较之中唐,进士的放荡之风又大进了一步。其主要原因在于“懿、僖以来,王道日失厥序,腐尹塞朝,贤人遁逃,四方豪英,各附所合而奋。天子块然,所与者唯佞愎庸奴,乃欲障横流,支已颠,宁不殆哉!”[7]正是“丧乱时多变,追思事

---

① 王定保:《唐摭言》卷一,《唐五代笔记小说大观》,第 1578 页。
② 王定保:《唐摭言》卷三,《唐五代笔记小说大观》,第 1595 页。
③ 孙棨:《北里志序》,《唐五代笔记小说大观》,第 1403 页。
④ 王仁裕:《开元天宝遗事》卷上,《唐五代笔记小说大观》,第 1725 页。
⑤ 王仁裕:《开元天宝遗事》卷上,《唐五代笔记小说大观》,第 1727 页。
⑥ 陈寅恪:《元白诗笺证稿》,北京三联书店 2001 年版,第 98 页。
⑦ 欧阳修等:《新唐书》卷一八三《毕崔刘陆郑朱韩传》,《二十五史》,第 4698 页。

已陈。浮华重发作，雅正甚淹沦”（郑谷《故少师从翁隐岩别墅乱后榛芜感旧怆怀遂有追记》），诗歌的创作也为之变化。

此时，无论是诗还是词，都有大量描写女子及男女相恋的作品。李商隐《献相国京兆公启》提出了这样的理论根据：“人禀五行之气秀，备七情之动，必有咏叹，以通性灵。故阴惨阳舒，其途不一，安乐哀思，厥源数千……”①韩偓《香奁集序》更说道：“余溺章句信有年矣，诚知非大夫所为，不能忘情，天所赋也……遐思宫体，未降称庾信攻文；却诮玉台，何必倩徐陵作序。初得捧心之态，幸无折齿之惭。柳巷青楼，未尝秕糠；金闺绣户，始预风流。”②此序与欧阳迥的《花间集序》已经非常接近。而从诗集的编选来看，也从中唐初期《河岳英灵集》的“文质半取，风骚两挟”，发生了钟情于艳诗的变化。如元和十二年令翰林学士令狐楚编进的《御览诗》，其编选旨趣正如毛晋跋语所说的“唐至元和间，风会几变，章武帝命采新诗备览。学士汇次名流，选进妍艳短章三百有奇。”晚唐韦庄编《又玄集》三卷，收录有中晚唐著名诗人的艳情诗，而卷下将近三分之二的篇幅收唐代女诗人所作。据此，可见从诗歌创作到诗集的编选，皆体现出向妍艳方向的发展。辛文房《唐才子传》以吴融作诗“靡丽有馀，而雅重不足”③，但吴融的《禅月集序》却主张诗歌应颂善刺恶，对李贺以后的诗歌颇为不满：“李长吉以降，皆以刻削峭拔飞动文彩为第一流，有下笔不在洞房蛾眉神仙诡怪之间，则掷之不顾。迩来相教学者，弥曼浸淫，困不知变。呜呼！亦风俗使然也。”④从他所说中，可以窥见中唐后期以来诗歌之变，这种变化又缘于“风俗使然”，实际上已昭示了进士文化所起的决定性影响，而洞房蛾眉与神仙诡怪，虽是中唐后期以来诗歌的主要题材，但如果说唐代进士所长的传奇是兼得二者，李贺诗歌多神仙诡怪，那么新生的文人词则于洞房蛾眉尤为着力。

清田同之说：“诗词风气，正自相循。贞观、开元之诗，多尚淡远。大历、元和后，温、李、韦、杜渐入《香奁》，遂启词端。”⑤而从社会对诗歌或歌词的吟咏、传唱来看，则如韩偓《香奁集》序所说的“其间以绮丽得意亦数百篇，往往在士大夫之口，或乐工配入声律，粉墙椒壁，斜行小字，窃咏者不可胜记”⑥。在这一风气影响之下，“能逐弦吹之音，为侧艳之词”的温庭筠，可谓是顺时而出，也成为了由“香奁”启词端的艳词代表，是无可争议的“《花间》鼻祖”。温庭筠所作词的主体几乎都是“洞房蛾眉”，可用其词句“蝉鬓美人愁绝”概括之。

温庭筠的经历及为人见于《旧唐书》本传：

温庭筠者，太原人，本名岐，字飞卿。大中初，应进士。苦心砚席，尤长于诗赋。

---

① 李商隐：《李义山文集》卷三，四部丛刊本。

② 韩偓：《玉山樵人集》，四部丛刊本。又，“大夫”，《五代诗话》卷六引作“丈夫”，“未降”作“未敢”。

③ 傅璇琮主编：《唐才子传校笺》第四册卷九，中华书局 2002 年版，第 230 页。

④ 吴融：《禅月集序》，贯休《禅月集》，明文书局 1981 年版，第 1 页。

⑤ 田同之：《西圃词话》，《词话丛编》，第 1452 页。

⑥ 韩偓：《玉山樵人集》，四部丛刊本。

初至京师，人士翕然推重。然士行尘杂，不修边幅，能逐弦吹之音，为侧艳之词，公卿家无赖子弟裴诚、令狐缟之徒，相与蒱饮，酣醉终日，由是累年不第。徐商镇襄阳，往依之，署为巡官。咸通中，失意归江东，路由广陵，心怨令狐绹在位时不为成名。既至，与新进少年狂游狭邪，久不刺谒。又乞索于杨子院，醉而犯夜，为虞侯所击，败面折齿，方还扬州诉之。令狐绹捕虞侯治之，极言庭筠狭邪丑迹，乃两释之。自是污行闻于京师。庭筠自至长安，致书公卿间雪冤。属徐商知政事，颇为言之。无何，商罢相出镇，杨收怒之，贬为方城尉。再迁隋县尉，卒。①

又，《唐诗纪事》载：

庭筠……才思艳丽，工于小赋，每入试，押官韵作赋，凡八叉手而八韵成，时号温八叉。多为邻铺假手，号日救数人也。而士行玷缺，缙绅薄之……宣宗爱唱《菩萨蛮》词，丞相令狐绹假其新撰密进之，戒令勿泄。而遽言于人，由是疏之。温亦有言云：中书堂内坐将军。讥相国无学也。宣宗好微行，遇于逆旅，温不识龙颜，傲然而诘之曰：公非长史、司马之流？帝曰：非也。又曰：得非大参、薄尉之类？帝曰：非也。谪为方城尉，其制词曰：孔门以德行为先，文章为末。尔既德行无取，文章何以补焉。徒负不羁之才，罕有适时之用。竟流落而死……

令狐绹曾以故事访于庭筠，对曰：事出《南华》，非僻书也。或冀相公燮理之暇，时宜览古。绹益怒，奏庭筠有才无行，卒不登第。庭筠有诗曰：因知此恨人多识，悔读《南华》第二篇。②

显然，温庭筠富有才思、长于诗赋，本具备成为进士的条件，其性格、为人的不检细行、露才扬己，于进士型人物也并不太过，却因得罪权贵甚而皇帝，被判为“德行无取”，流落而死。在志向与现实的矛盾之间，他不无痛苦，在其诗中亦有所流露。其词并无直接表现自己思想、怀抱的内容，但后来的论者以为他在表现女子的离愁同时，也揉进了自己的人生体验，故有以寄托言之者，尤其自常州词派的张惠言以来，直到陈廷焯，甚至将其过誉为晚唐的灵均。但若结合温庭筠的为人、经历，及词作本身来看，却很难从知人论世的角度肯定其词中的寄托。

段成式《嘲飞卿七首》有云，“曾见当垆一个人，入时装束好腰身。少年花蒂多芳思，只向诗中写取真”，“愁机懒织同心苣，闷绣先描连理枝。多少风流词句里，愁中空咏早环诗”，多少可以窥见飞卿与妓女交往的情况及其“风流词句”与“芳思”的关系。而温庭筠自己也有《醉歌》，是其诗酒游妓生活的反映：

锦袍公子陈杯觞，拨醅百瓮春酒香。入门下马问睡在，降阶握手登华堂。临邛

① 刘昫等：《旧唐书》卷一九〇《文苑传下》，《二十五史》，第4086页。

② 计有功著，王仲镛校笺：《唐诗纪事校笺》卷五四，第1474–1475页。

美人连山眉，低抱琵琶含怨思。朔风绕指我先笑，明月入怀君自知。劝君莫惜金樽酒，年少须臾如覆手。

范摅《云溪友议》载：裴诚与温庭筠是好友，二人皆“好作歌曲，迄今饮席，多是其词焉。裴君既入台，而为三院所谑曰：‘能为淫艳之歌，有异清洁之士也。’……二人又为《新添声杨柳枝词》，饮宴竞唱其词而打令也。词云：‘思量大是恶因缘，只得相看不得怜。愿得琵琶槽那畔，美人长抱在胸前。’又曰：‘独房莲子没人看，偷折莲时命也拚。若有所由来借问，但道偷莲是下官。’温歧曰：‘一尺深红朦曲尘，旧物天生如此新。合欢桃核终堪恨，里许元来别有人。’又曰：‘井底点灯深烛伊，共郎长行莫围棋。玲珑骰子安红豆，入骨相思知不知？’”[①]《花间集》虽未收此类作品，但从温、裴所作，可见当时举子及进士热衷于酒宴及著辞，与歌妓们一起参与了词的初期创作。正由于多游狎邪，与歌妓为伍，且非举子或新进士的阶段性寻乐，这种最具有进士文化特性的品质，也最易于为人所诟病，因此，时评如上，其命运长陷不达，在历史上也留下了坏名声。

温庭筠有其“轻薄”的一面，也有士人所不屑的“以文为货”之举，但由于进士文化氛围中的与妓人交往颇多，在相交中对她们从狎玩到人格的尊重，因而也同情她们的遭遇、赞赏她们的才艺。其《和友人伤歌姬》一诗写得颇具深情：“月缺花残莫怆然，花须终发月终圆。更能何事销芳念，亦有浓华委逝川。一曲艳歌留宛转，九原春草妒婵娟。王孙莫学多情客，自古多情损少年。”[②]虽主旨在劝慰友人，但对歌妓的同情赞美之意却是难以掩抑的。

温庭筠词的内容除少数写及边塞题材外，主要是着笔于思妇，而由于温词具有如叶嘉莹所说的客观、冷静的特点[③]，几乎看不到作者自己的感情印迹，这些女子的身份也就很难断定，几可涵盖因仕宦、从军、经商，以及其他原因所致的离别，所造之思妇。即便如此，温词中仍多少透出其本人诗酒游妓的生活投影。如《更漏子》：

金雀钗，红粉面，花里暂时相见。知我意，感君怜，此情须问天。　　香作穗，蜡成泪，还似两人心意。山枕腻，锦衾寒，觉来更漏残。

上片着笔对方，“知我意，感君怜，此情须问天”，显为歌妓口吻，而下片则分明是一段露水夫妻式的欢爱。这一短暂的爱，显然是缘于寻妓，上片的“花里暂时相见”为之点明，因为“花”旧时指妓女或跟妓女有关者。而《南歌子》：

似带如丝柳，团酥握雪花。帘卷玉钩斜。九衢尘欲暮，逐香车。

① 范摅：《云溪友议》卷下，《唐五代笔记小说大观》，第1309–1310页。
② 此诗原稿作“王秀才”，《全集校注》中诗题为《和友人伤歌姬》。
③ 叶嘉莹：《迦陵论词丛稿》，上海古籍出版社1980年版。

这个在暮尘中追逐香车者,难道不是猎艳的轻狂之士吗?另一首《南歌子》:

转眄如波眼,娉婷似柳腰。花里暗相招。忆君肠欲断,恨春宵。

“暗相招”一语,透出了这一女子的身份。

但总体而言,温词虽艳却并不淫,可见出进士文化的时代氛围下,对女性,尤其是欢场女性的欣赏与同情。由于《离骚》“香草美人”创作传统的影响,后世论者有以男女比君臣来看待温词,从温庭筠创造的怨女形象中,在“男子作闺音”中寻觅其人生寄托,这应是后代的寒士对温庭筠无与于进士行列、潦倒终身的“同情之理解”。

四、一生风月 到处烟花

温庭筠是“花间鼻祖”,韦庄与之并称,也是重要的花间词人,他因避乱而南行,由唐入五代,实际上开启了五代之词。但由于他主要生活在唐代,还是可以视作唐末词人,其词也同样与进士文化有着密切的关系,尤见于与歌妓的交游。

韦庄生活的年代属于晚唐动乱之时,进士考试已经不能正常进行,但进士文化生成至久,对士人影响很深,在他的词中可以找到诸多相关的印迹。其《菩萨蛮》五首,是入蜀后回忆旧游之作,是不可分割的组词。据文意分析,这五首未必是一时一地所作,却大致概括了他的经历,其中至少有两首颇能见出与进士文化相关的悦妓内容。第一首:

红楼别夜堪惆怅,香灯半卷流苏帐。残月出门时,美人和泪辞。 琵琶金翠羽,弦上黄莺语。劝我早归家,绿窗人似花。

红楼绿窗,流苏帐垂,香灯明灭,残月微照,美人含泪辞别,琵琶如黄莺之声,既借助乐器倾诉了离情,又表达了对重逢的期盼。分明是因远游而与所恋者分手,是惯见的唐代举子或进士与妓女的爱与别。第三首:

如今却忆江南乐,当时年少春衫薄。骑马倚斜桥,满楼红袖招。 翠屏金屈曲,醉入花丛宿。此度见花枝,白头誓不归。

如果韦庄年轻时去过江南,“当时年少”之说不虚,而以年近半百尚作此说,则于情理不符。其词意应是:回忆起当年所经历的满楼红袖相招,醉入花丛夜宿,以“如今”之老大,“却忆江南”的浪漫之“乐”,遂唤起了“此度见花枝,白头誓不归”之愿。当年的花丛,今日的花枝,都指妓女,可见韦庄临老仍对冶游的钟情不已。

《江城子》二首,显是写与妓女交欢及离别之作,可与上面《菩萨蛮》第二首共读:

恩重娇多情易伤，漏更长，解鸳鸯。朱唇未动，先觉口脂香。缓揭绣衾抽皓腕，移凤枕，枕潘郎。

鬓鬟狼藉黛眉长，出兰房，别檀郎。角声呜咽，星斗渐微茫。露冷月残人未起，留不住，泪千行。

由诗证词，亦可见韦庄身上的进士文化色彩。其诗也常写及观妓、听歌、看舞的内容，如《陪金陵府相中堂夜宴》一首：

满目笙歌满眼华，满楼珠翠胜吴娃。因知海上神仙窟，只似人间富贵家。绣户夜攒红烛市，舞衣晴曳碧天霞。却愁宴罢青蛾散，扬子江头月半斜。

他还有赠妓的《赠姬人》："莫恨红裙破，休嫌白屋低。请看京与洛，谁在旧香闺。"似是对陷入困顿的妓女的安慰。此外，既有《悼杨氏妓琴弦》，又有《伤灼灼》等悼妓之作，后者的诗序云："灼灼，蜀之丽人也。近闻贫且老，殂落于成都酒市中，因以四韵吊之。"由于与妓女有密切的关系，又对她们充满深情，韦庄词中才会有显见的才子气和进士味，而并不以是否进士为相衡的条件。

韦庄有诗自称"一生风月供惆怅，到处烟花恨别离"（《多情》），以上即属于"风月"、"烟花"之类，而有些则直接与自己的姬人相关。他在入蜀后，据说因姬人被夺且殉情，而有《谒金门》词：

空相忆，无计得传消息。天上嫦娥人不识，寄书何处觅。　　新睡觉来无力，不忍把伊书迹。满院落花春寂寂，断肠芳草碧。

吴任臣《十国春秋》言此词之本事："庄有美姬，善文翰，高祖托以教宫人为词，强夺去。庄作《谒金门》辞忆之，姬闻之，不食而死。"[①]《古今词话》也有王建夺其宠姬而作上词及《小重山》一说[②]。后者：

一闭昭阳春又春。夜寒宫漏永，梦君恩。卧思陈事暗消魂。罗衣湿，红袂有啼痕。　　歌吹隔重阍。绕庭芳草绿，倚长门。万般惆怅向谁论。凝情立，宫殿欲黄昏。

且不论这些是否小说家言，即使未有夺姬一事，从其诗集中的《悼亡姬三首》也可证其对姬人的深情："凤去鸾归不可寻，十洲仙路彩云深。若无少女花应老，为有姮娥月易沉。竹叶岂能销积恨，丁香空解结同心。湘江水阔苍梧远，何处相思弄舜琴"，"默

① 吴任臣：《十国春秋》卷四〇，四库全书本。

② 沈雄：《古今词话·词评》上卷，《词话丛编》，第971页。

默无言恻恻悲,闲吟独傍菊花篱。只今已作经年别,此后知为几岁期。开箧每思遗念物,倚楼空缀悼亡诗。夜来孤枕空肠断,窗月斜晖梦觉时”,“六七年来春又秋,也同欢笑也同愁。才闻及第心先喜,试说求婚泪便流。几为妒来频敛黛,每思闲事不梳头。如今悔恨将何益,肠断千休与万休。”因韦庄不同于温庭筠的写法,或如《谒金门》那样的自抒其情,或如《小重山》那样的满怀深情地为女子代言,故论者有这些可能是倒果为因的说法。而《女冠子》二首,分别写去年相别及昨夜梦中相见,也被人说成是为“夺姬”而作。

韦庄入蜀已在晚年,词中仍不减风情。如《清平乐》:

何处游女,蜀国多云雨。云解有情花解语,窣地绣罗金缕。 妆成不整金钿,含羞待月秋千。住在绿槐阴里,门临春水桥边。

这游女的形象与其说是多情的少女,不如说是倚门卖笑的妓女。《河传》所写“锦城花满”时节的“翠娥争劝临邛酒,纤纤手。拂面垂丝柳”、“绣衣金缕”的锦浦春女,“莺莺语,一望巫山雨。香尘隐映,遥见翠槛红楼”都应是歌妓。这些词既可见蜀地的风俗,也看出了韦庄的兴趣所在。

在韦庄词中,又可见科举及第首次在词中直接表现。《喜迁莺》二首:

人汹汹,鼓冬冬,襟袖无更风。大罗天上月朦胧,骑马上虚空。 香满衣,云满路,鸾凤绕身飞舞。霓旌绛节一群群,引见玉华君。

街鼓动,禁城开,天上探人回。凤衔金榜出云来,平地一声雷。 莺已迁,龙已化,一夜满城车马。家家楼上簇神仙,争看鹤冲天。

由于他年轻时屡试不第,困居长安,值黄巢之乱,后来流寓江南,直到唐昭宗乾宁元年(894)的花甲之年才得中进士,难怪会有莺迁龙化之感,将此词写成极富想象力的近于游仙之作。

综上,可以印证前面所说:随着“儒林”传统向“文苑”精神倾斜、转化,使得进士阶层在思想及行为上见于“无行”、“轻薄”,尤其体现在与歌妓制相关的婚外情之上。而这,就是晚唐直至五代词生成、发展的主要文化背景与动因,也决定了晚唐五代词香而软的主体艺术风格。

第三节 唐代文人词的艺术

盛中唐的文人词,尚属体段初开之时,形式上多为令词,艺术上与诗歌区别不显著,但从整体而言,是为后来词的发展作了艺术上的奠基,有些词人词作,更是秀出其中,对文人词的艺术走向有导引作用。到晚唐,词艺有较大发展,皇甫松、温庭筠、韦庄等,更使令词的艺术臻于成熟。温、韦地位更为重要，下面将列专节论述，本节按时间顺序，择要论之。

一、丽句妍词 意兴苍凉：论李白词

盛唐文人词以李白所作最多，其艺术性亦最高。前引的《清平乐》，为李白供奉翰林时的应制之作，欧阳炯《花间集序》已作此论定。陈廷焯《云韶集》卷二四以之“起笔细丽，开后人句法”，所言甚是。这种“细丽”的写法，正是“词性”之所在。俞陛云评其“禁帷秋夜”一首，有“丽句妍词，想见唐宫春色”之语，也适用于这一组词。

同为宫廷文化范围内的《清平调》三章，俞平伯《李白〈清平调〉三章的解释》分析极其周详细致，笔者同意其最后的归纳：“这三章蝉联而下，仿佛一篇。第一章是想象中的美人，第二章是比喻中或历史上的美人，第三章是当前的事实上的美人。第三首近乎‘六义’的赋体，第一二首多用比、兴写法，归束到末一首上去，简单地看它的结构不过如此，以境界论，我觉得第一首最好……设想亦最奇。分明是名花、倾国交欢，君王带笑相看，却写成不知群玉山头或瑶台月下，这般的惝怳迷离。第二首全篇的枢纽，一说巫山神女，二说汉家飞燕，远古近今，逐步脱换，归到本题。第三首主意所在，反而直直落落，不费多少笔墨。其中第三句原是特出的，曲而能直，已见上说。不过既提春恨尽管解释开了，岂能没有暗示？实有名花畹晚，美人迟暮之感。却轻轻一点就过。”①

以李白之天才，及其“天然去雕饰”的审美理想，“丽句妍词”究非其本质所在。其词最见题旨与艺术皆高的是《菩萨蛮》：

> 平林漠漠烟如织。寒山一带伤心碧。暝色入高楼。有人楼上愁。　玉阶空伫立。宿鸟归飞急。何处是归程。长亭接短亭。

长期以来，对于此词究竟是否李白所作是有争议的。黄昇以之为“百代词曲之祖”，而明人胡应麟断之为伪作，此后附和者不少。然而不仅《教坊记》已有《菩萨蛮》调，而且敦煌卷子的发现，也证明了唐玄宗时期已经有此调之作，故笔者同意任二北《敦煌曲初探》第五章援杨宪益《零墨新笺》之说，以之为李白所作②。

此词与敦煌卷子所不同的是已无衬字，且文字雅致，文人色彩很浓。唐玄宗的《好时光》本非词调，刘毓盘《词史》疑其亦五言八句诗，“偏”、“莲”、“张”、“敞”、“个”等字，“本属和声，而后人改作实字也”。③而《菩萨蛮》已是成熟词调，无和声改为实字之迹。《古今词统》称之为“古致遥情，自然压卷”。④沈际飞《草堂诗馀正集》卷一则云：“古词妙处，只是天然无雕饰。”黄苏《蓼园词评》分析较为详细合理：

---

① 俞平伯：《李白〈清平调〉三章的解释》，《俞平伯全集》第3卷，第296、299页。
② 任二北：《敦煌曲初探》，第245页。
③ 刘毓盘：《词史》，第32页。
④ 卓人月、徐士俊辑：《古今词统》卷五，《续修四库全书》第1728册，上海古籍出版社2002年版，第548页。

按入首二句，意兴苍凉壮阔。第三、第四句，说到“楼”、到“人”，又自静细孤寂，真化工之笔。第二阕，“栏干”字跟上“楼”字来，“伫立”字跟上“愁”字来。末联始点出“归”字来，是题目归宿。所以“愁”者此也。所以“寒山”“伤心”者亦此也，更觉前阕凌空结撰，意兴高远。至结句仍含蓄不说尽，雄浑无匹。[1]

陈廷焯谓之“节短韵长，妙有一气挥洒之乐。结笔音节绵邈，神味无穷”[2]，则颇为言简意赅。

太白《忆秦娥》同为“词祖”：

箫声咽。秦娥梦断秦楼月。秦楼月。年年柳色。灞桥伤别。　乐游原上清秋节。咸阳古道音尘绝。音尘绝。西风残照，汉家陵阙。

顾起纶云：“唐人作长短句，乃古乐府之滥觞也。李太白首倡《忆秦娥》，凄婉流丽，颇臻其妙，为千载词家之祖。”[3]《古今词统》亦云：“悲凉跌荡，虽短词，中具长篇古风之意气。”[4]此词以月下之凄咽箫声起，又以月色添柳色，情景融合，引出别情。下片先写当年盛时之地与时，再移至咸阳古道，为之骤落，“音尘绝”之重复，使悲感更深。结句的八字，写古道所见惟汉家遗陵废阙，掩映于西风夕照之中，兴衰之感尽寓其中。虽文短而意长，伤今怀古，可谓托兴深远。故陈廷焯云：“音调凄断。对此茫茫，百端交集，如读《黍离》之诗。后世名作虽多，无出此右者。”[5]

后人论太白此二词，多以“气”、“体”、“气象”取之。吴衡照云：“汉人之诗，浑浑穆穆。魏人之诗，浩浩落落。汉诗高在体，魏诗高在气。太白词气体俱高，词中之汉魏也。”[6]王国维云：

太白纯以气象胜。“西风残照，汉家陵阙”，寥寥八字，遂关千古登临之口。后世唯范文正之《渔家傲》，夏英公之《喜迁莺》，差足继武，然气象已不逮矣。[7]

可见二词不以词性见长，与其《清平乐》、《清平调》异，亦见毕竟是诗人的李白，同化了作为词人的李白。

唐圭璋《唐宋两代蜀词》兼及词风与考证，力辟二词非李白所作之见，笔者对此深表赞同，故全文迻录之：

---

① 黄苏：《蓼园词评》，《词话丛编》，第 3029–3030 页。
② 陈廷焯：《云韶集》卷一，转引自《白雨斋词话足本校注》，第 27 页。
③ 顾起纶：《花庵词选跋》，《词籍序跋萃编》，第 663 页。
④ 卓人月、徐士俊辑：《古今词统》卷五，《续修四库全书》第 1728 册，第 565 页。
⑤ 陈廷焯：《云韶集》卷一，转引自《白雨斋词话足本校注》，第 28 页。
⑥ 吴衡照：《莲子居词话》卷一，《词话丛编》，第 2400 页。
⑦ 王国维：《人间词话》，《蕙风词话·人间词话》，人民文学出版社 1960 年版，第 194 页。

前首(《菩萨蛮》)望远怀归之词,后首(《忆秦娥》)伤今吊古之词,皆于落日苍茫之境界中,写出心中极凄悲之情感,沉雄豪宕,而又吐属自然,不加雕饰,诚非大天才作家不能有此。善乎蕙风之言曰:"胡元瑞谓太白《菩萨蛮》四词为伪作,姑勿与辨。试问此伪词,孰能作,孰敢作者?"此盖就词风以论词,已可证明决非伪词。何况《菩萨蛮》一调,已早见开元间人崔令钦所撰之《教坊记》乎?且不独调已早有,而词亦早有。近日敦煌发见唐本《春秋后语》,其纸背有《菩萨蛮》一词云:"自从宇宙生戈戟。狼烟处处熏天黑。早晚竖金鸡。休磨战马蹄。　淼淼三江水。半是儒生泪。老尚逐今才。问龙门何日开。"此词声韵与晚唐所传之《菩萨蛮》相合,只末句多一问字,当是加一衬字,以便歌唱者。以天才不羁之李白,既爱作长短句之古乐府,则偶拈当时民间流行长短句之曲调,以词填之,亦极可能之事,故就词风、词调与太白之才性言之,皆无可疑。且《湘山野录》记其来历,《花庵词选》采录其词,是宋人皆以太白尝作词也。北宋李之仪且有和李白韵《忆秦娥》词。惟明胡元瑞《少室山房笔丛》、清徐虹亭《词苑丛谈》,疑为伪作,殊不足信。[①]

不少论者都从词史上肯定了李白此二词的地位。刘熙载说:"梁武帝《江南弄》,陶弘景《寒夜怨》,陆琼《饮酒乐》,徐孝穆《长相思》,皆具词体,而堂庑未大。至太白《菩萨蛮》之繁情促节,《忆秦娥》之长吟远慕,遂使前此诸家,悉归环内。"[②]陈廷焯则说:"唐人之词如六朝之诗,惟太白《菩萨蛮》、《忆秦娥》两调,实为千古词坛纲领","词虽创自六朝,实成于太白,千古论词,断以太白为宗。"[③]《白雨斋词话》又云:"太白《菩萨蛮》、《忆秦娥》两阕,神在个中,音流弦外,可以是为词中鼻祖。寻词之祖,断自太白可也,不必高语六朝。"[④]可见,黄昇"百代词曲之祖"一说并非一人之见。

二、远韵超逸　节短情长:张志和与王建

李白《菩萨蛮》、《忆秦娥》二词,不仅使"前此诸家,悉归环内",而且如孤峰矗立,使得中唐词大为失色。刘长卿、韦应物虽诗名甚高,仅是偶作小词,戴叔伦亦游戏笔墨,在刘、白之前,仅张志和、王建两家之词较可称赏。

刘长卿的《谪仙怨》,其曲调为唐玄宗创于避安史之乱的入蜀途中,系因反省自己、思念张九龄而作。刘长卿此词作于大历时期,宣泄了自己遭诬被贬的郁闷不平。全系六言,共八句四十八字,用五平韵,每句二字一顿,短促而见波折,有助于表现内心之抑郁,当中四句分作两组对句,近于律诗,因此时唐人所唱多为齐言声诗,此词以其通俗而清丽的语言,回环而平稳的节奏,很适合于传唱。

韦应物与戴叔伦所作的《转应曲》,即《调笑令》,戴作仅一首:

---

① 唐圭璋:《唐宋两代蜀词》,《词学论丛》,第866–867页。

② 刘熙载:《艺概》卷四《词曲概》,上海古籍出版社1978年版,第106–107页。

③ 陈廷焯:《云韶集》卷一,转引自《白雨斋词话足本校注》,第807、27页。

④ 陈廷焯著,屈兴国校注:《白雨斋词话足本校注》卷七,齐鲁书社1983年版,第565–566页。

边草。边草。边草尽来兵老。山南山北雪晴。千里万里月明。明月。明月。胡笳一声愁绝。

韦作二首,其《河汉》一首前已录,此处再录另一首:

胡马。胡马。远放燕支山下。跑沙跑雪独嘶。东望西望路迷。迷路。迷路。边草无穷日暮。

俞陛云认为,“上首言胡马东西驰突,终至边草路迷,犹世人营扰一生,其归宿究在何处?下首言人虽南北遥睽,而仰视河汉,千里皆同。有少陵‘依斗望京’,白傅‘共看明月’之意。而河汉在空,人天路绝,下视尘寰,尽痴男骇女,诉尽离愁,固不值双星一笑。此二词见韦苏州托想之高”。①由于此调本用作“抛打”酒令,虽具有一定的思想、文化意蕴,但似无“托想”、寄意。《词谱》说:“此词凡三换韵,起用叠句,第六、七句即倒叠第五句末二字转以应之,戴叔伦所谓‘转应’者,意盖取此。”②由于格律体式的要求,在艺术表现上,全词八句中有两对叠句,利于反复歌咏,其倒叠句,则可想象留有酒宴上行令之迹,又确有转相呼应的效果,合于“转应”之名,加以用韵的四仄二平,平仄互调,且用迭韵,故确是“笔意回环,音调宛转”③。

吴梅说:“应物词见《尊前集》者共四首。《调笑》二,《三台》二也。唐人作《调笑》者至多,如戴叔伦之《边草词》,王建之《团扇词》,皆用此调。其后《杨柳枝》盛行,而此调鲜见。”④有助于我们了解此调在中唐的流行及渐被取代的情况。

至中唐时期,始有重要的词人张志和。

张志和(？—773),字子同,初名龟龄,婺州(今浙江金华)人。年十六擢明经第。肃宗时待诏翰林,授左金吾录事参军。因事贬南浦尉,遇赦还。因居江湖,自号“烟波钓徒”。《新唐书》有传。

张志和有《渔父》五首。录其名篇:

西塞山前白鹭飞。桃花流水鳜鱼肥。青箬笠,绿蓑衣。斜风细雨不须归。

《能改斋漫录》有如此记载:

徐师川云:“张志和《渔父词》云(略)。顾况《渔父词》:‘新妇矶边月明,女儿浦口潮平,沙头鹭宿鱼惊。’东坡云:‘玄真语极清丽,恨其曲度不传。’加数语以《浣

---

① 俞陛云:《唐五代两宋词选释》,第12页。
② 王奕清等编著:《钦定词谱》卷二,第99页。
③ 沈辰垣等编:《历代诗馀》,上海书店1985年版,第1334页。
④ 吴梅:《词学通论》,上海古籍出版社2006年版,第35页。

溪沙》歌之云：'西塞山边白鹭飞，散花洲外片帆微，桃花流水鳜鱼肥。自庇一身青箬笠，相随到处绿蓑衣。斜风细雨不须归。'山谷见之，击节称赏。且云：'惜乎散花与桃花字重叠，又渔舟少有使帆者。'乃取张、顾二词合为《浣溪沙》云：'新妇矶边眉黛愁，女儿浦口眼波秋，惊鱼错认月沉钩。　青箬笠前无限事，绿蓑衣底一时休，斜风细雨转船头。'东坡云：'鲁直此词，清新婉丽。问其最得意处，以山光水色替却玉肌花貌，真得渔父家风也。然才出新妇矶，便入女儿浦，此渔父无乃太澜浪乎。'山谷晚年，亦悔前作之未工。因表弟李如篪言：'《渔父词》，以《鹧鸪天》歌之，甚协律，恨语少声多耳。'因以宪宗画像求玄真子文章，及玄真之兄松龄劝归之意，足前后数句云：'西塞山前白鹭飞，桃花流水鳜鱼肥。朝廷尚觅玄真子，何处而今更有诗？　青箬笠，绿蓑衣。斜风细雨不须归。人间欲避风波险，一日风波十二时。'东坡笑曰：'鲁直乃欲平地起风波邪？'"师川乃作《浣溪沙》、《鹧鸪天》各二阕，盖因坡、谷异同而作。云……[1]

以短短一词，能得苏轼、黄庭坚、徐俯如此继作不休，除了同样品尝到官场之险，于张志和"心有戚戚"以外，当有其他的原因。黄庭坚合张、顾二词成《浣溪沙》，苏轼转述其"最得意处"是"以山光水色替却玉肌花貌，真得渔父家风也"，而此语用于对张志和的评价也是非常恰当的，因为张作就是用"山光水色"替却"玉肌花貌"，对"颂酒赓色"的词的创作传统是很大的突破，苏黄所走的道路也是如此。在艺术上，许昂霄云："涪翁称其有远韵，信然。"[2]其"远韵"即黄苏所说："数句只写渔家之自乐其乐，无风波之患。对面已有不能自由者，已隐跃言外，蕴含不露，笔墨入化，超然尘埃之外。"[3]这种"远韵"如同自然天籁，难以重复，不可替代，故刘熙载云：

张志和《渔歌子》"西塞山前白鹭飞"一阕，风流千古。东坡尝以其成句用入《鹧鸪天》，又用于《浣溪沙》，然其所足成之句，犹未若原词之妙通造化也。[4]

张志和其他诸首是：

钓台渔父褐为裘。两两三三舴艋舟。能纵棹，惯乘流。长江白浪不曾忧。
霅溪湾里钓鱼翁。舴艋为家西复东。江上雪，浦边风。反著荷衣不叹穷。
松江蟹舍主人欢。菰饭莼羹亦共餐。枫叶落，荻花干。醉宿渔舟不觉寒。
青草湖中月正圆。巴陵渔父棹歌还。钓车子，掘头船。乐在风波不用仙。

---

① 吴曾：《能改斋漫录》卷一六，上海古籍出版社 1979 年新 1 版，第 473–474 页。（版本后同）
② 许昂霄：《词综偶评》，《词话丛编》，第 1547 页。
③ 黄苏：《蓼园词评》，《词话丛编》，第 3023 页。
④ 刘熙载：《艺概》卷四《词曲概》，第 107 页。

各首结句分别点出“不曾忧”、“不叹穷”、“不觉寒”、“不用仙”，虽亦脱尘绝俗，但着意太明，襟怀亦不如“西塞山前”一首那样远逸冲淡，故艺术水准亦不逮。但其在同一主题之下，驰骋想象，忽东忽西地转换渔父的活动场所，如王士禛《渔洋诗话》所说：“只取兴会超妙，不似后人章句，但作记里鼓。”却又同样的从容淡定，也是很高明的手法。俞陛云所说深得其意：

> 词言“西塞”、“巴陵”、“松江”、“霅溪”、“钓台”，地兼楚越，非一身能达，则此词亦托想之语，初非躬历。然观其每首结句，君子固穷，达人知命，襟怀之超逸可知。①

襟怀的“超逸”与词中的“远韵”结合，是张志和词的主要特点，而“渔父家风”在词史上的影响，则与我国固有的隐逸传统有关，因而后来继作不辍。

中唐另一主要词人是王建。王建(766？—834？)，字仲初，关辅(今陕西)人，郡望颍川(今河南许昌)。曾求学山东，与张籍同窗。贞元中，历佐淄青、幽州、岭南军幕。宪宗元和初，复佐荆南幕府。后任昭应县丞，历官太府寺丞、太常丞，转秘书丞。文宗大和二年(828)，出为陕州司马，后罢居咸阳。

王建在诗史上以乐府诗及《宫词》著名，同时也是中唐主要词家，存词凡十首，其中《三台》就有六首。《三台》原系古乐府的“杂曲歌辞”，为三十拍促曲，到唐代，为教坊曲名，后用作词调。王建的《宫中三台》为宫廷应制之词，又名《翠华引》，因这二首写宫闱事，故名之。二首分写宫中的承平气象和天子的享乐生活，从白天写到晚上，据实选择最具宫苑特色的游乐和景物以赋之，借全为六言句式、二字一顿的平稳节奏，传递出华贵、吉祥的气氛，同时又能做到既典雅又浑成，堪称词中台阁体的开始。

王建又有《宫中调笑》：

> 团扇。团扇。美人病来遮面。玉颜憔悴三年。谁复商量管弦。弦管。弦管。春草昭阳路断。

秋扇见捐一直是为人所感慨的题材，尤其是宫掖之中，不知古来有多少女子遭遇这样的不幸，因而班婕妤的《怨歌行》以扇为喻，表达了这种不幸。病来遮面、玉颜憔悴，都是缘于“谁复商量管弦”，歌舞与容颜都再也得不到欣赏，岂能不令人神伤而憔悴。再经两叠语的“转应”，终于揭出春草昭阳、君恩已断之旨，至此，团扇的比兴之意亦见。虽说唐人写宫怨之诗甚多，其中如王昌龄的七绝，也堪称言约意丰，但在词中，王建却继续李白的《清平乐》一路，而翻新了班婕妤诗歌的意境，也如王昌龄那样以短制写深情，宜于陈廷焯《云韶集》卷一所评：“结句抵宫词百首，而凄艳过之。”

王建又一《宫中调笑》云：

---

① 俞陛云：《唐五代两宋词选释》，第7页。

胡蝶。胡蝶。飞上金枝玉叶。君前对舞春风，百叶桃花树红。红树。红树。燕语莺啼日暮。

此词无论是题旨与艺术都不及上一首，故陈廷焯《云韶集》卷二十四说："仲初'春草昭阳'一阕，千秋绝唱。此作微逊，而琢句匀洽，开后人门径。""琢句匀洽"四字甚为准确。其另二首《宫中调笑》，在善于琢句的基础上，亦见对女性的深刻同情：

罗袖。罗袖。暗舞春风已旧。遥看歌舞玉楼。好日新妆坐愁。愁坐。愁坐。一世虚生虚过。

杨柳。杨柳。日暮白沙渡口。船头江水茫茫。商人少妇断肠。肠断。肠断。鹧鸪夜飞失伴。

前者或已越出宫苑，可涵盖富家女，罗袖之旧为色衰爱弛之象征，亦如秋扇被弃，故曰"一世虚生虚过"。后者以柳起兴，寓以别离，后面点出"商人少妇"身份，虽其感情、心事并未说破，但情景交融之中，已借物以言之。二首充分利用了"转应"的复沓特点，反复咏之，结句或直说、或托物以点题，都在反映了现实生活的同时，以客观的叙写体会并传达了不幸女子的感情。

《唐五代两宋词选释》对此四首有一总评，概括其主题及艺术性甚精：

第一首言管弦抛掷，写宫怨之正面。次首言莺燕嬉酣，写宫怨之侧面。三首感商妇之飘零。四首怅芳华之迟暮。四词节短韵长，独弹古调，以"团扇"、"胡蝶"、"杨柳"、"罗袖"为起笔，《诗经》之比体也。意随调转，如"弦管"、"管弦"句，音节亦流动生姿，倘使红牙按拍，应怨入落花矣。①

笔者从俞陛云所评中摘出"节短韵长"一句，以概王建词的全貌，并改"韵"为"情"，以避免与张志和的"远韵超逸"重复。王建之词具有多元文化的底蕴，又有较高的艺术性，应与张志和相并，是刘、白之前中唐最重要的词人。

三、乐天梦得　声调渐开

陈廷焯说："有唐一代，太白、子同，千古纲领。乐天、梦得，声调渐开。"②对白居易与刘禹锡在唐代词史上的作用和地位，作出了准确的判断。龙榆生《唐宋名家词选》继而推演其说："禹锡晚年，与白居易友善，常唱和往来。居易集诗而序之，以谓'其锋森然，少敢当者'。中唐诗人，刘、白并称。二人皆留意民间歌曲，因之在倚声填词方面，亦能相互切劘，以开晚唐、五代之盛，此治唐、宋诗词所宜特为着眼者也。"③

① 俞陛云：《唐五代两宋词选释》，第 14–15 页。
② 陈廷焯：《词坛丛话》，《词话丛编》，第 3719 页。
③ 龙榆生：《唐宋名家词选》，上海古籍出版社 1980 年新 1 版，第 7 页。（版本后同）

刘禹锡(772—842),字梦得,洛阳(今属河南)人。德宗贞元九年(793)进士,又中博学宏词科。十一年,授太子校书。历官监察御史等,参与“永贞革新”,失败后贬连州刺史,斥朗州司马。召还后再出诸州刺史。后以裴度力荐,任太子宾客、分司东都。有《刘禹锡集》。

据《新唐书》:刘贬连州刺史,未至,斥朗州司马,地接夜郎,俗喜巫鬼,祠则歌《竹枝》,其声伧儜,禹锡谓屈原居沅、湘间而作《九歌》,使楚人以迎送神,乃倚声作《竹枝辞》。[1]《浪淘沙》是唐教坊曲,开元间人作,始为民间徒歌,后入乐,刘、白所作最著名。据白居易《杨柳枝》第一首,“古歌旧曲君休听,听取新翻杨柳枝”,可见与唐代之前的《折杨柳》不同,也不是唐初的七言四句体,任半塘引诸多材料说明此调是新调,依据开元以来流行的《柳枝》翻成[2]。二人确实留意民间歌曲,在学习的同时,并改造为文人词。

刘禹锡的《竹枝》,一如屈原对沅湘民歌的加工,既有民间的本色之美,又有不易觉察的雅训:

山桃红花满上头。蜀江春水拍山流。花红易衰似郎意,水流无限似侬愁。

杨柳青青江水平。闻郎江上唱歌声。东边日出西边雨,道是无晴还有晴。

此二首最见民歌色彩,语言浅显质直,因以女子口吻出之,在见风韵摇曳的同时,皆真切可感,如亲聆歌唱。前一首的前二句调动视角,先仰望山桃,后俯视蜀江,三、四句分承山花、江水,作隔句的对偶相承,在花红易凋而水流无限的对比中,表现了男女对爱情的不同态度。取眼前之物,以花、水分状男、女,赋兼比、兴,近于《诗经》的风诗。后一首先写杨柳、江水,再写闻歌,三、四句言东西晴雨不同,“晴”借作“情”,谐音见意,是对歌者是否有情的猜测。这种谐音传意的手法,常见于民歌,南朝乐府吴声歌曲的《子夜歌》,有“埋丝入残机”、“果得一莲时”等句,即以“丝”代“思”,以“莲”代“怜”。《竹枝》将民歌与古乐府结合为一体,故《古今词统》云:“《竹枝》杂《子夜》体,以此为俑。”[3]刘禹锡此作的开创性亦可见。

又《杨柳枝》择一:

轻盈袅娜占年华。舞榭妆楼处处遮。春尽絮飞留不得,随风好去落人家。

周珽等人努力寻其托意,【训】云:“前二句借柳以形容藉权者妄作威福情状。后二句言其势败流落,莫知去向,有如柳花飘荡,随风所止。玩‘好去’二字意深。”[4]又【训】云:“此主人诀别之词,若曰春既尽,絮终不为树所留,时使然也。但愿尔随风好去耳。宾客尽散,其行虽薄。而主人惟祝其好去,厚之至也。”[5]眉批云:“后二句,即‘还将归来

① 欧阳修等:《新唐书》卷一六八《刘禹锡传》,《二十五史》,第4668页。
② 任半塘:《唐声诗》下编,第531页。
③ 卓人月、徐士俊辑:《古今词统》卷二,《续修四库全书》第1728册,第479页。
④ 周珽:《删补唐诗选脉笺释会通评林》,《四库全书存目丛书补编》第26册,齐鲁书社2001年版,第662-663页。
⑤ 周珽:《删补唐诗选脉笺释会通评林》,《四库全书存目丛书补编》第26册,第663页。

意，怜取眼前人'转语。一恨薄情者，反欲其亲所新；一怪趋势者，远示其定所附，大是感慨。"[①]眉批又云："流连宛转，哀怨无穷。"[②]或因刘禹锡曾有过桃花观诗的借花言事，故论者有此想。对于是否有所寄托且不论，其想象之外能给人以联想，就能说明得之于"流连宛转，哀怨无穷"的艺术感染力。

真正属长短句之词的，是《忆江南》（和乐天春词，依《忆江南》曲拍为名）：

春去也，多谢洛城人。弱柳从风疑举袂，丛兰浥露似沾巾。独坐亦含嚬。

在第一章中，已论及依曲填词在词曲结合、演进中的意义。从文学的角度言，又如况周颐所说："唐贤为词，往往丽而不流，与其诗不甚相远。刘梦得《忆江南》云：……流丽之笔，下开北宋子野、少游一派。唯其出自唐音，故能流而不靡。所谓'风流高格调'，其在斯乎。"[③]对其用意运笔，俞陛云论曰："作伤春词者，多从送春人着想。此独言春将去而恋人，柳飘离袂，兰浥啼痕，写春之多情，别饶风趣，春犹如此，人何以堪！"[④]不仅是春的拟人化，这一主客倒转的写法，下开辛弃疾《摸鱼儿》（更能消）一路。

又，《潇湘神》：

湘水流。湘水流。九疑云物至今秋。若问二妃何处所，零陵芳草露中愁。

斑竹枝。斑竹枝。泪痕点点寄相思。楚客欲听瑶瑟怨，潇湘深夜月明时。

此词系刘禹锡所创之调，在唐五代词中仅留下刘作两首。词咏湘妃事，为调名本意。词中将娥皇、女英的传说，见于其地（湘水、九嶷）、其物（斑竹），化作凄美的意象，令人起思古之幽情。由于作此二词时，刘禹锡被贬到朗州（治所在今湖南常德），故有"楚客"一语，亦自比屈原之意。词写得思致缠绵，境界幽寂，与其当时的心境有关。陈廷焯谓之："饶有古意，两宋后此调不复弹矣。"[⑤]因此亦可谓唐人之"绝唱"。

白居易（772—846），字乐天，晚号香山居士、醉吟先生，祖籍太原，后徙居下邽（今陕西渭南）。贞元十六年（800）进士，后又中他科，授盩厔（今陕西周至）尉。后入为翰林学士，迁左拾遗，贬江州司马。穆宗时入为主客郎中、知制诰，历除杭州、苏州刺史。后以太子宾客分司东都，以刑部尚书致仕。卒，谥文。有《白氏长庆集》。

白居易是唐代大诗人，他与李白、杜甫、王维不同，作诗多浅显通俗者，先是见笑于司空图，后又致讥于苏东坡。但他自己说："自长安抵江西，三四千里，凡乡校、佛寺、逆旅、行舟之中，往往有题仆诗者。士庶、僧徒、孀妇、处女之口，每每有咏仆诗者。"[⑥]流传

① 周珽：《删补唐诗选脉笺释会通评林》，《四库全书存目丛书补编》第 26 册，第 662 页。

② 周珽：《删补唐诗选脉笺释会通评林》，《四库全书存目丛书补编》第 26 册，第 662 页。

③ 况周颐：《蕙风词话》卷二，况周颐著、孙克强辑考《蕙风词话·广蕙风词话》，中州古籍出版社 2003 年版，第 16 页。

④ 俞陛云：《唐五代两宋词选释》，第 16 页。

⑤ 陈廷焯：《词则·别调集》卷一，上海古籍出版社 1984 年版，第 545 页。

⑥ 白居易：《与元九书》，《白居易集笺校》，第 2793 页。

之广可见。而白诗之所以如此流播众口，正得之于其浅俗。其既爱歌舞伎乐，又好民间歌曲，而曲子词本为民间所创，又得之于伎人之力，所以在词的发展中，白居易以其特有的“优势”，而有特别的贡献。

录其《杨柳枝》：

六幺水调家家唱，白雪梅花处处吹。古歌旧曲君休听，听取新翻杨柳枝。

红板江桥青酒旗，馆娃宫暖日斜时。可怜雨歇东风定，万树千条各自垂。

一树春风万万枝，嫩于金色软于丝。永丰西角荒园里，尽日无人属阿谁。

冯金伯《词苑萃编》卷一曾言此调之来由变化，可见刘白二人对创调、变新声的贡献。以上三首，论者最赏第三首。周珽云：“‘一树春风’四字，便为杨柳写神；嫩软金丝，极状其容态之妖娜，后二语乃‘君王行幸少，闲却舞时衣’之意。”[①]而俞陛云则说：“王渔洋《秋柳》七律，怀古而兼擅神韵，传诵一时。乐天以二十八字写之，柳色之娇柔，旧坊之寥落，裙屐之凋零，感怀无际，可见诗格之高。”[②]

再看其长短句词。《长相思》：

汴水流，泗水流，流到瓜洲古渡头。吴山点点愁。　思悠悠，恨悠悠，恨到归时方始休。月明人倚楼。

深画眉，浅画眉，蝉鬓鬅鬙云满衣。阳台行雨回。　巫山高，巫山低，暮雨潇潇郎不归。空房独守时。

此二首很能显现出白居易长于写情的特点。前者由汴、泗二水之入江，直写到远处吴山，“愁”字之出，则皆化景为情，下片直抒离情，以月照离人作结。许昂霄谓之“(后段)古乐府之遗”[③]。后者在亦真亦幻的环境描写中，塑造了一位“谁适为容”的闺中思妇形象。陈廷焯《云韶集》卷一说：“上半阕仿佛一篇神女赋，下半阕胜读回文织锦诗。《长相思》调，只应如此显豁呈露，断推合作”，确为卓见。

二词句短韵密，适于表现思妇的幽怨离愁，尤其后一首，俞陛云更以其音节“饶有乐府之神”[④]。其字句亦颇被论者欣赏，如《蓼园词评》引沈际飞曰：“‘点点’字俊。太白开山后，及至元和又见此二阕，不易得也。”[⑤]陈廷焯《云韶集》亦云：“‘吴山点点愁’是唐人语，宋人不能道，结得孤凄。”总体而言，虽陈廷焯后来对此兼有褒贬：“香山此词绝佳，惟上半阕近鄙亵。绝不费力，自然凄警。若‘黄昏却下潇潇雨’，便见痕迹。”[⑥]但仍是

① 周珽：《删补唐诗选脉笺释会通评林》，《四库全书存目丛书补编》第26册，第668页。

② 俞陛云：《诗境浅说》，北京出版社2003年版，第230页。(版本后同)

③ 许昂霄：《词综偶评》，《词话丛编》，第1547页。

④ 俞陛云：《唐五代两宋词选释》，第18页。

⑤ 黄苏：《蓼园词评》，《词话丛编》，第3024页。

⑥ 陈廷焯著，屈兴国校注：《白雨斋词话足本校注》卷七，第568页。

赞赏者为多，如黄昇《唐宋诸贤绝妙词选》即云："（《长相思》）一词，非后世作者所及。"[①]陈廷焯在其前期所成的《云韶集》卷一中亦云："香山词，不求高而自高，骨高故也。看他只是信笔写去，绝不着力，而意识往复无尽。"

白居易的长短句词以《忆江南》最著名：

> 江南好，风景旧曾谙。日出江花红胜火，春来江水绿如蓝。能不忆江南？
> 江南忆，最忆是杭州。山寺月中寻桂子，郡亭枕上看潮头。何日更重游？
> 江南忆，其次忆吴宫。吴酒一杯春竹叶，吴娃双舞醉芙蓉。早晚复相逢！

此词原调名为《望江南》，《教坊记》及敦煌曲子词中皆见之，后又有《谢秋娘》、《望江梅》等名，白居易名之为《忆江南》，如同其在诗歌中常用的"即事名篇"，使之题与调合。三首作于晚年在洛阳之时，身在东都，却忆旧游，对曾为官二地的杭州、苏州，遥表忆念之情。所选择的都是当年所见美景，所历胜事，耳目之所得，身心之享受，在今昔对比中尤见令人难以忘怀之情。三首各自独立，又脉络相通，兼具个体与整体之美，因其浅显易懂，加以三、五、七言的递次增加，在两个七言句之后，复归于五言，更善表由今而昔、再归于今的时空格局及忆念情感，易于上口，故尤便记诵。

陈廷焯云："唐人之词如六朝之诗，惟太白《菩萨蛮》、《忆秦娥》两阕，实千古词坛纲领。飞卿虽工绮语，而风骨不高。独香山小令数阕，虽非正声，而飘洒疏狂，当别树一帜。"[②]吴梅则云："公所作词至富。如《杨柳枝》、《竹枝》、《花非花》、《浪淘沙》、《宴桃源》等，皆流丽稳协。"[③]皆有助于对白居易词的理解、评价。

四、措词闲雅　不入侧艳：论皇甫松

刘白之后、温韦之前的重要词人为皇甫松。

皇甫松（生卒年不详），松一作嵩，字子奇，自号檀栾子，睦州新安（今浙江淳安）人。古文家皇甫湜子，宰相牛僧孺表甥。久试进士不第，终生未仕。

李日华《六研斋笔记》说皇甫松作《醉乡日月》三卷[④]，陈振孙《直斋书录解题》谓之"唐人饮酒令，此书详载，然今人皆不能晓也。"[⑤]可见皇甫松对酒令一道极其精通，而酒令与令词关系如同母子，皇甫松之长于令词，可谓渊源有自了。

皇甫松存词二十二首，其词在形式上有两个显著的特点：

第一，代表了词在初起时调名即咏本题之意。如《天仙子》咏天台山神女，《浪淘沙》亦咏本题，其馀《杨柳枝》、《摘得新》、《梦江南》、《采莲子》均如此，有的甚至直接在词中点题。如《天仙子》的"刘郎此日别天仙，登绮席"、"懊恼天仙应有以"，《浪淘沙》的末句

① 黄昇：《花庵词选·唐宋诸贤绝妙词选》卷一，第 12 页。
② 陈廷焯：《云韶集》卷一，转引自《白雨斋词话足本校注》，第 807 页。
③ 吴梅：《词学通论》，第 35 页。
④ 李日华：《六研斋笔记》二笔卷三，四库全书本。
⑤ 陈振孙：《直斋书录解题》卷一一，丛书集成初编本，中华书局 1985 年版，第 311 页。（版本后同）

"去年沙觜是江心"、"寒沙细细入江流",《摘得新》第二首的首二句"摘得新。枝枝叶叶春",《梦江南》的"闲梦江南梅熟日",《采莲子》的"小姑贪戏采莲迟"等,都具有调、题、内容一致的特点。因此陈廷焯就其《浪淘沙》从词的流变而言:"唐人《浪淘沙》本是可歌绝句,措语亦紧切。调名自后主'帘外雨潺潺'二阕后,竞相延袭,古调不复弹矣。"①

第二,从形式上体现出歌唱的特点,保留了作为和声的文字。

皇甫松的《采莲子》:

菡萏香连十顷陂举棹。小姑贪戏采莲迟年少。晚来弄水船头湿举棹,更脱红裙裹鸭儿年少。

船动湖光滟滟秋举棹。贪看年少信船流年少。无端隔水抛莲子举棹,遥被人知半日羞年少。

诚如刘永济先生所说:"此二首中之'举棹'、'年少',皆和声也。采莲时,女伴甚多,一人唱'菡萏香连十顷陂'一句,馀人齐唱'举棹'和之。第二、三、四句亦同。此二首写采莲女子之生活片段,非常生动"②。吴世昌先生亦说:"此用两首七绝组成之采莲歌,如将每句末小字去掉,即唐人七绝。盖唱此词时一人先唱一句,众齐唱衬字(举棹、年少)。此例可说明词在晚唐早期发展之程序。又'莲子'谐'怜子',即'爱你'。"③这一谐音的特点,可见带有六朝江南吴声西曲的情韵。

又,《竹枝》:

槟榔花发竹枝鹧鸪啼女儿。雄飞烟瘴竹枝雌亦飞女儿。

万树云:"所用'竹枝'、'女儿',乃歌时群相随和之声,犹《采莲曲》之有'举棹'、'年少'等字。他人集中作诗,故未注此四字。此作词体,故加入也。"④

皇甫松的《采莲子》、《竹枝》等作,如杨慎《升庵诗话》卷十一所说,是"用近俗字而不俗者",钟惺《唐诗归》则以之"写出极憨便佳",可见其具有民间词的本色美。

皇甫松词有主于唱和的特点,亦具文人抒情诗情景俱到、富于韵味之长。如陈廷焯所说:"绮丽不及飞卿,而俊快过之。"⑤《白雨斋词话》又说:"宏丽不及飞卿,而措词闲雅,犹存古诗遗意。唐词于飞卿而外,出其右者鲜矣。五代而后,更不复见此种笔意。"⑥"闲雅"及"犹存古诗遗意"确是其词的特点。李冰若《栩庄漫记》以之与韦庄、鹿虔扆相拟:"子奇词不多见,而秀雅在骨,初日芙蓉春月柳,庶几与韦相同工。

① 陈廷焯:《词则·别调集》卷一,第550–551页。
② 刘永济:《唐五代两宋词简析》,第4页。
③ 吴世昌:《词林新话》,《吴世昌全集》第6册,河北教育出版社2002年版,第6页。(版本后同)
④ 万树:《词律》卷一,第62页。
⑤ 陈廷焯:《云韶集》卷一,转引自《白雨斋词话足本校注》,第29页。
⑥ 陈廷焯著,屈兴国校注:《白雨斋词话足本校注》卷九,第703页。

至其词浅意深饶有寄托处，尤非温尉所能企及。鹿太保差近之耳。”[①]郑振铎《插图本中国文学史》则评以“独具朗爽之致，不入侧艳一流”[②]。撮其要，可用“措词闲雅、不入侧艳”概括之。

的确，皇甫松词虽入《花间集》，却与“花间”主流有别。

《天仙子》为长短句词体：

> 晴野鹭鸶飞一只。水葓花发秋江碧。刘郎此日别天仙，登绮席。泪珠滴。十二晚峰高历历。

此词咏天台神女之事，就题发挥而写，陈廷焯《云韶集》卷一称其“结笔得远韵。亦是从‘曲终人不见，江上数峰青’化出”。可见唐诗的影响，虽“化”而用之，其“远韵”却未改。

《浪淘沙》为七言四句二十八字的七绝体，皆咏本题，抒发人生感慨：

> 滩头细草接疏林。浪恶罾红半欲沉。宿鹭眠鸥飞旧浦。去年沙嘴是江心。

从自然界的变化，写人世沧桑之感，点题而不破，读者却能就其所提供的形象产生联想。如汤显祖评《花间集》卷一即云：“沧海桑田，一语道破。红颜变为白发，美少年化为鸡皮老翁，感慨系之矣！”[③]其格调则如黄叔灿《唐诗笺注》所说的“不庄不俗，别有风情。”

另一首《浪淘沙》：

> 蛮歌豆蔻北人愁。蒲雨杉风野艇秋。浪起䴔䴖眠不得，寒沙细细入江流。

黄叔灿《唐诗笺注》云：“风雨扁舟，浪惊沙鸟，煞是有情，景色亦妙。”宋顺乐《唐人万首绝句选评》更认为“作此题者应推此首为第一绝唱，只写本题，情味无穷”。而近人李冰若则道出了接受者的特有体会：“玉茗翁谓前词有沧桑之感，余谓此首亦有受谗畏讥之意，寄托遥深，庶几风人之旨。”[④]可见其虽“闲雅”却耐思。

其《摘得新》二首，尤见警策，在形象昭示中，令人悚动：

> 酌一卮。须教玉笛吹。锦筵红蜡烛，莫来迟。繁红一夜经风雨，是空枝。

---

① 李冰若：《花间集评注》，人民文学出版社1993年版，第45页。（版本后同）

② 郑振铎：《插图本中国文学史》，《郑振铎全集》第8册，花山文艺出版社1998年版，第396页。（版本后同）

③ 转引自李冰若：《花间集评注》，第47页。

④ 李冰若：《花间集评注》，第47页。

这也是以风景说人事之词，对酒当歌与风雨摧花相对照，及时行乐之旨不言而自出，李白的“秉烛夜游”、此词的“锦筵红蜡”，皆同一意义。《古今词统》评“繁红”二句云：“比杜秋‘莫待无花空折枝’更有含蕴。”[①]而《删补唐诗选脉笺释会通评林》则云：“见得破，说得到，熟读古乐府来”，“此有来日苦短，秉烛夜游之意。盖花无久红，人不长少，垂念到此，可不及时行乐耶。”[②]较之《古诗十九首》的明言直说，此词自是写景而不言情，但作为词，后世尤贵比兴，寄意幽隐，此词虽写景亦意甚显，本于此不合，然而况周颐认为：“词以含蓄为佳，亦有不妨说尽者。皇甫子奇《摘得新》云：‘繁红一夜经风雨，是空枝。’语淡而沉痛欲绝。”[③]对其“不妨说尽”十分肯定。

后一首：

摘得新。枝枝叶叶春。管弦兼美酒，最关人。平生都得几十度，展香茵。

此首是对前一首的进一步说明，意思甚明。汤显祖评《花间集》卷一云：“敲醒世人蕉梦，急当着眼。”[④]李冰若更指出其思想底蕴：“‘未知平生当着几两屐’，昔诵此语，辄为怊怅。子奇《摘得新》盖窃取此意也。然其源皆出于《唐风·蟋蟀》之什。”[⑤]其意虽显，但其三、五言交错的调式，长短相济，有回环之美，试想在酒宴上经檀口歌女一唱，真能有温柔的震撼。

皇甫松的《梦江南》二首，被不少论者认为是创造了唐词的高境：

兰烬落，屏上暗红蕉。闲梦江南梅熟日，夜船吹笛雨萧萧。人语驿边桥。

楼上寝，残月下帘旌。梦见秣陵惆怅事，桃花柳絮满江城。双髻坐吹笙。

前一首写梦境，烛花落，屏画暗，在朦胧之中渐渐入梦。“闲梦”江南梅熟之时，在夜雨潇潇中，听见笛声，本应是浏亮清越之声，但却似箫声之呜然沉咽，驿边人语，亦模糊难辨。江南梅雨之时，其景已如水墨晕染，又是梦境，则更加朦胧。此首尚是朦胧“闲梦”，以梦中的江南烟雨寄寓闲情。后一首则以梦写朦胧情事：残月窥帘，人已入睡，梦见在秣陵（今南京）的惆怅情事，在桃花柳絮的春天，自己伴着梳着双髻的吹笙女。其借梦写情，当是词人曾经有过的与歌妓之情。厉鹗《论词绝句》有云：“颇爱《花间》肠断句：夜船吹笛雨潇潇。”[⑥]陈廷焯谓之“梦境，画境，婉转凄清，亦飞卿之流亚也”。[⑦]俞陛云以之语语带六朝烟水气，而《人间词话》附录更说：“黄叔旸称其《摘得新》

① 卓人月、徐士俊辑：《古今词统》卷一，《续修四库全书》第1728册，第469页。
② 周珽：《删补唐诗选脉笺释会通评林》，《四库全书存目丛书补编》第26册，第739-740页。
③ 况周颐：《餐樱庑词话》，《蕙风词话·广蕙风词话》，第407页。
④ 转引自李冰若：《花间集评注》，第48页。
⑤ 李冰若：《花间集评注》，第48页。
⑥ 厉鹗：《论词绝句》，厉鹗著，董兆熊注，陈九思标校《樊榭山房全集》，上海古籍出版社1992年版，第509页。
⑦ 陈廷焯：《词则·大雅集》卷一，第24页。

二首为有达观之见。余谓不若《忆江南》二阕，情味深长，在乐天、梦得之上也。”[①]所评皆甚当。

第四节　温庭筠的艺术创造

夏承焘《瞿髯论词绝句》论温庭筠：“朱门莺燕唱花间，紫塞歌声不惨颜。昌谷樊川摇首去，让君软语作开山。”[②]谓飞卿词“软语作开山”，是极其精要、准确之说。

温庭筠(812—870，一说801—866)，本名歧，字飞卿，太原祁(今山西祁县)人。少敏悟，工为辞章。初至京师，士人翕然推重。恃才诡激，好讥嘲权贵，取憎于时，为宰相令狐绹不容，累年不第。宣宗大中十三年(859，一说大中十年，即856)，为隋县尉，后改方城尉，终国子助教。两唐书均有传。

历来对飞卿词有不同评价，堪称歧见迭出，张惠言以之“全祖《离骚》”，“其言深美闳约”，后来的追随者不少，而王国维则仅以其似“画屏金鹧鸪”[③]，此后亦多近似之论。且不管褒贬如何，有一个事实却是改变不了的，即黄昇《唐宋诸贤绝妙词选》所说的：“温庭筠词极流丽，宜为《花间集》之冠。”[④]陈廷焯也说：“有唐一代，太白、子同，千古纲领。乐天、梦得，声调渐开。终唐之世，无出飞卿右者，当为《花间集》之冠。”[⑤]

一、倚声祖　仕女图

陈振孙《直斋书录解题》将《花间集》称为“近世倚声填词之祖”[⑥]，温庭筠作为“花间鼻祖”，更应是开“近世倚声填词”祖庭的人物。此处借陈振孙之说，重在论温庭筠于文人“倚声”一道的贡献。

温庭筠既“能逐弦吹之音”，又与歌妓交往，与这些曲子词的演唱者共同钻研词艺，自与纯粹案头的创作不同。据中华书局《全唐五代词》，温庭筠现存69首词，所用调有：

菩萨蛮	更漏子	归国遥	酒泉子
定西番	杨柳枝	南歌子	河渎神
女冠子	玉蝴蝶	清平乐	遐方怨
诉衷情	思帝乡	梦江南	河　传
蕃女怨	荷叶杯	新添声杨柳枝	

存目词用调有：

① 王国维：《人间词话·附录》，《蕙风词话·人间词话》，第246页。
② 夏承焘：《瞿髯论词绝句》，《夏承焘集》第2册，第518页。
③ 王国维：《人间词话》，《蕙风词话·人间词话》，第195页。
④ 黄昇：《花庵词选·唐宋诸贤绝妙词选》卷一，第15页。
⑤ 陈廷焯：《词坛丛话》，《词话丛编》，第3719页。
⑥ 陈振孙：《直斋书录解题》卷二一，第581页。

南乡子　应天长　玉楼春　浣溪沙
生查子　忆秦娥

二者相加,共二十五调。若不计存目词,去除《新添声杨柳枝》,则共用十八调。这十八调中,首见于温词的有:

更漏子　归国遥　酒泉子　南歌子
河渎神　女冠子　玉蝴蝶　遐方怨
诉衷情　思帝乡　河传(隋炀帝所造,失传,唐词以温最早)
蕃女怨　荷叶杯(韦庄亦有,不同)

又:

定西番之平韵体首见于伯2641,而平仄相间为温最早。

总计:

十三调首见于温词,一调的平仄间韵体为温词最早,而十三调之中,本为教坊曲者有八调。

可见,歌妓们以艺谋生,教坊曲是必习者,"梨园弟子偷曲谱,头白人间教歌舞"(王建《温泉行》),歌妓得到了教坊曲谱的代代相传,而到温庭筠,终能以其音乐才能,将部分教坊曲变作词调。

兹将温词的用调列表如下:

调名	出于教坊曲	备注
更漏子		
归国遥	是	
酒泉子	是	
南歌子		
河渎神	是	
女冠子	是	
玉蝴蝶		
遐方怨	是	
诉衷情	是	
思帝乡	是	
河传		
蕃女怨		
荷叶杯	是	
定西番		平仄韵体首见
共十三调	共八调	

即此,已可见飞卿的创调超过此前任何词人。其所创之调多出自教坊曲,而由于安史之乱后,教坊艺人多流出至方镇或地方,所习之教坊曲亦几代口耳相传,飞卿与伎人推敲曲调、技艺,将原来的一些教坊曲改造为词调,所成显著,运用娴熟,可谓成就俨然。

又，夏承焘先生《唐宋词字声之演变》一文说：

> 词之初起，若刘、白之竹枝、望江南，王建之三台、调笑，本蜕自唐绝，与诗同科。至飞卿以侧艳之体，逐管弦之音，始多为拗句，严于依声。往往有同调数首，字字从同；凡在诗句中可不拘平仄者，温词皆一律谨守不渝。

文中举《南歌子》、《定西番》为例，证明前者七首每首二十三字，共一百六十一字，无一字平仄不合；后者三首共一百五十字，亦无一字平仄不合。并说：

> 盖六朝诗人好用双声叠韵，盛唐犹沿其风；洎后平仄行而双叠废，乃复于平仄之中，出变化为拗体；其肆奇于词句，则始于飞卿。凡其拗处坚守不苟者，当皆有关于管弦音度。飞卿托迹狭邪，雅精此事，或非漫为诘屈。①

由于飞卿有创调之功，守律又严，谓之为开新局面的"近世""倚声"填词之"祖"，确实当之无愧。

郑振铎说："刘禹锡、白居易诸人的拟民歌，全是浑厚朴质之作。到了庭筠，才是词人的词。全易旧观，斥去浅易，而进入深邃难测之佳境。"②就所作的题材来说，吴世昌所言甚当："温庭筠词皆咏离妇怨女，是代女人立言者，与唐人诗中闺怨无别，特以新体之词出之耳。"③对于这种新体，王国维甚不以为然，其《人间词话》说："'画屏金鹧鸪'，飞卿语也，其词品似之。"④笔者以为，王国维摘句评词，却无意间说出了飞卿的一大特色。而俞平伯所说的"《花间》美人如仕女图，而《清真词》中之美人却仿佛活的"⑤，则又是无意间诠释了王国维的话。我们可以这样理解：飞卿词具有将"离妇怨女"化作"画屏""仕女图"的特点。

唐人绘画的成就很高，其中的人物画以服务于政教和宗教为主，阎立本和吴道子分为这两类绘画的代表，前者主要是帝王像及其活动记录，后者是佛道画。而到了盛唐时期，鉴戒性绘画之外，肖像画渐多，且出现了新画种，即"绮罗人物"，先是张萱，再是周昉，成了此类绘画的名家。张萱为盛唐人，传《虢国夫人游春图》、《捣练图》等作。周昉是中唐人，今传《挥扇仕女图》、《簪花仕女图》等。虽现在留存者少，但《宣和画谱》载张萱有四十七卷绘画，其中画贵族妇女的有游春、赏雪、整妆、按乐、鼓琴等内容；而周昉的画，仅宋徽宗就收藏有七十二件之多，其中半数为仕女图。从《挥扇仕女图》看，共描绘十六个女子，而张萱所画，也多为群像。

温庭筠为晚唐人，能见到的仕女画必多，对诗赋以外其他文艺样式的兴趣，使之留意于

---

① 夏承焘：《唐宋词字声之演变》，《夏承焘集》第2册，第53–54页。
② 郑振铎：《插图本中国文学史》，《郑振铎全集》第8册，第395页。
③ 吴世昌：《词林新话》，《吴世昌全集》第6册，第67页。
④ 王国维：《人间词话》，《蕙风词话·人间词话》，第195页。
⑤ 俞平伯：《清真词释》，《俞平伯全集》第4卷，第114页。

绘画,而从仕女画得到启发,则使其施之于女性专门题材的曲子词创作,创造出新的特色。

飞卿所交虽多为欢场女性,但这些女子不是自来就爱这种生活,她们的女性身份,使之必然在曲子词的演唱中以表现女性生活、感情、心理为主,敦煌曲子词之所以多女性题材,即可见传唱者对作品保存的作用,飞卿“代女人立言”,也必然以写闺怨为主。文与艺的相通,使飞卿《菩萨蛮》组词得到仕女画擅作群像的启发,应是情理中之事。倘如此理解,则似不必将张惠言所发温词之托意,与飞卿《菩萨蛮》组词是否连章体相联系,尽管飞卿或许有意学习民间曲子词的叙事性和联章体,但其《菩萨蛮》却无显见的联章性,而是与仕女画的群像更为接近。用多个单幅组成女性群像,以表现闺情怨思,应是飞卿以画为词并为女子代言的结果。

基于上面所说,对飞卿词,实应结合音乐与绘画论之,音乐未能存留,我们只能据其文字,侧重从绘画的角度作些探讨。

二、深闺美人 雕缋满眼

飞卿《菩萨蛮》(小山重叠)系组词的第一首,也是最可见飞卿特色者,丁寿田等《唐五代四大名家词》甲篇说,“此词表面观之,固一幅深闺美人图耳”。李冰若论其同调的(水精帘里)一首云:“‘暖香惹梦’四字与‘江上’二句均佳,但下阕又雕缋满眼,羌无情趣。”①此处分摘“深闺美人”与“雕缋满眼”二语为标题,以论飞卿词以画济诗(词)的特色 。

诗词以创造意境为上,“意境”之内涵,最简切的表述应是主观情意与客观物境的有机结合。情景二端,“情为主,景为宾”②,取决于情的温度和烈度,又造成了意境的三种类型,“上焉者意与境浑,其次或以境胜,或以意胜”③,即“意与境浑”者,“意胜于境”者,和“境馀于意”者。文学以语言文字为媒介,绘画以笔墨造形、示相,故诗词可以因“境”而思“意”、得“意”,而绘画无文字描写之自由、耐思,只是以直观的形象示人。即使山水画可以因其“画中有诗”而能与山水诗共观,可以共言意境,能有“无声画”“有声诗”的互拟,而人物画却非如此④。飞卿旁借绘画以作文学的美人图,虽不无营造意境的追求,却难以侧重于主观之情、意抒发,而是重在客观形、境的描写,加以“代言”的“男子作闺音”,更难以如自我抒情之真切、直接。因此,其“深邃难测”的“新体之词”,对于以往的诗或词,确实是“全易旧观”,因为它们带上了太多的画质。

按照莱辛《拉奥孔》的解释,诗是时间艺术(用时间中发出的声音),画是空间艺术(用空间中的形体和颜色)⑤,飞卿词之向绘画汲取,必然重在描写,重在“形体”和“颜色”。叶嘉莹谓飞卿词特色有二:一则多为客观之作,一则多为纯美之作,这“客观”、“纯美”,就道出了温词境馀于意的特点,亦即绘画的特点⑥。笔者认为,对飞卿词之所

① 李冰若:《花间集评注》,第15页。
② 吴乔:《围炉诗话》,郭绍虞编选,富寿荪校点《清诗话续编》,上海古籍出版社1983年版,第478页。
③ 王国维:《人间词话·附录》,《蕙风词话·人间词话》,第256页。
④ 关于诗画的异同,可参拙著《有声画与无声诗》,上海社会科学院出版社1993年版。(版本后同)
⑤ 参见莱辛《拉奥孔》,伍蠡甫主编《西方文论选》,上海译文出版社1979年新1版,第420页。(版本后同)
⑥ 叶嘉莹:《温庭筠词概说》,《迦陵论词丛稿》,第18–21页。

以“雕缋”，当从空间艺术的原理了解，如此施于词中，其目的、途径大致有三。

第一，诱情因素的强化。

综观飞卿词，给人最明显的印象就是景物描绘和渲染的多而细致，然而，飞卿词之写景是否仅为写景而已呢？否！“一切景语皆情语”，其词中大量的写景状物之辞，所起作用是强化诱情的因素。

试举几例。如《菩萨蛮》：

> 牡丹花谢莺声歇，绿杨满院中庭月。相忆梦难成，背窗灯半明。　翠钿金压脸，寂寞香闺掩。人远泪阑干，燕飞春又残。
>
> 夜来皓月才当午，重帘悄悄无人语。深处麝烟长，卧时留薄妆。　当年还自惜，往事那堪忆。花露月明残，锦衾知晓寒。

这两首结构相似，都写了多个画面：前一首，在牡丹正谢，莺声不闻，绿杨满院，月照中庭之时，香闺门掩，灯光半明，女子因忆念所爱者而难于成眠，翠钿压脸，双泪阑干。后一首，皓月临空，重帘悄悄，麝烟缭绕，女子同样因忆念而无眠，在这留着自己眉黛口脂“薄妆”的卧榻上，一直看到明月残灭、露上花梢、锦衾生凉的拂晓。前者莺歌暂歇、月照中庭之时，正应促成好梦，但因怀人念远，却敏感地从绿肥红瘦的景物中领悟到大好春光渐逝，而深感春闺寂寞，以至玉泪横斜，久久无寐。后者帘幕低垂，香烟依依，同是静谧安恬的环境，亦因追忆而悼惜自己的青春，而两眸炯炯地迎来破晓之时。所以，从两词看，牡丹、莺声、绿杨、庭院、香闺、灯火、飞燕、明月、重帘、麝烟、花露，所写景物甚多，但这些景物并非只为堆砌，而是欲构成完整意境不可或缺的部分，其貌似繁冗正是为了使之强化诱情因素。牡丹花谢，莺声消歇，本来已易于成为联想青春消逝的触媒，绿杨依依之时，正是春光大好之日，但心上人不在身边，这垂杨又令人自然生出唐人最为常见的折柳送别之意，而明月的“闺中只独看”，当然更使人萌生离愁了，至于晓燕双飞，岂不更叫人深味孤单之苦？长夜漫漫，卧之既久，月上中天，才悟午夜，帘幕悄寂，麝烟袅袅，诱发了对往事的追忆。而美好的早晨，只有残月花枝，寒生绣被，映衬着难以期待的团圆热望。所以，在温庭筠笔下，景物描绘的雕镂之笔，正是起着“物色之动，心亦摇焉”[①]的作用，通过诱情因素的强化，在“神会于物，因心而得”[②]的过程中，使之能起到虽不言情（或不多言情）而情自见的作用。

在飞卿笔下，“池上海棠梨，雨晴红满枝”、“杏花含露团香雪，绿杨陌上多离别”、“花落子规啼，绿窗残梦迷”、“杨柳又如丝，驿桥春雨时”、“雨后却斜阳，杏花零落香”（以上《菩萨蛮》）、“兰露重，柳风斜，满庭堆落花”（《更漏子》）、“似带如丝柳，团酥握雪花，帘卷玉钩斜”（《南歌子》）等句，都是以精工摹绘的图画，在淡淡哀愁之中，强化了情感的诱发，融合并生发出色彩缤纷的离思和闺怨。李冰若之所以认为温词“以一句

---

① 刘勰著，范文澜注：《文心雕龙注》，第693页。

② 王昌龄：《诗格》，肖占鹏主编：《隋唐五代文艺理论汇编评注》，南开大学出版社2002年版，第346页。

或二句描写一简单之妆饰而其下突接别意，使词意不贯，浪费丽字，转成赘疣”①，是因为不了解“丽字”对“形体”“颜色”的重要，“赘疣”是为了强化诱情。

第二，主次事物的倒转。

飞卿词不仅使人有境馀于意之感，而且在造境写景之时，又有主次事物倒转的特点，倘味之不深，确有“浪费丽字，转成赘疣”的看法。如《归国遥》：

香玉，翠凤宝钗垂㲎𦈡，钿筐交胜金粟。越罗春水渌。　画堂照帘残烛，梦馀更漏促。谢娘无限心曲，晓屏山断续。

此词写了一个盛妆美人，在画堂残烛照帘、夜深梦醒之时，听到伴她孤眠而又促她无眠的更漏声，挨过了“梦馀”的下半夜，随着晓色渐见，“谢娘”的断续心事如屏山一样逶迤伸展。其题旨是闺居女子对外出男子的思念，但显言者仅“谢娘无限心曲”一语，而以绝大部分篇幅写景状物，而且环境渲染较少，词的上片全用来写女子首饰的华贵和服装的艳丽：头上戴的是香玉、翠凤、宝钗，钿筐、交胜缀着状如金粟的金星，越地的绫罗制成的衣服如同春水般碧绿。这一来，确实是主次事物倒转，给人以头脚不称之感。如此写来，究竟有何用意呢？“女为悦己者容”，可谓人之常情常理，但此女独处闺中，未免“谁适为容”之叹，所以，整个上片之描写服饰，正在于反衬她的孤寂之苦，是以似失平衡的结构布局来传递失去平衡的精神状态，在金碧辉煌、雍容华贵的氛围中反挑出浸染悲愁的意境，使人同情“谢娘”的境遇。

写物重于写景的主次倒转之笔，往往具有某种象征性或暗示性。且看《菩萨蛮》：

蕊黄无限当山额，宿妆隐笑纱窗隔。相见牡丹时，暂来还别离。　翠钗金作股，钗上蝶双舞。心事竟谁知，月明花满枝。

全词唯最后“月明花满枝”一句可算写景，而“蕊黄无限当山额”、“翠钗金作股，钗上蝶双舞”则为写“妆”与“饰”之笔。“相见牡丹时，暂来还别离”，可见所爱者来去匆匆，当此“月明花满枝”的花好月圆、美景良辰之时，“钗上蝶双舞”对于独居之女，可谓以象征意义之笔作反衬之用了。

此外，又如《南歌子》：

手里金鹦鹉，胸前绣凤皇。偷眼暗形相，不如从嫁与、作鸳鸯。

短短几句，极其生动地描画出刺绣女的形象：手里绣着鹦鹉，齐胸绣着绣床上的凤凰，但这巧手女却心有别用，正偷眼打量着年轻小伙，生出了效法鸳鸯之念。“鹦鹉”、

① 李冰若：《花间集评注》，第16页。

“凤凰”连用，似有“赘疣”之嫌，但读至尾，才知是用以引出“鸳鸯”，回溯前面，写物之词对题旨之出，实已起了暗示的作用。

第三，动静形态的映衬。

动静形态相映衬之用于造境，目的仍在于达意，如李白诗“两岸猿声啼不住，轻舟已过万重山”，就是在这种映衬中表达遇赦东下的轻快心情。在飞卿词中，亦可以看到此法的应用，静而有动，也就带来了绘画（尤其是“故事画”）所求的“生发性时刻”。如《更漏子》：

> 柳丝长，春雨细，花外漏声迢递。惊塞雁，起城乌，画屏金鹧鸪。　　香雾薄，透帘幕，惆怅谢家池阁。红烛背，绣帘垂，梦长君不知。

此词以静为基调，而其中“惊塞雁，起城乌，画屏金鹧鸪”三句，动静相映，成为全篇关纽。在这微雨的春夜，更漏声中，女主人公又难以成眠了，塞雁惊飞，城乌盘旋，这闻更声而惊起的鸟，当然也牵动了孤眠人的心。此处，突接以“画屏金鹧鸪”一句，张惠言《词选》解道：“三句言欢戚不同。”[①]此处的雁飞乌啼，实是“月风吹露屏外寒，城上乌啼楚女眠”（李贺《屏风曲》）之意，征雁啼鸦与行者（征战、经商或做官在外）作伴，而画屏金鹧鸪则与居者相依，行者自苦，居者亦无乐可言，对着这春雾透过帘幕的凄迷景象，背对红烛，绣帘低垂，惆怅转深，相思愈长。所以，这三句的动静映衬，将景激发为情：吹皱一池春水，底事本不干卿，但她却腾踔万象，难澄一心，以至极静的外景变成极动的内情。塞雁、城乌与画屏金鹧鸪的相映同列，非但不是突兀难解，而且可见丰富的意蕴，成为极富于“生发性”的画面。

又如《菩萨蛮》的下片：“绣衫遮笑靥，烟草粘飞蝶。青琐对芳菲，玉关音信稀。”其中“绣衫遮笑靥”是人的动态，“烟草粘飞蝶”是物的动态，而“青琐对芳菲”却是静态，坐在青色琐窗之内，面对绣衫掩脸的行人和芳草之上的蝶舞双双，由这一片阳春芳菲景象中，所体味出来的只有“玉关音信稀”的苦况，因而这样的动静映衬对照，是主题渐出的极好铺垫。这类例子，飞卿词中颇多，不再赘述。

综上三点，我们又可以作出这样的概括：飞卿词创造意境的妙诀在于现境为意，化景为情，亦即化景物为情思，它不是情、景二原质经融合仍显示较均等的各自迹象，而是先以景掩蔽了情，后可见情由景出。固然，李白诗的“落叶聚还散，寒鸦栖复惊”、李商隐诗的“凤尾香罗薄几重，碧文圆顶夜深缝”等类幽寂、深微的境界，实已开温词风气之先，但都是以境显意，以景衬情。即便飞卿本人的著名诗句“鸡声茅店月，人迹板桥霜”，以全无虚词连接的画面转换传达羁旅之情，但毕竟有“客行悲故乡”，“因思杜陵梦”的显见且又分量均等的抒情之句。只是到了自己的词里，温飞卿才造就出细腻、曲折、精巧、微妙、艳丽的“词境”，才以“客观”和“纯美”之笔，呈现出词的独特面貌。就

---

① 张惠言：《词选》（附续词选）卷一，中华书局1957年版，第17页。（版本后同）

诗来说,“温、李齐名,然温实不及李”,但就词而言,“李不作词,而温为《花间》鼻祖,岂亦同能不如独胜之意耶? ”[①]上面所言,即是飞卿“独胜”之处。

三、莫眩珠翠 观其倩盼

李冰若以飞卿词“但觉镂金错彩,炫人眼目,而乏深情远韵”。[②]陈洵则云:“飞卿严妆,梦窗亦严妆。惟其国色,所以为美。若不观其倩盼之质,而徒眩其珠翠,则飞卿且讥,何止梦窗。”[③]我们且莫“眩其珠翠”,而应细心体会,“观其倩盼之质”。

若从客观欣赏的立场探究飞卿组织形象的方法,可见其颇为特殊,约之亦有三点。

第一,主于印象。

中唐以后的文艺,如李泽厚所说,是“走进更为细腻的官能感受和情感彩色的捕捉追求中。”[④]而飞卿词则将“官能感受”和“情感捕捉”突出发展为写印象。写感觉和印象,在杜甫诗中已不乏其例,范晞文《对床夜语》说:“老杜多欲以颜色字置第一字,却引实字来。如‘红入桃花嫩,青归柳叶新’是也。不如此,则语既弱而气亦馁。”[⑤]此说固然不错,但侧重于感觉,以自己的印象加深读者的印象,则更似是根本原因。这种情况,到李贺、李商隐诗中,则更为普遍了。如李贺《雁门太守行》,用黑云、白日、金甲、紫土、红旗等浓重色彩显示和渲染了兵临城下的氛围,给人以强烈的印象和感受。又如《巫山高》中的“古祠近月蟾桂寒,椒花坠红湿云间”,用“近月”形容其高,以“蟾桂寒”的逼真感觉又加重之,更以“湿云”写出高处雨意的感受。与李贺的强烈、明晰风格不同,李商隐的写感觉、印象是轻柔、朦胧的。如聚讼纷纭的《锦瑟》,庄周蝶梦、望帝杜鹃的意象就是枨触无端、理想如烟、恍惚情思的印象。而沧海月明、鲛珠如泪、蓝田日暖、良玉生烟,则更为渺茫,更不着迹象,却更能凭藉联想唤起迷惘的感觉,虽朦胧而不淡远,虽迷离而又可感。

绘画“用空间中的形体和颜色”,直接作用于视觉,诗歌“用时间中发出的声音”,听与读所产生的印象,应不如绘画那样直观、清晰。飞卿以画为词,当重印象的效果,运用起来,也更为普遍和纯熟。如《菩萨蛮》:

> 小山重叠金明灭,鬓云欲度香腮雪。懒起画蛾眉,弄妆梳洗迟。 照花前后镜,花面交相映。新帖绣罗襦,双双金鹧鸪。

张惠言以之为“感士不遇”,甚而谀为“‘照花’四句,《离骚》‘初服’之意”。[⑥]俞平伯则认为“旨在写艳”,“‘双双金鹧鸪’,此乃暗点艳情”。[⑦]李冰若则以之“雕镂太过”而陈

① 王士禛:《花草蒙拾》,《词话丛编》,第 674 页。
② 李冰若:《花间集评注》,第 10 页。
③ 陈洵:《海绡说词》,《词话丛编》,第 4841 页。
④ 李泽厚:《美的历程》,广西师范大学出版社 2000 年第 2 版,第 207 页。(版本后同)
⑤ 范晞文:《对床夜语》,《宋代笔记小说》第 9 册,河北教育出版社 1995 年版,第 146 页。(版本后同)
⑥ 张惠言:《词选》(附续词选)卷一,第 12 页。
⑦ 俞平伯:《读词偶得》,《俞平伯全集》第 4 卷,第 15 页。

两可之见:“谀之则为盛年独处,顾影自怜,抑之则侈陈服饰,搔首弄姿。”[①]为何认识有如此歧异呢?原因在于此词重在写印象,而不重于境与意脉的联系。此词写的是美人晨起梳妆一事。“小山”指屏山,“重叠”写出了曲折,“金明灭”三字则将初日东升、流光四照、画屏溢彩、金碧生辉、或明或灭的情景,作了侧重于印象的形容。次句写美人,鬓发如云,香腮如雪,“欲度”二字,较之“掩”、“盖”等词,更可见娇懒之感。在下片“照花前后镜”的“打反镜”梳妆过程中,以“花面交相映”,写出人面如花的印象,而“新帖绣罗襦”上的“双双金鹧鸪”,则在递进描绘之中,更使人感受到服饰的精美。此词题旨虽可从“双双金鹧鸪”反衬女主人公形单影只上窥得,但传递这种自怜之情的,当更赖于从字面上获得的娇懒无聊印象。

另一首《菩萨蛮》由于更是以印象传意,尤为难懂:

> 水精帘里颇黎枕,暖香惹梦鸳鸯锦。江上柳如烟,雁飞残月天。 藕丝秋色浅,人胜参差剪。双鬓隔香红,玉钗头上风。

此词文字虽短,却可理解为“止”、“行”、“送”的三部曲。首二句写了自己歇息之地:此处有透明的水晶帘,有明洁的玻璃枕,还有绣着鸳鸯的锦被,倘言这些华贵之物尚未给人较深的印象,那么,“暖香惹梦”四字则申足其意了。在他一梦醒来,准备乘舟而去之时,外面正是江清月残,杨柳如烟,鸿雁高飞。在这春晨时光,“她”来作别送行了,作者不描画她的容貌,却通过写服饰展现了她不远不近的形象:穿着近于纯白的藕合色淡淡衣衫,双鬓簪花,头上戴着花胜,玉钗袅娜。而且,这种种服饰并不以通常的描形绘状来表达,却抓住印象最强烈的几处来写:藕色的衣衫,参差剪成的人胜,隔着笑靥、簪于双鬓之上的花儿又香又红,头上的玉钗在春风中摇曳,正是作者《咏春幡》诗“玉钗风不定,香步独徘徊”之意。正因为此处是这样美好,“她”又具有这等情韵风度,虽不言离之而去的情怀惆怅,但“江上柳如烟,雁飞残月天”已流露了淡淡哀愁。词中作用于视觉嗅觉的种种印象是个别的,而不像一般诗词那样具有一气连贯的意脉,且不说仔细玩味后求知其思想意蕴的价值如何,就美感作用来说,却是不容抹煞的。俞平伯说得好:“帘内之情秾如斯,江上之芊眠如彼,千载以下,无论识与不识,解与不解,都知是好言语矣。”[②]

第二,重在直觉。

法国文艺理论家丹纳说过:“艺术的目的是表现事物的主要特征,表现事物的某个凸出而显著的属性,某个重要观点,某种主要状态。”[③]这主要特征、状态和显著的属性往往获之于美感直觉中的强烈印象。而绘画的创作,也常是画家以直觉再现事物的特征、属性、状态,完成其创造,给观赏者留下对事物的诸种印象。在飞卿词中,写印象而

---

① 李冰若:《花间集评注》,第14页。
② 俞平伯:《读词偶得》,《俞平伯全集》第4卷,第15页。
③ 丹纳:《艺术哲学》,人民文学出版社1963年版,第23页。(版本后同)

重直觉，不重理性，这是又一特点。如《蕃女怨》：

碛南沙上惊雁起，飞雪千里。玉连环，金镞箭，年年征战。画楼离恨锦屏空，杏花红。

此词如不作细探，难免有物候不符、季节舛错之感。其实，这正是由于重在直觉，以直觉摄取了事物的主要特征和显著属性，以致显得有违于理性。沙漠上惊雁飞起，正是北国千里雪飘之时，塞上苦寒之地的战争年年不断，"玉连环，金镞箭"是给人印象最深的战马、武器。在闺中人这里，初春已到，杏花正红，可是悠悠离恨，充溢画楼，锦屏正空。词人以惊雁、飞雪、玉连环、金镞箭这些直观的景、物写边塞，以画楼、锦屏、杏花等印象较深的景物来传递离恨，既着眼征人，又着眼闺中，以空间的大跳跃写出两地季节的相异和怨战的相同。在境象中主要以直觉含蓄见意，仅"年年征战"一语具有较充分的理性。

又如前面所引的《归国遥》，所写的是女子对外出男子的思念。上片状其服饰的"垂罼罬"、"胜金粟"、"春水渌"都是直观的印象，下片可谓类于"碧窗斜月蔼深晖，愁听寒螀泪湿衣。梦里分明见关塞，不知何路向金微"（张仲素《秋闺思》）的思绪延续。但诗中是以"愁听寒螀"、"见关塞"和"向金微"的形象传递了思念之情，此词却仅以"晓屏山断续"一句的直觉印象写了"谢娘"思绪起伏的"无限心曲"。上片所写的华丽服饰，是以顾影自怜来反衬这一"心曲"，在王昌龄诗中，"凝妆"的结果是出之以"悔教夫婿觅封侯"的理念活动，此词却是以直觉传递之。

飞卿词的这种特点，在其短章中尤可见到。如《荷叶杯》：

镜水夜来秋月，如雪。采莲时。小娘红粉对寒浪。惆怅，正相思。

全篇仅二十三字，一写月，一写人。因作者目光所注在于采莲，故写秋月先出之以"镜水"二字，此二字与"如雪"都是直觉印象，而"红粉"与"寒浪"，一暖一冷的直觉对比，则为"惆怅"、"相思"作了极好的铺垫。

第三，成于联想。

飞卿词中，常见词语"堆砌"而显密丽质实，但画面常因频频变换而显得松弛。因此，实有待于自觉的美感联想来贯串，使个别的画面形成完整的境界，在欣赏中求得其意旨。联想本是审美感受中常见的心理现象，诗词创作中的"触景生情"就是一种联想。但由于飞卿词中的"境"已从山水移至庭园楼阁，因而写境亦不同于盛唐诗那样视野开阔，那样将客观的创作过程中的"以小观大"，变为主客观结合的创作结果的"以大观小"。"诗境"常是一个深远广阔的画面，飞卿以后所成的"词境"却是一个个小画面的转换。温词虽重画意，却多以注重印象的特点传递而出，因而，积极的美感联想，是化零为整、变境为意的重要中介。通过这种诗意情感的联想，才能联系感性的物象，化景物为情思,并最终回归于理性。

试看其《诉衷情》:

莺语,花舞。春昼午。雨霏微。金带枕,宫锦,凤皇帷。柳弱燕交飞,依依。辽阳音信稀,梦中归。

这首词的写境极似电影镜头,甚至近于电影剧本的用语。作者先写室外,这是春天鸟啼花放的早晨景象,转而又至中午,细雨霏霏。然后,转写室内金带枕、宫锦、凤凰帷等华丽陈设,接着又从室内看到室外"燕交飞"的景象。"辽阳音信稀,梦中归"的显豁情思之结语,是景物触动诱发的结果,而由此逆溯,前面的景物则又可化为情思。作者在此词中就是以美感联想来沟通三组景物的印象,从而传递境界相类的"斜凭绣床愁不动,红绡带缓绿鬟低。辽阳春尽无消息,夜合花前日又西"(白居易《闺妇》)意旨,并让人进一步体味出反战的理性主题。其句句用韵则更使形象分割、跳跃,使之更需要联想,是音律辅助"绘画"的范例,此处不作详析。

又如《菩萨蛮》:

竹风轻动庭除冷,珠帘月上玲珑影。山枕隐浓妆,绿檀金凤凰。　两蛾愁黛浅,故国吴宫远。春恨正关情,画楼残点声。

这类作品虽造境时形象较直接、可感、浑成,而不因以写印象为主而显得貌似破碎、凌乱,但着重于以美感联想来求得境界完整,则仍是其特色。

飞卿词既不同于唐人律绝句少意多的含蓄,亦不同于宋词长调言长意深的要眇,它们体式短,但境象转换多,在转换中,就要靠美感联想来沟通,维系和增加容量,且在容量积聚的过程中化景为情。以美感联想来联接画面转换,可以由更丰富的感性内容,产生新的表象,正如电影,"两个蒙太奇镜头的对列不是二数之和,而更象二数之积"[①]。作为古典文艺,飞卿词虽未越出古典美学范畴,却与电影蒙太奇有相通之处。

张惠言评温庭筠词的"深美闳约"四字未必十分恰当,然而仅以"精妙绝人"[②]和"句秀"[③]称之,则稍嫌皮相。周济说他"下语镇纸"固亦太过,但"神理超越,不复可以迹象求矣;然细绎之,正字字有脉络"[④],却是知人之言。正由于飞卿词沟通了诗画之界,化景物为情思,以特殊的观物法侧重于表现感觉效果,以主于写印象来造境达意,以致后人在用传统眼光欣赏之时难于理解,或则厚诬,或则轻负,多有所失。

作为古人,温庭筠以突变的步子走得太快了一点,但自此,词却渐变为注重描绘,着

① 爱森斯坦:《蒙太奇在1938》,爱森斯坦著、尤列涅夫编注、魏边实等译:《爱森斯坦论文选集》,中国电影出版社1962年版,第349页。

② 刘熙载:《艺概》卷四《词曲概》,第107页。

③ 王国维:《人间词话》,《蕙风词话·人间词话》,第197页。

④ 周济:《介存斋论词杂著》,《介存斋论词杂著·复堂词话·蒿庵论词》,人民文学出版社1959年版,第3、5页。

力于细节,以“文小”、“质轻”、“径狭”、“境隐”为特点,宜写儿女之怨,沉绵深挚,风格凄迷要眇,幽约怨悱[①],这些,却都是始自飞卿,始于其以仕女画入词。可以说,飞卿词因其兼得音乐与绘画之长,才开始了词的“声”“色”行程,使词异于敦煌曲子的长于叙事(近于戏曲),李白“词曲之祖”的“气象”(近于诗),也一改刘白之诗词无别,且从后者的“声调渐开”,实现了词体之独立,也为后人行赋体而兼比兴,以“美人芳草”寄托家国之慨,开辟了不二法门。确实如前引郑振铎所说,“到了庭筠,才是词人的词。全易旧观,斥去浅易,而进入深邃难测之佳境。”“软语开山”四字,真正说出了他在词史上的地位。

第五节　韦庄词的艺术特色

对于唐五代词的发展传承,陈洵说得很准确:“词兴于唐,李白肇基,温岐受命。五代缵绪,韦庄为首。温韦既立,正声于是乎在矣。”[②]

韦庄(836—910),字端己,长安杜陵(今陕西西安东南)人。韦应物四世孙。乾宁元年(894)进士,为校书郎。乾宁四年(897)奉使入蜀,后擢左补阙。天复元年(901)入蜀依王建,为掌书记。朱全忠篡唐自立,乃劝王建称帝,为吏部侍郎兼平章事。卒谥文靖。有《浣花集》。

韦庄由唐入蜀,王建称帝后,开国制度、号令、刑政、礼乐,皆韦庄所定,虽不久故去,然而以其文学建树及政治地位,其对西蜀词坛之影响,自是无疑义的。虽《花间集》以温庭筠为冠,而实际上韦庄更具“花间鼻祖”的资格,但由于韦庄入蜀已在晚年,其大半生在唐朝,故虽“五代缵绪”以之为首,还是宜于置唐代而论之。

一、情意深厚　寓浓于淡

历来对韦庄词评价甚高,且无多大分歧,与温庭筠很不相同,这显然与其词之艺术表现易为人理解有关。

温韦虽并称,所作却有别,温词多“男子作闺音”的代女子“立言”,而韦词虽也有写贵族妇女的内容,但更多是自我抒情。他虽出身世家大族,却生活在唐朝衰落灭亡、五代十国战乱分裂的时代,本人经历过长期的流浪漂泊,“晚达”的时间很短,他的生活印迹和志趣情感,不仅留在诗中,也留在了词中。俞陛云将韦词之情概括为:“端己相蜀后,爱妾生离,故乡难返,所作词本此两意为多。”[③]

读韦庄词,确很能感受到其中的感情烈度。陈廷焯以沉郁论词,受张惠言影响而推崇温庭筠,虽如此,其《词则》仍说:“词至端己,语渐疏,情意却深厚,虽不及飞卿之沈郁,亦古今绝构也。”[④]“情意深厚”是韦词的一大特点,而表现感情则是“语渐疏”。况

---

① 缪钺:《论词》,《诗词散论》,上海古籍出版社 1982 年版,第 56–61 页。
② 陈洵:《海绡说词》,《词话丛编》,第 4837 页。
③ 俞陛云:《唐五代两宋词选释》,第 53 页。
④ 陈廷焯:《词则·大雅集》卷一,第 28 页。

周颐则说："韦文靖词与温方城齐名，熏香掬艳，眩目醉心，尤能运密入疏，寓浓于淡，《花间》群贤，殆鲜其匹。"[①]综二家所说，韦庄是善于将深厚的感情出以疏淡的语言、形象，通过"运密入疏"而成其"寓浓于淡"之词。看其《浣溪沙》：

夜夜相思更漏残，伤心明月凭栏干。想君思我锦衾寒。　咫尺画堂深似海，忆来唯把旧书看。几时携手入长安。

有论者以此词是为"夺姬"事而作，忖度其意，似非虚说。即使并非有此"本事"，"相思"以致"夜夜"，也可见内心情感之深，分离之痛，"伤心"一语，亦直言之。然而，作者却并未继续言自己如何相思、伤心，而将笔触转到被自己所忆念者，设想对方思念自己，这一转换，起到了曲而能达的作用，将相思推向了高潮。对此词含义的诠释，之所以会有"夺姬"之说，当在"咫尺画堂深似海"一句，因被王建所夺，就虽近而难即，而据说因其爱姬"兼善词翰"，故"忆来唯把旧书看"，况周颐谓此二句"一意化两，并皆佳妙"[②]。最后一句，应是兼及旧之所约与故乡"情结"，宕开而说，另有新意，也是相思之情的自然延伸。此词从对方设想的写法，情深而语转淡，如李冰若所说："'想君思我锦衾寒'句由己推人，代人念己，语弥淡而情弥深矣。"[③]其"寓浓于淡"可于此见之。此外，此词可谓质胜于文，不着粉泽，与温庭筠的丽字俊句大异，此亦"淡"之一义。

韦庄词与温庭筠很不同，温词写闺怨，虽"蝉鬓美人愁绝"，却不重在心理刻画，而是用大量浓艳的词语作环境、陈设、装饰描写，以兴孤凄寂寞、谁适为容之情，所塑造的形象，则如仕女画之近于类型化创作。而韦庄词所写者，则具有难以移易的独特性，在叙事中抒发自己的感情，所用的是白描手法。因此，韦庄词"运密入疏"而"寓浓于淡"的另一义，应是用明白如话的语言表现深挚的感情。

看其《女冠子》：

四月十七，正是去年今日，别君时。忍泪佯低面，含羞半敛眉。　不知魂已断，空有梦相随。除却天边月，没人知。

时间、地点、事由，都交代得清清楚楚，可谓"直"而"白"，故《古今词统》的八字评语"冲口而出，不假妆砌"[④]，是说得很准确的。陈廷焯也有"一往情深，不着力而自胜"[⑤]之评。另一首《女冠子》：

昨夜夜半，枕上分明梦见，语多时。依旧桃花面，频低柳叶眉。　半羞还半

① 况周颐：《历代词人考略》卷五，《蕙风词话·广蕙风词话》，第212页。

② 况周颐：《餐樱庑词话》，《蕙风词话·广蕙风词话》，第408页。

③ 李冰若：《花间集评注》，第57页。

④ 卓人月、徐士俊辑：《古今词统》卷四，《续修四库全书》第1728册，第527页。

⑤ 陈廷焯：《词则·闲情集》卷一，第858页。

喜，欲去又依依。觉来知是梦，不胜悲。

与上一首应是联章，所写为同一件事。第一首上片写情人相别，下片写别后思念；第二首上片写因相思而入梦，下片继写梦中情态，最后写醒后之悲。都是明白的叙事而抒情，两首都没有多少环境、景物、装饰的描写。唐圭璋尤指出其“着末一句翻腾，将梦境点明，凝重而沉痛。韦词结句多畅发尽致，与温词之多含蓄者不同”①。

由上面二词可见，如果说飞卿词因摛藻浓丽而为“密”，韦庄对之所作的变革就是变密为疏，故对“运密入疏”又可作动态的理解，可以看作是由温而韦的显著变化。温韦的根本不同在于温代言、韦自抒，代言毕竟有所间隔，自抒或可纡曲，或可直放，韦庄此处所取为直写，所写是自己对离情的真切体会，将其深厚情意以白描出之，诉诸浅言，不作丽词密藻，故“寓浓于淡”，具有直接的感发之力，不必思考寻绎，读来十分感人。

韦庄有少数怀古之词，亦能将香艳富丽化作感慨苍凉。如《河传》：

何处，烟雨，隋堤春暮。柳色葱茏，画桡金缕。翠旗高飐香风，水光融。青娥殿脚春妆媚，轻云里，绰约司花妓。江都宫阙，清淮月映迷楼，古今愁。

所写为隋炀帝修运河、建迷楼等史事。炀帝御舟行运河，竟用嫩羊和“殿脚女”拉纤，又有“司花妓”之封，可见是何等荒淫享乐。此词写史事而发所感，汤显祖评《花间集》卷一说：“‘清淮月映’句，感慨一时，涕泪千古。”②陈廷焯《云韶集》卷一仅评以“苍凉”二字，又说：“《浣花集》中此词最有骨。”③以之为“有骨”是因为不同于韦庄常见的离情别意之作，属于宜入诗中的大题材，而韦庄却能将“厚意”化浓为淡而出之。李冰若分析较详：“全词以‘何处’领起，中段词藻极其富丽，而以‘古今愁’三字结之，化实为空，以盛映衰，笔极宕动空灵。”④由“富丽”而“苍凉”，得之于“化实为空，以盛映衰”，笔致空灵之说并非无由。

二、意婉词直　似达而郁

韦庄不仅自我抒情之词较为直白，其较为少见的代言之作亦如此。为人所称道的《思帝乡》堪为代表：

春日游，杏花吹满头。陌上谁家年少，足风流。妾拟将身嫁与，一生休。纵被无情弃，不能羞。

若从进士文化论，此词可看作是在男女关系上多情性的表现，只不过是将自己的

① 唐圭璋：《唐宋词简释》，上海古籍出版社1981年版，第18页。
② 转引自李冰若：《花间集评注》，第71页。
③ 转引自韦庄著，聂安福笺注：《韦庄集笺注》，上海古籍出版社2002年版，第434页。
④ 李冰若：《花间集评注》，第71页。

想法移注到女性身上而已，通过这一代拟设想，使人物个性鲜明，极其生动。此词类似于古代乐府民歌，抒情极为直切，代言男子对女子感情的理解，具有唐人传奇爱情主题的意义，而由于唐传奇与进士文化关系密切，此词实可看作是小传奇，或传奇的开始。贺裳说："小词以含蓄为佳，亦有作决绝语而妙者。如韦庄'谁家年少，足风流……'之类是也……"①李冰若则以乐府民歌相拟，谓之"爽隽如读北朝乐府'阿婆不嫁女，那得孙儿抱'诸作"②。夏承焘以此作温、韦比较："这样真率抒情，像元人散曲，很明显是受民间作品的影响。温庭筠写爱情的词，最明朗的像'偷眼暗相形，不如从嫁与，作鸳鸯。'他至多只能说到这样，与韦庄的作品比较起来，仍是婉约含蓄的。"③

又如《应天长》：

别来半岁音书绝，一寸离肠千万结。难相见，易相别，又是玉楼花似雪。暗相思，无处说。惆怅夜来烟月。想得此时情切，泪沾红袖黦。

此首亦为代言，表达闺怨之旨。杨慎尤其注意其词末用语："'黦'，黑而有文也……周处《风土记》：'梅雨沾衣服，皆败黦。'此字文人罕用，惟《花间集》韦庄及毛熙震词中见之。"④《古今词统》亦谓"以末一字而生一首之色"⑤。陈廷焯《云韶集》卷二十四则认为："押韵须如此，信笔直书，方无痕迹。"⑥而此首也确实是信笔直书，不作纡回，令人大有"此时情切"、不妨直言之感。

类似的还有《荷叶杯》：

记得那年花下，深夜。初识谢娘时，水堂西面画帘垂，携手暗相期。 惆怅晓莺残月，相别。从此隔音尘，如今俱是异乡人，相见更无因。

此词类于前引的《女冠子》，也是将来龙去脉交代一清，也是浅言直说。然而汤显祖评《花间集》卷一对其很是首肯，以之"情景逼真，自与寻常艳语不同"⑦。许昂霄甚至说："《荷叶杯》二阕，语淡而悲，不堪多读。"⑧语浅而不害情深，如前所说，其纯用白描，却有直接的感发之力。故此郑文焯引钟嵘《诗品》"观古今胜语，多非补假，皆由直寻"，以为"于韦词益谅其言"⑨。

韦庄词固然以浅直称，但又如陈廷焯所说："韦端己词，似直而纡，似达而郁，最为

① 贺裳：《皱水轩词筌》，《词话丛编》，第697页。
② 李冰若：《花间集评注》，第76页。
③ 夏承焘：《唐宋词欣赏·不同风格的温、韦词》，《夏承焘集》第2册，第628页。
④ 杨慎：《词品》卷一，《渚山堂词话·词品》，第67–68页。
⑤ 卓人月、徐士俊辑：《古今词统》卷六，《续修四库全书》第1728册，第580页。
⑥ 转引自：《韦庄集笺注》，第423页。
⑦ 转引自李冰若：《花间集评注》，第65页。
⑧ 许昂霄：《词综偶评》，《词话丛编》，第1549页。
⑨ 转引自李冰若：《花间集评注》，第65页。

词中胜境。”[①]吴梅也说:“夫五代之际,政令文物殊无足观,惟兹长短之言,实为古今之冠。大抵意婉词直,首让韦庄。”并赞同陈廷焯所见,且作温韦之较:“陈亦峰论其词,谓似直而纡,似达而郁,洵然。虽一变飞卿面目,而绮罗香泽之中,别具疏爽之致。世以温韦并论,当亦难于轩轾也。”[②]

谓韦庄词“似直而纡,似达而郁”,是很有道理的。对其《菩萨蛮》组词的理解,就可说明此见之高。其“红楼别夜”一首,在上一章已引,不赘。此词在艺术上自是如许昂霄所说:“语意自然,无刻画之痕。”[③]笔者从进士文化的角度以之为作者自陈往事,见其与歌妓之交。即使不理解为与所悦之妓分别,亦如唐圭璋所说:“此首追忆当年离别之词。起言别夜之情景,次言天明之分别。换头承上,写美人琵琶之妙。末两句,记美人别时言语。前事历历,思之惨痛,而欲归之心,亦愈迫切。”[④]由于韦庄的经历特殊,论世而知人,张惠言以之是“留蜀后寄意之作。一章言奉使之志,本欲速归”[⑤]。虽谭献拟之为“亦填词中《古诗十九首》”[⑥],《词则》却以屈原相比:“深情苦调,意婉词直,屈子《九章》之遗。”[⑦]虽明白如话,却可能另有寄意,此即“似直而纡,似达而郁”。

另一《菩萨蛮》:

> 人人尽说江南好,游人只合江南老。春水碧于天,画船听雨眠。　垆边人似月,皓腕凝双雪。未老莫还乡,还乡须断肠。

笔者赞同唐圭璋所说:“……意谓天下丧乱,游人飘泊,虽有乡不得还,虽有家不得归,惟有羁滞江南,以待终老。‘春水’两句,极写江南景色之丽。‘垆边’两句,极写江南人物之美。皆从一己之经历,证明江南果然是好也。‘未老’句陡转,谓江南纵好,我仍思还乡,但今日若还乡,目击离乱,只令人断肠,故惟有暂不还乡,以待时定。情意宛转,哀伤之至。”[⑧]而张惠言却以之为“此章述蜀人劝留之辞,即下章云‘满楼红袖招’也。江南即指蜀。中原沸乱,故曰‘还乡须断肠’”[⑨]陈廷焯也说:“讳蜀为江南,是其良心不死处。”[⑩]《白雨斋词话》又云:“端己《菩萨蛮》云:‘未老莫还乡,还乡须断肠。’又云:‘凝恨对斜晖,忆君君不知’……皆留蜀后思君之辞。时中原鼎沸,欲归不能,端己人品未高,然其情亦可哀矣。”[⑪]吴梅《词学通论》也列举众例,谓之“皆望蜀后思君之辞。时

① 陈廷焯著,屈兴国校注:《白雨斋词话足本校注》卷一,第 33 页。
② 吴梅:《词学通论》,第 39 页、41 页。
③ 许昂霄:《词综偶评》,《词话丛编》,第 1549 页。
④ 唐圭璋:《唐宋词简释》,第 13 页。
⑤ 张惠言:《词选》(附续词选)卷一,第 23 页。
⑥ 谭献:《谭评词辨》,黄苏、周济、谭献选评,尹志腾校点《清人选评词集三种》,齐鲁书社 1988 年版,第 147 页。
⑦ 陈廷焯:《词则·大雅集》卷一,第 28 页。
⑧ 唐圭璋:《唐宋词简释》,第 14 页。
⑨ 张惠言:《词选》(附续词选)卷一,第 23 页。
⑩ 陈廷焯:《词则·大雅集》卷一,第 28 页。
⑪ 陈廷焯著,屈兴国校注:《白雨斋词话足本校注》卷一,第 36 页。“人品未高”,人民文学本作“未为高”。

中原鼎沸，欲归未能，言愁始愁。其情大可哀矣。”[①]因韦庄有老而入蜀的经历，念故乡而难归，此词虽或非思君，至少是有思乡之意。对韦庄此词，解作“蜀人劝留之辞”并非无由。

又《菩萨蛮》：

> 洛阳城里春光好，洛阳才子他乡老。柳暗魏王堤，此时心转迷。桃花春水渌，水上鸳鸯浴。凝恨对残晖，忆君君不知。

张惠言《词选》以为“此章致思唐之意”[②]，陈廷焯《词则》说“中有难言之隐”[③]，都以之为另有寄托。韦庄的名作《秦妇吟》作于洛阳，曾经的“洛阳才子”如今老于他乡，当然是自说，然而是思人、思乡，还是思唐、思君呢？

吴梅袭陈廷焯所说云：“端己《菩萨蛮》四章，惓惓故国之思，最耐寻味。”[④]因为其耐寻味，故有诸说。而张惠言以来诸多论家的理解，是不是猜谜？可以说既是，也不是。说是，因为韦词说得很明白，思乡怀人，似不必作他想。说不是猜谜，则韦庄虽词人诗人，却有与温庭筠很不同的经历。仅举《蜀梼杌》所载，即可知韦庄甚有谋略，非一般的艺文之士：“（韦庄）……乾宁中举进士。建奏为掌书记。昭宗遇弑，梁祖即位，遣使宣谕。兴元节度王宗绾，驰驿白建。建谋兴复，庄以兵者大事，不可仓卒而行。乃为建答宗绾，教其略曰……梁使遂还。梁祖遣使通好，以建为兄。庄得书笑曰：‘此神尧骄李密之意也。’”[⑤]因此，俞陛云演张惠言所释：

> 端己奉使入蜀，蜀王羁留之，重其才，举以为相，欲归不得，不胜恋阙之思。此《菩萨蛮》词四章，乃隐寓留蜀之感。首章言奉使之日，僚友赠行，家人泣别，出门惘惘，预订归期。次章“江南好”指蜀中而言。皓腕相招，喻蜀王縻以好爵；还乡断肠，言中原板荡，阻其归路。“未老莫还乡”句犹冀老年归去。而三章言“白头誓不归”者，以朱温篡位，朝市都非，遂决意居蜀，应楼中红袖之招。见花枝而一醉，喻留相蜀王，但身不能归，而怀乡望阙之情，安能恝置？故四章致其乡国之思。洛池风景，为唐初以来都城胜处，魏堤柳色，回首依依。结句言“忆君君不知”者，言君门万里，不知羁臣恋主之忱也。[⑥]

对照四词，也不能说索隐抉发全无道理。晚唐如韩偓之诗，虽多艳体，人亦就其出处大节以寄托言之，因为屈原所奠定的芳草美人传统，对后来的文学影响至深，以男

---

① 吴梅：《词学通论》，第41页。

② 张惠言：《词选》（附续词选）卷一，第24页。

③ 陈廷焯：《词则·大雅集》卷一，第29页。

④ 陈廷焯著，屈兴国校注：《白雨斋词话足本校注》卷一，第34页。

⑤ 张唐英：《蜀梼杌》卷上，朱易安、傅璇琮主编《全宋笔记》第一编第八册，大象出版社2003年版，第37–38页。

⑥ 俞陛云：《唐五代两宋词选释》，第48页。

女比君臣,历来不乏其例。"端己《菩萨蛮》四章,惓惓故国之思,而意婉词直,一变飞卿面目,然消息正自相通。余尝谓:后主之视飞卿,合而离者也;端己之视飞卿,离而合者也。"[①]以飞卿之《菩萨蛮》拟《离骚》,笔者难以同意,而韦庄的四首,以其隐寓留蜀之感,于其人所历,却不失为形象的演绎。

俞平伯说:"……读者或者觉得其词固佳,却有小题大做之嫌,岂狮子搏兔必用全力欤。其实端已此词,表面上看是故乡之思,骨子里说是故国之思。思故乡之题小,宜乎小做;怀故国之题大,宜乎大做。此点明,则上述怀疑可以冰释矣。更进一步说,不仅有故国之思也,且兼有兴亡治乱之感焉。故此词五章,重叠回环,大有'言之不足故长言之'之概。"[②]且对各首之间的关系作了详细分析,文长不录。

有论者说:

> 五季之乱极矣!士大夫生当其际,身非季子,暮楚朝秦,别异交通,绿波春草、孝穆有思归之作,兰成多萧瑟之词,人之情也,伤何如之。然有河梁录别,翻成决绝之诗!衰白依人,甘作异乡之客,其情不犹可悲乎!若韦端己,即其一也。端己著籍江南,奉使西蜀。初则杨柳骁征,不遑行迈;继则家山入破,欲返无由。于是乌头马角,指井水以明心,断梗飘萍,托春风以入梦。回肠荡气,可于其《菩萨蛮》四阕见之。[③]

笔者认为,即使韦庄的《菩萨蛮》并无思唐恋阙之寄意,但故国故乡之思却难以否认,上面这段话是很能服人的。

与《菩萨蛮》相类的是《归国遥》二首:

> 春欲暮,满地落花红带雨。惆怅玉笼鹦鹉,单栖无伴侣。　南望去程何许,问花花不语。早晚得同归去,恨无双翠羽。
>
> 金翡翠,为我南飞传我意。罨画桥边春水,几年花下醉。　别后只知相愧,泪珠难远寄。罗幕绣帏鸳被,旧欢如梦里。

陈廷焯以为:"此亦《菩萨蛮》之意。"[④]又说:"《归国遥》云:'别后只知相愧,泪珠难远寄。'《应天长》云:'夜夜绿窗风雨,断肠君信否?'皆留蜀后思君之辞。"[⑤]同样是作"似直而纡,似达而郁"的理解。

---

① 陈廷焯著,屈兴国校注:《白雨斋词话足本校注》卷一,第34页。

② 俞平伯:《读词偶得》,《俞平伯全集》第4卷,第23–24页。

③ 西神:《词史卮谈》,《同声月刊》第一卷五号。

④ 陈廷焯:《词则·大雅集》卷一,第29页。

⑤ 陈廷焯著,屈兴国校注:《白雨斋词话足本校注》卷一,第36页。

三、清艳绝伦　疏爽之致

韦庄之词，不仅质直浅显，而且显有清疏之美。周济说："端己词，清艳绝伦，初日芙蓉春月柳，使人想见风度。"[①]《人间词话》摘韦句以评："'弦上黄莺语'，端己语也，其词品亦似之。"又说："韦端己词，骨秀也。"[②]黄莺语自是清越，"骨秀"实即内在之秀艳，故所说亦"清艳"之意。吴衡照则作温韦比较曰："韦相清空善转，殆与温尉异曲同工。"[③]吴梅也评韦庄"虽一变飞卿面目，而绮罗香泽之中，别具疏爽之致。世以温韦并论，当亦难于轩轾也。"[④]

清艳与疏爽确实是韦庄词的风格特色。看其《清平乐》：

> 野花芳草，寂寞关山道。柳吐金丝莺语早，惆怅香闺暗老。　罗带悔结同心，独凭朱栏思深。梦觉半床斜月，小窗风触鸣琴。

此系为思妇代言的伤春怀人之作。陈廷焯《云韶集》卷二十四以之"起笔冷，清绝孤绝。"[⑤]李冰若则说："昔爱玉溪生'三更三点万家眠，露结为霜月堕烟。斗鼠上堂蝙蝠出，玉琴时动倚窗弦'一诗，以为清婉超绝。韦相此词以'惆怅香闺暗老'为骨，亦盛年自惜之意，而以'梦觉半床斜月，小窗风触鸣琴'为点醒，其声情绵邈，设色隽美，抑又过之。"[⑥]读此词确能使人感到既得"清婉超绝"之长，又自能"声情绵邈，设色隽美"。再看《谒金门》：

> 春雨足，染就一溪新绿。柳外飞来双羽玉，弄晴相对浴。　楼外翠帘高轴，倚遍栏干几曲。云淡水平烟树簇，寸心千里目。

倚阑远望，寸心千里，此亦相忆怀人之作。忏花庵本《草堂诗馀》卷一引杨慎云"丽语，景真如画"，沈际飞《草堂诗馀正集》卷一亦云"'染就'句，丽"[⑦]，二人所评，都取一"丽"字。韦庄词之丽，是清丽，而非飞卿之秾丽。

《浣溪沙》塑造了一位美人的形象：

> 惆怅梦馀山月斜，孤灯照壁背窗纱。小楼高阁谢娘家。　暗想玉容何所似，一枝春雪冻梅花。满身香雾簇朝霞。

且不说是否另有寄意，所写的美人不是正面描写，而是在山月、孤灯的背景下，又

---

① 周济：《介存斋论词杂著》，《介存斋论词杂著·复堂词话·蒿庵论词》，第5页。
② 王国维：《人间词话》，《蕙风词话·人间词话》，第195、197页。
③ 吴衡照：《莲子居词话》卷一，《词话丛编》，第2401页。
④ 吴梅：《词学通论》，第41页。
⑤ 转引自《韦庄集笺注》，第427页。
⑥ 李冰若：《花间集评注》，第66页。
⑦ 转引自《韦庄集笺注》，第454页。

是隔着窗纱，远处的小楼高阁，在夜色和距离之中，产生的是朦胧之美，作者以“暗想”拟之为春雪中的梅花，被香雾朝霞簇拥环绕，朦胧中又确实是清艳绝伦，而诸般意象不作堆砌，饶有韵致，又见疏爽。

前面所论及者，也颇多清疏之作，此处不一一例举。

陆侃如、冯沅君《中国诗史》说：“韦词的一般风格，不外清俊二字。所谓‘初日芙蓉春月柳’(周济对韦词的评语)，‘弦上黄莺语’(韦词的名句，王国维曾用以评韦词)，也都是这个意思。它所以能造成这种清俊的风格的原因，最重要的是它无论写人写物都崇尚浑成……这些句子都是‘羌无故实’，‘讵出经史’，脱口而出便自真切的胜语。这便是所谓浑成。”[1]这里所谓的“浑成”当是针对温庭筠而言，且不说温词属于另一种类型，而韦词确实是不多作丽语隽辞，也不因此而密实难明，而感到气行其中，求浑成而见清俊、疏朗。

对这一风格的成因，夏敬观认为，是“由诗入词，渐开后来诸派，此时代使然也”[2]。而对于由诗入词，夏承焘有自己的说法：“就词这种文学在文人手中初期发展的形势和它后来的影响论，我们对韦庄的看法是：他在五代文人词的内容走向空虚堕落途径的时候，重新领它回到民间抒情词的道路上来；他使词逐渐脱离了音乐，而有独立的生命。这个倾向影响后来的李煜、苏轼、辛弃疾诸大家。”[3]若不说回到民间抒情词问题，“使词逐渐脱离了音乐”尽管有违于词为倚声艺术的原则，却是回归于诗、由诗入词的关键，“诗之境阔，词之言长”，有此不同，温韦也就确有疏密之分了。而韦庄的由诗入词，与中唐刘白的诗词难分不同，应是后来苏、辛等人词“破体”的开始。温庭筠词得之于音乐与绘画，韦庄词得之于诗歌，都是在词生长初期的探索、创造。

唐圭璋认为：

> 韦端己白描情感，秀逸绝伦，与飞卿一浓一淡，异趣同工。故世以温、韦并称……端己词抒情为主，境系于情而写，故不着力于运词堆饰，而惟自将一丝一缕之深在内心，曲曲写出，其秀气空行处，自然沁人心脾，与飞卿词之令人沉醉者异矣。其写人、写境，又自与飞卿不同……飞卿写人多刻画，端己则临空。飞卿写境多沉郁凄凉，端己则有兴会闲畅之作。飞卿写情，多不显露，言下有讽；端己则深入浅出，心曲毕吐。至二人用辞之区异，亦处处可见。飞卿显用力痕迹……端己则信手拈来，毫不着力……周止庵《介存斋论词》曰：“飞卿下语镇纸，端己揭响入云。”观此愈可信矣。[4]

环肥燕瘦，各有其美，对于温韦，亦不必较其长短。温韦之词，在晚唐、五代之初，如双峰并峙、二水分流，后人以密丽、清疏论词，必从二人始，其影响可见。

---

① 陆侃如、冯沅君：《中国诗史》，作家出版社1956年版，第573–574页。

② 夏敬观：《吷庵词评》，《词学》第五辑，华东师范大学出版社1986年版，第197页。

③ 夏承焘：《唐宋词欣赏·论韦庄词》，《夏承焘集》第2册，第640页。

④ 唐圭璋：《温韦词之比较》，《词学论丛》，第896–899页。

第三章　花间与南唐词的不同艺术走向

大唐盛世，盛极于开元天宝，一场安史之乱，却使之从封建社会极盛期的抛物线顶点滑落，这场大动乱使北方广大人民，尤其是黄河中下游人民遭受了空前浩劫，中原经济被严重破坏。唐朝统治者请回纥收复长安，却使人民又遭受回纥军队的烧杀抢掠，加以吐蕃进扰，没河西、陇右，安西四镇尽失。自此，中央集权日见瓦解，方镇纷纷割据，朝政日见败坏，宦官专权的局面逐渐形成。到九世纪末，衰世终成乱世，裘甫、庞勋、黄巢等大大小小的农民起义不断，朝廷相继借用军队、地方、外族的实力派来剿灭。起义虽被镇压下去了，但中央政府更见虚弱，更失去权威，更加重了尾大不掉之势。众多的藩镇渐成一路路"诸侯"，持续着纵横捭阖的游戏，天子成为了傀儡、玩物。到十世纪初，朱温扫平众多对手，进军关中，灭宦官、杀朝臣、诛士族，最后杀死唐昭宗，三年后，废唐哀帝，自立为皇帝，改名朱晃，此即梁太祖，时为公元 907 年。至此，历时 289 年的唐朝灭亡，五代十国开始。

五代从朱温代唐，至赵匡胤禅周，即后梁开平元年(907)到后周显德七年(960)，前后五十三年。而十国中有六国覆亡于北宋建立之后，最晚的北汉被灭于宋太宗太平兴国四年(979)。五代如走马灯一样地更换政权，内乱、兵变甚多，对外战争亦多，社会、经济自难发展，亦无文艺可言。十国存在时间则相对较长，且多在南方，而安史之乱以来，南方遭受的破坏较小，经济较发达，文化也得以保存。因此，五代虽为乱世，但在南方的割据政权却仍有文艺的发展，绘画、书法与词，都在我国文艺史上留下了创作实绩，具有较高的地位。

第一节　五代歌词繁盛的文化背景

五代是时间概念，实际上五代的文艺主要盛在十国，更应是空间的概念。文人词的兴盛有西蜀、南唐二地的创作可证，《花间》一集所收多为蜀人或入蜀者所作，而南唐则有二李一冯的君相之词，在词史上有很高地位。五代文人词创作之盛，与相关的文化背景、条件有关，大致见于下。

一、雅乐之衰　燕乐之传

词倚声而作，自离不了音乐，前后蜀与南唐歌词创作之盛，与音乐之传承很有关系。

战乱对乐舞的破坏力最大。段安节《乐府杂录序》云："爰自国朝初修郊礼，刊定乐悬，约三代之歌钟，均九威之律度，莫不《韶》音尽美，《雅》奏克谐，上可以吁天降神，下可以移风变俗也。以至桑间旧乐,濮上新声,金丝慎选于精能,本领皆传于故老。重翻曲调,全祛淫绮之音;复采优伶,尤尽滑稽之妙。洎从离乱,礼寺堕颓,簨虡既移,警鼓莫辨。梨园弟子,半已奔亡;乐府歌章,咸皆丧坠。”①唐末五代的乱世之中,雅乐遭受了极大的破坏。《旧五代史》曰:

> 洎唐季之乱,咸、镐为墟;梁运虽兴,《英》、《茎》扫地。庄宗起于朔野,经始霸图,其所存者,不过边部郑声而已,先王雅乐,殆将泯绝。当同光、天成之际,或有事清庙,或祈祀泰坛,虽簨虡犹施,而宫商孰辨?遂使磬襄、鼗武,入河、汉而不归;汤《濩》、舜《韶》,混陵谷而俱失。洎晋高祖奄登大宝,思迪前规,爰诏有司,重兴二舞。旋属烽火为乱,明法罔修,汉祚几何,无暇制作。周显德五年冬,将立岁仗,有司以崇牙树羽,宿设于殿庭。世宗因亲临乐悬,试其声奏,见钟磬之类,有设而不击者,讯于工师,皆不能对。世宗恻然……②

周世宗纳翰林学士窦俨之议,下诏重建雅乐,而他尚未完成统一大业,在位仅数年即去世,禁军首领赵匡胤发动陈桥兵变,从孤儿寡母手中夺得了政权,建立了宋朝,周之雅乐遂成了他人嫁衣。

唐末五代战乱造成了极大的破坏,在雅乐衰落的同时,很多乐工伎人也因兵燹祸乱而流落他乡。《北梦琐言》载:“唐昭宗遭劫,百官荡析,名娼伎儿,皆为强诸侯有之。供奉弹琵琶乐工号关别驾小红者,小名也。梁太祖求之,既至,谓曰:‘尔解弹《羊不采桑》乎?关伶俯而奏之,及出,又为亲近者俾其弹而送酒,由是失意,不久而殂。复有琵琶石潨者,号‘石司马’。自言早为相国令狐公见赏,俾与诸子涣、沨连水边作名也。乱后入蜀,不隶乐籍,多游诸大官家,皆以宾客待之。一日,会军校数员饮酒作欢,石潨以胡琴擅场,在坐非知音者,喧哗语笑,殊不倾听。潨乃扑槽而诟曰:‘某曾为中朝宰相供奉,今日与健儿弹而不蒙我听,何其苦哉!’于时识者亦叹讶之。丧乱以来,冠履颠倒,不幸之事,何可胜道,岂独贱伶云乎哉!”③动乱造成人民的生离死别,也造就了诸多艺人的不幸,但是,在使得“国乐”凋零同时,却让诸侯之家乐得到了繁盛,如段安节所说,“桑间旧乐,濮上新声,金丝慎选于精能,本领皆传于故老”,为诗人与伎人在诗歌与音乐的结合上,提供了发展条件。

乐舞也好,其他文艺也好,能得以保存、发展,离不开这些艺人与文人的传承,也取决于他们的生存条件。五代时期,固然有如上引《北梦琐言》所说的“丧乱以来,冠履颠倒,不幸之事,何可胜道,岂独贱伶云乎哉”,然而五代十国的君主,既有制礼作乐及个人享乐的需要,又因南方的战乱相对较少,社会较为稳定,乐工伎人多流向南方,使得乐舞技艺及乐器型制多能相传。

---

①《中国古典戏曲论著集成》(一),第37页。

② 薛居正等:《旧五代史》卷一四四《乐志上》,《二十五史》,第5060页。

③ 孙光宪:《北梦琐言》卷六,《唐五代笔记小说大观》,第1860页。

五代时期的乐舞，尤其是俗乐的情况，对其记载似不及唐宋那样详尽，但是，现存的王建墓的乐舞伎石刻，却能让后人得以窥见当时燕乐歌舞的情况。

王建墓在四川成都老西门外的三洞桥附近，称永陵，1942年被发掘。墓封土高十五米，直径八十多米，墓室由十四道石券组成，分为前中后三室，各室有木门相隔，全长二十三米多。棺床位于中室，为须弥座式，两侧有十二个透雕的力士像，作扶棺之状。棺床的南面、东面、西南面共雕刻有二十四个乐舞伎像，分列三组。南面刻舞技二人，弹琵琶、打拍板各一伎。东面刻十伎，分别击正鼓、击齐鼓、击和鼓、吹横笛、吹筚篥、打拍板、击羯鼓、击鸡娄鼓兼鼗鼓、击答腊鼓、击毛员鼓。西南面亦刻十伎，分别吹篪、吹排箫、弹筝、吹小筚篥、弹箜篌、吹树叶、吹笙、吹贝、击铜钹、击羯鼓①。这二十四名乐伎应是宫廷乐队的组成。

据段安节《乐府杂录·龟兹部》：

> 乐有觱篥、笛、拍板、四色鼓、揩羯鼓、鸡楼鼓。戏有《五方狮子》，高丈馀，各衣五色。每一狮子有十二人，戴红抹额，衣画衣，执红拂子，谓之“狮子郎”。舞《太平乐》曲。《破阵乐》曲亦属此部，秦王所制，舞人皆衣画甲，执旗旆；外藩镇春冬犒军亦舞此曲，兼马军引入场，尤甚壮观也。《万斯年》曲，是朱崖李太尉进此曲名，即《天仙子》是也。

而《胡部》则是：

> 乐有琵琶、五弦、筝、箜篌、觱篥、笛、方响、拍板。合曲时，亦击小鼓、钹子。合曲后立唱歌。凉府所进，本在正宫调，大遍、小遍，至贞元初，康昆仑翻入琵琶玉宸宫调——初进曲在玉宸殿，故有此名——合诸乐，即黄钟宫调也。《奉圣乐》曲，是韦南康镇蜀时南诏所进，在宫调，亦舞伎六十四人，遇内宴，即於殿前立奏乐，更番替换；若宫中宴，即坐奏乐。俗乐亦有坐部、立部也。②

王建墓石刻乐伎所用乐器，若与段说相对照，显与龟兹部、胡部合。可见，即使是宫廷乐队，也是燕乐的演奏队伍。

二、喜好文艺 善待文人

帝王本人对音乐、文学的兴趣及所长，更是歌词创作兴盛的直接推动力。

五代的君主，颇有癖好文艺者。如后唐庄宗李存勗，作战勇猛，曾大败梁太祖朱温的军队，饮马黄河，夺幽州，占魏博，大战契丹，克开封而灭梁，建立了后唐政权。由于此时外无强敌，他以为已经坐稳了江山，甘作风流天子，一味沉浸在青年时期所好的

① 详见胡均：《宝贵的音乐历史资料——王建墓乐舞伎浮雕石刻评介》，《乐海扬帆六十年》，第189页。

②《中国古典戏曲论著集成》(一)，第45、46页。

音乐俳戏中。李存勗有音乐天赋，很有欣赏水准，又善于作曲，所作被称为“御制”，流传于河东。政务之暇，他与伶人一起排戏、演出，还自取艺名为“李天下”。他召宦官千馀，视为心腹，让伶人居于百官之上，把持朝政，敛臣将天下搜刮一空，武将残酷施暴，朝政昏浊。他受伶人景进调唆，杀戮功臣，却激起另一伶人郭门高之愤，挑起士兵哗变，终被所杀。欧阳修曾有感于后唐庄宗死于伶工之事，在《伶官传·序》中，表其“忧劳可以兴国，逸豫可以亡身”之理，对“方其盛也，举天下之豪杰莫能与争；及其衰也，数十伶人困之，而身死国灭，为天下笑”[①]而至为感慨。

当然，似后唐庄宗这样因己之所好而如此宠信伶人者，只是仅见。但帝王之喜好及长于乐舞，五代亦不乏其人。

张唐英《蜀梼杌》对王衍喜爱制曲、唱曲所载甚详：

(乾德)二年八月，衍北巡……戎装披金甲，珠帽锦袖，执弓挟矢。百姓望之，谓如灌口神……与宫人泛舟奏乐，饮宴弥日。九月，驻军西县。自西县还，至益昌，泛舟巡阆中。舟子皆衣锦绣。衍自制《水调银汉曲》，命乐工歌之。……

三年三月，衍还成都。五月，宣华苑成……衍命宫人李玉箫歌衍所撰《宫词》……《宫词》曰：“辉辉赫赫浮五云，宣华池上月华新。月华如水浸宣殿，有酒不醉真痴人。”……

五年三月上巳，宴怡神亭，妇女杂坐，夜分而罢。衍自执板唱《霓裳羽衣》及《后庭花》、《思越人》曲。……重阳，宴群臣于宣华苑，夜分未罢。衍自唱韩琮《柳枝词》曰：“梁苑隋堤事已空，万条犹舞旧春风。何须思想千年事，谁见杨花入汉宫。”[②]

临近亡国之时，王衍还不忘作词，“自制《甘州词》，令宫人歌之。其词哀怨，闻者凄怆”[③]，知唐师逼进，回宫竟作“回纥队”：“十一月，衍至成都，宫人及百官迎谒于七里亭。衍入妓妾中，作回纥队以趋城中。知唐师已逼，但掩袂泣下。”[④]

至于南唐，陆游《南唐书》载：

后主昭惠国后周氏，小名娥皇，司徒宗之女，十九岁来归。通书史，善歌舞，尤工琵琶。尝为寿元宗前，元宗叹其工，以烧槽琵琶赐之，至于采戏、奕棋，靡不妙绝。后主嗣位，立为后，宠嬖专房。创为高髻、纤裳，及首翘、鬓朵之妆，人皆效之。尝雪夜酣燕，举杯请后主起舞，后主曰：“汝能创为新声，则可矣。”后即命笺缀谱，喉无滞音，笔无停思，俄顷谱成，所谓《邀醉舞破》也。又有《恨来迟破》，亦后所制。故唐

---

① 欧阳修等：《新五代史》卷三七《伶官传》，《二十五史》，第5113页。

② 张唐英：《蜀梼杌》卷上，《全宋笔记》第一编第八册，第42–44页。

③ 张唐英：《蜀梼杌》卷上，《全宋笔记》第一编第八册，第47页。

④ 张唐英：《蜀梼杌》卷上，《全宋笔记》第一编第八册，第49页。

盛时《霓裳羽衣》最为大曲，乱离之后，绝不复传，后得残谱，以琵琶奏之，于是开元天宝之遗音，复传于世。内史舍人徐铉闻之于国工曹生，铉亦知音，问曰："法曲终则缓，此声乃反急，何也？"曹生曰："旧谱实缓，宫中有人易之，非吉征也。"后主以后好音律，因亦耽嗜，废政事，监察御史张宪切谏，赐帛三十疋，以旌敢言，然不为辍也。①

王灼《碧鸡漫志》亦因李煜之《昭惠后诔》，而载其为《霓裳羽衣曲》定谱一事：

李后主作《昭惠后诔》云："《霓裳羽衣曲》，绵兹丧乱，世罕闻者。获其旧谱，残缺颇甚。暇日与后详定，去彼淫繁，定其缺坠。"盖唐末始不全……决非开元全章。②

君主、后妃钟情于音舞、歌词，官宦子弟也有十分好乐者。如历事六朝、六度为相的冯道，其子冯吉却是一位真正的音乐爱好者，不管冯道如何责备、教诲，所好依然。《五代史补》记载："冯吉，瀛王道之子。能弹琵琶，以皮为弦，世宗尝令弹于御前，深欣善之，因号其琵琶曰'绕殿雷'也。道以其惰业，每加谴责，而吉攻之愈精，道益怒。凡与客饮，必使庭立而弹之，曲罢，或赐以束帛，命背负之，然后致谢，道自以为戒最极矣，吉未能悛改，既而益自若。道度无可奈何，叹曰：'百艺之可工，而身贱理使然也。此子不过太常少卿耳。'其后，果终于此。"③

五代的君主，或非似后唐庄宗那样宠信伶人，却多能礼遇文士，此当是词人频出的原因之一。

建立前蜀政权的王建，出身为贼，《蜀梼杌》谓之"以剽盗为事，被重罪，系许昌，而狱吏纵之"④，到他权柄在握时，却能善待士人。据《五代史补》载："王建之僭号也，惟翰林学士最承恩顾。侍臣或谏其礼过，建曰：'盖汝辈未之见也，吾昔在神策军时，主内门鱼钥，见唐朝诸帝待翰林学士虽交友不若也，今我恩顾，比当时才有百分之一尔，何谓之过当耶？'"⑤《五代史补》又有锺傅重士之载："锺傅虽起于商贩，尤好学重士。时江西士流有名第者，多因傅荐，四远腾声，谓之曰英明。诸葛浩素有词学，尝为泗州馆驿巡官，仰傅之风，因择其所行之事，赫赫可称者十，条列于启事以投之。十启凡五千字，皆文理典赡。傅览之惊叹，谓宾佐曰：'此启事每一字可以千钱酬之。'遂以五千贯赠，乃辟在幕下。其激赏也如此。"⑥正由于王建等能礼待文人，故韦庄、张蠙等著名诗人都被拜官，韦庄甚至官终吏部侍郎、平章事（宰相），《蜀梼杌》称"（王）建之开国制度、号令、

① 陆游：《南唐书》卷一六《后妃储王列传》，《陆放翁全集·南唐书》，中国书店 1986 年版，第 66 页。
② 王灼著，岳珍校正：《碧鸡漫志校正》卷三，第 54 页。
③ 陶岳：《五代史补》卷五，四库全书本。
④ 张唐英：《蜀梼杌》卷上，《全宋笔记》第一编第八册，第 33 页。
⑤ 陶岳：《五代史补》卷一，四库全书本。
⑥ 陶岳：《五代史补》卷一，四库全书本。

刑政、礼乐皆庄所定"[①]。贯休虽方外,也得王建礼遇,牛峤亦入蜀。

不仅是西蜀,南方各国所受的战乱破坏要较中原为小,经济较繁荣,社会较稳定,故晚唐的著名诗人纷纷南下。如韩偓入闽投靠王审之,崔道融亦终老于闽,翁承赞本为梁太祖册封王审之的策礼副使,后来却依王审之,直至为相。罗隐屡举不第,后归乡依钱镠。韩熙载为北人,曾为官滁、和、常三州,后投南唐,孟宾于亦在楚亡后归南唐。而观晚唐入五代,蜀地词人多,南唐诗人多,已成为一道文化风景。

三、经济繁荣　热衷享乐

文艺的传承、发展离不开一定的经济条件。安史之乱后,经济财赋的重心移到了南方,五代时期,经济更较北方发达。南方水利设施较好,南唐在楚州筑白水塘,在寿州修安丰塘,可灌溉万馀顷;吴越有杭州修筑的捍海石塘,越州有鉴湖、鄞县有东钱湖的灌溉之便;闽在长乐修筑的海堤,有十个斗门,旱储水,涝泄水,堤旁皆良田;后蜀的山南节度使武璋"凿大洫,以导泉源,溉田数千顷"[②];楚筑堤在潭州东二十里,储诸山泉水,"号曰龟塘,溉田万顷"[③]。水利使农业得以发展,而南方种茶普及,蚕桑业发达,岭南广为植棉,经济作物也很发达。制茶、制盐、织染、采矿、造纸、瓷器、造船等手工业,也有很大发展。

南方诸国的经济普遍都较繁荣,此处选择词的兴盛地前后蜀与南唐言之。

据何光远《鉴诫录·陪臣谏》:前蜀时期,蜀臣蒲禹卿曾谓蜀地"郡府颇多,关河甚广,人物秀丽,土产繁华"[④]。《五国故事》载,四川桑树甚多,每当蚕市,桑树苗的买卖亦多,王建"尝登楼望之,见其货桑栽者不一,仍顾左右曰:'桑栽甚多,倘税之,必获厚利'"[⑤]。即此已可见蚕桑业的发达。王建重视改善生产条件,劝课农桑,使经济逐渐发展。至王衍之时,就因之而具备享乐的条件。《蜀梼杌》载:

> 三年三月,衍还成都。五月,宣华苑成,延袤十里,有重光、太清、延昌、会真之殿,清和、迎仙之宫,降真、蓬莱、丹霞之亭。土木之功,穷极奢巧。衍数于其中为长夜之饮,嫔御杂坐,舄履交错。
>
> (五年)四月,游浣花溪,龙舟彩舫,十里绵亘。自百花潭至万里桥,游人士女,珠翠夹岸。[⑥]

而卷下所载,更见后蜀时期的繁盛景象:

---

① 张唐英:《蜀梼杌》卷上,《全宋笔记》第一编第八册,第38页。
② 路振:《九国志》卷七《武璋传》,宛委别藏本,江苏古籍出版社1988年版,第163页。
③ 脱脱等:《宋史》卷一七三《食货志》,《二十五史》,第5714页。
④ 何光远:《鉴诫录》卷七,丛书集成初编本,《鉴诫录》(及其他一种),中华书局1985年版,第48页。
⑤ 佚名《五国故事》卷上,朱易安、傅璇琮主编《全宋笔记》第一编第三册,第242页。
⑥ 张唐英:《蜀梼杌》卷上,《全宋笔记》第一编第八册,第42、44页。

十二年八月，(孟)昶游浣花溪。是时，蜀中百姓富庶，夹江皆刱亭榭游赏之处。都人士女倾城游玩，珠翠绮罗、名花异香馥郁森列。

十三年……是时，蜀中久安，赋役俱省，斗米三钱。城中之人子弟不识稻麦之苗，以笋芋俱生于林木之上，盖未尝出至郊外也。村落闾巷之间，弦管歌诵合筵社会，昼夜相接。府库之积，无一丝一粒入于中原，所以财币充实。城上尽种芙蓉，九月间盛开，望之皆如锦绣。昶谓左右曰："自古以蜀为锦城，今日观之真锦城也。"①

如此之富庶，贪官之聚敛就不甚困难。《蜀梼杌》卷下云，宰相李昊"事前后蜀五十年，资货巨万，奢侈踰度，妓妾数百。尝读《王恺石崇传》，笑曰：'穷俭乞儿，以此为富，可笑，可笑'"。②以历史记载相证，可知《花间集》中所写，并非虚拟之辞。

南唐所在的淮扬地区，曾遭受较大的战争破坏，自杨行密实行与民休息、招纳流亡、发展生产的政策以来，农业得到了恢复。后来宋齐丘向徐知诰献策，蠲丁口钱，自余税悉输谷帛，改变使民输钱的办法，结果"江、淮间旷土尽辟，桑柘满野，国以富强"③。《五代史补》所载的《韩熙载帷箔不修》，可见高官荒淫享乐之一斑："韩熙载任江南官至侍郎，性每脱略不羁，女仆百人，每延宾客，请谒，先令女仆与之相见。或调戏，或殴击，或加以争夺靴笏，无不曲尽，然后熙载自始缓步而出，习以为常。复有医人及烧炼僧数辈，每来无不升堂入室，与女仆等杂处。伪主知之，虽怒，以其大臣，不欲直指其过，因命待诏画为图以赐之，使其自愧，而熙载视之安然。"④虽有谓韩熙载是因后主李煜"颇疑北人，多以死之"，而放意杯酒以自污，以消其虑，但韩之好酒宴乐舞却是事实。今传的顾闳中《韩熙载夜宴图》卷，第一段"端听琵琶"，画教坊副使李佳明的妹妹弹琵琶，韩熙载及众宾听其演奏；第二段"挝鼓助兴"，名妓王屋山表演唐代著名的《六幺》舞，韩熙载为之击鼓；第三段"盥手小憩"，画韩击鼓后由侍女侍候洗手；第四段"闲对箫管"，韩熙载与侍女一起，右方五女艳妆演奏箫笛；第五段"歌舞重开"，韩重执鼓锤，夜宴将持续下去。此画为传世名作，不仅在绘画史上享有盛名，且对后人了解当时的歌舞乐器、表演方式都十分有助。

由于南方各国有较长时期的和平生活，又有一定的经济条件，文士乐人甚多，加以帝王的提倡，甚而是强烈的爱好，歌舞享乐是必然之事，前后蜀及南唐的歌辞创作遂能继续了唐朝的繁盛。

第二节 《花间集》的主要题材与文化成因

论五代词，首先要论西蜀词人的"花间"之作。《花间集》的作者计十八家，除温庭筠、皇甫松、薛昭蕴为晚唐人，和凝为后晋人，孙光宪为荆南人外，其馀十三家都是西

① 张唐英：《蜀梼杌》卷下，《全宋笔记》第一编第八册，第56、56-57页。
② 张唐英：《蜀梼杌》卷下，《全宋笔记》第一编第八册，第59页。
③ 司马光编著，胡三省音注：《资治通鉴》卷二七○，第8832页。
④ 陶岳：《五代史补》卷五，四库全书本。

蜀或留寓西蜀的词人。这十三家计有词三百多首,约占全集的百分之七十。未收入《花间集》而为《尊前集》等集子所收的西蜀词也有近百首。《花间集》一直被人目之为艳词,诚然不错,但艳词并非其全部,由于这是群体之作,而不是个人之词,即使编选者有自己的侧艳择向,但是在艳词外还有其他的内容,这是此前任何一位词人难以相比的,也是有唐一代文人词所难以相及的。花间词的不同题材各有自己的文化背景,也造就出不同的艺术风格,以下分别论之。

一、贪恋欢娱　不觉金乌坠

虽说花间艳词很多出于士人与歌妓的交欢,有着延续晚唐进士文化的背景,但更因于统治者对酒色逸乐的追求,此时的艳词可以说是五代宫廷文化的直接产物。马克思有一个著名的论断:统治阶级的思想就是统治的思想。五代之时,如果说开国之君尚多少有些励精图治之志,然而他的继承者很快就走向追求享受之路,常导致二世而亡,前后蜀就是很好的例子。

在第二章中,笔者曾论盛唐词与宫廷文化的关系,但应看到,统治期甚长的唐玄宗虽在晚年追求享乐,而他在开元时期却是极有作为的明君,他不仅得姚崇、宋璟等名相辅助,造就出开元盛世,而且在思想建设上也对唐代的儒学颇有贡献。即使玄宗有歌舞声色之好,其欣赏水准与审美情趣绝对不低,故此时李白所作之歌辞也绝非艳词。

五代则不然。建立前蜀的王建,出身于无赖,以盗驴、屠牛、贩私盐而被号为"贼王八",《蜀梼杌》曾载其公然向臣下索要绝色而工词的小妾一事,杨湜《古今词话》谓之曾夺走韦庄的宠姬,致使韦有《谒金门》(空相忆)等作[①]。其子王衍,更品行低下,《蜀梼杌》载,"郡民何康女有美色,将嫁。衍取之。赐其夫家百缣,其夫一恸而卒","四月,流军使王承纲于茂州。衍尝私至承纲家,悦其女有美色,欲私之。承纲言已许嫁,将适人。衍不从,遂取入宫。潘昭与承纲有隙,奏其出怨言,故被贬。女闻承纲得罪,剪发求赎其罪,不从,乃自缢死"。他"穷极奢巧","数于其中(宫中)为长夜之饮,嫔御杂坐,舄履交错"。继位之后,"衍好私行,往往宿于倡家,饮于酒楼,索笔题曰'王一来'云。恐人识之,故令民间皆带大帽"。"衍朝永陵,自为尖巾,民庶皆效之。还,宴怡神亭,嫔妃妾妓皆衣道服莲花冠,髽髻,为乐。夹脸连额,渥以朱粉,曰'醉妆'。国人皆效之"。[②]王衍"起宣华苑,苑有重光、太清、延昌、会真之殿,清和、迎仙之宫……又作怡神亭,与诸狎客、妇人日夜酣饮其中"[③],"奢纵无度,日与太后、太妃游宴于贵臣之家,及游近郡贵山,饮酒赋诗,所费不可胜纪"[④],在宫中"结缯为山……乐饮缯山,涉旬不下"[⑤],又曾集艳诗二百篇为《烟花集》,他"酷好靡丽之词"[⑥],能自执板唱曲,自作有《甘州曲》和《醉妆词》,后者

---

① 杨湜:《古今词话》,《词话丛编》,第20页。
② 张唐英:《蜀梼杌》卷上,《全宋笔记》第一编第八册,第42-45页。
③ 欧阳修等:《新五代史》卷六三《前蜀世家》,《二十五史》,第5155页。
④ 司马光编著,胡三省音注:《资治通鉴》卷二七〇,第8842页。
⑤ 司马光编著,胡三省音注:《资治通鉴》卷二七一,第8861页。
⑥ 王士禛原编,郑方坤删补,戴鸿森校点:《五代诗话》卷一,人民文学出版社1989年版,第20页。

云:“者边走。那边走。只是寻花柳。那边走。者边走。莫厌金杯酒。”完全就是浪荡君主的自供。

开创后蜀的孟知祥,仅做了半年皇帝,《蜀梼杌》谓其“好学问,性宽厚,抚民以仁惠,驭卒以恩威,接士大夫以礼”,故“薨之日,蜀人甚哀之”①。后蜀后主孟昶,即位之初尚能“戒王衍荒淫骄佚之失,孜孜求治,与民休息。虽刑罚稍峻,而不至酷虐,人颇安之。”②但不久后即步前蜀后尘,沉迷享乐,务求奢侈,甚至连溺器也用七宝妆饰。《蜀梼杌》载其“三年正月上元,观灯露台。舞娼李艳孃有姿色,召入宫,赐其家钱十万”,“六年春,大选良家子以备后宫,限年十五岁以上,二十以下,州县骚然”。③孟昶也爱小词,虽流传下来的只有写花蕊夫人的“冰肌玉骨”二句,所作的“香艳”已可窥见。

追求穷极奢侈的享受并不只是西蜀地区, 五代时期的其他政权也似乎充满了世纪末的情绪,如《十国春秋》卷九十四载,王审之入闽后将陈金凤召为才人,王延钧即位,封之为淑妃,大得宠幸,后又被立为皇后,筑长春宫以居。“惠宗数于其中为长夜之饮,每宴辄燃金龙烛数百枝环左右,光明如昼,勅宫婢数十,擎杯盘,多金玉、玛瑙、琥珀、玻璃之属,以次递进,不设几筵,酒酣,裸逐嬉笑以为乐”。该卷又引《金凤外传》“延钧张长枕大床,拥金凤与诸宫女裸卧。又遣使于日南造水晶屏风,周围四丈二尺,与金凤淫狎于内,令宫女隔屏觇之。二月上巳,延钧修禊桑溪,金凤偕后宫杂衣文锦,列坐水次,流觞娱畅,沉麝之气,环佩之香,达于远近。途中丝竹管弦,更番迭奏”④,宫廷风气更坏于西蜀。

王衍、孟昶贪淫逸,喜艳词,君非唐太宗这样的明君,臣无魏征这样的诤臣,上有所爱,下必迎合,王衍、孟昶对词作有很强的导引作用,蜀词之向艳词发展可谓必然。史载欧阳炯等人有“五鬼”之号,皆以小词供奉孟昶,投其所好,宫廷风气可见,创作风气亦可知。

笔者以宫廷文化论蜀词,是以其地不同于前面所论的齐梁与隋唐,前后蜀的宫廷文化应是特殊的类型。虽说《花间集》中也有传统宫廷文化所表现出的宫怨之词,如“羊车一去长青芜。镜尘鸾影孤”(欧阳炯《更漏子》),“忆昔在昭阳。舞衣红绶带,绣鸳鸯。至今犹惹御炉香。魂梦断,愁听漏更长”(薛昭蕴《小重山》),但似乎花间词的背景,更是宫廷文化与娼妓文化相混合而形成的宫廷俗文化,王衍《醉妆词》就是这种文化的折射。此词虽昏君自作,但又何尝不是“花间”创作精神的代表?为何说蜀词的宫廷文化背景有娼妓文化的因素呢?王衍宿于倡家且不说,《花间集》的命名,其实也涉娼妓,若作词源性解释,可以追溯到《教坊记》的《醉花间》曲,任二北《教坊记笺订》以此调与《醉乡游》、《醉思乡》、《醉公子》、《醉浑脱》等皆为酒筵令曲。现存《醉花间》调的毛文锡二首、冯延巳四首,均为冶游与恋爱之作,由于词之初起,调名多咏本意,而“花”

① 张唐英:《蜀梼杌》卷下,《全宋笔记》第一编第八册,第53页。
② 张唐英:《蜀梼杌》卷下,《全宋笔记》第一编第八册,第62页。
③ 张唐英:《蜀梼杌》卷下,《全宋笔记》第一编第八册,第54、55页。
④ 吴任臣:《十国春秋》卷九四,四库全书本。

常指妓女，如周密《武林旧事·歌馆》云："平康诸坊，如上下抱剑营……皆羣花所聚之地。"[①]因而《醉花间》所醉之花，并不是花草树木之花，而应是妓女[②]。欧阳炯《花间集序》的"夫子自道"，虽有"休唱莲舟之引"一说，可见意欲以文人创作之典雅歌辞代替民间之俗唱，然而此集所收之词，是用于"绣幌佳人"的歌妓所唱，因此，在词的创作、传播、消费中，"绮筵公子"与歌妓们已经形成了完整的互动关系。

在帝王的享乐生活辐射至官员及社会之时，遂有尹鹗《金浮图》对这种风气的形象展示：

> 繁华地。王孙富贵。玳瑁筵开，下朝无事。压红茵、凤舞黄金翅。立玉纤腰，一片揭天歌吹。满目绮罗珠翠。和风淡荡，偷散沈檀气。　　堪判醉。韶光正媚。坼尽牡丹，艳迷人意。金张许史应难比。贪恋欢娱，不觉金乌坠。还惜会难别易。金船更劝，勒住花骢辔。

"玉立纤腰，一片揭天歌吹"，大可想象妙龄歌妓们唱艳词、贵人公子们听艳词的热闹情景。

二、且陪烟月醉红楼

论五代词，尤其是花间词，仍然离不开进士文化。

五代是我国历史上的乱世之一，乱世尤其造成了伦理纲常的破坏，欧阳修曾说：当时"君君臣臣父父子子之道乖，而宗庙、朝廷，人鬼皆失其序"[③]。因此也是文人极见无行的时代。在德与情的此消彼长过程中，如况周颐所说："五代词人丁运会，迁流至极，燕酣成风，藻丽相尚。"[④]词沿着王世贞所说的"颂酒赓色"一路发展，是有其必然性的，艳词之多，适不足怪。韦庄作为入蜀的第一代词人，尚不免在其词中将乡思乡愁转化为"蜀地乐，不思家"，他以后的西蜀词人就更少故土意识。在经历了晚唐的动乱而流落到西蜀后，文人们在庆幸未死于战乱之馀，又找到了"安全岛"，及时行乐思想的萌生和泛滥是不足为奇的，即使未曾经历动乱者，也受到时代的影响，难出社会风气之外。

进士文化本来具有两个精神向度，在初、盛、中唐时期都显示出其积极的一面，但五代之时，初盛唐的进取精神不再，中唐时的使命意识不复见，而是继续并发展了晚唐的士风。韦庄说："劝君今夜须沉醉。尊前莫话明朝事"，"遇酒且呵呵，人生能几何？"(《菩萨蛮》)而五代词也颇多这一人生态度的表现，因此，不少论者都看到了《诗·唐风·蟋蟀》之旨在词中的再现，花间词无疑是"颂酒赓色"的继续。

五代时期，战乱不断，但科举大体能正常进行，仅有几年停顿，其中的进士考最正

---

① 周密：《武林旧事》卷六，见孟元老等《东京梦华录》(外四种)，文化艺术出版社 1998 年版，第 408 页。

② 关于《花间集》的命名，参见闵定庆《花间集论稿》，南方出版社 1999 年版。

③ 欧阳修等：《新五代史》卷一六《唐家人传》，《二十五史》，第 5089 页。

④ 况周颐：《蕙风词话》卷一，《蕙风词话·广蕙风词话》，第 11 页。

常,不似其他各科的时兴时废。虽五代词人中真正属于进士出身者并不很多,较著名的十多名词人中,以唐之进士入蜀的韦庄不算,仅有薛昭蕴、张泌、牛峤、毛文锡、和凝、鹿虔扆等曾登进士第,但是,欧阳炯、牛希济事蜀时皆曾任翰林学士,其他词人亦多任官职。因进士制施行多年,以及进士文化的影响,《花间集》中有不少写到进士及第与因之得到的荣耀。

韦庄有写进士及第的《喜迁莺》二首,第二章已引,不再赘。直接写进士及第的还有其他人的作品。和凝虽是后晋人,却有《小重山》:

> 正是神京烂熳时。群仙初折得、郄诜枝。乌犀白纻最相宜。精神出、御陌袖鞭垂。
>
> 柳色展愁眉。管弦分响亮、探花期。光阴占断曲江池。新榜上、名姓彻丹墀。

西蜀有薛昭蕴的《喜迁莺》:

> 金门晓,玉京春。骏马骤轻尘。桦烟深处白衫新。认得化龙身。　九陌喧,千户启。满袖香风细。杏园欢宴曲江滨。自此占芳辰。

直接继承了韦庄的“莺迁乔木”之意,“自此占芳辰”更见词人的喜悦、自信。

五代的士人,继续了中晚唐士子、进士与妓女相狎之风,欧阳炯的《春光好》以连章体的形式出之,其后几首几乎就是从进士放榜到与妓女相狎的形象图解:

> 鸡树绿,凤池清。满神京。玉兔宫前金榜出,列仙名。　叠雪罗袍接武,团花骏马娇行。开宴锦江游烂漫,柳烟轻。
>
> 芳丛肃,绿筵张。两心狂。空遣横波传意绪,对笙簧。　虽似安仁掷果,未闻韩寿分香。流水桃花情不已,待刘郎。
>
> 垂绣幔,掩云屏,思盈盈。双枕珊瑚无限情。翠钗横。　几见纤纤动处,时闻款款娇声。却出锦屏妆面了,理秦筝。
>
> 金辔响,玉鞭长。映垂杨。堤上采花筵上醉,满衣香。　无处不携弦管,直应占断春光。年少王孙何处好,竞寻芳。

和凝的《柳枝》曾写道:“鹊桥初就咽银河。今夜仙郎自姓和。不是昔年攀桂树,岂能月里索姮娥。”那些不管是攀上了桂树,还是正在攀树者,都纷纷索姮娥、寻花柳。于是,与进士文化密切相关的男女之情成为此时词作的第一主题。

与中唐时期以刘、白为代表的中隐思想、闲情表现不同,此期之词多写青年男女的相思离别。尽管五代时期也难出“文各有体”的规律之外,士人们或在诗文中不乏“言志”、“载道”,《花间集》难以尽括其思想、生活情趣,但是,“春病与春愁,何事年年有。半为枕前人,半为花间酒”(孙光宪《生查子》),仍可看作是五代士人主要的文化诉

求与生活之趣。孙光宪的《浣溪沙》不仅是自己的自供,也具有极大的代表性:

> 十五年来锦岸游。未曾何处不风流。好花长与万金酬。　满眼利名浑信运,一生狂荡恐难休。且陪烟月醉红楼。

牛希济《文章论》以仁义教化论文,鄙薄"淫靡之文","荒巧之说"[①],所为之词虽情趣较高,但仍难出五代总体的冶艳之习。

从《花间集》中,我们可以看到的多是杜牧式的风流"俊赏",既可见此时士人发展了晚唐进士的无行轻薄,又可见当时的礼教松弛,"须作一生拚,尽君今日欢"之词的产生确实有着肥沃的土壤。在五代词人的作品中,可以看到大量"且陪烟月醉红楼",与歌妓密切交往的内容。如和凝的《江城子》五首,从女子"排红烛,待潘郎",经"轻拨朱弦、恐乱马嘶声",到三更听到马啼声的"含笑整衣开绣户,斜敛手,下阶迎","纤玉手,抚郎衣",直到最后的"帐里鸳鸯交颈情。恨鸡声。天已明。愁见街前、还是说归程。临上马时期后会,待梅绽,月初生",完全就是与歌妓交欢的连环画。至于其《麦秀两歧》对女子的描绘,实在是过于宫体诗:

> 凉簟铺斑竹。鸳枕并红玉。脸莲红,眉柳绿。胸雪宜新浴。淡黄衫子裁春縠。异香芬馥。　羞道教回烛。未惯双双宿。树连枝,鱼比目。掌上腰如束。娇娆不奈人拳跼。黛眉微蹙。

而阎选的词,无论是《虞美人》的直接写幽会,《临江仙》的借襄王神女事,都应有作者自己的体会,如果说《虞美人》下片的"水纹簟映青纱帐。雾罩秋波上。一枝娇卧醉芙蓉。良宵不得与君同。恨忡忡"尚多美感,那么另一首《虞美人》的下片:"偷期锦浪荷深处。一梦云兼雨。臂留檀印齿痕香。"则对男女相昵的细节不避直写,而颇见亵意了。孙光宪《南歌子》:"映月论心处,偎花见面时。倚郎和袖抚香肌。遥指画堂深院、许相期。"《浣溪沙》:"醉后爱称娇姐姐,夜来留得好哥哥。不知情事久长么。"都直写男女相悦、相约、相会的情态语言。尤其是欧阳迥的《浣溪沙》,更是历来诗词中所少见:

> 相见休言有泪珠。酒阑重得叙欢娱。凤屏鸳枕宿金铺。　兰麝细香闻喘息,绮罗纤缕见肌肤。此时还恨薄情无。

魏承班《满宫花》的"王孙何处不归来,应在倡楼酩酊",在花间词中很是普遍,如顾敻《甘州子》组词五首皆以男女幽会寝于"山枕"相统,味其词意,不是夫妻的关系,

---

① 牛希济:《文章论》,见肖占鹏主编《隋唐五代文艺理论汇编评注》,第1350页。

而是婚外之情，女子的身份与歌妓最合，其中第三首借刘晨、阮肇天台遇仙事写幽会："曾如刘阮访仙踪。深洞客，此时逢。"而以刘阮事写与妓女的艳遇，也是唐传奇中所用的惯技。虽然词人自己说"解佩君非晚，虚襟我未迟。愿如连理合欢枝。不似五陵、狂荡薄情儿"（孙光宪《南歌子》），而实际上恐怕并非真的如此。五代文士承袭晚唐风气，也爱与女冠交往，因此时之词尚咏本题，故牛峤《女冠子》："绿云高髻。点翠匀红时世。月如眉。浅笑含双靥，低声唱小词。眼看唯恐化，魂荡欲相随。玉趾迴娇步，约佳期。"若是写女冠，则可见女冠与歌妓已经无所区别。

三、暗伤亡国　清露泣残红

《花间集》固然与进士文化中的德消情长、追求享乐一面有密切关系，但也应看到该集子中也有许多不属于艳情之作。据台湾学者张以仁的统计，《花间集》五百多首词中，有一百二十四首为非男女情词，以作品分类，计有行旅、边塞、人物、别情、写景、吊古、咏怀、风土、忧患、赏游、登科、咏物、闲适、神仙、咏史、隐逸等十六类①。这十六类之中，除登科与进士制直接相关外，还应关注吊古、咏怀、赏游、咏史等作，因为这些作品也与进士文化有较为密切的关系。

进士文化有快意人生、追求享乐的一面，而进士们毕竟没有完全忘记自己参政、为政的人生角色，中晚唐如此，五代亦复如此。尤其因受到唐代诗人多作怀古、咏史诗的影响，在小词中也阑入了历史意识，在将目光投向现实之时，也不由自主地勾起历史之思，出现了较多的怀古或咏史之词。

对于唐人咏史与怀古诗常混称的现象，此不辨。应注意的是，"摅怀旧之蓄念，发思古之幽情"（班固《西都赋》），思古之幽情是咏史的前奏和必要的感情准备，而咏史本身则进而作"蓄念"的理性思索。因此，五代词虽多出于进士——歌妓文化，因而具有"男子作闺音"的特点，但是在抒发自己的情感时，也会融入对现实的思考，不由得转向了历史，多少透出怀古诗和咏史诗的借古言今之旨，甚而作以古鉴今之思。

怀古者如欧阳炯《江城子》："晚日金陵岸草平。落霞明。水无情。六代繁华，暗逐逝波声。空有姑苏台上月，如西子镜，照江城。"薛昭蕴《浣溪沙》："倾国倾城恨有馀。几多红泪泣姑苏。倚风凝睇雪肌肤。吴主河山空落日，越王宫殿半平芜。藕花菱蔓满重湖。"牛峤的《江城子》："鵁鶄飞起郡城东。碧江空。半滩风。越王宫殿、蘋叶藕花中。帘卷水楼渔浪起，千片雪，雨濛濛。"都在怀古中感叹历史的变迁，抒发人世沧桑之感。孙光宪的《思越人》二首："古台平，芳草远，馆娃宫外春深。翠黛空留千载恨，教人何处相寻。绮罗无复当时事。露花点滴香泪。惆怅遥天横渌水。鸳鸯对对飞起。""渚莲枯，宫树老，长洲废苑萧条。想像玉人空处所，月明独上溪桥。经春初败秋风起。红兰绿蕙愁死。一片风流伤心地。魂销目断西子。"如果说前者的"绮罗无复当时事"，主要是怀古，那么，在怀古的凭吊中，通过"一片风流伤心地"，又多少流露出对历史上吴越之争的思考。

---

① 见《文史哲》48、49 期，1998 年 6、12 月。

孙光宪二首《后庭花》,前者的"景阳钟动宫莺啭"、"修蛾慢脸陪雕辇。后庭新宴",与后者的"石城依旧空江国"、"野棠如织。只是教人添怨忆。怅望无极",形成了鲜明的对照,无言的怀古中又昭示了历史的教训。这些怀古之词很容易令人想起李白的七绝《苏台览古》和《越中览古》,以及刘禹锡的《石头城》等作,显见这些著名唐人怀古诗在构思和意象营建上的影响。

在怀古基础上的咏史,可认为是晚唐诗的延续。晚唐政权逐渐衰败,咏史诗却方兴未艾,在唐宣宗咸通(860—874)以后,更出现了大量的咏史组诗,在今昔之慨的基础上,兼有借古讽今和以史遣兴之旨。杜牧、许浑、李商隐、温庭筠,均擅作咏史诗,尤其是李商隐,作有六十多首,数量远过于他人,且有以史讽时的显著特点,在艺术上也代表了咏史诗的最高成就。唐季韩偓、吴融也擅长此类诗歌,以之表达对政治和时局的看法。历来对杜甫的"即事名篇"多有赞赏,所作被誉为"诗史",却较少注意晚唐之作,尤其是"香奁"诗人所作,其实,如韩偓所作涉及宫廷史,较之杜甫的反映社会史,是更为隐秘且另有其价值。韩偓的《八月六日作四首》,原注"壬申年作",《唐音戊签》以为"此诗自纪朱温弑昭宗事,甲子年所作也。意温于壬申年被弑,此诗方敢出,故附之'壬申'耳。"[①]诗中虽多用典及隐语,仍可见其所写史实。吴融的《金桥感事》,方回《瀛奎律髓》谓之"慨叹兵戈之间"[②],高步瀛更指出是"感李克用叛唐事"[③]。

韦庄有《金陵图》诗:"谁谓伤心画不成,画人心逐世人情。君看六幅南朝事,老木寒云满故城。"《上元县》诗:"南朝三十六英雄,角逐兴亡尽此中。有国有家皆是梦,为龙为虎亦成空。残华旧宅悲江令,落日青山吊谢公。止竟霸图何物在,石麟无主卧秋风。"在咏怀古迹、伤其惨败之中,历史的幻灭感应是与现实结合在一起的。贯休也以六朝史实为鉴,写下了具有警世意义的《陈宫词》:"缅相当时宫阙盛,荒宴椒房蔑尧舜。玉树花歌百花里,珊瑚窗中海日迸。大臣来朝酒未醒,酒醒忠谏多不听。陈宫因此成野田,耕人犁破宫人镜。"因诗而入词,咏史以关系现实,可谓是很自然的延伸。

五代词人之中,也有不少咏史之词。虽说此时的词人颇多以词伺奉君主,但仍然有通过咏史在慨叹中寓警戒之意者。如孙光宪《河传》其二:

> 柳拖金缕。著烟笼雾。濛濛落絮。凤皇舟上楚女。妙舞。雷喧波上鼓。
> 龙争虎战分中土。人无主。桃叶江南渡。襞花笺。艳思牵。成篇。宫娥相与传。

讽刺东晋偏安江左,王献之的爱妾桃叶被迫渡江,中土被分,人民流离,咏史之中是否还有对现实的感喟呢？毛熙震《临江仙》(南齐天子宠婵娟)的咏潘妃事,点明对"纵态迷欢心不足"、"妖君倾国" 的谴责。韦庄与孙光宪都有以隋炀帝为题材的同调

---

① 胡震亨:《唐音统签·戊签》卷七一一,《续修四库全书》第1618册,第189页。

② 方回选评,李庆甲集评校点:《瀛奎律髓汇评》,上海古籍出版社2005年新1版,第1367页。

③ 高步瀛:《唐宋诗举要》,上海古籍出版社1978年新1版,第637页。

《河传》之作。尤其是鹿虔扆的《临江仙》:

> 金锁重门荒苑静,绮窗愁对秋空。翠华一去寂无踪。玉楼歌吹,声断已随风。
> 烟月不知人事改,夜阑还照深宫。藕花相向野塘中。暗伤亡国,清露泣香红。

况周颐和李冰若均以此词为哀悼后蜀而作[①],实际上此词被收入《花间集》,而《花间集》是后蜀广政三年(840)才编成的,后蜀之亡在此后二十五年,因此,当是悼前蜀之亡。此词与其所作的主体内容、风格不同,可见即使在歌舞升平之中,也会有清醒的意识。作者因以小词奉后主,被诋为"五鬼"之一,但他少有大志,曾自许周公辅佐成王,此或与史实不符,而他能在国亡后固节不仕新朝,亦可见证此词"暗伤亡国"之情。

花间词中的怀古之作,继承了自盛唐以来以李白、刘禹锡等人为代表的创作传统,加以词化的柔性改造,在思想与艺术上都体现出自己的特色,尤其于咏史一道,虽无晚唐咏史诗的精警、深刻,但在艺术上仍有自己的特色,将艳情与史鉴作了较好的结合。

其他的题材、内容,将置于下面结合艺术再论。

第三节 前期花间词的艺术

陈廷焯《云韶集》说:"飞卿词绮语撩人,开五代风气。"[②]飞卿以"绮语"成为花间鼻祖,花间词的最大特点也在于"绮语"。花间的"绮语"是"艳词"的外在表现,而艳词的内容则主要包括这几个方面:以悦妓为主的男欢女爱,由此衍生出的幽会、恋情,与之相关的女性声色、打扮、陈设、环境,推而至冶游、艳遇、歌席酒宴之乐,怨女的代言(男子作闺音)。

艳词出以绮语,是传统的进士文化与新兴的都市享乐文化之结合,因题材的狭而深,精心于此,其艺术表现亦趋于极度的精美,使花间词总体上呈现优美面貌而达阴柔之极致,大致似可以归纳为几点:第一,由于进士文化之寄情北里,留意于眼中人、心中事,使作者将所交欢的歌妓及其外貌、内心,及所处环境,都作了理想化的处理,又因当时所实有的物质条件,使所表现的事物与人物高度和谐,词作体现出香艳、绮美的总体特征。第二,用于绮筵侑觞佐酒的花间词,不负担文学的载道、言志甚至是缘情的功能,与社会、政治、民众无涉,其歌女主唱的特点,使创作主体向女性一端移就,形成了男子代言的主要特色,努力于体验女性心理、生存境遇,除少数作品是自抒其情外,大体上成为女性的"歌者之词",必然不求刚性之美。第三,词作者留意事物外在的、细部的美,充分调动感官功能,竭力表现出所感所觉,将诗性思维转为词性表达,尤其在色与声的表现上极其细致,又因所写多为小景、内景,故所写颇具文小、质轻的特点,辞工而语丽。第四,五代之词,仅李存勖等有少量长调之作,大部都是小令,而令词原出酒令,其声应美,花间词人为求文乐和谐,用调必择其声律之尤美者,又经数代

① 《花间集评注》,第208–209页。
② 陈廷焯:《云韶集》卷一,转引自《白雨斋词话足本校注》,第26页。

词人与伎人探索,多能做到律和而调谐。

以上是花间词因“艳”而“绮”之所“同”。不过,花间词并非全是艳题,因而张以仁所分的十六类题材中,绝大部分都不是出以绮语。除了题材的原因外,词人的创作个性、艺术手法、风格也不尽相同,遂使得花间词一如众花之虽同为花,却又各有其色其香。由于花间词人较多,限于篇幅,难以一一论列,出于本书的写作宗旨,拟从历史的纵向为主,结合横向的词人及作品,作侧重于艺术发展的论述。

虽说飞卿开五代词风,但花间词并非一家之传。李冰若认为:

> 花间词十八家约可分为三派,镂金错彩,缛丽擅长而意在闺帏,语无寄托者,飞卿一派也。清绮明秀,婉约为高,而言情之外兼书感兴者,端己一派也。抱朴守质,自然近俗,而词亦疏朗,杂记风土者,德润一派也。张子澄词盖介乎温韦之间而与韦最近。①

温、韦为两派,自无疑义,李珣能否算一派,怕有不同看法,而张泌介于温、韦之间却与韦近,也显得模糊。不过,三派之分至少说明花间词在艺术上不仅师承温、韦,还有他人的探路开拓,是能够给人以启发的。

笔者以为,将十八家分派虽非不可,但因有些词人并非一种路数,多是兼有师承,定其归属较为困难,且无此必要。若从发展的角度看,怕能更清晰些。故拟将十五家(因前三家温庭筠、皇甫松、韦庄已论)按时代分为前后两期,又因其中几家或非蜀人、或非仕蜀,而另作一组,共分三组以论之。本节先论前期花间词。

一、雅近韦庄的薛昭蕴

前期是薛昭蕴、牛峤、张泌、毛文锡、牛希济五家。这五家仅牛峤可定大概的生卒年,而由于生活期大致相同,故能共论之。

薛昭蕴,生卒、字号与籍贯均不详,《花间集》称为薛侍郎。

薛昭蕴现存词十九首,其中八首为《浣溪沙》,可见长于此调。录一首:

> 握手河桥柳似金。蜂须轻惹百花心。蕙风兰思寄清琴。　　意满便同春水满,情深还似酒杯深。楚烟湘月两沉沉。

汤显祖评《花间集》卷二以“俗笔”二字评之②,但词中“蜂须”句,很可见体物工巧,且善以出之,“蕙风兰思”之以“蕙”、“兰”之芳言“风”与“思”,亦见思致,又用春水言意满,以酒杯深状情之深,可见既取譬微婉,又善以有形状无形。李冰若《栩庄漫记》以其“蜂须轻惹百花心”一句,“巧丽极矣,未经人道语。然只合入词,入诗则流于纤矣”③。而

① 李冰若:《花间集评注》,第104页。
② 转引自李冰若:《花间集评注》,第81页。
③ 李冰若:《花间集评注》,第82页。

"纤"正是当时词笔所胜,是力求词性的体现,非如后世之以重拙论词也。

又一《浣溪沙》:

江馆清秋揽客船。故人相送夜开筵。麝烟兰焰簇花钿。　正是断魂迷楚雨,不堪离恨咽湘弦。月高霜白水连天。

周珽云:"依依别情,流为销魂之语,自觉香艳。"[①]而在香艳的花间总特色中,又善于融情入景,"麝烟兰焰"亦如"蕙风兰思",极擅丽辞修饰。再一《浣溪沙》与上首的故人之情不同,而是男女之情:

越女淘金春水上。步摇云鬓珮鸣珰。渚风江草又清香。　不为远山凝翠黛,只应含恨向斜阳。碧桃花谢忆刘郎。

陈廷焯云:"《浣溪沙》数阕,委婉沉至,音调亦闲雅可歌。"[②]俞陛云以为此调:"四首皆情殷语婉,六朝之馀韵也,作者有《谒金门》调,结句云'早是相思肠欲断,忍教频梦见',情致与此四词相似。"[③]可见,情殷语婉与闲雅可歌是薛昭蕴《浣溪沙》的主要艺术特色。

薛昭蕴确实擅写爱情,如俞陛云提到的《谒金门》:

春满院。叠损罗衣金线。睡觉水精帘未卷。檐前双语燕。　斜掩金铺一扇。满地落花千片。早是相思肠欲断。忍交频梦见。

陈廷焯评曰:"意态便浓,斯谓翻陈出新。"[④]不仅"檐前双语燕"衬托孤独之苦,落花千片也足兴所感,尤其最后两句更凄苦之至。又如《小重山》:

春到长门春草青。玉阶华露滴,月胧明。东风吹断紫箫声。宫漏促,帘外晓啼莺。　愁极梦难成。红妆流宿泪,不胜情。手挼裙带绕阶行。思君切,罗幌暗尘生。

红妆宿泪,不胜其情,竟至于"手挼裙带绕阶行",喊出了"思君切"一语,又复归于"罗幌暗尘生"之景,却是寓情于景之笔。沈际飞《草堂诗馀别集》说:"比古曲'老女不嫁,蹋地唤天'隐些,然亦急矣。"意虽如此,却是流转自如的代言之词。

李冰若说:"薛昭蕴词雅近韦相,清绮精艳,亦足出人头地,远在毛文锡上。"[⑤]唐圭

① 周珽:《删补唐诗选脉笺释会通评林》,《四库全书存目丛书补编》第26册,第740页。
② 陈廷焯:《词则·闲情集》卷一,第858页。
③ 俞陛云:《唐五代两宋词选释》,第57页。
④ 陈廷焯:《词则·闲情集》卷一,第858页。
⑤ 李冰若:《花间集评注》,第80页。

璋亦谓之"大抵清超、拔俗,雅近韦相。"[1]

从上面所见,其词多为言情之作,却不似温庭筠之"客观"、"冷静",而近于韦庄,词中又多见"清"字,虽语言绮丽,却又见清疏,其中如《谒金门》言情之直切,亦如韦庄之《思帝乡》。薛昭蕴在《花间集》中列名于韦庄之后,年辈当较韦庄低,其词留有学习韦庄的痕迹是很自然的。

二、飞卿流亚牛峤

牛峤(850? —920?),字松卿,一字延峰,陇西(今属甘肃)人。牛僧孺孙。唐僖宗乾符五年(878)进士。历官拾遗、补阙、尚书郎,王建为西川节度使,辟为判官,称帝后,拜给事中。《十国春秋》有传。有《牛给事歌诗集》,已佚,词有后人所辑《牛给事词》。

牛峤存词三十二首,也多作男女相思之词。《感恩多》:

> 两条红粉泪。多少香闺意。强攀桃李枝。敛愁眉。　陌上莺啼蝶舞,柳花飞。柳花飞。愿得郎心、忆家还早归。

《应天长》:

> 双眉淡薄藏心事。清夜背灯娇又醉。玉钗横,山枕腻。宝帐鸳鸯春睡美。别经时,无限意。虚道相思憔悴。莫信彩笺书里。赚人肠断字。

汤显祖评《花间集》卷二以其前首"起语一问一答,便有无限委婉"[2]。笔者以为,下片"柳花飞"重复出之,有回环之美,亦见委婉。陈廷焯《云韶集》卷一以此词"不必着力,只任意写来,自臻妙境",甚是。又,其《望江怨》:

> 东风急。惜别花时手频执。罗帏愁独入。马嘶残雨春芜湿。倚门立。寄语薄情郎,粉香和泪泣。

汤显祖评《花间集》卷二云:"'疏雨湿春愁','马嘶残雨春芜湿',皆集中秀句。'湿'字均下得天然。"[3]许昂霄以之"有急弦促柱之妙"[4]。况周颐甚至认为:"昔人情语艳语,大都靡曼为工。牛松卿《西溪子》词(词略),《望江怨》词(词略),繁弦促柱间有劲气暗转,愈转愈深。此等佳处,南宋名作中,间一见之。北宋人虽绵博如柳屯田,顾未克办。"[5]对此词评价很高。

---

① 唐圭璋:《唐宋两代蜀词》,《词学论丛》,第872页。
② 转引自李冰若:《花间集评注》,第93页。
③ 转引自李冰若:《花间集评注》,第96页。
④ 许昂霄:《词综偶评》,《词话丛编》,第1549页。
⑤ 况周颐:《餐樱庑词话》,《蕙风词话·广蕙风词话》,第412–413页。

牛峤也有与唐人闺怨诗题材、风味均较相似的《菩萨蛮》：

舞裙香暖金泥凤。画梁语燕惊残梦。门外柳花飞。玉郎犹未归。　　愁匀红粉泪。眉剪春山翠。何处是辽阳。锦屏春昼长。

此词将相思绮怨写得层次井然、声情婉转、流丽动人，陈廷焯以“温丽芊绵，飞卿流亚”[①]八字评之。又有《更漏子》：

南浦情，红粉泪。争奈两人深意。低翠黛，卷征衣。马嘶霜叶飞。　　招手别，寸肠结。还是去年时节。书托雁，梦归家。觉来江月斜。

李冰若尤赏其“马嘶霜叶飞”五字，以之“足抵一幅秋闺晓别图”[②]。此亦与飞卿善于以画为词相近。

牛峤的名篇自推《菩萨蛮》：

玉楼冰簟鸳鸯锦。粉融香汗流山枕。帘外辘轳声。敛眉含笑惊。　　柳阴烟漠漠。低鬓蝉钗落。须作一生拚。尽君今日欢。

此词写情爱而至于写及性爱。王士禛说：“牛给事‘须作一生拚，尽君今日欢’，狎昵已极。南唐‘奴为出来难，教君恣意怜’，本此。至‘檀口微微，靠人紧把腰儿贴’，风斯下矣。”[③]贺裳亦联系前后，从“决绝语”之词的流变言之：

小词以含蓄为佳，亦有作决绝语而妙者。如韦庄“谁家年少足风流。妾拟将身嫁与，一生休。纵被无情弃，不能羞”之类是也。牛峤“须作一生拚，尽君今日欢”，抑亦其次。柳耆卿“衣带渐宽终不悔，为伊消得人憔悴”，亦即韦意，而气加婉矣。[④]

沈雄引孙琮所说为之辩护：“‘感郎不羞赧，回身向郎抱’，六朝乐府便有此等艳情，莫诃词人轻薄。”又自己论道：“按牛峤词‘须作一生拚，尽君今日欢’，李后主词‘奴为出来难，教君恣意怜’，正见词家本色，但嫌意态之不文矣。”[⑤]王国维则云：“词家多以景寓情。其专作情语而绝妙者，如牛峤之‘甘作一生拚，尽君今日欢’……此等词求之古今人词中，曾不多见。”[⑥]而陈廷焯虽承认“亦不易工”，但认为“属词中下乘”，联系李

① 陈廷焯：《词则·大雅集》卷一，第31页。
② 李冰若：《花间集评注》，第96页。
③ 王士禛：《花草蒙拾》，《词话丛编》，第674页。
④ 贺裳：《皱水轩词筌》，《词话丛编》，第697页。
⑤ 沈雄：《古今词话·词品》下卷，《词话丛编》，第852页。
⑥ 王国维：《人间词话删稿》，《蕙风词话·人间词话》，第226页。

煜等词,以之皆“失之流荡忘返”。①

究竟应如何看待呢?刘永济说:“此首写男女欢会之私情。观七、八两句,有舍弃一切,拼却一生以求暂时之乐之意,可知此女必为封建制度所束缚,以致情爱无从自由发抒。正如《西厢记》之莺莺,一遇张生,便倾心相许也。”②所说不无道理。而詹安泰则从其中句子分析其艺术技巧:“牛峤的《菩萨蛮》:‘帘外辘轳声,敛眉、含笑、惊!’下面一句,把一个女人听到车声由远而近时的极其曲折的内心活动和瞬息变化的面部表情深入细致地描绘出来,给读者以一个异样鲜明的形象;同时,由于这一句的深刻的描写,把上句的车子转动的方向和那女人听车声时由感到烦厌而至侧耳倾听的神情也使读者可以从中体会出来。像这样的语言的美妙,真达到了惊人的程度。”③所以,此词虽“淫”,却善于以短章融叙事、言情、行动、心理为一,若比之于后出的爱情杂剧,几可谓具体而微。

牛峤的《女冠子》(绿云高髻)前已引,《古今词统》评曰:“此等女冠,非鱼玄机、李冶辈乎?”④真一语中的。而况周颐认为:“‘眼看惟恐化,魂荡欲相随’,别是一种说得尽。与‘须作一生拚’云云不同。”⑤可见,虽皆为直写,亦有不同。

牛峤在情词之外,亦有其他作品。如《西溪子》:

捍拨双盘金凤。蝉鬓玉钗摇动。画堂前,人不语。弦解语。弹到昭君怨处,翠娥愁。不抬头。

此词从旁观者写琵琶乐妓之幽怨,陈廷焯《云韶集》卷一云:“短句颇不易作。此作字字的当,有意有笔,能品也。”⑥《白雨斋词话》又云:“‘弹到昭君怨处,翠娥愁,不抬头’……不失为风流酸楚。”⑦唐圭璋指出:“张子野词‘弹到断肠时,春山眉黛低’,即袭此。然落牛词之后,亦不见其佳胜也。”⑧

又有《定西番》一调:

紫塞月明千里,金甲冷,戍楼寒。梦长安。　　乡思望中天阔。漏残星亦残。画角数声呜咽。雪漫漫。

牛峤曾从军,有生活体验,此词颇善概括。作者思接千里,时空跳跃较大,篇幅虽

---

① 陈廷焯著,屈兴国校注:《白雨斋词话足本校注》卷六,第507页。
② 刘永济:《唐五代两宋词简析》,第8页。
③ 詹安泰:《宋词散论》,广东人民出版社1980年版,第225页。
④ 卓人月、徐士俊辑:《古今词统》卷四,《续修四库全书》第1728册,第527页。
⑤ 况周颐:《餐樱庑词话》,《蕙风词话·广蕙风词话》,第408页。
⑥《花间集评注》引作“白雨斋词平”。
⑦ 陈廷焯著,屈兴国校注:《白雨斋词话足本校注》卷六,第508–509页。
⑧ 唐圭璋:《唐宋词简释》,第21页。

短,却将实景、梦境、乡思结合在一起,越出了花间词常见的小庭深院、朱楼画阁,展开了阔大的边塞场景,紫塞、金甲,沉重与明亮的色彩对比,月明千里与大雪漫漫,虽小词亦容纳了极大的空间,数声画角呜咽,更将视觉与听觉结合起来,营造出悲凉壮阔的境界。由于哀而不伤,具有盛唐气象,故甚得陆游所重,还就其诸词以唐诗拟之:"牛峤《定西蕃》为塞下曲,《望江怨》为闺中曲,是盛唐遗音。及读其'翠娥愁,不抬头','莫信彩笺书里,赚人肠断字',则又刻细似晚唐矣。"①此说道出牛峤词的源流变化,很能给人以启发。《古今词统》亦评曰:"是盛唐诸公《塞下曲》。"②

牛峤还是咏物词较早的作者,有《梦江南》:

衔泥燕,飞到画堂前。占得杏梁安稳处,体轻唯有主人怜。堪羡好因缘。

红绣被,两两间鸳鸯。不是鸟中偏爱尔,为缘交颈睡南塘。全胜薄情郎。

姜夔赞曰:"牛峤《望江南》,一咏燕,一咏鸳鸯,是咏物而不滞于物者也,词家当法此。"③刘永济指出:这二首"乃借咏物以写闺人之怨情。前首羡燕子得人怜而安稳住在杏梁,以见人之不如燕。后首骂'薄情郎'不及被上所绣之鸳鸯,两两交颈不相离也。凡咏物之词,非专止描写物态,必须寄托人情。此二词,前三句皆写物态,两尾句点明人情,最为生动。词家论咏物有'不粘不脱'之说。此二首前三句,不脱也;后一句,不粘也。"④

对牛峤词的艺术,李冰若认为"大体皆莹艳缛丽,近于飞卿,微不及希济耳"⑤。又说:"松卿善为闺情,儿女情多,时流于荡,下开柳屯田一派,特笔力不至沓赘为可诵耳。"⑥姜方锬亦云:"松卿词极秾艳,《花间》之健手也",且认为"其体变唐人绝句者颇多,其词足称者颇不鲜。"⑦而陈廷焯则持见不同,《云韶集》云:"松卿词如怨如慕,当与端己并驱。"《词则》却说:"温丽芊绵,飞卿流亚。"笔者以为,近于飞卿,下开屯田之说,近于牛峤词之实际。但是,其词并非仅近飞卿,其言情较飞卿显露,又时见直致,故陈廷焯以之兼得温韦一说,更是可取之见。

三、兼邻温韦的张泌

张泌,生卒字里不详,《花间集》称之为张舍人。有后人辑本《张舍人词》,存词二十七首。

薛昭蕴和牛峤,在艺术上确可见出对温韦的师承,以及各有其侧重弃取,且有一定

① 沈雄:《古今词话·词评》上卷,《词话丛编》,第971页。
② 卓人月、徐士俊辑:《古今词统》卷三,《续修四库全书》第1728册,第509页。
③ 沈雄:《古今词话·词评》上卷,《词话丛编》,第971页。
④ 刘永济:《唐五代两宋词简析》,第7页。
⑤ 李冰若:《花间集评注》,第88页。
⑥ 李冰若:《花间集评注》,第95页。
⑦ 姜方锬:《蜀词人评传》,成都古籍书店1984年版,第60页。

的发展。而张泌则面貌不甚清楚，李冰若以之“介乎温韦之间而与韦最近”，亦游移难定之见。况周颐云：“张子澄词，其佳者能蕴藉，有韵致，有《浣溪沙》十首，见《花间集》。其《河传》云：‘夕阳芳草，千里万里。雁声无限起。’又云：‘斜阳似共春光语。’只是不尽之情，目前之景，却未经人道过。”①录其《浣溪沙》：

马上凝情忆旧游。照花淹竹小溪流。钿筝罗幕玉搔头。　早是出门长带月，可堪分袂又经秋。晚风斜日不胜愁。

此词首句点出“忆旧游”，总冒以下所写，可知为马上的回忆，后来周邦彦等也学习了这一写法，以造成时空转移，今昔对比。第三句叠用三名词，将环境、女子、艺事都写出，无虚词连接，类于“人迹板桥霜”，以意象传情，虽密却疏。谭献以之属冯延巳，却指出此词“开北宋疏宕一派。”②

再录二首《浣溪沙》：

枕障熏炉隔绣帷。二年终日两相思。杏花明月始应知。　天上人间何处去，旧欢新梦觉来时。黄昏微雨画帘垂。

偏戴花冠白玉簪。睡容新起意沉吟。翠钿金缕镇眉心。　小槛日斜风悄悄，隔帘零落杏花阴。断香轻碧锁愁深。

许昂霄以之属张曙，认为前者“不言而神伤”③。俞陛云发其用心：“第三句问消息于杏花，以年计也；诉愁心于明月，以月计也。乃申言第二句二年相思之苦。下阕新愁旧恨，一时并集”④。陈廷焯《云韶集》卷一以之“对法活泼，导人先路。结句尤佳”，李冰若以其“下开小晏”。对于后者，李调元尤赏其用字，谓“翠钿金缕镇眉心”，“断香轻碧锁愁深”，“镇”、“锁”二字“开后人无限法门”。⑤其另一《浣溪沙》的“醉容无语立门前。马嘶尘烘一街烟”，李调元亦赏之，且指出开宋人用此词之先，而“烘”字对形容闹市确实极好，宋季词人多讲炼字，张泌已其炼在先了。

俞陛云指出：“五代词之小令，每于末句见本意。此三词(按，指‘马上凝情忆旧游’、‘翡翠屏开绣幄红’、‘偏戴花冠白玉簪’三首)于首句见本意。”⑥首句见意，是很突出的特点，也是作者对小令艺术的一种探索。张泌的《临江仙》系咏湘妃之作：

烟收湘渚秋江静，蕉花露泣愁红。五云双鹤去无踪。几回魂断，凝望向长空。

---

① 况周颐：《历代词人考略》卷四，《蕙风词话·广蕙风词话》，第211页。
② 谭献：《谭评词辨》，《清人选评词集三种》，第150页。
③ 许昂霄：《词综偶评》，《词话丛编》，第1548页。
④ 俞陛云：《唐五代两宋词选释》，第36页。
⑤ 李调元：《雨村词话》卷一，《词话丛编》，第1386页。
⑥ 俞陛云：《唐五代两宋词选释》，第63页。

翠竹暗留珠泪怨，闲调宝瑟波中。花鬟月鬓绿云重。古祠深殿，香冷雨和风。

蕴情深切，运思雅远，营造出凄艳缥缈的意境，其用心之细密，摛藻之工丽，显较刘禹锡的《潇湘神》有发展。

张泌的用调显然对新出的《浣溪沙》(韩偓始用)较为纯熟，而温庭筠所用的《河传》、《南歌子》，亦用之。其《河传》：

渺莽，云水。惆怅暮帆，去程迢递。夕阳芳草，千里万里。雁声无限起。梦魂悄断烟波里。心如醉。相见何处是。锦屏香冷无睡。被头多少泪。

李冰若评曰："起句飒然而来，不亚《别》、《恨》二赋首语，可谓工于发端，而承以'夕阳''千里'三句，苍凉悲咽，惊心动魄矣。"①

《南歌子》：

岸柳拖烟绿，庭花照日红。数声蜀魄入帘栊。惊断碧窗残梦，画屏空。

写韶光明丽而见春色恼人，近于温词却较清疏。《江城子》首见于韦庄，张泌亦有作：

浣花溪上见卿卿。脸波明。黛眉轻。绿云高绾，金簇小蜻蜓。好是问他来得么，和笑道，莫多情。

短短数句，兼有人物描写和对话，写得非常生动。《古今词统》云："风流调笑，类李易安。"②陈廷焯虽以其"语近俚"，却仍肯定"妙在若会意、若不会意之间"。③

张泌与牛峤都是咏物词较早的作者，牛峤有咏燕的《梦江南》，张泌有《蝴蝶儿》：

蝴蝶儿。晚春时。阿娇初着淡黄衣。倚窗学画伊。　还似花间见，双双对对飞。无端和泪拭燕脂。惹教双翅垂。

汤显祖评《花间集》卷二仅以"妩媚"④二字评之。俞平伯《唐宋词选释》和夏承焘《唐宋词选》都指出这首词不是写蝴蝶，而是写少女画蝴蝶。在画出双双对对的蝴蝶后又无端落泪，虽未明说其意，其意已出，故是含蓄的写法。

牛峤与张泌的咏物词，对宋代咏物的亦物亦人、不粘不脱，是着鞭在先的。

---

① 李冰若：《花间集评注》，第109页。

② 卓人月、徐士俊辑：《古今词统》卷三，《续修四库全书》第1728册，第508页。

③ 陈廷焯：《词则·闲情集》卷一，第870页。

④ 转引自李冰若：《花间集评注》，第114页。

四、毛文锡与牛希济

毛文锡(生卒年不详),字平珪,高阳(今属河北)人。唐末登进士第。后入蜀依王建,官翰林学士承旨,迁礼部尚书,判枢密院事,官至司徒。后唐灭前蜀,随王衍降,入洛,卒。一说孟氏建后蜀,复以词章供奉蜀主孟昶,人称"五鬼"。有《前蜀纪事》、《茶谱》,已佚。词有后人辑本《毛司徒词》。

前五家中,毛文锡不及四家。叶梦得说:"毛词以质直为情致,殊不知流于率露"[①],沈雄也说:"文锡词大致匀净,不及熙震。"[②]吴梅说:"五季时词以西蜀、南唐为最盛。而词之工拙,以韦庄为第一,冯延巳次之,最下为毛文锡。"[③]而陈廷焯《云韶集》卷一却说:"平珪词,婉丽不减南唐后主。"李冰若则认为:

> 文锡词在《花间》旧评均列入下品。然亦时有秀句,如"红纱一点灯","夕阳低映小窗月"。非不琢饰求工,特情致终欠深厚。又多供奉之作,其庸率也固宜。[④]

笔者对此说甚为赞同。

录其二首《醉花间》:

> 休相问。怕相问。相问还添恨。春水满塘生,鸂鶒还相趁。　昨夜雨霏霏,临明寒一阵。偏忆戍楼人,久绝边庭信。
>
> 深相忆。莫相忆。相忆情难极。银汉是红墙,一带遥相隔。　金盘珠露滴。两岸榆花白。风摇玉佩清,今夕为何夕。

陈廷焯《云韶集》卷一评前者曰:"此种起笔合下章自成章法,自是一时兴到之作,婉约无比。后人屡屡效之,反觉数见不鲜矣。"况周颐以其三十一首词中,"余只喜其《醉花间》后段'昨夜雨霏霏……久绝边庭信'。情景不奇,写出政复不易。语淡而真,亦轻清亦沉著。"[⑤]《云韶集》卷一以后者"与上章起笔合拍,结笔尤胜上章"。其《词则》又有"笔意古雅"[⑥]之评。如陈廷焯所说,此二首在艺术上最见创造的是开头。张德瀛更指出:"'休相问,怕相问,相问还添恨。'其又一阕云:'深相忆,莫相忆,相忆情难极。'……皆欧阳永叔所谓陡健之笔。"[⑦]笔者以为,是因其"陡见",才能"陡健",确实可称创造。

---

① 沈雄:《古今词话·词评》上卷,《词话丛编》,第975页。
② 沈雄:《古今词话·词评》上卷,《词话丛编》,第975页。
③ 吴梅:《词学通论》,第45页。
④ 李冰若:《花间集评注》,第116页。
⑤ 况周颐:《餐樱庑词话》,《蕙风词话·广蕙风词话》,第409页。
⑥ 陈廷焯:《词则·闲情集》卷一,第861页。
⑦ 张德瀛:《词徵》卷五,《词话丛编》,第4150–4151页。

其《巫山一段云》为论者所共赏：

雨霁巫山上，云轻映碧天。远风吹散又相连。十二晚峰前。　暗湿啼猿树，高笼过客船。朝朝暮暮楚江边。几度降神仙。

叶梦得云不满其“率露”，却赞其《巫山一段云》词“细心微诣，真造蓬莱顶上”[①]，汤显祖评《花间集》感叹道：“‘一自《高唐赋》成后，楚天云雨尽堪疑。’信然。”[②]陈廷焯《云韶集》卷一曰：“神光离合，高唐神女之流亚也。”贺裳比较此词与牛峤、牛希济叔侄所作，所论最详：“……毛文锡《巫山一段云》曰：‘远风吹散又相连，十二晚峰前。暗湿啼猿树，轻笼过客船。’摹写云气，真觉氤氲蓊渤，满于纸上。末云：‘朝朝暮暮楚江边。几度降神仙。’虽用神女事，犹不失为《国风》好色。若牛峤‘风流今古隔，虚作瞿塘客’，未免太涉于淫。至牛希济《黄陵庙》曰：‘风流皆道胜人闲。须知狂客，拚死为红颜。’抑何狂惑也。然词则妙矣。”[③]所论足启人思。

《临江仙》亦与上作较近：

暮蝉声尽落斜阳。银蟾影挂潇湘。黄陵庙侧水茫茫。楚山红树，烟雨隔高唐。　岸泊渔灯风飐碎，白蘋远散浓香。灵娥鼓瑟韵清商。朱弦凄切，云散碧天长。

俞陛云所论甚好：“五代词多哀感顽艳之作。此调则清商弹湘瑟哀弦，夜月访黄陵遗庙，扬舲楚泽，泠然有疏越之音，与谪仙之‘白云明月吊湘娥’同其逸兴。”[④]

牛希济（872？—？），字号不详，陇西（今属甘肃）人，牛峤侄。前蜀王衍时，历官起居郎、翰林学士、御史中丞。后唐灭蜀，随王衍降，入洛，拜雍州节度副使。《十国春秋》有传。词有后人辑本《牛中丞词》。

牛希济与牛峤虽叔侄，所作风格却不同。李冰若认为：“希济词笔清俊，胜于乃叔，雅近韦庄，尤善白描。”[⑤]陆侃如、冯沅君也说：“峤喜藻丽，希济则尚自然。”[⑥]唐圭璋亦称其“词笔清俊，亦善白描”[⑦]。姜方锬甚至认为：“其词境界宏阔，辞藻富丽，方诸乃叔，有过之无不及。”[⑧]笔者以为，较其长短高下，不如言其特色，而牛希济词确是以清俊、白描见长。

以其情词言，似在花间绮艳之外。如两首《生查子》：

---

① 沈雄：《古今词话·词评》上卷，《词话丛编》，第 975 页。
② 转引自《花间集评注》，第 128 页。
③ 贺裳：《皱水轩词筌》，《词话丛编》，第 707 页。
④ 俞陛云：《唐五代两宋词选释》，第 73 页。
⑤ 李冰若：《花间集评注》，第 130 页。
⑥ 陆侃如、冯沅君：《中国诗史》，第 563 页。
⑦ 唐圭璋：《唐宋两代蜀词》，《词学论丛》，第 873 页。
⑧ 姜方锬：《蜀词人评传》，第 84 页。

春山烟欲收，天淡稀星小。残月脸边明，别泪临清晓。　　语已多，情未了。回首犹重道。记得绿罗裙，处处怜芳草。

新月曲如眉，未有团圞意。红豆不堪看，满眼相思泪。　　终日劈桃穰，人在心儿里。两朵隔墙花，早晚成连理。

前者写清晓欲别，次第而言，再写临歧之时的回首叮咛，眷恋不已，结句的痴想真情，被美学家作为"移情作用"的范例，而俞陛云则以后来周邦彦"泪花落枕红绵冷"词格与之相似[①]。李冰若说：

"记得绿罗裙，处处怜芳草"，词旨悱恻温厚而造句近乎自然，岂飞卿辈所可企及。"语已多，情未了，回首犹重道"，将人人共有之情和盘托出，是为善于言情。[②]

李氏历来贬温不说，而"近乎自然"之见，及"将人人共有之情和盘托出"，却实在不谬。而在格律上，则因"自然"而在过片多用一字，所加"已"字，较之不加而为五字句者，自是大为不同。

对后者，茅暎《词的》说："全是《子夜》体。"[③]许昂霄更指出："借物寓意，诗家谓之风人体，又名吴歌格。以下句释上句，古乐府类然。"[④]陈廷焯虽兼有褒贬："淋漓沉至，后半近纤巧。"[⑤]但《云韶集》卷一又说："触物生情，哀感顽艳，开后人多少心思。"俞陛云更指出："第二首妍词妙喻，深得六朝短歌遗意，五代词中希见之品。"[⑥]虽刘禹锡亦用类于民歌的谐音双关，但"终日劈桃穰，人在心儿里"，更见情深意厚。所以，牛希济向六朝短歌汲取营养，亦见其发展词体而努力取径之用心了。

《临江仙》不仅是境界甚高之作，而且被认为是另有寄托：

峭碧参差十二峰。冷烟寒树重重。瑶姬宫殿是仙踪。金炉珠帐，香霭昼偏浓。　　一自楚王惊梦断，人间无路相逢。至今云雨带愁容。月斜江上，征棹动晨钟。

宋季入元的词家仇远云："牛公《临江仙》，芊绵温丽极矣，自有凭吊凄怆之意，得咏史体裁。"[⑦]詹安泰《论寄托》以"此词纯系比兴，寄亡国之感也"，认可仇远之说。又云：

---

① 俞陛云：《唐五代两宋词选释》，第65页。
② 李冰若：《花间集评注》，第134页。
③ 茅暎辑评：《词的》，《四库未收书辑刊》第8辑第30册，北京出版社2000年版，第476页。（版本后同）
④ 许昂霄：《词综偶评》，《词话丛编》，第1549页。
⑤ 陈廷焯：《词则·闲情集》卷一，第862页。
⑥ 俞陛云：《唐五代两宋词选释》，第66页。
⑦ 沈雄：《古今词话·词评》上卷，《词话丛编》，第973页。

蒋一葵《尧山堂外纪》载："同光三年，唐命蜀旧臣赋蜀亡诗，牛希济一律末云：'古往今来亦如此，几曾欢笑几潸然。'唐主曰：'希济不忘忠孝也。'赐缎百，词亦富赡。"可以互证。词其作于入唐后乎？①

第四节　后期花间词的艺术

欧阳炯、顾敻、魏承班、鹿虔扆、阎选、尹鹗、毛熙震等七人，除欧阳炯外，其他多不知生卒，而《花间集》的作者顺序，应是按年辈排列，因欧阳炯较牛峤约晚半个世纪，故此处将七人都作为花间后期词人而论之。

一、绮艳轻和的欧阳炯

欧阳炯（896—971），炯一作迥，益州华阳（今四川成都）人。少事前蜀王衍，官至中书舍人。后唐灭前蜀，随王衍降，补秦州从事。孟氏称帝，复拜中书舍人。孟昶时，拜翰林学士，后迁礼部侍郎、吏部侍郎、加承旨，再拜门下侍郎兼户部尚书、平章事，监修国史。宋灭后蜀，随孟昶降，入宋为右散骑常侍，翰林学士，转左散骑常侍，分司西京，卒赠工部尚书。词有后人辑本《欧阳平章词》。

欧阳炯词，《花间集》载十七首，《尊前集》载三十一首，合之共四十八首。沈雄以其词"大抵婉约轻和，不欲强作愁思者也"②。况周颐则云："欧阳炯词艳而质，质而愈艳，行间句里却有清气流行。大概词家如炯，求之晚唐五季，亦不多见。"③唐圭璋却说："其词最艳。《十国春秋》谓其宫词淫靡，甚于韩偓，实则其小词亦然。"④综上，"艳"是其最大特点。

欧阳炯艳词的代表自是前引之《浣溪沙》。大约因宋人讲理，明人讲情，故沈际飞《草堂诗馀别集》云："尝谓美人一日有嗔怪时方有趣，一年有病苦时方有韵，一生有别离时方有情，欧阳蚤会之。"况周颐《蕙风词话》引王鹏运语，对其淫、艳另有解释："自有艳词以来，殆莫艳于此矣。半塘僧鹜曰：'奚翅艳而已？直是大且重。'苟无《花间》词笔，孰敢为斯语者？"⑤吴世昌对此表示不解："欧语开后世如孙原湘之'绰约见肌肤，蒙茸珍火齐'一路淫词，半塘大之重之，何所见而云然？"⑥各人所见不同。对其艺术表达，李冰若以为在后来的柳永、黄庭坚之上："欧阳炯《浣溪沙》'相见休言有泪珠'一首，叙事层次井然，叙情淋漓尽态。而着语尚有分寸，以视柳七黄九之粗俗不堪，自有上下床之别。"⑦此说可从。

---

① 詹安泰：《宋词散论》，第 74–75 页。
② 沈雄：《古今词话·词评》上卷，《词话丛编》，第 972 页。
③ 况周颐：《历代词人考略》卷六，《蕙风词话·广蕙风词话》，第 216 页。
④ 唐圭璋：《唐宋两代蜀词》，《词学论丛》，第 871 页。
⑤ 况周颐：《蕙风词话》卷二，《蕙风词话·广蕙风词话》，第 17 页。
⑥ 吴世昌：《词林新话》，《吴世昌全集》第 6 册，第 87 页。
⑦ 李冰若：《花间集评注》，第 137–138 页。

其《定风波》虽情词却不绮艳：

暖日闲窗映碧纱。小池清水浸晴霞。数树海棠红欲尽。争忍。玉闺深掩过年华。　　独凭绣床方寸乱。肠断。泪珠穿破脸边花。邻舍女郎相借问。音信。教人羞道未还家。

此调虽敦煌曲中已有，但文人词似乎是欧阳炯用得最早。前三句写春景，春景撩起春情，遂有“争忍”后不忍青春虚过之语。下片言自己相思之苦，与邻女的对答则见怨情不愿人知，对其心理写得很是曲折。况周颐评之以：“词如淡妆西子，肌骨倾城。”①

欧阳炯在词的题材与艺术上都有所开拓、发展。就题材言，将南方热带地区的风土景物写入词中，应是词人中的首次。他有一组《南乡子》，录六首：

岸远沙平。日斜归路晚霞明。孔雀自怜金翠尾。临流水。认得行人惊不起。

洞口谁家。木兰船系木兰花。红袖女郎相引去。游南浦。笑倚春风相对语。

二八花钿。胸前如雪脸如莲。耳坠金环穿瑟瑟。霞衣窄。笑倚江头招远客。

路入南中。桄榔叶暗蓼花红。两岸人家微雨后。收红豆。树底纤纤抬素手。

袖敛鲛绡。采香深洞笑相邀。藤杖枝头芦酒滴。铺葵席。豆蔻花间趖晚日。

翡翠䴔䴖。白蘋香里小沙汀。岛上阴阴秋雨色。芦花扑。数只鱼船何处宿。

郑文焯说：“……惟欧阳舍人《南乡子》八首，实皆纪岭海风土，语义与《竹枝》为近。”②俞陛云认为：“写蛮乡新异景物，以妍雅之笔出之。较李珣《南乡子》词尤佳。”③李冰若以之“写物真切，朴而不俚。一洗绮罗香泽之态而为写景纪俗之词，与李珣可谓笙磬同音者矣”。④所评均甚当。

就艺术言，其《三字令》之体式不失为开辟性的尝试：

春欲尽，日迟迟。牡丹时。罗幌卷，翠帘垂。彩笺书，红粉泪，两心知。

人不在，燕空归。负佳期。香烬落，枕函欹。月分明，花淡薄，惹相思。

汤显祖评《花间集》卷三云：“逐句三字，转而不窘，不坌，不崛头，亦是老手。”⑤许昂霄则指出：“‘罗幌卷’五句，由外而内。‘香烬落’五句，由内而外。”⑥能发其用心。俞陛

① 况周颐：《历代词人考略》卷六，《蕙风词话·广蕙风词话》，第216页。
② 郑文焯著，戴正诚辑：《大鹤先生手札汇钞》，《词话丛编》，第4356页。
③ 俞陛云：《唐五代两宋词选释》，第85页。
④ 李冰若：《花间集评注》，第139页。
⑤ 转引自李冰若：《花间集评注》，第138页。
⑥ 许昂霄：《词综偶评》，《词话丛编》，第1549页。

云所论最确:“十六句皆三字,短兵相接,一句一意,如以线贯珠,粒粒分明,仍一丝萦曳。”①

对于情词,欧阳炯也有艺术上的探索。如《贺明朝》:

忆昔花间相见后。只凭纤手。暗抛红豆。人前不解,巧传心事,别来依旧。辜负春昼。　碧罗衣上蹙金绣。睹对对鸳鸯。空裛泪痕透。想韶颜非久。终是为伊,只恁偷瘦。

李冰若指出其“兼有俳调风味”,“后启柳屯田,上承温飞卿。艳而近于靡矣”。②就“俳调”而言,确有开拓,从柳永之词,也确能看到其一些影子。

其《清平乐》则是另一种尝试:

春来阶砌。春雨如丝细。春地满飘红杏蒂。春燕舞随风势。　春幡细缕春缯。春闺一点春灯。自是春心缭乱,非干春梦无凭。

此词每句都有“春”字,上片四句用于句头,过片用作句头及倒数第二字,最后二句用作第三字。虽说此种写法起于陶渊明的《止酒》,梁元帝的《春日诗》更用了二十三个春字,但在词中却是欧阳炯首用。

以上可见,欧阳炯之词在“艳”以外,又确可以“婉约轻和”论之,至于前引的怀古之作《江城子》,则属“有清气往来”一类。

二、艳词上驷顾敻(附魏承班)

顾敻,生卒字里不详,前蜀时为内廷给事,后为茂州刺史。后蜀时累官至太尉。《十国春秋》有传。词有后人辑本《顾太尉词》。

顾敻存词五十五首,在花间词人中仅次于温庭筠、孙光宪。况周颐谓之“浓淡疏密,一归于艳”③。诚如《餐樱庑词话》所云“五代艳词之上驷矣”,又说其词:“工致丽密,时复清疏。以艳之神与骨为清,其艳乃益入神入骨。其体格如宋院画工笔折枝小帧,非元人设色所及”,“顾艳词,多质朴语,妙在分际恰合。孙光宪便涉俗”。④对其题材及特色都概括甚当。

录其《虞美人》六首中最为流丽者:

深闺春色劳思想。恨共春芜长。黄鹂娇啭呢芳妍。杏枝如画倚轻烟。琐窗

① 俞陛云:《唐五代两宋词选释》,第84页。

② 李冰若:《花间集评注》,第142页。

③ 况周颐:《历代词人考略》卷五,《蕙风词话·广蕙风词话》,第215页。

④ 况周颐:《餐樱庑词话》,《蕙风词话·广蕙风词话》。笔者认为此处收录有误,故又据《唐宋名家词选》改定,第412页。

前。　　凭栏愁立双蛾细。柳影斜摇砌。玉郎还是不还家。教人魂梦逐杨花。绕天涯。

又,《献忠心》则偏在叙事中传情:

绣鸳鸯帐暖,画孔雀屏欹。人悄悄,月明时。想昔年欢笑,恨今日分离。银釭背,铜漏永,阻佳期。　　小炉烟细,虚阁帘垂。几多心事,暗地思惟。被娇娥牵役,魂梦如痴。金闺里,山枕上,始应知。

此词与温庭筠以来惯用的男子闺音不同,是从男方立言。后来如柳永的词中多少可见其影子。李调元指出此词的"绣鸳鸯帐暖,画孔雀屏欹"是词中的折腰句法[①],确实较为少见。顾敻的三首《河传》写景笔墨较多,如温庭筠词,外景多成为诱情因素,是属于"工致丽密"、艳而不俗之词:

燕飏,晴景。小窗屏暖,鸳鸯交颈。菱花掩却翠鬟欹,慵整。海棠帘外影。绣帏香断金鸂鶒。无消息。心事空相忆。倚东风。春正浓。愁红。泪痕衣上重。

曲槛。春晚。碧流纹细,绿杨丝软。露华鲜,杏枝繁,莺啭。野芜平似剪。直是人间到天上。堪游赏。醉眼疑屏障。对池塘。惜韶光。断肠。为花须尽狂。

棹举。舟去。波光渺渺,不知何处。岸花汀草共依依。雨微。鹧鸪相逐飞。天涯离恨江声咽。啼猿切。此意向谁说。舣栏桡。独无憀。魂销。小炉香欲焦。

此调多短句,音节急促,很不易作,然而陈廷焯却说:"起四语,一步紧一步,冲口而出,绝不费力。"[②]况周颐亦以其"毫不著力,自然清远"[③],且近于"体格如宋画院工笔折枝小帧"[④]。

其《诉衷情》为名篇,最以结句著称:

永夜抛人何处去,绝来音。香阁掩。眉敛。月将沉。争忍不相寻。怨孤衾。换我心、为你心。始知相忆深。

王士禛将其结句称为"自是透骨情语",并说徐山民"妾心移得在君心,方知人恨深","全袭此。然已为柳七一派滥觞"。[⑤]王国维也说:"词家多以景寓情。其专主作情词而绝妙者,如牛峤之'甘作一生拚,尽君今日欢'。顾敻之'换我心、为你心,始

① 李调元:《雨村词话》卷一,《词话丛编》,第1387页。
② 陈廷焯:《词则·别调集》卷一,第562页。
③ 况周颐:《餐樱庑词话》,《蕙风词话·广蕙风词话》,第410页。
④ 况周颐:《餐樱庑词话》,《蕙风词话·广蕙风词话》,第412页。
⑤ 王士禛:《花草蒙拾》,《词话丛编》,第674页。

知相忆深’”[①]。但如吴衡照则认为:“言情以雅为宗,语丰则意尚巧,意亵则语贵曲。顾夐《诉衷情》云云……直是伧父唇舌,都乏佳致。”[②]其实只要情深意真,不妨说透骨、决绝之语,不宜责之。或因其浅言直说,陈廷焯《云韶集》卷一以为:“元人小曲,往往脱胎于此。”所言甚是。顾夐的《荷叶杯》无论在写情还是在调式上,都很见特色:

夜久歌声怨咽。残月。菊冷露微微。看看湿透缕金衣。归么归。归么归。
我忆君诗最苦。知否。字字尽关心。红笺写寄表深情。吟么吟。吟么吟。
金鸭香浓鸳被。枕腻。小髻簇花钿。腰如细柳脸如莲。怜么怜。怜么怜。
曲砌蝶飞烟暖。春半。花发柳垂条。花如双脸柳如腰。娇么娇。娇么娇。
一去又乖期信。春尽。满院长莓苔。手捻裙带独徘徊。来么来。来么来。

汤显祖评《花间集》说:“手捻裙带,尽得娇痴。”[③]而五首之中,也确实以第五首最好,语既质朴,情却很深。五首的结句中,以首尾两首的“归么归。归么归”,“来么来。来么来”最为传神,重叠相问,足见悲苦之状。因形式上的结尾叠句,属创新之举,后人多爱模仿之,如张德瀛指出:“夐所赋九词,‘么’皆作‘摩’。自后仿其体者,明人有小词二阕,一叠‘催么催’三字,一叠‘干么干’三字……曹秋岳词叠‘留么留’三字,毛大可词叠‘参么参’三字。”[④]而李冰若更指出其已为后代曲中的《一半儿》张本[⑤]。

魏承班(?—925),许州(今河南许昌)人,前蜀驸马都尉,官至太尉,后唐军克成都,被杀。词有王国维辑本《魏太尉词》。

魏承班存词二十首,多为艳情之作。沈雄引元好问所说,谓之“大旨明净,不更苦心刻意,以竞胜者”。[⑥]况周颐驳沈雄“有故意求尽之病”一说,认为“余谓不妨说尽,只是少味耳”。[⑦]李冰若论其风格曰:“魏承班词浓艳处近飞卿,间有清朗之作,特不多耳。”[⑧]录其《诉衷情》:

银汉云晴玉漏长。蛩声悄画堂。筠簟冷,碧窗凉。红蜡泪飘香。　皓月泻寒光。割人肠。那堪独自步池塘。对鸳鸯。

李调元尤赏其过片:“词非诗比,诗忌尖刻,词则不然。魏承班《诉衷情》云:‘皓月泻寒光。割人肠。’尖刻而不伤巧。词至唐末初盛,已有此体。如东坡‘割愁还有剑铓山’,巧矣,以之入诗,终嫌尖削。”[⑨]

---

① 王国维:《人间词话删稿》,《蕙风词话·人间词话》,第 226 页。
② 吴衡照:《莲子居词话》卷二,《词话丛编》,第 2423 页。
③ 转引自李冰若:《花间集评注》,第 171 页。
④ 张德瀛:《词徵》卷一,《词话丛编》,第 4084 页。
⑤ 李冰若:《花间集评注》,第 171 页。
⑥ 沈雄:《古今词话·词评》上卷,《词话丛编》,第 974 页。
⑦ 况周颐:《历代词人考略》卷五,《蕙风词话·广蕙风词话》,第 213 页。
⑧ 李冰若:《花间集评注》,第 200 页。
⑨ 李调元:《雨村词话》卷一,《词话丛编》,第 1390 页。

又一《诉衷情》：

春情满眼脸红销。娇妒索人饶。星靥小，玉珰摇。几共醉春朝。　　别后忆纤腰。梦魂劳。如今风叶又萧萧。恨迢迢。

此词描写细腻，上片密丽，下片清疏，结尾二句情景交融，传情无限。明人颇赏其第二句所用之“饶”字，汤显祖评《花间集》卷四云：“‘杨柳索春饶’，黄山谷词也。‘一汀烟柳索春饶’，张小山词也。古人惯用‘饶’字。”①《古今词统》认为“‘索人饶’比‘索春饶’尤妙”。②

其《生查子》浅易中饶蕴藉，颇有见赏者：

烟雨晚晴天，零落花无语。难话此时心，梁燕双来去。　　琴韵对薰风，有恨和情抚。肠断断弦频，泪滴黄金缕。

俞陛云论曰：“上阕花落燕飞，有《珠玉词》‘无可奈何花落去，似曾相识燕归来’之意。下阕怀旧而兼悼逝，殆有凤尾留香之感耶？”③

三、鹿虔扆　阎选　尹鹗　毛熙震

鹿虔扆，生卒字里不详，后蜀进士，累官永泰军节度使、检校太尉，加太保。国亡不仕。《十国春秋》有传。词有后人辑本《鹿太保词》。

鹿虔扆蜀亡后不仕，人称为高洁之士，存词仅六首，为花间词人中最少。张德瀛说：“五代词，嘲风笑月，惆怅自怜，其能如韦端己、鹿虔扆之寄托深远者，亦仅矣。”④李冰若论其风格云：“鹿太保词不多见，其在《花间集》中者约有二种风格，一为沉痛苍凉之词，一为秀美疏朗之词，不惟人品之高，其词格亦高。”⑤论者对其《临江仙》均评价很高。杨慎云：“故宫禾黍之思，令人默然。此词比李后主《浪淘沙》词更胜。”潘游龙说：“结到藕花泣露，可谓伤感之极。”⑥陈廷焯《云韶集》卷一以之“深情苦调，有《黍离》、《麦秀》之悲”。况周颐云：“鹿太保，蜀遗臣，坚持雅操。其《临江仙》云(词略)含思凄惋，不减李重光‘晚凉天净月华开，想得玉楼瑶殿影，空照秦淮’之句。”⑦

又，《思越人》时人推为绝唱，写得十分深情凄丽：

---

① 转引自李冰若：《花间集评注》，第205页。
② 卓人月、徐士俊辑：《古今词统》卷四，《续修四库全书》第1728册，第526页。
③ 俞陛云：《唐五代两宋词选释》，第74页。
④ 张德瀛：《词徵》卷五，《词话丛编》，第4149页。
⑤ 李冰若：《花间集评注》，第207页。
⑥ 潘游龙辑，梁颖校点：《精选古今诗馀醉》卷十，辽宁教育出版社2003年版，第297页。(版本后同)
⑦ 况周颐：《餐樱庑词话》，《蕙风词话·广蕙风词话》，第410页。

翠屏欹，银烛背，漏残清夜迢迢。双带绣窠盘锦荐，泪侵花暗香销。　　珊瑚枕腻鸦鬟乱。玉纤慵整云散。苦是适来新梦见。离肠争不千断。

阎选，生卒字里不详，以布衣供奉孟昶，《十国春秋》有传，词有后人辑本《阎处士词》。

阎选存词十首，李冰若以其词“多侧艳语，颇近温尉一派，然意多平衍，盖与毛文锡伯仲耳”①。唐圭璋亦以之“语多侧艳，意多平衍。在《花间集》中，此为最次”②。录一首尚见特色的《河传》：

秋雨。秋雨。无昼无夜，滴滴霏霏。暗灯凉簟怨分离。妖姬。不胜悲。　　西风稍急喧窗竹。停又续。腻脸悬双玉。几回邀约雁来时。违期。雁归人不归。

汤显祖评《花间集》卷四云：“三句皆重叠字，大奇大奇。宋李易安《声声慢》用十叠字起，而以‘点点滴滴’四字结之，盖用其法，而青于蓝。”③此词起头清疏，结笔凄幽，抑扬有致，在阎选词中属于高境。

尹鹗，生卒字号不详，成都(今属四川)人。前蜀王衍时为翰林校书，累官至参卿。词有后人辑本《尹参卿词》。

尹鹗存词十七首，沈雄引张炎语曰：“其词以明浅动人，以简净成句者也。”④而张德瀛却说：“尹参卿词多艳冶态，张叔夏称其以明浅动人，特讥之耳。”⑤李冰若则认为：“尹鹗词在《花间集》中似韦而浅俗，似温而繁琐，盖独成一格者也。其写冶游，写情思均分明如画，不避详琐。柳塘以为开屯田俳调，询为知言。要其清绮灵活处，实在阎选等之上，差可与牛希济、孙光宪等齐肩也。”⑥

录其《临江仙》：

深秋寒夜银河静。月明深院中庭。西窗乡梦等闲成。逡巡觉后，特地恨难平。　　红烛半消残焰短，依稀暗背银屏。枕前何事最伤情。梧桐叶上，点点露珠零。

此词确是写景分明如画，清绮幽冷，上下片均在最后言情，情由景出，十分自然，结句以物写情，张炎的名句“只有一枝梧叶，不知多少秋声”，其构思方式显然出于此。《菩萨蛮》一词，很得论者称赏：

① 李冰若：《花间集评注》，第211页。
② 唐圭璋：《唐宋两代蜀词》，《词学论丛》，第877页。
③ 转引自李冰若：《花间集评注》，第213–214页。
④ 沈雄：《古今词话·词评》上卷，《词话丛编》，第973页。
⑤ 张德瀛：《词徵》卷五，《词话丛编》，第4151页。
⑥ 李冰若：《花间集评注》，第215页。

陇云暗合秋天白。俯窗独坐窥烟陌。楼际角重吹。黄昏方醉归。　荒唐难共语。明日还应去。上马出门时。金鞭莫与伊。

词中不仅形象展示了女子对沉迷于酒的男子之期盼，结句更生动写出其不忍离别的心理及所想。陈廷焯《云韶集》卷一评曰："慧心密意，令人叫绝。娇旖之情可掬。"其《词则》又进一步说："摹写娇宠，只此已足，稍不自持，即流为'一面发娇嗔，碎揉花打人'之恶习矣。不可不防其渐。"[①]可见以此词为不过，于词性为最合。况周颐所见同，更指出其善作转折："由未归说到醉归，由'荒唐难共语'想到明日出门时，层层转折，与无名氏《醉公子》略同。'金鞭莫与伊'尤有不尽之情，痴绝，昵绝，《全唐诗》鹗词十六阕，此阕最为佳胜。"[②]

值得注意的是前已引的《金浮图》，此词长达九十四字，在五代词中，仅次于李存勗的《歌头》，王国维怀疑是柳永或康与之手笔，但如《云谣集》中的《内家娇》已长达一百零四字，可见长调并非起自北宋。尹鹗有意于学习民间词并创此长调，在五代文人词作者中实属难得。此词用语虽介于雅俗间，却因热衷于写城市繁盛，情趣偏俗，故已导柳永俳调之先，开屯田词派。

毛熙震，生卒字里不详，后蜀时曾任秘书郎。词有后人辑本《毛秘书词》。

《花间集》存毛熙震词计二十九首，周密《齐东野语》以之"多新警而不为猥薄者也"[③]。陈廷焯在发表对艳词的看法后称："古人词如毛熙震之'暗思闲梦，何处逐云行'……似此则婉转缠绵，情深一往；丽而有则，耐人玩味。"[④]况周颐《历代词人考略》认为："毛熙震词，艳处质处并近温方城……或笔艳而凝，或体丽而清。其于五季，信卓然名家矣。"[⑤]李冰若论其风格且言其地位："其词浓丽处似学飞卿。然亦有清淡者，要当在毛文锡上，欧阳炯、牛松卿间耳。"[⑥]

毛熙震能得飞卿笔意，如《菩萨蛮》，写得幽艳而不失俊逸：

梨花满院飘香雪。高楼夜静风筝咽。斜月照帘帷。忆君和梦稀。　小窗灯影背。燕语惊愁态。屏掩断香飞。行云山外归。

《酒泉子》亦近于飞卿：

钿匣舞鸾。隐映艳红修碧。月梳斜，云鬓腻。粉香寒。晓花微敛轻呵展。袅钗金燕软。日初升。帘半卷。对妆残。

---

① 陈廷焯：《词则·闲情集》卷一，第865页。
② 况周颐：《历代词人考略》卷五，《蕙风词话·广蕙风词话》，第214页。
③ 沈雄：《古今词话·词评》上卷，《词话丛编》，第974页。
④ 陈廷焯著，屈兴国校注：《白雨斋词话足本校注》卷六，第508页。
⑤ 况周颐：《历代词人考略》卷六，《蕙风词话·广蕙风词话》，第217页。
⑥ 李冰若：《花间集评注》，第219页。

而有些作品则风流凄婉，深情缠绵，被认为是开晏欧之先声。如得陈廷焯称赏的《临江仙》：

幽闺欲曙闻莺啭，红窗月影微明。好风频谢落花声。隔帏残烛，犹照绮屏筝。　绣被锦茵眠玉暖，炷香斜袅烟轻。淡蛾羞敛不胜情。暗思闲梦，何处逐云行。

再如《清平乐》亦属此类，笔致较为清丽：

春光欲暮。寂寞闲庭户。粉蝶双双穿槛舞。帘卷晚天疏雨。　含愁独倚闺帏。玉炉烟断香微。正是销魂时节，东风满树花飞。

综上，虽后期花间词人较多，但在艺术上"因"不如前期，"创"亦不多，可见一则是令词的艺术已经较为成熟，再者以艳词为主也难有发展，若非在题材上另作开拓，很难出现新的局面。同为花间词人的孙光宪、李珣之咏史、田园、行旅，能以"别调"而在艺术上有所创新，成就也较高。

第五节　和凝　孙光宪　李珣　李存勖

和凝虽花间十八家之一，但既非蜀人，且仕于后晋，故将其置于蜀词人之外。孙光宪虽蜀人，却避地江陵，一直在荆南，最后归顺宋朝，与其他词人之仕蜀或在蜀不同，浸染花间词风较少，故亦不入之于上面的词人群。李珣的祖先为波斯人，本人未曾为官，较为特殊，故不拟入蜀词人群中。后唐庄宗李存勖自非花间词人，却是五代词不能忽视的一家，不能不论，又难以归入他处，故勉强置于此。基于以上原因，特将四人作为单独一节。

一、曲子相公和凝

和凝(898—955)，字成绩，郓州须昌(今山东东平)人。后梁贞明二年(916)进士，义成军(一作宣义军)节度使贺环辟之为从事。后唐时历官翰林学士、中书舍人、工部侍郎。入后晋，为端明殿学士，后拜中书侍郎、同中书门下平章事，再拜右仆射。后汉拜太子太保，封鲁国公。入后周，拜太子太傅，卒赠侍中。《旧五代史》、《新五代史》有传。著有《演论》、《游艺》等，均佚。词有后人辑本《红叶稿词》。

和凝的年辈与欧阳炯近，有"曲子相公"之号，虽曾自毁所作，仍存词较多。王士禛《倚声初集序》以之与温庭筠相并："诗之为功既穷，而声音之道，势不可以终废。于是温、和生而《花间》作，李、晏出而《草堂》兴，此诗之馀而乐府之变也。"[1]陈廷焯

---

① 邹祗谟、王士禛：《倚声初集》，见《续修四库全书》第1729册，上海古籍出版社2002年版，第163-164页。

《云韶集》卷一则三家并称："和成绩、韦端己、毛平珪三家，语极工丽，风骨稍逊。"李冰若语其艺术："和成绩词自是《花间》一大家，其词有清秀处，有富艳处，盖介乎温韦之间也。"①

和凝的《小重山》被俞陛云称为"承平《雅》、《颂》声"②：

> 春入神京万木芳。禁林莺语滑、蝶飞狂。晓花擎露妒啼妆。红日永、风和百花香。　　烟锁柳丝长。御沟澄碧水、转池塘。时时微雨洗风光。天衢远、到处引笙篁。

杨慎以之"藻丽有富贵气"。沈际飞《草堂诗馀正集》则云："《花间》以小语致巧，全首观之，或伤促碎，此政不免。"其《春光好》善写春日风光，尤能传春光骀宕之神，写出一幅江南春天小景，是文字的绘画：

> 蘋叶软，杏花明。画船轻。双浴鸳鸯出渌汀。棹歌声。　　春水无风无浪，春天半雨半晴。红粉相随南浦晚，几含情。

尤应指出，《春光好》之调虽《羯鼓录》谓为唐玄宗所创，但《词谱》卷三认为该调入太簇宫，而和凝词入夹钟宫，可见虽原有此调，但和凝仅是用其调名，格律却为自创。

和凝学张志和，有《渔父》之作：

> 白芷汀寒立鹭鸶。蘋风轻剪浪花时。烟幂幂，日迟迟。香引芙蓉惹钓丝。

此词亦赋本题，仅写寒汀鹭鸶、水天之景，而渔翁宛然其中，可令人有马远所画之想。陈廷焯《云韶集》卷一认为："较子同作自远不逮，而遣词琢句，精秀绝伦，亦佳构也。"

当然，和凝最擅长的还是情词。有的善写柔情，兼传人物意态，如《山花子》，除结句外，写歌女的打扮、吹笙无不入画，试香手暖、尝酒唇光，更状微妙变化：

> 银字笙寒调正长。水纹簟冷画屏凉。玉腕重□金扼臂，淡梳妆。　　几度试香纤手暖，一回尝酒绛唇光。佯弄红丝蝇拂子，打檀郎。

《采桑子》写春情初动的少女，不仅服饰打扮写得十分细致，其闺中嬉戏，愁闷之所生，为阿母之所察，都呼之欲出：

> 蝤蛴领上诃梨子，绣带双垂。椒户闲时。竞学樗蒲赌荔枝。　　丛头鞋子红

① 李冰若：《花间集评注》，第147页。

② 俞陛云：《唐五代两宋词选释》，第42页。

编细。裙窣金丝。无事嚬眉。春思翻教阿母疑。

贺裳评前者："词家须使读者如身履其地，亲见其人，方为蓬山顶上。如和鲁公'几度试香纤手暖，一回尝酒绛唇光'……真觉俨然如在目前，疑于化工之笔。"①沈雄亦引江尚质曰："《花间》词状物描情，每多意态，直如身履其地，眼见其人。和凝之'几度试香纤手暖，几回尝酒绛唇光'，孙光宪之'翠袂半将遮粉臆，宝钗长欲坠香肩'是也。"②陈廷焯论后者："以婉雅之笔绘秾丽之词，耐人寻味。"③《云韶集》卷一又说："描写娇憨之态，袭用者屡矣。"如果说温庭筠擅写偏于静态的贵族妇女，此作则是一幅动态的香闺少女图。

《薄命女》写闺怨，颇见特色：

天欲晓。宫漏穿花声缭绕。窗里星光少。冷雾寒侵帐额，残月光沉树杪。梦断锦帏空悄悄。强起愁眉小。

此词几乎全为写景，仅最后一句见情，如沈际飞《草堂诗馀正集》卷一所说："冲寂自妍，末只一句尽却怨意。"近于飞卿的擅长化景为情。

在本章第二节，笔者曾就士子与歌妓交欢的角度，论及和凝的《江城子》，兹全录之，以言其艺术：

初夜含娇入洞房。理残妆。柳眉长。翡翠屏中、亲爇玉炉香。整顿金钿呼小玉，排红烛，待潘郎。

竹里风生月上门。理秦筝。对云屏。轻拨朱弦、恐乱马嘶声。含恨含娇独自语，今夜月，太迟生。

斗转星移玉漏频。已三更。对栖莺。历历花间、似有马啼声。含笑整衣开绣户，斜敛手，下阶迎。

迎得郎来入绣闱。话相思。连理枝。鬓乱钗垂、梳堕印山眉。娅姹含情娇不语，纤玉手，抚郎衣。

帐里鸳鸯交颈情。恨鸡声。天已明。愁见街前、还是说归程。临上马时期后会，待梅绽，月初生。

虽吴梅有"托美人以写情，指落花而自喻"④之说，但这五首难以见其托意。笔者以为，温庭筠《菩萨蛮》似是单幅仕女图的组画，所画偏在静态，而和凝《江城子》五首，却

① 贺裳：《皱水轩词筌》，《词话丛编》，第700页。
② 沈雄：《古今词话·词品》下卷，《词话丛编》，第852页。
③ 陈廷焯：《词则·闲情集》卷一，第856页。
④ 吴梅：《词学通论》，第41页。

是动态的故事性连环画。况周颐评道:"'轻拨朱弦、恐乱马嘶声。'二语熨贴入微,似乎人人意中所有,却未经前人道过。写出柔情蜜意,真质而不涉尖纤。"又说:"'历历花间、似有马蹄声。'尤为浑雅,进乎高诣。"[①]陈廷焯说:"五词不少俚浅处,取其章法清晰,为后人联章之祖。"[②]虽陈廷焯尚未得见敦煌曲子词,却指出《江城子》为联章之祖,亦为有见。吴世昌进而指出:"和凝的五首《江城子》写一个连属的故事,正是后世《五更调》的重要范本。《花间集》中孙光宪的八首《浣溪沙》也是写一个连属的故事。这种用小令来写故事的本领,后来柳永、秦观、周邦彦还能继承。"[③]

二、自具面貌的孙光宪

孙光宪(?—968),字孟文,号葆光子,陵州贵平(今四川仁寿)人。唐末为陵州判官。后唐时避地江陵,为掌书记,累官至检校秘书监兼御史大夫,劝以荆南之地归宋。宋太祖授黄州刺史。有《荆台集》、《巩湖玩编》、《笔佣集》、《橘斋集》、《北梦琐言》等,除《北梦琐言》外,均已佚。词集有后人辑本《孙中丞词》。

孙光宪存词八十四首,数量为"花间"第一,用调亦为最多。其词以《浣溪沙》最著名。冯金伯引孙洙云:"小词有绝无含蓄、自尔入妙者,孙葆光之《浣溪沙》也。"[④]李冰若也说:"葆光子词婉约精丽处,神似韦庄。其《浣溪沙》最有名,孙洙评谓其绝无含蓄而自然入妙。如:'半恨半嗔回面处。和娇和泪泥人时,万般饶得为怜伊。'又'醉后爱称娇姐姐,夜来留得好哥哥。不知情事久长么。'又'将见客时微敛黛,得人怜处且生疏。低头羞问壁边书。'皆足当之无愧。"[⑤]录其四首:

> 蓼岸风多橘柚香。江边一望楚天长。片帆烟际闪孤光。 目送征鸿飞杳杳,思随流水去茫茫。兰红波碧忆潇湘。
>
> 兰沐初休曲槛前。暖风迟日洗头天。湿云新敛未梳蝉。 翠袂半将遮粉臆,宝钗长欲坠香肩。此时模样不禁怜。
>
> 轻打银筝坠燕泥。断丝高罥画楼西。花冠闲上午墙啼。 粉箨半开新竹径,红苞尽落旧桃蹊。不堪终日闭深闺。
>
> 乌帽斜欹倒佩鱼。静街偷步访仙居。隔墙应认打门初。 将见客时微掩敛,得人怜处且生疏。低头羞问壁边书。

陈廷焯《云韶集》卷一评第一首云:"'片帆'七字,压遍古今词人。"吴梅尤称其下片,谓"此等俊逸语,亦孟文所独有"[⑥]。其实非仅是字句,此词境界开阔,非常见的词中小景,目送

① 况周颐:《餐樱庑词话》,《蕙风词话·广蕙风词话》,第407页。
② 陈廷焯:《词则·闲情集》卷一,第856页。
③ 吴世昌:《花间词简论》,《吴世昌全集》第4册,第58页。
④ 冯金伯《:词苑萃编》卷三,《词话丛编》,第1824页。
⑤ 李冰若:《花间集评注》,第176页。
⑥ 吴梅:《词学通论》,第44页。

归鸿，思随流水，情辞兼到，颇见笔力。第二首转写女子，属香艳一类，贺裳赏其“翠袂半将遮粉臆，宝钗长欲坠香肩”，“真觉俨然如在目前，疑于化工之笔”。[1]沈际飞《草堂诗馀别集》较之于《清商曲》，以为“宿昔不梳头，丝发被两肩。婉伸郎膝下，何处不可怜”，“竟不必读”。每以沉郁、寄托论词的陈廷焯，其《云韶集》卷一亦云：“情态可想，风流窈窕，我见犹怜。”又说：“‘不禁怜’三字，真乃娇绝。飞燕玉环，无此情态，真欲与丽娟并驱矣。”第三首如俞陛云所说：“五句虽皆写景，而字句妍炼，兼含凄寂。至结句言终日闭闺，则所见景物，徒为愁人供资料耳。”[2]第四首写情态极妙。《古今词统》评曰：“《花间集》云‘千呼万唤始出来，犹抱琵琶半遮面’，与‘将见客时微掩敛，得人怜处且生疏’，可谓曲尽娇憨之态矣。”[3]陈廷焯《云韶集》卷一也说：“迤逦写来，描写女儿心性、情态，无不逼真。”

孙光宪长于写情，如《清平乐》：

愁肠欲断。正是青春半。连理分枝鸾失伴。又是一场离散。　　掩镜无语眉低。思随芳草萋萋。凭仗东风吹梦，与郎终日东西。

以连理分枝、鸾鸟失伴喻分手，结句的东风吹梦，与郎东西，极写缠绵深挚之情，可见分手的无奈。陈廷焯《云韶集》卷一以“柔情密意，思路凄绝”八字评之，极其精到。又一《清平乐》写女子的幽怨极为深切，可味出人物的神情和心理：

等闲无语。春恨如何去。终是疏狂留不住。花暗柳浓何处。　　尽日目断魂飞。晚窗斜界残晖。长恨朱门薄暮，绣鞍骢马空归。

孙光宪词在题材上较花间其他词人为广，其《风流子》写农村景象，颇见清淡素朴之美：

茅舍槿篱溪曲。鸡犬自南自北。菰叶长，水葓开，门外春波涨渌。听织。声促。轧轧鸣梭穿屋。

因其短篇而所容甚广，故汤显祖评《花间集》卷四云：“田家乐耶？丽人行耶？青楼曲耶？词人藻，美人容，都在尺幅中矣。”这种用至为质朴的语言，写农村风物，咏田家耕织，如同风俗画的作品，虽孙光宪仅此一首，但亦为其他花间词人所无，也可以理解为对词境的一种开拓。《后庭花》虽非拓展题材，在艺术上却有较同类词更高之处：

石城依旧空江国。故宫春色。七尺青丝芳草碧。绝世难得。　　玉英凋落尽，更何人识。野棠如织。只是教人添怨忆。怅望无极。

---

① 贺裳：《皱水轩词筌》，《词话丛编》，第700页。“肩”，《词话丛编》错作“房”，改。
② 俞陛云：《唐五代两宋词选释》，第138页。
③ 卓人月、徐士俊辑：《古今词统》卷四，《续修四库全书》第1728册，第529页。

此词题旨是吊张丽华，作者触景生情，却不说破所感，写得蕴藉深沉，又难掩惆怅凄怨。李调元赏其“织”字，且言其源流变化：“词用‘织’字最妙，始于太白词‘平林漠漠烟如织’。孙光宪亦有句云：‘野棠如织。’晏殊亦有‘心似织’句，此后遂千变万化矣。”①虽仅用字，亦可见用心之处。

孙光宪的边塞词也有较高的艺术性。其《定西番》：

鸡禄山前游骑，边草白，朔天明，马蹄轻。　鹊面弓离短韔，弯来月欲成。一只鸣髇云外，晓鸿惊。

此词如一幅轻快飘逸的特写，写了一支轻骑兵的清晨突击场面，在短促的节奏中，游骑在渐明的朔天之下，马蹄掠过边草，弯弓如月，射出信号响箭，惊飞晓鸿，透出了胜利的信念。其《酒泉子》的写法近于温庭筠的《蕃女怨》，也从征人与思妇双方着笔：

空碛无边，万里阳关道路。马萧萧，人去去。陇云愁。　香貂旧制戎衣窄。胡霜千里白。绮罗心，魂梦隔。上高楼。

征人所去之处是无边的空碛，在万里阳关之外，马声萧萧，人则远去，一望无际的陇地白云也为人忧愁。换头由戎衣之香貂旧制，经胡霜千里的跨越时空，转到思妇一侧，也将边塞之作变为了闺怨之词。最后的“上高楼”很容易使人想起王昌龄著名的《闺怨》诗，而王诗明说“悔教夫婿觅封侯”，此词却未出“悔”字，在显得温柔敦厚同时，也更能体现出词的内敛、婉约特点。

孙光宪《谒金门》一首，艺术性极高：

留不得。留得也应无益。白纻春衫如雪色。扬州初去日。　轻别离，甘抛掷。江上满帆风疾。却羡彩鸳三十六，孤鸾还一只。

陈廷焯结合其境遇论之：“不遇之感，自叹语，亦是自负语。‘还’字妙。落拓非一日矣。”②吴梅以之“足见其不事侧媚，甘处穷寂”③。唐圭璋认为是写飘泊之感与相思之苦④，较能接近事实。此词起笔陡健，直言留之无益，春衫如雪，扬州初去，是别时留下的深刻印象，过片的“轻”、“甘”二字回应开头，末二句言鸾之孤飞，反不如鸳鸯之双飞双宿。李冰若论道：“字字呜咽，相思之苦，飘泊之感，使人荡气回肠，百读不

① 李调元：《雨村词话》卷一，《词话丛编》，第1388页。
② 陈廷焯：《词则·大雅集》卷一，第34页。
③ 吴梅：《词学通论》，第44页。
④ 唐圭璋：《唐宋词简释》，第25页。

厌，其清新哀惋处，盖神似端己也。”此词通篇用短促的入声韵，声情以辅词情，二者达到完美的谐合。对于此词的意旨，论者理解有异，故对其艺术的解释也不同，笔者以为詹安泰《孙光宪词的艺术特色》一文所论较可取：“……这开端就是顶点的抒情手法，在《花间集》中就找不出第二个例子……‘留得也应无益’……这种突起、急转，既坦率又峭劲的写法，正是孙词气骨遒健的一种表征，温、韦词中没有出现过……这么画龙点睛般的一结，就使得全篇震动，使得全篇的描述都成为真情实感的倾吐，精力更加饱满，更具有动人的力量。”[①]所指出的花间未见、温韦所无者，岂非对令词艺术的极大发展！

对于孙光宪词的特点及地位，论家看法不同。陈廷焯以其“气骨甚遒，措语亦多警炼，然不及温、韦处亦在此，坐少闲婉之致”。[②]吴梅说：“余谓孟文之沉郁处，可与李后主并美。”[③]姜方锬独以香艳取之：“光宪当时颇以词鸣，以香艳秾缛见长，亦《花间》之隽也。”[④]而笔者的看法则较为接近詹安泰，其《宋词的来源》一文认为：“就艺术风格说，照我看，孙光宪应另成一派。温的长处在体格，密丽工整；韦的长处在风韵，清疏秀逸；孙的长处在气骨，矫健爽朗；各有面目，不能相掩。如果可以用诗来比的话，仿佛晋宋时期的陶渊明、谢灵运、鲍照三家，韦近陶，温近谢，孙近鲍……温、韦开密丽、清疏两派，对宋词的影响显而易见，但受孙光宪影响的也大有人在：如张先、贺铸的小词，其警健处，往往从孙词出；即号称继承温词的周邦彦，也有神似孙词的……所以不把孙词看成是一个流派，降低它在词学发展史上的地位，是不大平允的。”[⑤]《风格流派及其承传关系》一文又说：“孙词有一种特色，飘忽奇警，矫健爽朗，是温、韦所不能范围的。”[⑥]所论多确。虽说孙光宪还难以与温韦相并，但无疑有自己的创造，有自己的面貌，在花间之中，又在花间之外，是一个很重要的词人。

三、另辟一境的李珣

李珣（生卒年不详），字德润，梓州（今四川三台）人，其先波斯人，后居蜀。尝预宾贡，蜀亡不仕。有《琼瑶集》，已佚，有后人辑本，一名《李德润词》。

李珣较和凝、孙光宪等虽年长近半个世纪，而与牛峤相近，但因在《花间集》中殿后，故沿之而最后论。李珣存词凡五十四首，仅以数量言，即为花间大家。况周颐对其的评价是：“李秀才词清疏之笔，下开北宋人体格”[⑦]，“宋人《黄氏客话》称李德润国亡不仕，词多感慨之音。”[⑧]李冰若云：“李德润词大氐清婉近端己，其写南越风物，尤极真切

---

① 詹安泰：《宋词散论》，第 185 页。
② 陈廷焯著，屈兴国校注：《白雨斋词话足本校注》卷一，第 37 页。
③ 吴梅：《词学通论》，第 44 页。
④ 姜方锬：《蜀词人评传》，第 102 页。
⑤ 詹安泰著，汤擎民整理：《詹安泰词学论稿》，第 279 页。
⑥ 詹安泰著，汤擎民整理：《詹安泰词学论稿》，第 417 页。
⑦ 况周颐：《蕙风词话辑佚》，《蕙风词话·广蕙风词话》，第 418 页。
⑧ 况周颐：《历代词人考略》卷五，《蕙风词话·广蕙风词话》，第 214 页。

可爱。在《花间》词人中自当比肩和凝而深秀处且似过之……《花间》词人能如李氏多面抒写者,甚鲜。故余谓德润词在《花间》可成一派,而可介立温、韦之间也。"①

李珣亦长于《浣溪沙》,录二首:

访旧伤离欲断魂。无因重见玉楼人。六街微雨镂香尘。　早为不逢巫峡梦,那堪虚度锦江春。遇花倾酒莫辞频。

红藕花香到槛频。可堪闲忆似花人。旧欢如梦绝音尘。　翠叠画屏山隐隐,冷铺纹簟水潾潾。断魂何处一蝉新。

前一首,虽汤显祖评《花间集》卷四以其第三句用"镂"字不当:"'镂香尘'句妙,然'镂尘'二字出《关尹子》。李易安'清露晨流,新桐初引',乃《世说》全文,词虽小技,亦须多读书者方许为之。"李调元又说:"'镂'字则尖新少意味矣。"②但俞陛云却指出"微雨镂尘"是"琢句殊新",又说"频"字韵,表"相思无益,不如沉醉消愁。"并指出《珠玉词》的"酒筵歌席莫辞频"亦即此意③。李冰若揭出其前后的因果关系,且言其旨:"'无因重见玉楼人',故'遇花倾酒莫辞频',非曰及时行乐,实乃以酒浇愁,故其词温厚而不儇薄。"④

后一首不仅其结句"断魂何处一蝉新"得李调元肯定,以之含有远神,有不尽之意。且如俞陛云所说:"'屏山'、'文簟'句虽眼前景物,如隔山水万重,小桥南畔,不异天涯也。"⑤可见善于化景为情,以景寄情,蕴藉而有意境。

《临江仙》一首,写闺思而极其传神,大得论家赞赏:

莺报帘前暖日红。玉炉残麝犹浓。起来闺思尚疏慵。别愁春梦,谁解此情悰。
强整娇姿临宝镜,小池一朵芙蓉。旧欢无处再寻踪。更堪回顾,屏画九疑峰。

况周颐说:"李德润《临江仙》云:'强整娇姿临宝镜,小池一朵芙蓉。'是人是花,一而二,二而一。句中绝无曲折,却极形容之妙。昔人名作、此等佳处,读者每易忽之。"⑥李冰若亦以此二句"工于形容,语妙天下。世之笨词,当以此为换骨金丹"。⑦吴世昌言其出处及变化:"此从温词'衰桃一树临前池,似惜容颜镜中老'化出,反其意而用之,遂觉别致。"⑧笔者以为,这一写法不是正面描写女子的容颜,而是用镜中芙蓉拟之,在西

---

① 李冰若:《花间集评注》,第 230 页。
② 李调元:《雨村词话》卷一,《词话丛编》,第 1389 页。
③ 俞陛云:《唐五代两宋词选释》,第 69 页。
④ 李冰若:《花间集评注》,第 231 页。
⑤ 俞陛云:《唐五代两宋词选释》,第 69 页。
⑥ 况周颐:《蕙风词话》卷二,《蕙风词话·广蕙风词话》,第 17 页。
⑦ 李冰若:《花间集评注》,第 234 页。
⑧ 吴世昌:《词林新话》,《吴世昌全集》第 6 册,第 87-88 页。

方理论家所说的重在表现“效果”的基础上，又多了一重“折射”，故为之妙。而且，此词不止于有句可摘，其将所表现的闺思结于“屏画九疑峰”，不仅是寄情于景，又因九嶷、湘妃而切《临江仙》本题，做到几不落痕迹。

《望远行》一调，本出唐教坊曲，敦煌曲子词曾见之，宋人用此名，却格律不同。李珣所作则与伯4692的“年少将军佐圣朝”一首几乎全同，仅个别处平仄有别，可见此调应有所流传，而李珣则得之于民间。其此调之词写闺情，有民歌风味：

春日迟迟思寂寥。行客关山路遥。琼窗时听语莺娇。柳丝牵恨一条条。休晕绣，罢吹箫。貌逐残花暗凋。同心犹结旧裙腰。忍辜风月度良宵。

况周颐解释其中句云：“‘休晕绣，罢吹箫’，闺人刺绣，颜色浓淡深浅之间，细意熨贴。务令化尽针线痕迹，与画家设色无异，谓之‘晕绣’。此二字入词绝新。”①能够“入词绝新”，也是词人留意民间事物而用之的结果。

《酒泉子》写闺情较隐，用调虽飞卿所擅者，写来却显清疏：

秋月婵娟，皎洁碧纱窗外，照花穿竹冷沉沉。印池心。　　凝露滴，砌蛩吟。惊觉谢娘残梦，夜深斜傍枕前来。影徘徊。

大部分皆为写景，上片写月亮，令人想起后来苏轼《水调歌头》之“转朱阁，低绮户”，而诸般夜景如镜头转接，换头由物象而声音，终于使谢娘惊觉，而最后只有月色相傍，与人影共徘徊。全首无一句言情而其情自出。况周颐说：“五代人小词大都奇艳如古蕃锦，唯李德润词有以清胜者。如《酒泉子》云：‘秋雨连绵……’，前调云：‘秋月婵娟……’，《浣溪沙》云：‘翠叠画屏山隐隐，冷铺文簟水潾潾，断魂何处一蝉新。’”②可见，此类以“清”为胜之词又有下开北宋之功。

其《河传》一词，以三峡风光、神女传说写离愁别恨：

去去。何处。迢迢巴楚。山水相连。朝云暮雨。依旧十二峰前。猿声到客船。愁肠岂异丁香结。因离别。故国音书绝。想佳人花下，对明月春风。恨应同。

开头即用去声叠韵，接问句而起情，以下演神女传说，山水、客船，大笔以画，过片用李商隐诗，接而写离愁，由婉转而直切。陈廷焯说：“一气卷舒，有水流花放之致。结六字温厚。”③况周颐以之与南宋高观国相较，认为此词为高：“李德润《河传》云：‘想佳人花下，对明月春风，恨应同。’高竹屋《齐天乐》（中秋夜怀梅溪）云：‘古驿烟寒，幽垣梦

---

① 况周颐：《织余续述》，转引自李冰若《花间集评注》，第239页。

② 况周颐：《历代词人考略》卷五，《蕙风词话·广蕙风词话》，第213–214页。

③ 陈廷焯：《词则·别调集》卷一，第565页。

冷,应念秦楼十二。'两家用意略同。高词伤格不可学,李词则否。其故当细审之。"①

李珣自我抒情之词,不仅其情甚真,且艺术甚精。如《定风波》:

帘外烟和月满庭。此时闲坐若为情。小阁拥炉残酒醒。愁听。寒风叶落一声声。　唯恨玉人芳信阻。云雨。屏帷寂莫梦难成。斗转更阑心杳杳。将晓。银釭斜照绮琴横。

俞陛云说:"每阕中间以两字句换韵,节奏若急柱鸣筝,词意亦随之转换,有短歌意味。"②李冰若亦以之"缘题自抒胸境,洒然高逸",且说:"花间词人能如李氏多面抒写者甚鲜。故余谓德润在花间可成一派,而介立温韦之间也。"③

李珣可能行踪较广,故能以行旅之词开花间之境,艺术水准也较高。其《南乡子》写南国风土民情,于刘禹锡写西蜀外另有开拓。录二首:

相见处,晚晴天,刺桐花下越台前。暗里回眸深属意。遗双翠。骑象背人先过水。

新月上,远烟开,惯随潮水采珠来。棹穿花过归溪口。沽春酒。小艇缆牵垂岸柳。

诸家对此组词皆给予很高评价。如陈廷焯云:"李珣《南乡子》诸词,语极本色,于唐人《竹枝》外,另辟一境矣。"④俞陛云说:"咏南荒风景,唐人诗中以柳子厚为多。五代词如欧阳炯之《南乡子》,孙光宪之《菩萨蛮》,亦咏及之。惟李珣词有十七首之多……荔子轻红,桄榔深碧,猩啼暮雨,象渡瘴溪,更萦以艳情,为词家特开新采。"⑤李冰若亦云:"《南乡子》诸首写景物写风俗,均以明净之句,绘影绘声,引人入胜。"⑥但应注意,李词的格律与欧阳炯所作不同,或有故意争胜之原因。夏承焘以李珣这组词与周昉、韩滉之画相比,其《瞿髯论词绝句》并提李珣及其能诗之妹李舜弦,写得极好:

李家兄妹锦城中,小阁宫词并比工。待唤周韩商画境,淡眉骑象上屏风。⑦

四、有思致、创长调的李存勖

王灼说:"唐末五代,文章之陋极矣,独乐章可喜,虽乏高韵,而一种奇巧,各自立

① 况周颐:《餐樱庑词话》,《蕙风词话·广蕙风词话》,第409页。
② 俞陛云:《唐五代两宋词选释》,第70页。
③ 李冰若:《花间集评注》,第230页。
④ 陈廷焯:《词则·闲情集》卷一,第866页。
⑤ 俞陛云:《唐五代两宋词选释》,第69页。
⑥ 李冰若:《花间集评注》,第230页。
⑦ 夏承焘:《瞿髯论词绝句》,《夏承焘集》第2册,第520页。

格，不相沿袭。在士大夫犹有可言，若昭宗‘野烟生碧树，陌上行人去’，岂非作者？诸国僭主中，李重光、王衍、孟昶、霸主钱俶，习于富贵，以歌酒自娱。而庄宗同父兴代北，生长戎马间，百战之馀，亦造语有思致。”[①]后唐庄宗李存勖确实是完全不同于南方诸君的奇人，故其词“造语有思致”为王灼感到不解。陆蓥对李存勖评价更高：“诗有绝句，词有小令，二者视之若易，为之甚难。绝句之工，唐则供奉龙标为冠。虽杜陵不能兼美也。小令之工，词家推唐庄宗、李后主、周晴川为巨擘。余往见先广文手抄五代诸词，有唐庄宗《如梦令》云：‘曾宴桃源深洞……’此庄宗自度曲，欧史所谓庄宗知音，能度曲，汾晋往往能歌其声，谓之御制者也。唐庄宗、李后主，皆亡国之君，然庄宗大有伟略，其词清丽乃尔。”[②]

李存勖（885—926），小字亚子，沙陀部人，后唐太祖李克用长子。天祐五年（908）嗣立为晋王，长期与后梁作战，后梁龙德三年（923）称帝，袭国号唐，史称后唐，改元同光。同年灭后梁，同光四年（926）因兵变被杀。庙号庄宗。

李存勖存词仅四首，却合于“有思致”之评。如《一叶落》：

一叶落。褰朱箔。此时景物正萧索。画楼月影寒，西风吹罗幕。吹罗幕。往事思量着。

此系李存勖自创之调，毛先舒云：“《一叶落》，《淮南子》：‘一叶落而天下知秋。’唐庄宗词：‘一叶落，褰珠箔。’遂以名调。”[③]陈廷焯《云韶集》卷二十四赏其用韵：“押‘着’字，只如此押，真妙。”一叶落而知秋，数句写秋景，“吹罗幕”重复而出，停顿而转为思量往事，用赋体直书己意，却未说出，“着”字结而未结，“思致”亦可由此思之味之。

再看《忆仙姿》：

曾宴桃源深洞。一曲清歌舞凤。长记欲别时，和泪出门相送。如梦。如梦。残月落花烟重。

此调亦李存勖自创，苏轼《如梦令》（水垢何曾相受）一词小序曾作交代：“此曲本唐庄宗制，名《忆仙姿》，嫌其不雅，故改为《如梦令》。庄宗作此词，卒章云：‘如梦，如梦，和泪出门相送。’因取以为名云。”曾季貍从词内论之：“前人诗用‘重’字有三：‘雨压梨花烟重’，‘雪压梅花香重’，‘残月落花烟重’，皆有思致。”[④]在赏句之时，可见对李存勖词取之以“思致”已几成共见。陈霆则从词外言之：“唐庄宗早年甚英果，晚乃溺于情欲，不胜其宴昵之私。尝见其《如梦令》云（词略）。详味词旨，所谓‘亡国之音哀以思’者也。

① 王灼著，岳珍校正：《碧鸡漫志校正》卷二，第32页。
② 陆蓥：《问花楼词话》，《词话丛编》，第2542–2543页。
③ 毛先舒：《填词名解》，《四库全书存目丛书》第425册，齐鲁书社1997年版，第166页。（版本后同）
④ 曾季貍：《艇斋诗话》，丁福保辑《历代诗话续编》，中华书局1983年版，第282页。（版本后同）

奄忽丧败,实谶于此。”[①]而就词本身言,虽借桃源仙事而写,却显为尘世中之情,情结景中而传情无限,既有思致,笔致亦见幽秀。俞陛云指出:“五代词嗣响唐贤,悉可被之乐章,重在音节谐美,不在雕饰字句。而能手作之,声文并茂。此词‘残月落花’句以闲淡之景,寓浓丽之情,遂启后代词家之秘钥。”[②]又说:“庄宗尚有《一叶落》词,其佳处在结句与《如梦令》同一机局。‘残月落花’句寓情于景,用兴体也。‘往事思量’句直书己意,用赋体也。因悲秋而怀旧,情耶? 怨耶? 在‘思量’两字中索之。”[③]所说甚是。

《歌头》更是李存勗所创之长调:

> 赏芳春、暖风飘箔。莺啼绿树,轻烟笼晚阁。杏桃红,开繁萼。灵和殿,禁柳千行,斜金丝络。夏云多、奇峰如削。纨扇动微凉,轻绡薄。梅雨霁,火云烁。临水槛,永日逃烦暑,泛觥酌。 露华浓,冷高梧,凋万叶。一霎晚风,蝉声新雨歇。惜惜此光阴,如流水,东篱菊残时,叹萧索。繁阴积,岁时暮,景难留,不觉朱颜失却。好容光,旦旦须呼宾友,西园长宵,宴云谣,歌皓齿,且行乐。

此词铺写四季景色,从时岁流走表其“景难留,不觉朱颜失却”之人生感触,宣其“宴云谣,歌皓齿,且行乐”之旨,题旨并不新鲜,艺术性也不很高。吴梅疑非庄宗所作:“《歌头》一首,分咏四季。其语尘下,疑是伪作。庄宗好优美,或伶工进御之言,故词中止及四时花事耳。”[④]而明清人却都在指出其不甚佳同时,也肯定其为长调之祖。如俞彦云:“晚唐五代小令,填词用韵,多诡谲不成文者,聊为之可耳,不足多法。《尊前集》载唐庄宗《歌头》一首,为字一百三十六,此长调之祖,然不能佳。”[⑤]沈雄《古今词话》引《柳塘词话》曰:“唐人率多小令,《尊前集》载唐庄宗《歌头》一阕,不分过变,计一百三十六字,为长调之祖,苦不甚佳。按《歌头》系大石调,别有《六州歌头》、《水调歌头》,皆宜音节悲壮,以古兴亡事实之,良不与艳词同科者。”[⑥]又引《梅墩词话》曰:“词贵柔情曼声,第宜于小令。若长调而亦喁喁细语,失之约矣,惟沉雄悲壮,情致亹亹,方为合作。其多有不转韵者,以调长势散,恐其气不贯也。如俞彦所云,意窘于侈,字贫于复,气竭于鼓,鲜不纳败。”[⑦]虽如此,其创调之功仍不可没,对于后人在慢词上的探索,自有为天下先的作用。

胡应麟云:“后唐庄宗,世知其勇略及俳优戏剧而已,然实于文艺留心者。史称其幼好学,通《春秋》大义,又尝手抄《春秋》,曰:‘我于十指上得天下。’见《高季兴传》中。《五代·优伶传》云:‘庄宗知音能度曲,至今汾晋间往往能歌其声。’乐府所传《如梦令》

① 陈霆:《渚山堂词话》卷一,《渚山堂词话·词品》,人民文学出版社 1960 年版,第 7 页。(版本后同)
② 俞陛云:《唐五代两宋词选释》,第 40 页。
③ 俞陛云:《唐五代两宋词选释》,第 41 页。
④ 吴梅:《词学通论》,第 39 页。
⑤ 俞彦:《爰园词话》,《词话丛编》,第 402 页。
⑥ 沈雄:《古今词话·词品》上卷,《词话丛编》,第 837 页。
⑦ 沈雄:《古今词话·词品》上卷,《词话丛编》,第 837–838 页。

一词，殊不在李、王父子下。第以沙陀能此，尤不易云。”①

李珣为波斯人之后，而李存勖为沙陀部人，后者较前者约年轻三十岁，先后辉映，为外族参与五代文学建设造就了一道亮丽风景，实在值得一书。

第六节 冯延巳：和泪试严妆

西蜀词人众多，且有《花间集》之编，自是五代词最大的创作基地。西蜀之外，则数南唐，南唐词人虽仅二主一冯，在词史上的地位却高于西蜀词人。西蜀词与南唐词都有宫廷文化的背景，二国也都有“五鬼”之号，或全系词人，或词人厕身其中，而若细究之，两国之词的文化属性有别，作品也有不同。

南唐建国略晚于后蜀，元宗李璟与后主李煜执政共三十三年，与后蜀孟昶的三十二年几乎相等，因此从时间言，南唐词的创作只是稍晚于西蜀而已。但应看到，南唐与西蜀的立国以及君主都有很大区别，两国的文化也不同，遂使一东一西的词作各有面貌。从西蜀文人词的创作主流看，艳情无疑是其大端，真正自抒其情和表现兴亡之感、隐逸之趣和描写自然风光的作品，还属于少数。再结合《花间集序》所透出的信息，可以认为：西蜀词是产生在享乐的宫廷文化与市井的娼妓文化相结合的文化动力场中，而由于编集的目的在于为歌女们提供唱本，其作为“伶工之词”的特点也是显见的。南唐则不然。南唐烈祖李昪并无王建那样的军事才干和政治手腕，但他深知民心向背的重要，在武人把持政权的情况下，他以宽仁修政，广施恩信，建立了南唐政权，通过保境安民政策而得到历经战乱的江淮人士的拥护。他善待文人儒士，用其所长，在他们的努力下，南唐成为了十国中的“大邦”，不仅地域宽广，经济发达，而且“六经臻备，诸史条集，古书名画，辐凑绛帷。俊杰通儒，不远千里而家至户到”②。中主李璟天性儒懦，素昧威武，却好读书、多才艺、擅书法、善骑射，是能文能武的人物。在他周围，有冯延巳、韩熙载、徐铉、李建勋等著名文人，时常讲论文学，形成了有深厚文艺基础的宫廷文化氛围。后主李煜美风仪、知音律、能弧矢、多收藏，更工书善画，长于为文，堪称博学多才。因此，南唐所具备的人文精神是西蜀所缺乏的，两地的君主也确有文化底蕴和审美情趣的不同，这也就导致南唐二主虽也有声色之好，却与西蜀王衍之流自有高下之别。

综观从中唐的文人词，到晚唐五代的花间词和南唐词，可以说是完成了从进士文化到宫廷文化的背景转换。而在西蜀和南唐，我们又可以看到两种不同的宫廷文化背景：西蜀的宫廷带有暴发户色彩，偏在“俗”，而南唐则有较深的人文底蕴，不失为“雅”；前者的宫廷所好是享乐的女乐文化，后者的宫廷似更近于文人文化。与之相关，西蜀对偏安颇为自信，所以花间词对眼前的一切多有沉迷，津津乐道；而南唐对国家前景颇多忧虑，冯延巳的忧生念乱是如此，李璟在听歌“南朝天子爱风流”而覆杯有悟

① 胡应麟：《诗薮》杂编卷四，上海古籍出版社 1979 年新 1 版，第 293 页。（版本后同）
② 刘崇远：《金华子杂编》卷上，《唐五代笔记小说大观》，第 1750 页。

也是如此,较之前者的享乐意识,是更多忧患意识。两者虽都是宫廷文化,却又有如此不同。

明乎上说,始能论南唐词,论冯延巳。

王国维说:"'画屏金鹧鸪',飞卿语也,其词品似之。'弦上黄莺语',端己语也,其词品亦似之。正中词品,若欲于其词句中求之,则'和泪试严妆',殆近之欤。"[①]若谓拟飞卿、端己二语未必尽当,"和泪试严妆",丽而不淫,悲而不过,却甚合正中之词。

一、情溢词外　意蕴言中

冯延巳(903—960),一名延嗣,字正中,广陵(今江苏扬州)人。少随父在南唐烈祖李昪军营,及长,为李璟帅府掌书记。李璟即位,拜谏议大夫、翰林学士,迁户部侍郎,再拜翰林学士承旨。保大四年(946)拜集贤殿大学士同平章事。次年因伐闽兵败,罢为太子少傅,出为邵武军节度使,后改冠军大将军,太弟太保,领潞州节度。保大十年(952)拜左仆射同平章事,后又几度罢相复相。卒谥忠肃。《南唐书》有传。词集名《阳春集》。

冯延巳为一代之词人,而词在宋初已经散佚,嘉祐三年(1058),其外孙陈世修辑录得一百十九首,编为《阳春集》,因其中杂有他人所作,故可信者约百首,即便如此,其词数量亦为五代之冠。

冯延巳词得晏欧所爱,所作也多类,人以之"晏同叔得其俊,欧阳永叔得其深"[②],后人编集时亦多相混。而历来对冯词的评价则颇见分歧。

陈廷焯云:"晏元献、欧阳文忠皆工词,而皆出小山下;专精之诣,固应让渠独步。然小山虽工词,而卒不能比肩温、韦,方驾正中者,以情溢词外,未能意蕴言中也。故悦人甚易,而复古则不足。"[③]此论晏几道,却牵出词之高下标准,这里取其言,用"情溢词外,意蕴言中"论正中词艺术上的第一个特点。

刘熙载云:"温飞卿词精妙绝人,然类不出乎绮怨。韦端己、冯正中诸家词,留连光景,惆怅自怜,盖亦易飘飏于风雨者。若第论其吐属之美,又何加焉!"[④]"留连光景,惆怅自怜"于正中词可谓深合,亦其"情溢词外"最能为人所感知者。试看其《鹊踏枝》:

谁道闲情抛掷久,每到春来,惆怅还依旧。日日花前常病酒,敢辞镜里朱颜瘦。　河畔青芜堤上柳,为问新愁,何事年年有。独立小楼风满袖,平林新月人归后。

梅落繁枝千万片,犹自多情,学雪随风转。昨夜笙歌容易散,酒醒添得愁无限。　楼上春寒山四面,过尽征鸿,暮景烟深浅。一晌凭阑人不见,鲛绡掩泪

---

① 王国维:《人间词话》,《蕙风词话·人间词话》,第195页。
② 刘熙载:《艺概》卷四《词曲概》,第107页。
③ 陈廷焯著,屈兴国校注:《白雨斋词话足本校注》卷九,第722页。
④ 刘熙载:《艺概》卷四《词曲概》,第107页。

思量遍。

这两首都应是自抒其情（第二首的“鲛绡掩泪”或可理解为女性），这种并非“闺音”之词，却充满了愁绪甚而悲怨。第一首的日日花前病酒，自应是闲愁，而年年的新愁，又出之为何呢？第二首似可回答：梅落繁枝，笙歌易散，都昭示着美好事物难以持久，加以后面的相思，更是将爱情的失落与理想人生的无法永恒交织为一体。因为这样一份对人生的思考感慨，难以掩抑，遂使之“情溢词外”而令人深切可感。再看同调之作：

六曲阑干偎碧树，杨柳风轻，展尽黄金缕。谁把钿筝移玉柱，穿帘海燕双飞去。　满眼游丝兼落絮，红杏开时，一霎清明雨。浓睡觉来慵不语，惊残好梦无寻处。

此首可看作前面的补充与形象演示：上片还是美丽的新柳与美妙的音乐，下片即转为柳絮飘飘，春天将去，红杏仅仅才开，“一霎”的春雨就将其摧残，所以谁说黄莺惊破的仅仅只是浓睡，而“无寻处”的“好梦”又何尝不是美好的事物与理想呢？

再录其《采桑子》二首：

小堂深静无人到，满院春风。惆怅墙东，一树樱桃带雨红。　愁心似醉兼如病，欲语还慵。日暮疏钟，双燕归栖画阁中。

花前失却游春侣，独自寻芳。满目悲凉。纵有笙歌亦断肠。　林间戏蝶帘间燕，各自双双。忍更思量，绿树青苔半夕阳。

前者自抒，后者代言，也都由惆怅、愁心进而悲凉、断肠。

刘永济归纳了冯词所表情感，认为“词中表达之情极复杂，有猜疑者，有希冀者，有留恋者，有怨恨者，有放荡者，而皆能随意写出，艺术甚高。宋初词人，皆受其影响”。[①]而冯词虽所抒之情多端，所属却可归为伤春伤别，而尤以伤春为多。

伤春是生命意识的表现，刘、白因老境至而词表春愁，固然是这一意识所致，而冯延巳诸作或非作于晚年，但又何尝没有因岁月流走而生的悲情呢？即使可以尽享世间的富贵荣华，也清楚认识到人生的短暂，这就是以士大夫文化论词而以“闲情”相观照，且言其延续性的原因。而对生命、青春以及美好事物的强烈留连，使善感善觉者感于物，善作者出于言，冯延巳兼备众“善”，其浓烈的感受诉诸词中，因情生文，未免情溢词外而使人深有震撼。

然而，“情溢词外”只是冯延巳词的一面，许多读者、论者在此之外，都还对冯词有“意蕴言中”的阅读感受。以上引《鹊踏枝》（“谁道闲情抛掷久”）言，唐圭璋以之为“写

---

① 刘永济：《唐五代两宋词简析》，第23页。

闺情,如行云流水,不染纤尘”[1]。而陈廷焯认为是“始终不渝其志,亦可谓自信而不疑,果毅而有守矣”[2]。又如另一《鹊踏枝》:

几日行云何处去,忘却归来,不道春将暮。百草千花寒食路,香车系在谁家树? 泪眼倚楼频独语,双燕飞来,陌上相逢否?撩乱春愁如柳絮,悠悠梦里无寻处。

除张惠言外,谭献亦以寄托言之:“行云、百草、千花、香车、双燕,必有所托。”[3]陈廷焯则云:“低回曲折,蔼乎其言,可以群,可以怨,情词悱恻。”[4]王国维虽对以寄托言词不以为然,《人间词话》仍说:“‘终日驰车走,不见所问津。’诗人之忧世。‘百草千花寒食路,香车系在谁家树’似之。”[5]用闺情或伤离念远以外之意论之,亦以之别有其意也。再一《鹊踏枝》:

庭院深深深几许,杨柳堆烟,帘幕无重数。玉勒雕鞍游冶处,楼高不见章台路。 雨横风狂三月暮。门掩黄昏,无计留春住。泪眼问花花不语,乱红飞入秋千去。

此词又有以为欧阳修所作,张惠言《词选》以欧作而逐句解之[6]。黄苏亦以之属欧阳修,就其字面作了一番解析后又说:“通首诋斥,看来必有所指。第词旨浓丽,即不明所指,自是一首好词。”[7]陈廷焯云:“连用三‘深’字,妙甚。偏是楼高不见,试想千古有情人读至结处,无不泪下。绝世至文!”[8]又说:“正中《蝶恋花》四阕,情词悱恻,可群可怨。”[9]且重复张惠言《词选》所云,以之为另有寄意。所见兼及“情溢词外”与“意蕴句中”。俞陛云也认为:“帘深楼迥及‘乱红飞过’等句,殆有寄托,不仅送春也。”[10]又一《鹊踏枝》亦写情宛转绸缪:

几度凤楼同饮宴,此夕相逢,却胜当时见。低语前欢频转面,双眉敛恨春山远。 蜡烛泪流羌笛怨,偷整罗衣,欲唱情犹懒。醉里不辞金盏满,阳关一曲肠千断。

---

① 唐圭璋:《唐宋词简释》,第 66 页。
② 陈廷焯著,屈兴国校注:《白雨斋词话足本校注》卷一,第 40 页。
③ 谭献:《谭评词辨》,《清人选评词集三种》,第 149 页。
④ 陈廷焯:《词则·大雅集》卷一,第 35 页。
⑤ 王国维:《人间词话》,《蕙风词话·人间词话》,第 202 页。
⑥ 张惠言:《词选》(附续词选)卷一,第 33 页。
⑦ 黄苏:《蓼园词评》,《词话丛编》,第 3052 页。
⑧ 陈廷焯:《云韶集》卷一,转引自《白雨斋词话足本校注》,第 39 页。
⑨ 陈廷焯著,屈兴国校注:《白雨斋词话足本校注》卷一,第 40 页。
⑩ 俞陛云:《唐五代两宋词选释》,第 168 页。

刘永济所析甚详:“此首所表之情,极其复杂。首句,念昔日之旧欢也。二、三句,则今日之新欢。四、五句,又由今日相会之欢追想昔日别离之苦。后半阕则专就今日临别言。‘醉里’句,因不胜今别之苦,希图从‘醉里’作别,或可减少苦情也。”又说“冯延巳曾两度作宰相,此词表面以欢会与惜别为言,其中实有得失之心,但一托之闺情,便觉缠绵宛转”,并表示对张惠言所说“延巳为人,专蔽嫉妒,又敢为大言。此词盖以排间异己者,其君之所以信而弗疑也”的赞同①。

近代大词家王鹏运云:“冯正中《鹊踏枝》十四阕,郁伊惝恍,义兼比兴”②,以寄托统言之。沈曾植亦云:“正中身仕偏朝,知时不可为,所为《蝶恋花》诸阕,幽咽惝恍,如醉如迷。此皆贤人君子不得志发愤之所为作也。”③吴梅兼张惠言、陈廷焯所说而论:“《蝶恋花》诸作,情词悱恻,可群可怨。张皋文云:‘忠爱缠绵,宛然《骚》、《辨》之义。’余最爱诵之。如‘日日花前常病酒,不辞镜里朱颜瘦’。‘泪眼倚楼频独语,双燕来时、陌上相逢否’。‘浓睡觉来莺乱语,惊残好梦无寻处’。思深意苦,又复忠厚恻怛。词至此则一切叫嚣纤冶之失,自无从犯其笔端矣。”④而蔡嵩云却表示了自己的困惑:“正中《鹊踏枝》十四章,郁伊惝恍,究莫测其意旨。刘融斋谓其词流连光景,惆怅自怜。冯梦华则以为有家国之感寓乎其中,然欤,否欤?”⑤

刘永济阐发了对比兴寄托的理解原则:“昔人论文,每以‘言为心声’,似当表里如一。然苟作者艺术甚高,则必能为巧言以饰其伪,故读者必当联系作者之行为与时代背景,全面观察,而后可得其真象。盖巧伪之言,可以欺当世,不可以后世也。”⑥张惠言据史所载,发论世知人之见,《词选》就冯延巳《鹊踏枝》(几日行云何处去)而云:“忠爱缠绵,宛然《骚》、《辨》之义,延巳为人,专蔽嫉妒,又敢为大言,此词盖以排间异己者,其君之所以信而弗疑也。”⑦陈廷焯亦云:“冯正中《蝶恋花》四章,忠爱缠绵,已臻绝顶。然其人亦殊无足取,尚何疑于史梅溪耶?诗词不尽能定人品,信矣。”⑧而冯煦却说:“翁頫仰身世,所怀万端,缪悠其辞,若显若晦。揆之六义,比兴为多……翁何致而然耶?周师南侵,国势岌岌……翁负其才略,不能有所匡救。危苦烦乱之中,郁不自达者,一于词发之。其忧生念乱,意内而言外,迹之唐五季之交,韩致尧之于诗,翁之于词,其义一也。”⑨

究竟孰是孰非呢?此处摘马令《南唐书》相关内容,以观冯延巳其人其事:

冯延巳为翰林学士承旨,水部员外郎冯延鲁为中书舍人。延鲁锐于功名,欲

① 刘永济:《唐五代两宋词简析》,第25–26页。
② 王鹏运:《半塘丁稿·鹜翁集》,见《半塘定稿》,京华印书馆1948年版,第18页。
③ 沈曾植:《曼陀罗寐词序》,沈曾植著、钱仲联校注《沈曾植集校注》,中华书局2001年版,第1495页。
④ 吴梅:《词学通论》,第44页。
⑤ 蔡嵩云:《柯亭词论》,《词话丛编》,第4910页。
⑥ 刘永济:《唐五代两宋词简析》,第26页。
⑦ 张惠言:《词选》(附续词选)卷一,第29页。
⑧ 陈廷焯著,屈兴国校注:《白雨斋词话足本校注》卷七,第546页。
⑨ 冯煦:《阳春集序》,王鹏运《四印所刻词》,上海古籍出版社1989年版,第331页。

兴建州之役……吴越以兵三万应之,觉等争功,进退不相应,延鲁及吴越战。延鲁败绩,诸军皆溃。帝怒,遣使者锁觉、延鲁至金陵……流延鲁舒州。①

而因“冯延巳、延鲁、魏岑、陈觉,皆以奸回得用,人情不平。既流延鲁及觉,而延巳为相,岑亦居近密”,御史中丞江文蔚谓“二凶虽去,未称民情,四罪尽除,方明国典”②,请治冯延巳罪,帝怒而贬江文蔚,亦罢延巳为太子少傅。

又《南唐书》:

……宰相冯延巳以克楚为功,不欲取费于国,乃重敛其民,以给军,边镐不能镇抚,楚人皆怨,帝亦恶之,谓冯延巳、孙晟曰:“湖湘之役,楚民厌乱,求息肩于我,今欲罢桂阳之师,解益阳之戍,即授刘言以节钺使,自安辑其民,吾亦得惠养湘衡之地。如是,则远迩完实,二蕃在吾度内尔。公等亟行之,无为后悔。”孙晟即欲奉行,延巳曰:“吾以偏师克全楚,天下惊动,今三分丧二,何以为功?”遂稽其命。③

未几却大败,丢失了湖南。周师南征,延巳束手无策,只能将江北之地拱手让人。在连连失地之后,已证实其无能,遂失去相位,一年后去世。

冯延巳工诗、善书,学问渊博、文章颖发、能言善辩,甚得李璟信任。李璟醉心文艺,爱其文才,却未识其缺乏政治、军事才干,南唐的决策有误、连连失地,冯延巳是难辞其责的。冯延巳固乏宰相之才,其为人却非劣行显著,故对于张、陈与冯煦的歧见,夏承焘《唐宋词人年谱》辨之曰:“予尝细读《阳春集》及《南唐书》,以为冯煦阿其宗人,且以读唐诗者读唐词,比正中于韩偓,固近过誉;张、陈惑于南唐朋党攻伐之辞,斥为憸夫,亦属过诋。”④所说近是。对于《南唐书》所说“与宋齐邱更相推唱,拜谏议大夫、翰林学士。复与其弟延鲁交结魏岑、陈觉、查文徽,侵损时政。时人谓之五鬼”⑤,夏谱亦辨之甚详,认为是“朋党攻伐之辞,则应存疑”⑥。

作为两朝元老,冯延巳身经激烈的党争,要承担同党,尤其是其弟冯延鲁的失败责任,虽受宠而不固(据夏承焘考,其自四十四岁起任宰相,十二年间,被罢四次,四上四下⑦),屡遭攻击弹劾,最后只能对大国犒军朝贡,抑郁而亡。人生的感触,仕途的疑惧,国家的忧患,使之其情难抑,入之于词,应是很自然的。而作为一个必亡之国的宰相,外有强邻虎视眈眈,内有党争不已,冯词之充溢悲凉气氛,也是不难理解的。况且

① 马令:《南唐书》卷二,丛书集成初编本,中华书局 1985 年版,第 11–13 页。(版本后同)
② 马令:《南唐书》卷二,第 13 页。
③ 马令:《南唐书》卷三,第 18 页。
④ 夏承焘:《唐宋词人年谱·冯正中年谱》,《夏承焘集》第 1 册,第 70 页。
⑤ 马令:《南唐书》卷二一,第 139 页。
⑥ 夏承焘:《唐宋词人年谱·冯正中年谱》,《夏承焘集》第 1 册,第 38 页。
⑦ 夏承焘:《唐宋词人年谱·冯正中年谱》,《夏承焘集》第 1 册,第 50–66 页。

冯氏不似宋人之多有诗文，另有记事载言或分泄情感之途，其词当然不是无病呻吟；而思其情、论其意，作"同情之理解"，以冯词之另有寄托，亦非子虚乌有。陈世修《阳春集序》仅以"娱宾而遣兴"、"以清商自娱"[①]看待之，怕是未得其真意。论冯词，必须要有此一份理解。

明乎此并进而推之，当指出："意蕴言中"不仅限于上面这类作品，在悲凉之作以外，对那些看来是娱宾、自娱之词，也可以透过表象窥见真意，对似是无关紧要者，作关乎紧要的理解，一如春秋时期的赋诗言志，读者能就诗而观志。如《谒金门》：

> 风乍起，吹皱一池春水。闲引鸳鸯香径里，手挼红杏蕊。　斗鸭阑干独倚。碧玉搔头斜坠。终日望君君不至，举头闻鹊喜。

此本系闺情词，上阕写行于池旁香径，以红杏花蕊抛入水中，戏引鸳鸯。下阕写行至斗鸭栏边，正思量所爱，忽闻鹊噪，举头而听，不觉搔头斜坠，因之报信而喜。相传中主李璟见此词而问："'吹皱一池春水'，干卿何事？"冯对曰："未若陛下'小楼吹彻玉笙寒'。"中主乃悦。李璟为何为一句词较真，冯延巳又作此回答呢？刘永济认为："此事昔人以为南唐君臣以词相戏，不知实乃中主疑冯词首句讥讽其政务措施，纷纭不安，故责问与之何干。冯词首句，无端以风吹池皱引起，本有讽意，因中主已觉，故引中主所作闺情词中佳句，而自称不如，以为掩饰。意谓我亦作闺情词，但不及陛下所作之佳耳。二人之言，针锋相对，非戏谑也。试以史称冯作相时，不满于'人主躬亲庶务，宰相备位'之语证之，二人言外所指之意，自然分明。此虽词家故事，而吾人读词之法亦可于此得之。盖讽刺之作，往往意在言外，所谓'言在此而意在彼也'。但必须明了作者之地位、行为与其时代背景之后，方能证明其言外之意，否则必同于猜谜矣。此其一。又词中言外之意，止于一二句，不可以全首句句比附来说，否则必然牵强附会失作者原意，此其二。"[②]可见，若要避免看朱成碧，还要真正的知人论世。

二、沉郁顿挫　深美闳约

陈廷焯说："冯正中词，极沈郁之致，穷顿挫之妙，缠绵忠厚，与温、韦相伯仲也。"又说："晏、欧词，雅近正中，然貌合神离，所失甚远。盖正中意馀于词，体用兼备，不当作艳词读。若晏、欧，不过极力为艳词耳，尚安足重！"[③]此处不辨晏、欧，而冯词"不当作艳词读"，则是许多人的体会。至于以沉郁顿挫论冯延巳词，则是借杜甫诗以论之，不仅是风格、且至于词格。

有学者认为，"沉郁"一语可追溯到屈原《九章》的"志沉菀而莫达"，"菀"字三读，其中读 yu 者通"蕴"，郁结意。后见于钟嵘《诗品序》之赞梁武帝萧衍："体沉郁之幽思，

---

① 陈世修：《阳春集序》，《词籍序跋萃编》，第 15 页。

② 刘永济：《唐五代两宋词简析》，第 24 页。

③ 陈廷焯著，屈兴国校注：《白雨斋词话足本校注》卷一，第 38、44 页。

文丽日月。”而人们最熟知的则是杜甫《进雕赋表》所说的:“臣之述作,虽不足以鼓吹六经,先鸣数子,至于沉郁顿挫,随时敏捷,而扬雄、枚皋之流,庶可跂及也。”本是杜甫自言其赋,主要指自己学养与技巧兼到,创作意辞兼美,可比扬雄、枚皋。当时尚在安史之乱前,而经历战乱后,杜诗有很大变化,故此语被用作概括其风格时,已经含有忧愤深广、波澜老成之意,因其思想感情而致深沉凝重,章法结构的曲折变化则与之相辅相成。

《白雨斋词话》卷十云:“诗有诗境,词有词境,诗词一理也。然有诗人所辟之境,词人尚未见者,则以时代先后远近不同之故。一则如渊明之诗,淡而弥永,朴而愈厚,极疏极冷,极平极正之中,自有一片热肠,缠绵往复,此陶公所以独有千古,无能为继也。求之于词,未见有造此境者。则如杜陵之诗,包括万有,空诸倚傍,纵横博大,千变万化之中,却极沈郁顿挫,忠厚和平,此子美所以横绝古今,无与为敌也。求之于词,亦未见有造此境者。若子建之诗,飞卿词固已几之。太白之诗,东坡词可以敌之。子昂高古,摩诘名贵,则子野、碧山,正不多让。退之生凿,柳州幽峭,则稼轩、玉田,时或过之。至谓白石似渊明;大晟似子美,则吾尚不谓然。然则词中未造之境,以待后贤者尚多也。”[①]但其卷一却说:“冯正中词,极沈郁之致,穷顿挫之妙,缠绵忠厚,与温、韦相伯仲也。”仅此处已将沉郁顿挫给予了三位词人,这一说法显然与上说矛盾。由此,我们可以联想到陈廷焯论述冯延巳词之寄托,时而责其人品,时而称其忠爱,两难心态之时有所见,是因为冯延巳毕竟不是忧国忧民的杜甫,不是如苏轼说的“一饭未尝忘君”[②],当代有学者以“道德诗人”论杜,而冯延巳却难以道德相取,这种矛盾也就不难理解了。

那么,仅从艺术上说,冯延巳词能否以沉郁顿挫论之呢?还是用陈廷焯自己的话来说。陈氏曾云:“作词之法,首贵沉郁,沈则不浮,郁则不薄。顾沈郁未易强求,不根柢于《风》、《骚》,乌能沈郁?十三国变风,二十五篇《楚词》,忠厚之至,亦沈郁之至,词之源也。不究心于此,率尔操觚,乌有是处?”[③]又说:“所谓沈郁者,意在笔先,神馀言外。写怨夫思妇之怀,寓孽子孤臣之感。凡交情之冷淡,身世之飘零,皆可于一草一木发之。而发之又必若隐若见,欲露不露,反复缠绵,终不许一语道破。匪独体格之高,亦见性情之厚。”[④]虽冯延巳不是屈原,也不是杜甫,但后面所说者,却大体都合。再以其所说相证:

正中《蝶恋花》首章云:“浓睡觉来莺乱语,惊残好梦无寻处。”忧谗畏讥,思深意苦。次章云:“谁道闲情抛弃久,每到春来,惆怅还依旧。日日花前常病酒,不辞镜里朱颜瘦。”始终不渝其志,亦可谓自信而不疑,果毅而有守矣。三章云:“泪眼

① 陈廷焯著,屈兴国校注:《白雨斋词话足本校注》卷十,第781–782页。
② 苏轼:《王定国诗集序》,《苏轼全集·文集》卷十,第854页。
③ 陈廷焯著,屈兴国校注:《白雨斋词话足本校注》卷一,第9页。
④ 陈廷焯著,屈兴国校注:《白雨斋词话足本校注》卷一,第20–21页。

倚楼频独语。双燕来时，陌上相逢否？"忠厚恻怛，蔼然动人。四章云："泪眼问花花不语，乱红飞过秋千去。"词意殊怨，然怨之深，亦厚之至。盖三章犹望其离而复合，四章则绝望矣。作词解如此用笔，一切叫嚣纤冶之失，自无从犯其笔端。[①]

若不言是否有君国之忧、民胞物与之怀，冯延巳词却颇有"意在笔先，神馀言外，写怨夫思妇之怀，寓孽子孤臣之感"者，又是"凡交情之冷淡，身世之飘零，皆可于一草一木发之。而发之又必若隐若见，欲露不露，反复缠绵，终不许一语道破。"仅如此相衡相论，以"沉郁"言冯词也并不为过。直到当代，饶宗颐也说："予诵正中词，觉有一股莽莽苍苍之气，《鹊踏枝》数首，尤极沉郁顿挫……语中无非寄托遥深，非冯公身份不能道出。"[②]可见以沉郁论冯词并非一人之见。

上面所说的主要是"沉郁"，至于"顿挫"，似是沉郁的附加物，陈廷焯未言其详。笔者以为，顿挫固然是指章法结构的曲折变化，但又非止于此，而应是以间歇、转折、停顿之笔，造成"留"而不"流"、空中荡漾之势，为欣赏者提供进一步领会、进入意境的契机。正是顿挫之笔，为沉郁之意造成了空间与时间的容量，使沉郁的思想、感情得以纡折、回旋。如杜甫《自京赴奉先县咏怀五百字》的"朱门酒肉臭，路有冻死骨。荣枯咫尺异，惆怅难再述。"四句从客观叙述转入主观之情，进而承转第三大段到家后情景，此处顿挫而束之，而忧愤之情难以抑止，再进一步延伸。

应该说，冯词尚在小令阶段，令词宜于一气流转，而顿挫应主要见于长篇，所以顿挫对于冯词确实只居次位。是后出如周邦彦的《六丑》等作，确能见顿挫之笔，大概也因此，王国维有"词家老杜"之拟。不过，是否不见冯延巳词的顿挫之笔呢？不！如《鹊踏枝》(庭院深深)一首，王又华引毛先舒云："词家意欲层深，语欲浑成。作词者大抵意层深者，语便刻画，语浑成者，意便肤浅，两难兼也。"但他却认为，"泪眼问花花不语，乱红飞过秋千去"，"此可谓层深而浑成，何也，因花而有泪，此一层意也。因泪而问花，此一层意也。花竟不语，此一层意也。不但不语，且又乱落，飞过秋千，此一层意也。人愈伤心，花愈恼人，语愈浅，而意愈入，又绝无刻画费力之迹，谓非层深而浑成耶"。[③]若能"层深"，非作顿笔才能，否则就"流"而难"留"。从毛先舒所解，若就上面两句作缓速吟诵，仔细体会其二、二、三结构，确见顿挫之笔的抒情作用。再如《鹊踏枝》(谁道闲情抛掷久)一首，梁令娴《艺蘅馆词选》引梁启超评："稼轩《摸鱼儿》起处从此夺胎。文前有文，如黄河伏流，莫穷其源。"[④]唐圭璋也说："惟以问语起，更表出内心之沉痛……此种起法，是从千回百折之中，喷薄而出。故包含悔恨、愤激、哀伤种种情感，读之倍觉警动。"[⑤]也可看作顿挫之笔。

沉郁顿挫之外，冯延巳词又有"深美闳约"之评。王国维云：

---

① 陈廷焯著，屈兴国校注：《白雨斋词话足本校注》卷一，第40页。

② 饶宗颐：《人间词话平议(二)》，《澄心论萃》，上海文艺出版社1996年版，第211页。(版本后同)

③ 王又华：《古今词论》，《词话丛编》，第608页。

④ 梁令娴编，刘逸生校点：《艺蘅馆词选》，广东人民出版社1981年版，第42页。(版本后同)

⑤ 唐圭璋：《论词之作法》，《词学论丛》，第855页。

张皋文谓："飞卿之词，深美闳约。"余谓：此四字唯冯正中足以当之。[①]

又说：

温、韦之精艳，所以不如正中者，意境有深浅也。[②]

因为王氏以境界说为其论词的核心理论，故此说又可纳入其中来理解。"深美"即不是表面的美，应是内在之美，"闳约"指内容丰厚而文词简炼。合之则是：以简约、精美的文字，表达丰富的内容，呈现内在的美；反之又能从外在的形式美，求知其深层的丰厚意蕴。

对冯延巳词之美，况周颐说："《阳春》一集为临川、珠玉所宗，愈瑰丽愈醇朴。南渡名家沾丐膏馥，辄臻上乘"[③]，"冯词如古蕃锦，如周秦宝鼎彝，琳琅满目，美不胜收。词之境诣至此，不易学并不易知，未庸漫加撰择，与后主词实异曲同工也。"[④]蔡嵩云说："正中词，缠绵悱恻，在五代，别具一种风格。秾艳如飞卿，清丽如端己，超脱如后主，均与之不同家数。其词最难学，出之太易，则近率滑，过于锻炼，又伤自然，总难恰到好处。"又在自言感受后，以王国维相比："正中词难学，在其轻描淡写不用力处。一着浓缛字面，即失却《阳春》本色。近代王静庵《人间词》，接武欧、晏，其实欧、晏仍自《阳春》出。《人间词》中，《蝶恋花》调最多，亦最佳，即《鹊踏枝》也。"[⑤]谓其"琳琅满目，美不胜收"，自是美，更难得的是"如古蕃锦，如周、秦宝鼎彝"，不是浅层之美，而是内质，是"愈瑰丽，愈醇朴"的相反相成、对立统一，而冯词之美，又根于其情的"缠绵悱恻"，所出则恰到好处，不是或过或不及。况、蔡均为近现代著名词家，自道学冯词的体会，更可见其词之美境是难以求得的。

为何可用"深美闳约"论冯词呢？"秾艳如飞卿，清丽如端己，超脱如后主"，都是就字面、用语而能得见的，飞卿如画，后主直言，自非深美，端己虽比兴而有寄，亦能循其迹而求其意。而正中不能！其词难以从字句索求所寄，其所造之境，所言之情，虽能从自然状人事，闺情比己情来理解，却又具有很大的覆盖面，是人所共有、难以指实的，倘就比兴言，则非一般的比兴，而具有象征意义。如《鹊踏枝》(几日行云何处去)一首，俞陛云虽以之属欧阳修，却分析道：

起笔托想空灵，欲问伊人踪迹，如行云之在天际。春光已暮，而留滞忘归，况当寒食佳辰，柳天花草，香车所驻，从何处追寻！前半首专写离人，后半首乃言己之情

① 王国维：《人间词话》，《蕙风词话·人间词话》，第195页。
② 王国维：《人间词话·附录》，《蕙风词话·人间词话》，第256页。
③ 况周颐：《蕙风词话辑佚》，《蕙风词话·广蕙风词话》，第418页。
④ 况周颐：《历代词人考略》卷四，《蕙风词话·广蕙风词话》，第210页。
⑤ 蔡嵩云：《柯亭词论》，《词话丛编》，第4910页。

思，孤客凭阑，无由通讯，陌上归来燕子，或曾见芳踪。永叔《洛阳春》词“看花拭泪向归鸿，问来处逢郎否”，与此词皆无聊之托思。结句言赢得愁绪满怀，乱如柳絮，而入梦依依，茫无寻处，是絮是身，是愁是梦，一片迷离，词家妙境。①

此“无聊之托思”，“一片迷离”的“词家妙境”，能说实指何事何情？而刘永济所言又不同：

此词因心中所思之人久出不归，遂疑其别有所欢，故曰“香车系在谁家树”。后半阕前三句，言消息不知；后二句，言愁思甚苦也。其中既有猜忌，又有留恋与希冀之意。其情感极其曲折，此张惠言所谓“忠爱缠绵”，能使其君信而弗疑也。②

又如《鹊踏枝》（几日行云何处去），唐圭璋所析（作欧阳修词）甚详：

此首伤离念远，笔墨入化。句首以问起，问人去何处？“忘了”两句，言春将暮，而人犹不归，怨之至，亦伤之至。“百草”两句，复作问语，问人牵系谁家，总以人不归来，故一问再问。换头，因见双燕，又和泪问燕可逢人，相思之深。怅望之切，并可知已。末两句，提出愁思无已之情，即梦里亦无寻处，缠绵悱恻，一往情深。③

却也仅是就词本身而言，其所蕴真义，及读者体会出的其情其意，还不是这些解析文字所能概括的。所以，若就冯词形象大于思想所生发者，作逆向之返观，岂非深美而闳约？缘于此，陈廷焯云：“词有貌不深而意深者，韦端己《菩萨蛮》、冯正中《蝶恋花》（即《鹊踏枝》）是也。若厉樊榭诸词，造语虽极幽深，而命意未厚，不耐久讽，所以去古人终远。”④若不辨韦、冯之异，“貌不深而意深”实是深美闳约的一个较好注脚。

深美闳约与其说是艺术风格，不如说是审美效果，虽非刻意可为能致，却也不排除艺术手法。看冯延巳的《南乡子》：

细雨湿流光，芳草年年与恨长。烟锁凤楼无限事，茫茫，鸾镜鸳衾两断肠。

魂梦任悠扬，睡起杨花满绣床。薄倖不来门半掩，斜阳。负你残春泪几行。

《苕溪渔隐丛话》载：

《雪流斋日记》云：荆公问山谷云：“作小词曾看李后主词否？”云：“曾看。”荆

---

① 俞陛云：《唐五代两宋词选释》，第 164–165 页。
② 刘永济：《唐五代两宋词简析》，第 26 页。
③ 唐圭璋：《唐宋词简释》，第 67 页。
④ 陈廷焯著，屈兴国校注：《白雨斋词话足本校注》卷八，第 614–615 页。

公云:“何处最好?”山谷以“一江春水向东流”为对。荆公云:“未若‘细雨梦回鸡塞远,小楼吹彻玉笙寒’,又‘细雨湿流光’最好。”①

王国维亦云:“人知和靖《点绛唇》、圣俞《苏幕遮》、永叔《少年游》三阕为咏春草绝调。不知先有正中‘细雨湿流光’五字,皆能摄春草之魂者。”②而此词又不仅好在能以句摘之论之,刘永济说:

此亦托为闺情以自抒已怨望之情。观“烟锁”句,所谓“无限事”,所谓“茫茫”,言外必有具体事在,特未明言耳。“鸾镜”指朝朝,“鸳衾”指夜夜,此言朝朝夜夜思之断肠也。后半阕即就闺思描写怨望之情事,“杨花满绣床”,是一片迷离景象,与“悠扬”之“魂梦”正相合,亦即前半“茫茫”二字之意,总之皆写心事之纷纭复杂也。末句则无可奈何之词,写得幽怨动人,与和凝、欧阳炯辈之纯作艳情词不同,不可并论。③

因有托就不仅是写物传神,而更见内深而外美,内闳而外约。对于此词的用韵,陈匪石又联系他作,有自己的独到体会,其《声执》云:

词有句中韵,或名之曰“短韵”,在全句为不可分,而节拍实成一韵。例如温庭筠《荷叶杯》“波影满池塘”,“影”字与上句“冷”字叶;“肠断水风冷”,“断”字与上句“乱”字叶。冯延巳《南乡子》之“茫茫”、“斜阳”,与下句“肠”字、“行”字叶。《霜天晓角》换头第二字、《定风波》换侧后仄协之二字亦然。《花间集》中其例多有。④

由上说又可引出另一说,即:深美闳约的独创,并不排除向前人的学习、活用。陈秋帆《阳春集笺》云:

按“细雨湿流光”昔人多激赏之。周方泉(按,即周文璞)、王荆公均极赞其妙。余谓冯此语,实本温庭筠《荷叶杯》“朝雨湿愁红”、皇甫松《怨回纥》“江路湿红蕉”而来。又陈鹄《耆旧续闻》称:赵彦端《谒金门》“波底夕阳红湿”盖用“细雨湿流光”与“一帘疏雨湿春愁”之“湿”云云。“一帘疏雨”,孙光宪《浣溪沙》词。词人善用“湿”字,《阳春》则承先启后耳。⑤

---

① 胡仔:《苕溪渔隐丛话》前集卷五九,人民文学出版社1962年版,第407页。

② 王国维:《人间词话》,《蕙风词话·人间词话》,第201页。

③ 刘永济:《唐五代两宋词简析》,第25页。

④ 陈匪石:《声执》卷上,见陈匪石编著、钟振振校点《宋词举》(外三种),江苏古籍出版社2002年版,第175页。

⑤ 陈秋帆:《阳春集笺》,原载《词学丛刊》(南京书局1933年版),转引自黄进德编著《冯延巳词新释辑评》,中华书局2006年版,第111页。

陈秋帆还指出，冯延巳通过檃括一途，变飞卿的外在美为内在，其《阳春集笺》又云：

诸阕（按，指《采桑子》）情采足媲《花间》，然玩其词旨，流丽中有沉着气象，实轶过之。王静庵所谓“冯词虽不失五代风格，而堂庑特大，在《花间》范围外”。不其然欤？又按所作，多得力于温，能随意檃括其意入词；取“时节欲黄昏，无憀独倚门”句，演为“无语凭阑只自知”；取“停梭垂泪忆征人”句，演为“独背寒屏理旧眉”；取“翠钿金靥脸，寂寞香闺掩”句，演为“回倚孤屏，不语含情”；取“泪流玉箸千条”句，演为“玉箸双垂”；取“离别栌声空萧索”句，演为“如今孤馆添萧索”，浑然无迹，是善于模仿者。[①]

真正的论家不会以“揭老底”为己任而沾沾自喜。的确，任何人都不能面对遗产却视而不见，冯延巳檃括温庭筠而再出己辞，能将表现环境、行动的外在丽辞秀句，变为神情意态的外现之美，而这一以“诗”易“画”之举，遂能致深沉而见敛约。

三、上翼二主　下启晏欧

对于冯延巳在词史上承先启后的作用，冯煦《唐五代词选序》云：

吾家正中翁，鼓吹南唐，上翼二主，下启晏、欧，实正变之枢贯，短长之流别也。[②]

此非私阿之言，因为陈廷焯甚至说：

五代之词犹初唐之诗也。李后主情词凄婉，独步一时。和成绩、韦端己、毛平珪三家语极工丽，风骨稍逊。孙孟文崛起，笔力之高庶几唐人。自冯正中出，始极词人之工，上接飞卿，下开欧、晏，五代词人断推巨擘。[③]

王国维亦云：

冯正中词虽不失五代风格，而堂庑特大，开北宋一代风气。与中、后二主词皆在《花间》范围之外，宜《花间集》中不登其只字也。[④]

这里不辨《花间集》不登冯词只字的问题（因“花间”结集之时，冯延巳尚词名未

---

① 陈秋帆：《阳春集笺》，原载《词学丛刊》（南京书局 1933 年版），转引自《冯延巳词新释辑评》，第 58 页。
② 冯煦：《唐五代词选序》，成肇麐选辑《唐五代词》，上海书店 1987 年版，第 1 页。
③ 陈廷焯：《云韶集》卷一，转引自《冯延巳词新释辑评》附录，第 188 页。
④ 王国维：《人间词话》，《蕙风词话·人间词话》，第 198 页。

显,此事自不用辨),静安以正中之处五代而开北宋,与蒿庵、亦峰所见同,且更见发展眼光,而"堂庑特大"一说,更为二氏所未言及。兹先就正中词"不失五代风格"而侧重从其形式上论之,然后再论其以"堂庑特大""开北宋风气","下启晏、欧",为"晏、欧之祖"。

冯延巳词数量为五代之冠,用调亦多。其中不少都属于唐代或五代的词调。兹先录其数首,并简论其作为五代词的风格,及对体式发展的探求。《抛毬乐》:

坐对高楼千万山,雁飞秋色满阑干。烧残红烛暮云合,飘尽碧梧金井寒。咫尺人千里,犹忆笙歌昨夜欢。

俞陛云将此调一组词合言之,指出其体格之高:"前三首听歌对月,纪欢娱之情;后三首人散酒阑,写离索之感,能于劲气直达中含情寄慨,故不嫌坦直,此五代气格之高也。"①而陈廷焯则从其音律的探索而言:"'烧残红烛暮云合,飘尽碧梧金井寒。'冯正中《抛毬乐》词也。拗一字,更觉宫商一片。知音者原不拘于调。"②此说甚是。此调本唐教坊曲名,刘禹锡所作为五言六句,而敦煌曲的伯2838(宝髻钗横缀鬓斜)一首为七言六句,伯2838另一首(泪珠纷纷湿绮罗)为第五句五言,其馀皆七言,冯词用后一格而非自创,却能以拗字求音律美。

《三台令》三首:

春色,春色,依旧青门紫陌。日斜柳暗花蔫,醉卧谁家少年?年少,年少,行乐直须及早。

明月,明月,照得离人愁绝。更深影入空床,不道帏屏夜长。长夜,长夜,梦到庭花阴下。

南浦,南浦,翠鬟离人何处。当时携手高楼,依旧楼前水流。流水,流水,中有伤心双泪。

此调本名《调笑令》,因冯作三首,或为其更名之由?俞陛云指出:"此调第五句倒用叠字,承上启下,如溪曲行舟,一折而景色顿异。结句见本意,乃此词主体也。"③陈秋帆《阳春集笺》云:"情至文生,缠绵流露,延巳词实多类是。"④可见其对旧调运用得很纯熟,且自出新意。唐圭璋论第三首,见其开宋人风气之处:

此首怀人词。南浦别离之处,今空见其处,而人则不知何往矣。"当时"句逆

① 俞陛云:《唐五代两宋词选释》,第93页。
② 陈廷焯著,屈兴国校注:《白雨斋词话足本校注》卷十,第729页。
③ 俞陛云:《唐五代两宋词选释》,第89页。
④ 陈秋帆:《阳春集笺》,转引自《冯延巳词新释辑评》,第161页。

入，回忆当年之乐。"依旧"句平出，慨叹今日之物是人非。末句，即流水而抒真情，语极沈着。其后小晏云"楼下分流水声中，有当日凭高泪"；李清照云"惟有楼前流水，应念我终日凝眸"；稼轩云"郁孤台下清江水，中间多少行人泪"，皆与此意相合。①

又，《芳草渡》：

梧桐落，蓼花秋。烟初冷，雨才收，萧条风物正堪愁。人去后，多少恨，在心头。　燕鸿远，羌笛怨。渺渺澄江一片。山如黛，月如钩。笙歌散，魂梦断。倚高楼。

此词形式与意境双美，沈际飞以之"悲促之音像《花间·三字令》"②，陈廷焯谓："语短韵长，音节绵邈。"③陈秋帆指出："'多少恨，在心头？'与李煜'别是一般滋味在心头'，同一凄惋。"④此调首见于《阳春集》，当为冯延巳所创，合于咏调名本意的原则。北宋张先有平韵体，格律小异，周邦彦有仄韵体，格律大异，皆与冯延巳的平仄间叶不同，冯词在词调上开北宋之先，于此可见。

再，《忆秦娥》：

风淅淅，夜雨连云黑。滴滴，窗外芭蕉灯下客。　除非魂梦到乡国，免被关山隔。忆忆，一句枕前争忘得？

陈廷焯指出："此《忆秦娥》别调也。意极芊婉，语极沉至。"⑤张德瀛说："毛泽民《忆秦娥》词，效五代冯延巳体也。冯词用入韵，故毛词可易为平，犹孙夫人之变李太白词为平韵也。孙词无换韵，毛词兼之。盖古词用入者，宋人多改为平，固不第此调然矣。"⑥此延其名而实创其调，是承上启下的又一例。

对于"堂庑特大"，前引陈秋帆《阳春集笺》所说的"玩其词旨，流丽中有沉着气象"，及静安本人所说的"深美闳约"，当是主要体现。冯词所具有的隐喻性、象征性、涵盖性，已逾越题材、形象本身，与传统的"小词"不同。虽说王国维以为李后主才真正变伶工之词为士大夫之词，而正中词虽或仍有部分出为女子声口，但实际上已经是士大夫之吐属，也因此才会被同样处于高位的晏欧所爱。其伤春怀人的题旨，生命意识的流露，对岁月流走、繁华不再的悲哀，难以指实、似有似无的寄意等，都为晏欧所继承发扬。

① 唐圭璋：《唐宋词简释》，第47页。
② 沈际飞：《草堂诗馀别集》卷一，转引自《冯延巳词新释辑评》，第117页。
③ 陈廷焯：《词则·别调集》卷一，第566页。
④ 陈秋帆：《阳春集笺》，转引自《冯延巳词新释辑评》，第117页。
⑤ 陈廷焯：《词则·别调集》卷一，第567页。
⑥ 张德瀛：《词徵》卷三，《词话丛编》，第4127-4128页。

冯词之常与晏欧相混，说明了作为后出者的学习，能致其面貌，甚而精神。除著名的“庭院深深”一阕外，又如《醉桃源》：

南园春半踏青时，风和闻马嘶。青梅如豆柳如眉，日长蝴蝶飞。　花露重，草烟低，人家帘幕垂。秋千慵困解罗衣，画梁双燕栖。

此词及另二首又见欧阳修《近体乐府》，而《兰畹集》误作晏几道，《草堂诗馀正集》注云“亦作晏同叔”[①]，故后人以为是张先创调，而非延巳。欧阳与二晏皆好冯词，此首误入三人之词，当因所好在于沈际飞所说的“景物闲远”[②]。黄苏所说的：“是人是物，无非化日舒长之景。望而知为治世之音，词家胜象。”[③]与冯词最典型的苦调不同。

又，《清平乐》：

雨晴烟晚，绿水新池满。双燕飞来垂柳院，小阁画帘高卷。　黄昏独倚朱阑。西南新月眉弯。砌下落花风起，罗衣特地春寒。

唐圭璋说：“此首纯写景物，然景中见人，娇贵可思。初写雨后池满，是阁外远景；次写柳院燕归，是阁前近景。人在阁中闲眺，颇具萧散自在之致。下片，写倚阑看月，微露怅意。着末，写风振罗衣，芳心自警。通篇俱以景物烘托人情，写法极高妙。”[④]其“萧散自在之致”及“微露怅意”，岂非后来晏欧词所惯见？

《玉楼春》：

雪云乍变春云簇，渐觉年华堪纵目。北枝梅蕊犯寒开，南浦波纹如酒绿。　芳菲次第长相续，自是情多无处足。尊前百计得春归，莫为伤春眉黛蹙。

王国维指出：

梅圣俞《苏幕遮》词：“落尽梨花春事了，满地斜阳，翠色和烟老。”刘融斋谓：少游一生似专学此种。余谓：冯正中《玉楼春》词：“芳菲次第长相续，自是情多无处足。尊前百计得春归，莫为伤春眉黛促。”永叔一生似专学此种。[⑤]

“永叔一生似专学此种”，确实是一语中的。

---

① 沈际飞：《草堂诗馀正集》卷一，转引自《冯延巳词新释辑评》，第139页。
② 沈际飞：《草堂诗馀别集》卷一，转引自《冯延巳词新释辑评》，第140页。
③ 黄苏：《蓼园词评》，《词话丛编》，第3035页。
④ 唐圭璋：《唐宋词简释》，第46页。
⑤ 王国维：《人间词话》，《蕙风词话·人间词话》，第200页。

难以一一例举。此处引冯煦、夏承焘、龙榆生所论，以结束本节。冯煦说：

词至南唐，二主作于上，正中和于下，诣微造极，得未曾有。宋初诸家，靡不祖述二主，宪章正中；譬之欧、虞、褚、薛之书，皆出逸少。晏同叔去五代未远，馨烈所扇，得之最先，故左宫右徵，和婉而明丽，为北宋倚声家初祖。刘攽《中山诗话》谓“元献喜冯延巳歌词，其所自作，亦不减延巳”。信然。①

夏承焘说：

冯在南唐的处境和政治心情与欧阳修相似，他们是社会上同一阶层的人物，所以作品的思想内容便难分彼此，而风格亦复近似。他们以士大夫胸襟学问入词，虽写男女爱情，而能以诗人娴雅语言出之，这就和《花间集》有了区别。②

龙榆生说：

延巳在五代为一大作家，与温、韦分鼎三足，影响北宋诸家者尤巨。南唐歌词种子，向江西发展，辙迹可录，冯氏实其中心人物，治词史者所不容忽也。③

第七节　李煜：粗服乱头　不掩国色

国运牵系着词运，由南唐的国祚渐衰，到终于覆亡，五代词也就在“穷而后工”规律的支配下，由李璟的哀而不伤，到李煜的亡国之音哀以思，在完成其历程同时，也达到了高峰。

李璟（916—961），本名景通，改名瑶，后改璟，为避后周讳，复改为景，字伯玉，徐州（今属江苏）人，南唐烈祖李昪长子。李昪称帝，封璟为吴王，后改齐王。昇元四年（940）立为皇太子。七年嗣位后，灭闽、越。后屡败于周世宗南征，尽割江北之地，奉表称臣，去帝号，称“唐国主”。宋太祖建隆二年（961）迁都洪州（今江西南昌）。在位十九年，庙号元宗，世称南唐中主。后人辑其词与其子李煜词合为《南唐二主词》。

李煜（937—978），本名从善，字重光，号钟隐、莲峰居士，世称南唐后主。徐州（今属江苏）人。中主李璟第六子。初封安定郡公、郑公，徙封吴王，以尚书令知政事，册为太子。建隆二年（961）嗣位。开宝八年（975），宋军破金陵，出降，从宋军到汴梁，封违命侯。宋太宗即位，改封陇西公、加检校太尉。太平兴国三年（978）七夕服太宗赐牵机药，死。新旧《五代史》、《南唐书》、《宋史》有传。有《李煜集》等，已佚，其词与李璟词合为

① 冯煦：《蒿庵论词》，《介存斋论词杂著·复堂词话·蒿庵论词》，第59页。
② 夏承焘：《唐宋词欣赏·冯延巳和欧阳修》，《夏承焘集》第2册，第650页。
③ 龙榆生：《唐宋名家词选》，第42页。

《南唐二主词》。

江顺诒引陈维崧语云：纳兰性德"《饮水词》，哀感顽艳，得南唐二主之遗"。[①]以"哀感顽艳"言二李词，确是甚当。而杨希闵《词轨》说："二主词读之使人悄怆失志，亡国之响也。然真意流露，音节凄婉，善学者，宜得意于形迹之外。"[②]二主虽并称而有别，陈廷焯《云韶集》认为："中主词凄然欲绝；后主虽工于怨词，总逊此哀婉沉至。"[③]陈氏论词尚"沉郁"而崇"诗教"，自以"哀"高于"伤"。若不作高下比较，吴梅所说更为公允："余尝谓二主词，中主能哀而不伤，后主则近于伤矣。然其用赋体，不用比兴，后人亦无能学者也。此二主之异处也。"[④]

因中主存词太少，难以单独论述，故附于李煜而论。

从陆游《南唐书》可知李煜的为人为政："后主天资纯孝，事元宗尽子道，居丧哀毁，杖而后起。嗣位之初，属保大军兴之后，国削势弱，帑庾空竭，专以爱民为急，蠲赋息役，以裕民力，尊事中原，不惮卑屈，境内赖以少安者十有五年。宪司章疏，有绳纠过讦，皆寝不下，论决死刑，多从末减，有司固争，乃得少正，犹垂泣而后许之……然酷好浮屠，崇塔庙，度僧尼，不可胜算。罢朝，辄造佛屋，易服膜拜，以故颇废政事。又置澄心堂于苑内，引能文士及徐元机、元榆、元枢兄弟居其间……长围既合，内外隔绝，城中之人惶怖无死所，后主方幸净居室，听沙门德明、云真、义伦、崇节请《楞严》、《圆觉》经。用鄱阳隐士周惟简为文馆诗易侍讲学士，延入后苑，讲《易·否卦》，赐惟简金紫。群臣皆知国亡在旦暮，而张洎犹谓北师已老，将自遁去，后主益甘其言，晏然自安。命户部员外郎伍乔，于围城中放进士孙确等三十八人及第……故虽仁爱足以感其遗民，而卒不能保社稷云。"[⑤]李煜纯孝、爱民、为善、佞佛、好文，却又因内史舍人潘佑上书切谏，而逼死潘佑，处死与之交厚的李平。李煜不知整军经武、以御强敌，只能自我麻醉，围城之日，仍行"鸵鸟政策"，却未忘进士及第一事。确如陆游所说："虽仁爱足以感其遗民，而卒不能保社稷。"

李煜生为文人资质，极有文艺天赋，慧心仁性，毫无机心，短于政事，却成为一国之主，实在是无可选择的历史误会。《古今词统》云："天何不使后主现文士身而必予以天子位，不配才，殊为恨恨。"[⑥]而由冯延巳之为相，到李煜之当国，南唐君相接连发生的人生错位，对个人言，是"历史走错了房间"，对文学言，却是"国家不幸诗家幸"：在冯延巳的苦调之后，李煜再发悲音，确立起五代词的高峰，如《人间词话》所说，"变伶工之词而为士大夫之词"[⑦]，完成了文人词的性质转换。

李煜仅存词三十多首，却得到众多论家的高度赞赏，王国维更将其看作一大发

① 江顺诒：《词学集成》卷五，《词话丛编》，第3270页。

② 杨希闵：《词轨》卷二，转引自杨敏如编著《南唐二主词新释辑评》，中国书店2003年版，第128页。

③ 陈廷焯：《云韶集》卷一，转引自《南唐二主词新释辑评》，第129页。

④ 吴梅：《词学通论》，第40页。

⑤ 陆游：《南唐书》卷三《后主本纪》，《陆放翁全集·南唐书》，第14–15页。

⑥ 卓人月、徐士俊辑：《古今词统》卷八，《续修四库全书》第1728册，第629页。

⑦ 王国维：《人间词话》，《蕙风词话·人间词话》，第197页。

展,是因为他经历了从帝王到“词臣”的身份变化,将前期享乐的声色之词,变为亡国后的血泪之作,抒发真情实感,表达了阶下囚的痛苦和悔恨,同时也将主于演唱、逐渐类型化的、相思离别的女性题材,从主要是代言体而转变为自抒其情,越出了“花间”范围,以眼界大、感慨深开启了词的新天地。对此,近代人陈洵曾正确指出:“天水将兴,江南国蹙,心危音苦,变调斯作,文章世运,其势则然。”[①]李煜的独特身世和经历具有不可重复性(宋徽宗也许可以算一个),加上他独到的艺术才能,使后人难以达到他那样的“穷而后工”,而那种写人生大苦难的作品,也许超越了他个人的人生感慨,对于遭遇不幸的人们,也能引起深深的共鸣,以至于近半个世纪前,还有对于其所作是否有人民性的讨论。

一、哀而不伤的李璟词

据马令《南唐书》卷二称,中主李璟“美容止,器宇高迈,性宽仁,有文学。甫十岁,吟新竹诗云:‘栖凤枝梢犹软弱,化龙形状已依稀。’人皆奇之”。[②]李璟在词史上与其子李煜并称“二李”,历来对其评价甚高,可惜仅存词四首。

詹安泰论李璟之词,概括出四个特点:

> (李璟词)四首都具有很充实的生活内容,《浣溪沙》两首更渗透悲愤的情调,应该是他后期的作品。这两首小词已明显地标志着作者特有的艺术风格:第一,词句间很少修饰,已摆脱了“镂玉雕琼”的习气;第二,层次转折多,又能灵活跳荡,没有晦涩或呆滞的毛病;第三,意境阔大,概括力强,拆开来看,各个句子都有独立的意境,合起来看,却从各种各样的意境中来表现同一的主题;第四,感慨很深,接触到自己的感受时,都倾泻出无可抑遏的热情。这一切,在和他同时的词的结集——《花间集》里是找不到的。[③]

我们且看其《浣溪沙》:

> 手卷真珠上玉钩。依前春恨锁重楼。风里落花谁是主,思悠悠。　青鸟不传云外信。丁香空结雨中愁。回首绿波三峡暮,接天流。

此词虽调名为《浣溪沙》,但与此调通常的格律不同。俞陛云言其特点:“此调为唐教坊曲,有数名。《词谱》名《山花子》,《梅苑》名《添字浣溪沙》,《乐府雅词》名《摊破浣溪沙》,《高丽乐史》名《感恩多》,因中主有此词,又名《南唐浣溪沙》。即每句七字《浣溪沙》之别体。其结句加‘思悠悠’、‘接天流’三字句,申足上句之意,以荡漾出之,较七字

---

① 陈洵:《海绡说词》,《词话丛编》,第 4837 页。
② 马令:《南唐书》卷二,第 9 页。
③ 詹安泰:《李璟李煜词·前言》,人民文学出版社 1958 年版,第 13 页。(版本后同)

结句，别有神味。"①王世贞《艺苑卮言》赏其过片，与晏殊所作并论："'细雨梦回鸡塞远，小楼吹彻玉笙寒'，'青鸟不传云外信，丁香空结雨中愁'，'无可奈何花落去，似曾相识燕归来'，非律诗俊语乎？然是天成一段词也，著诗不得。"由此说可见李璟词不仅有妙句，而且虽近七言律诗句，却"是天成一段词也，著诗不得"，所成者是真正的"词境"，其原因当在其"文小"、"质轻"、"境隐"。而全首又有完整的意境，呈现绮丽芊绵的风格。此词从手卷珠帘写起，将触目所见的落花置于后，而将春恨出于前，风里落花是春被摧残的典型物象，也就成为了春恨的象征。花落无主，见落花又引起遐思。换头承"思悠悠"而来，所思者谁？云外之人，其人不至，信亦难通。"丁香"句，写雨中之花，随着春意阑珊，愁更加深。"回首"两句，转为江天苍茫之景、雄浑气象，而悠悠此恨，亦寄此接天之水，浩渺难已。此词既擅直接描摹，又巧用李商隐诗，全首清疏工丽，缠绵幽怨，又一气舒卷，意境开阔。黄苏评以"清和婉转，词旨秀颖"，却又说："然以帝王为之，则非治世之音矣。"②此说并非无据。以帝王的身份而作此悠思长愁之词，全无其十岁时"栖凤化龙"之气度，应与南唐当时的国势有关，受后周的威胁又无计排除，其彷徨无措之心情，藉小词而发之寄之，应是情理之中，以意逆志，此词确实"非治世之音"，却近于词中神品。

再看其又一《浣溪沙》：

菡萏香销翠叶残。西风愁起绿波间。还与韶光共憔悴，不堪看。　细雨梦回鸡塞远，小楼吹彻玉笙寒。多少泪珠无限恨，倚阑干。

此首写秋思。起二句，写荷花零落，荷叶凋残，西风碧波，令人起愁。无穷秋感，经"还与"两句，由景而人，风景人事皆入秋色，"不堪看"三字，极具笔力，欲言又止，较李清照"人比黄花瘦"的直说，更因含蓄而见沉郁。过片换笔，细雨梦回，凝想塞外之人，怅惘之意自出，写梦境而别开一境，在似断而连中，回到小楼独处，吹笙传恨，而风雨之中，久吹而笙寒，难以应律。此两句对举，清幽远韵，华丽高隽，含情无限，故为古今相传的名句。末二句承上而再申悲恨，以"倚阑干"三字作结，其意延伸未已而含蓄不尽。

此词更以其换头二句著称。马令《冯延巳传》，曾载李璟与冯延巳以词相对一事③，可见"小楼吹彻玉笙寒"，与冯延巳"风乍起，吹皱一池春水"，皆为警策之句。胡仔《苕溪渔隐丛话》引《雪浪斋日记》，有王安石与黄庭坚的论词对答，黄以"一江春水向东流"为最好，而王认为"未若'细雨梦回鸡塞远，小楼吹彻玉笙寒'"④。沈际飞《草堂诗馀正集》说："'塞远'、'笙寒'二句，字字秋矣"，又云少游"指冷玉笙寒，吹彻小梅春透"，

① 俞陛云：《唐五代两宋词选释》，第114页。
② 黄苏：《蓼园词评》，《词话丛编》，第3029页。
③ 马令：《南唐书》卷二一，第140页。
④ 胡仔：《苕溪渔隐丛话》前集卷五九，第407页。

“翻入春词，不相上下”。[①]陈廷焯《云韶集》以此词“凄然欲绝，只在无可说处”[②]。《白雨斋词话》则说：“南唐中主《山花子》云：‘还与韶光共憔悴，不堪看。’沈之至，郁之至，凄然欲绝。后主虽善言情，卒不能出其右也。”[③]而王国维却对历来论家所赏者，作翻案之论：

> 南唐中主词：“菡萏香销翠叶残，西风愁起绿波间。”大有众芳芜秽，美人迟暮之感。乃古今独赏其“细雨梦回鸡塞远，小楼吹彻玉笙寒”。故知解人正不易得。[④]

吴梅也说：

> 此词之佳，在于沈郁。夫菡萏销翠，愁起西风，与韶光无涉也；而在伤心人见之，则夏景繁盛，亦易摧残，与春光同此憔悴耳。故一则曰“不堪看”，一则曰“何限恨”，其顿挫空灵处，全是情景融洽，不事雕琢，凄然欲绝。至“细雨”“小楼”二语，为西风愁起之点染语，炼词虽工，非一篇中之至胜处；而世人竞赏此二语，亦可谓不善读者矣。[⑤]

王国维所说，虽非以其所厌言的寄托相论，却似赏此点，又因王氏论词颇多哲思，或以为此二句有哲理的象征，故特赏之而以高于换头二句。而吴梅则以开头二句为移情之语，情景融洽、顿挫空灵，而见沉郁，过片仅是点染开头而已。

笔者以为，此词开头虽以物境而见愁意，为营建全词意境，有笼罩整篇之用，且确有象征意义而高于一般比兴。而过片二句则既朦胧又清晰，景中传情，意辞兼到，是极好的词境。四句可各自欣赏却又不宜单取，应是双合为美，实在难以轩轾。总之，李璟存词虽少，却品位极高，谭莹有云：“能使阳春集价低，浣溪沙曲手亲题。一池春水干卿事，酷似空梁落燕泥。”[⑥]而笔者以为，向前比不如向后比，从词兼及内容与艺术的发展看，詹安泰所言甚是：

> 《花间集》里，像韦庄的作品，也少修饰，但意境不很阔大；像温庭筠的作品，也有层次转折较多的，但词句雕炼修饰，陷于晦涩呆滞，很不好懂；像鹿虔扆的《临江仙》，感慨也深，但色彩很浓，也多修饰，而且他的四首作品中只有这一首有较深的感慨，此外都是旖旎风流之作。李璟词这种特有的风格，可以说是他的艺术的独创性的表现，因此他流传的词虽很少，而历来对它的评价却相当高……王国维在《人间词话》里说：“词至李后主而眼界始大，感慨遂深，遂变伶工之词而为

① 沈际飞：《草堂诗馀正集》卷一，转引自《南唐二主词新释辑评》，第16页。
② 陈廷焯：《云韶集》卷一，转引自《南唐二主词新释辑评》，第16页。
③ 陈廷焯著，屈兴国校注：《白雨斋词话足本校注》卷一，第29–30页。
④ 王国维：《人间词话》，《蕙风词话·人间词话》，第196页。
⑤ 吴梅：《词学通论》，第39–40页。
⑥ 谭莹：《论词绝句一百首》，转引自《南唐二主词新释辑评》，第128页。

士大夫之词。”我认为李煜词这种特征，有部分是受他父亲的影响，继承他父亲的传统而加以发扬光大的。①

二、直抒性灵　不事寄托

对于五代词人之隽，樊增祥作出了这样的判断：“五季之世，二李为工。后主思深理约，致兼风雅。匪一朝之隽，抑亦百世之宗。降而端己《浣花》之篇，正中《阳春》之录，因寄所托，归于忠爱，抑其亚也。”又兼两宋而言道：“声音感人，回肠荡气，以李重光为君；演绎和畅，丽而有则，以周美成为极；清劲有骨，淡雅居宗，以姜尧章为最。至于长短皆宜，高下应节，亦终无过于美成者。”②且不说对其他人评价如何，以李煜“思深理约，致兼风雅”并不准确，而后面的“声音感人，回肠荡气，以李重光为君”则差近之。陈廷焯以沉郁、寄托论词，于唐五代最重温庭筠，对于李煜，则以“情”取，《云韶集》云：“五代词，犹初唐之诗也。李后主情辞凄婉，独步一时。”③《白雨斋词话》又说：“李后主、晏叔原皆非词中正声，而其词则无人不爱，以其情胜也。情不深而为词，虽雅不韵，何足感人？”④况周颐认为“五代词人丁运会，迁流至极，燕酣成风，藻丽相尚。其所为词，即能沈至，只在词中。艳而有骨，只是艳骨”，却肯定“其铮铮佼佼者，如李重光之性灵，韦端己之风度，冯正中之堂庑”⑤。

李煜确与此前词人不同，其词不是为歌女所作，而实在是为自己而写，倾诉真情，独抒性灵，是其最大特点。刘毓盘以其“富贵时能作富贵语，愁苦时作愁苦语，无一字不真，无一语不俊”⑥。李煜词诉真情、抒性灵，王国维对其最为推崇，《人间词话》既叹其“赤子之心”：

> 词人者，不失其赤子之心者也。故生于深宫之中，长于妇人之手，是后主为人君所短处，亦即为词人所长处。⑦

又赞其性情之真：

> 客观之诗人，不可不多阅世。阅世愈深，则材料愈丰富，愈变化，《水浒传》、《红楼梦》之作者是也。主观之诗人，不必多阅世。阅世愈浅，则性情愈真，李后主是也。⑧

---

① 詹安泰：《李璟李煜词·前言》，第13–14页。
② 樊增祥：《东溪草堂词选自序》，《樊山集》，文海出版社1978年版，第690–692页。（版本后同）
③ 陈廷焯：《云韶集》卷一，转引自《南唐二主词新释辑评》，第132页。
④ 陈廷焯著，屈兴国校注：《白雨斋词话足本校注》卷九，第721页。
⑤ 况周颐：《蕙风词话》卷一，《蕙风词话·广蕙风词话》，第11–12页。
⑥ 刘毓盘：《词史》，第46页。
⑦ 王国维：《人间词话》，《蕙风词话·人间词话》，第197–198页。
⑧ 王国维：《人间词话》，《蕙风词话·人间词话》，第198页。

李煜词明显分为前后期。前期因实行保境安民，渡过了十五年的和平期，倚仗南方大邦多年积聚的财富，他也自以为太平天子，过着尽情享受的生活，对国祚将尽无所觉察。据载，李煜与僧谦光善，“显德中，政乱，国主犹晏然，不以介意。一旦，因赏花，命谦光赋诗，因为所讽，诗云：‘拥衲对芳丛，由来事不同。鬓从今日白，花□去年红。艳冶随朝露，馨香逐晓风。何须对零落，然后始知空”。[①]而李煜仍浑然不觉。其前期寄情声色之作，为人所责，却真切动人。如《一斛珠》：

晓妆初过，沉檀轻注些儿个。向人微露丁香颗。一曲清歌，暂引樱桃破。罗袖裛残殷色可，杯深旋被香醪涴。绣床斜凭娇无那，烂嚼红茸，笑向檀郎唾。

陈廷焯《云韶集》兼有褒贬：“画所不到，风流秀曼，失人君之度矣。”[②]李渔《窥词管见》对人们赏其结句表示不解，并发极端之论：“‘绣床斜倚娇无那，烂嚼红绒，笑向檀郎唾。’此词亦为人所竞赏，予曰此娼妇倚门腔，梨园献丑态也。”[③]但李煜却不顾“人君之度”，不掩对佳人天真烂漫的赞赏，以其极擅写真之笔描画其神态，有声有色，如现眼前。以至潘游龙评以“描画精细，绝似一篇上好小题文字”。[④]李佳亦云：“李后主词：‘烂嚼红绒，笑向檀郎唾’，李易安词：‘倚门回首，却把青梅嗅’，汪肇麟词：‘待他重与画眉时，细数郎轻薄’，皆酷肖小儿女情态。”[⑤]

又如《菩萨蛮》：

花明月暗笼轻雾，今宵好向郎边去。刬袜步香阶，手提金缕鞋。　画堂南畔见，一向偎人颤。奴为出来难，教君恣意怜。

从马令《继室周后传》可知，此词系写小周后事：“昭惠感疾，后常出入卧内，而昭惠未之知也……后自昭惠殂，常在禁中。后主乐府词有‘刬袜步香阶，手提金缕鞋’之类，多传于外。至纳后，乃成礼而已。翌日，大宴群臣，韩熙载以下皆为诗以讽焉，而后主不之谴。”[⑥]昭惠后病时，李煜竟与其妹幽会，还写在词中，这种有伤体统之事，难怪会为群臣所讽。刘毓盘在肯定李煜词“无一字不真，无一语不俊”的同时，又说“惟《菩萨蛮》‘花明月暗笼轻雾’一首，又‘铜簧韵脆锵寒竹’一首，未免轻薄，贻来世以口实”。[⑦]但正是其“无一字不真”，能让人看到他的真实，诸论家也因其真实而赏其艺术。潘游龙说：“结语极俚，极真。”[⑧]茅暎《词的》说：“竟不是作词，恍如对话矣。如此等，《词的》中亦不

---

① 陶岳：《五代史补》卷五，四库全书本。
② 陈廷焯：《云韶集》卷一，转引自《南唐二主词新释辑评》，第27页。
③ 李渔：《窥词管见》，《李渔全集》第2册，浙江古籍出版社1991年版，第508页。（版本后同）
④ 潘游龙辑，梁颖校点：《精选古今诗馀醉》卷一二，第353页。
⑤ 李佳：《左庵词话》卷下，《词话丛编》，第3167-3168页。
⑥ 马令：《南唐书》卷六，第43页。
⑦ 刘毓盘：《词史》，第46页。
⑧ 潘游龙辑，梁颖校点：《精选古今诗馀醉》卷十，第315页。

多得。”[①]许昂霄说:“《子夜》,情真景真,与空中语自别。”[②]《古今词话》引孙琮评:“‘感郎不羞赧,回身向郎抱’,六朝乐府便有此等艳情,莫诃词人轻薄……李后主词‘奴为出来难,教君恣意怜’,正见词家本色,但嫌意态之不文矣。”[③]连惯以政治观、道德观论词的陈廷焯,也既责之又叹服,其《词则》云:“荒淫语十分沉至。”[④]而《云韶集》又云:“香奁词有此,真乃工绝。后人着力描写,细按之,总不逮古人。”[⑤]唐圭璋在指出其“景真情真,宛转生动”同时,又说:“‘奴为’两句,与牛给事之‘须作一生拚,尽君今日欢’,同为狎昵已极之词。他如‘潜来珠锁动,惊觉银屏梦’、‘眼色暗相钩,秋波横欲流’诸词,亦皆实写当日情事也。”[⑥]

李煜伤春恨离之作有《清平乐》:

> 别来春半,触目愁肠断。砌下落梅如雪乱,拂了一身还满。　雁来音信无凭,路遥归梦难成。离恨恰如春草,更行更远还生。

谭献说:“‘泪眼问花花不语,乱红飞过秋千去。’与此同妙。”[⑦]是言其真情动人。俞陛云就艺术而论之,并指出欧阳修、苏轼所写离情出于此:“六一词之‘行人更在青山外’,东坡诗之‘但见乌帽出复没’,皆言极目征人,直至天尽处,与此词春草句,俱善状离情之深挚者。”[⑧]唐圭璋也以之深挚而自然,并益以秦观词出于此者一例:“此首即景生情,妙在无一字一句之雕琢,纯是自然流露,丰神秀绝……眼前景,心中恨,打并一起,意味深长。少游词云:‘倚危亭,恨如芳草,萋萋刬尽还生。’周止庵以为神来之笔,实则亦袭此词也。”[⑨]俞平伯《读词偶得》在分析其章法结构同时,又强调其自然:“谭献以欧阳修《采桑子》拟之,夫彼语有做作气,曰‘与此同妙’,似失。‘雁来’句轻轻地说,‘路遥’句虚虚地说,似梦之不成,乃路远为之何其委婉耎……词情调情之吻合,词之至者也。后主之词,此两者每为不可分之完整,其本原悉出于自然,不假勉强。夫勉强而求合,岂有所谓不可分之完整耶?是以知其必出于自然也。”[⑩]

吴梅说:“余谓读后主词,当分为二类,《喜迁莺》、《阮郎归》、《木兰花》、《菩萨蛮》(“花明月暗”一首)等,正当江南隆盛之际,虽寄情声色,而笔意自成馨逸,此为一类;至入宋后,诸作又别为一类(即前述《忆江南》、《相见欢》等),其悲欢之情固不同,而自写襟抱,不事寄托,则一也。”[⑪]当然,李煜词最见直抒性灵且更能感人的,是失国后所

① 茅暎辑评:《词的》,《四库未收书辑刊》第8辑第30册,第483页。
② 许昂霄:《词综偶评》,《词话丛编》,第1548页。
③ 沈雄:《古今词话·词品》卷下,《词话丛编》,第852页。
④ 陈廷焯:《词则·闲情集》卷一,第855页。
⑤ 陈廷焯:《云韶集》卷一,转引自《南唐二主词新释辑评》,第40页。
⑥ 唐圭璋:《唐宋词简释》,第32页。
⑦ 谭献:《谭评词辨》,《清人选评词集三种》,第174页。
⑧ 俞陛云:《唐五代两宋词选释》,第122页。
⑨ 唐圭璋:《唐宋词简释》,第34页。
⑩ 俞平伯:《读词偶得》,《俞平伯全集》第4卷,第34页。
⑪ 吴梅:《词学通论》,第40页。

作。如吴梅的学生唐圭璋所说:“在词一方面,第一就要推到李后主了。他的词也是直言本事,一往情深;既不像《花间集》的浓艳隐秀,蹙金结绣;也没有什么香草美人,言此意彼的寄托。加之他身为国主,富贵繁华到了极点;而身经亡国,繁华消歇,不堪回首,悲哀也到了极点,正因为他一人经过这种极端的悲乐,遂使他在文学上的收成,也格外光荣而伟大。在欢乐的词里,我们看见一朵朵美丽之花;在悲哀的词里,我们看见一缕缕的血痕泪痕。”①

其《乌夜啼》尚难断何时所作:

> 林花谢了春红,太匆匆。无奈朝来寒雨晚来风。　　胭脂泪,留人醉,几时重。自是人生长恨水长东。

此首的主旨是写伤别,由惜花起,对林花速谢表怨恨之情,而朝雨晚风之摧花,实际就是摧人,花与人双关,“无奈”二字为重笔,表其对难以护花之痛。过片接上落花之着雨,拟作胭脂泪,以比喻、联想明点人事,花落即如人离,花辞枝而落,人亦难以重逢,“几时重”三字似自问自答,结句以水之长东,喻人之长恨,揭示出人生苦闷之沉重。虽难定作期,但因其中沉重、感伤的意绪,而有论家以之为失国后所作,如俞陛云说:“后主为樊若水所卖,举国与人。词借伤春为喻,恨风雨之摧花,犹逆臣之误国,迨魁柄一失,如水之东流,安能挽沧海尾闾、复鼓回澜之力耶!”②詹安泰则揣测道:“这首词怕也是李煜入宋后所作。前段写景物。虽是写客观的景物,但用‘太匆匆’,用‘无奈’,句意便转向主观的感受……读者在这里所感染到的是美好的东西横遭摧毁,并不限于‘林花’……”③

李煜既以伤春写伤别,又以悲秋表离愁,亦有论者以亡国之音言之。《相见欢》:

> 无言独上西楼。月如钩。寂寞梧桐深院锁清秋。　　剪不断,理还乱,是离愁。别是一般滋味在心头。

宋人黄昇已说:“此词最凄惋,所谓亡国之音哀以思也。”④陈廷焯《云韶集》谓之“凄凉况味,欲言难言,滴滴是泪”。⑤其《词则》再道体会:“哀感顽艳。妙,只说不出。”⑥刘永济断之为降宋后作,将此首与前一首视作姊妹篇,说:

> 前首上半阕表面似惜花,实乃自悲如林花已谢,且谢得“太匆匆”,而朝雨、晚风尚摧残之不已,故曰“无奈”。下半阕因念,今日虽欲求如临别之时泪眼留醉亦

---

① 唐圭璋:《李后主评传》,《词学论丛》,第905页。
② 俞陛云:《唐五代两宋词选释》,第132页。
③ 詹安泰:《李璟李煜词》,第69页。
④ 黄昇:《花庵词选·唐宋诸贤绝妙词选》卷一,第34页。
⑤ 陈廷焯:《云韶集》卷一,转引自《南唐二主词新释辑评》,第106页。
⑥ 陈廷焯:《词则·大雅集》卷一,第26页。

不可得矣,何况重返故国,故曰"人生长恨"如"水长东"。后首上半阕言所处之寂寞。下半阕满腹离怨,无语可以形容,故朴直说出。"别是"句,尤为沉痛。盖亡国君之滋味,实尽人世悲苦之滋味无可与比者,故曰"别是一般"。此二首表面似春、秋闺怨之词,因不敢明抒己情,而托之闺人离思也。①

若谓上一首尚有林花之起兴、拟喻,此首则直为赋笔,刘永济以其"托之闺人离思",笔者以为不当。虽有难言之隐,却仍然逗出,如唐圭璋所说:"后主以南朝天子,而为北地幽囚,其所受之痛苦、所尝之滋味,自与常人不同。心头所交集者,不知是悔是恨,欲说则无从说起,且亦无人可说,故但云'别是一般滋味'。究竟滋味若何,后主且不自知,何况他人?此种无言之哀,更胜于痛哭流涕之哀。"②所以总体上这二首还可以说是不事寄托、自抒胸臆的。

明确可见是降宋后之作有《子夜歌》:

人生愁恨何能免,销魂独我情何限。故国梦重归,觉来双泪垂。　高楼谁与上,长记秋晴望。往事已成空,还如一梦中。

此词明言"故国",全词浅显明白,毫无语障。词以人生难免愁恨起,继将自己置于其中,而"独我情何限",可见己情远逾于他人之情,三四句点明是思念故国,"独我"之特殊当然非他人所能有,一开一合,由梦而觉,其情可味。下片言高楼独上,晴秋远望,虽所望者为故国并未道出,实其意已出,结尾呼应上结,前谓梦境似真,后说真者似梦。巨创深痛既见词中,又溢于词外,如唐圭璋所言:"此首思故国,不假采饰,纯用白描。但句句重大,一往情深。"③

又《破阵子》:

四十年来家国,三千里地山河。凤阁龙楼连霄汉,玉树琼枝作烟萝。几曾识干戈。　一旦归为臣虏,沈腰潘鬓消磨。最是仓皇辞庙日,教坊犹奏别离歌,垂泪对宫娥!

苏轼因此词而明确表达了对李煜辞国时处事不当的谴责:"后主既为樊若水所卖,举国与人,故当恸哭于九庙之外,谢其民而后行,顾乃挥泪宫娥,听教坊离曲何哉!"④袁文《瓮牖闲评》因之而以此词非后主所作:"观曹彬下江南时,后主豫令宫中积薪,誓言:'若社稷失守,当携血肉以赴火。'其厉志如此。后虽不免归朝,然当是时,更

① 刘永济:《唐五代两宋词简析》,第20–21页。
② 唐圭璋:《唐宋词简释》,第39页。
③ 唐圭璋:《唐宋词简释》,第41页。
④ 苏轼:《书李主词》,《苏轼全集·文集》卷六八,第2150页。

有甚教坊，何暇对宫娥也。”[①]王仲闻为之作按语而再辨：“袁文谓‘是时更有甚教坊，何暇对宫娥’，当近事实。惟此词未必即为去国时作。后主被俘，初无生意，当时必不暇吟咏。此词或为后来追赋，曾有墨迹流传，故东坡有题跋。教坊、宫娥乃诗人夸张手法，不定为事实。袁文之说虽是，不免胶柱鼓瑟。”[②]王说甚是。毛先舒《南唐拾遗记》已有说在前：“案此词或是追赋。倘煜是时犹作词，则全无心肝矣。至若挥泪听歌，特词人偶然语。且据煜词，则挥泪本为哭庙，而离歌乃伶人见煜辞庙而自奏耳。”[③]此词在追赋中对照今昔，判若云泥，上片气魄极大，下片感人尤深，“最是”三句写作别故国时最为惨痛难忘之事，詹安泰虽以此词为临亡国时所作，仍认为写出辞庙、离歌、挥泪对宫娥诸事“是多么真实、坦率、具体、明朗的自白”！接着又说：“就是没有什么文学修养的人，读了之后也可以有相当深刻的印象的。”[④]

由上可见，李煜与韦庄、冯延巳不同，他的词是直抒胸臆，不事寄托，而尤见性灵，不似韦、冯之以比兴作寄托，也不似温庭筠那样能给人作“芳草美人”之想，这在唐五代大词人中几是仅见的。

三、清便宛转　词家王孟

因直抒胸臆、不事寄托，故后主之词多用白描，不事藻绘。明人胡应麟曾指出：“南唐中主、后主，皆有文。后主一目重瞳子，乐府为宋人一代开山祖。盖温、韦虽藻丽，而气颇伤促，意不胜辞，至此君方是当行作家，清便宛转，词家王、孟。”[⑤]虽胡应麟论诗胜于论词（以温韦同归藻丽即为一例），此处以李煜词的“清便宛转”拟作诗中王孟，还是有道理的。周济有很形象的比喻：

> 李后主词，如生马驹，不受控捉。毛嫱、西施，天下美妇人也：严妆佳，淡妆亦佳，粗服乱头，不掩国色。飞卿、严妆也，端己、淡妆也，后主、则粗服乱头矣。[⑥]

沈谦则说：“男中李后主，女中李易安，极是当行本色。”[⑦]又说：“‘红杏枝头春意闹’、‘云破月来花弄影’，俱不及‘数点雨声风约住，朦胧淡月云来去’。予尝谓李后主拙于治国，在词中犹不失为南面王，觉张郎中、宋尚书，直衙官耳。”[⑧]以李煜与李清照并举，以之皆为当行本色，主要是指他们所作都形象生动，语言清新，多用白描。

李煜词确与飞卿的“严妆”不同，试看其《长相思》：

---

① 袁文：《瓮牖闲评》，丛书集成初编本，中华书局1985年版，第48页。（版本后同）
② 王仲闻：《南唐二主词校订》，人民文学出版社1957年版，第88页。（版本后同）
③ 毛先舒：《南唐拾遗记》，转引自《南唐二主词新释辑评》，第93页。
④ 詹安泰：《李璟李煜词·前言》，第34页。
⑤ 胡应麟：《诗薮》杂编卷四，第291页。
⑥ 周济：《介存斋论词杂著》，《介存斋论词杂著·复堂词话·蒿庵论词》，第7页。
⑦ 沈谦：《填词杂说》，《词话丛编》，第631页。
⑧ 沈谦：《填词杂说》，《词话丛编》，第632–633页。

云一緺，玉一梭，淡淡衫儿薄薄罗，轻颦双黛螺。　秋风多，雨相和，帘外芭蕉三两窠。夜长人奈何！

"云一緺，玉一梭"，《古今词统》云："缘饰尤佳。"①陈廷焯《云韶集》谓之"字字绮丽。结五字婉曲"。②其实这里并无"缘饰"，虽"丽"而不"绮"。首句"緺"通"涡"，喻女子发髻盘结，次句以玉状其脸之白皙，以下易解，不释。此词仅开头二句作比喻，第四句的"黛螺"亦常见，通篇皆为白话，若与温庭筠的"蝉鬓美人"相比，其间差别明显，何"缘饰"、"绮丽"之有？詹安泰说："里面用了两个'一'字，一个'儿'字，一个'轻'字，两组重叠字'淡淡'和'薄薄'，都能够使得这个人物形象更加有'亭亭玉立'的风致，整个标格和丰韵都从中透露出来。"③

如果说上词因写美人尚难免如韦庄般的"淡妆"，那么如：

一片芳心千万绪，人间没个安排处。　——《蝶恋花》
满城飞絮辊轻尘。忙杀看花人！　——《望江梅》
一壶酒，一竿身，快活如侬有几人。　——《渔父》

以及前面已见的"往事已成空。还如一梦中"，"剪不断，理还乱，是离愁。别是一般滋味在心头"等，都极见朴实无华，甚而确是"粗服乱头"。即使写艳情的"眼色暗相钩，秋波横欲流"(《菩萨蛮》)，"奴为出来难，教君恣意怜"(《菩萨蛮》)等，也浅言直说，不以丽辞形容，却意态毕呈，如闻其声，如见其人。周济用"粗服乱头，不掩国色"言后主词，并与温韦的严妆、淡妆相较，确是极切极合的妙喻，令人叹服。

夏承焘指出："我们还要注意一点：李煜词的风格，和唐诗，尤其是和绝句有相当密切的关系。他的词风和唐人绝句风格有很近似的两点：一，声调谐婉不作拗体。二，词意明畅不作隐晦语。"④这应是其"清便婉转"，又"不掩国色"的一个重要由来。如《捣练子令》：

深院静，小庭空。断续寒砧断续风。无奈夜长人不寐，数声和月到帘栊。

调名《捣练子》，即咏捣练，是沿唐词本体之旧例。此词如在第一句加一字，则为七绝，而此调破为三、三两句，则有起伏变化。"无奈"二字贯下十二字，有四层含义：本来已无寐而觉夜长，砧声、月亮，并到帘栊，一入于耳，一见于眼，更使人难以入睡。虽高度概括，用笔曲折，却声调谐婉，又词意明畅，毫不晦涩。

又《浪淘沙》：

---

① 卓人月、徐士俊辑：《古今词统》卷三，《续修四库全书》第1728册，第509页。
② 陈廷焯：《云韶集》卷一，转引自《南唐二主词新释辑评》，第53页。
③ 詹安泰：《李璟李煜词·前言》，第47页。
④ 夏承焘：《唐宋词欣赏·南唐词》，《夏承焘集》第2册，第645-646页。

帘外雨潺潺，春意阑珊。罗衾不耐五更寒。梦里不知身是客，一饷贪欢。
独自莫凭阑，无限关山。别时容易见时难。流水落花春去也，天上人间。

李煜入宋后备受侮辱，现实世界中他只有痛苦，而往事的回忆则更使他痛苦，往事与现实的交织，形成了他的“以血书”的作品，此首即是。明沈际飞《草堂诗馀正集》云：“‘梦觉’语妙，那知半生富贵，醒亦是梦耶？末句，可言不可言，伤哉。”[①]许昂霄认为此词“全首语意惨然”。[②]谭献以之“雄奇幽怨，乃兼二难”，接而又说：“后起稼轩，稍伧父矣。”[③]陈廷焯《云韶集》卷一就其审美效果而言：“凭栏远眺，百端交集，此词播之管弦，闻者定当堕泪。”此词虽极其幽怨，语言却极其朴素。陈锐兼前后而言道：

古诗“行行重行行”，寻常白话耳，赵宋人诗，亦说白话，能有此气骨否。李后主词，“帘外雨潺潺”，寻常白话耳，金、元人词亦说白话，能有此缠绵否。[④]

词中也用比喻，末句连用“流水”、“落花”、“春去”，这三事皆难以重返者，用之以比重见自家江山之难，而全词属于景物意象的，也就此数端而已。俞平伯《读词偶得》说：

词中抒情，每以景寓之，独后主每直抒心胸，一空倚傍，当非有所谢短，亦非有所不屑(抒情何必比写景高)，乃缘衷情切至，忍俊不禁耳……试观全章，有一句真在写景物乎？曰，无有也。勉强数之，只一首句说雨声，未尝言见也。况依文法言此只一读，谓全章无一句写景，非过言也。此等写法，非情胜者不能……

试想，“别时容易见时难”，此人人心中口中物耳，而必多引故籍，求其渊源，毋乃迂远之甚欤？作者当时，取径直达，故在今日正不必绕弯儿去看他……独脍炙儿女之口，似侥幸而实非。何耶？曰，自然而已矣。唯义山“相见时难”句工力堪敌。彼何尝不深美，而视此脱口而出不假思索者，似深美反略逊其浅近，又似乎俯拾即是，大可不必如彼之深美，信乎情深才大，无施不可也……

若泛论通篇，则谭仲修之言最善。其评曰：“雄奇幽怨，乃兼二难，后起稼轩稍伧父矣。”雄奇不难，幽怨亦不难；兼之，难矣。凡此所录，如《虞美人》第一，《相见欢》及本阕，皆可谓美尽刚柔者矣……历观唐、宋词家第一流，虽各致其美，犹不免有所偏胜。(仲修以稼轩近伧，可谓知言，非贬稼轩也，直欲拥后主至峰极耳。)后主能兼之何耶？夫亦情深一往使之然，惟其深而不拔，乃郁为幽怨；惟其往而不返也，又突发为雄奇。”[⑤]

---

① 沈际飞：《草堂诗馀正集》卷一，转引自《南唐二主词新释辑评》，第122页。
② 许昂霄：《词综偶评》，《词话丛编》，第1548页。
③ 谭献：《谭评词辨》，《清人选评词集三种》，第175页。
④ 陈锐：《褒碧斋词话》，《词话丛编》，第4201页。
⑤ 俞平伯：《读词偶得》，《俞平伯全集》第4卷，第35-38页。

所以,“每直抒心胸”确实是“乃缘衷情切至”,却能自然胜于人工。

后主不作景中寓情而类于直抒心胸者,还可举数例,如:

世事漫随流水,算来一梦浮生。醉乡路稳宜频到,此外不堪行。

——《乌夜啼》

往事只堪哀,对景难排。——《浪淘沙》

春光镇在人空老,新愁往恨何穷!——《谢新恩》

其《望江南》两首,分别以“多少恨,昨夜梦魂中”,“多少泪,断脸又横颐”开头,也是直言其情,与常见的藉景渐引显为不同。再如前见之《相见欢》:“剪不断,理还乱,是离愁。别是一般滋味在心头。”《子夜歌》:“人生愁恨何能免,销魂独我情何限。故国梦重归,觉来双泪垂。”亦属此类。

虽说不宜于论何者就说何者好话,但客观说来,至少应该指出后出者对前行者的改变,及其对于艺术创造的贡献。这里引两位词学家的话,来说明李煜在词的发展史上的贡献。夏承焘说:

李煜词改革花间派涂饰、雕琢的流弊,用清丽的语言、白描的手法和高度的艺术概括力,抓住自己生活感受中最深刻的方面,动人地把情感表达出来,给人深刻的艺术感受。他的词摆脱了花间派的窠臼,创造了他自己的独特风格。他不仅为当时的词打开了新的境界,而且对词的发展起了很大的推动作用。①

唐圭璋说:

自来论南唐二主词者,无不赏其艺术高奇,秀逸绝伦,既超过西蜀《花间》,又为宋人一代开山。尤其后主晚期,自抒真情,直用赋体白描,不用典,不雕琢,血泪凝成,感人至深。②

如果不将花间词定性为涂饰、雕琢,而是摆脱了花间窠臼且超越之,并创造了自己独特风格、为宋人一代开山之说,无疑是对李煜的正确评价。

四、眼界始大　感慨遂深

不少词论家都喜言词史,更有将词史与诗史相拟,以见其发展轨迹者。前者如谢章铤《叶辰溪我闻室词序》:“词渊源三百篇,萌芽古乐府,成体于唐,盛于宋,衰于元明,复昌于国朝。温、李,正始之音也;晏、秦,当行之技也;稼轩出,始用气;白石出,始

① 夏承焘:《唐宋词欣赏·南唐词》,《夏承焘集》第2册,第646页。

② 唐圭璋:《南唐二主词总评》,《词学论丛》,第900页。

立格。”后者如陈廷焯说:“词至五代,譬之于诗,两宋犹三唐,五代犹六朝也。后主小令,冠绝一时。”[①]而对于李煜在词史上的定位,则有多说,此处举二例。吴衡照云:“十国时风雅才调,无过于南唐后主。”[②]如果说这还只是“平面”的比较,那么谭献所说的“后主之词,足当太白诗篇,高奇无匹”[③]则有俯视词史的“立体”意义了。纳兰性德《渌水亭杂识》所说,则令人难知其意:“《花间》之词,如古玉器贵重而不适用;宋词适用而少贵重;李后主兼有其美,更饶烟水迷离之致。”[④]且不说“贵重”、“适用”何指,以李煜兼有其美,则至少可见对其承前启后的肯定。

笔者以为,较之上面诸说更能见出李煜词在性质上突破、发展的,是王国维所论:

> 词至李后主而眼界始大,感慨遂深,遂变伶工之词而为士大夫之词。周介存置诸温、韦之下,可谓颠倒黑白矣。“自是人生长恨水长东”,“流水落花春去也,天上人间”,《金荃》、《浣花》,能有此气象耶?[⑤]

“眼界始大,感慨遂深”确实是李煜词显然胜于前人之处。即以其前期沉迷享乐所作而言,即如此。如《玉楼春》:

> 晚妆初了明肌雪。春殿嫔娥鱼贯列。笙箫吹断水云间,重按《霓裳》歌遍彻。
> 临风谁更飘香屑。醉拍阑干情味切。归时休放烛光红,待踏马蹄清夜月。

对于李煜的奢侈,歌舞享受的排场,此词都写到了。徐釚《词苑丛谈》说明了相关背景:“李后主宫中,未尝点烛。每至夜,则悬大宝珠。光照一室,如日中。尝赋《玉楼春》宫词曰(词略)。王阮亭《南唐宫词》云:‘花下投签漏滴壶,秦淮宫殿浸虚无。从兹明月无颜色,御阁新悬照夜珠。’极能道其遗事。”[⑥]王世贞《弇州山人词评》说:“‘归时休放烛花红,待踏马蹄清夜月。’致语也。‘问君能有几多愁,恰似一江春水向东流。’情语也。后主直是词手。”前后题材的不同,后主都能很好驾驭,故不由得叹为“直是词手”。沈际飞《草堂诗馀正集》指出:“此驾幸之词,不同于宫人自叙。”[⑦]李廷机《草堂诗馀评林》亦云:“人主叙宫中之乐事自是新切,不与他词同。”[⑧]对于此词,谭献仅以“豪宕”[⑨]二字评之,而陈廷焯《云韶集》则责以“风雅疏狂,失人君之度矣”[⑩]。

---

① 陈廷焯:《词坛丛话》,《词话丛编》,第3719页。
② 吴衡照:《莲子居词话》卷三,《词话丛编》,第2455页。
③ 谭献:《谭评词辨》,《清人选评词集三种》,第176页。
④ 纳兰性德:《渌水亭杂识》,刘献廷等著《清代笔记丛刊》,齐鲁书社2001年版,第441页。
⑤ 王国维:《人间词话》,《蕙风词话·人间词话》,第197页。
⑥ 徐釚编著,王百里校笺:《词苑丛谈校笺》卷六,人民文学出版社1988年版,第319页。
⑦ 沈际飞:《草堂诗馀正集》卷一,转引自《南唐二主词新释辑评》,第31页。
⑧ 李廷机:《草堂诗馀评林》卷三,转引自《南唐二主词新释辑评》,第31页。
⑨ 谭献:《谭评词辨》,《清人选评词集三种》,第173页。
⑩ 陈廷焯:《云韶集》卷二四,转引自《南唐二主词新释辑评》,第32页。

此词是南唐盛时，李煜以“无愁天子”而有此极写富贵之作，词中所写的“重按《霓裳》”，本章第一节已说，是因昭惠后得《霓裳羽衣曲》残谱，审定缺坠，以琵琶奏之，使遗曲得以复传；而“飘香屑”一事，当是洪刍《香谱》所说的后主自制“帐中香”，“以丁香、沉香及檀麝等各一两，甲香三两，皆细研成屑，取鹅梨汗蒸干焚之”。夜明珠、帐中香、笙歌醉舞、夜月马蹄，其奢侈可见，宜于陈廷焯以其“失人君之度”。但是，又应如唐圭璋所说：“此首亦写江南盛时景象。起叙嫔娥之美与嫔娥之众，次叙春殿歌舞之盛。下片，更叙殿中香气氤氲与人之陶醉。‘归时’两句，转出踏月之意，想见后主风流豪迈之襟抱，与‘花间’之局促房栊者，固自有别也。”①

若谓“风流豪迈之襟抱，与‘花间’之局促房栊者，固自有别”还是浅层的“眼界始大”，那么其名作《虞美人》则眼界既大，感慨又深：

春花秋月何时了。往事知多少。小楼昨夜又东风，故国不堪回首月明中。

雕阑玉砌应犹在，只是朱颜改。问君能有几多愁，恰似一江春水向东流。

王铚《默记》曾记其本事：

徐铉归朝，为左散骑常侍，迁给事中。太宗一日问：“曾见李煜否？”铉对以“臣安敢私见之”，上曰：“卿第往，但言朕令卿往相见可矣。”铉遂径往其居，望门下马，但一老卒守门。徐言：“愿见太尉。”卒言：“有旨不得与人接，岂可见也？”铉云：“我乃奉旨来见。”老卒往报。徐入，立庭下。久之，老卒遂入，取旧椅子相对。铉遥望见，谓卒曰：“但正衙一椅足矣。”顷间，李主纱帽道服而出。铉方拜，而李主遽下阶，引其手以上。铉告辞宾主之礼，主曰：“今日岂有此礼？”徐引椅少偏，乃敢坐。后主相持大哭，乃坐默不言。忽长吁叹曰：“当时悔杀了潘佑、李平！”铉既去，乃有旨再对，询后主何言。铉不敢隐，遂有秦王赐牵机药之事。牵机药者，服之前却数十回，头足相就如牵机状也。又后主在赐第，因七夕命故妓作乐，声闻于外，太宗闻之大怒；又传“小楼昨夜又东风”及“一江春水向东流”之句。并坐之，遂被祸云。②

陆游《避暑漫抄》亦有近似之说，又引龙衮《江南录》云：“李国主小周后随后主归朝，封郑国夫人，例随命妇入宫，每一入，辄数日，出必大泣，骂后主，声闻于外。后主多宛转避之。”又说韩玉汝家有李国主归朝后与金陵旧宫人书云：“此中日夕，只以眼泪洗面。”③李后主之毫无机心，宋太宗之肚量狭窄，终至有牵机之恨。

---

① 唐圭璋：《唐宋词简释》，第31–32页。

② 王铚：《默记》，《宋元笔记小说大观》，第4536–4537页。

③ 陆游：《避暑漫抄》，丛书集成初编本，《避暑漫抄》(及其他三种)，中华书局1985年版，第4页。此书本节末小字注：喻吃录。《古今说海》亦是。

此词亦直言浅说，几不用解释。罗大经《鹤林玉露》专言其结句及后人的发展：

诗家有以山喻愁者，杜少陵云“忧端如山来，澒洞不可掇”，赵嘏云“夕阳楼上山重叠，未抵春愁一倍多”是也。有以水喻愁者，李颀云“请量东海水，看取浅深愁”，李后主云“问君能有几多愁，恰似一江春水向东流”，秦少游云“落红万点愁如海”是也。贺方回云：“试问闲愁知几许，一川烟草，满城风絮，梅子黄时雨。”盖以三者比愁之多也，尤为新奇，兼兴中有比，意味更长。①

陈郁《藏一话腴》内编卷上也有类似例举，有些论者不断地对此句作寻源溯流，且满足于此。

笔者认为，此词不止是结句好，如俞文豹《吹剑录》所说：“诗有一联一字唤起一篇精神……李颀诗：‘请量东海水。看取浅深愁。’李后主词：‘问君能有几多愁，恰似一江春水向东流。’”而且有句有篇，是对自己人生反差之大的深刻体验，对亡国之痛的极其形象的传递。开头劈空而来，“春花秋月”是最为美好的事物，而词中却以“何时了”问之，内心之痛可知，若非哀莫大于心死，何能作此一问。“往事知多少”，则既包含了去日苦多，又见厌倦来日之意。“小楼”句回头与首句相应，昨夜东风，春日将到，又应是花好月圆时，但由于自己已经是失国后的阶下囚，“待踏马蹄清夜月”的日子不可复返，就只有故国不堪回首之感了。故国之物尚在，而朱颜不再，终于有最后的自我问答，吐露心中极为沉重的愁恨。

沈雄认为李后主之词，“当以此阕为最”②。谭献说：“二词（指此首及“风回小院”一首）终当以神品目之。”③而陈廷焯《云韶集》则以十六字括之：“一声恸歌，如闻哀猿，呜咽缠绵，满纸血泪。”④倘非李煜曾是南方大邦的国主，又经历了入宋为囚的遭遇，能够有如此人生对照，作很有宇宙意识的发问吗？能凌越时空、对比今昔，既在思念中跨越了千里月明，又能将深愁巨恨喻之以一江春水吗？除却李白《忆秦娥》的气象外，李煜之前，确实难见有如此眼界大、感慨深之词。

再看其《浪淘沙》：

往事只堪哀，对景难排。秋风庭院藓侵阶。一桁珠帘闲不卷，终日谁来。
金锁已沉埋，壮气蒿莱，晚凉天净月华开，想得玉楼瑶殿影，空照秦淮。

沈际飞《草堂诗馀续集》云：“此在汴京念秣陵事作，读不忍竟。”⑤诚是。陈廷焯《云

① 罗大经：《鹤林玉露》乙编卷一，《宋元笔记小说大观》，第 5240 页。
② 沈雄：《古今词话·词辨》上卷，《词话丛编》，第 921 页。
③ 谭献：《谭评词辨》，《清人选评词集三种》，第 175 页。
④ 陈廷焯：《云韶集》卷一，转引自《南唐二主词新释辑评》，第 117 页。
⑤ 沈际飞：《草堂诗馀续集》，转引自《南唐二主词新释辑评》，第 112 页。

韶集》说："起五字极凄婉，却来得突兀，故妙。凄侧之词而笔力精健，古今词人谁不低首。"[①]以健笔写凄婉，确实很难见。非仅开局，过片的"金剑沉埋"、"壮气蒿莱"，用丰城剑气冲于斗牛之上一事，王勃《滕王阁序》亦曾写入："物华天宝，龙光射斗牛之墟。"更见李煜不是只能写小事小景的词人。而最后三句所展示的景象，也绝非小楼明月，而有很大的气势。此词之感慨或稍逊前者，而眼界不小、不低。

《人间词话》又说：

> 尼采谓："一切文学，余爱以血书者。"后主之词，真所谓以血书者也。宋道君皇帝《燕山亭》词亦略似之。然道君不过自道身世之戚，后主则俨有释迦、基督担荷人类罪恶之意，其大小固不同矣。[②]

李煜降宋后之词，确是血泪之作。而所说的"后主则俨有释迦、基督担荷人类罪恶之意"，是否说之太过，是否拟喻不伦呢？看其《乌夜啼》：

> 昨夜风兼雨，帘帏飒飒秋声。烛残漏滴频欹枕，起坐不能平。　　世事漫随流水，算来一梦浮生。醉乡路稳宜频到，此外不堪行。

唐圭璋分析《虞美人》(春花秋月)，有"起句，追维往事，痛不欲生；满腔恨血，喷薄而出：诚《天问》之遗"[③]一说。而论此词则说：

> 此首由景入情，写出人生之烦闷。夜来风雨无端，秋声飒飒，此境已令人愁绝，加之烛又残，漏又断，伤感愈甚矣。"起坐不能平"句，写尽抑郁塞胸，展转无眠之苦。换头，承上抒情，言旧事如梦，不堪回首。末两句，写人世茫茫，众生苦恼，尤为沉痛。后主词气象开朗，堂庑广大，悲天悯人之怀，随处流露。王静安谓："道君不过自道身世之戚，后主则俨有释迦、基督担荷人类罪恶之意。"其言良然。[④]

虽在李煜词中，此类极少，但即使约略可见，也为他人所无，可认为是眼界大、感慨深的特殊一类。

王国维说："夫古今人词之以意胜者，莫若欧阳公。以境胜者，莫若秦少游。至意境两浑，则惟太白、后主、正中数人足以当之。"[⑤]龙榆生所论更详，也更准确：

> 诗客曲子词，至《花间》诸贤，已臻极盛。南唐二主，乃一扫浮艳，以自抒身世

① 陈廷焯：《云韶集》卷一，转引自《南唐二主词新释辑评》，第 112 页。
② 王国维：《人间词话》，《蕙风词话·人间词话》，第 198 页。
③ 唐圭璋：《唐宋词简释》，第 43 页。
④ 唐圭璋：《唐宋词简释》，第 35 页。
⑤ 王国维：《人间词话·附录》，《蕙风词话·人间词话》，第 257 页。

之感，与悲愍之怀；词体之尊，乃上跻于《风》、《骚》之列。此由其知音识曲，而又遭罹多故，思想与行为，发生极度矛盾，刺激过甚，不期然而迸作恻怆哀怨之音。二主词词境之高，盖亦环境迫之使然，不可与温、韦诸人同日而语也……后主一生，即在极端矛盾生活中度过。迨遇过度刺激，血泪迸流，造成其后期哀感缠绵之作品……至此时，对月已改朱颜，贪欢惟在梦里，凭兹血泪，渗入新词；不独与《花间》作风，殊其旨趣；曲子词之有真生命，盖自后主实始发扬。总之，后主词之高不可攀，由多方面之涵濡与刺激，迫而自然出此，非专恃天才或学力者之所能为也。①

正由于如此，在经冯延巳的过渡后，李煜词"一扫浮艳，以自抒身世之感，与悲愍之怀"，使"词体之尊，乃上跻于《风》、《骚》之列"，才真正将歌辞之词，变为抒情诗之词，从以代言为主，变为自我抒发，此应王国维所说"士大夫之词"的主要含义。与此同时，李煜词也在艺术上达到了难以企及的"粗服乱头，不掩国色"之境。而综观五代词，虽"花间"已经具有分师温韦的不同倾向，但经冯延巳、李璟而至李煜，才终于在更为宏观的层面上，使南唐词与花间词形成了两种不同的艺术走向，并影响了宋词，造就出两种不同类型的"当行本色"。

① 龙榆生：《南唐二主词叙论》，《龙榆生词学论文集》，第202-208页。

第四章　北宋前期词艺术的多元多向发展

北宋始于宋太祖建隆元年(960),终于宋钦宗靖康二年(1127),共一百六十八年。其中在位时间最长的是宋仁宗,共四十一年,其次是宋徽宗的二十六年和宋真宗的二十五年。由于词在入宋后经历了太祖、太宗、真宗的六十多年停滞,直到宋仁宗时期才有长足发展,故本书对北宋词的分期不同于一般的历史所分。而拟将宋初六十三年加上仁宗的四十一年,作为北宋前期;英宗、神宗、哲宗的三十七年作为北宋中期;徽宗的二十六年为后期。据代表性词人的主要创作期,分别纳入这三期,具体是:前期为柳永、张先、晏殊、欧阳修;中期是晏几道、苏轼、黄庭坚、秦观;后期是贺铸、周邦彦。需要说明的是,贺铸虽仅比秦观少三岁,但因享寿比秦观多二十五年,其创作期跨越哲、徽二宗,而以徽宗时为主,故列入北宋后期。以中年入南宋的,如叶梦得、朱敦儒、李清照等,都以之为南渡词人而作专章,不列入北宋论述。

本章专论北宋前期词在艺术上的传承发展,而将宋初三朝的词人,其中包括部分入仁宗朝且继续创作,但主要生活期在真宗朝的,作为第一阶段;主要创作期在仁宗朝的作为第二阶段。

第一节　北宋前期词与士大夫文化

词兴于唐,继于五代,却盛在两宋,以至于被誉为宋朝的“一代之文学”。但五代之词并不是顺利“交接”给了北宋,自此平稳发展,而是后来才迈开了前进的步子。从宋仁宗的时代起,创作逐渐兴盛,并开始了多元与多向的发展历程,流派渐起,出现了诸多名家名作,无论是在内容、题材上,还是艺术、形式上都有很大的开拓。

王灼《碧鸡漫志》曾注意到宋初词的不振,并表示对此难以理解:

> 唐末五代,文章之陋极矣,独乐章可喜,虽乏高韵,而一种奇巧,各自立格,不相沿袭……国初平一宇内,法度礼乐,寖复全盛,而士大夫乐章顿衰于前日,此尤可怪。①

是什么原因导致“士大夫乐章顿衰于前日”的呢?刘扬忠《唐宋词流派史》探寻了个中原因,此处不再重复。所要补充的是:士大夫文化在其形成过程中对进士文化的排拒,对宫廷文化的独立,导致了与这两种文化密切相关的词的衰落。而随着士大

① 王灼著,岳珍校正:《碧鸡漫志校正》卷二,第32页。

夫文化的逐渐形成、成熟，其属于士大夫人生的一个侧面，却又对词的创作发生了推助作用，晏殊、欧阳修、张先、宋祁等人接过了刘禹锡、白居易、冯延巳的接力棒，将令词推向了成熟。后起的苏轼更因受累于这一文化的政党政治，将人生感触和生存智慧人之于词，开始了“别立一宗”的历程。对于宋词而言，士大夫文化可谓“成也萧何，败也萧何”。

一、士大夫文化的形成及其特点

从历史的流程看，如果说由于实行科举且以进士科为重，导致变贵族文化为进士文化，是唐代区别于六朝的主要标志；安史之乱破坏、粉碎了贵族门第，使得自中唐以后，进士文化成熟，且被史学家视作中国近代的开始；那么，到宋代的广为开科取士，门阀不复存在，文人、学者、高官三位一体，士大夫成为了政治文化的主导，则可以认为是发展为士大夫文化阶段。

晚唐五代由于藩镇割据，君权旁落，酿成大乱。宋代自建国以来，汲取这一教训，大改官制、兵制、法律，如朱熹所说：“本朝鉴五代藩镇之弊，遂尽夺藩镇之权，兵也收了，财也收了，赏罚刑政一切收了。”[①]与此同时，实行右文政策，使得文人的地位得到很大提高。宋太祖与宋太宗出身武夫，却深知马上可得天下而不能治天下之理，“儒术污隆，其应实大，国家崇替，何莫由斯”[②]。宋真宗所撰的《崇儒术论》可以代表最高统治者对右文政策的认识。由于抑武崇文，遂为士大夫文化的形成准备了根本性的条件。

与右文相关相辅的是学校教育的发达及科举制度的完善。宋代科举，士庶之隔被彻底打破，为诠选人才大开门户，如宋太祖所说：“向者登科名级，多为势家所取，致塞孤寒之路，甚无谓也。今朕躬亲临试，以可否进退，尽革畴昔之弊矣。”[③]宋代不仅每次开科取士数为唐代的十多倍，而且以布衣登上高位者极多。加以实行糊名、誊录等制，实行公平竞争，使得政权的开放度远胜于前代。但选拔并不能代替培养，宋代还十分重视教育。钱穆认为，汉唐的选拔人才有相似性，“进士如汉代之贤良，明经如汉代之孝廉”。重视进士的结果是随着门第衰落，政治为平民掌握，但由于他们未受过家庭传统礼教，亦无政治常识，仅凭诗赋声律之长而从政，就既不谙练政治，品德亦无根柢，进士轻薄遂为人所诟病[④]。如果说唐代所重在人才的选拔，那么宋代则转为既重培养，又重选拔。宋代的人才培养，尤其得力于书院教育。黄宗羲批判教育的异化：“其所谓学校者，科举嚣争，富贵熏心，亦遂以朝廷之势利一变其本领。”[⑤]针对这一弊病，名儒着力于发展书院教育，在授业解惑同时，更重道德理念。全祖望指出：“有宋真、仁二宗之际，儒林之草昧也。当时濂、洛之徒方萌芽而未出，而睢阳戚氏（同文）在宋，泰山孙氏（复）在齐，安定胡氏（瑗）在吴，相与讲明正学，自拔于尘俗之中。亦会值诸贤在朝：安阳韩忠献公、高平范文正、乐安欧阳

① 黎靖德编，王星贤点校：《朱子语类》卷一二八，第3070页。

② 李焘著，黄以周等辑补：《续资治通鉴长编》（附拾遗）卷七九，上海古籍出版社1986年影印，第695页。

③ 李焘著，黄以周等辑补：《续资治通鉴长编》（附拾遗）卷一六，第128页。

④ 参见钱穆：《中国历史上之考试制度》，《国史新论》，第282-283页。

⑤ 黄宗羲：《明夷待访录》，丛书集成初编本，《明夷待访录》（及其他二种），中华书局1985年版，第7页。

文忠公,皆卓然有见于道之大概,左提右絜。于是学校遍于四方,师儒之道以立。”[1]诸家讲学,兼重知行,覆盖体用,陶冶情性,培育人格,崇儒术而攘佛老,黜文辞而尚节义,对塑造、培育有宋一代士人起了极大的作用。

由于教育与科举结合的完善,制度文化与思想文化的结合,使得政治文化也为之改变。而政治文化之变主要体现在北宋皇帝虽将一切大权都“收了”,却又在“与三代同风”的政治理想中,建立起君主与士大夫“共定国是”的原则,以宰相为首的士大夫集团,成了国家治理权的实际行使者。随着政治文化的变化,以之为主导的士大夫文化也逐渐成熟。

笔者以为,士大夫文化的主要涵义及特点表现在以下几方面。

第一,在对进士文化的批判中,努力于儒学传统的重建。

唐代实行科举而最重进士,随着进士成为新兴统治阶层,进士文化逐渐成熟。因进士试行以诗赋取士,使士人将习业的重心从儒学经典转至诗赋文章,从而也改变了儒学与文学的传统地位。儒林与文苑的倒转,使得前者的传统不彰,而后者则文行失衡,士风渐坏。

鉴于晚唐五代的政治腐败与进士无行的互为因果,自宋初始,不少有识之士已看到科举取士的弊病。藩镇割据固然是皇纲不振的主因,而士习卑陋,风俗奢靡,亦与悍将骄兵相辅相成。因此,胡瑗、孙复等创办书院教育,以不求功名利禄为尚,努力于塑造士人的道德人格。胡瑗一生淡泊名利,曾隐居泰山十年,不求闻达,他认为科举取士崇尚“声律浮华之词”[2],使人热衷利禄,导致士风浇薄,自己学成后不参加科考,而在苏州办私学,后被宋廷调任国子监直讲,为太学生授业。对学生施行明体达用的教育方针,主张经义与实学并重,使学风为之一变。孙复批判文章的功利目的,其《答张洞书》矛头直指进士制:“重念世之号进士者,率以砥砺辞赋,睎觊科第为事。”为此,他以“道”为重,认为:“文者,道之用也。道者,教之本也。”[3]由胡瑗、孙复等开始的书院教育,不以求取功名利禄为目的,对塑造人格精神非常重视,有着拉开学术与功名间距离的自觉,这一培育人才的宗旨,在我国教育史上具有非常重要的意义。

在此之前,不少通过科举走上仕途的人物,也对唐五代进士的堕落多有反思,推崇人文精神。如柳开《应责》为古文所下的定义是:“古其理,高其意,随言短长,应变作制,同古人之行事。”[4]要求在作古文同时,还要取法古人,行古人之道,使古文能为政教服务,将“道”与“文”都统一到儒者的孔子、孟子、扬雄、韩愈身上。石介《怪说》指责杨亿“欲以文章为宗于天下”,将造成“不闻有周公、孔子、孟轲、扬雄、文中子、吏部之道”[5],虽有以道废文的倾向,却对纠正晚唐五代以来士人轻薄无行和以文章求利禄的风气,

① 全祖望:《庆历五先生书院记》,全祖望撰,朱铸禹汇校集注《全祖望集汇校集注》,上海古籍出版社2000年版,第1037页。

② 朱熹:《宋名臣言行录》前集卷十,四库全书本。

③ 孙复:《答张洞书》,《孙明复小集》,四库全书本。

④ 柳开:《应责》,《河东集》卷一,四库全书本。

⑤ 石介:《怪说》,《徂徕集》卷五,四库全书本。

有一定的积极意义。王禹偁的文学成就颇高，他也非常重视道统，《送孙何序》云：

> 国家乘五代之末，接千岁之统，创业守文，垂三十载，圣人之化成矣，君子之儒兴矣。然而服勤古道，钻仰经旨，造次颠沛，不违仁义，拳拳然以立言为己任，盖亦鲜矣。[①]

“君子之儒”的道德指向和立言目的所在，与追求个人的功名富贵根本不同。宋仁宗即位之初，范仲淹在《奏上时务书》中要求改革政治和“兴复古道”，提出了“救斯文之薄”的目标，自己更是以天下为己任，践履了“古道”的兴复。欧阳修则在《送徐无党南归序》中发出了如此感慨：“勤一世以尽心于文字间者，皆可悲也。”[②]他在《记旧本韩文后》中说：“是时天下学者杨、刘之作，号为时文，能者取科第，擅名声，以夸荣当世，未尝有道韩文者”，后来在读到韩愈之文后“则喟然叹曰：学者当至于是而止尔”，并决心“苟得禄矣，当尽力于斯文，以偿其素志”。[③]他之所以推重韩文，是基于文道合一的理念。由于韩愈以孔孟道统的传承者自居，志于“使其道由愈而粗传”[④]，又说：“君子居其位，则思死其官；未得位，则思修其辞以明其道。我将以明道也。”[⑤]其行事亦足可证之，故欧阳修之推重韩文，其实包含推重其人之道一义。

虽说后出的王学、关学、洛学才是宋代的新儒学，然而宋初诸儒已经在批判进士文化将文章异化为利禄之求时，努力于将儒学传统的重建注入士大夫文化之中。

第二，“外王”指向与政党政治的形成。

在比较唐型文化与宋型文化时，有一种看法是：因理学的生成，与唐代外在的“姚宋事业”相较，宋代似乎更重在道德性命之学，宋代文化也更具有内倾性质。这里不论理学家，然而要指出，宋代理学或许是宋代思想文化的主流，但宋代的政治文化却以士大夫文化为主导。而这一文化却具有兼顾“内圣”与“外王”的特点，是先秦儒家精神的恢复与发扬，其“外王”的特点是不能忽视的。

《周礼·考工记序》：“坐而论道，谓之王公；作而行之，谓之士大夫；审曲面执，以饬五材，以辨民器，谓之百工。”对于士大夫，郑玄注：“亲受其职，居其官也。”[⑥]虽距离《考工记》的时代已远，且非此书主于职业特点的概括，但由于与最高统治者推行的右文政策相应，北宋士人自范仲淹起就确立起“以天下为己任”的意识、观念，而皇帝也能与士大夫“共定国是”，因而士大夫应兼具“坐而论道”与“作而行之”的特点。二者的结合体现出发扬先秦儒家弘毅、重道的淑世精神，以及果于实践、勇于行事的品格。

以仁宗朝为例，就可见这一特点。仁宗亲政后，罢去刘太后执政时的一批朝臣，任

---

① 王禹偁：《送孙何序》，《小畜集》卷一九，四库全书本。

② 欧阳修：《送徐无党南归序》，《居士集》卷四四，《欧阳修全集》，第632页。

③ 欧阳修：《记旧本韩文后》，《居士外集》卷二三，《欧阳修全集》，第1056页。

④ 韩愈：《与孟尚书书》，韩愈著，屈守元等编《韩愈全集校注》，四川大学出版社1996年版，第2352页。

⑤ 韩愈：《争臣论》，《韩愈全集校注》，第1170页。

⑥ 阮元校刻：《十三经注疏·周礼注疏·序》，第905页。

用新人，企图刷新政治，促使庆历新政的施行。吕夷简仕真、仁二朝，入仕之初以直言知名，均徭役、省赋税，拜相后奏列正朝纲、杜邪路、禁贿赂、别奸佞、远宦官、罢力役、减费用以及杜绝嫔妃干政等八事，虽晚年因循守旧、不思进取，但对改革的范仲淹却不以私心待之。范仲淹任地方官时就关心民间疾苦、兴利除弊，刘太后权势最盛之时，他请太后还政，庆历时推行新政，呈《上十事疏》：提出明黜陟、抑侥幸、精贡举、择长官、均公田、厚农桑、修武备、减徭役、覃恩信、重命令等十项大事。在此前后，富弼上安边十三策，韩琦先陈七事，再陈救弊八事。这些都足以说明北宋士大夫的淑世精神及实践性品格。

孔子提倡"君子群而不党"，《荀子·强国》则云："不比周，不朋党，倜然莫不明通而公也。古之士大夫也。"而宋代士大夫虽在行事、处世上能做到结合"洁修"与"操守"，却因对政治事务的热心参与，因政见的不同，而逐渐形成政党政治，虽不违"明通而公"，却非"不比周，不朋党"。柳诒徵指出：

> 盖宋之政治，士大夫之政治也。政治之纯出于士大夫之手者，惟宋为然。故惟宋无女主、外戚、宗王、强藩之祸。宦寺虽为祸而亦不多，而政党政治之风，亦开于宋。[①]

欧阳修作《朋党论》，以为人主当明辨君子小人，"大凡君子与君子以同道为朋，小人与小人以同利为朋"，"为人君者，但当退小人之伪朋，用君子之真朋"。[②]范仲淹与吕夷简政见对立，却不存私恨。正如柳诒徵所说："中国之有政党，殆自宋神宗时之新旧两党始。其后两党反复互争政权……论史者恒以宋之党祸比于汉、唐，实则其性质大不相同。新旧两党各有政见，皆主于救国，而行其道特以方法不同、主张各异，遂致各走极端。纵其末流，不免于倾轧报复，未可纯以政争目之；而其党派分立之始，则固纯洁为国，初无私憾及利禄之见羼杂其间。此则士大夫与士大夫分党派以争政权，实吾国历史上仅有之事也。"[③]

第三，"内圣"基础与道德性理的追求。

唐代进士文化造成了儒学与文学的传统地位倒转，儒生与文士的社会承认度亦随之而变，遂造成了唐代文化从制度进而到思想、行为层面的改变。"儒林"传统向"文苑"精神倾斜、转化，使得统治阶级的新成员——进士阶层，在思想道德、出处大节上形成了一系列被视作"无行"、"轻薄"的特点[④]。其极端者甚至如刘克庄所说的刻毒害人："汉以孝廉取士，其末也，孟德、仲谋皆曾举孝廉来。唐人尤重进士，其末也，如李振劝朱温，一日杀司空裴贽等百馀人于白马驿，苏楷驳昭宗谥，李山甫教罗从训害王铎一家三百

---

① 柳诒徵：《中国文化史》，东方出版中心 1988 年版，第 516 页。（版本后同）

② 欧阳修：《居士集》卷一七，《欧阳修全集》，第 297 页。

③ 柳诒徵：《中国文化史》，第 518–519 页。

④ 见礼部侍郎杨绾对进士制的负面评价，参刘昫等《旧唐书》卷一一九《杨绾传》。

口，皆不得志于场屋者为之。乃至巢寇亦进士也。科目之弊如此。"因之而肯定了"当时惟罗隐有诗声，屡摈于名场，然逢世乱离，依钱氏以庇身，未尝失节"①。

与晚唐五代进士文化的追求快意人生，却道德失律显然不同，宋代士大夫努力于重建儒家道统，在儒学的基础上参以道、禅，与理学家强调道德自律相一致，在思想修养上能追求明道见性，向往"内圣"的境界。王禹偁《答张扶书》虽论文之作，然而却以文能传道而明心，"且人能一乎心至乎道，修身则无咎，事君则有立"②。欧阳修《答祖择之书》云：

> 道尊然后笃敬，笃敬然后能自守，能自守然后果于用，果于用然后不畏而不迁。
>
> 意得则心定，心定则道纯，道纯则充于中者实，中充实则发为文者辉光，施于事者果致。③

他读班固《汉书·艺文志》而纵观历史人物，从古人提倡"三不朽"的角度，发表了"窃悲古人"、认为"言之不可恃"的观点，并以孔门尊颜回为例，说明"立德"高于"立言"之理。针对苦苦为文者，他在《答吴充秀才书》中反对文道分离，同时认为"道胜者，文不难而自至"。欧阳修所论固有其片面性，但对于改变文风，以至士人的安身立命信条，有很强的导引作用和现实意义。

梅尧臣《答韩三子华、韩五持国、韩六玉汝见赠述诗》亦云："迩来道颇丧，有作皆言空：烟云写形象，葩卉咏青红。人事极谀谄，引古称辩雄。经营唯切偶，荣利因被蒙。遂使世上人，只曰一艺充。"对于充艺而丧道批判甚力。苏舜钦虽遭打击而被长期放废，但始终关怀现实，其《吾闻》一诗写道："予虽生儒家，气欲吞逆羯。斯时不见用，感叹肠胃热。"得欧阳修延誉的曾巩，尤重文章的伦理价值，他在《寄欧阳舍人书》中也提出了"非畜道德而能文章者无以为"④的观点。

以上所举，皆为长于诗文之士大夫所见，若理学家，则更重"内圣"。士大夫强调的都在"道"与"德"，这对纠正晚唐五代士风的浮薄、溺艺文而轻德性的倾向，对提升士人的思想境界和人文精神有着不可低估的作用和影响。

晚唐五代进士追求功名利禄，不顾个人名节，而北宋士大夫更重视自己的政治理念是否能得到认可、施行，而不是个人的出处问题。张栻曾说："秦汉以来，士贱君肆，正以在下者急于爵禄，而上之人持此以为真足以骄天下之士故也。"⑤北宋士人所肆力者，就在于要突破"士贱君肆"这一规律，因此，在注重"天下"、"国是"之"外王"的同时，也带来了士大夫重视道德修养、操守大节的特点。其结果是端正了士风，造就出一代德才兼备的人才。

---

① 刘克庄：《后村诗话》后集卷一，第47页。
② 王禹偁：《小畜集》卷一八，四库全书本。
③ 欧阳修：《答祖择之书》，《居士外集》卷一九，《欧阳修全集》，第1009、1010页。
④ 曾巩：《寄欧阳舍人书》，见曾巩撰，陈杏珍、晁继周点校《曾巩集》，中华书局1984年版，第253页。
⑤ 张栻：《张子房平生出处》，《南轩集》卷一六，四库全书本。

论述了以上三点后,还应指出,史家常称道"真仁之世",是因为在这数十年中,士大夫文化逐渐形成并成熟,儒学传统得以重建,而其间个人所起的作用是不可忽略的。此处仅举二例:范仲淹为言事而三次被贬,人却以之"三黜而三光",朱熹极其推崇范氏的"大厉名节,振作士气,故振作士大夫之功为多"[①]。苏轼则高度评价欧阳修:"宋兴七十馀年,民不知兵,富而教之。至天圣、景祐极矣,而斯文终有愧于古。士亦因陋守旧,论卑气弱。自欧阳子出,天下争自濯磨,以通经学古为高,以救时行道为贤,以犯颜纳谏为忠。长育成就,至嘉祐末,号称多士。欧阳子之功为多。"[②]

第四,多种人生角色与多重性格的组合。

由于实行右文政策,及科举的完善,学术的发展、昌明,士大夫文化还造成了北宋士大夫在人生角色与性格上的多元。自《后汉书》立《文苑传》起,儒士与文士就成了士人的主要分流,虽就具体的人来说,常见"你中有我、我中有你",但就主流而言,这一分化可以说一直持续到唐五代。而到了北宋士大夫文化成熟之后,在以上的传承对应发展为理学家与文艺家的同时,士大夫却已经不再是单一的人生角色,常见合学者、文人与高官为一身。与这种一人具备多重人生角色的现象相应,士大夫又见多重性格统一于一身。对此,杨海明《唐宋词史》第四章已有较为详细的论述,此处不赘。

士大夫文化在颠覆、取代了进士文化后,占据了宋代的主流文化地位。在对宋代政治、思想、文艺、社会生活等各个方面发挥积极作用的同时,其多种人生角色与多重性格组合的特点,也以其中部分的消极因素,影响了词的发展走向,虽非进士文化中的"无行"、"轻薄"之单一,却有一定的相似性。因此,北宋在诗文领域可以有改革运动,在词中却难以见到,直到政党政治影响了词人的生活和思想,才逐渐发展出苏轼词的"向上一路"。

由于士大夫文化对北宋士人影响至大至深,故此处先作一概说,以下在具体的论述中,再结合词人词作予以"内化"。

二、宋初气象:丁谓、夏竦、聂冠卿

诚然,王朝交替、政局剧变对文艺具有冲击作用,经历五代之乱,宋朝统一之后,政治、军事、经济的大计,确要优先于文化事业;文艺滞后于时代的发展,也是普遍性的规律。但何以仅五十多年的五代,却有词作的繁盛?西蜀、南唐之词为何就不滞后于时代?在亡国之险的威胁下,却仍有那样的继作不休呢?对于宋初词坛的寂寞,似应另找原因。

笔者以为,如同五代词的繁荣离不开统治者之所好一样,宋初六十年词作的不振,也与统治者颇有关系。虽说宋初就实行右文政策,文人的地位有很大提高,但从前引的"儒术污隆,其应实大,国家崇替,何莫由斯"看,所重者更是"治术"的儒学。宋太祖尊崇孔子,宋太宗先后下令校定《五经正义》及七经旧疏,礼遇儒臣学官。但宋太祖

① 黎靖德编,王星贤点校:《朱子语类》卷一二九,第3086页。

② 苏轼:《六一居士集序》,《苏轼全集·文集》卷十,第852–853页。

却视归宋的欧阳炯如优人,命其吹奏长笛又奚落之,称降宋的李煜为“好一个翰林学士”,骨子里看不起其文士资质。据《邵氏闻见录》,说宋太祖刻有誓碑,不准南士作相,内臣主兵[①],这说明了在相当长的一个时期内,因南方以文士为多,而不如北方之重视儒学,不准南士作相不仅是地域偏见,更应是认为南方人不宜于治国。宋初诸帝都酷爱读书,宋太宗读书是为了求得教化之本,故批评后唐庄宗“百战得中原之地,然而守文之道,可谓懵然矣”[②]。宋真宗读书的目的也是“非唯多闻广记,实皆取其规鉴”[③]。而由于最高统治者的主张、见解之影响,“规鉴”观所起的导引性作用,使得文人,尤其是馆阁词臣,虽重视诗文,却颇轻小词。在人们的心目中,欧阳炯为大臣,李煜为国君,却皆以作词而失国,李存勖甚而因好词曲而死于伶人之手。若再联系更早的陈叔宝、隋炀帝等亡国之君皆好文艺,宋初文人之不肯用力于词亦情理之中了。

由上可见,重儒学而不重文艺,可谓是对唐五代进士文化的反拨,必对歌辞的发展不利。进士文化是曲子词发生、成长的土壤,其对于起自“颂酒赓色”的宫廷文化具有延续性,且更见广及而泛化,故能使词走出宫廷,在文人中获得很大的发展。继而在五代的花间词中,进士文化与宫廷文化完成了巧妙的融合,使得文人词又得到一次发展良机。而北宋的士大夫文化从主流、本质而言,着力于道德、气节的重建,是对进士文化“轻薄”“无行”一面的根本否定,“内圣”与“外王”的结合,事功意识与感情自律,更排斥曲子词的主流题材(如根于男女之情的伤春伤别之类),所以,士大夫文化对于词只能是斫伤或抑制。只是到仁宗的时代,以晏、欧为代表,才为词找到了士大夫休闲享乐文化的生长点,也继续、发扬了刘、白而至冯延巳的生命意识,二者结合,为士大夫文化在词中发展出“闲情”一脉,在爱情以外,为文人词另辟出一大题材。

宋初词坛的沉寂确是事实:据《全宋词》,在宋仁宗即位之前,宋初仅十七人有词,共计四十五首,最多的潘阆存十首,最少的仅一首,有五人,二首的五人,其他多为三、五首。而且其中的聂冠卿、范仲淹等四人都出生在柳永之后,又主要活动于仁宗朝,其沉寂就更可想见了。

由于北宋立国之后,经济有很大的发展,农业、手工业和商业都出现了全盛,都市极其繁华,汴京城“八荒争凑,万国咸通”[④],是当时世界上人口最多(过百万)且最为繁华的首都。沉醉于繁盛之中,宋初也就出现了大臣们歌咏太平胜景、人生享受之作,这些作品带有宫廷文化的背景,却不同于词初起时主于表现宫廷生活的宫廷文化。丁谓有《凤栖梧》二首:

十二层楼春色早。三殿笙歌,九陌风光好。堤柳岸花连复道。玉梯相对开蓬岛。　莺啭乔林鱼在藻。太液微波,绿斗王孙草。南阙万人瞻羽葆。后天

① 邵伯温撰,李剑雄、刘德权点校:《邵氏闻见录》卷一,中华书局 1983 年版,第 4 页。(版本后同)
② 江少虞:《宋朝事实类苑》卷二,上海古籍出版社 1981 年版,第 17 页。
③ 李焘著,黄以周等辑补:《续资治通鉴长编》(附拾遗)卷八五,第 757 页。
④ 孟元老:《东京梦华录自序》,《东京梦华录》(外四种),第 3 页。

祝圣天难老。

朱阙玉城通阆苑。月桂星榆,春色无深浅。箫瑟篌笙仙客宴。蟠桃花满蓬莱殿。　　九色明霞裁羽扇。云雾为车,鸾鹤骖雕辇。路指瑶池归去晚。壶中日月如天远。

仕真、仁二朝的夏竦有《喜迁莺》:

霞散绮,月沈钩。帘卷未央楼。夜凉河汉截天流。宫阙锁清秋。　　瑶阶曙。金盘露。凤髓香和烟雾。三千珠翠拥宸游。水殿按凉州。

聂冠卿有《多丽》:

想人生,美景良辰堪惜。问其间、赏心乐事,就中难是并得。况东城、凤台沙苑,泛晴波、浅照金碧。露洗华桐,烟霏丝柳,绿阴摇曳,荡春一色。画堂迥、玉簪琼佩,高会尽词客。清欢久、重然绛蜡,别就瑶席。　　有翩若轻鸿体态,暮为行雨标格。逞朱唇、缓歌妖丽,似听流莺乱花隔。慢舞萦回,娇鬟低亸,腰肢纤细困无力。忍分散、彩云归后,何处更寻觅。休辞醉,明月好花,莫谩轻掷。

以上三人之作,丁谓二首过于颂谀,且其人"天下以为奸邪……启迪真宗以神仙之事"[①],故第二首之神仙气息很浓,艺术性不高。相比之下,夏竦、聂冠卿则高于丁作。据晁公武《郡斋读书志》,夏竦"善为文章,尤长偶俪之语。朝廷大典策,屡以属之。为语诗巧丽,皆'山势蜂腰断,溪流燕尾分'之类"[②]。其"为语巧丽"亦见于其词。尤其是聂冠卿,黄昇《花庵词选》云:"冠卿之词不多见,如此篇亦可谓才情富丽矣。其'露洗华桐'四句,又所谓玉中之拱璧,珠中之夜光。每一观之,抚玩无斁。"[③]而这四句皆为四字句,加上词中其馀的四字句,及较多的六字句(有些七字句实为六字加一领字或衬字),由此可见聂冠卿的四六文根柢。陈廷焯云:"此词情文并茂,富丽精工,汤义仍《还魂记》,从此脱胎,《西厢》'彩云何在'亦是盗袭此词后阕语。长孺此篇,为词中浑极,实为曲中上乘,盖元明人杂曲之祖也。起结相应。"[④]由于当时长调尚少见,此词描写、铺排而兼及叙事的技巧相当突出,又具起承转合形态,近于戏曲的结构,故陈廷焯以之为元明杂剧之祖。

他们所写的帝都景象,主于铺陈盛景,未见于惯写庭院小窗的晚唐五代词人之手,可见出在经长期分裂后,建立起统一大国的繁盛气象,毕竟非五代的小国可比。丁

① 魏泰:《东轩笔录》卷二,《宋元笔记小说大观》,第2691页。
② 晁公武:《衢本郡斋读书志》卷一九,第654页。
③ 黄昇:《花庵词选·唐宋诸贤绝妙词选》卷五,第93页。
④ 陈廷焯:《词则·闲情集》卷一,第875–876页。

谓曾为昭文馆大学士,夏竦曾为翰林学士,聂冠卿曾召试学士院,任馆阁校勘,上面数词,也可以说是士大夫馆阁文化对歌颂太平的体现,于传统的比兴或稍逊,却有赋写铺叙、营造气象之长,不失为馆阁手笔。

三、寄托与清丽:王禹偁、寇准、钱惟演等

与上面三人之词不同,宋初大臣词中,有一类主于抒发个人的感情,王禹偁、寇准、钱惟演、杨亿即属此类。从表面看,多为摹写闺情,似未脱代言之习,而实际上却是借此而抒情,且所抒者为宦情,是另有寄托。这是士大夫文化中的贬谪文化在词中的投影,是中唐刘长卿《谪仙怨》以来的再度集中表现。可见虽宋朝优待文士,但人生、仕途中的升降沉浮也是难以避免之事,而以词寄托宦情,则对于词的题材和艺术,都不失为一种开拓。因此,以士大夫文化论宋词,也是其不同于且又进于唐五代词之处。

王禹偁性格刚直,曾三次被贬,苏轼称其"以雄文直道,独立当世"[①]。存词仅《点绛唇》(感兴)一首:

雨恨云愁,江南依旧称佳丽。水村渔市。一缕孤烟细。　天际征鸿,遥认行如缀。平生事。此时凝睇。谁会凭阑意。

寇准两度为相,曾辅真宗决澶渊之盟,是在宋初起过很大历史作用的人物。存词五首,先录其《甘草子》:

春早。柳丝无力,低拂青门道。暖日笼啼鸟。初坼桃花小。　遥望碧天净如扫。曳一缕、轻烟缥缈。堪惜流年谢芳草。任玉壶倾倒。

此词是在知天雄军(大名)时所作,写春景之美,最后二句表及时行乐之旨。据说,寇准因会而赠歌者束绫,妾茜桃作诗劝戒,但寇准和诗竟是"将相功名终若何,不堪急景似飞梭。人间万事何须问,且向尊前听艳歌"[②],可与此词相证。能见出宋初官员之注重享乐,也是宋太祖当初为收取兵权时劝诸将以享受的体现。

若谓"堪惜流年谢芳草。任玉壶倾倒"是中唐刘白词所体现的士大夫享乐文化之延续,那么王禹偁之词与寇准另二首词,则应与士大夫贬谪文化相关。王的《点绛唇》中,"天际征鸿"的意象,令人想起《管子》中所载的齐桓公欲求贤以成大业之叹:"彼鸿鹄有时而南,有时而北,四方无远,所欲至而至焉,惟有羽翼之故。"当是因自己不能如鸿鹄之高举,故遥认征鸿而起凭栏之意,当是感兴而有寄托。虽仅一首,王禹偁已开宋词寄托之先。而寇准之词,也有以寄托论之者。如《踏莎行》:

---

① 苏轼:《王元之画像赞并叙》,《苏轼全集·文集》卷二一,第1051页。

② 阮阅编,周本淳校点:《诗话总龟》前集卷二二,第237页。

春色将阑，莺声渐老。红英落尽青梅小。画堂人静雨濛濛，屏山半掩馀香袅。
密约沈沈，离情杳杳。菱花尘满慵将照。倚楼无语欲销魂，长空黯淡连芳草。

黄苏以之“郁纡之思，无所发泄，惟借闺情以抒写”，称其“文情郁勃，意致沈深”①。虽其字比句附之笺释不可取，但因寇准曾两度罢相，后一次被贬道州、雷州，卒于贬所，故借闺情以抒纡郁之思亦并非不可能。

再如《点绛唇》：

水陌轻寒，社公雨足东风慢。定巢新燕。湿雨穿花转。　　象尺熏炉，拂晓停针线。愁蛾浅。飞红零乱。侧卧珠帘卷。

此首写女子伤春，下片刻画情态甚为生动，陈廷焯评之以“遣词凄艳，姿态甚饶，自是北宋人手笔”②。然而也有闺情闺怨之外的托意可想。

寇准还有《江南春》：

波渺渺，柳依依。孤村芳草远，斜日杏花飞。江南春尽离肠断，蘋满汀洲人未归。

《苕溪渔隐丛话》说，此词之意“疑若优柔无断者”，以为“端委庙堂，决澶渊之策，其气锐然，奋仁者之勇，全与此诗意不相类”③。以寇准这样一位有作为的士大夫，很可能在词中有美人迟暮的寄寓，以“离肠”、“人未归”的闺中人语，自表恋阙怀归之意。

钱惟演为吴越王钱俶次子，随父归宋，真宗时预修《册府元龟》，为翰林学士，仁宗时仕至高位，却因坐罪被贬。有《木兰花》一首，确为被贬所作：

城上风光莺语乱。城下烟波春拍岸。绿杨芳草几时休，泪眼愁肠先已断。
情怀渐变成衰晚。鸾鉴朱颜惊暗换。昔年多病厌芳尊，今日芳尊惟恐浅。

释文莹《湘山野录》以此词作于钱惟演谪居汉东日，说：“每歌之，酒阑则垂涕。时后阁尚有故国一白发姬，乃邓王俶歌鬟惊鸿者也。曰：‘吾忆先王将薨，预戒挽铎中歌《木兰花》，引绋为送，今相公其将亡乎？’果薨于隋。邓王旧曲亦有‘帝卿烟雨锁春愁，故国江山空泪眼’之句，颇相类。”④黄昇云：“此词暮年作，词极凄惋。”⑤沈际飞《草堂诗馀正集》亦云：“芳樽恐浅，正断肠处，情尤真笃。”虽为直抒而非曲写，以贬谪文化观照，则与寇准词无异。

① 黄苏：《蓼园词评》，《词话丛编》，第3048页。
② 陈廷焯著，屈兴国校注：《白雨斋词话足本校注》卷十，第727页。
③ 胡仔：《苕溪渔隐丛话》后集卷二〇，第137页。
④ 释文莹：《湘山野录》卷上，丛书集成初编本，中华书局1991年版，第9页。（版本后同）
⑤ 黄昇：《花庵词选·唐宋诸贤绝妙词选》卷二，第51页。

最显见寄托的是陈尧佐的《踏莎行》：

二社良辰，千家庭院。翩翩又见新来燕。凤凰巢稳许为邻，潇湘烟暝来何晚。
乱入红楼，低飞绿岸。画梁时拂歌尘散。为谁归去为谁来，主人恩重珠帘卷。

据《湘山野录》，此词系吕夷简累求致仕，宋仁宗久而不允，吕举陈尧佐以自代，遂允，陈“极怀荐引之德，无以形其意”[1]，而作此词。其谢恩之意，借物情物态言之，较之直说自有蕴藉之长，陈尧佐仅这一首词，却开宋词以物比人、另有托意之先。

杨亿与刘筠、钱惟演同为“西昆体”著名诗人，词仅《少年游》一首：

江南节物，水昏云淡，飞雪满前村。千寻翠岭，一枝芳艳，迢递寄归人。
寿阳妆罢，冰姿玉态，的的写天真。等闲风雨又纷纷。更忍向、笛中闻。

此词用陆凯寄梅一事，写得秀丽而典雅，明爽而情深。

从艺术风格言，虽陈廷焯对寇准有“遣词凄艳，姿态甚饶”之评，但总体而言，王、寇、钱、杨四人之词都属清丽之作，寇准《江南春》、杨亿《少年游》尤见之。

寇准的《阳关引》是檃括王维《送元二使安西》之作：

塞草烟光阔，渭水波声咽。春朝雨霁轻尘歇。征鞍发。指青青杨柳，又是轻攀折。动黯然、知有后会甚时节。　更尽一杯酒，歌一阕。叹人生，最难欢聚易离别。且莫辞沈醉，听取阳关彻。念故人、千里自此共明月。

胡仔《苕溪渔隐丛话》认为“其语豪壮，送别之曲，当为第一”[2]。“豪壮”虽难称，可是演王维诗意而人以更多的离情，且发人生感慨，较之原作，神韵不逮，而意味却深。在宋词史上，又是檃括词的开山之作，自有其意义和价值。

四、潘阆、林逋与陈亚

宋初词人中，潘阆与林逋基本可归为一类。

潘阆（？—1009），字逍遥，自号逍遥子，大名（今河北大名东）人。初在钱塘卖药，教人以诗，后卖药京师。太宗至道元年（995）为宦官王继恩所荐召对，赐进士及第，授国子四门助教。曾向太宗献烧丹方书，及太宗死，惧而亡匿。真宗时释其罪，为滁州参军。有《潘逍遥集》，词有后人辑本《逍遥词》。

潘阆虽曾出仕，而官位不高，曾居钱塘（今杭州）十载。其《酒泉子》十首，是放怀湖山之作，录其四首。其一：

---

① 释文莹：《湘山野录》卷中，第 23 页。
② 胡仔：《苕溪渔隐丛话》后集卷九，第 59 页。

长忆钱塘，不是人寰是天上。万家掩映翠微间。处处水潺潺。　异花四季当窗放。出入分明在屏障。别来隋柳几经秋。何日得重游。

其四：

长忆西湖，尽日凭阑楼上望。三三两两钓鱼舟。岛屿正清秋。　笛声依约芦花里。白鸟成行忽惊起。别来闲整钓鱼竿。思入水云寒。

其六：

长忆西山，灵隐寺前三竺后。冷泉亭上旧曾游。三伏似清秋。　白猿时见攀高树。长啸一声何处去。别来几向画阑看。终是欠峰峦。

其十：

长忆观潮，满郭人争江上望。来疑沧海尽成空。万面鼓声中。　弄涛儿向涛头立。手把红旗旗不湿。别来几向梦中看。梦觉尚心寒。

《酒泉子》十首，黄静《逍遥集跋》以之"词翰飘洒，非俗子所可仰望"[①]。许昂霄评之为"翛然自远，不愧语带烟霞之目"[②]。所作略见白居易《江南好》之迹，却自具面目，白词尚多人世享受的俗念，潘作则如陈廷焯所说，是"潇洒出尘"、"清高闲远"[③]。在形式上取组词来达意，由点而及面，虽以风景为主，亦涉人的活动，故既如山水屏，又如风俗画，在宋初词中堪为别调，《续修四库全书提要》以其"语带烟霞"，"颇似张志和"，实际上已出《渔父》之外，而另开山水词一门。

林逋(968—1028)，字君复，钱塘(今浙江杭州)人。曾放游江淮间，后归隐钱塘西湖孤山，二十年不入城市。真宗闻其名，卒谥"和靖先生"。《宋史》有传。有《林和靖先生诗集》，存词四首。

林逋有《相思令》：

吴山青。越山青。两岸青山相对迎。争忍有离情。　君泪盈。妾泪盈。罗带同心结未成。江边潮已平。

林逋不娶，"梅妻鹤子"以终，故后人因此词之"甚有情致"而感不解，杨慎甚至辨其

① 黄静：《逍遥集跋》，见王鹏运《四印斋所刻词》，第708页。
② 许昂霄：《词综偶评》，《词话丛编》，第1550页。
③ 陈廷焯：《词则·别调集》卷一，第571-572页。

曾娶,仅是丧偶后不娶而已。其实对爱情的体会并不以娶或不娶为标准,林逋虽隐士,对民间文艺未必排斥,此词不似文人词而甚感清新自然。上下片首次二句,三字有二字重,用同一字为韵,对举而合,又似口语叮咛,尤近于民歌。

其《点绛唇》为咏物佳作:

金谷年年,乱生春色谁为主。馀花落处。满地和烟雨。　　又是离歌,一阕长亭暮。王孙去。萋萋无数。南北东西路。

《古今词统》谓之"终篇不出草字,古今咏草,惟此压卷"。[①]虽用事却能融化其中,很见自然,绝无后出咏物词的饾饤之病,在短短的篇幅中,有较大的时空包容,悠远而深沉。

陈亚,真宗、仁宗时人,仕至太常少卿。存药名词《生查子》四首,录其一首(药名闺情):

相思意已深,白纸书难足。字字苦参商,故要槟郎读。　　分明记得约当归,远至樱桃熟。何事菊花时,犹未回乡曲。

词中多以谐音入以药名,全阕共有十种之多,以之写闺情,却不见镶嵌难化,而是运笔自然,诚为不易。后来辛弃疾亦有《定风波》药名词。此类虽非词之正体,然既有乐府遗意,又开元曲巧体,文人逞才,偶一为之,未尝不可。

以上三人,难以归类,却在词的题材、形式上都有开创,故置于一起论之。

五、范仲淹:人非太上　未免有情

范仲淹主要活动于仁宗朝,按习惯而将柳永"出场"之前的词人,都置于宋初,故亦置范仲淹于此期。

范仲淹(989—1052),字希文,吴县(今江苏苏州)人。真宗大中祥符八年(1015)进士。累官至参知政事,推行新法受阻,出为河东陕西宣抚使,后又知数州。卒赠兵部尚书,楚国公,谥文正。《宋史》有传。有《范文正公集》,词名《范文正公诗馀》。

龙榆生《唐五代宋词选》说范仲淹词"激壮沉雄,虽写离情,亦变大笔振迅,不作一软媚语,自是英雄本色。亦苏、辛派之先河也"。实际上"激烈沉雄"仅见于《渔家傲》一首,且这四字亦不很切,故取徐釚《词苑丛谈》所说的"人非太上,未免有情"[②]而论之。范仲淹存词五首,内容却有三类。先录其情词《苏幕遮》:

碧云天,黄叶地。秋色连波,波上寒烟翠。山映斜阳天接水。芳草无情,更在斜

① 卓人月、徐士俊辑:《古今词统》卷四,《续修四库全书》第1728册,第524页。
② 徐釚编著,王百里校笺:《词苑丛谈校笺》卷三,第183页。

阳外。　黯乡魂，追旅思。夜夜除非，好梦留人睡。明月楼高休独倚。酒入愁肠，化作相思泪。

由于范仲淹以气节著称，人对其写柔情不解，故张惠言认为此词是写“去国之情”[①]。黄苏更说“文正一生并非怀土之士，所为乡魂旅思以及愁肠思泪等语，似沾沾作儿女想，何也。观前阕可以想其寄托”。并作了具体的对应性解释，又说：“文正当宋仁宗之时，扬历中外，身肩一国之安危。虽其时不无小人，究系隆盛之日。而文正乃忧愁若此，此其所以先天下之忧而忧矣。”[②]能否这样理解呢？笔者以为，逐句比附实不可取，判断是否寄托应有标准，其中属于艺术范畴的，应在于是否对“芳草美人”传统的继承。朱自清先生的《诗言志辨》归纳出四种“比体诗”：以古比今、以仙比俗、以男女比君臣、以物比人，并认为四体的源头都在《离骚》[③]，此即“芳草美人”的具体表现。运用“比体”，以期达到“言此意彼”的目的，就是比兴寄托，或简称为寄托。笔者之所以认同寇准词有寄托一说，是因为其词之写闺情是代言，属于“美人”的“男女比君臣”，王禹偁虽非代言，也有以物比人之意。而范仲淹此词却是自抒其情，下面的几首也是，不属于“比体”。故此而同意俞文豹《吹剑录》所说的“情之所钟，虽贤者不能免”。去国而思乡怀人，男子汉虽刚强，其政治、官场的失落之情，也期望得到女性柔情的补偿，此亦范仲淹及以后晏、欧等诸多词人皆有此类词作的原因，是词的士大夫文化内涵的题内之义，不必以寄托言之。端木埰《续词选批》说：“希文、君实两文正，尤宋名臣中极纯正者，而词笔婉丽如此。论者但以本意求之，性情深重者，文词自悱恻，亦不必别生枝节，强立议论，谓其寓言某事也。”笔者深以然之。

此词“前段多入丽语，后段纯写柔情，遂成绝唱”。[④]《古今词统》云：“‘芳草无情，更在斜阳外’、‘行人更在春山外’两句，不厌百回读。”[⑤]沈谦为此所说作出解释：“范希文‘珍珠帘卷玉楼空，天淡银河垂地’及‘芳草无情，又在斜阳外’，虽是赋景，情已跃然。”[⑥]

再看其《御街行》：

纷纷堕叶飘香砌。夜寂静、寒声碎。真珠帘卷玉楼空，天淡银河垂地。年年今夜，月华如练，长是人千里。　愁肠已断无由醉。酒未到、先成泪。残灯明灭枕头攲。谙尽孤眠滋味。都来此事，眉间心上，无计相回避。

此词题旨与上同。王世贞《艺苑卮言》以之与后来的李清照比：“范希文‘都来此

① 张惠言：《词选》(附续词选)卷一，第31页。
② 黄苏：《蓼园词评》，《词话丛编》，第3054页。
③ 朱自清：《诗言志辨》，《朱自清古典文学论文集》，上海古籍出版社1981年版，第269-270页。(版本后同)
④ 彭孙遹：《金粟词话》，《词话丛编》，第723页。
⑤ 卓人月、徐士俊辑：《古今词统》卷十，《续修四库全书》第1729册，第10页。
⑥ 沈谦：《填词杂说》，《词话丛编》，第630页。

事，眉间心上，无计相回避'，类易安而小逊之。其'天淡银河垂地'语却自佳。"[①]陈廷焯同样向后比："范文正《御街行》云(略)，淋漓沈著，《西厢·长亭》袭之，骨力远逊，且少味外味，此北宋所以为高。小山、永叔后，此调不复弹矣。"[②]

《渔家傲》(秋思)是另一类词：

塞下秋来风景异。衡阳雁去无留意。四面边声连角起。千嶂里。长烟落日孤城闭。　浊酒一杯家万里。燕然未勒归无计。羌管悠悠霜满地。人不寐。将军白发征夫泪。

此词作于戍边之时，抒发了因久戍边塞而思家的感情，又在"燕然未勒归无计"的理性思索中，力图克服前者，写出了在情与理斗争中的真实心情。在卫国与思家、功业与感情等诸多矛盾面前，非但明确了自己的士大夫责任意识，而且"发乎情"能"止乎礼义"。结合前面的相思离别之词，两类不同的作品并不矛盾。正如谢章铤《眠琴小筑词序》所说："人必先有所不忍于其家，而后有所不忍于其国，今日之深情款款者，必异日之大节磊磊者也。"此词取境苍凉，写情悲壮，可谓情主景宾，二者相得益彰。词中视觉与听觉结合，感触自然，前后意脉相贯，又大笔渲染，尤其"千嶂"与"孤城"，"一杯"与"万里"，是"一"与"多"的对照，极有助于抒情。彭孙遹论其结句曰："'将军白发征夫泪'，亦复苍凉悲壮，慷慨生哀。永叔欲以'玉阶遥献南山寿'敌之，终觉让一头地"[③]，诚是。在历来属于"杏花春雨江南"的词苑，猛然刮来这悲壮强劲的"西北风"，后人以之开豪放派之先，并非无由——虽"豪放"一语并不太合。

唐圭璋注意到范仲淹诸作皆有"泪"字，认为：

又此首(按，指《苏幕遮》)曰："化作相思泪"；《御街行》曰："酒未到，先成泪"；《渔家傲》曰："将军白发征夫泪"，三首皆有"泪"，亦足见公之真情流露也。[④]

这就又回到"人非太上，未免有情"的命题，用此语解释，应是最为恰当的。

范仲淹的《剔银灯》(与欧阳公席上分题)是很特殊的一首：

昨夜因看蜀志。笑曹操、孙权、刘备。用尽机关，徒劳心力，只得三分天地。屈指细寻思，争如共、刘伶一醉。　人世都无百岁。少痴骇、老成尫悴。只有中间，些子少年，忍把浮名牵系。一品与千金，问白发、如何回避。

---

① 王世贞：《艺苑卮言》，《词话丛编》，第389页。

② 陈廷焯著，屈兴国校注：《白雨斋词话足本校注》卷十，第727–728页。

③ 彭孙遹：《金粟词话》，《词话丛编》，第723页。

④ 唐圭璋：《唐宋词简释》，第48–49页。

范仲淹推行“新政”失败，被再度贬官离京，与欧阳修在酒席上分题而作，趁着酒性，未免要发牢骚，此词就是牢骚话。词中上片“歪评”历史，说曹操、孙权、刘备用尽机关三分天下，还不如刘伶一大醉。下片算人生寿账，说年少不懂事，年老体衰弱，只有中间一段好时光，怎能用作争名利呢，即使贵至一品，富有千金，仍无法躲过衰老的自然规律。此词“戏说”人生，读者当反言正看，理解其在改革失败后的心情。此词虽可见出范仲淹思想的消极一面，却不是本质、主流，是有作为的士大夫在不能作为时的特殊表现，仍是“非太上”的“有情”之人一个方面的呈露。此词用语通俗，格调诙谐，对后来的谐谑词，直到叹世主题的元人散曲，都堪称先导。

范仲淹虽也有牢骚，也有柔情，但并不碍其最本质的“先天下之忧而忧，后天下之乐而乐”情怀，以上诸作，正是宋初士大夫文化在人格、感情上的复杂性、多面性之体现。

第二节　温润秀洁的晏殊词

宋初之词，极其不振，馆阁词臣偶一为之，或可见气象，宰辅大臣因事而为，或可见寄托，镇边帅臣真情而诉，或可开风气，却未见局面大开，作者成林。直到仁宗时期，晏、欧并出，才拉开宋词繁盛的帏幕。

本书第三章曾引王国维《人间词话》所说，“词至李后主眼界始大，感慨遂深，遂变伶工之词而为士大夫之词”，冯延巳词“虽不失五代风格，而堂庑特大，开北宋一代风气。与中后二主词皆在《花间》范围之外”。“变伶工之词为士大夫之词”及“在《花间》范围之外”，显然是针对《花间集》作为“歌者之词”而说的。

笔者以为，南唐词固然与“花间”有异，二李一冯也确实主于自我抒情，而不以伶人所唱为目的，但由于二君一相地位的特殊性，若从身份认定，真正的士大夫之词当属于北宋，成于晏欧。冯煦说：“宋初大臣之为词者，寇莱公、晏元献、宋景文、范蜀公，与欧阳文忠公，并有声艺林。然数公或一时兴到之作，未为专诣。独文忠与元献学之既至，为之亦勤，翔双鹄于交衢，驭二龙于天路。且文忠家庐陵，而元献家临川，词家遂有西江一派。”[①]的确，北宋前期的士大夫之词，断推晏欧两家。本节先论晏殊。

一、风流闲雅　出于天然

晏殊(991—1055)，字同叔，抚州临川(今属江西)人。真宗景德二年(1055)，以神童荐，召试，赐同进士出身，授秘书省正字。历官至枢密使，进同中书门下平章事，庆历中拜集贤殿大学士，同平章事，兼枢密使。后出知数州，以观文殿大学士知永兴军、河南府。以疾还。卒赠司空兼侍中，谥元献。《宋史》有传。著作已佚，词集名《珠玉词》。

晏殊的《珠玉词》，是真正的士大夫之词。

---

① 冯煦:《蒿庵论词》,《介存斋论词杂著·复堂词话·蒿庵论词》,第59页。

士大夫之词显然是士大夫文化的产物。唐代进士文化的生成与发展使得儒学渐衰，传统的儒林与文苑地位倒转，相应的进士“轻薄”、“无行”，除了立身行事、出处大节之外，尤见于追求一己之人生快意与文辞美妙，王定保《唐摭言》所说的“寻芳逐胜，结友定交，竞车服之鲜华，骋杯盘之意气，沽激价誉，比周行藏”[①]差可概括进士文化的特点。因此，宋人在反思历史时对于进士文化是充满批判精神的。宋祁在《新唐书·文艺传》中说：“夫子之门，以文章为下科，何哉？盖天之付与，于君子小人无常分，惟能者得之，故号一艺。自中智以还，恃以取败者有之，朋奸饰伪者有之，怨望讪国者有之。若君子则不然，自能以功业行实光明于时，亦不一于立言而垂不腐；有如不得试，故且阐绎优游，异不及排，怨不及悱，而不忘纳君于善，故可贵也。”[②]对“文章”之士的批判，对“君子”的赞颂，其实是对晚唐五代历史的反思，在抑扬之中以求重构价值体系，再建儒学道统。宋祁所说，既是史家之见，也是宋代文人士大夫之见，很具有代表性。

晏殊幼孤，七岁能文，景德初，以神童荐，赐同进士出身，二十岁即拜翰林学士。后因论事忤太后旨，出知宣州，改应天府，在任上“大兴学校，以教诸生。自五代以来，天下学废，兴自公始”[③]。晏殊兴教重学，视之为作官的责任，又善于发现、培养人才，许多名臣都出自其门下。对于择婿一事，亦可见其对道德与才学的重视。他托范仲淹留意为自己物色人选，范因“权掌西监”，故为之推荐：“监中有二举子，富皋、张为善，皆有文行，它日皆至卿辅，并可婿也。”晏殊再问谁为优，范答：“富修谨，张疏俊。”晏殊即因“修谨”而取富皋为婿，此即后来的丞相富弼[④]，于此事就可见晏殊之重德行。

晏殊“文章赡丽，应用不穷，尤工诗，闲雅有情思”[⑤]，诗文集今已不传，其《珠玉词》三卷，人多以“风流闲雅”[⑥]或“风流缊藉”[⑦]目之，且与欧阳修相并。作为在仁宗朝发挥过重要政治作用的大臣，晏殊之词为何仅得“风流”之评呢？这当然与词在人们心目中的功用、地位有关。词作为后出文体，起于酒席歌宴，行于伎人文士，无与于政教大事，亦非言志载道之用，自非诗文可比，晏殊之词也难出其外。然而又应看到，北宋士大夫文化重建儒学道统的指向，具有很大的覆盖面，词虽小道，亦不能免。虽说北宋前期尚多视词为“娱宾而遣兴”之具，是用作“聊佐清欢”（欧阳修《采桑子》小引），但比二人生活期更早的潘阆，已在词作上独辟蹊径，论词亦不以酒席之音乐文学视之。他在《逍遥词附记》中说自己所作《酒泉子》“或水榭高歌、松轩静唱，盘泊之意，缥缈之情，亦尽见之于兹矣”[⑧]。其词也确与传统题材、写法不同，对“缘情”之男欢女爱有所突破，已开“诗化”之先，宋初其他词人或无潘阆的自道，却也多少可见这种突破。即使以寄托言

① 王定保：《唐摭言》卷三，《唐五代笔记小说大观》，第1610页。

② 欧阳修等：《新唐书》卷二〇一《文艺传》，《二十五史》，第4737页。

③ 欧阳修：《观文殿大学士行兵部尚书西京留守赠司空兼侍中晏公神道碑铭》，《居士集》卷二二，《欧阳修全集》，第352页。

④ 江少虞：《宋朝事实类苑》卷四九，第642页。

⑤ 脱脱等：《宋史》卷三一一《晏殊传》，《二十五史》，第6320页。

⑥ 李之仪：《跋吴思道小词》，《姑溪居士全集·文集》卷四〇，丛书集成初编本，中华书局1985年版，第310页。

⑦ 王灼著，岳珍校正：《碧鸡漫志校正》卷二，第34页。

⑧ 潘阆：《逍遥词附记》，见王鹏运《四印斋所刻词》，第708页。

寇准的闺情词属于外加，而范仲淹所抒发的离情别绪也并不绮艳。似沈邈的“须信道、情多是病。酒未到、愁肠还醒。数叠兰衾，馀香未减，甚时枕鸳重并。教伊须更。将盟誓、后约言定”(《剔银灯》“途次南京忆营妓张温卿”)、“臂上妆痕，胸前泪粉，暗惹离愁多少。此情谁表。除非是、重相见了”(《剔银灯》)，在宋初词中也为仅见。晏殊为仁宗朝士大夫的代表，文学的翘楚，其词自非沈邈之类，其词之“风流”也自非此种风流。

晏殊词的“风流”属于士大夫文化，而尤见于特有的“富贵”气象，不同于前述馆阁手笔的帝都气象。与晚唐五代进士的轻狂不同，北宋士大夫虽或出身低微，却因身份的改变，德与学的涵养，而表现出士大夫优游从容的气度，晏殊即如此。吴处厚《青箱杂记》载：

> 晏元献公虽起田里，而文章富贵，出于天然。尝览李庆孙《富贵曲》云：“轴装曲谱金字书，树记花名玉篆牌。”公曰：“此乃乞儿相，未尝谙富贵者。”故公每吟富贵，不言金玉锦绣，而唯说其气象，若“楼台侧畔杨花过，帘幕中间燕子飞”，“梨花院落溶溶月，柳絮池塘淡淡风”之类是也。故公自以此句语人曰：“穷儿家有这景致无？”[①]

对照而读前蜀王衍的《醉妆词》，与其“只是寻花柳”、“莫厌金杯酒”相较，气度确实不同。且晏殊的诗如此，词亦如此。由文而知人，其士大夫之词的气象及出于天然，可以见之。

一面是出于自然的富贵气象，另一面则是划清与俚俗词风的界限。晏殊拒绝了柳永的求职，很重要的原因就是自己虽作“曲子”，却不作那种自道与女性相伴的俗词。柳永留连坊曲，与歌妓情爱缠绵，其词亦多此类内容。晏殊也写闺情，相思离别之作颇多，并不似其幼子晏几道所说的“不作妇人语”，却完全没有柳永那种趣味、情调。晏殊词也与歌妓相关，却多借歌女声口表达自己的人生感慨(闲情直到哲理)，并非移作体会女性感情而“男子作闺音”。个中主要原因在于宋代歌妓已非唐代的多在教坊，而是官员们家妓甚多。宋太祖“杯酒释兵权”，告以功臣们要多养歌儿舞女颐养天年，不仅是高怀德“声伎之妙，冠于当时，法部中精绝者，殆不过之”[②]，士大夫也受益于优待文官的政策，俸禄很高，追求奢侈成风，多有蓄养家妓。因此士大夫与晚唐温庭筠、直至当代柳永不同，不必至坊曲寻妓，又受道德所律，不是在歌妓中寻求爱情，而多是自上而下的同情，即使有爱也是“赐爱”，而不是近于平等的爱。叶梦得《避暑录话》云：“晏元宪虽早富贵，而奉养极约，惟喜宾客，未尝一日不燕饮。而盘馔皆不预办，客至，旋营之……既命酒，果实蔬茹渐至，亦必以歌乐相佐，谈笑杂出。数行之后，案上已灿然矣。稍阑，即罢遣歌乐曰：‘汝曹呈艺已遍，吾当呈艺。’乃具笔札相与赋诗，率以为常。前辈风流，未之有比也。”[③]可见，好客的晏殊常在家中招待客人，包括酒菜，也包括妓乐，而

① 吴处厚撰，李裕民点校：《青箱杂记》卷五，中华书局1985年版，第46–47页。(版本后同)

② 江少虞：《宋朝事实类苑》卷一八，第220页。

③ 叶梦得：《避暑录话》卷二，《宋元笔记小说大观》，第2615页。

“必以歌乐相佐”则清楚地说明了家妓之用是佐酒侑觞、娱宾遣兴。作为士大夫,必须要有与其身份相适应的矜持,绝对不可能对歌妓有示爱之举,尤其是如同柳永与歌妓那样的爱情。在晏殊看来,自己与歌妓都为客人“呈艺”,只是所“呈”者不同罢了。晏殊的《破阵子》云:

> 燕子欲归时节,高楼昨夜西风。求得人间成小会,试把金尊傍菊丛。歌长粉面红。　斜日更穿帘幕,微凉渐入梧桐。多少襟怀言不尽,写向蛮笺曲调中。此情千万重。

写向蛮笺的千万重感情,是词人自己的感情,只是借歌女之口唱出来而已,这感情绝不是因歌女的粉面而起的。

仁宗时期词,柳永为一类,张先近之;晏殊、欧阳修、宋祁为一类,李之仪对他们作出了较为公允的评价,认为后三人“以其馀力游戏,而风流闲雅,超出意表”[①],“风流闲雅”四字,准确道出了此期“士大夫之词”的特点,而尤见于晏殊。

北宋士大夫有感于晚唐五代的进士轻薄,而不惜发重道轻文的矫枉过正之论,不过,讲究出处大节并非不要功名富贵,应该看到,在他们的心中,仍充满了矛盾:儒家与佛道,功业与时机,三不朽与及时行乐……欧阳修《送徐无党南归序》云:“其所以为圣贤者,修之于身,施之于事,见之于言,是三者所以能不朽而存也。”而此文的开头却说:“草木鸟兽之为物,众人之为人,其为生虽异,而为死则同,一归于腐坏、澌尽、泯灭而已。”[②]在三不朽与万物皆死之间,为克服矛盾,他们力图以性化情。但是,情终于难去,《秋声赋》云:“草木无情,有时飘零。人为动物,惟物之灵,百忧感其心,万事劳其形,有动于中,必摇其精。”因此,生命意识与功名意识经常会发生冲突,前者因其“缘情”性质而见于词中,凝成了以伤春为代表的“闲情”主题,晏、欧所作,此类甚多,李之仪所说的“闲雅”,尤落在“闲”字上。“珠玉”作为士大夫之词,最见特色的正是那些表达“闲情”之作:《浣溪沙》的“无可奈何花落去,似曾相识燕归来”,“满目河山空念远,落花风雨更伤春”,《采桑子》的“时光只解催人老,不信多情,长恨离亭”,《木兰花》的“当时共我赏花人,点检如今无一半”等都在伤春悲秋中凸现了沉重的生命意识,是当年曹操“对酒当歌,人生几何,譬如朝露,去日苦多”的再版与延续。而既因太平时代,又因个性原因,其所作是以轻轻的感伤、淡淡的忧愁出之,故以“闲雅从容”为最大特色。

二、缘情体物　细妙入微

论家常将晏、欧并提,似乎二人并无区别。如李之仪云:“晏元献、欧阳文忠、宋景文,则以其馀力游戏,而风流闲雅,超出意表,又非其类也。”[③]王灼亦云:“晏元献公、欧

① 李之仪:《跋吴思道小词》,《姑溪居士全集·文集》卷四〇,第310页。
② 欧阳修:《送徐无党南归序》,《居士集》卷四四,《欧阳修全集》,第631页。
③ 李之仪:《跋吴思道小词》,《姑溪居士全集·文集》卷四〇,第310页。

阳文忠公，风流缊藉，一时莫及，而温润秀洁，亦无其比。”[①]郭麐则以二人接武“花间”：“词之为体，大略有四：风流华美，浑然天成，如美人临妆，却扇一顾，花间诸人是也。晏元献、欧阳永叔诸人继之。”[②]

晏、欧并提自有道理，因为后者虽为前者所发现、提携，且年龄相差十六岁，但都是仁宗朝臣，又占籍江西，所作题材、风格亦较为相近，故如冯煦即以之同开江西一派词。不过，有些论家还是注意到二人的区别。如刘熙载即云：“冯延巳词，晏同叔得其俊，欧阳永叔得其深”[③]，此系从传承而言，以之同出“阳春”而各有所得，虽仅一字之差，却甚得其要。如将“深”理解为欧词在情感、措意上之长，那么晏词之“俊”，则可将王灼所说的“温润秀洁”专以属之，且归之于风格。冯煦又说：“晏同叔去五代未远，馨烈所扇，得之最先，故左宫右徵，和婉而明丽，为北宋倚声家初祖。”[④]“和婉而明丽”一语，也与上说相近。

上面曾以“出于天然”言晏词，而风格自非天然生成，晏词的如珠似玉、和婉明丽，与其工于体物、善于措词有关。故郑骞《成府谈词》亦比较了晏欧之别：“《珠玉词》缘情体物，细妙入微处，为六一所不及；六一情调之奔放，气势之沉雄，又为珠玉所无。”[⑤]所说差可用作演释刘熙载之言。

先看晏殊的名篇《浣溪沙》：

一曲新词酒一杯，去年天气旧亭台。夕阳西下几时回。　　无可奈何花落去，似曾相识燕归来。小园香径独徘徊。

此词实为曹操《短歌行》题旨的发挥，上片是“对酒当歌”的延续，下片是“去日苦多”的感慨。从构思及语言而言，明显出于唐诗“流水歌声共不回，去年天气旧亭台”（郑谷《和知己秋日伤怀》），其名声却胜于所出，尤其“无可奈何花落去，似曾相识燕归来”二句，引起了历代论家探寻其妙的兴趣。杨慎《词品》卷五说：“‘无可奈何’二语工丽，天然奇偶。”《古今词统》说此二句“实处易工，虚处难工，对法之妙无两。”[⑥]刘熙载则以之为“触著之句”：“词中句与字，有似触著者，所谓极炼如不炼也。晏元献‘无可奈何花落去’二句，触著之句也。”[⑦]笔者以为，仅以“触著”言似有不可知论之嫌，此词之所以出于又高于郑谷诗，是因郑诗所示之意象为“流水歌声”，人事与自然并举，而晏殊则专写花落燕归的自然意象，且一“落”一“归”，具有动态，时光的流去寓于其中，自然诸物循环往复，而人生岁月则一去不返，无可奈何之情遂自然而出。体会人生哲理

① 王灼著，岳珍校正：《碧鸡漫志校正》卷二，第34页。
② 郭麐：《灵芬馆词话》卷一，《词话丛编》，第1503页。
③ 刘熙载：《艺概》卷四《词曲概》，第107页。
④ 冯煦：《蒿庵论词》，《介存斋论词杂著·复堂词话·蒿庵论词》，第59页。
⑤ 郑骞：《成府谈词》，《词学》第十辑，华东师范大学出版社1992年版，第147页。（版本后同）
⑥ 卓人月、徐士俊辑：《古今词统》卷四，《续修四库全书》第1728册，第530页。
⑦ 刘熙载：《艺概》卷四《词曲概》，第121页。

的“虚处”,出于自然景物的“实处”,而花落燕归的自然界微妙变化,又得之于作者体物细微之心,才能体物而缘情,形象传递出不言的人生感受。赵尊岳说:“晏无所不足于身世,其所以寄不足之情于词者,惟时光之易过与离别之难堪耳。此首泛述时光,却能回肠荡气……此等小词,流连感慨,不难于铺叙,而难于歇拍。必求其思致闲淡,写事逼真,则在此无可奈何情绪之际,有非新词与酒所能解者,必不得已,只付之徘徊怆感而已。今仅及徘徊,不必明说怆感,怆感自在意中,若必明说,转成笨伯,所谓意有尽而情有馀者,正指此等作法。”[①]以“写事逼真”,传其“思致闲淡”,应是此词成功之秘诀。又因体物之细妙入微,故能创此绝妙词境,故沈际飞云:“……‘无可奈何花落去’……自是天成一段词,著诗不得。”[②]王士禛亦云:“或问诗词、词曲分界,予曰:‘无可奈何花落去,似曾相识燕归来’,定非香奁诗。‘良辰美景奈何天,赏心乐事谁家院’,定非草堂词也。”[③]

又《清平乐》:

金风细细,叶叶梧桐坠。绿酒初尝人易醉,一枕小窗浓睡。　紫薇朱槿花残,斜阳却照阑干。双燕欲归时节,银屏昨夜微寒。

此首开头两句写秋天的节候、景物,“细细”之状金风,梧桐的“叶叶”飘坠,过片不是仅说花残,而点明是紫薇、朱槿两种秋花,写秋阳则是“斜照”,都可见体物细微。“一切景语皆情语”,景物是感情的外射体现,故虽不言情,而因叶落花残,斜阳阑干,加以“燕归时节”,回味“昨夜银屏微寒”,在温婉之中,悲秋的哀愁,及更难觉察的寂寞之意自然生出。先著、程洪云:“《清平乐》(金风细细):情景相副,宛转关生,不求工而自合。宋初所以不可及也。”[④]此词不着意抒情,而是寄情于景,情景相生,若非体物的细妙入微,却是粗枝大叶,能有如此馀韵么?

再如《踏莎行》:

小径红稀,芳郊绿遍,高台树色阴阴见。春风不解禁杨花,蒙蒙乱扑行人面。翠叶藏莺,朱帘隔燕,炉香静逐游丝转。一场愁梦酒醒时,斜阳却照深深院。

此词也是写景为主,全首仅一“愁梦”为写情之笔。上片写春暮景色:首二句远观,以“红稀”、“绿遍”状花残草长,第三句的“树色阴阴”则与“芳郊绿遍”相应,皆春深而近春暮的草木之状,然后又加之以杨花扑面,以作进一步渲染。换头由远而近,莺、燕二句相对,极其工巧,却不着力,一“藏”一“隔”,极得物态,且又传神。“炉香”句更见作者

---

① 赵尊岳:《〈珠玉词〉选评》,《词学》第七辑,华东师范大学出版社 1989 年版,第 142-143 页。
② 沈际飞:《草堂诗馀正集》卷一,转引自刘扬忠编著《晏殊词新释辑评》,中国书店 2003 年版,第 13 页。
③ 王士禛:《花草蒙拾》,《词话丛编》,第 686 页。
④ 先著、程洪:《词洁辑评》卷一,《词话丛编》,第 1345 页。

体物之心入于幽微,若谓笔补造化,就是能以文字补绘画的不足。最后的愁梦酒醒"定格"于斜阳深院的画面,情思却不绝如缕,似馀音袅袅可闻。沈际飞云:"景物不殊,运掉能离奇夭矫。结'深深'妙,着不得实字。"[①]所说尚觉空泛,而沈谦云:"'夕阳如有意,偏傍小窗明'不若晏同叔'一场愁梦酒醒时,斜阳却照深深院'更自神到。"[②]则在比较中指出其高明之处,因前者一"偏"而见着力,后者却自然故而神到,且七字可分三层,"斜"字、"却"字,及"深深"二字相迭,都极见作者体物深微,又善于出之。

又一《踏莎行》:

细草愁烟,幽花怯露,凭阑总是销魂处。日高深院静无人,时时海燕双飞去。带缓罗衣,香残蕙炷,天长不禁迢迢路。垂杨只解惹春风,何曾系得行人住。

起头的"细草愁烟,幽花怯露",过片的"带缓罗衣,香残蕙炷",都是工对,字少意多,因善于体物,故即其深致,细而能彰,且极其传神。李调元说:"晏殊《珠玉词》极流丽,能以翻用成语见长。如'垂杨只解惹春风,何曾系得行人住',又:'春风不解禁杨花,濛濛乱扑行人面'等句是也。翻覆用之,各尽其致。"[③]所举例句,正说明须"体物"入微而得物态、精神而"尽其致",进而才能移情于物,以物具人情,出其"缘情"之意。

晏殊的《木兰花》二首,属于另一类善于体物而缘情之作:

燕鸿过后莺归去,细算浮生千万绪。长于春梦几多时,散似秋云无觅处。
闻琴解佩神仙侣,挽断罗衣留不住。劝君莫作独醒人,烂醉花间应有数。

池塘水绿风微暖,记得玉真初见面。重头歌韵响铮琮,入破舞腰红乱旋。
玉钩阑下香阶畔,醉后不知斜日晚。当时共我赏花人,点检如今无一半。

第一首的三、四句,是对第二句"浮生千万绪""细算"之所拟,人生之所爱仅长于春梦所来,人生的离散却似秋云之去,此处将白居易《花非花》的"来如春梦几多时,去似朝云无觅处"改作入词,是用其善于以有形比无形之长来抒发人生感慨。因晏殊在庆历三年(1043)任宰相兼枢密使,掌握政军大权,身边有范仲淹、韩琦、富弼、欧阳修等人,范仲淹施行新政,颇有振作气象,但宋仁宗却以反对派所说为然,新政的改革被中止,范仲淹等相继被外放,晏殊也被罢相,故"挽断罗衣留不住"或有此托意,作者也一反平日的温润之风,有结尾的激愤之言。对第二首,俞陛云曰:"极美满之风光,事后回思,都成陈迹。元献生当盛世,雍容台阁,而重醉花前,尚有旧人零落之感。若生逢叔

---

① 沈际飞:《草堂诗馀正集》卷一,转引自《晏殊词新释辑评》,第122页。
② 沈谦:《填词杂说》,《词话丛编》,第633页。
③ 李调元:《雨村词话》卷二,《词话丛编》,第1406页。
④ 俞陛云:《唐五代两宋词选释》,第160页。

季，衣冠第宅转眼都非，宁止何戡感旧耶？"[4]而对于岁月掷人、欢时难久的悲哀，得"体物"深细而表达更深。刘攽云："晏元献尤喜江南冯延巳歌词。其所自作，亦不减延巳。乐府《木兰花》皆七言诗，有云：'重头歌咏响琮铮，入破舞腰红乱旋。'重头、入破，皆弦管家语也。"[1]正因对"弦管家语"的了解及细陈，才更能体现词旨，因为"点检"赏花人而悟人生短暂，才会对"歌韵""铮琮""舞腰""乱旋"那样留意和留连。

三、语浅情深　低回反复

李之仪《跋吴思道小词》以晏欧词："谛味研究，字字皆有据，而其妙见于卒章，语尽而意不尽，意尽而情不尽，岂平平可得仿佛哉！"[2]夏敬观则云："晏氏父子嗣响南唐二主，才力相敌，盖不特辞胜，犹有过人之情。"[3]还说：晏殊"赋性刚峻，居处清俭，不类其词之婉丽也"。进而解释道："观殊所为词，托于男女情悦思慕之言，实未之废。盖词之始，所以润色里巷之歌谣，被诸弦管，其至者正在得之人情物态。"又说："殊父子词，语浅意深，有回肠荡气之妙；几道殆过其父。"[4]古人、近人都以情、意论晏殊词，可见此正是"珠玉"之所长。人以晏殊之词出于冯延巳，而刘熙载谓之得冯之"俊"，而以欧阳修得其"深"，所说自是中的之言，却也可见，在其心目中，晏词之情不如欧词之深。而对于大晏词所言之情，更有论者不解以至讥之，郑骞《成府谈词》为之辩析，很见"同情之了解"：

> 《珠玉词》清刚淡雅，深情内敛，非浅识所能了解，近人遂有讥为"身处富贵，无病呻吟"者。不知同叔一生，亦曾屡遭拂逆，且与物有情，而地位崇高，性格严峻，更易蕴成寂寞心境，故发为词章，充实真挚，安得谓之无病呻吟！文人哀乐，与生俱来，断无作几日官即变成"心溷溷面团团"之理。为此语讥同叔者，吾知其始终未出三家村也。[5]

晏殊词主体温婉雅秀，明洁轻柔，不过其深情之作有时不仅是内敛，亦见外放甚而颇为强烈者。先看其较为深沉缠绵的《玉楼春》（春恨）：

> 绿杨芳草长亭路，年少抛人容易去。楼头残梦五更钟，花底离情三月雨。
> 无情不似多情苦，一寸还成千万缕。天涯地角有穷时，只有相思无尽处。

这首词曾招致"妇人语"[6]的讥评，晏殊的幼子，同样也是著名词人的晏几道，为乃父辩护，把"年少"释为"年轻"，这样就将代言变为了自抒，"妇人语"之讥似乎就难以

---

① 刘攽：《中山诗话》，何文焕辑《历代诗话》，中华书局 1981 年版，第 292 页。（版本后同）
② 李之仪：《跋吴思道小词》，《姑溪居士全集·文集》卷四〇，第 310 页。
③ 夏敬观：《吷庵词评》，《词学》第五辑，第 201 页。
④ 夏敬观：《二晏词·导言》，商务印书馆 1931 年版，第 3–4 页。（版本后同）
⑤ 郑骞：《成府谈词》，《词学》第十辑，第 146–147 页。
⑥ 赵与时：《宾退录》卷一引《诗眼》，转引自《晏殊词新释辑评》，第 193 页。

成立,但实际上全词确是被“年少”所抛的“妇人”自写心理。对于此词,沈雄《古今词话》引曹尔堪曰:“欧、晏虽有清靡之语,而亦无关正色立朝之大节也。”黄苏一反其句句比附的简释习惯,而说得较虚:“按言近而指远者,善言也。‘年少抛人’,凡罗雀之门,故鱼之泣,皆可作如是观。‘楼头’二语,意致悽然,击起多情苦来。末二句总见多情之苦耳。妙在意思忠厚,无怨怼口角。”①陈廷焯曾以晏、欧不及冯延巳:“晏、欧词,雅近正中,然貌合神离,所失甚远。盖正中意馀于词,体用兼备,不当作艳词读。若晏、欧,不过极力为艳词耳,尚安足重!”②此词之“闺音”本难免于“艳”,而《白雨斋词话》却评以“婉转缠绵,情深一往,丽而有则,耐人玩味。”③《词则》又说:“凄艳。低回反复,言有尽而意无穷。”④应该说,这一评论是较为切合实际的。

再看其重笔而成的《浣溪沙》:

> 一向年光有限身,等闲离别易销魂。酒筵歌席莫辞频。　　满目山河空念远,落花风雨更伤春。不如怜取眼前人。

此词开头劈空而来,直接道出人生感触,次句谓离别本为等闲之事,而出以“销魂”二字,则实不等闲,可见作者之深情,第三句相劝宴饮,呼应首句而表及时行乐之旨。换头以极重之笔,出苍莽阔大之境,本于唐人的“山川满目泪沾衣,富贵荣华能几时”(李峤《汾阴行》),却将实见改为悬想、感叹。结句由远而近,回到酒宴歌席,以怜取眼前歌女而自劝。此词将伤春伤别之意出之以带哲理的警悟之语,又以颓唐却旷达的态度加以化解,但前者恒在,后者短暂,读之思之而令人低回。俞陛云兼言词意及其章法,很得要谛:“此词前半首笔意回曲,如石梁瀑布,作三折而下。言年光易尽,而此身有限,自嗟过客光阴,每值分离,即寻常判袂,亦不免魂消黯然。三句言消魂无益,不若歌筵频醉,借酒浇愁,半首中无一平笔。后半转头处言浩莽山河,飘摇风雨,气象恢宏。而‘念远’句承上‘离别’而言,‘伤春’句承上‘年光’而言,欲开仍合,虽小令而具长调章法。结句言伤春念远,只恼人怀,而眼前之人,岂能常聚,与其落月停云,他日徒劳相忆,不若怜取眼前,乐其晨夕,勿追悔蹉跎,申足第三句‘歌席莫辞’之意也。”⑤赵尊岳《〈珠玉词〉选评》指出其“感慨特深,堂庑更大,忽尔拓之使远,又复收之使近,诚有拗铁为枝之幻。亦惟如此,始益见其沉郁”的特点,又说:“此中不得已之心酸,回环讽咏,真深于情者。”⑥可见感慨深、堂庑大的沉郁之作,只能出于情深的作者。

晏殊词典雅工致,语言浅而丽,不会令人莫测高深,而所蕴情感却很深,读之确有低回反复之致。录其《鹊踏枝》:

---

① 黄苏:《蓼园词评》,《词话丛编》,第3043页。
② 陈廷焯著,屈兴国校注:《白雨斋词话足本校注》卷一,第44页。
③ 陈廷焯著,屈兴国校注:《白雨斋词话足本校注》卷六,第508页。
④ 陈廷焯:《词则·闲情集》卷一,第874页。
⑤ 俞陛云:《唐五代两宋词选释》,第156页。
⑥ 赵尊岳:《〈珠玉词〉选评》,《词学》第七辑,第146页。

槛菊愁烟兰泣露,罗幕轻寒,燕子双飞去。明月不谙离恨苦,斜光到晓穿朱户。　　昨夜西风凋碧树,独上高楼,望尽天涯路。欲寄彩笺兼尺素,山长水阔知何处。

此首写离愁,上片皆移情于物,故"物皆着我色彩"。开头的兰、菊二花,分以"愁""泣"状之,三、四句之燕去与罗幕轻寒亦成必然之关系,"明月"二句,以有知写无知,开苏轼《水调歌头》写月之先。下片境界转为开阔高远,过片承"明月"继言"昨夜"而补入秋风吹落树叶,独上高楼,遥望天涯,极写相思之苦,结二句以"彩笺""尺素"和"山长""水阔"的两组重迭,重笔表达了对难以传信所爱的怅惘。陈廷焯本以晏词难逮冯延巳,《大雅集》却说此词"缠绵悱恻,雅近正中"①。王国维《人间词话》以境界论词,不但借此词过片以状古今成大事业、大学问的第一种境界;还肯定其"风人深致":"《诗·蒹葭》一篇,最得风人深致。晏同叔之'昨夜西风凋碧树,独上高楼,望尽天涯路',意颇近之,但一洒落,一悲壮耳。"②

大晏之词,也不出伤春伤别,闲情与别情是两大主题。前者伤春,多表对时光掷人的惆怅,及时行乐之旨;后者有"宦别"与"情别"两种,上引的《浣溪沙》(一向年光)属前者,而更多的则是后者。再录二首。先看宦别的《踏莎行》:

祖席离歌,长亭别宴,香尘已隔犹回面。居人匹马映林嘶,行人去棹依波转。画阁魂消,高楼目断,斜阳只送平波远。无穷无尽是离愁,天涯地角寻思遍。

王世贞说:"'斜阳只送平波远',又'春来依旧生芳草',淡语之有致者也。"③"淡语"而"有致",即虽语淡却有情致。此词不止有好句,且有句有篇,是淡语深情之作。起二句写长亭离筵,第三句写隔尘回首而尤见缱绻难舍,四、五句分写居者与行者,映林马嘶似恋恋有依,棹去波转亦行行难去,以物衬情,侧面渲染,仍见别情之深。下片写离后不舍,遂登高眺望,换头对句,"魂消""目断"皆出重笔,所见只有夕阳平波,所馀只有自己的无尽离愁,和萦绕至海角天涯的无穷思念。唐圭璋称其"足抵一篇《别赋》"。④虽《别赋》写多种离别,小词难有大的容量,却也可算是具体而微了。

再看情别而相思的《清平乐》:

红笺小字,说尽平生意。鸿雁在云鱼在水,惆怅此情难寄。　　斜阳独倚西楼,遥山恰对帘钩。人面不知何处,绿波依旧东流。

---

① 陈廷焯:《词则·大雅集》卷二,第43页。

② 王国维:《人间词话》,《蕙风词话·人间词话》,第202页。

③ 王世贞:《艺苑卮言》,《词话丛编》,第388页。

④ 唐圭璋:《唐宋词简释》,第58页。

此首上片抒情,下片写景,陈廷焯仅以"低回婉曲"①四字评之,却概括甚精。俞陛云曰:"言情深密处全在'红笺小字'。既鱼沉雁杳,欲寄无由,剩有流水斜阳,供人愁望耳。以景中之情作结束,词格甚高。"②唐圭璋谓之"一气舒卷,语浅情深","下片,但写遥山绿波,而相思相望之情,其何能已"。③赵尊岳《〈珠玉词〉选评》认为"此词说离情之深,莫与伦比,用笔之妙,更匪夷所思……立意绝妙,运笔绝精,十馀字间……用反笔倍写其意,是古文家手法……"④所析极详,文长不录。

第三节　疏隽深婉的欧阳修词

欧阳修(1007—1072),字永叔,号醉翁,晚号六一居士,庐陵人。仁宗天圣八年(1030)举进士甲科,为西京(今河南洛阳)留守推官。入为馆阁校勘,试大理评事、监察御史。为范仲淹辩护,贬知夷陵(今湖北宜昌),后复馆职,擢龙图阁直学士,河北都转运使。贬知滁州,徙扬州、颍州。迁翰林学士,修《唐书》,拜吏部侍郎兼翰林侍读学士,仕至参知政事。神宗时,出知数州,以太子少师致仕。卒赠太子太师,谥文忠。《宋史》有传。有《欧阳文忠公集》,词集名《醉翁琴趣外编》,一名《六一词》。

欧阳修幼年丧父,家贫力学,青年登进士第,任西京(今洛阳)留守推官时,与钱惟演等名流诗酒唱和,以文章名天下。充馆阁校勘时,又参与范仲淹、韩琦、富弼等人推行的"新政",敢于直言,又屡为谗言所中,长期外放,卒于颍州。较之"太平宰相"晏殊,其经历较为复杂,经受的人生波折也较多。欧阳修是北宋前期重要的政治家、文学家与史学家。苏轼曾说:"欧阳子论大道似韩愈,论事似陆贽,记事似司马迁,诗赋似李白。此非余言也,天下之公言也。"⑤全面论列了欧阳修的道与文,及其良史之才,却未及其词。此或因当时之词尚未能登大雅之堂,更因欧公词甚多谑浪笔墨之故。而欧阳修不仅存词二百四五十首,超过此前任何词人,在词史也有很重要的地位,前论晏殊时,已引冯煦所论,此再足之。冯煦《蒿庵论词》在论述晏欧"翔双鹄于交衢,驭二龙于天路……词家遂有西江一派"后,紧接又说:"其词与元献同出南唐,而深致则过之。宋至文忠,文始复古,天下翕然师尊之,风尚为之一变。即以词言,亦疏隽开子瞻,深婉开少游。本传云:'超然独骛,众莫能及。'独其文乎哉!独其文乎哉!"⑥此说近于刘熙载的"得其深"一说,又益以"疏隽",接近欧词的艺术本质,故取以作本节题目。

一、闲愁宦情　词人绮语

王安石《祭欧阳文忠公文》有云:"自公仕宦四十年,上下往复,感世路之崎岖。虽

① 陈廷焯:《词则·闲情集》卷一,第 873 页。
② 俞陛云:《唐五代两宋词选释》,第 159 页。
③ 唐圭璋:《唐宋词简释》,第 56 页。
④ 赵尊岳:《〈珠玉词〉选评》,《词学》第七辑,第 155 页。
⑤ 苏轼:《六一居士集序》,《苏轼全集·文集》卷十,第 853 页。
⑥ 冯煦:《蒿庵论词》,《介存斋论词杂著·复堂词话·蒿庵论词》,第 59 页。

屯邅困踬，窜斥流离，而终不可掩者，以其公议之是非。既压复起，遂显于世。果敢之气，刚正之节，至晚而不衰。”现代学者陈寅恪先生也在《赠蒋秉南序》中说：“欧阳永叔少学韩昌黎之文，晚撰五代史记，作义儿冯道诸传，贬斥势利，尊崇气节，遂一匡五代之浇漓，返之淳正。故天水一朝之文化，竟为我民族遗留之瓌宝。”[①]进而对欧阳修以道德气节匡正五代士风，建设宋代新文化的历史作用，作出了很高的评价。

欧阳修对宋代文化所起的作用，大于其政治作用，因之许多论者都称之为“一代儒宗”。本章第一节论士大夫文化时，多次引用欧公所言，就足见他是如何为重建儒学传统、端正士风、文风而努力的。而作为这一文化的代表，建设的最力者，又是北宋诗文改革的领袖，欧阳修理应远离词苑，因为词源于“颂酒赓色”，延续为伤春悲秋、男欢女爱，无与于经国大事、政业道德、言志载道，自应为士大夫文化所排斥，与欧公的诸多正面论述绝缘。然而，如前面所说，士大夫文化又具有士大夫多种人生角色、多重性格的一面，其所含的政治意识、社会意识、道德意识、事功意识等，不乏积极进取精神，对历史多起正面作用；而其生命意识、爱情意识，结合亲情、宦情等，却又在灵魂、感情的深处，在正面所形的“日影”中，为词的“受容”保留了一方土地。对于历史来说，这不能说是负面的，对于感情而言，却无疑是消极的，又是真实的。这就是欧阳修作为一代儒宗，又作词以“聊佐清欢”的原因，因为酒宴所唱，不必危冠高坐，是感情宣泄的最好场合。所以，论家多以其“风流自命”，“吟咏之馀，溢为词章”，而“游戏作小词”，“多与花间、阳春相混”。以小词为游戏，当然是：“（欧阳）修诗文皆变当时旧格，惟词为小技，未尝别辟门庭，然婉约风流，较苏轼之硬语盘空，转不失本色。”[②]

欧词的一个重要感情基础，即前引的《秋声赋》数语，由于“奈何以非金石之质，欲与草木而争荣”遂生出了许多人生感慨，如其《玉楼春》所说，“人生自是有情痴，此恨不关风与月”。其“有情痴”之词，近于晏殊而见士大夫文化特点的，首先是“闲情”之作。如《浣溪沙》的略见伤春：

湖上朱桥响画轮。溶溶春水浸春云。碧琉璃滑净无尘。 当路游丝萦醉客，隔花啼鸟唤行人。日斜归去奈何春。

《定风波》的明言闲愁：

过尽韶华不可添。小楼红日下层檐。春睡觉来情绪恶，寂寞，杨花缭乱拂珠帘。 早是闲愁依旧在，无奈，那堪更被宿酲兼。把酒送春惆怅甚，长恁，年年三月病厌厌。

其实闲情并不“闲”，其著名的组词《采桑子》，前九首都是在写景中表现雅致幽情，而

① 陈寅恪：《寒柳堂集》，北京三联书店2001年版，第182页。（版本后同）

② 永瑢等：《四库全书简明目录》卷二〇，上海古籍出版社1985年新1版，第887-888页。（版本后同）

第十首却在总收前九首时抒发了深长的感慨。与此组同调的三首,据考,是为忆谢绛而作,三词分别感叹“去年绿鬓今年白,不觉衰容”,“忧患凋零,老去光阴速可惊”,以“劝君满酌君须醉,尽日从容”相慰。欧词屡陈的“尊前贪爱物华新,不道物新人渐老”(《玉楼春》),“今年花胜去年红。可惜明年花更好,知与谁同”(《浪淘沙》),所承的是中唐王建《江南三台》的直白:“树头花落花开,道上人去人来。朝愁暮愁即老,百年几度三台”,“斗身强健且为,头白齿落难追。准拟百年千岁,能得几许多时。”甚而是唐妓刘采春《啰唝曲》更简捷、醒豁之说:“昨日胜今日,今年老去年。黄河清有日,白发黑无缘。”

古人因流光易逝,时序惊心,常在诗中出以及时行乐之旨。《诗·唐风·蟋蟀》有感“岁事其莫(暮)”,宣以“今我不乐,日月其除”,虽以“无已”、“无荒”自警,以“思君”、“思外”,效法“良士”自勉,但其主调却在“行乐”二字。《唐风·山有枢》更不厌其详地罗列衣裳、车马、廷内、钟鼓、酒食等“子之所有”,极力劝人以及时行乐,否则“宛其死矣”,就成“他人是愉”,“他人是保”,“他人入室”。《古诗十九首》说得更明白、直切:“人生忽如寄,寿无金石固。万岁更相送,贤士莫能度。服食求神仙,多为药所误。不如饮美酒,被服纨与素”,甚至以“生年不满百,常怀千岁忧。昼短苦夜长,何不秉烛游”相号召。陆机《短歌行》亦发及时行乐之音:“置酒高堂,悲歌临觞。人寿几何,逝如朝霜。时无重至,华不再阳。苹以春晖,兰以秋芳。来日苦短,去日苦长。‘今我不乐’,‘蟋蟀在房’。乐以会兴,悲以别章。岂曰无感,忧为子忘。我酒既旨,我肴既臧。短歌有咏,长夜无荒。”应该看到:唐宋词中伤春的年光之叹,行乐之时又潜生哀音,其原型是在“蟋蟀”、“山枢”,又可涵括于陆机的“短歌”之中。

欧阳修的《采桑子》,虽表现了“清风明月,幸属于闲人”(《西湖念语》)的游赏之乐,第十首却尽扫“清欢”而见惆怅:

> 平生为爱西湖好,来拥朱轮。富贵浮云,俯仰流年二十春。　　归来恰似辽东鹤,城郭人民。触目皆新。谁识当年旧主人。

词下片所云,涉及从初知颍州到退居颍州,经历了二十年的宦海生涯,却是人生的轮回,因此不觉而起“富贵浮云”之叹。伴随着升沉荣辱的复杂心态,故以“辽东化鹤”自拟,而“当年旧主人”不在之时,又岂非“他人是愉”、“他人入室”?这也就难怪他既感慨“人生自是有情痴”,又在“挥毫万字,一饮千钟”之时,作“行乐直须年少,尊前看取衰翁”(《朝中措·平山堂》)之叹了。所以,其《定风波》云:

> 把酒花前欲问君,世间何计可留春。纵使青春留得住,虚语,无情花对有情人。　　任是好花须落去,自古,红颜能得几时新。暗想浮生何事好,唯有,清歌一曲倒金尊。

《浪淘沙》说：

今日北池游，漾漾轻舟。波光潋滟柳条柔。如此春来春又去，白了人头。
好妓好歌喉。不醉难休。劝君满满酌金瓯。纵使花时常病酒，也是风流。

对照皇甫松的《摘得新》："酌一卮。须教玉笛吹。锦筵红烛，莫来迟。繁红一夜经风雨，是空枝。""摘得新。枝枝叶叶春。管弦兼美酒，最关人。平生都得几十度，展香茵。"可见其一脉相承。

《采桑子》第十首所用丁令威化鹤归来一事，出于政治斗争和人生浮沉之感，是士大夫在历经沧桑后的深沉感叹。其《临江仙》：

记得金銮同唱第，春风上国繁华。如今薄宦老天涯。十年歧路，空负曲江花。
闻说阆山通阆苑，楼高不见君家。孤城寒日等闲斜。离愁难尽，红树远连霞。

对自己的仕途坎坷、十年歧路感慨甚深，在抒情之中，可以窥见政党政治参与者的人生际遇及内心痛苦，这既在词中体现了士大夫政治文化，又具体开出了表现宦情一途。《圣无忧》也属此类：

世路风波险，十年一别须臾。人生聚散长如此，相见且欢娱。 好酒能消光景，春风不染髭须。为公一醉花前倒，红袖莫来扶。

欧阳修作为士大夫史学家，对历史具有很强的鉴戒意识和批判意识，词虽游戏之作，也偶有咏史之篇，开咏史词之先。如《浪淘沙》：

五岭麦秋残，荔子初丹。绛纱囊里水晶丸。可惜天教生处远，不近长安。
往事忆开元，妃子偏怜。一从魂散马嵬关。只有红尘无驿使，满眼骊山。

以上是欧阳修作为"一代儒宗"，将士大夫文化"内化"于词中的主要表现。而欧词还有一大主题，即"词人绮语"，此说见于夏承焘《四库全书词籍提要校议·六一词》，夏先生在引诸多史料辨析欧公艳词后，有"词人绮语，攻击之者乃资为口实"① 等语，此处不辨，而取之以论欧词的又一主要题材。

欧阳修曾说："美人才子传芳信，明月清风伤别恨。未知何处有知音，常为此情留此恨。"(《玉楼春》)因此在其集中也有不少情词，甚而艳词，这是与儒学相抵、道学相悖的情感在词中的体现。这似与士大夫文化难以兼容，尤其是其中的艳词，更不应出

① 夏承焘：《四库全书词籍提要校议·六一词》，《夏承焘集》第2册，第186页。

自“一代儒宗”之手。所以,《湘山野录》已说:“公不幸,晚为憸人构淫艳数曲射之,以成其毁。”[①]曾慥《乐府雅词》亦以为“当时小人,或作艳曲,谬为公词”。[②]王灼则说:“欧阳永叔所集歌词,自作者三之一耳。其间他人数章,群小因指为永叔,起暧昧之谤。”[③]陈振孙《直斋书录解题》谓《六一词》是“其间多有与《花间》、《阳春》相混者,亦有鄙亵之语一二厕其中,当是仇人无名子所为也”[④]。罗泌《六一词跋》说“其甚浅近者,前辈多谓刘辉伪作”[⑤],不过《直斋书录解题》卷十七却辨并非刘辉作,详而可信。赵令畤《侯鲭录》有欧阳修居汝阴时与妓相约,类于杜牧“绿叶成阴”一事的记载[⑥]。钱世昭《钱氏私志》载:“欧文忠任河南推官,亲一妓。时先文僖(钱惟演)罢政,为西京留守,梅圣俞、谢希深、尹师鲁同在幕下。惜欧有才无行,共白于公,屡微讽而不之恤。”[⑦]而以欧作《临江仙》(柳外轻雷池上雨)是为妓女所写。且不说此词之“本事”是否系于此,抑或此词是否“后三句善写丽情,未乖贞则,自是雅奏”[⑧],现存欧词确实涉及艳情者甚多。如《阮郎归》:

> 落花浮水树临池,年前心眼期。见来无事去还思,而今花又飞。　浅螺黛,淡胭脂。闲妆取次宜。隔帘风雨闭门时,此情风月知。

《蝶恋花》:

> 百种相思千种恨。早是伤春,那更春醪困。薄幸辜人终不愤,何时枕畔分明问。
> 懊恼风流心一寸。强醉偷眠,也即依前闷。此意为君君不信。泪珠滴尽愁难尽。

《武陵春》:

> 宝幄华灯相见夜,妆脸小桃红。斗帐香檀翡翠笼,携手恨匆匆。　金泥双结同心带,留与记情浓。却望行云十二峰,肠断月斜钟。

《阮郎归》:

> 去年今日落花时,依前又见伊。淡匀双脸浅匀眉,青衫透玉肌。　才会面,便相思,相思无尽期。这回相见好相知,相知已是迟。

---

① 释文莹:《湘山野录》卷上,第14页。
② 曾慥:《乐府雅词序》第1页,丛书集成初编本,中华书局1985年版。(版本后同)
③ 王灼著,岳珍校正:《碧鸡漫志校正》卷二,第37–38页。
④ 陈振孙:《直斋书录解题》卷二一,第583页。
⑤ 罗泌:《六一词跋》,《词籍序跋萃编》,第54页。
⑥ 赵令畤:《侯鲭录》卷一,《宋元笔记小说大观》,第2037页。
⑦ 钱世昭:《钱氏私志》,丛书集成初编本,《默记》(及其他五种),中华书局1991年版,第2页。(版本后同)
⑧ 俞陛云:《唐五代两宋词选释》,第170页。

《蝶恋花》：

几度兰房听禁漏。臂上残妆，印得香盈袖。酒力融融香汗透。春娇入眼横波溜。不见些时眉已皱。水阔山遥，乍向分飞后。大抵有情须感旧。肌肤拚为伊销瘦。

以上仅是其中的一部分，有的艳词实在不逊于花间。如《阮郎归》：

玉肌花脸柳腰肢，红妆浅黛眉。翠鬟斜軃语声低，娇羞云雨时。　伊怜我，我怜伊，心儿与眼儿。绣屏深处说深期，幽情谁得知。

《系裙腰》：

水轩檐幕透熏风。银塘外、柳烟浓。方床遍展鱼鳞簟，碧纱笼。小墀面、对芙蓉。　玉人共处双鸳枕，和娇困，睡朦胧。起来意懒含羞态，汗香融。系裙腰，映酥胸。

如何解释这一问题？写出这样词的，究竟是不是那个"以通经学古为高，以救时行道为贤，以犯颜纳谏为忠"[①]的欧阳修呢？也难怪论者因此要为之回护了。笔者想，还是那句话："人非太上，未免有情。"虽圣者亦会有情，这就是欧词"有情痴"又"关风月"的根本原因。况且陈廷焯还有较为通达的说法："欧阳公词，飞卿之流亚也。其香艳之作，大率皆年少时笔墨，亦非尽后人伪作也。"[②]因词而见人，以之为青年时代所作，应是较为合理的，而此时的欧阳修，似乎更近于唐五代进士文化人格，倘如此，则不必用士大夫文化来解释了。《采桑子》十首中，多次写到"笙歌"相随，醉中而归，但词中所表达的是对年光流走的感慨，以及时行乐劝人或自劝，歌妓的美貌和歌声只是为了饮酒侑觞，是行乐的一部分而已，此时虽或可以如谢安那样携妓而游，颇有兴致地为歌妓作词，却不会与之有情感的纠缠，因为已是名满天下的士大夫，不会再有年轻时的浪漫不检了。

二、只如无意　沉着和平

欧阳修词在艺术上显见对冯延巳的师承，二人作品之相混也说明了其间的相似。刘熙载以其得冯延巳之"深"，此一"深"字，当主要指情之深，俞陛云评其《浪淘沙》（把酒祝东风），就有"至情语以一气挥写，可谓深情如水，行气如虹"[③]一说。对于欧词，鄙意以为，周济所言甚确，即：

---

① 苏轼：《六一居士集序》，《苏轼全集·文集》卷十，第 852 页。
② 陈廷焯：《词坛丛话》，《词话丛编》，第 3721 页。
③ 俞陛云：《唐五代两宋词选释》，第 170 页。

永叔词，只如无意，而沉着在和平中见。[①]

为何周济有此一说呢？究其根本原因，在于欧阳修为人、为政、为学、为文都崇尚自然："平生学之所得，以至文章事业，皆明识所及，性所自得，不劳而至，无所勉强。"[②]韩琦为欧阳修所写墓志铭，谓其任职开封时，因前府尹包拯"以威严得名，都下震恐，而公动必循理，不求赫赫之誉。或以少风采为言"。而欧阳修却说："人材性各有短长，吾之长止于此，恶可勉其所短以徇人邪"，仍然"既而京师亦治"。[③]曾巩称："公在庙堂，尊明道术。清净简易，仁民爱物。敛不烦苛，令无迫猝。"[④]苏辙亦说"公前后历七郡守，其政察而不苛，宽而不弛，吏民安之"[⑤]。吴充为其所写《行状》谓之"于经术，务究大本，其所发明，简易明白"。[⑥]至于为文，韩琦以其与尹洙"专以古文相尚，而公得之自然，非学所至，超然独骛，众莫能及"。[⑦]曾巩引欧阳修本人的话，亦以"自然"相高："孟韩文虽高，不必似之也，取其自然耳。"[⑧]苏洵称道欧阳修之文"气尽语极，急言竭论，而容与闲易，无艰难劳苦之态"。[⑨]苏辙说得较具体："公之于文，天材有馀，丰约中度，雍容俯仰，不大声色而义理自胜，短章大论，施无不可。"[⑩]对于诗，不少人都指出欧阳修不喜杜甫，而好李白，其原因不在于内容、思想，而在于杜诗沉郁顿挫，为艺术功力所致，李白天才英发，出之于自然。欧阳修自己的诗，王安石以之如"玉烛"，叶致远的理解是："四时皆是和气，满幅俱同流水"[⑪]，此和气自非"一团和气"，而应是平和谐正之气，二语正道出了欧诗"自然"的根本特点，故得王安石"善鉴"之评。

词既为小道，更不必极力追求技巧，"只如无意"，应实在是无意，而又出之、现之以无意，这才是欧阳修本性之所在、所至。那么，为何又说"沉着在和平中见"呢？

先说"和平"。和平本与自然相辅相成，又与时势密切相关。虽欧阳修本人经历过宦海升沉，也因诗人的个人境遇而有"穷而后工"之说，却生活在"百年无事"时期，自不应作变风变雅之声，其诗文总体上是治世之音。即使欧阳修喜好冯延巳词，又有或过于冯氏面对朋党攻讦之经历，却非临强敌侵吞而负国家安危之重责，其词自不会有冯词的忧危之苦，更不是李煜的亡国悲音。在欧阳修全部文学作品中，词居于末位，而仍然既因治世之音，又实践其文各有体观念，而"事事合体"，故未脱侑觞佐欢之用的传统，论者以之与"花间"为近。罗大经《鹤林玉露》记录了对欧阳修文学的总体评论：

① 周济：《介存斋论词杂著》，《介存斋论词杂著·复堂词话·蒿庵论词》，第5页。
② 欧阳发等述：《先公事迹》，《欧阳修全集》附录卷二，第2626页。
③ 韩琦：《墓志铭(并序)》，《欧阳修全集》附录卷三，第2702页。
④ 曾巩：《祭欧阳少师文》，《曾巩集》，第526页。
⑤ 苏辙：《欧阳文忠公神道碑》，见苏辙著，陈宏天、高秀芳校点《苏辙集》第1136页，中华书局1990年版。
⑥ 吴充：《行状》，《欧阳修全集》附录卷二，第2693页。
⑦ 韩琦：《墓志铭(并序)》，《欧阳修全集》附录卷三，第2704页。
⑧ 曾巩：《与王介甫第一书》，《曾巩集》，第255页。
⑨ 苏洵：《上欧阳内翰第一书》，《嘉祐集》卷一一，见苏洵著，曾枣庄、金成礼笺注《嘉祐集笺注》，上海古籍出版社1993年版，第328–329页。
⑩ 苏辙：《欧阳文忠公神道碑》，《苏辙集》，第1135页。
⑪ 陈辅：《陈辅之诗话》，郭绍虞辑《宋诗话辑佚》，中华书局1980年版，第291页。

杨东山尝谓余曰："文章各有体，欧阳公所以为一代文章冠冕者，固以其温纯雅正，蔼然为仁人之言，粹然为治世之音，然亦以其事事合体故也。如作诗，便几及李、杜。作碑铭记序，便不减韩退之。作《五代史记》，便与司马子长并驾。作四六，便一洗昆体，圆活有理致。作《诗本义》，便能发明毛、郑之所未到。作奏议，便庶几陆宣公。虽游戏作小词，亦无愧唐人《花间集》。盖得文章之全者也……"

又云："欧公文非特事事合体，且是和平深厚，得文章正气。"①

欧阳修确实是做到"文各有体"而"事事合体"，他分别把握诗词的不同功能，魏泰《东轩笔录》所载欧公作词与作诗二事，足可见之：

范文正公守边日，作《渔家傲》乐歌数阕，皆以"塞上秋来"为首句，颇述边镇之劳苦，欧阳公尝呼为穷塞主之词。及王尚书素出守平凉，文忠亦作《渔家傲》一词以送之，其断章曰："战胜归来飞捷奏，倾贺酒，玉阶遥献南山寿。"顾谓王曰："此真元帅之事也。"

庆历中，西师未解，晏元献公殊为枢密使，会大雪，欧阳文忠公与陆学士经同往候之，遂置酒于西园。欧阳公即席赋《晏太尉西园贺雪歌》，其断章曰："主人与国共休戚，不惟喜悦将丰登。须怜铁甲冷彻骨，四十馀万屯边兵。"晏深不平之，尝语人曰："昔日韩愈亦能作言语，每赴裴度会，但云'园林穷盛事，钟鼓乐清时'，却不曾如此作闹。"②

同一西部用兵，同为设宴待客，一者劝谏而令人扫兴，一者侑觞而为之颂贺，诗词竟有此不同！兹不论欧公其他各体，仅其词，也在总体的"温纯雅正，蔼然为仁者之言，粹然为治世之音"笼罩下，不违"和平深厚，得文章正气"，"合体"地表现为和平温润、风流闲雅。试看其《西湖念语》：

昔者王子猷之爱竹，造门不问于主人；陶渊明之卧舆，遇酒便留于道士。况西湖之胜概，擅东颍之佳名。虽美景良辰，固多于高会；而清风明月，幸属于闲人。并游或结于良朋，乘兴有时而独往。鸣蛙暂听，安问属官而属私；曲水临流，自可一觞而一咏。至欢然而会意，亦傍若于无人。乃知偶来常胜于特来，前言可信；所有虽非于己有，其得已多。因翻旧阕之辞，写以新声之调，敢陈薄伎，聊佐清欢。

录《采桑子》前三首：

轻舟短棹西湖好，绿水逶迤。芳草长堤，隐隐笙歌处处随。　无风水面琉

① 罗大经：《鹤林玉露》丙编卷二，《宋元笔记小说大观》，第5331–5332页。

② 魏泰：《东轩笔录》卷一一，《宋元笔记小说大观》，第2756–2757页。

璃滑，不觉船移。微动涟漪。惊起沙禽掠岸飞。

春深雨过西湖好，百卉争妍。蝶乱蜂喧，晴日催花暖欲然。　兰桡画舸悠悠去，疑是神仙。返照波间。水阔风高飏管弦。

画船载酒西湖好，急管繁弦。玉盏催传，稳泛平波任醉眠。　行云却在行舟下，空水澄鲜。俯仰留连。疑是湖中别有天。

又《渔家傲》：

一派潺湲流碧涨，新亭四面山相向。翠竹岭头明月上，迷俯仰，月轮正在泉中漾。　更待高秋天气爽，菊花香里开新酿。酒美宾嘉真胜赏，红粉唱，山深分外歌声响。

论者谓："权德舆《史臣赞》云：'雅正赡缛，余以富贵人为文词，自然温润。'欧阳公其俦也。"①以上岂非"富贵人"的"自然温润"之词？

再说"沉着"。欧阳修为人"性刚直，处善恶，黑白分明，于当路有权势者，虽知其设机穽见待，必直前触发之不顾。其放逐流离至数年者，屡矣，而复振起，志气故自若也"。②然而其屡被放逐、七为郡守的经历，不能不在其词中留下感情的印迹。看其代表作《踏莎行》：

候馆梅残，溪桥柳细，草熏风暖摇征辔。离愁渐远渐无穷，迢迢不断如春水。　寸寸柔肠，盈盈粉泪，楼高莫近危阑倚。平芜尽处是春山，行人更在春山外。

据刘永济先生说，此词的写作背景是：欧阳修因范仲淹言事被贬。③欧阳修作书责高若讷不谏而失职，高怒而呈书，欧阳修被贬为夷陵令，词即作于此时。上片言行者在早春离家远去，下片言闺中人的惆怅苦闷，两面落笔，允称佳构。黄苏说："此词特为赠别作耳。首阕，言时物喧妍，征辔之去，自是得意。其如我之离愁不断何。次阕，言不敢远望，愈望愈远也。语语倩丽，韶光情文斐亹。"④不少人都赏其结句，如《古今词统》云："'芳草更在斜阳外'，'行人更在春山外'两句，不厌百回读。"⑤王世贞亦云："'平芜尽处是春山，行人更在春山外'……此淡语之有情者也。"⑥其实不止于此，此词以乐景写哀，"悲柔条于芳春"，在反衬的基础上渲染离情，开头二句暗用陆凯赠梅、灞桥折柳事以表别意，三四句用江淹《别赋》"闺中风暖，陌上草熏"之语，通过暗用和翻新旧意，做

---

① 谢采伯：《密斋笔记》卷三，丛书集成初编本，《密斋笔记》(续记)，中华书局1985年版，第27页。
② 叶涛：《重修实录本传》，《欧阳修全集》附录卷二，第2670页。
③ 刘永济：《唐五代两宋词简析》，第40页。
④ 黄苏：《蓼园词评》，《词话丛编》，第3049页。
⑤ 卓人月、徐士俊辑：《古今词统》卷十，《续修四库全书》第1729册，第10页。
⑥ 王世贞：《艺苑卮言》，《词话丛编》，第388页。

到了无痕迹，又增加了形象的感情包蕴，尤其结二句用递进而层深的写法，加深感情的表达，陈廷焯《大雅集》以之比李煜“离恨恰如芳草”二语“更绵远有致”。[①]所以此词虽无贬逐之痛的明写，却“沉着”而以情感人，吴梅说：“余按公词以此为最婉转，以《少年游》‘咏草’为最工切超脱。当亦百世之公论也”[②]。“婉转”之说亦为“沉着”下一注脚。

再如《浪淘沙》：

把酒祝东风，且共从容。垂杨紫陌洛城东。总是当时携手处，游遍芳丛。聚散苦匆匆，此恨无穷。今年花胜去年红。可惜明年花更好，知与谁同。

黄苏说：“按末二句，忧盛危明之意，持盈保泰之心，在天道则亏盈益谦之理，俱可悟得。大有理趣，却不庸腐。粹然儒者之言，令人玩味不尽。”[③]即使如其所说，此词有悟道之理趣，可在平和从容之中，过片的感叹“聚散苦匆匆，此恨无穷”，结尾的明言离别又具体为“可惜明年花更好，知与谁同”，仅看花的赏心乐事，仍满蕴感情，如俞陛云所说：“因惜花而怀友，前欢寂寂，后会悠悠，至情语以一气挥写，可谓深情如水，行气如虹矣。”[④]

又如《采桑子》：

群芳过后西湖好，狼藉残红。飞絮濛濛，垂柳阑干尽日风。　笙歌散尽游人去，始觉春空。垂下帘栊，双燕归来细雨中。

此首写颍州西湖的静景，上片为春残景色，下片言游人散后之静谧，文字非常疏隽，在景中见恬适的情怀，及与世俗之人不同的领略自然之美的方式，可见士大夫更为高雅的情趣。然而，却如陈廷焯所说，“始觉春空”“四字猛省”[⑤]，在景色的变换中，超越常人，对人生真谛有所领悟，同时，又透出惜春之意，全首也在平和恬淡之中，充盈着深婉的感情。

再举《浣溪沙》一例：

堤上游人逐画船。拍堤春水四垂天。绿杨楼外出秋千。　白发戴花君莫笑，六幺催拍盏频传。人生何处似尊前。

陈廷焯《别调集》评以“风流自赏”[⑥]四字，王国维亦仅言其好句：“欧九《浣溪沙》词

① 陈廷焯：《词则·大雅集》卷二，第44–45页。
② 吴梅：《词学通论》，第48页。
③ 黄苏：《蓼园词评》，《词话丛编》，第3037页。
④ 俞陛云：《唐五代两宋词选释》，第170页。
⑤ 陈廷焯：《词则·别调集》卷一，第575页。
⑥ 陈廷焯：《词则·别调集》卷一，第576页。

‘绿杨楼外出秋千’，晁补之谓只一‘出’字，便后人所不能道。余谓：此本于正中《上行杯》词‘柳外秋千出画墙’，但欧语尤工耳。”[①]而黄苏却说：“按第一阕，写世上儿女多少得意欢娱。第二阕‘白发’句，写老成意趣，自在众人喧嚣之外。末句写得无限凄怆沉郁，妙在含蓄不尽。”[②]“凄怆沉郁”与“含蓄不尽”的统一，就是“沉着”与“和平”的关系。

和平恬淡者尚如此，更不必说表现宦情者，经历了人生的诸多升沉荣辱后，“沉着”未免也透出激越，但此类已非“无意”，而是如《浣溪沙》：

十载相逢酒一卮。故人才见便开眉。老来游旧更同谁。　　浮世歌欢真易失，宦途离合信难期。尊前莫惜醉如泥。

不过，此类作品已不属欧词的“和平”主调，而是沿袭冯延巳且“得其深”者，前面所论闲愁与宦情者也多如此。

三、山谷俚语　欧公先之

韩琦所写的墓志铭云：欧阳修在嘉祐初“权知贡举，时举者务为险怪之语，号‘太学体’。公一切黜去，取其平淡造理者，即预奏名。初虽怨谤纷纭，而文格终以复古”[③]。欧阳修本人为文也是“其言简而明，信而通，引物连类，折之于至理，以服人心”[④]。《王直方诗话》说，欧阳修因“常言”而欣赏李白的《襄阳歌》：“落日欲没岘山西，倒着接䍦花下迷。襄阳小儿齐拍手，大家争唱《白铜鞮》。”[⑤]即使是苦吟难免，他也倡以“苦吟破的”之句，并示之以“一句坐中得，片心天外来”[⑥]。

欧阳修崇尚自然，其词在自然平和的基础上，亦常见民歌风。如《长相思》：

苹满溪，柳绕堤，相送行人溪水西。回时陇月低。　　烟霏霏，风凄凄，重倚朱门听马嘶。寒鸥相对飞。

花似伊，柳似伊，花柳青春人别离。低头双泪垂。　　长江东，长江西，两岸鸳鸯两处飞。相逢知几时。

深花枝，浅花枝，深浅花枝相并时。花枝难似伊。　　玉如肌，柳如眉，爱着鹅黄金缕衣。啼妆更为谁。

《渔家傲》：

---

① 王国维：《人间词话》，《蕙风词话·人间词话》，第199–200页。
② 黄苏：《蓼园词评》，《词话丛编》，第3028页。
③ 韩琦：《墓志铭(并序)》，《欧阳修全集》附录卷三，第2704页。
④ 苏轼：《六一居士集序》，《苏轼全集·文集》卷十，第852页。
⑤ 王直方：《王直方诗话》，郭绍虞辑《宋诗话辑佚》，第35页。
⑥ 刘斧：《青琐高议》前集卷九，《宋元笔记小说大观》，第1079页。

一夜越溪秋水满，荷花开过溪南岸。贪采嫩香星眼慢，疏回眄，郎船不觉来身畔。　罢采金英收玉腕，回身急打船头转。荷叶又浓波又浅，无方便，教人只得抬娇面。

近日门前溪水涨，郎船几度偷相访。船小难开红斗帐，无计向，合欢影里空惆怅。　愿妾身为红菡萏，年年生在秋江上。重愿郎为花底浪，无隔障，随风逐雨长来往。

从语言到构思、表达方式都明显受到民歌影响，且此类作品在欧词中甚多。

欧阳修还曾以民间说唱艺术的形式写过鼓子词，以分咏十二个月风物，调寄《渔家傲》。且看其中一组的几首：

正月斗杓初转势，金刀剪彩功夫异。称庆高堂欢幼稚，看柳意，偏从东面春风至。　十四新蟾圆尚未，楼前乍看红灯试。冰散绿池泉细细，鱼欲戏，园林已是花天气。

三月清明天婉娩，晴川祓禊归来晚。况是踏青来处远，犹不倦，秋千别闲深庭院。　更值牡丹开欲遍，酴醾压架清香散。花底一尊谁解劝，增眷恋，东风回晚无情绊。

四月园林春去后，深深密幄阴初茂。折得花枝犹在手，香满袖，叶间梅子青如豆。　风雨时时添气候，成行新笋霜筠厚。题就送春诗几首，聊对酒，樱桃色照银盘溜。

六月炎天时霎雨，行云涌出奇峰露。沼上嫩莲腰束素，风兼露，梁王宫阙无烦暑。　畏日亭亭残蕙炷，傍帘乳燕双飞去。碧盘敲冰倾玉处，朝与暮，故人风快凉轻度。

七月新秋风露早，渚莲尚拆庭梧老。是处瓜华时节好，金樽倒，人间彩缕争祈巧。　万叶敲声凉乍到，百虫啼晚烟如扫。箭漏初长天杳杳，人语悄，那堪夜雨催清晓。

九月霜秋秋已尽，烘林败叶红相映。唯有东篱黄菊盛，遗金粉，人家帘幕重阳近。　晚日阴阴晴未定，授衣时节轻寒嫩。新雁一声风又劲，云欲凝，雁来应有吾乡信。

十一月新阳排寿宴，黄钟应管添宫线。猎猎寒威云不卷，风头转，时看雪霰吹人面。　南至迎长知漏箭，书云纪候冰生砚。腊近探春春尚远，闲庭院，梅花落尽千千片。

而另一类，则尤其多用俚俗语言。沈曾植《菌阁琐谈》指出了这一点，并详细列出其作品及用语：

醉翁琴趣,颇多通俗俚语,故往往与乐章相混。山谷俚语,欧公先之矣。琴趣中若醉蓬莱、看花回、蝶恋花、咏枕儿、惜芳时、阮郎归、愁春郎、滴滴金、卜算子第一首、好女儿令、南乡子、盐角儿、忆秦娥、玉楼春、夜行船,皆摹写刻挚,不避亵猥。与山谷词之望远行、千秋岁、江城子、两同心诸作不异。所用俗字,如渔家傲之"今朝斗觉凋零□"、"花气酒香相厮酿",宴桃源之"都为风流□",减字木兰花之"拨头惚利",玉楼春之"艳冶风情天与措",迎春乐之"人前爱把眼儿剳",宴瑶池之"恋眼哝心",渔家傲之"低难奔",亦与山谷之用䰀屌俗字不殊。殆所谓小人谬作,托为公词,所谓浅近之词,刘辉伪作者,厕其间欤。《名臣录》谓刘辉作醉蓬莱、望江南以诬修,今故在琴趣中,集中尽去此等词,是也。琴趣中于山谷诨词皆汰不录,而醉翁伪作一无所汰,为不可解耳。①

此著另一则又指出欧公词好用"厮"字:

渔家傲之"花气酒香皆厮酿"、"莲子与人长厮类"、"谁厮惹",皆是也。山谷亦好用此字。②

沈曾植对是否谬作、伪作未作考证,疑而未下断语,又对《醉翁琴趣外编》汰去黄庭坚诨词而不汰伪作表示不解,对此,怕也是分辨较难而无法做到。不过,欧词多用俚俗之语,确也是事实。再举些例子。如《千秋岁》:

罗衫满袖,尽是忆伊泪。残妆粉,馀香被。手把金尊酒,未饮先如醉。但向道,厌厌成病皆因你。　　离思迢迢远,一似长江水。去不断,来无际。红笺著意写,不尽相思意。为个甚,相思只在心儿里。

《醉蓬莱》:

见羞容敛翠,嫩脸匀红,素腰袅娜。红药阑边,恼不教伊过。半掩娇羞,语声低颤,问道有人知么。强整罗裙,偷回波眼,佯行佯坐。　　更问假如,事还成后,乱了云鬓,被娘猜破。我且归家,你而今休呵。更为娘行,有些针线,诮未曾收啰。却待更阑,庭花影下,重来则个。

《惜芳时》:

因倚兰台翠云亸,睡未足、双眉尚锁。潜身走向伊行坐,孜孜地、告他梳裹。

① 沈曾植:《菌阁琐谈》,《词话丛编》,第3610–3611页。
② 沈曾植:《菌阁琐谈》,《词话丛编》,第3611页。

发妆酒冷重温过、道要饮、除非伴我。丁香嚼碎偎人睡，犹记恨、夜来些个。

《燕归梁》：

风摆红藤卷绣帘，宝鉴慵拈。日高梳洗几时忺。金盆水，弄纤纤。　　髻云谩亸残花淡，和娇媚，瘦岩岩。离情更被宿酲兼，空惹得，病厌厌。

另一首《燕归梁》：

屏里金炉帐外灯，掩春睡腾腾。绿云堆枕乱鬅鬙，犹依约，那回曾。　　人生少有，相怜到老，宁不被天憎。而今前事总无凭，空赢得，瘦稜稜。

从民歌的清新自然，再到俚语俗言，其实也不算跨越太远。欧阳修的朋友梅尧臣就有"以俗为雅"之说，陈师道《后山诗话》载："闽士有好诗者，不用陈语常谈。写投梅圣俞，答书曰：'子诗诚工，但未能以故为新，以俗为雅尔。'"[①]欧阳修习惯于温润平和，偶尔拈民间俚语入歌词，即使不是以俗为雅，在小词之中嬉弄笔墨，也不失为对这一小道的开辟，虽难以证明柳永对他是否有影响，但"山谷俚语，欧公先之"，至少他是黄庭坚、秦观俗词的先行者。

第四节　骩骳从俗　长于叙事　创调名家：一论柳永

周济《宋四家词选目录序论》以"晏氏父子，仍步温韦"[②]。陈廷焯《白雨斋词话》作冯延巳与晏欧之较，说"若晏、欧，不过极力为艳词耳"[③]。郑骞《成府谈词》却认为："晏欧词虽不能如苏辛之几于每事皆可写入，而堂庑气象，决非花间所能笼罩。张皋文'尊体'之说，为词坛正论，欲于五代宋初求能尊体者，正中、二主与晏欧皆是。能深刻真挚以写人生，即是尊体，非必缠绵忠爱。陈廷焯《白雨斋词话》不解此旨，乃仅以艳词目晏欧，真颠倒之论。"[④]笔者深然此说。不过平心而论，冯李之词还应在晏欧之上。内容不说，就艺术而言，虽如蒋兆兰《词说》所论："欧阳、大小晏、安陆、东山，皆工小令，足为师法。词家醉心南宋慢词，往往忽视小令，难臻极诣。"[⑤]但蔡嵩云《柯亭词论》又说："唐五代小令，为词之初期，故花间、后主、正中之词，均自然多于人工。宋初小令，如欧、秦、二晏之流，所作以精到胜，为唐五代稍异，盖人工甚于自然矣。"[⑥]小令经唐五代而至此时，晏欧词虽见精能，却显人工之迹，故

① 陈师道：《后山诗话》，《历代诗话》，第 314 页。
② 周济：《宋四家词选目录序论》，《介存斋论词杂著·复堂词话·蒿庵论词》，第 13 页。
③ 陈廷焯著，屈兴国校注：《白雨斋词话足本校注》卷一，第 44 页。
④ 郑骞：《成府谈词》，《词学》第十辑，第 147 页。
⑤ 蒋兆兰：《词说》，《词话丛编》，第 4637 页。
⑥ 蔡嵩云：《柯亭词论》，《词话丛编》，第 4902 页。

北宋词的开拓,则有待于柳永的慢词长调了。

柳永(987? —1058),原名三变,字景庄,更名永,字耆卿。祖籍河东(今山西永济),生于山东,随父至全州,旋又至京,徙崇安(今属福建)。及冠入京应试,未第,游荆楚吴越。仁宗景祐元年(1034)进士,授睦州(今浙江建德)团练推官,历余杭令、泗州判官、灵台令、太常博士等,官至屯田员外郎。晚年流落,客死京都。有《乐章集》。

柳永与晏殊年龄相仿而略大,却是与晏、欧完全不同的词人,柳永直到中年以后才登进士第,官终屯田员外郎的微职。不仅是身份有异,而且仅存《乐章集》,是纯粹的词人。

陈师道《后山诗话》说:“柳三变游东都南、北二巷,作新乐府,骫骳从俗,天下咏之,遂传禁中。仁宗颇好其词,每对酒,必使侍从歌之再三。”[①]胡寅《向子諲酒边词序》云:“唐人为之最工者,柳耆卿后出,掩众制而尽其妙,好之者以谓不可复加。”[②]可见柳永词受到自上而下的欣赏。在经历了数代的发展之后,清人回顾词史的进程,无不以柳永为开派人物。此仅举一例。如江顺诒《词学集成》引蔡小石宗茂《拜石词序》云:“词胜于宋,自姜、张以格盛,苏、辛以气胜,秦、柳以情胜,而其派乃分。”虽如江顺诒所作案语:“此以苏、辛、秦、柳与姜、张并论,究之格胜者,气与情不能逮。”[③]但所分三类之中,以柳永最早,且因词毕竟以“缘情”见长,以情胜的柳词,在宋词中的开派之功无须多说。而且,柳永虽与晏欧同时,甚而略早,却是长调慢词领域的开辟者,其创调之功为人所共知。蔡嵩云说:“宋初慢词,犹接近自然时代,往往有佳句而乏佳章。自屯田出而词法立,清真出而词法密,词风为之丕变。”[④]柳永在宋词以至整个词的发展史上都留下了巨大的影响。

一、市井文化　青楼艳歌

从文化背景与性质而言,柳永词显然与晏欧词所代表的士大夫文化不同,《乐章集》共九卷,加上后人辑佚所得,共计近二百二十首,作品数量既多,内容又很丰富。若从作者的身份及所体现的相关文化论,如果说宋初词主要是士大夫所作,个别如潘阆、林逋与诗中“九僧”互通声气,是中唐张志和、船子和尚的隐逸文化一脉,那么,柳永则以与此前完全不同的文化形态——市井文化之词,登上了宋词的舞台。柳词具有多维文化的特点,除最为知名的男女之情外,兼写太平景象、城市生活、羁情旅思等,既有“宋玉情结”,又不乏“唐人高处”;而与前人及同时人相较,最显著地表现出自己特色的还是市井文化。可以认为,柳永对于宋初词坛的文化变革,主要就体现在将台阁士大夫文化转为了市井文化,这一新质文化,既见证了柳词的本质,又成为了词向俗文化转移的标志,且导致了韵文文体的新发展,后来的论家(如况周颐)之所以将柳

---

① 陈师道:《后山诗话》,《历代诗话》,第 311 页。

② 胡寅:《酒边词序》,《词籍序跋萃编》,第 168–169 页。

③ 江顺诒:《词学集成》卷五,《词话丛编》,第 3272 页。

④ 蔡嵩云:《柯亭词论》,《词话丛编》,第 4902 页。

永视作金元戏曲之先[①],就因为柳词与戏曲在市井文化上具有一致性。故论柳词,应先言市井。

市井文化得名于市井。市井本为古代城邑集中买卖货物的场所,命名之由有多说,此处举二例。《汉书·货殖传序》:"商相与语财利于市井。"颜师古注:"凡言市井者,市交易之处,井共汲之所,故总而言之也。"[②]《史记·平准书》:"山川园池市井租税之入,自天子以至于封君汤沐邑,皆各为私奉养焉。"张守节正义:"古人未有市,若朝聚井汲水,便将货物于井边货卖,故言市井也。"释义相近,都指靠近汲水之井进行货物交易。由此而派生出城市、街头、商贾、城市中流俗之人等义。北宋市井文化的发达,与中心城市的发展大有关系。唐代安史之乱以后,经济重心南移,财赋、粮食、商品多出南方。北宋定都开封后,经过长久战乱,备遭破坏的城市,逐渐得到复苏、发展,到宋仁宗时期,已经非常繁华。较之于唐代,开封等主要城市的商业布局有很大的改变,店铺不再被限设在特定的市内,几乎遍布各处。京城的御街,在唐代是禁止开店设摊的,到北宋却成了繁华的商业街,朝开夕闭的开市制也被热闹的夜市取代。在唐代,市井成员主要因商品分类而成,主要是商贾、小贩、手工业者,还有部分无业游民。而到北宋,出现了新的行业,除传统的商业、手工业外,还有饮食、旅店、文化娱乐等业,下九流的行业也应运而生。开封城人口最多时超过了二十六万户,加上十多万常驻军队和流动人口,最多之时,人口超过了一百三十万,而当时基督教世界最大的城市君士坦丁堡,只有三十万人,其他欧洲的主要城市如威尼斯、佛罗伦萨、巴黎、伦敦等,人口均未超过五万[③]。据李焘《续资治通鉴长编》卷二载,汴京的商铺超过一百六十行,达六千四百多家(一说两万多家,其中六千多家资本较大),商人和手工业者成了市民的主体,此外还有众多的店员、小吏、差役、艺人、乐工、妓女、僧道、乞丐……张择端的著名风俗画《清明上河图》虽画成于宋徽宗时代,却亦能用以返观仁宗时期的街市繁华,市民众多。

市井文化是帝都文化的重要组成部分,而因妓业的发达,又使青楼文化成为了市井文化的主要内容。北宋青楼文化的形成,自与商业发达有关,这一文化对商业文化具有显著的寄生性,此外,又特别与歌妓制度相关。唐宋歌妓制有所不同,据《宋史》卷一四二《乐志》:"宋初置教坊,得江南乐,已汰其坐部不用,自后因旧曲创新声,转加流丽。"其教坊设置已经不同于唐代。《宋史》同卷又载,北宋教坊中由歌妓组成的《女弟子队》,计一百五十三人,可以组成《菩萨蛮队》、《感化乐队》、《抛毬乐队》、《佳人剪牡丹队》、《拂霓裳队》、《采莲队》、《风迎乐队》、《菩萨献香花队》、《采云仙队》、《打毬乐队》等十队[④]。但就总体而言,宋代教坊妓的规模和艺术水准都不及唐代。而与教坊妓相对衰落形成对比的是,北宋的营妓、官妓和家妓却较唐代发达。邓之诚对北宋营妓

---

① 况周颐:《蕙风词话》卷三,《人间词话·蕙风词话》,第 61 页。

② 班固撰,颜师古注:《汉书》,中华书局 1962 年版,第 3679、3681 页。(版本后同)

③ [意]卡洛·M·奇波拉主编:《欧洲经济史》第一卷《中世纪时期》,商务印书馆 1988 年版。(版本后同)

④ 脱脱等:《宋史》卷一四二《乐志》,《二十五史》,第 5610 页。

及官妓的来龙去脉说得很清楚:"宋太宗灭北汉,夺其妇女随营,是为'营妓'之始。后复设'官妓',以给事州郡官僚不携眷者。'官妓'有身价五千,五年期满,归原寮,本官携去者,再给二千,盖亦取之勾栏也。'营妓'以勾栏妓轮值一月,许以资觅替,遂及罪人之孥,及良家系狱候理者。甚或掠夺,诬为盗属以充之,最为秕政。南宋建国,始革其制。"①上面所说主要指两种妓制开始之时,也有人认为官妓与营妓后来是二名而一事,地方政府的官妓多由官府指派或选自民间,加入乐籍后,如同唐代那样集中在乐营练习歌舞,相沿称之为营妓,受乐营将管束,在官府宴客或高官过境时,为之提供佐酒、歌舞服务。至于家妓,宋朝自立国起,太祖"杯酒释兵权"就对功臣许以多蓄歌儿舞女,后来的高官们也多有家妓。除了官妓和家妓,还有大量的私妓,分散在各处妓馆。《东京梦华录》全书共有近二十处写到开封城内外的青楼,如:曲院街"向西去皆妓女馆舍,都人谓之院街",朱雀门外"东去大街、麦秸巷、状元楼,馀皆为妓馆",旧曹门外"下桥,南斜街,北斜街……两街有妓馆",又相国寺北小甜水巷,景德寺前桃花洞,金明池西道者院前,直到"西通新门瓦子以南杀猪巷",牛行街、鸡儿巷,皆有妓馆。该书对侍酒妓女、下等妓女等都有详尽的记载。

柳永弟兄三人俱有文名,时称"柳氏三绝"。柳永年最幼,来到东京后,为帝都的繁华所吸引,遂与之结缘,写下诸多华美的篇章。市井中有众多的娱乐、演出场所,柳永移宫换羽的音乐才能,当与艺人的切磋交往有关,与后来姜夔的雅乐修养不同。而柳永词的市井文化内涵,主要就指青楼文化。柳永词写及大量的歌妓,可见与之交往极多,而以柳永青年士子的身份,自非高官,可参与官员的迎送酒宴或家宴,得与官妓或家妓接近,因此,他所写到的这些歌妓,自是青楼女子。因此,柳词的市井文化特色又与之密切相关,主要表现在以下三个方面。

第一,在将青年男女的相恋从闺阁花园搬到市井青楼同时,又将才子佳人的情爱变为市井俗人的性爱,从而对所爱女子多有市井味的商业性评价。

柳永词多表现恋情,且绝无另有寄托一说。《长相思》(京妓)既叙述与歌妓的认识、交往过程,又自道当时心态:

> 画鼓喧街,兰灯满市,皎月初照严城。清都绛阙夜景,风传银箭,露叆金茎,巷陌纵横。过平康款辔,缓听歌声。凤烛荧荧。那人家、未掩香屏。　向罗绮丛中,认得依稀旧日,雅态轻盈。娇波艳冶,巧笑依然,有意相迎。墙头马上,漫迟留、难写深诚。又岂知、名宦拘检,年来减尽风情。

即使自己说因"名宦拘检"而"减尽风情",却仍对"依稀旧日"所识妓女的"有意逢迎"十分留心在意,"漫迟留、难写深诚"是写对方,但又何尝不是自己?何况,柳永虽常说自己对妓女的深情,而实际上多不是自有"深诚"。其《玉蝴蝶》一词就明白道出了自

① 邓之诚著,邓珂点校,赵丕杰整理点校:《骨董琐记全编》,北京出版社1996年版,第122页。(版本后同)

己在歌妓丛中的挑选，及对意中人所爱为何：

> 是处小街斜巷，烂游花馆，连醉瑶卮。选得芳容端丽，冠绝吴姬。绛唇轻、笑歌尽雅，莲步稳、举措皆奇。出屏帏。倚风情态，约素腰肢。　当时。绮罗丛里，知名虽久，识面何迟。见了千花万柳，比并不如伊。未同欢、寸心暗许，欲话别、纤手重携。结前期。美人才子，合是相知。

“美人才子，合是相知”固然是柳词的一个重要主题，但柳永所恋的美人却不是闺阁女子，而是“小街斜巷”“花馆”的“千花万柳”中“选得”的“芳容端丽”。这种方式，与前见的《会真记》、后出的杂剧传奇都不同，不是才子佳人起于偶逢，或后花园相恋的私订终身；也不是中晚唐进士与京中饮妓的集体性醉酒狂欢，或在相识相交中寻情。柳永“烂游”、“连醉”后，“选得”其所爱，而所爱者只是其外貌、身材、情态，尚无晚唐进士与妓人相恋的情愫渐生阶段，虽为锦绣才子，其行径却同于市井俗人。

章学诚《妇学》说：“前朝虐政，凡缙绅藉没，波及妻孥，以致诗礼大家，多沦北里。其有妙兼色艺，慧擅声诗，都士大夫从而酬唱。大抵情绵春草，恩远秋枫，投赠类于交游，殷勤通于燕婉。”[①]而柳永所交并非此类，故亦无与妓女间的相互投赠，由于性爱多于情爱，故从柳词中，多见到对她们赞美同时，又有近于商业性的评价。如组词《木兰花》画出了生动的群美图，而每首的结尾都有市井色彩的“估价”之辞：

> 心娘自小能歌舞。举意动容皆济楚。解教天上念奴羞，不怕掌中飞燕妒。
> 玲珑绣扇花藏语。宛转香裀云衬步。王孙若拟赠千金，只在画楼东畔住。
> 佳娘捧板花钿簇。唱出新声群艳伏。金鹅扇掩调累累，文杏梁高尘簌簌。
> 鸾吟凤啸清相续。管烈弦焦争可逐。何当夜召入连昌，飞上九天歌一曲。
> 虫娘举措皆温润。每到婆娑偏恃俊。香檀敲缓玉纤迟，画鼓声催莲步紧。
> 贪得顾盼夸风韵。往往曲终情未尽。坐中年少暗消魂，争问青鸾家远近。
> 酥娘一搦腰肢袅。回雪萦尘皆尽妙。几多狎客看无厌，一辈舞童功不到。
> 星眸顾拍精神峭。罗袖迎风身段小。而今长大懒婆娑，只要千金酬一笑。

她们能歌善舞，容貌美丽，身材苗条，仪态神情动人，而柳永似乎所欣赏的，也只是这些，且不忘在最后“评价”一番。

第二，与情爱转为性爱相应，在与妓女交往与相爱中，享乐观压倒了爱情的道德观，体现出市井细民的色彩。

柳永不吝笔墨地大写青楼女子，有时似乎也为她们的流落风尘而感到可惜，可骨子里就因为她们是风尘中人，自己才得以亲近，而实在是不无庆幸之意。如《少年游》：

---

① 章学诚：《妇学》，丛书集成初编本，《女孝经》（及其他两种），中华书局 1991 年版，第 11 页。（版本后同）

世间尤物意中人。轻细好腰身。香帏睡起，发妆酒酽，红脸杏花春。　　娇多爱把齐纨扇，和笑掩朱唇。心性温柔，品流闲雅，不称在风尘。

细品此词，“不称在风尘”只是因为这“尤物意中人”“心性温柔，品流闲雅”，本不应成为风尘中人而已。因为柳永所爱者，主要在于女子的外貌、身材，故其词几乎未道及她们的内涵、情感，有时甚至是不无得意地、有名字有情节地记录了自己的艳遇。如《集贤宾》上片：

小楼深巷狂游遍，罗绮成丛。就中堪人属意，最是虫虫。有画难描雅态，无花可比芳容。几回饮散良宵永，鸳衾暖、凤枕香浓。算得人间天上，惟有两心同。

由于性爱压倒甚而代替了情爱，相应的爱情道德似乎也难以见到，词中没有对妓女们的同情之意，没有表达一些笔记小说中所写的妓女从良之愿。在柳永的笔下，妓女们似乎天生就是爱好卖笑生涯的，没有对自己所爱者倾诉对落入火坑的不幸与无奈，实在难以见到她们的内心所想、所爱、所恨，一个个虽表面忸怩作态，骨子里却是浪荡风流。且看《斗百花》：

满搦宫腰纤细。年纪方当笄岁。刚被风流沾惹，与合垂杨双髻。初学严妆，如描似削身材，怯雨羞云情意。举措多娇媚。　　争奈心性，未会先怜佳婿。长是夜深，不肯便入鸳被。与解罗裳，盈盈背立银缸，却道你但先睡。

《尉迟杯》：

宠佳丽。算九衢红粉皆难比。天然嫩脸修蛾，不假施朱描翠。盈盈秋水。恣雅态、欲语先娇媚。每相逢、月夕花朝，自有怜才深意。　　绸缪凤枕鸳被。深深处、琼枝玉树相倚。困极欢馀，芙蓉帐暖，别是恼人情味。风流事、难逢双美。况已断、香云为盟誓。且相将、共乐平生，未肯轻分连理。

《菊花新》：

欲掩香帏论缱绻。先敛双蛾愁夜短。催促少年郎，先去睡、鸳衾图暖。　　须臾放了残针线。脱罗裳、恣情无限。留取帐前灯，时时待、看伊娇面。

《凤栖梧》：

蜀锦地衣丝步障。屈曲回廊，静夜闲寻访。玉砌雕阑新月上。朱扉半掩人相望。　旋暖熏炉温斗帐。玉树琼枝，迤逦相偎傍。酒力渐浓春思荡。鸳鸯绣被翻红浪。

有心灵的交流么？没有，有情感的倾诉么？没有，词中只有欲，而没有情！即使对雏妓也不见同情，只给人描画出未解风情之态而已。对此，只能理解为：在柳永的词里，妓女虽然不是极其低贱的"被侮辱与被损害者"，在同她们的交往、对她们的赞美中，体现出一定的平民性；但同时，他的爱却不是灵肉合一的爱情，而是"向绣幄，醉倚芳姿睡，算除此外何求"(《如鱼水》)，更多是对美色的享受，也因此而具有显见的泛爱倾向。这虽不是士大夫式的自上而下"赐爱"，但也不是真正平等的互爱。柳永时处北宋，身在市井，无法超越时代与环境，所以我们不能简单地只将他看作妓女的朋友、知心人，当然更不只是嫖客，他与妓女的爱，只能是资本主义尚未萌芽的市井文化的爱，距离现代意义的爱情还非常遥远。

第三，在与青楼妓女交往、相爱中，柳永的歌词创作除了用作自我抒发外，还具有市井的商品交换性质。

虽说柳永具有音乐天分，也本然喜爱善于歌唱的歌妓："爱把歌喉当筵逞。遏天边，乱云愁凝。言语似娇莺，一声声堪听。"(《昼夜乐》)但他与歌妓之间，不止是纯艺术的交流交往，其中也有一定的交易关系。市井的本义即商品交易之所，说柳永词的市井文化性质，也于此甚合。试看《西江月》，此词以自己为众美争爱的目标之面貌出现，而实际上虽是却又不全是：

师师生得艳冶，香香于我情多。安安那更久比和。四个打成一个。　幸有苍皇未款，新词写处多磨。几回扯了又重挼。姦字心中着我。

三妓所争似乎在自己之文才，目的在于要得到所写歌词，故"新词写处多磨"，"几回扯了又重挼"。旧识婵娟之与自己亲近，也是要索求新词。《玉蝴蝶》：

误入平康小巷，画檐深处，珠箔微褰。罗绮丛中，偶认旧识婵娟。翠眉开、娇横远岫，绿鬓觯、浓染春烟。忆情牵。粉墙曾恁，窥宋三年。　迁延。珊瑚筵上，亲持犀管，旋叠香笺。要索新词，殢人含笑立尊前。按新声、珠喉渐稳，想旧意、波脸增妍。苦留连。凤衾鸳枕，忍负良天。

"窥宋三年"的期待，终于在今日的"珊瑚筵上"相见，"婵娟"得到了大词人的新词，按新声即席而唱，歌词成为爱的媒介，终走向了"凤衾鸳枕，忍负良天"的性爱。宋人罗烨《醉翁谈录》对柳永与歌妓间的这种交换有生动的记载：

耆卿居京华，暇日遍游妓馆。所至，妓者爱其有词名，能移宫换羽，一经品题，声价十倍。妓者多以金物资给之,惜其为人出入所寓不常。耆卿一日经由丰条楼前,是楼在城中繁华之地,设法卖酒,群妓分番。忽闻楼上有呼“柳七官人”之声,仰视之,乃甲妓张师师。师师耍峭而聪敏,酷喜填词和曲,与师师密。及柳登楼,师师责之曰:“数时何往,略不过奴行?君之费用,吾家恣君所需。妾之房卧,因君罄矣。岂意今日得见君面,不成恶人情去,且为填一词去。”柳曰:“往事休论。”师师乃令量酒,具花笺,供笔毕。①

柳永对女性的泛爱是建立在歌妓制度之上的,其中有郎才女貌的两情相悦,但也有属于市井文化的商品交换原因:歌妓们得其新词,一经品题便声价十倍,而柳永也以此作为谋生手段,且以其歌词赢得歌妓的爱。直到传说中的“吊柳七”,仍见妓女们对当日给她们创造了“声价”的词人给予身后的回报。

宋初的文学家颇多出身下层者,不少人都很重视立身和名节,即使有过年轻时的浪漫不检,也不是本质与主流。而柳永虽不无功名之念,《长寿乐》就是很好的证明:

尤红殢翠。近日来、陡把狂心牵系。罗绮丛中,笙歌宴上,有个人人可意。解严妆巧笑,取次言谈成娇媚。知几度、密约秦楼尽醉。仍携手,眷恋香衾绣被。

情渐美。算好把、夕雨朝云相继。便是仙禁春深,御炉香袅,临轩亲试。对天颜咫尺,定然魁甲登高第。待恁时、等着回来贺喜。好生地。剩与我儿利市。

但更多的是沉醉在“密约秦楼尽醉”之中,不仅在诸多词中写歌妓的生活,写与她们间的爱,在后来仍对秦楼楚馆充满深情的回忆:

因念秦楼彩凤,楚观朝云,往昔曾迷歌笑。——《满朝欢》
追想秦楼心事,当年便约,于飞比翼。——《法曲献仙音》
秦楼凤吹,楚馆云约,空怅望、在何处。——《西平乐》

因此,他的黄钟宫《鹤冲天》不啻是一篇对抗时代主流文化的宣言:

黄金榜上。偶失龙头望。明代暂遗贤,如何向。未遂风云便,争不恣狂荡。何需论得丧。才子词人,自是白衣卿相。 烟花巷陌,依约丹青屏障。幸有意中人,堪寻芳。且恁偎红翠,风流事、平生畅。青春都一饷。忍把浮名,换了浅斟低唱。

如果说柳永对都市生活的兴趣,对市井文化的属意,对于一个青年士子来说,还算正常,那么他的沉迷于青楼,以歌词从歌妓处获取生活之资的市井行径,则显然是对

① 罗烨:《新编醉翁谈录》丙集卷二,《续修四库全书》第1266册,第421页。

"务本向道"的国策,对士大夫文化的主动疏离与对立。他对功名富贵的相对轻视,在人生目标及选择上的"移位",都是具有"逆子"意义的。在晚唐"无行"的进士风已经逐渐消失、远去之时,柳永却几乎成为了温庭筠的后身,因此,虽二人的歌词分得唐宣宗和宋仁宗所爱,但一个因"士行尘杂",一个也同样表现不良,都未能成为进士,未能进入士大夫之列。

二、铺叙展衍 备足无馀

前面论敦煌曲子词时,曾就民间文学都重视叙事而确立了一个理论基础。又从传播与接受论当时以演唱为主,接受对象的民间性、大众性,使之不同于文人的审美情趣,所以对故事性、情节性、表演性有兴趣。而敦煌曲子词无论是单篇还是联章,都具有较强的叙事性。

柳永词虽文人词,却也与敦煌曲子词具有一定的相似性。从创作者与接受者而言,敦煌曲的作者和受众主要是下层群众,而柳永歌词多为青楼歌妓而作,她们演唱的对象主要也是市井群众。敦煌曲的时代因佛教流行,而传播佛教常借助"俗讲""佛曲"等形式,通过讲唱故事,而不是枯燥的宣讲教义,以期引起听众的兴趣,这也影响了敦煌曲注重叙事性的创作指向。而宋仁宗时期因城市经济的发展,市民阶层的形成,对文艺的需要也使讲唱文学呼之欲出,柳永词实际上已经成为了先导,故颇为注重叙事性。据《东京梦华录》,当时的开封城有好几个瓦子,有多达五十多个勾栏,以供演出观看。虽宋初杂剧尚沿唐代体制,未及北宋末的发展,但应该还有近于唐五代的戏弄演出,戏剧文学以叙事为基础,青楼歌妓的演唱若要与之争取观(听)众,必然要以叙事性提起兴趣。就柳永本人而言,由于多在市井勾留,也受到了市井民众审美趣味的影响,尤其与歌妓交往甚多,相伴日久,对于女性喜爱且善于叙事,在叙事中生情的性别特点甚为了解,因浸染既久,也不由自主地喜在自己的作品中加强了叙事性,而且这样做也利于歌妓作为其歌词第一接受者的接受。以上就是对柳词叙事性的发生原因所作的市井文化观照。

柳词的叙事性,首先体现为长于铺叙,并因此引起了体式之从小令向长调转变。许多论家都指出了这一点。李之仪说:

> ……至唐末,遂因其声之长短句而以意填之,始一变以成音律。大抵以《花间集》中所载为宗。然多小阕。至柳耆卿,始铺叙展衍,备足无馀。形容盛明,千载如逢当日。较之《花间》所集,韵终不胜,由是知其为难能也。[①]

周济说:

---

① 李之仪:《跋吴思道小词》,《姑溪居士全集·文集》卷四〇,第310页。

耆卿为世訾謷久矣；然其铺叙委宛，言近意远，森秀幽淡之趣在骨。耆卿乐府多，故恶滥可笑者多，使能珍重下笔，则北宋高手也。①

刘熙载说：

耆卿词，细密而妥溜，明白而家常，善于叙事，有过前人。惟绮罗香泽之态，所在多有，故觉风期未上耳。②

以上诸说都对柳词有所批评，却又都对其善作铺叙予以了肯定。

上一小节中所引的柳词，多自叙与某一歌妓认识并有情的过程，这里不再论，而拟从柳永另外所擅长的写太平景象、节令风俗、羁旅行役分别举例，并略作分析。

《柳初新》：

东郊向晓星杓亚。报帝里、春来也。柳抬烟眼，花匀露脸，渐觉绿娇红姹。妆点层台芳榭。运神功，丹青无价。　别有尧阶试罢。新郎君、成行如画。杏园风细，桃花浪暖，竞喜羽迁鳞化。遍九陌、相将游冶。骤香尘、宝鞍骄马。

上片所叙为帝里春到，描绘了花红柳绿的春景。下片转为叙事："尧街"考试方罢，"新郎君"们成行成对，桃杏花开，似等待着新进士们的赏花宴，为他们的登高枝、跳龙门而高兴，而太平无事的春日，将相们都骑马乘轿地郊游。正是这些，构成了帝里的独特春景。

再看《木兰花慢》：

拆桐花烂漫，乍疏雨、洗清明。正艳杏烧林，缃桃绣野，芳景如屏。倾城。尽寻胜去，骤雕鞍绀幰出郊坰。风暖繁弦脆管，万家竞奏新声。　盈盈。斗草踏青。人艳冶、递逢迎。向路旁往往，遗簪堕珥，珠翠纵横。欢情。对佳丽地，信金罍罄竭玉山倾。拚却明朝永日，画堂一枕春酲。

此词上片总叙自然与人文的春景：桐花、艳杏、缃桃，构成了如屏的芳景，在这大好春光，倾城人士寻胜游赏，车马遍于郊野，万家弦管新声。下片分叙而重在女性的活动：由于闺阁女子平日难以出门，趁此春日郊游，尽情踏青斗草，竟然不顾丢落了簪珥珠翠，以一尽欢情。末句表不惜醉饮以庆盛世新春之意。

又如《望海潮》：

---

① 周济：《介存斋论词杂著》，《介存斋论词杂著·复堂词话·蒿庵论词》，第6页。

② 刘熙载：《艺概》卷四《词曲概》，第108页。

东南形胜，江吴都会，钱塘自古繁华。烟柳画桥，风帘翠幕，参差十万人家。云树绕堤沙。怒涛卷霜雪，天堑无涯。市列珠玑，户盈罗绮竞豪奢。　重湖叠巘清嘉。有三秋桂子，十里荷花。羌管弄晴，菱歌泛夜，嬉嬉钓叟莲娃。千骑拥高牙。乘醉听箫鼓、吟赏烟霞。异日图将好景，归去凤池夸。

此首简直就是一篇小型的钱塘赋。开头三句分道钱塘的地理位置，大都会的重要，繁华的历史。“烟柳”两对句分写环境之美与住宅之美，再用“参差十万人家”来总括，以见人烟稠密，生活丰美。然后纵开写钱塘江之胜，是对“东南形胜”的进一步交代。再回到市中，写市场与人家，见消费城市的状况，是对“繁华”的进一步交代。下片铺叙西湖景色：从总体重湖（因白堤将西湖分隔为内外湖）叠巘的山水形势，到山上的三秋桂子，湖中的十里荷花，再到湖中的歌唱、演奏，钓叟莲娃的欢乐。最后称赏太守，并表贺其升迁之意。全首大部为铺叙，发端、结尾、换头以勾勒见力，语言妥贴，工于描绘，音节流宕参差，与铺叙描绘之笔相得益彰。

再看所写节令民俗者。《迎新春》：

嶰管变青律，帝里阳和新布。晴景回轻煦。庆嘉节、当三五。列华灯、千门万户。遍九陌、罗绮香风微度。十里然绛树。鳌山耸、喧天箫鼓。　渐天如水，素月当午。香径里、绝缨掷果无数。更阑烛影花阴下，少年人、往往奇遇。太平时、朝野多欢民康阜。随分良聚。堪对此景，争忍独醒归去。

此词写元宵佳节，在太平时期，因“朝野多欢民康阜”，节日的气氛自然非常热烈。开头写律管之变，帝里新春将到，一片阳和晴景，正准备元宵佳节的到来。上片着重写白天：千家万户都布列华灯，九陌大道，罗绮香风阵阵，绛树十里，鳌山高耸，满天都是箫鼓声。下片写夜晚：天静如水，皎洁的明月当空，香径里，多见绝缨掷果之人，待到夜色已深，在烛影花阴之下，常有青年人的浪漫奇遇。在这样的佳节，面对这样的良夜好景，又怎能独醒而归呢？全词叙事脉络井然，对佳节的特点、环境、活动、气氛都展现无遗。

《二郎神》写七夕：

炎光谢。过暮雨、芳尘轻洒。乍露冷风清庭户，爽天如水，玉钩遥挂。应是星娥嗟久阻，叙旧约、飙轮欲驾。极目处、乱云暗度，耿耿银河高泻。　闲雅。须知此景，古今无价。运巧思、穿针楼上女，抬粉面、云鬟相亚。钿合金钗私语处，算谁在、回廊影下。愿天上人间，占得欢娱，年年今夜。

上片铺叙七夕景色：阳光渐收，暮雨压尘，清风入庭，天碧如水，新月如钩，牛郎、织女阻隔已久，应焦急等待着相见了，远看微云暗度，银河明亮高挂。下片写人间乞巧及对爱情的企盼：对此美景良夜，众多女子向月乞巧，以至抬头时云鬟相亚，又不由自主想起唐明皇杨贵妃在长生殿回廊下七夕盟誓之事，表达了天上人间共同的团圆美满之愿。全词仍是主于叙述七夕的节俗诸事。

柳永有的词兼写太平盛景与节日习俗,因二者互为生发气氛、情趣,故所叙尤见盛世气象。如亦写元宵的仙吕宫《倾杯乐》:

禁漏花深,绣工日永,蕙风布暖。变韶景、都门十二,元宵三五,银蟾光满。连云复道凌飞观。耸皇居丽,嘉气瑞烟葱蒨。翠华宵幸,是处层城阆苑。　龙凤烛、交光星汉。对咫尺鳌山开雉扇。会乐府两籍神仙,梨园四部弦管。向晓色、都人未散。盈万井、山呼鳌抃。愿岁岁,天仗里、常瞻凤辇。

此词重在叙写元霄节皇帝与民同乐的情景:满月之下,皇城楼观壮丽,一片瑞烟佳气。在层城阆苑之中,翠华之下,御驾亲临了。龙凤烛与星光交辉,在鳌山边上,皇家的乐队弦管齐奏,通宵达旦的欢庆,直到晓色已临,都人还不肯散去,山呼以表年年得瞻凤辇的愿望。似这样叙述君民同过元宵佳节者,足抵宋人笔记的记载,而在词中却是柳永始开风气。

至于羁旅行役,更见柳永词铺叙之长。如《迷神引》:

一叶扁舟轻帆卷。暂泊楚江南岸。孤城暮角,引胡笳怨。水茫茫,平沙雁、旋惊散。烟敛寒林簇,画屏展。天际遥山小,黛眉浅。　旧赏轻抛,到此成游宦。觉客程劳,年光晚。异乡风物,忍萧索、当愁眼。帝城赊,秦楼阻,旅魂乱。芳草连空阔,残照满。佳人无消息,断云远。

上片铺写旅途中泊舟所闻所见:卷帆停舟,暂泊于楚江之南,听到孤城的阵阵暮角声,引起了自己的胡笳之怨。放眼望去,一片江水茫茫,雁落平沙,旋即惊散飞走,远处寒林如画,远山如眉。下片在叙事中抒情:异乡风物入我愁人之眼,想起自己轻抛旧赏而游宦他乡,更觉年光渐晚而客程劳顿,“帝城”三句,用三个三字句写出离京后的事由及所生感慨,最后又回到写景,叙其对所思佳人的牵挂。全词将时间、地点、景物、生情的缘由、自己的所思所想,都叙述得非常详细清楚。

柳永词因其叙事性而使词的容量加大,故多以长调作铺叙,在改变了小令以抒情为主的同时,又形成了词的独特时空结构,一般表现为今—昔—今的三段式,即:先叙当今之事,再回忆从前之事,然后回到当今,抒发感情。如《锦堂春》:

坠髻慵梳,愁蛾懒画,心绪是事阑珊。觉新来憔悴,金缕衣宽。认得这疏狂意下,向人诮譬如闲。把芳容整顿,恁地轻孤,争忍心安。　依前过了旧约,甚当初赚我,偷翦云鬟。几时得归来,香阁深关。待伊要、尤云殢雨,缠绣衾、不与同欢。尽更深、款款问伊,今后更敢无端。

此词为“闺音”代言，上片是女子的自道：头发懒得梳，眉毛懒得画，心绪不好。凡事都意兴阑珊，自己也感觉到最近人憔悴了，所穿的金缕衣也显得宽大了，为什么会这样呢？那是因为那个风流浪荡的家伙，心里一直就不把我当一回事。且不管他，自己还是打起精神，梳妆打扮，如果为了这事辜负了自己的青春，怎能心安呢？过片追想往事：他还是像从前一样过了约定的归期，那为什么当初要骗我偷偷剪下头发订下爱的盟约呢？然后设想，待他几时归来，我就把我的香阁关上，不让他进屋，等到他想要和我亲热了，我就不让他进被窝。让他一直等到更深夜半了，再问他，今后还敢不敢再这样了？

此词所写，绘声绘色，非常生动，语言浅近，多为当时口语，应是柳永应歌妓所需而写，所反映的就是当时市民的生活和心理、感情。可以设想，若演唱时配上表情、动作，应可与听众形成一定的互动关系，得到较热烈的反响，而反过来看，其创作也应有追求“剧场效应”的目的。全词皆为叙事或设想中的叙事，而今—昔—今(明)的三段式结构使之有更佳的表现效果。

这种不限于一时一地的时空结构，不仅见于叙事性之作，抒情者亦如此。如《曲玉管》：

> 陇首云飞，江边日晚，烟波满目凭阑久。立望关河，萧索千里清秋。忍凝眸。杳杳神京，盈盈仙子，别来锦字终难偶。断雁无凭，冉冉飞下汀洲。思悠悠。　暗想当初，有多少、幽欢佳会，岂知聚散难期，翻成雨恨云愁。阻追游。每登山临水，惹起平生心事，一场消黯，永日无言，却下层楼。

第一段写此时之所见，第二段为此时之所盼所想，第三段先回忆，再回到当前。也是这种三段式的时空结构。再如《夜半乐》(冻云黯淡天气)，其上片、中片都是写当今，下片则回忆昔时的“绣阁轻抛”，“后约丁宁”，再回到此时的“惨离怀，空恨岁晚归期阻”，在“杳杳神京路”的远眺中，结于“断鸿声远长天暮”。至于其他的羁旅行役之词，亦多三段式或更为复杂的时空结构，这在后面再论。

柳词的铺叙，对于词的艺术表现手段是很大的变革、发展。纵观词史，此前只有温庭筠的以画为词可以与之相比。为何这样说呢？因为铺叙对于词而言，实为以赋为词，可谓是一次重大的“破体”之举。刘勰云：“赋者，铺也；铺采摛文，体物写志也。”[①](《文心雕龙·诠赋》)可见，赋这种文体其特征就在于铺陈、铺叙，“铺采摛文”言其体制，“体物写志”言其功能。词在小令阶段，还很难做到“体物”，其短小的体制，本出于诗中律绝，故亦与之近，所不同者主要还是功能，一者主于“言志”，一者用于“缘情”。而待到具有赋体“铺采摛文”品格的铺叙手段进入词中，除了能“体物”外，又见其用于对事件、人情的叙述描写，在加强了“缘情”同时，又改变了词本与诗近的美学性质。还是用

① 刘勰著，范文澜注：《文心雕龙注》，第134页。

莱辛《拉奥孔》之说,即:在诗作为时间艺术的基础上,又加入了绘画作为空间艺术的因素,这样,就能用在时间上绵延的语言来表现在空间上并存的状态。此亦柳词常有融合时空为一体,又见时空转移、拓展,或出以今—昔—今三段式结构的原因所在。

刘熙载云:“赋起于情事杂沓,诗不能驭,故为赋以铺陈之。斯于千态万状,层见迭出者,吐无不畅,畅无或竭。”[①]此系言赋之所起及其所长,而柳永慢词之善作铺陈,亦改变了小令仅长于比兴,或含蓄、或直切的抒情方式,近于“千态万状,层见迭出”,又“吐无不畅,畅无或竭”。结合上说的时空转移问题,虽如温庭筠写边塞词,也有征人与思妇的两端跨越,但因受限于文字容量,其词多用略去连接词的意象并置,如同电影的“蒙太奇”,易给人理解带来困难。而柳永这一对令词的重大突破,为后来周邦彦、吴文英等人的慢词树立了榜样,使之更善于在词中作腾挪变化、转换时空,所以柳永的开拓之功是显而易见的。

从另一方面说,叙事性与俗文学又有必然的关系,讲唱、杂剧、小说等都以叙事为主要品格,柳永词兼有抒情与叙事,有时是两者兼用、各所侧重,其重在叙事者,对“缘情”之词有所背离,也有所发展,在远于士大夫文化的同时,则近于市井文化。陈廷焯说:“耆卿词,善于铺叙,羁旅行役,尤属擅长。然意境不高,思路微左,全失温、韦忠厚之意。词人变古,耆卿首作俑也。”[②]陈氏崇尚雅词,故有此说,不过他还是指出了柳词的长处,对于“词人变古,耆卿首作俑也”,则可以就叙事性而有以上的理解。后来的周邦彦词之所以雅俗共赏,其中一个主要原因就在于继承和发展了柳永的长于叙事,其继续变古之举,尤其符合市井俗人的欣赏趣味。

三、北宋慢词 当始耆卿

柳永在词史上的一大贡献在于词乐和词调。对于柳永创乐创调之功,李清照《词论》已有评价:“逮至本朝,礼乐文武大备。又涵养百馀年,始有柳屯田永者,变旧声作新声,出《乐章集》,大得声称于世。虽协音律,而词语尘下。”[③]直到宋末沈义父的《乐府指迷》仍说:“康伯可、柳耆卿音律甚协,句法亦多有好处。然未免有鄙俗语。”[④]“词语尘下”、“鄙俗语”固然是柳永俗词为雅人鄙嗤之由,但李清照从词史发展以作观照,对柳永词在乐律上的贡献是有充分肯定的。

经历了五代的动乱,礼乐遭受到很大破坏。周世宗重制雅乐,宋承周业,礼乐自在其中。而据《宋史》所载,“宋初循旧制,置教坊,凡四部(雅乐、宴乐、清乐、散乐)……每春秋圣节三大宴:其第一,皇帝升坐,宰相进酒,庭中吹觱栗,以众乐和之,赐群臣酒,皆就坐。宰相饮,作《倾杯乐》;百官饮,作《三台》。第二,皇帝再举酒,群臣立于席后,乐以歌起。第三,(中略)……第十九,用角抵,宴毕。”[⑤]可见,宋初的宫廷歌舞已非唐时可比,表演向小

① 刘熙载:《艺概》卷三《赋概》,第86页。
② 陈廷焯著,屈兴国校注:《白雨斋词话足本校注》卷一,第58页。
③ 李清照:《词论》,《李清照集校注》,第194页。
④ 张炎著、夏承焘校注,沈义父著、蔡嵩云笺:《词源注·乐府指迷笺释》,人民文学出版社1963年版,第46页。
⑤ 脱脱等:《宋史》卷一四二《乐志》,《二十五史》,第5610页。

型化、多样化发展。据杨荫浏先生研究，北宋雅乐可分为三类：一是专为郊庙和朝会典礼谱写的乐曲，用以歌颂天地和统治者的功德；二是将各地的“祥瑞”呈献给皇帝，并作瑞曲用于朝会大典，以之作为雅乐的一部分。如宋太宗端拱初年（998）创作的《祥麟》、《丹凤》、《河清》、《白龟》、《瑞麦》等《五瑞曲》，即新作的雅乐。三是传说中的远古歌曲，特别是《诗经》中的歌曲，作为“诗乐”成为了儒家文人教授学生的科目之一。①

至于燕乐，经历了五代，也显衰落，沈括《梦溪笔谈》例举一事即可见：

> 本朝燕部乐，经五代离乱，声律差舛。传闻国初比唐乐高五律。近世乐声渐下，尚高两律。予尝以问教坊老乐工，云：“乐声岁久，势当渐下。”一事验之可见：教坊管色，岁月浸深，则声渐差，辄复一易。祖父所用管色，今多不可用，唯方响皆是古器。铁性易缩，时加磨莹，铁愈薄而声愈下。乐器须以金石为准；若准方响，则声自当渐变。古人制器，用石与铜，取其不为风雨燥湿所移，未尝用铁者，盖有深意焉。律法既亡，金石又不足恃，则声不得不流，亦自然之理也。②

音乐的传承主要靠乐工，如段安节《乐府杂录序》所说：“……桑间旧乐，濮上新声，金丝慎选于精能，本领皆传于故老。”③北宋教坊虽规模不逮唐代，但经乐工的世代传承，也能得以继续。本书第一章已论词调源于教坊曲，按这一创调原则，柳永所创“新声”亦必出自教坊。而叶梦得《避暑录话》对柳永与教坊乐工的交往已有论及：“（柳永）为举子时多游狭邪，善为歌辞。教坊乐工每得新腔，必求永为辞，始行于世。于是声传一时。”④用柳永自己的话来说，就是“风暖繁弦脆管，万家竞奏新声”（《木兰花慢》），他自然不甘落后于新兴乐曲，从其《玉蝴蝶》即可知，其新词调之创，常是出于歌妓的请求：“珊瑚筵上，亲持犀管，旋叠香笺。要索新词，殢人含笑立尊前。按新声、珠喉渐稳，想旧意、波脸增妍。”在“珠喉渐稳”中，所作也逐渐走向成熟。而由于适合市井听众的需要，增强了叙事性和通俗性，使得柳永的新词调，常具有善于铺叙和语言俚俗的特点，这也决定了新创者多为慢词。

柳永的“变旧声作新声”是与教坊乐工合作的结果，其慢词的铺叙与俚俗则是与歌妓合作的结果，柳永兼具文学与音乐之长，懂得如何倚新声而作歌词，与乐工、歌妓的合作，使得二者做到谐婉合律，而能“大得声称于世”。虽现在难以知道其词的歌法，却仍能通过宋人所评而间接了解其情况及效果。除了前引李清照所说外，再如王灼有云：

> 柳耆卿《乐章集》，世多爱赏，其实该洽，序事闲暇，有首有尾，亦间出佳语，又能择声律谐美者用之。⑤

① 详参杨荫浏：《中国古代音乐史稿》第十七章《宫廷的雅乐》，人民音乐出版社 2004 年版。

② 沈括撰，胡道静校注：《新校正梦溪笔谈》卷一，第 294—295 页。

③ 段安节：《乐府杂录·序》，《羯鼓录·乐府杂录·碧鸡漫志》，第 19 页。

④ 叶梦得：《避暑录话》卷三，《宋元笔记小说大观》，第 2629 页。

⑤ 王灼著，岳珍校正：《碧鸡漫志校正》卷二，第 36 页。

陈振孙《直斋书录解题》云:

其词格固不高,而音律谐婉,语意妥帖,承平气象,形容曲尽。①

都说到声律谐美或音律谐婉。南宋谢维新则云:"范蜀公少与柳耆卿同年,爱其才美。闻作乐章,尝叹曰:'缪其用心。'谢事之后,亲旧间盛唱柳词,复叹曰:'仁庙四十二年太平,吾身为史官二十年,不能赞述,而耆卿能尽形容之。'"②于"亲旧间盛唱柳词"一语,足见柳永词因其音律之美而能流行。

对于柳词音乐上的特点,此处举一例可明其大概。沈曾植云:

《卮言》(按,指王世贞《艺苑卮言》)谓花间犹伤促碎,至南唐李主父子而妙。殊不知促碎正是唐馀本色,所谓词之境界,有非诗之所能至者,此亦一端也。五代之词促数,北宋盛时啴缓,皆缘燕乐音节蜕变而然。即其词可悬想其缠拍。花间之促碎,羯鼓之白雨点也。乐章之啴缓,玉笛之迟其声以媚之也。庆历以前词情,可以追想。唐时乐句,美成、不伐以后,则大晟功令,日趋平整矣。③

这段话关系到词乐之变,以及柳永词相关音乐者似有以下几点:其一,五代词的"促数",北宋盛时词的"啴缓"都是由于燕乐音节的蜕变而造成的,因此,从五代到柳永时期的一百多年中,燕乐发生了较大的变化。其二,"啴缓"因"玉笛之迟其声以媚之",区别于五代以羯鼓之"白雨点"节奏所成之"促碎",这既说明五代承唐而以羯鼓为节奏乐器,到宋变为以笛为主要节奏乐器,也说明了宋初词乐与五代词乐基调的差别。其三,"乐章之啴缓,玉笛之迟其声以媚之也"说明了柳永与乐工合作,乐工所用主要乐器是笛。其四,若"即其词可悬想其缠拍",那么柳永词与笛子的"啴缓"相谐,应适合于慢词,这是柳词多长调的音乐原因。其五,突出了"庆历以前词情",说明了柳词的重要。柳词应大成于庆历之前,是柳永的中年时期,沈曾植所说,指出了柳永以《乐章集》的"啴缓"介于五代的"促碎"与大晟的"平整"之间,其作为词乐发展的中间阶段,重要性及在词乐史上的地位也可知。

《乐章集》按宫调编排,此处列其前四个宫调之下的各个词调:

[正宫]:《黄莺儿》、《玉女摇仙佩》、《雪梅香》、《尾犯》、《早梅芳》、《斗百花》(亦名夏州)、《甘草子》。

[中吕宫]:《送征衣》、《昼夜乐》、《柳腰轻》、《西江月》。

[仙吕宫]:《倾杯乐》、《笛家弄》。

---

① 陈振孙:《直斋书录解题》卷二一,第583页。

② 谢维新:《古今合璧事类备要》后集,转引自厉鹗《宋诗纪事》卷一四,上海古籍出版社1983年版,第364页。

③ 沈曾植:《菌阁琐谈》,《词话丛编》。原标点似有误,据文意改之,第3606–3607页。

[大石调]:《倾杯乐》、《迎新春》、《曲玉管》、《满朝欢》、《梦还京》、《凤衔杯》、《鹤冲天》、《受恩深》、《看花回》、《柳初新》、《两同心》、《女冠子》、《玉楼春》、《金蕉叶》、《惜春郎》、《传花枝》。

由此而可知,《乐章集》之词是完全可以唱的。

柳永创调所倚的新声,主要流传于市井,虽不违于词调本出于教坊俗乐的创调原则,却为士大夫所轻视,尤其柳永所贯彻的文乐一致的原则,易于为大众所欣赏的原则,造成了文词的俚俗,更为他们所不齿,以上所引的诸论家评价几乎一致,都在肯定其知音识律同时,也否定其尘下、轻俗,可见市井文化与主流文化之间有着显著的矛盾,后者还很难做到对前者的欣喜受容。只是在柳永女性词之外的羁旅行役等抒情性题材,才得到文情的认可,而或许能及于其声情。

柳永倚市井新声所用之词调,以慢词尤多。翻检《乐章集》,若将九十字左右的词作为慢词,柳永的慢词有一百首,占其全部词作的百分之四十六。这些作品所用的词调有六十九个。其中见于《教坊记》的旧曲,共有二十八调,共四十三首。不见于《教坊记》曲名表,而确属隋唐燕乐曲调的,有九调。列表如下:

调名见于《教坊记》者						《教坊记》外的隋唐燕乐曲调		
调 名	字数	首数	调名	字数	首数	调 名	字数	首数
送征衣	121	1	迎新春	105	1	轮台子	114/141	2
女冠子	112	2	传花枝	101	1	集贤宾	117	1
雨霖铃	103	1	征部乐	105	1	八六子	91	1
采莲令	91	1	浪淘沙	135	1	法曲献仙音	91	1
二郎神	104	1	定风波	105/99	2	应天长	93	1
曲玉管	105	1	凤归云	102/119	2	内家娇	105	1
留客住	98	1	破阵乐	133	1	塞孤(姑)	95	1
抛毬乐	188		长相思	103	1	十二时	130	1
望远行	106	2	洞仙歌	121/123/126	3	卜算子慢	89	1
离别难	112	1	玉蝴蝶	99	5			
八声甘州	97	1	迷神引	97	2			
六幺令	94	1	透碧霄	112	1			
木兰花慢	101	3	安公子	106	2			
长寿乐	113	2	夜半乐	145	1			

除以上三十七调出于唐曲外,柳永自创新调三十二调。列表如下①:

调名	字数	首 数	调名	字数	首数
黄莺儿	96	1	玉山枕	113	1
雪梅花	105	1	玉女摇仙佩	139	1
尾犯	98、94	2	昼夜乐	98	2
倾杯乐	116/106/108/110/104	8	早梅芳慢	105	1
笛家弄	102	1	满朝欢	101	1

① 二表数据出自徐安琪论文《试论柳永慢词的创作思想》,载《柳永新论》,海峡文艺出版社 2002 年版。

续表

调名	字数	首数	调名	字数	首数
漫卷紬	111	1	尉迟杯	105	1
归朝欢	104	1	西平乐	101	1
一寸金	108	1	永遇乐	104	2
夏云峰	91	1	双声子	103	1
阳台路	97	1	醉蓬莱	97	1
宣清	115	1	锦堂春	100	1
合欢带	105	1	驻马听	93	1
戚氏	212	1	引驾行	125、106	2
彩云归	100	1	击梧桐	108	1
望海潮	107	1	如鱼水	97、93	2
满江红	93、93、97、91	4	竹马子	103	1

柳永对词的发展取得突破性变革的就是慢词。虽敦煌曲子词已经有《凤归云》、《内家娇》、《倾杯乐》等慢词长调，但是温韦等晚唐词人，所作皆为小令，到五代，仅后唐庄宗、尹鹗等少数几人用过几个长调。

因柳永创调甚多，有些后来较少使用，故邹祗谟说："僻调之多，以柳屯田为最。此外则周清真、史梅溪、姜白石、蒋竹山、吴梦窗、冯艾子集中，率多自制新调，馀家亦复不乏。"[①]近代大词家郑文焯《批校乐章集》则说："《乐章集》中，多存旧谱，故音拍繁促，乃词家本色。南渡后，乐部放失，故曲坠逸，大半虚谱无辞，赖是以传，亦审音所宜究心者也。"戴正诚辑《大鹤先生手札汇钞》又说："盖两宋大家，如柳、周、姜、史词，往往句中夹协，似韵非韵。于句读尤多见之。屯田是句似亦偶合，不须深究谱例。但取其音拍铿訇，讽入吟口，无复凝滞。即依永和声，已得空积勿微之旨。"[②]此又系郑文焯深味有得之体会，对于认识柳词的乐律极有帮助。

对柳永创作慢词在词史上的意义和价值，宋翔凤有一公允评价：

按词自南唐以后，但有小令。其慢词盖起宋仁宗朝。中原息兵，汴京繁庶，歌台舞席，竞赌新声。耆卿失意无俚，流连坊曲，遂尽收俚俗语言，编入词中，以便伎人传习。一时动听，散播四方。其后东坡、少游、山谷辈，相继有作，慢词遂盛……柳词曲折委婉，而中具浑沦之气。虽多俚语，而高处足冠群流，倚声家当尸而祝之。如竹垞所录，皆精金粹玉。以屯田一生精力在是，不似东坡辈以馀事为之也。耆卿蹉跎于仁宗朝，及第已老，其年辈实在东坡之前。先于耆卿，如韩稚圭、范希文，作小令，惟欧阳永叔间有长调。罗长源谓多杂入柳词，则未必欧作。余谓慢词，当始耆卿矣。[③]

---

① 邹祗谟：《远志斋词衷》，《词话丛编》，第645页。

② 郑文焯著，戴正诚辑：《大鹤先生手札汇钞》，《词话丛编》，第4353-4354页。

③ 宋翔凤：《乐府馀论》，《词话丛编》，第2499页。

在唐代民间词湮没至久之后，柳永以其文人慢词继承、发展了敦煌曲子词的长调形式，及其创作精神，开创了宋代文人词的新时代，在一定意义上可以认为，这是市井文化的柳词，对士大夫文化的“庶民的胜利”。

第五节 北宋巨手 继往开来：二论柳永

“余谓慢词，当始耆卿”只是后来的词论家之见，在士大夫文化已臻成熟的时代，柳永以“白衣卿相”自居，疏远、背离了“务本向道”的时代潮流，自被排除在主流文化之外，其事业与人生，都非成功者，后来他自己在《少年游》与《戚氏》中，都多少可见追悔之意。在官场失意同时，他“忍把浮名，换了浅斟低唱”，因其词的市井文化性质，而得到了“俗子之悦”。胡仔《苕溪渔隐丛话后集》引《艺苑雌黄》云：“柳之《乐章》，人多称之，然大概非羁旅穷愁之词，则闺门淫媟之语；若以欧阳永叔、晏叔原、苏子瞻、黄鲁直、张子野、秦少游辈较之，万万相辽。彼其所以传名者，直以言多近俗，俗子易悦故也。”[①]然而，“俗子易悦”者只是其“言多近俗”的作品，这仅是柳词的一个方面。柳永也有不少雅词。黄昇在编选《唐宋以来绝妙词选》时虽指出柳永“长于纤艳之词，然多近俚俗，故市井之人悦之”，但又能“取其尤佳者”以编入，即可见柳词非仅有俗作[②]。上引宋翔凤《乐府馀论》在解释柳永俗词产生原因同时，对其雅词作了足够的肯定，如“柳词曲折委婉，而中具浑沦之气”，“高处足冠群流，倚声家当尸而祝之。如竹垞所录，皆精金粹玉”。本节拟论柳永词的“曲折委婉”、“浑沦之气”、“高处足冠群流”，及其在宋词以至词曲发展中继往开来的作用。

一、写景尤工 出之自然

冯煦《蒿庵论词》崇尚雅词，因之而对柳永以“北宋巨手”而“好为俳体”表示惋惜：“耆卿词，曲处能直，密处能疏，奡处能平，状难状之景，达难达之情，而出之以自然，自是北宋巨手。然好为俳体，词多媟黩，有不仅如《提要》所云‘以俗为病’者。《避暑录话》谓：‘凡有井水饮处，即能歌柳词’。三变之为世诟病，亦未尝不由于此。盖与其千夫竞声，毋宁《白雪》之寡和也。”[③]对柳永词因其俚俗而接受面太广，遂为世所诟病，表示宁可曲高而和寡之意。而冯煦所说，又指出了以雅词眼光所看到的柳词艺术上之长处，虽简而全，说得非常准确。前面已论柳词对慢词的开拓，柳永慢词有铺叙之长，而铺叙除叙事外，又见于写景，且写景是“曲折委婉”、“浑沦之气”的基础，并可见其“高处足冠群流”，故此处拟先就冯煦所说的“状难状之景”，结合“曲处能直，密处能疏，奡处能平”而论之。

我国古代常有情因物感之说，陆机《文赋》有云：“遵四时以叹逝，瞻万物而思纷；

① 胡仔：《苕溪渔隐丛话》后集卷三九，第319页。

② 黄昇：《花庵词选·唐宋诸贤绝妙词选》卷五，第93页。

③ 冯煦：《嵩庵论词》，《介存斋论词杂著·复堂词话·蒿庵论词》，第60页。

④ 陆机著，张少康集释：《文赋集释》，上海古籍出版社1984年版，第14页。（版本后同）

悲落叶于劲秋，喜柔条于芳春。心懔懔以怀霜，志眇眇而临云。”④刘勰《文心雕龙·物色》亦云：“春秋代序，阴阳惨舒，物色之动，心亦摇焉”，“物色相召，人谁获安？是以献岁发春，悦豫之情畅；滔滔孟夏，郁陶之心凝；天高气清，阴沉之志远；霰雪无垠，矜肃之虑深。岁有其物，物有其容；情以物迁，辞以情发。一叶且或迎意，虫声有足引心。”①词较之于诗，尤见抒情深细微妙，其起情也多因“物色相召”，所以景物描写非常重要。柳永的《少年游》就是“物色相召”的悲秋伤离之作：

参差烟树灞陵桥。风物尽前朝。衰杨古柳，几经攀折，憔悴楚宫腰。　夕阳闲淡秋光老，离思满蘅皋。一曲《阳关》，断肠声尽，独自凭兰桡。

此词的写景构图以灞桥为中心，衰杨古柳，夕阳秋光，蘅皋将暮，在这一画面背景中，又传来阳关古曲，最后才出以独自凭栏的形象。物色摇心，哀景传情，于冯煦所说的“密处能疏，奡处能平，状难状之景，达难达之情”②最合。又如《佳人醉》：

暮景萧萧雨霁。云淡天高风细。正月华如水。金波银汉，潋滟无际。冷浸书帷梦断，却披衣重起。临轩砌。　素光遥指。因念翠蛾，杳隔音尘何处，相望同千里。尽凝睇。厌厌无寐。渐晓雕阑独倚。

此词篇幅较前者稍长，写景亦较多。上片由暮景而夜色，月光“冷浸书帷”而“梦断”，披衣而起，临轩遥看月亮，起怀人之想，而直至天之将晓。

前人的令词之作，也常是以景引情或情结景中，总体上遵循情景交融的创作原则。因受限于篇幅，还很难突破诗中律绝“以少总多”式的写景，柳永也如此。故此有少数词人如聂冠卿，为充分表达对太平盛世的歌酒享受，遂借助长调以作铺排。到柳永之大量作慢词，就充分发挥其铺叙之长，于写人事风景两端都有较大的变革，前者已论，兹论后者。

看其《女冠子》：

断云残雨。洒微凉、生轩户。动清籁、萧萧庭树。银河浓淡，华星明灭，轻云时度。莎阶寂静无睹。幽蛩切切秋吟苦。疏篁一径，流萤几点，飞来又去。　对月临风，空恁无眠耿耿，暗想旧日牵情处。绮罗丛里，有人人、那回饮散，略曾谐鸳侣。因循忍便睽阻。相思不得长相聚。好天良夜，无端惹起，千愁万绪。

此词是典型的前景后情写法，上片全为写景，兼及远近，由形而声，大小相间，描绘出一幅清疏幽寂的秋景图，也营造出了抒情的气氛。下片的无眠耿耿，暗想旧情，皆因秋景

---

① 刘勰著，范文澜注：《文心雕龙注》，第693页。

② 冯煦：《蒿庵论词》，《介存斋论词杂著·复堂词话·蒿庵论词》，第60页。

所兴，此时的孤寂清幽，更容易勾起对往事的回忆。过片“对月临风”承上而启下，接以言情之笔，又以“好天良夜”反惹愁绪作结。如果不是上片的写景，能在接受过程中进入所营建的气氛，能以其情出于自然吗？其半首的写景出之以自然，也使得言情出之以自然。

《八声甘州》是柳永慢词的名篇，写景之兴情，尤得人赞赏：

对潇潇、暮雨洒江天，一番洗清秋。渐霜风凄紧，关河冷落，残照当楼。是处红衰翠减，苒苒物华休。惟有长江水，无语东流。　不忍登高临远，望故乡渺邈，归思难收。叹年来踪迹，何事苦淹留。想佳人、妆楼颙望，误几回、天际识归舟。争知我、倚阑干处，正恁凝愁。

此词开局即展示了一个非常开阔的秋天画面，在这一江天背景中，由“当楼”可知作者所处位置，登临远眺，继续逐个展现不同层次的秋景。过片以登高临远而“不忍”，总写乡思与相思，尤展开对佳人颙望的设想。词中的写景充分证明并表现了“物色之动，心亦摇焉”，“物色相召，人谁获安”的原理，既可相对独立，又与抒情不可或分，因其摹写秋景而营壮阔境界，写来密而能疏，出之自然，“北宋高手”的本色呈现无遗，故极得论者好评。赵令畤《侯鲭录》引苏轼所评：

世言柳耆卿曲俗，非也。如《八声甘州》云：“霜风凄紧，关河冷落，残照当楼。”此语于诗句，不减唐人高处。”[①]

此说应指其气象、境界不减唐人之诗，而非小词家数。俞陛云理解为：“起二句有俊爽之致。‘霜风’、‘残照’三句音节悲抗，如江天闻笛，古戍吹笳，东坡极称之，谓唐人佳处，不过如此。以其有提笔四顾之慨，类太白之‘牛渚望月’，少陵之‘夔府清秋’也。”又说：“其下二句顺笔写之，至结句江水东流，复能振起。”[②]刘体仁亦以之与诗并论，赏其境界壮伟：“词有与古诗同妙者，如……‘关河冷落，残照当楼’，即敕勒之歌也。”[③]陈廷焯虽鄙薄柳永词，却仍以此词“情景兼到，骨韵俱高，无起伏之情，有生动之趣”，称之为“古今杰构”[④]。其“无起伏之情，有生动之趣”一语，与冯煦“曲处能直”之说颇近。

《满江红》也是柳词的名篇：

暮雨初收，长川静、征帆夜落。临岛屿、蓼烟疏淡，苇风萧索。几许渔人飞短艇，尽载灯火归村落。遣行客、当此念回程，伤漂泊。　桐江好，烟漠漠。

---

① 赵令畤：《侯鲭录》卷七，《宋元笔记小说大观》，第2091页。

② 俞陛云：《唐五代两宋词选释》，第149页。

③ 刘体仁：《七颂堂词绎》，《词话丛编》，第617页。

④ 陈廷焯：《词则·大雅集》卷二，第51页。

波似染，山如削。绕严陵滩畔，鹭飞鱼跃。游宦区区成底事，平生况有云泉约。归去来、一曲仲宣吟，从军乐。

此首写景笔墨尤多，仅上结二句，下片后四句为抒情，其馀皆为景语。上片的桐江静景点缀着渔人之动，是风景画与风俗画的结合，换头四个三字句概括精当，尽得桐庐山川之美，而严陵滩的鹭飞鱼跃又是静中一动，此数句韵律优美，是绘画与音乐的结合。《湘山野录》说："范文正公谪睦州，过严陵祠下。会吴俗岁祀，里巫迎神，但歌《满江红》。"[①]所歌即此词。人们之所爱，应与其写景之好有关，尤其是下片数句，真是写桐江严陵的妙笔。

再如《夜半乐》：

冻云黯淡天气，扁舟一叶，乘兴离江渚。渡万壑千岩，越溪深处。怒涛渐息，樵风乍起，更闻商旅相呼。片帆高举。泛画鹢、翩翩过南浦。　望中酒旆闪闪，一簇烟村，数行霜树。残日下，渔人鸣榔归去。败荷零落，衰杨掩映，岸边两两三三，浣沙游女。避行客、含羞笑相语。　到此因念，绣阁轻抛，浪萍难驻。叹后约丁宁竟何据。惨离怀，空恨岁晚归期阻。凝泪眼、杳杳神京路。断鸿声远长天暮。

此词三片，前二片皆为写景，仅首片"商旅相呼"为所闻之声，中片渔人、浣女为人文之景，馀皆写自然外景。陈匪石《宋词举》对其写景及其与抒情的关系分析甚好：

第一段只说"扁舟"远渡所过之地，于"黯淡天气"中，渡"千岩""万壑"。"怒涛"息，"樵风"起，"南浦"之"过"，既饶别离滋味；"商旅相呼"，亦为"绣阁""后约"反映。第二段写途中所见，"酒旆"、"烟村"、"霜树"、"渔榔"、"败荷"、"衰杨"，皆一片萧飒之景。而两三浣女，羞"避行客"，荒凉中之点缀，似空中足音，触起离怀之惨。缓缓叙来，只是说景，别离之意，言外得之。而其写景则极平淡，极幽艳，周济谓"柳词总以平叙见长，中以一二语钩勒提掇"，冯煦谓"状难状之景"，即此是也。[②]

又就其三片结构而论其一词中两种作法，指出其长处，及对周邦彦、吴文英的影响：

第三段"到此因念"一语拍转。"此"字结束上两段之景，"念"字引起本段离怀……前两段纡徐为妍，为末段蓄势；末段卓荦为杰，一句松不得，一字闲不得，为前两段归结。一词之中，兼两种作法。郑文焯论词，曰骨气，曰高健，端在于此。至其以清劲之气、沉雄之魂，运用长句，尤耆卿特长。美成《西平乐》、梦窗《莺啼

① 释文莹：《湘山野录》卷中，第29页。

② 陈匪石：《宋词举》，《宋词举》(外三种)，第143页。

序》，全得力于柳词。盖耆卿之不可及者，在骨气不在字面，彼嗤为纤艳俚俗者，未深得三昧也。①

此词三片，长达一百四十四字，上片记泛舟所经历，中片叙舟行之所见，下片抒远游之情感。因篇幅很长，写景笔墨甚多，倘平铺直叙，则难见起伏波澜，易使人生厌，故作者既注重叙写的层次，又在铺叙中使用了大开大阖的手段。

陈廷焯论前者：

此篇层次最妙，始而渡江直下，继乃江尽溪行，"渐"字妙，是行路人语。盖风涛虽息耳中，风涛犹未息也。"樵风"句，点缀荒野尚未依村落也。继见"酒旗"，继见"渔人"，继见"游女"，则已傍村落矣。因游女而触离情，不禁叹归期无据。别时邀约，不过一时强慰语耳。"绣阁轻抛，浪萍难驻"，飘零岁暮，悲从中来。继而"断鸿声远"，白日两颓，旅人当此，何以为情。层次之妙，令人寻味不尽。陈直斋谓耆卿最工于行役羁旅，信然。②

陈锐论后者：

柳词《夜半乐》云："怒涛渐息，樵风乍起，更闻商旅相呼，片帆高举。泛画鹢、翩翩过南浦。"此种长调，不能不有此大开大阖之笔。③

《夜半乐》一词，虽因避免平铺直叙而既重层次，又重开阖，但全词安排及叙写，都极其自然，不见人工织绣之痕。柳永其他作品也如此，所以如同冯煦称其"自然"，夏敬观也说：

耆卿写景无不工，造句不事雕琢，清真效之，故学清真词者，不可不读柳词④。

当然，柳永如《夜半乐》这样的作品不多，所以《吷庵词评》又说："耆卿多平铺直叙，清真特变其法，一篇之中，回环往复，一唱三叹，故慢词始盛于耆卿，大成于清真。"⑤不过，蔡嵩云所见不同，其《柯亭词论》在充分肯定柳词的写景同时，又赞其章法：

柳词胜处，在气骨，不在字面。其写景处，远胜其抒情处。而章法大开大阖，为后起清真、梦窗诸家所取法，信为创调名家。如《玉蝴蝶》"望处雨收云断"、《夜半

① 陈匪石：《宋词举》，《宋词举》(外三种)，第143–144页。
② 陈廷焯：《词则·别调集》卷一，第582–583页。
③ 陈锐：《褒碧斋词话》，《词话丛编》，第4202页。
④ 夏敬观：《吷庵词评》，《词学》第五辑，第199页。
⑤ 夏敬观：《吷庵词评》，《词学》第五辑，第199页。

乐》“冻云黯淡天气”、《安公子》“远岸收残雨”、《倾杯乐》“木落霜州”、《卜算子慢》“江枫渐老”、《甘州》“对潇潇暮雨洒江天”诸阕，写羁旅行役中秋景，均穷极工巧。①

笔者以为，相较而言，柳永毕竟是文人词始作长调，难出“后出转精”的规律，其起伏、开阖、变化确实不如后出的清真词，却毕竟在不失自然这一点上，体现出慢词写景的初始状态及其所长，而因柳词的“写景尤工”，则可将苏轼评王维的“诗中有画”②改为“词中有画”，以移赠给柳永。

二、熔情入景　无限凄异

《文心雕龙·物色》肯定了《诗经》的“以少总多，情貌无遗”，以为“虽复思经千载，将何易夺？”而对辞赋之起及其描写性内容取批评性态度：“及《离骚》代兴，触类而长，物貌难尽，故重沓舒状，于是嵯峨之类聚，葳蕤之群积矣。及长卿之徒，诡势瑰声，模山范水，字必鱼贯，所谓诗人丽则而约言，辞人丽淫而繁句也。”③笔者在前面论柳永词的铺叙时曾以赋体相拟，赋可以欲讽反谀，柳词的写景是否也属“丽淫而繁句”呢？陈廷焯说：“东坡、少游，皆是情馀于词，耆卿乃辞馀于情，解人自辨之。”④以其辞馀于情，怕多少有此一意。但周济却认为：“耆卿于写景中见情，故淡远。方回于言情中布景，故浓至”⑤，又说“耆卿熔情入景，故淡远”⑥，意思相近。甚而说：“清真词多从耆卿夺胎，思力沈挚处往往出蓝。然耆卿秀淡幽艳，是不可及。后人摭其《乐章》，訾为俗笔，真瞽说也。”⑦在诸家所论中，窃以为朱祖谋所说更为可取：

柳词浑妙深美处，全在景中人，人中意，而往返回应，又能托寄清远。达之眼前，不嫌凌杂。诚如化人城郭，非烟非雾光景。殆一片神行，虚灵四荡，不可以迹象求之也。⑧

接着又说：“余玩索是集，每与作者着意机括转关处，慎审揣得，以墨为注之，真词中之眼，如画龙点睛，神观超越，使观者目送其破壁飞去已，安得不惊叹叫绝！”⑨而郑文焯则说：

① 蔡嵩云：《柯亭词论》，《词话丛编》，第4911页。

② 苏轼：《书摩诘蓝田烟雨图》，《苏轼全集·文集》卷七〇，第2189页。

③ 刘勰著，范文澜注：《文心雕龙注》，第694页。

④ 陈廷焯著，屈兴国校注：《白雨斋词话足本校注》卷一，第60–61页。

⑤ 周济：《宋四家词选眉批》，《词话丛编》，第1653页。

⑥ 周济：《宋四家词选目录序论》，《介存斋论词杂著·复堂词话·蒿庵论词》，第12–13页。

⑦ 周济：《宋四家词选眉批》，《词话丛编》，第1651页。

⑧ 朱祖谋：《手书〈柳永词〉》，转引自姚学贤、龙建国纂《柳永词详注及集评》，中州古籍出版社1991年版，第255页。（版本后同）

⑨ 朱祖谋：《手书〈柳永词〉》，转引自《柳永词详注及集评》，第255页。

周、柳词高健处惟在写景，而景中人自有无限凄异之致，令人歌笑出地。正如黄祖叹祢生，悉如吾胸中所欲言，诚非深于比兴，不能到此境也。①

柳永词固然有俚俗而“词语尘下”者，却自有其雅人深致，郑文焯所说确是深味有得之言。且看其中调《诉衷情近》：

雨晴气爽，伫立江楼望处。澄明远水生光，重叠暮山耸翠。遥认断桥幽径，隐隐渔村，向晚孤烟起。　　残阳里。脉脉朱阑静倚。黯然情绪，未饮先如醉。愁无际。暮云过了，秋光老尽，故人千里。竟日空凝睇。

此词上片全为写景，经过片而出情，却又插入“暮云过了，秋光老尽”二句，可见写景占了大半篇幅。上片所写景色很见层次，清远而空明，客观描绘之中，却令人有萧瑟荒寒之感，得“残阳里。脉脉朱阑静倚”一点，更出凄清寂寞之情。联系作者离开汴京南下游江南的经历，词当写于此时，其“黯然情绪”，如醉却愁，皆因“故人千里”而生。如此，则景语皆情语，而“景中人自有无限凄异之致”。

再如《采莲令》：

月华收，云淡霜天曙。西征客、此时情苦。翠娥执手送临歧，轧轧开朱户。千娇面、盈盈伫立，无言有泪，断肠争忍回顾。　　一叶兰舟，便恁急桨凌波去。贪行色、岂知离绪。万般方寸，但饮恨，脉脉同谁语。更回首、重城不见，寒江天外，隐隐两三烟树。

此词景与情夹杂而写，开头写月收云淡、霜天欲曙，在这一背景下展开送客一幕，执手无言，开户轧轧，无言中有泪，行者断肠而不忍回顾。换头写舟行之快，怨行色匆匆而不理会离人情绪，“万般”两句，写别后独自饮恨、无人可语之情。“更回首”至结束，以远景寄情，情在景中，辽远开阔之中兼有意境与笔力。故唐圭璋说：“屈子云：‘过夏首而西浮兮，顾龙门而不见。’收处仿佛似之。”②

更能见“景中人，人中意”的“浑妙深美”者，还是其慢词。如《雨霖铃》：

寒蝉凄切。对长亭晚，骤雨初歇。都门帐饮无绪，留恋处、兰舟催发。执手相看泪眼，竟无语凝噎。念去去、千里烟波，暮霭沈沈楚天阔。　　多情自古伤离别。更那堪、冷落清秋节。今宵酒醒何处，杨柳岸、晓风残月。此去经年，应是良辰、好景虚设。便纵有、千种风情，更与何人说。

---

① 郑文焯著，龙沐勋辑：《大鹤山人论词遗札》，《词话丛编》，第4348页。

② 唐圭璋：《唐宋词简释》，第72页。

此词与一般的先景后情写法不同,而是先说事由:在寒蝉凄切之秋日,与所爱者长亭作别,设帐饮酒饯行,却又实无情绪,难以下咽,船家催着要走,只有执手作别,泪眼朦胧,无语似噎。以下即展开想象,想到千里之外的烟波渺渺,暮霭沈沈,辽远的南天更极远之处,心里当然就更沉重了。换头突作感慨:"多情自古伤离别,更那堪冷落清秋节!"前句体认人生感触的哲理,后句则以物候加重之。虽未行或始行,却已设想到"今宵酒醒"之处,柳岸的杨柳系不住行舟,与自己相伴的只有凉凉的晓风,弯弯的残月。因为身边再无所爱,所以良辰美景如同虚设,千种风情也无人可说了。作者三度写景,穿插词中,不是单纯写景,而是景中有人,人心有意,全词堪称"浑妙深美"。尤其词中"今宵酒醒何处,杨柳岸、晓风残月",历来以为名句。王世贞认为,与秦少游"酒醒处,残阳乱鸦","同一景事,而柳尤胜"①。沈谦《填词杂说》与之同苏轼相较:

词不在大小浅深,贵于移情。"晓风残月"、"大江东去",体制虽殊,读之皆若身历其境,惝怳迷离,不能自主,文之至也。②

刘熙载则拟之为画中的点染:

词有点,有染。柳耆卿《雨霖铃》云:"多情自古伤离别。更那堪、冷落清秋节。今宵酒醒何处,杨柳岸、晓风残月。"上二句点出离别冷落,"今宵"二句乃就上二句意染之。点染之间,不得有他语相隔,隔则警句亦成死灰矣。③

如果说点笔二句是"人中意"的言情,染笔二句则是"景中人"的写景。宜于俞陛云所说:

客情之凄其,风景之清幽,怀人之绵邈,皆在"杨柳岸"七字之中,宜二八女郎红牙按拍,都唱屯田也。此七字已探骊得珠。④

陈廷焯不重柳词,然而其《词坛丛话》却说:"秦写山川之景,柳写羁旅之情,俱臻绝顶,有不可以言语形容者。"⑤如果说《雨霖铃》尚是羁旅之始,那么《玉蝴蝶》则是旅中羁情了:

望处雨收云断,凭阑悄悄,目送秋光。晚景萧疏,堪动宋玉悲凉。水风轻、蘋花渐老,月露冷、梧叶飘黄。遣情伤。故人何在,烟水茫茫。　难忘。文期酒会,几

① 王世贞:《艺苑卮言》,《词话丛编》,第387页。
② 沈谦:《填词杂说》,《词话丛编》,第629页。
③ 刘熙载:《艺概》卷四《词曲概》,第119页。
④ 俞陛云:《唐五代两宋词选释》,第148页。
⑤ 陈廷焯:《词坛丛话》,《词话丛编》,第3721页。

孤风月，屡变星霜。海阔山遥，未知何处是潇湘。念双燕、难凭远信，指暮天、空识归航。黯相望。断鸿声里，立尽斜阳。

此首以“望处”二字统摄全篇，上片景中有情，下片情中写景，又结于景。“悄悄”二字，已蕴悲意，“晚景”二句起情，却不直写，又转为景语，通过“水风轻”两对句，寄情于萍老、梧黄之景，上结三句，才折回怀人之情。下片回忆当年文酒之乐，然后“几孤”、“屡变”、“海阔山遥”，在茫茫时空中，造就了相隔的距离，“念双燕”以下，再言思念之深情，末与开头呼应，“立尽斜阳”则可知羁愁之深。此词真是曲折委婉，熔情入景，景中有人，人心有情，而见无限凄意。故俞陛云说：“‘伤情’以下至结句黯然魂消，可抵江淹《别赋》，令人增《蒹葭》怀友之思。”①

《玉蝴蝶》已有“堪动宋玉悲凉”之句，柳永自创、二百多字的《戚氏》又言宋玉之悲：

晚秋天。一霎微雨洒庭轩。槛菊萧疏，井梧零乱惹残烟。凄然。望江关。飞云黯淡夕阳间。当时宋玉悲感，向此临水与登山。远道迢递，行人凄楚，倦听陇水潺湲。正蝉吟败叶，蛩响衰草，相应喧喧。　孤馆度日如年。风露渐变，悄悄至更阑。长天净，绛河清浅，皓月婵娟。思绵绵。夜永对景，那堪屈指，暗想从前。未名未禄，绮陌红楼，往往经岁迁延。　帝里风光好，当年少日，暮宴朝欢。况有狂朋怪侣，遇当歌、对酒竞留连。别来迅景如梭，旧游似梦，烟水程何限。念利名、憔悴长萦绊。追往事、空惨愁颜。漏箭移、稍觉轻寒。听呜咽、画角数声残。对闲窗畔，停灯向晓，抱影无眠。

蔡嵩云《柯亭词论》论此词的章法与情景关系，堪称简明扼要：

《戚氏》为屯田创调，“晚秋天”一首，写客馆秋怀，本无甚出奇，然用笔极有层次。初学慢词，细玩此章，可悟谋篇布局之法。第一遍，就庭轩所见，写到征夫前路。第二遍，就流连夜景，写到追怀昔游。第三遍，接写昔游经历，仍落到天涯孤客，竟夜无眠情况，章法一丝不乱。惟第二遍自“夜永对景”至“往往经岁迁延”，第三遍自“别来迅景如梭”至“追往事空惨愁颜”，均是数句一气贯注。屯田词，最长于行气，此等处甚难学。后人遇此等处，多用死句填实，纵令琢句工稳，其如恹恹无生气何。②

王灼说：“前辈云：‘《离骚》寂寞千年后，《戚氏》凄凉一曲终。’《戚氏》，柳所作也，柳何敢知世间有《离骚》？惟贺方回、周美成时时得之。”③《戚氏》虽难比《离骚》，却近于

① 俞陛云：《唐五代两宋词选释》，第144页。
② 蔡嵩云：《柯亭词论》，《词话丛编》，第4916页。
③ 王灼著，岳珍校正：《碧鸡漫志校正》卷二，第36页。

宋玉《九辩》。可以认为,《九辩》的悲秋原型精神确是延续、演化在柳永词中,他因仁宗“务本理道,深斥浮艳虚薄之文”[①],负有才无行之名,一生辗转流落,官职低微,故颇多“未名未禄”、“经岁迁延”(《戚氏》)的“贫士失职”之不平,并多表自己“悲忧穷蹙兮独处廓”,“去乡离家兮徕远客”的遭遇,而“楚峡云归,高阳人散”(《倾杯》)等用语,也可窥见其“宋玉情结”。

对于柳永词的写景清远又言情凄异,郑文焯确有自己的独到体会,曾云:“尝以北宋词之深美,其高健在骨,空灵在神。而意内言外,仍出以幽窈咏叹之情。故耆卿、美成,并以苍浑造端,莫究其托谕之旨。卒令人读之歌哭出地,如怨如慕,可兴可观。有触之当前即是者,正以委曲形容所得感人深也。”[②]蔡嵩云也就柳周的传承关系阐发己见:“周词渊源,全自柳出。其写情用赋笔,纯是屯田家法。特清真有时意较含蓄,辞较精工耳。细绎《片玉集》,慢词学柳而脱去痕迹自成家数者,十居七八。字面虽殊格调未变者,十居二三。陈褏碧有言:能见耆卿之骨,始能通清真之神。目光如炬,突过王晦叔、张玉田诸贤远甚。”[③]对于后来只称美成而不道耆卿者,以上看法很见公允,对于周邦彦出于柳永,很应从写景言情上去理解体会。

三、上承飞卿　下开金元

柳永词因其既擅令词、中调,又多创慢词,兼具俚俗与典雅,所以在宋词的发展,及词曲的演进过程中,起到了继往开来的重要作用。

王灼《碧鸡漫志》所看到的是柳词的浅近卑俗,认为是不知书者所好:

> 柳耆卿《乐章集》,世多爱赏,其实该洽,序事闲暇,有首有尾,亦间出佳语,又能择声律谐美者用之。惟是浅近卑俗,自成一体,不知书者尤好之。予尝以比都下富儿,虽脱村野,而声态可憎……歌曲自唐虞三代以前,秦汉以后皆有,造语险易,则无定法。今必以“斜阳芳草”、“淡烟细雨”绳墨后来作者,愚甚矣。故曰:不知书者,尤好耆卿。[④]

直到清代后期,仍多与上相近的看法,如张德瀛在承认柳词以本色语见长外,又专就其“骫骳从俗”而驳斥胡寅的赞美:

> 耆卿词多本色语,所谓有井水处,能歌柳词,时人为之语曰“晓风残月柳三变”,又曰“露花倒影柳屯田”,非虚誉也。特其词婉而不文,语纤而气雌下,盖骫骳从俗者。以发乎情止乎礼义之旨绳之,则望景先逝矣。胡致堂谓为掩众制而尽其

---

① 吴曾:《能改斋漫录》卷一六,第480页。

② 郑文焯著,龙沐勋辑:《大鹤山人论词遗札》,《词话丛编》,第4342页。

③ 蔡嵩云:《柯亭词论》,《词话丛编》,第4912页。

④ 王灼著,岳珍校正:《碧鸡漫志校正》卷二,第36–37页。

妙，盖耳食之言耳。[①]

不过，也并非仅有一种声音，前面亦引用了几位论家的不同意见。这里再看邓廷桢对柳词所作的不对称的“一分为二”：

柳耆卿以词名景祐、皇祐间。《乐章集》中，冶游之作居其半，率皆轻浮猥媟，取誉筝琶。如当时人所讥，有教坊丁大使意。惟《雨霖铃》之“今宵酒醒何处，杨柳岸晓风残月”，《雪梅香》之“渔市孤烟袅寒碧”，差近风雅。《八声甘州》之“渐霜风凄紧，关河冷落，残照当楼”，乃不减唐人语。“远岸收残雨”一阕，亦通体清旷，涤尽铅华。昔东坡读孟郊诗作诗云：“寒灯照昏花，佳处时一遭。孤芳擢荒秽，苦语馀诗骚。”吾于屯田词亦云。[②]

那么，柳永的雅词是否只有《雨霖铃》、《雪梅香》、《八声甘州》这几首呢？显然不是。柳永“差近风雅”之作其实不少。

柳永写太平景象者，多非俚俗，可算其雅词的第一类。黄裳说：“予观柳氏乐章，喜其能道熹祐中太平气象，如观杜甫诗，典雅文华，无所不有。是时予方为儿，犹想见其风俗，欢声和气，洋溢道路之间，动植咸若。令人歌柳词，闻其事，听其词，如丁斯时，使人慨然有感。呜呼，太平气象，柳能一写于乐章，所谓词人盛世之黼藻，岂可废耶？”[③]前论柳词的铺叙时已引数首，此处不再引录。

第二类属于被苏轼所称道的有“唐人高处”者，如《八声甘州》（对潇潇暮雨），且不是仅此一首。依笔者所见，柳词中不乏具有唐诗意境、气象或意旨者，有些更是变唐诗而出之。如下面诸作：

长安古道马迟迟。高柳乱蝉栖。夕阳岛外，秋风原上，目断四天垂。　归云一去无踪迹，何处是前期。狎兴生疏，酒徒萧索，不似去年时。——《少年游》

晚天萧索，断蓬踪迹，乘兴兰棹东游。三吴风景，姑苏台榭，牢落暮霭初收。夫差旧国，香径没、徒有荒丘。繁华处，悄无睹，惟闻麋鹿呦呦。　想当年、空运筹决战，图王取霸无休。江山如画，云涛烟浪，翻输范蠡扁舟。验前经旧史，嗟漫载、当日风流。斜阳暮草茫茫，尽成万古遗愁。——《双声子》

残蝉渐绝。傍碧砌修梧，败叶微脱。风露凄清，正是登高时节。东篱霜乍结。绽金蕊、嫩香堪折。聚宴处，落帽风流，未饶前哲。　把酒与君说。恁好景佳辰，怎忍虚设。休效牛山，空对江天凝咽。尘劳无暂歇。遇良会、剩偷欢悦。歌声阕。杯兴方浓，莫便中辍。——《应天长》

---

① 张德瀛：《词徵》卷五，《词话丛编》，第4156页。

② 邓廷桢：《双砚斋词话》，《词话丛编》，第2528页。

③ 黄裳：《书乐章集后》，《演山集》卷三五，四库全书本。

长空降瑞，寒风翦，淅淅瑶花初下。乱飘僧舍，密洒歌楼，迤逦渐迷鸳瓦。好是渔人，披得一蓑归去，江上晚来堪画。满长安，高却旗亭酒价。　幽雅。乘兴最宜访戴，泛小棹、越溪潇洒。皓鹤夺鲜，白鹇失素，千里广铺寒野。须信幽兰歌断，彤云收尽，别有瑶台琼榭。放一轮明月，交光清夜。——《望远行》

这四首分写旅情、怀古、重阳、雪兴，无论题材、构思、用语，都颇有唐诗雅意逸趣，甚至过于邓廷桢所说的“差近风雅”。

第三类为羁旅行役之词，其中有些可见“宋玉情结”，也是柳永词中的雅调，上面已论，不赘。

不过，柳词的俗也确是事实，且因其俗而能流行，人们所见所闻的也多是此类。对于柳词的流行，张端义《贵耳集》云：“项平斋自号大陵病叟，余侍先君往荆南，所训学诗当学杜诗，学词当学柳词。扣其所云，杜诗柳词，皆无表德，只是实说。”[①]《四库全书总目》进而论之曰：“盖词本管弦冶荡之音，而永所作旖旎近情，故使人易入。虽颇以俗为病，然好之者终不绝也。”[②]语言通俗易懂，加以“旖旎近情”，“故使人易入”实为必然。试看那首被晏殊拒为同好之列，虽“也作曲子”却不作此类的《定风波》：

自春来、惨绿愁红，芳心是事可可。日上花梢，莺穿柳带，犹压香衾卧。暖酥消，腻云亸。终日厌厌倦梳裹。无那。恨薄情一去，锦书无个。　早知恁么。悔当初、不把雕鞍锁。向鸡窗、只与蛮笺象管，拘束教吟课。镇相随，莫抛躲。针线闲拈伴伊坐。和我。免使年少，光阴虚过。

真是其事甚俗，语言也俗，却为平头百姓所熟悉、喜爱。再如《隔帘听》也差不多：

咫尺凤衾鸳帐，欲去无因到。虾须窣地重门悄。认绣履频移，洞房杳杳。强语笑。逞如簧、再三轻巧。　梳妆早。琵琶闲抱。爱品相思调。声声似把芳心告。隔帘听，赢得断肠多少。恁烦恼。除非共伊知道。

《忆帝京》也是通常口语，直言以道：

薄衾小枕凉天气。乍觉别离滋味。展转数寒更，起了还重睡。毕竟不成眠，一夜长如岁。　也拟待、却回征辔。又争奈、已成行计。万种思量，多方开解，只恁寂寞厌厌地。系我一生心，负你千行泪。

由于柳词“使人易入”，故如宋人徐度《却扫编》所说：“其词虽极工致，然多杂以鄙语，故

---

① 张端义：《贵耳集》卷上，《宋元笔记小说大观》，第4276页。

② 永瑢等：《四库全书总目》卷一九八，中华书局1965年版，第1807页。

流俗人尤喜道之。其后欧、苏诸公继出，文格一变，至为歌词体制高雅，柳氏之作殆不复称于文士之口，然流俗好之自若也。”①

不少论家非止于对柳词定性而作是俗是雅的判断，还能就其在词的发展史上，作出或传承、或分派的论述。如郭麐说：“词之为体，大略有四：风流华美，浑然天成，如美人临妆，却扇一顾，花间诸人是也。晏元献、欧阳永叔诸人继之。施朱傅粉，学步习容，如宫女题红，含情幽艳，秦、周、贺、晁诸人是也。柳七则靡曼近俗矣。”②以柳词“靡曼近俗”在诸派之外。沈祥龙则说：“唐人词，风气初开，已分二派。太白一派，传为东坡，诸家以气格胜，于诗近西江。飞卿一派，传为屯田，诸家以才华盛，于诗近西昆。后虽迭变，总不越此二者。”③鄙意以为，以太白传为东坡甚当，而以飞卿传为屯田，则在写情上有一致性，但以柳永“于诗近西昆”则不当。相比之下，刘熙载所说：“词品喻诸诗，东坡、稼轩，李杜也；耆卿，香山也。”④较能接近事实，因为柳词不仅在通俗易懂上近于白居易诗，其善于写情，也与之相近。

倘就柳永以后的发展看，前已引郑文焯、蔡嵩云以柳传周之见，兹再补朱祖谋《手书〈柳永词〉》所见：“学者能见柳之骨，始能通周之神，不徒高健可以气取，淡苦可以言工，深华可以意胜，哀艳可以情切也。”⑤刘熙载还就南宋的传承而言：“南宋词近耆卿者多，近少游者少，少游疏而耆卿密也。”⑥以疏密言所传，应是指吴文英一派也受到柳永的影响。倘如此，综合朱祖谋、刘熙载所说，则柳永开了周吴一派，笔者以为，此说也是近于事实的。

柳永非不能作雅词，可由于他所作实为当时的流行歌词，他与合作的歌妓都需要“票房价值”，在兼顾文人雅士所好的同时，更要考虑广大的市民受众，市井的喜闻乐见也就成为了他的创作的主要审美导向。柳词的主要传播途径是歌妓所唱，是立体的，而非“平面媒体”的书籍，传播者是市井歌妓，而非高官的家中歌妓，亦非营妓，柳永与歌妓之间的互动，使得歌妓企图通过传唱柳永词而提高身价，柳永也很愿意己词经歌妓传唱而扬名。他显然不似士大夫之词是主人所作交与家妓，在较小范围内的欣赏传播，也因此而柳词所传甚远、甚广，以至于“在西夏，凡有井水饮处，皆能歌柳词”。这也说明了柳永词作为市井文化的代表，已经越出了汉民族的范围，行于少数民族区域的“市井”。而且，柳词作为市井文化的代表，也因这一文化特质的相沿性，使之逾越了俗词的范围，成为了后出的曲体之先导。清田同之《西圃词说》引陈眉公曰：“幽思曲想，张、柳之词工矣，然其失则俗而腻也。”⑦尽管还是说词，但“幽思曲想”和“俗而腻”却是曲的特点。刘体仁则云：“柳七最尖颖，时有俳狎，故子瞻以是呵少游。”⑧“尖颖”与“俳

---

① 徐度：《却扫编》卷下，《宋元笔记小说大观》，第4518页。
② 郭麐：《灵芬馆词话》卷一，《词话丛编》，第1503页。
③ 沈祥龙：《论词随笔》，《词话丛编》，第4049页。
④ 刘熙载：《艺概》卷四《词曲概》，第113页。
⑤ 朱祖谋：《手书〈柳永词〉》，转引自《柳永词详注及集评》，第255页。
⑥ 刘熙载：《艺概》卷四《词曲概》，第113页。
⑦ 田同之：《西圃词说》，《词话丛编》，第1456页。
⑧ 刘体仁：《七颂堂词绎》，《词话丛编》，第622页。

狎"也是"曲性"所在。至陈锐则说:"词源于诗,而流为曲。如柳三变,纯乎其为词矣乎。"①虽以之"纯乎为词",却又似乎不是非常肯定。而张德瀛则明确指出:

诗衰而词兴,词衰而曲盛,必至之势也。柳耆卿词隐约曲意。②

钱斐仲也以鄙视曲的口吻说道:

柳词与曲,相去不能以寸。且有一个意或二三见,或四五见者,最为可厌。其为词无非舞馆魂迷,歌楼肠断,无一毫清气。③

虽鄙薄柳词,却指出"一个意或二三见,或四五见",而这正是曲的特点。夏敬观《吷庵词评》所论最为精到:

耆卿词当分雅、俚二类。雅词用六朝小品文赋作法,层层铺叙,情景兼融,一笔到底,始终不懈。俚词袭五代淫诐之风气,开金、元曲子之先声,比于里巷歌谣,亦复自成一格。其鄙俚过甚者,不无乐工歌儿所窜改,可断言也……④

从人生态度言,柳永颇具金元曲家的共性,其《西江月》就是一篇自供状:

腹内胎生异锦,笔端舌喷长江。纵教片绢字难偿。不屑与人称量。　我不求人富贵,人须求我文章。风流才子占词场,真是白衣卿相。

从作品的艺术言,对柳永雅词的铺叙,前面已论,这里再看其俚词是如何开金元曲子之先。其《爪茉莉》(秋夜),带"宋玉之悲",本应为雅词,却俗得近于曲:

每到秋来,转添甚况味。金风动、冷清清地。残蝉噪晚,甚聒得、人心欲碎,更休道、宋玉多悲,石人、也须下泪。　衾寒枕冷,夜迢迢、更无寐。深院静、月明风细。巴巴望晓,怎生捱、更迢递。料我儿、只在枕头根底,等人来、睡梦里。

原来不仅是宋玉悲秋,而且词末还是高唐之梦的俗情版,全首从语言到写法都近于曲。

再举《传花枝》一例:

---

① 陈锐:《袌碧斋词话》,《词话丛编》,第4197页。
② 张德瀛:《词徵》卷一,《词话丛编》,第4086页。
③ 钱斐仲:《雨华庵词话》,《词话丛编》,第3012页。
④ 夏敬观:《吷庵词评》,《词学》第五辑,第199页。

平生自负，风流才调。口儿里、道知张陈赵。唱新词，改难令，总知颠倒。解刷扮，能哄嗽，表里都峭。每遇着、饮席歌筵，人人尽道。可惜许老了。　阎罗大伯曾教来，道人生、但不须烦恼。遇良辰，当美景，追欢买笑。剩活取百十年，只恁厮好。若限满、鬼使来追，待倩个、淹通著到。

简直就是关汉卿《南吕一枝花》（不伏老）的前身，虽关汉卿所用衬字更多，但柳永用语更俗。

上节论柳词与市井文化关系时，所举诸例中，多有近于金元散曲者，有的甚至已经具有戏曲代言体的特色。至于用语及形式，也近于曲中的巧体，仅前面曾论及的《西江月》（师师生得艳冶），就不仅近于曲体，最后一句的“姦字心中着我”，用三个女字组成一个“姦”字，更类于字谜，此类在词中极其罕见，而在曲中则为见“巧”。即使是严肃的题材，也有近于曲的作法者，如《西施》：

苎萝妖艳世难偕。善媚悦君怀。后庭恃宠，尽使绝嫌猜。正恁朝欢暮宴，情未足，早江上兵来。　捧心调态军前死，罗绮旋变尘埃。至今想，怨魂无主尚徘徊。夜夜姑苏城外，当时月，但空照荒台。

对于柳永词开诸宫调或金元戏曲之先，当代已有很多论者作过详细论述，此处不再论。所要补充的是沈曾植的一个重要看法，其《菌阁琐谈》云：

北方于韵，平仄既通，于字少声多之难过去者，往往加字以济之。字少之词，乃遂变为字多之曲。哩啰在词为虚声，而在曲为实字，最显证也。此端自柳耆卿已萌芽，《乐章集》同一调而不同字数者剧多。彼盖深语歌者甘苦，又其时去五代未远，了知诗变为词，即缘字少声多之故。既演小令为慢词，遂不惜增减字句，以除磊块，使无大晟之整齐，美成之严谨，词化为曲，不必待却特殊时代矣。①

所说确为行家之的见，且异常清晰，不必再作解释，“词化为曲，不必待却特殊时代”，柳永确实是先走了一步。

综上所说，对柳永作一小结。

由于士大夫文化占据主流，北宋词人对柳永的态度是矛盾的：爱其词而薄其人，阳抑其词而阴学之。北宋时期对柳永的评价与受容说明，士大夫文化因其所具有的追求声色享乐的一面，使词也受到了柳永的影响，艳词遂呈发展延续的态势，而士大夫文化对市民文化的承认与接受，使得文学的“以故为新，变俗为雅”得以实行，柳永也就成为了一个可以学习的范型。但由于北宋文化的主流是士大夫文化，对晚唐五代进士

① 沈曾植：《菌阁琐谈》，《词话丛编》，第3618页。

文化的排斥与贬低，使得与之有一定相似性的市井文化也处于与士大夫文化分流的状况，虽非“汉贼不两立”，却终难调和，尤其在理学逐渐生成的形势下，柳永也就遭遇到一系列的批评了。

这些足以说明，北宋社会虽市井文化逐渐成熟，却只能是北宋多元文化中的“偏师”而非“主力”，精英文化虽能与大众文化和谐相处，但后者并不能占据主导地位。但是，为什么南宋比北宋市井更发达、市民队伍似更见壮大，柳永词却未见延续，而是辛派或风雅词派占据主流地位呢？这是因为就文体而言，柳永的时代尚非俗文学发达之时，故其词担负起体现市井文化之责，而到了南宋时期，却是俗文艺多种形式都得到很大发展，文体分工的不同，使得柳永词未得到应有的继承。

只是到了理学消微之时，礼教也见松驰，如少数民族占据统治地位的元代，以及资本主义逐渐兴起的明朝中后期，市井文化十分丰富，市民文艺愈形发达，柳永才会被更多人接受与认同，甚至在戏曲与拟话本中，以柳永为原型的作品还有不少。受限于历史，柳永不可能完成时代的跨越，但柳词确为金元散曲杂剧之先，不仅成为了元初玉京书会诸多才人的先导，也是关汉卿实践性创造、力图与演员达到完全默契的先行性创作，在一定意义上，可以说柳永就是早生的关汉卿。

第六节　适得其中的张先词

张先(990—1078)，字子野，湖州(今属浙江)人。仁宗天圣八年(1030)进士，任宿州掾，曾知吴江县，又为嘉禾判官，晏殊知永兴军，辟为通判。后出知渝州、安州，以都官郎中致仕，居湖州、杭州间。有《张子野词》。

张先与柳永同时，却因长寿而入苏轼的时代，且与之相交。其《定风波令》(霅溪席上，同会者六人：杨元素侍读、刘孝叔吏部、苏子瞻、李公择二学士、陈令举贤良)就写道：“西阁名臣奉诏行。南床吏部锦衣荣。中有瀛仙宾与主。相遇。平津选首更神清。溪上玉楼同宴喜。欢醉。对堤杯叶惜秋英。尽道贤人聚吴分。试问。也应旁有老人星。”苏轼《祭张子野文》有云：“清诗绝俗，甚典而丽。搜研物情，刮发幽翳，微词宛转，盖诗之裔。”[①]对其诗的评价在词之上。然而人们一般都以张先之词高于其诗，诚如《四库全书总目》所说：“苏轼集有题张子野诗集后曰：子野诗笔老妙，歌词乃其馀技耳……平心而论，要为词胜于诗。当时以张三影得名，殆非无故。”[②]张先的创作期很长，作品亦多，至有誉之为“古今一大转移”(陈廷焯语)者。张先虽身处士大夫中，但六十岁前官位不高，又有声色之好，《石林诗话》载：“张先郎中字子野，能为诗及乐府，至老不衰。居钱塘，苏子瞻作倅时，先年已八十馀，视听尚精强，家犹蓄声妓。子瞻尝赠以诗云：‘诗人老去莺莺在，公子归来燕燕忙。’盖全用张氏故事戏之。”[③]故词中多写男女之情，与柳永有相似之处，

① 苏轼：《祭张子野文》，《苏轼全集·文集》卷六三，第2021页。
② 永瑢等：《四库全书总目》卷一九八，第1808页。
③ 叶梦得：《石林诗话》卷下，《历代诗话》，第430页。

虽也有伤春、闲情之作，却不是其主要题材，亦无晏欧特色，所以，在宋初主要词人中是介于柳永与晏欧间的人物。就词的发展而言，张先承袭花间者较多，且主要创作小令，虽有试图拓展者，却未能有柳永的局面，无论从创作风格和体裁言，都体现出向北宋中期的过渡，而又有自己的面貌，是一位兼有因革、适得其中的词人。

一、子野韵高 耆卿所乏

吴曾《能改斋漫录》卷十六引晁补之《评本朝乐章》云："张子野与耆卿齐名，而时以子野不及耆卿，然子野韵高，是耆卿所乏处。"[①]又，《苕溪渔隐丛话》后集也同样引了这段话[②]。李之仪所见亦近："(柳永词)较之《花间》所集，韵终不胜，由是知其为难能也。张子野独矫拂而振起之，虽刻意追逐，要是才不足而情有馀，良可佳者。"[③]晁补之和李之仪都说到"韵"，晁以张先韵高，李以柳永韵"不胜"，说明在柳张之较中，柳才高于张，而张则韵胜于柳。

张先与柳永遭遇不同，他虽登进士第也较晚，是四十一岁时，却无柳永被皇帝黜落的经历，故有《感皇恩》之作：

> 万乘靴袍御紫宸。挥毫敷丽藻，尽经纶。第名天陛首平津。东堂桂，重占一枝春。 殊观耸簪绅。蓬山仙话重，霈恩新。暂时趋府冠谈宾。十年外，身是凤池人。

较之柳永的"风流才子占词场，真是白衣卿相"(《西江月》)，其性格应有不同。他虽至老仍有声色之好，却不以风流荡子的面目出现，他也有近于柳永情趣与语言者，如《庆金枝》：

> 青螺添远山。两娇靥、笑时圆。抱云勾雪近灯看。妍处不堪怜。今生但愿无离别，花月下、绣屏前。双蚕成茧共缠绵。更结后生缘。

甚而还有"春艳上新妆，肌肉过人香"(《梦仙乡》)之类，但毕竟属于少数，且他笔下的歌妓不是风尘女子，写其淡妆与云衣，而具幽美的远韵。如《醉垂鞭》：

> 双蝶绣罗裙。东池宴。初相见。朱粉不深匀。闲花淡淡春。 细看诸处好。人人道。柳腰身。昨日乱山昏。来时衣上云。

夏敬观《吷庵词评》以末二句"体物微妙"[④]，惟其如此，才给人以遐想和美感。另一同调

---

① 吴曾:《能改斋漫录》卷一六，第469页。
② 胡仔:《苕溪渔隐丛话》后集卷三三，第253页。
③ 李之仪:《跋吴思道小词》，《姑溪居士全集·文集》卷四〇，第310页。
④ 夏敬观:《吷庵词评》，《词学》第五辑，第197页。

词写十二岁的琵琶小妓,以花鸟相拟:“朱粉不须施。花枝小。春偏好”、“啄木细声迟。黄蜂花上飞”,既别出心裁,又不见轻亵。

《醉落魄》所塑造的吹笛妓形象更是清丽传神,远韵悠然:

云轻柳弱。内家髻要新梳掠。生香真色人难学。横管孤吹,月淡天垂幕。朱唇浅破桃花萼。倚楼谁在阑干角。夜寒手冷罗衣薄。声入霜林,簌簌惊梅落。

词中活用笛曲《梅花落》事,统帅全篇以写吹笛妓,开头以“云轻柳弱”状其资质仪态,次句写发髻,以下干脆不作正面描写,而用“生香真色”四字概言之,任凭读者听者想象。“横管”二句,将其置于清淡美丽的月夜天幕下,是前所未见的美人图。下片先正写其吹笛,倚楼而听者应是作者本人,然后通过夜寒、手冷、衣薄,想其时情状,而见怜香惜玉之心,结二句振起,声与形结合,画面极美,令人遐想无尽。《古今词统》指出汤显祖从此词中所借鉴:“人羡汤若士‘丹青女易描,真色人难学’之句,不知为子野所创。”[①]沈际飞《草堂诗馀正集》卷二说:“香生色真,真佳人如是。浅破樱桃,非佳人无此吹口。‘萼’字、‘角’字,状景愈细。”陈廷焯作八字之评,且甚因李之仪之说而为张先不平:“情词并茂,姿态横生。李端叔谓子野才短情长,岂其然欤!”[②]黄苏认为是借佳人写照,我们固然难以作知人论世之证,但其从艺术上所析却可取,尤其“神韵清远”四字,应可概言全词:

“云轻柳弱”,写佳人神韵清远。“生香真色”,尤为高雅。至“声入霜林”,“梅”亦能“落”,此又是真艺矣。写得佳人色艺天然。唯一“真”字,岂是寻常所有写佳人耶。借佳人以写照耶。须玩味于笔墨之外,方可不是买椟还珠也。[③]

张先也写与歌妓间的感情,而所重在于情意,不是色欲,写得颇为感人。如《南乡子》:

何处可魂消。京口终朝两信潮。不管离心千叠恨,滔滔。催促行人动去桡。记得旧江皋。绿杨轻絮几条条。春水一篙残照阔,遥遥。有个多情立画桥。

赵令畤《侯鲭录》言其本事,认为是张先为歌妓兜娘所作,初在吴兴守滕子京席上见小妓兜娘,十年后再见于京口,感而有诗[④]。而夏承焘《张子野年谱》则以张先见兜娘是五十岁时事,再见于京口为此年左右[⑤]。词的上片“两信潮”指与兜娘两见,写京口消魂,流水无情,催人而去。下片回忆江皋送别,将遥立画桥的多情人儿定格在记忆中,

① 卓人月、徐士俊辑:《古今词统》卷八,《续修四库全书》第1728册,第630页。
② 陈廷焯:《词则·闲情集》卷一,第891页。
③ 黄苏:《蓼园词评》,《词话丛编》,第3047页。
④ 赵令畤:《侯鲭录》卷二,《宋元笔记小说大观》,第2047页。
⑤ 夏承焘:《唐宋词人年谱·张子野年谱》,《夏承焘集》第1册,第174页。

也凝固为美丽的画面。

《更漏子》写了宴会上一位侍酒的二八佳丽，大胆地示爱相约，虽直率却不淫靡，与柳永俗词异趣：

> 锦筵红，罗幕翠。侍宴美人姝丽。十五六，解怜才。劝人深酒杯。　　黛眉长，檀口小。耳畔向人轻道。柳阴曲，是儿家。门前红杏花。

佳人爱才子，在以文才取士的唐宋时期，应是很正常的现象，因此女不是大家闺秀，而是"侍宴美人"，以其身份而主动示爱，不是难以想象之事。较之韦庄的《思帝乡》，一者代言而直写，重在所言；一者叙事而传情，稍见隐约。从可信度而言，张先所写应更具真实性。与别人的家妓有私，起码是不尊重，与官妓有染，名声且不说，搞不好还触法受责，此妓之悄言传情，写得形象而又真实，逼真中又留下一些想象的馀地，此亦应是子野"韵高"之所在。

张先与柳永都写与异性的爱情，为何有所不同呢？除了个人的原因外，当可接着前面所说的歌妓身份不同而再讲：笔者之所以从市井文化论柳词，是因为不少的笔记、传述都有柳永纵情北里、取资歌妓的记载，而这些歌妓不是官妓或家妓，而多是青楼私妓，柳永可以不必有所忌讳。《道山清话》载："晏元献为京兆，辟张先为通判。新纳侍儿，公甚属意。先字子野，能为诗词，公雅重之。每张来，即令侍儿出侑觞，往往歌子野所为之词。"①陈师道《后山诗话》云："杭妓胡楚、龙靓，皆有诗名……张子野老于杭，多为官妓作词，与胡而不及靓。"②故《本事词》云："张子野风流潇洒，尤擅歌词，灯筵舞席赠妓之作绝多。"③可见他虽有家妓，却又与别人的家妓及官妓交往。因张先所写及的歌妓是官妓或家妓，不是青楼中人，且张先又有士大夫的身份，不能出于主流文化之外，所以，柳永雅词可以写情，而俗词则多为欲，张先之词不俗，故较柳永"韵高"，因为所写者为情而非欲。

《行香子》所写的，就应是对所爱者期盼相约，却约会难期的烦恼：

> 舞雪歌云。闲淡妆匀。蓝溪水、深染轻裙。酒香醺脸，粉色生春。更巧谈话，美性情，好精神。　　江空无畔，凌波何处，月桥边、青柳朱门。断钟残角，又送黄昏。奈心中事，眼中泪，意中人。

开头四字，即可见其人的歌妓身份，以下数句写其衣着、面貌、语言、神情，下片设想其踪影何处可觅，在等待中，一晚又将过去，最后的"三中"概括了自己的深情难酬。因概括的形象、准确，故得"张三中"之号。

《诉衷情》一首，是爱情遭到阻遏的无奈倾诉：

---

① 佚名：《道山清话》，《宋元笔记小说大观》，第 2934 页。

② 陈师道：《后山诗话》，《历代诗话》，第 314 页。

③ 叶申芗：《本事词》卷上，《词话丛编》，第 2305 页。

花前月下暂相逢。苦恨阻从容。何况酒醒梦断，花谢月朦胧。　　花不尽，月无穷。两心同。此时愿作，杨柳千丝，绊惹春风。

起头回忆了过去相爱时的美好情境，次句即转为阻隔之“苦恨”，三四句以酒醒、梦断、花谢、月暗的比兴，形容往事之成空，爱情的失去。下片不进而言其不幸与痛楚，却是从痛苦中振拔而起，过片承上结之花与月，以花不尽、月无穷比拟对真正爱情的信念，表示只要两心相同，此情不灭，自己就愿化作千丝杨柳，努力留住春风，亦为以比兴表其为爱而献身之意。短短一首小令，既善作比兴，又能在低沉中振起而升华其精神境界，岂非“韵高”？

《相思令》为送别词：

蘋满溪。柳绕堤。相送行人溪水西。回时陇月低。　　烟霏霏。风凄凄。重倚朱门听马嘶。寒鸥相对飞。

上片在行进中转换场景，从长满浮蘋的小溪，到垂柳低拂的长堤，一直送到溪水的西头，回来时山月已低，景见心情，情绪必也低黯。下片在凄迷朦胧的情境中，出现了倚门不入而听远处马嘶之人，无言之中，只见寒鸥相对而飞，更反衬出自己的孤单。词中并未说出所送者何人，但从深情款款中，当可知应是女子相送男子，而恰是这样的不作明言，更见深致。从格律、形式上言，全首每句用韵，韵位密而韵部低，使声情与词情相辅，更能感人。

《古今词话》引蔡伯世云：“子野词胜乎情，耆卿情胜乎词。情词相称者，少游一人而已。”[①]笔者以为，应该可对此说作些修正：张先写情较为内敛，故外在之词似胜于情，柳永写情较为外露，故外在之词似不称其情。至于少游，此处先不论。柳永词分有雅俗，其雅词的太平景象、羁旅行役、“唐人高处”，境界都较为开阔，长调尤擅写景，且情景交融，这些为张先所不及；张先词多为小令，难见柳永的铺叙开阖手段，却以雅胜俗，较柳永而见情韵为高，故吴曾、李之仪的柳张之较大体不错。

二、味极隽永　无大起落

李清照《词论》说：“张子野、宋子京兄弟、沈唐、元绛、晁次膺辈继出，虽时时有妙语，而破碎何足名家。”[②]平心而论，将张先与宋祁等一批人置于同一等级是不公正的，以其“破碎”也不妥，相较而言，周济所说较能体现出张先的特点：

子野清出处、生脆处，味极隽永，只是偏才，无大起落。[③]

① 沈雄：《古今词话·词话》上卷，《词话丛编》，第766页。
② 李清照：《词论》，《李清照集校注》，第194–195页。
③ 周济：《宋四家词选目录序论》，《介存斋论词杂著·复堂词话·蒿庵论词》，第13页。

如《菩萨蛮》就属“清出”而味隽永之作：

忆郎还上层楼曲。楼前芳草年年绿。绿似去时袍。回头风袖飘。　郎袍应已旧。颜色非长久。惜恐镜中春。不如花草新。

此词所写是唐五代最为常见的闺思怀人题材，而张先写来却能自出新意。若谓登楼远眺也为惯用的构思，那么以所见芳草并围绕草色而运笔，将所爱者去时所穿绿袍同于草色，就此而表思念，且贯穿全词，则是独到之处。而且，较之牛希济《生查子》的“记得绿罗裙，处处怜芳草”，此词下片的因郎袍已旧，反兴自己的“颜色非长久”，镜中之人已不如花草之新，则又深进了一层。

《江南柳》也是写别情而很见隽永之词：

隋堤远，波急路尘轻。今古柳桥多送别，见人分袂亦愁生。何况自关情。斜照后，新月上西城。城上楼高重倚望，愿身能似月亭亭。千里伴君行。

上片写送别，不主要从送者或行者来写，却移情于杨柳，以之所见离别亦为之生愁，然后“自关情”则暗写折柳送别之关系杨柳自身。下片写别后，斜照的夕阳落下了，新月初上西城，拟想登楼远望，而更想愿身为亭亭新月，千里伴人而行。词中未见相送者和被送者的身份，仅“亭亭”二字可透出女性之意，似月相伴，情虽殷切，表现却很含蓄。

《天仙子》(时为嘉禾小倅，以病眠不赴府会)是张先词的名篇：

水调数声持酒听。午醉醒来愁未醒。送春春去几时回，临晚镜。伤流景。往事后期空记省。　沙上并禽池上暝。云破月来花弄影。重重帘幕密遮灯，风不定。人初静。明日落红应满径。

词中没有明显的事由交代，而因张先在嘉禾作判官时已经五十二岁，故应是表达临老而伤春之情。上片写从中午到晚间持续不断的莫名愁闷，而“临晚镜，伤流景”反用杜牧“自悲临晓镜，谁与惜流年”(《代吴兴妓春初寄薛军事》)诗意，透出自伤老大之情。下片写晚景，沙上并禽反衬自己的孤独，而云破花摇，帘幕遮灯，皆因风吹所致，在这风吹人静之时，可以设想明天应是落花满地的情景。此词不似晏欧伤春之作那样显见其意，词意含蓄而意境朦胧。其中“云破月来花弄影”一句，极见体物之妙，“眼”动而“身”随，带活全篇。杨慎《草堂诗馀评》以此句“景物如画，画亦不能至此，绝倒绝倒”！沈际飞《草堂诗馀正集》亦以之“心与景会，落笔即是，着意即非，故当脍炙”。李渔则说是“词极尖新，而实为理之所有”①。沈祥龙称其自然：“词以自然为尚，自然者，不雕琢、

① 李渔：《窥词管见》，《李渔全集》第2册，第510页。

不假借、不著色相、不落言诠也。古人名句,如'梅子黄时雨'、'云破月来花弄影',不外自然而已。"[①]陈廷焯《云韶集》卷三说:"绘影绘色,神来之笔。笔致爽直,亦芊绵,最是词中高境。"王国维标举境界,而以此句"著一'弄'字,而境界全出矣"[②]。胡仔《苕溪渔隐丛话》前集引《古今诗话》,可知这是张先的得意之作:

有客谓子野曰:"人皆谓公张三中,即心中事、眼中泪、意中人也。"公曰:"何不目之为张三影。"客不晓,公曰:"云破月来花弄影;娇柔懒起,帘压卷花影;柳径无人,坠风絮无影:此余平生所得意也。"[③]

或可用作诠释周济所说的"清出"、"生脆"之意。

《青门引》(春思)属于同一伤春题材,张先自赏的"三影"之一出于此:

乍暖还轻冷。风雨晚来方定。庭轩寂寞近清明,残花中酒,又是去年病。楼头画角风吹醒。入夜重门静。那堪更被明月,隔墙送过秋千影。

词人可谓既善感善觉,又善于表达。俞陛云所说允当:"残春病酒,已觉堪伤,况情怀依旧,愁与年增,乃加倍写法。结句之意,一见深夜寂寥之景,一见别院欣戚之殊。梦窗因秋千而忆凝香纤手,此则因隔院秋千而触绪有怀,别有人在,乃侧面写法。"[④]故黄苏说:"落寞情怀,写来幽隽无匹。不得志于时者,往往借闺情以写其幽思。角声而曰'风吹醒','醒'字极尖刻。至末句'那堪送影',真是描神之笔,极希窅渺之致。"[⑤]先著、程洪从承传而言:"子野雅淡处,便疑是后来姜尧章出蓝之助。"[⑥]"幽隽"、"幽思",加以既云"雅淡",又是"清空"的姜夔之先,可证"隽永"、"清出"二语,虽"尖刻"非"生脆",若换成"生新",还是较为接近的。

再看其"三影"之外又一见"影"的《木兰花》(乙卯吴兴寒食):

龙头舴艋吴儿竞。笋柱秋千游女并。芳洲拾翠暮忘归,秀野踏青来不定。行云去后遥山暝。已放笙歌池院静。中庭月色正清明,无数杨花过无影。

此词成于作者八十六岁之时,词中已无伤春之意,而是很有兴趣地描写青年男女在寒食节的活动:赛龙舟、打秋千、芳州拾翠、秀野踏青。上片一派动景,下片则转为静景:云去遥山昏暝,人散笙歌已停,池院一片安静,入夜后月色清朗明亮,照着无数杨

① 沈祥龙:《论词随笔》,《词话丛编》,第 4054 页。
② 王国维:《人间词话》,《蕙风词话·人间词话》,第 193 页。
③ 胡仔:《苕溪渔隐丛话》前集卷三七,第 253 页。
④ 俞陛云:《唐五代两宋词选释》,第 152 页。
⑤ 黄苏:《蓼园词评》,《词话丛编》,第 3040 页。
⑥ 先著、程洪:《词洁辑评》卷一,《词话丛编》,第 1346 页。

花飘过而无影。《静志居诗话》以最后二句“工绝”，“在世所传三影之上”。[①]此词写节序风物，虽无柳永的局面、气势，却不失为清隽生新。

张先词中有些甚有巧思妙喻，类于民歌或散曲，如《定风波》：

素藕抽条未放莲。晚蚕将茧不成眠。若比相思如乱絮。何异。两心俱被暗丝牵。　暂见欲归还是恨。莫问。有情谁信道无缘。有似中秋云外月。皎洁。不团圆待几时圆。

上片有吴声意趣，“莲”、“丝”亦“怜”、“思”之谐音，素藕、晚蚕二喻则极妙，相思如絮，无异于断藕被暗丝所牵，至此回应开头，绾合无痕。下片先直说，再拟喻，用中秋之月比终有团圆之时。词之情趣甚高，手法虽“尖新”却稳重，可谓兼具“清出”与“隽永”。

《庆佳节》二首大概最近于“生脆”之说：

莫风流。莫风流。风流后、有闲愁。花满南园月满楼。偏使我、忆欢游。我忆欢游无计奈，除却且醉金瓯。醉了醒来春复秋。我心事、几时休。

芳菲节。芳菲节。天意应不虚设。对酒高歌玉壶阙。慎莫负、狂风月。人间万事何时歇。空赢得、鬓成雪。我有闲愁与君说。且莫用、轻离别。

第一首的开头似是作警世之语，而接下却是说自己在风流后之闲愁，在花好月圆之时，不是尽情享受，却偏偏回忆欢游之时。过片蝉联而道欢游无计，还是只能一醉，醉时不知，醒后清醒，时岁流去，心事难休。第二首上片自劝不要辜负上天的好意，要享受芳菲时节和清风明月。下片感叹人生无休歇地为万事奔忙，到头来只赢得两鬓成雪，最后以告诫的口吻，劝以莫轻离别。内容仍无出惯见的伤春伤别、及时行乐，但艺术上却能用三字句多的特点，在短句、密韵的“敲击”中感受到一种劝世式告语，又在短句后较为舒缓的七字句中，领略其唱叹之意。与前面含蓄隽永之作大异，此二首“生脆”而见尖利，在张先词中应是较为少见的一类。

由上可见，张先的词并不“破碎”，而是连贯、清丽、平和、隽永者为多，可是，若前与韦庄、冯延巳、李煜相比，没有那种缠绵的深致，抑郁低黯的感情，唱叹歌哭如在眼前；后与晏、欧相比，也无显见的闲情闲愁，深沉的人生感喟，更无柳永的大俗大雅、大开大阖。所以，周济所评的“只是偏才”虽未免过苛，但“无大起落”一说却是很准确、公允的。

三、比之于书　钟繇之体

张先词虽无大起落，但其不同于前人及同时代人，也就说明是自具特色的。王世

---

① 朱彝尊著，姚祖恩编，黄君坦校点：《静志居诗话》卷一六，人民文学出版社 1990 年版，第 496 页。

贞说:"之诗而词,非词也。之词而诗,非诗也。言其业,李氏、晏氏父子、耆卿、子野、美成、少游、易安至矣,词之正宗也。"[①]这名单里,晏几道、周邦彦、秦观、李清照都在北宋中后期,苏轼不在内,当属于"之诗而词"者,而张先能与李煜、晏殊、柳永相并,可见在王世贞心目中的地位。刘熙载则对张先与宋祁作比较:"宋子京词是宋初体,张子野始创瘦硬之体,虽以佳句互相称美,其实趣尚不同。"[②]"瘦硬之体"一说似是以书法相拟。苏轼《孙莘老求墨妙亭诗》有云:"颜公变法出新意,细筋入骨如秋鹰。徐家父子亦秀绝,字外出力中藏棱。峄山传刻典刑在,千载笔法留阳冰。杜陵评书贵瘦硬,此论未公吾不凭。短长肥瘦各有态,玉环飞燕谁敢憎?"苏轼不以杜甫所重的"瘦硬"为然,而宋初书法不振,至李建中得欧阳询法,如黄伯思《东观馀论》所说,是"犹韩非之学黄老,李斯之师荀卿"[③],学欧阳而变,多构新体,却是以瘦健为主要特点。李建中始建宋法,人多以为楷模,而宋高宗赵构《翰墨志》认为:"本朝承五季之后,无复字画可称,至太宗皇帝始搜罗法书,备尽求访。当时以李建中字形瘦健,姑得时誉,犹恨绝无秀异。"[④]所以,与后出的蔡襄、苏轼、黄庭坚、米芾相比,李建中还相差甚远,仅是宋初"无复字画可称"时的代表。对刘熙载所说的张先创瘦硬之体当作如此理解:即宋祁词风尚为宋初守成之时,张先则如李建中书法有所创造,却未逮柳永,更难比后出的苏轼、秦观。

刘熙载所说过简,且难明其意,相较之下,陈廷焯所论甚详:

> 张子野词,古今一大转移也。前此则为晏、欧,为温、韦,体段虽具,声色未开;后此则为秦、柳,为苏、辛,为美成、白石,发扬蹈厉,气局一新,而古意渐失。子野适得其中,有含蓄处,亦有发越处;但含蓄不似温、韦,发越亦不似豪苏腻柳,规模虽隘,气格却近古。自子野后,一千年来,温、韦之风不作矣!益令我思子野不置。[⑤]

张先的《南歌子》即属"规模虽隘,气格却近古"者:

> 蝉抱高高柳,莲开浅浅波。倚风疏叶下庭柯。况是不寒不暖、正清和。　浮世欢会少,劳生怨别多。相逢休惜醉颜酡。赖有西园明月、照笙歌。

《少年游》(井桃)也近于此:

> 碎霞浮动晓朦胧。春意与花浓。银瓶素绠,玉泉金甃,真色浸朝红。　花枝人面难常见,青子小丛丛。韶华长在,明年依旧,相与笑春风。

---

① 王世贞:《艺苑卮言》,《词话丛编》,第385页。
② 刘熙载:《艺概》卷四《词曲概》,第107页。
③ 黄伯思:《东观馀论》卷下,四库全书本。
④ 赵构:《翰墨志》,丛书集成初编本,《海岳名言》(及其他二种),中华书局1985年版,第2页。
⑤ 陈廷焯著,屈兴国校注:《白雨斋词话足本校注》卷一,第49页。

《清平乐》较为含蓄，用"陇梅"似写友情，而词意又实为闺中人的相思：

屏山斜展。帐卷红绡半。泥浅曲池飞海燕。风度杨花满院。　　云情雨意空深。觉来一枕春阴。陇上梅花落尽，江南消息沉沉。

《一丛花令》则见发越：

伤高怀远几时穷。无物似情浓。离愁正引千丝乱，更东陌、飞絮濛濛。嘶骑渐远，征尘不断，何处认郎踪。　　双鸳池沼水溶溶。南北小桡通，梯横画阁黄昏后，又还是、斜月帘栊。沉思细恨，不如桃杏，犹解嫁东风。

真挚的爱情无法替代，这就是"无物似情浓"的深刻认知，所以会有"伤高怀远几时穷"的重笔发问、感慨。千万柳丝牵动离愁，蒙蒙飞絮似心中的纷乱，在尤易撩动心绪的春天，作者为相思的女子代言：回忆马嘶声杳，扬尘而去的离别之时，渐行渐远，何处认得情郎离去的踪迹？池上鸳鸯成双嬉戏，南北之水还有小船可通，热恋的男女却难以会面。黄昏后登上小楼画阁，只能看到一弯斜月。思量至此，禁不住要突发奇想：与其为人而受相思煎熬，还不如做桃花、杏花，尚可以抓住时机，嫁给东风了。唐诗有云，"嫁得瞿塘贾，朝朝误妾期。早知潮有信，嫁与弄潮儿"（李益《江南词》），这里还是由商人向水手的"低就"，而张先词中，却是由人及物的"无理之想"，倘非痛苦之极，是不可能作此想象、发为此言的。

因其"发越"而极言爱情，故《精选古今诗馀醉》云："'不如桃杏'句，恁地情伤。"[①]《古今词统》则云："《还魂记》妙语，皆出于子野。"[②]贺裳以"沈恨细思，不如桃杏，犹解嫁东风""无理而妙"[③]。钱锺书以纵观古代文学的眼光贯通而论，甚至认为：

《招魂》："目极千里兮伤春心。"……以合之《高唐赋》："长吏隳官，贤士失志，愁思无已，太息垂泪。登高远望，使人心瘁。"二节为吾国词章增辟意境，即张先《一丛花令》所谓"伤高怀远几时穷"也。[④]

与上一首略见不同，《千秋岁》兼有含蓄与发越：

数声鶗鴂，又报芳菲歇。惜春更把残红折。雨轻风色暴，梅子青时节。永丰柳，无人尽日飞花雪。莫把幺弦拨。怨极弦能说。天不老，情难绝。心似双丝网，中有

① 潘游龙辑，梁颖校点：《精选古今诗馀醉》卷八，第261页。
② 卓人月、徐士俊辑：《古今词统》卷一一，《续修四库全书》第1729册，第32页。
③ 贺裳：《皱水轩词筌》，《词话丛编》，第695页。
④ 钱锺书：《管锥编》（三），北京三联书店2001年版，第41页。

千千结。夜过也,东窗未白凝残月。

此词写爱情遭受阻遏后的幽怨,又表其坚贞不渝的信念。上片在啼鴂送春声中,以风雨摧折红花,打落青梅,喻爱情之横遭摧残,永丰之柳,尽日飞花,爱不知所属。下片寄情于幺弦而诉怨,以双丝网的千千结喻心结难解,爱情难绝,“天不老,情难绝”,对爱情坚贞不渝的倾诉、表白,令人想起了汉乐府诗《上邪》中的“山无陵,江水为竭,冬雷震震,夏雨雪,天地合,乃敢与君绝”。较之上一首,此词上片比兴而较含蓄,下片虽比而直诉,显见发越。

陈廷焯评张先的《青门引》时说道:“韵流弦外,神泣个中。耆卿而后,声调渐变,子野犹多古意。”[①]对于子野词的特点及其在宋词流变中的“界点”意义,判断甚为准确。其“犹多古意”者,如《蝶恋花》似有唐人《杨柳枝》遗韵:

移得绿杨栽后院。学舞宫腰,二月青犹短。不比灞陵多送远。残丝乱絮东西岸。　　几叶小眉寒不展。莫唱《阳关》,真个肠先断。分付与春休细看,条条尽是离人怨。

《少年游》则近“花间”:

帽檐风细马蹄尘。常记探花人。露英千样,粉香无尽,蓦地酒初醒。　　探花人向花前老,花上旧时春。行歌声外,靓妆丛里,须贵少年身。

《凤栖梧》与冯延巳、晏殊相似:

密宴厌厌池馆暮。天汉沉沉,借得春光住。红翠斗为长袖舞。香檀拍过惊鸿翥。　　明日不知花在否。今夜圆蟾,后夜忧风雨。可惜歌云容易去。东城杨柳东城路。

与此同时,不待柳永而后,张先也见“声调渐变”。如《谢池春慢》(玉仙观道中逢谢媚卿),体式为慢词,也有叙事,却与柳永慢词的铺叙不同,而采用令词常用的前景后情写法,上片为艳遇的场所,下片为艳遇的经过:

缭墙重院,时闻有、啼莺到。绣被掩馀寒,画幕明新晓。朱槛连空阔,飞絮无多少。径莎平,池水渺。日长风静,花影闲相照。　　尘香拂马,逢谢女、城南道。秀艳过施粉,多媚生轻笑。斗色鲜衣薄,碾玉双蝉小。欢难偶,春过了。琵琶流怨,都

① 陈廷焯:《词则·大雅集》卷二,第50页。

入相思调。

由于子野词有以上特点，故夏敬观云："子野词凝重古拙，有唐五代之遗音，慢词亦多用小令作法。后来涩体，炼词炼句，师其法度，方能近古。"①

子野词的"声调渐变"还体现为：在以令词创作为主同时，还对其他调式作了较多的尝试。如《转声虞美人》（霅上送唐彦猷）之转换《虞美人》本调的宫调，并变动字句：

使君欲醉离亭酒。酒醒离愁转有。紫禁多时虚右。苕霅留难久。　一声歌掩双罗袖。日落乱山春后。犹有东城烟柳。青荫长依旧。

张先与柳永都有《满江红》和《破阵乐》，后者本为唐贞观元年所创，入宋后先制正宫调的《平戎破阵乐》大曲，后有同名慢曲。柳张为同时人，或柳永作于先，张先学于后，然而能如此很快跟上慢曲的创作，张先也不能说仅是守古了。其《满江红》（初春）仍为先景后情：

飘尽寒梅，笑粉蝶、游蜂未觉。渐迤逦、水明山秀，暖生帘幕。过雨小桃红未透，舞烟新柳青犹弱。记画桥、深处水边亭，曾偷约。　多少恨，今犹昨。愁和闷，都忘却。拚从前烂醉，被花迷著。晴鸽试铃风力软，雏莺弄舌春寒薄。但只愁、锦绣闹妆时，东风恶。

《破阵乐》（钱塘）虽不逮柳永《望海潮》，且见模拟痕迹，却也不失为铺叙较佳者：

四堂互映，双门并丽，龙阁开府。郡美东南第一，望故苑、楼台霏雾。垂柳池塘，流泉巷陌，吴歌处处。近黄昏，渐更宜良夜，簇簇繁星灯烛，长衢如昼，暝色韶光，几许粉面，飞甍朱户。　和煦。雁齿桥红，裙腰草绿，云际寺、林下路。酒熟梨花宾客醉，但觉满山箫鼓。尽朋游、同民乐，芳菲有主。自此归从泥诏，去指沙堤，南屏水石，西湖风月，好作千骑行春，画图写取。

张先还有自创的慢词调，如《宴春台慢》（东都春日李阁使席上）：

丽日千门，紫烟双阙，琼林又报春回。殿阁风微，当时去燕还来。五侯池馆频开。探芳菲、走马天街。重帘人语，辚辚绣轩，远近轻雷。　雕觞霞滟，翠幕云飞，楚腰舞柳，宫面妆梅。金猊夜暖、罗衣暗裛香煤。洞府人归，放笙歌、灯火下楼台。蓬莱。犹有花上月，清影徘徊。

---

① 夏敬观：《吷庵词评》，《词学》第五辑，第197页。

《泛清苕》亦为张先自度曲，其小序曰："一名感皇恩，正月十四日与公择吴兴泛舟"。词云：

绿净无痕。过晓霁清苕，镜里游人。红柱巧，彩船稳，当筵主、秘馆词臣。吴娃劝饮韩娥唱，竞艳容、左右皆春。学为行雨傍画桨，从教水溅罗裙。　溪烟混月黄昏。渐楼台上下，火影星分。飞槛倚，斗牛近，响箫鼓、远破重云。归轩未至千家待，掩半妆、翠箔朱门。衣香拂面，扶醉卸簪花，满袖馀温。

对于张先词，如果说刘熙载"瘦硬之体"似是以书相拟却非明说，那么夏敬观则明以书家相论：

子野在北宋诸家中，可云独树一帜，比之于书，乃钟繇之体也。[①]

钟繇由汉末入魏，魏明帝时官至丞相、太傅，世称"钟太傅"，其书师法曹喜、蔡邕等人，博采众长，兼能各体，而尤精隶、楷，形成了由隶入楷的第一代新貌，与张芝、王羲之齐名，唐张怀瓘《书断》以其书刚柔兼备，古雅有馀[②]。张先词师法五代，亦兼采同时代诸家之长，如同钟繇的由隶入楷，独树一帜。夏敬观所拟，较之陈廷焯以之为"古今一大转移"，是更为恰当的。

第七节　仁宗朝其他词人

柳永、张先、晏殊、欧阳修是宋仁宗朝的四大词人，此外，还有宋祁、刘潜、李冠、王琪、韩琦、杜安世等人，也有作品传世，虽成就无法与四大词人相比，亦不能不论，故本节拟将他们置于一起论之。

一、宋祁　王琪　韩琦

宋祁(998—1061)，字子京，安州安陆(今河北安陆)人，徙开封雍丘(今河南杞县)。仁宗天圣二年(1024)进士，授复州军事推官，累官至知制诰、翰林学士、史馆修撰，修《唐书》。《新唐书》成，进工部尚书，拜翰林学士承旨。卒谥景文。有《宋景文公文集》，词有后人所辑《宋景文公长短句》。

宋祁的年辈在晏殊和欧阳修之间，因其名句而有"'红杏枝头春意闹'尚书"之称。李之仪将宋祁与晏、欧相并，谓之"以其馀力游戏，而风流闲雅，超出意表，又非其类也。谛味研究，字字皆有据，而其妙见于卒章，语尽而意不尽，意尽而情不

---

① 夏敬观：《吷庵词评》，《词学》第五辑，第198页。
② 张怀瓘：《书断》卷中，四库全书本。

尽，岂平平可得仿佛哉！”[①]但李清照以之“虽时时有妙语，而破碎何足名家”。[②]王世贞则认为：“《花间》犹伤促碎，至南唐李氏父子而妙矣……‘云破月来花弄影’郎中，‘红杏枝头春意闹’尚书，意似祖述之，而句小不逮，然亦佳。”[③]刘熙载作张先、宋祁之较，较为允洽：“宋子京词是宋初体，张子野始创瘦硬之体，虽以佳句互相称美，其实趣尚不同。”近代王鹏运《半塘遗稿》论北宋人词，以“华贵”称宋祁，可谓甚当。

宋祁的代表作自是《玉楼春》(春景)：

> 东城渐觉风光好。縠皱波纹迎客棹。绿杨烟外晓寒轻，红杏枝头春意闹。
> 浮生长恨欢娱少。肯爱千金轻一笑。为君持酒劝斜阳，且向花间留晚照。

此首可见作者以史才之馀力逞其文才，写得轻松随意，却又风流闲雅，陈廷焯《词则》评曰：“红杏尚书，艳夺千古。为乐当及时，有心人语。”[④]词之起二句，虚写春日风光，迎风泛舟之乐，次二句，实写绿杨红杏的春日丽景，一“闹”字尤能传花繁竞盛之神。下片一气贯注，劝人看轻钱财，要及时行乐。沈雄仅以字句取：“人谓‘闹’字甚重，我觉全篇俱轻，所以成为‘红杏尚书’。”[⑤]刘体仁亦说：“‘红杏枝头春意闹’，一‘闹’字卓绝千古。”[⑥]王士禛认为此句“实本花间‘暖觉杏梢红’，特有青蓝冰水之妙耳”。[⑦]而李渔对以名句论词，而将张先、宋祁相并不满，认为后者难及前者：“琢句炼字，虽贵新奇，亦须新而妥，奇而确。妥与确，总不越一理字。欲望句之惊人，先求理之服众。时贤勿论，吾论古人。古人多工于此技，有最服予心者，‘云破月来花弄影郎中’是也；有蜚声千载上下，而不能服强项之笠翁者，‘红杏枝头春意闹尚书’是也。‘云破月来’句，词极尖新，而实为理之所有；若红杏之在枝头，忽然加一‘闹’字，此语殊难着解。争斗有声之谓闹，桃李争春则有之，红杏闹春，予实未之见也。‘闹’字可用，则‘炒’字、‘斗’字、‘打’字皆可用矣。宋子京当日以此噪名，人不呼其姓氏，竟以此作尚书美号，岂由尚书二字起见耶？予谓‘闹’字极粗极俗，且听不入耳，非但不可加于此句，并不当见之诗词。近日词中争尚此字，皆子京一人之流毒也。”[⑧]而刘熙载则称之为“触著之字”：“词中句与字，有似触著者，所谓极炼如不炼也……宋景文‘红杏枝头春意闹’，‘闹’字，触著之字也。”[⑨]王国维更以为：“‘红杏枝头春意闹’。著一‘闹’字，而境界全出。”[⑩]直到当代学者钱锺书，仍

---

① 李之仪：《跋吴思道小词》，《姑溪居士全集·文集》卷四〇，第310页。
② 李清照：《词论》，《李清照集校注》，第194–195页。
③ 王世贞：《艺苑卮言》，《词话丛编》，第387页。
④ 陈廷焯：《词则·别调集》卷一，第573页。
⑤ 沈雄：《古今词话·词辨》上卷，《词话丛编》，第920页。
⑥ 刘体仁：《七颂堂词绎》，《词话丛编》，第622页。
⑦ 王士禛：《花草蒙拾》，《词话丛编》，第675页。
⑧ 李渔：《窥词管见》，《李渔全集》第2册，第510–511页。
⑨ 刘熙载：《艺概》卷四《词曲概》，第121页。
⑩ 王国维：《人间词话》，《蕙风词话·人间词话》，第193页。

介入这一讨论，并以“通感”的理论解释之[1]，才真正解决了原理问题。

宋祁的《浪淘沙近》与李煜的平韵体《浪淘沙》、柳永的《浪淘沙慢》都不同，而首见于宋祁。词云：

> 少年不管。流光如箭。因循不觉韶光换。至如今，始惜月满、花满、酒满。扁舟欲解垂杨岸。尚同欢宴。日斜歌阕将分散。倚兰桡，望水远、天远、人远。

上片云少年时不懂惜时，现在才知道，更珍惜花好月圆酒杯满的好时光。下片承上而言送别，表达对友情的珍视。上下结的“月满、花满、酒满”，和“水远、天远、人远”，为一句中三用同一字作韵，在词中极其少见。

被《全宋词》作为宋祁存目词的《锦缠道》，见于赵万里所辑《宋景文公长短句》，刊于《校辑宋金元人词》中，故一般也认为是宋祁所作。此词是与《玉楼春》异调的又一“春之歌”：

> 燕子呢喃，景色乍长春昼。睹园林，万花如绣。海棠经雨胭脂透。柳展宫眉，翠拂行人首。　　向郊原踏青，恣歌携手。醉醺醺、尚寻芳酒。问牧童、遥指孤村道：“杏花深处，那里人家有。”

词以燕子呢喃开局，然后由“声”转“色”，从总言万花如绣，到特写海棠和杨柳，一者经雨后红如胭脂，一者如宫眉尽展，翠拂人首。下片写郊原踏青，乘醉而再寻芳酒，最后分明从杜牧《清明》诗化出，却十分生动，呼之欲出。此词的格调明媚鲜妍，韵律欢快酣畅，与晏欧的伤春大异其趣，较有特色。

王琪(生卒年不详)，字君玉，其先成都华阳(今属四川)人，徙舒州(今安徽庐江)，先后知润、陈、扬、杭诸州，以礼部侍郎致仕。有词集《谪仙长短句》，已佚，今有周泳先辑本。

因曾长期在江南为官，王琪有《江南好》组词十首，皆以“江南”领起，分咏江南风物景色。录其咏月一首：

> 江南月，清夜满西楼。云落开时冰吐鉴，浪花深处玉沉钩。圆缺几时休。星汉迥，风露入新秋。丹桂不知摇落恨，素娥应信别离愁。天上共悠悠。

此词写江南秋月，“冰吐鉴”写其圆时如鉴，“玉沉钩”写其缺时如钩，上结以感慨“圆缺几时休”在自然开出下片。下片应开头之秋月，是又一新秋，月中丹桂不知摇落之恨，嫦娥独处月宫，应体会到别离之愁，结句绾合天上人间，表悲欢离合之情是永恒

---

① 钱锺书：《通感》，《七缀集》，北京生活·读书·新知三联书店 2001 年版，第 71–88 页。(版本后同)

的。虽沿用旧调,又未脱宋初格调,却显见体物精细幽微,情韵蕴藉悠远,较唐人尤见词性,胜于刘、白所作。

《定风波》写惜流年之去而伤悲,而因玉人得到所慰:

把酒花前欲问天。春来秋去苦茫然。风雨满枝花满地。何事。却教纤草占流年。　试把钿筝重促柱。无绪。酒阑清泪滴朱弦。赖有玉人相顾好。轻笑。却疑春色在婵娟。

题材并不新鲜,但措词工致典雅,构思灵动轻倩,递进、转换自然,有较高的艺术技巧。

韩琦(1008—1075),字稚圭,自号赣叟,安阳(今河南安阳)人。仁宗天圣五年(1027)进士,相仁宗、英宗,封魏国公。神宗立,坚辞,出判相州,后为四路安抚使。卒赠尚书令,谥忠献。《宋史》有传。有《安阳集》。

韩琦曾与范仲淹同镇陕西,以对付西夏元昊起兵,并称"韩范"。存词仅四首。录其《点绛唇》:

病起恹恹、画堂花谢添憔悴。乱红飘砌。滴尽胭脂泪。　惆怅前春,谁向花前醉。愁无际。武陵回睇。人远波空翠。

韩琦为人刚毅英伟,喜怒不形于色,而此词却缠绵悱恻,似难以胜情,与其人绝不相类。故吴处厚《青箱杂记》引皮日休言宋璟铁石心肠而有《梅花赋》,证其"文章纯古,不害其为邪;文章艳丽,亦不害其为正"之说,并以范仲淹、司马光皆有艳丽小词再说此理[①]。而因此词作于韩琦晚年,此时王安石推行新法,韩琦曾上书请罢青苗法,王安石称病不朝,韩琦也被免河北安抚使,自此心情忧郁,常怀念被贬出朝的故友,所以,此词实为借伤春怀人而抒其政治失意之情。倘如此,其比兴寄托的手法是很高明的。

二、张昪　刘潜　李冠　尹洙

张昪、刘潜、李冠、尹洙之所以置于一起,是因为与前三位不同,他们虽作品甚少,却或有怀古的长调,或词风较为刚健,与传统有异,可看作是豪放一派的先导。

张昪(992—1077),字杲卿,韩城(今属陕西)。大中祥符八年(1015)进士。历官参知政事、枢密使等。以太子太师致仕。卒赠司徒兼侍中,谥康节。

张昪享高寿,为人旷达。老年作《满江红》,有"无利无名,无荣无辱,无烦无恼","知富贵,谁能保。知功业,何时了"等句。虽仅存词二首,但其《离亭燕》却是境界很高的怀古之词:

---

① 吴处厚撰,李裕民点校:《青箱杂记》卷八,第83页。

一带江山如画。风物向秋潇洒。水浸碧天何处断，翠色冷光相射。蓼岸荻花中，隐映竹篱茅舍。　　天际客帆高挂。门外酒旗低迓。多少六朝兴废事，尽入渔樵闲话。怅望倚危栏，红日无言西下。

此词作于退居江南之时，由于作者历经真宗、仁宗两朝，退居江南时，又历英宗、神宗两朝，正是宋朝由盛转衰之时，所以此词借在金陵所见秋天景色作怀古之思，以六朝旧事相警，应是词之作意所在。而此类作品在花间词中虽曾有过，但自宋以来却极少见到，可谓开王安石、苏轼怀古词之先。在艺术上，突破了词的专营小境，而拓至江山大景，且感慨六朝兴废而营建出历史时空，在宋词的转折中先走了一步，风格俊爽明丽，又见清远萧疏、壮阔苍凉。况周颐评此词道："张康节《离亭燕》云：'怅望倚层楼，寒日无言西下。'秦少游《满庭芳》云：'凭栏久，疏烟淡日，寂寞下芜城。'两歇拍意境相若，而张词尤极苍凉萧远之致。"[①]所言诚是。

刘潜(？—1070)，字仲方，曹州定陶人。举进士。为淄州军事推官，曾知蓬莱县。

刘潜任职甚微，其《六州歌头》(项羽庙)一首又见于李冠名下，因陈师道《后山诗话》以为李冠作，故从陈说。刘潜《水调歌头》咏昭君事而批评汉代的和番政策：

落日塞垣路，风劲戛貂裘。翩翩数骑闲猎，深入黑山头。极目平沙千里，惟见雕弓白羽，铁面骇骅骝。隐隐望青冢，特地起闲愁。　　汉天子，方鼎盛，四百州。玉颜皓齿，深锁三十六宫秋。堂有经纶贤相，边有纵横谋将，不作翠蛾羞。戎虏和乐也，圣主永无忧。

词中下片的"堂有经纶贤相，边有纵横谋将，不作翠蛾羞"，直接讥刺须眉，而最后的"戎虏和乐也，圣主永无忧"，则绵里藏针。这种对历史作出评判的作品，与一般的怀古词抒发幽情不同，在宋词中有开创性意义。

李冠(生卒年不详)，字世英，历城(今山东济南)人。举进士不第，得同三礼出身，调乾宁主簿。有《东皋集》，已佚。

李冠存词不多，然而其两首《六州歌头》很值得注意。一首题为《骊山》：

凄凉绣岭，宫殿倚山阿。明皇帝。曾游地。锁烟萝。郁嵯峨。忆昔真妃子。艳倾国，方姝丽。朝复暮。嫔嫱妒。宠偏颇。三尺玉泉新浴，莲羞吐、红浸秋波。听花奴，敲羯鼓，酣奏鸣鼍。体不胜罗。舞婆娑。　　正霓裳曳。惊烽燧。千万骑。拥雕戈。情宛转。魂空乱。蹙双蛾。奈兵何。痛惜三春暮，委妖丽，马嵬坡。平寇乱。回宸辇。忍重过。香瘗紫囊犹有，鸿都客、钿合应讹。使行人到此，千古只伤歌。事往愁多。

---

① 况周颐：《历代词人考略》卷八，《蕙风词话·广蕙风词话》，第229页。

另一首写项羽庙：

秦亡草昧，刘项起吞并。鞭寰宇。驱龙虎。扫欃枪。斩长鲸。血染中原战。视馀耳，皆鹰犬。平祸乱。归炎汉。势奔倾。兵散月明。风急旌旗乱，刁斗三更。共虞姬相对，泣听楚歌声。玉帐魂惊。　泪盈盈。念花无主。凝愁苦。挥雪刃，掩泉扃。时不利。骓不逝。困阴陵。叱追兵。呜喑摧天地，望归路，忍偷生。功盖世，何处见遗灵。江静水寒烟冷，波纹细、古木凋零。遣行人到此，追念益伤情。胜负难凭。

二首皆铺陈史事，表达怀古之情，与柳永的长调题材不同。程大昌云："六州歌头，本鼓吹曲也。近世好事者倚其声为吊古词。如秦亡草昧，刘、项起吞并是也。音调悲壮，又以古兴亡事实之。闻其歌使人怅慨，良不与艳词同科，诚可喜也。"[①]虽宋人所作此调亦有艳词，程大昌所说可能有望文生义、以偏概全之处，但此二首却是所作最早的，既有创调之功，又确如其所说，是不与艳词同科，后来贺铸、张孝祥作此调，应受到李冠的影响。

尹洙(1001—1047)，字师鲁，河南洛阳人。曾被召为馆阁校勘，庆历中历知数州，卒于中年。

尹洙仅存《水调歌头》(和苏子美)一词：

万顷太湖上，朝暮浸寒光。吴王去后，台榭千古锁悲凉。谁信蓬山仙子，天与经纶才器，等闲厌名韁。敛翼下霄汉，雅意在沧浪。　晚秋里，烟寂静，雨微凉。危亭好景，佳树修竹绕回塘。不用移舟酌酒，自有青山渌水，掩映似潇湘。莫问平生意，别有好思量。

此词为苏舜钦咏沧浪亭的和作，作于庆历年间。苏舜钦因反对弊政，要求改革，被人奏劾，借故免官，买园建沧浪亭，作《沧浪亭记》，且有《水调歌头》(沧浪亭)之作：

潇洒太湖岸，淡伫洞庭山。鱼龙隐处，烟雾深锁渺弥间。方念陶朱张翰，忽有扁舟急桨，撇浪载鲈还。落日暴风雨，归路绕汀湾。　丈夫志，当景盛，耻疏闲。壮年何事憔悴，华发改朱颜。拟借寒潭垂钓，又恐鸥鸟相猜，不肯傍青纶。刺棹穿芦荻，无语看波澜。

二首相较，苏词上片直说归隐之意，下片又流露不平，可见内心较为矛盾。而尹词虽也从历史说起，下片的"莫问平生意"，也较委婉，词中的写景之笔甚好，艺术上较原作为佳。

---

① 程大昌：《演繁露》卷一六，四库全书本。

三、梅尧臣　杜安世

将梅尧臣与杜安世放在一起并无何种理由，仅因为仁宗朝其他词人作品太少，且无多少特色，故石延年、谢绛、叶清臣、沈唐等人皆不论。而梅尧臣《苏幕遮》较为知名，杜安世作品较多，故在上面二组词人以外论之。

梅尧臣(1002—1060)，字圣俞，宣城(今安徽宣州)人。皇祐三年(1051)赐进士出身，累迁尚书都官员外郎。

梅尧臣是欧阳修很推重的诗人，存词仅三首。录其《苏幕遮》：

> 露堤平，烟墅杳。乱碧萋萋，雨后江天晓。独有庾郎年最少。窣地春袍，嫩色宜相照。　　接长亭，迷远道。堪怨王孙，不记归期早。落尽梨花春又了。满地残阳，翠色和烟老。

据吴曾《能改斋漫录》，此词系因欧阳修赞赏林逋《点绛唇》咏草一词，梅尧臣争胜所作①。此词上片写春草而衬托庾信，借以写读书宦游者，下片写春去的思归之情。词中写春草之状的"乱碧萋萋"，写其态势的"接长亭，迷远道"，都很见传神，歇拍以景结情，馀韵不尽。刘熙载认为此词"似为少游开先"②，而王国维则说："人知和靖《点绛唇》、圣俞《苏幕遮》、永叔《少年游》三阕为咏春草绝调。不知先有正中'细雨湿流光'五字，皆能摄春草之魂者也。"③若不较短长，四首都可算名作。

杜安世(生卒年不详)，字寿域，京兆(今陕西西安)人。有《寿域词》一卷。

《寿域词》未见有新题材，艺术上亦无多少特色，但创调较多。此处录数首。《杜韦娘》，本为唐教坊曲，杜安世用作词调：

> 暮春天气，莺老燕子忙如织。间嫩叶题诗哨梅小，乍遍水、新萍圆碧。初牡丹谢了，秋千搭起，垂杨暗锁深深陌。暖风轻，尽日闲把、榆钱乱掷。　　恨寂寂。芳容衰减，顿欹玳枕困无力。为少年、狂荡恩情薄，尚未有、归来消息。想当初、凤侣鸳俦，唤作平生，更不轻离拆。倚朱扉，泪眼滴损、红绡数尺。

《采明珠》，调名源于曹植《洛神赋》的"或采明珠，或拾翠羽"，此调为杜安世所创，宋词中仅见此一首：

> 雨乍收，小院尘消，云淡天高露冷。坐看月华生，射玉楼清莹。蟋蟀鸣金井。下帘帏、悄悄空阶，败叶坠风，惹动闲愁，千端万绪难整。　　秋夜永。凉天迥。可不

---

① 吴曾：《能改斋漫录》卷一七，第495页。

② 刘熙载：《艺概》卷四《词曲概》，第109页。

③ 王国维：《人间词话》，《蕙风词话·人间词话》，第201页。

念光景。嗟薄命。倏忽少年，忍交孤令。灯闪红窗影。步回廊、懒入香闺，暗落泪珠满面，谁人知我，为伊成病。

《朝玉阶》，《词谱》以其近于《散天花》，但换头平仄不同，此调亦仅见于《寿域词》：

帘卷春寒小雨天。牡丹花落尽，悄庭轩。高空双燕舞翩翩。无风轻絮坠，暗苔钱。　　拟将幽怨写香笺。中心多少事，语难传。思量真个恶因缘。那堪长梦见，在伊边。

此外，如《更漏子》，虽温庭筠早有作，但杜安世所作与温庭筠、冯延巳皆不同，且将小令发展为长调：

庭远途程。算万山千水，路入神京。暖日春郊，绿柳红杏，香径舞燕流莺。客馆悄悄闲庭，堪惹旧恨深。有多少驱驱，蓦岭涉水，枉费身心。　　思想厚利高名。谩惹得忧烦，枉度浮生。幸有青松，白云深洞，清闲且乐升平。长是宦游羁思，别离泪满襟。望江乡踪迹，旧游题书，尚自分明。

杜安世还有一些词调虽与柳永所作同名，但格律却有不同，未知是其本人有意于探索发展，还是当时尚属长调的初生期，未形成严格的格律之故，不过至少可以说明，杜安世对于词的乐律还是比较熟悉的。

第五章　北宋中期词与苏轼的开拓、贡献

在上一章的开头，已经将北宋词的分期及其理由作了简单陈述，本章将英宗、神宗、哲宗的三十七年作为北宋中期，论述主要创作期属于本期的词人，以及他们对词的诸多发展。

本章依然坚持对词的发展变化作士大夫文化的观照，因此首先重视此期的政党政治及相关的党争问题，视之为影响本期词的最大社会、思想及感情要素。

本期是北宋社会由盛而衰的转变期，面对着外患日亟、财政日竭、矛盾日多的形势，围绕着改革问题，政党政治在此期有很大的发展。在宋仁宗时期，已由范仲淹、韩琦、富弼等人发起改革，推行“庆历新政”，但由于所行以改革吏治为核心，触犯了权贵的利益，谤议愈甚，改革派遂以“朋党”之罪被逐出中央，“新政”推行不到一年便被明令罢废。嘉祐三年(1058)，王安石上书宋仁宗，要求改革，却未得皇帝赞许。嘉祐八年(1063)，宋英宗继位，虽有改革之心，却受到曹太后牵制，又因身体很差，只能维持政局，到治平四年(1067)宋神宗嗣位，才认真准备改革。宋神宗为太子时已深受王安石影响，而当他向富弼等元老征询富国强兵、制胜辽夏之策时，得到的是“愿二十年不言‘用兵’二字”[①]的回答，于是，神宗用王安石为参知政事，以推动改革，史称“熙宁变法”。以王安石为代表的经学一派，和以司马光为代表的史学一派，虽侧重点不同，但在追求国家富强的目标上是一致的，而自此展开了新旧两党的斗争。政党政治的形成，两党斗争的加剧，使士大夫阵营产生了对立与分裂，也使得贬谪文化在此期有了较广的覆盖面，遂使词从侑觞佐欢发生了一定的功能变化，政治命运的与之难以分离，多少会投射到词人的感情抒发上，即如秦观这样的才子式人物，也对艳情之词，作了身世之感的“打并”而入，使得词之“缘情”发生了变化。至于苏轼的词之诗化，则更与政治生活有关。所以，北宋中期词之变化，不只是一两个词人之事，而与士大夫文化的政党政治有相当的关系。

第一节　士大夫之词的转变发展

以士大夫文化观照北宋初期词，主要体现为“闲情”这一最大主题，宦情、颂谀等则是次要的内容。而到了北宋中期，士大夫文化的发展、变化，也在词中留下了投影，并主要体现在以下三方面：一是北宋中期政党政治占据了政治生活的主要地位，且贯穿到北宋之末，使以这一政治为代表的政治文化成为了士大夫文化的主体，而此期的

---

① 邵伯温撰，李剑雄、刘德权点校：《邵氏闻见录》卷五，中华书局 1983 年版，第 41 页。(版本后同)

激烈党争，造就了诸多士大夫的困顿沉浮，宦情与羁情也投射到其词作之中，留下了心灵的印迹。二是随着理学在这一历史阶段的逐渐成熟，一方面是理学家也逐渐加入到党争之中，形成了诸如蜀党与洛党的纷争，另一方面是在党争中失败而遭贬谪的词人，也受到理学这一时代学术思潮的影响，从生活中汲取了佛道的思想资源，化为了对待生活的生存智慧之"理"，词中渐多对理趣的表达。三是士大夫在坚守自己的文化家园的同时，也不对市井文化或其他下层俗文化采取完全排斥的态度，在词的创作中出现了雅俗分流而又兼容的现象。

以上的变化，从总体上也导致了词的"缘情"性质之变：晚唐及"花间"词在多元文化背景中以进士文化为主流，其相应的最大主题是爱情（艳情）；南唐词至北宋初期，则转以士大夫文化为主流文化，词最大的新主题也变为了"闲情"；北宋中期士大夫文化之变，使得词在延续原先题材同时，又以"性情"为最大的新主题。

一、飘零官路　荏苒年华

司马光与王安石在政治上分歧甚大，而作为北宋士大夫文化的代表，二人又有共同之处。王安石在熙宁之初，就"以道进退"[①]，宋神宗若不接受其新法建议，他不肯就相位；而司马光同样是"陛下能用其言，光必来；不能用其言，光必不来"[②]。故二人虽政见不同，却在出处原则上无异，都以政治理想与见解为准绳，而不以功名利禄为转移。而因进退所牵涉的个人境遇，则在他们的词中有所反映。

王安石在熙宁二年二月被任命为参知政事，又设三司条例司，掌管经画国家财政，筹划变革旧法大事，开始制定并推行新法，"熙宁变法"开始。变法是陆续展开的，实施的过程中，遭到很多官员，以及皇室、贵戚、部分大商人的反对，王安石也在熙宁七年（1074）第一次被迫辞相，遂以韩绛同平章事，吕惠卿为参知政事，继续推行新法，而因新法派内吕惠卿与曾布多有矛盾，次年（1075）王安石复相，却因与吕惠卿又多不合，派内分歧难以弥合，王安石已难以实行新法，于是再度罢相而退居金陵。元丰八年（1085），宋神宗卒，哲宗继位，年号元祐，哲宗未满十岁，遂由其祖母高太后听政并处政。高太后反对新法，任司马光为门下侍郎，司马光提出拨乱反正、罢废新法，随之新党被排，旧党复用，史称"元祐更化"。在司马光罢废全部新法时，不少原先对新法持异议的官员，此时却对此表示反对，苏轼还曾与司马光发生过激烈的争执。不久，司马光死，旧党分为蜀、朔、洛三党，演为人事倾轧而互相攻讦。元祐八年（1093），宋哲宗亲政，为表明继承父业之志，更年号为绍圣，起用新派的章惇、曾布和蔡卞等人，重新推行部分新法。由于变法派在元祐年间曾遭受打击，在重新执政后极力报复旧党，推行新法也已变得有名无实，这一时期，史称"绍圣绍述"。

在新旧派的政争及相关的人事起、废中，词人不可避免地在词中留下了感情的记录、心灵的悸动。宋初词中，似范仲淹《渔家傲》、《剔银灯》这样表现大题材的作品是不

① 叶梦得：《石林燕语》卷七，《宋元笔记小说大观》，第2537页。
② 邵伯温撰，李剑雄、刘德权点校：《邵氏闻见录》卷一一，第114页。

多的,欧阳修虽有写宦情者,但在其全部词中也只是少数。而到北宋中期则不然,司马光仅存三首词,《锦堂春》所抒发的是为宦之悲:

红日迟迟,虚廊转影,槐阴迤逦西斜。彩笔工夫,难状晚景烟霞。蝶尚不知春去,谩绕幽砌寻花。奈猛风过后,纵有残红,飞向谁家。　　始知青鬓无价,叹飘零官路,荏苒年华。今日笙歌丛里,特地咨嗟。席上青衫湿透,算感旧、何止琵琶。怎不教人易老,多少离愁,散在天涯。

司马光因与王安石政见不合,出知永兴军,改判西京留守司御史台,后又以端明殿直学士兼翰林侍读学士居洛阳,主撰《资治通鉴》,哲宗即位才主持国政,从熙宁三年(1070)出京,到元祐元年(1086)的拜为左仆射兼门下侍郎,其间有十六年。陈霆曾说此词"所赋婉媚凄惋,殆不能忘情",进而疑此词"岂其少年所作耶"[①],而从词中语气看,当非是。

司马光的政敌王安石又如何呢?其《浪淘沙令》是以人物为中心的咏史词:

伊吕两衰翁。历遍穷通。一为钓叟一耕佣。若使当时身不遇,老了英雄。汤武偶相逢。风虎云龙。兴王只在笑谈中。直至如今千载后,谁与争功。

咏伊尹、吕尚分别辅佐商王、周武,建立商、周二朝事,可令人想起作者本人得宋神宗支持而推行的变法大业。而《千秋岁引》(秋景):

别馆寒砧,孤城画角。一派秋声入寥廓。东归燕从海上去,南来雁向沙头落。楚台风,庾楼月,宛如昨。　　无奈被些名利缚。无奈被他情担阁。可惜风流总闲却。当初漫留华表语,而今误我秦楼约。梦阑时,酒醒后,思量着。

虽写男女私情是小词路数,但结合此词的"无奈被些名利缚。无奈被他情担阁",则可显见是在"进"而不得的闲退之后,借以写其对政治的厌倦,宜于"荆公此词,大有感慨,大有见道语"之评[②]。二次罢相后的王安石,在金陵隐居以过晚年,《渔家傲》写于此时:

平岸小桥千嶂抱。柔蓝一水萦花草。茅屋数间窗窈窕。尘不到。时时自有春风扫。　　午枕觉来闻语鸟。欹眠似听朝鸡早。忽忆故人今总老。贪梦好。茫然忘了邯郸道。

---

①陈霆:《渚山堂词话》卷三,《渚山堂词话·词品》,第29页。

②杨慎:《词品》,转引自上彊村民重编,唐圭璋笺注《宋词三百首笺注》,人民文学出版社2005年版,第53页。

虽是对"叹飘零官路,荏苒年华"的超越、解脱,可"邯郸道"一说,难道不是对"官路"的一种感叹吗?应该说,这是在退出政治舞台后,依然可见的士大夫情怀。

大文豪苏轼因遭罗织的"谤讪朝政"罪,被拘入御史台监狱一百三十多天,得神宗的祖母曹后说情,甚至退居金陵的王安石都上书营救,才得出狱,贬官黄州。苏轼在狱中寄其弟苏辙的诗所写短序云:"予以事系御史台狱,狱吏稍见侵,自度不能堪,死狱中,不得一别子由。"短短几句话,透出了其中逼供之严酷。诗云:"圣主如天万物春,小臣愚暗自亡身。百年未满先偿债,十口无归更累人。是处青山可埋骨,他时夜雨独伤神。与君世世为兄弟,又结来生未了因。""柏台霜气夜凄凄,风动琅珰月向低。梦绕云山心似鹿,魂惊汤火命如鸡。眼中犀角真吾子,身后牛衣愧老妻。百岁神游定何处,桐乡知葬浙江西。"他到黄州是由御史台差人押解去的,还是罪人。到黄州后,其《西江月》下片云:"酒贱常愁客少,月明多被云妨。中秋谁与共孤光。把盏凄然北望。"《临江仙》结句说:"小舟从此逝,江海寄馀生。"虽达观如苏轼,二词所流露的人生空幻之感和悲戚之情,对"江海寄馀生"的今后生活道路设计,更比"飘零官路,荏苒年华"的感叹要沉重得多。苏轼一直受累于党争,被一贬再贬,故后来以平生功业在黄州、惠州、儋州自嘲,其词表现宦情、羁情者尤多。

苏门四学士之一的秦观,是颇具进士文化特点、气质的词人,朱光庭就以其"素号薄徒,恶行非一"[1]而向朝廷进奏。他很晚才中进士,做官不久,就身陷党争之中,也被贬南方。秦观是党争的牺牲品,其政治失落使之既感叹"飘零官路,荏苒年华",又将"身世之感打并入艳情",既造就出独特的"词心",又将士大夫贬谪文化与词之"缘情"本质相结合,以"古之伤心人"写出凄婉动人之词。如《千秋岁》:

> 水边沙外,城郭春寒退。花影乱,莺声碎。飘零疏酒盏,离别宽衣带。人不见,碧云暮合空相对。　忆昔西池会,鹓鹭同飞盖。携手处,今谁在?日边清梦断,镜里朱颜改。春去也,飞红万点愁如海。

《阮郎归》:

> 湘天风雨破寒初,深沈庭院虚。丽谯吹罢小单于,迢迢清夜徂。　乡梦断,旅魂孤,峥嵘岁又除。衡阳犹有雁传书,郴阳和雁无。

黄庭坚深于佛道而善于自我化解人生的苦恼,在被贬戎州(今四川宜宾)时所写的《念奴娇》,仍以"老子平生,江南江北,最爱临风笛。孙郎微笑,坐来声喷霜竹"表其豪情不减。在黔州贬所时,又有《定风波》(次高左藏使君韵):"莫笑老翁犹气岸。君看,几人白发上华颠。戏马台前追两谢,驰射,风情犹拍古人肩。"亦见乐观情绪。可是在

[1] 李焘著,黄以周等辑补:《续资治通鉴长编(附拾遗)》卷四四二,第4158页。

宜州贬所写下的《虞美人》(宜州见梅作),其歇拍的“平生个里愿杯深。去国十年老尽、少年心”,流露出未见明言的“飘零官路,荏苒年华”之情。而因秦观之死,黄庭坚在贬宜州过衡阳时览其遗墨,终不由得沉痛异常,其《千秋岁》小序云:“少游得谪,尝梦中作词云:‘醉卧古藤阴下,了不知南北。’竟以元符庚辰,死于藤州光华亭上。崇宁甲申,庭坚窜宜州,道过衡阳。览其遗墨,始追和其《千秋岁》词。”词的下片更写道:

洒泪谁能会。醉卧藤阴盖。人已去,词空在。兔园高宴悄,虎观英游改。重感慨,波涛万顷珠沉海。

表现贬谪之悲的,除著名的秦观所作外,如张舜民《卖花声》(题岳阳楼):

木叶下君山。空水漫漫。十分斟酒敛芳颜。不是渭城西去客,休唱阳关。醉袖抚危阑。天淡云闲。何人此路得生还?回首夕阳红尽处,应是长安。

李之仪的《忆秦娥》:

清溪咽。霜风洗出山头月。山头月。迎得云归,还送云别。　　不知今是何时节。凌歊望断音尘绝。音尘绝。帆来帆去,天际双阙。

《临江仙》:

偶向凌歊台上望,春光已过三分。江山重叠倍销魂。风花飞有态,烟絮坠无痕。　　已是年来伤感甚,那堪旧恨仍存。清愁满眼共谁论。却应台下草,不解忆王孙。

所以,宋代士大夫尽管有与国君“共定国是”之幸,却受到了政党政治的困扰和伤害,“叹官路飘零,荏苒年华”遂成为士大夫文化进入词中的一个重要而普遍的内容。

二、以物观物　以理化情

士大夫文化的“内圣”倾向,使之与新出的理学结缘,遂使北宋中期的士大夫之词也发生了变化:一面是扩大、突破词之传统“缘情”题材,另一面是在以“礼”节情的同时,力图净化男欢女爱之情;而由于在党争中的仕途坎坷,在感叹官路飘零同时,又能以“理”化情,力求不为所累,同时,词中言事理与物理者渐多;加以北宋士大夫多喜参禅问道,受禅与道的影响,又形成了词中特有的“理趣”。这里侧重论后二者。

宋代文学有“达理”的普遍性追求。明人杨慎曾说:“唐人诗主情,去《三百篇》近,宋人诗主理，去《三百篇》却远矣。”[①]所说是诗，又何尝不是唐宋文学精神的主要区别呢？唐代从六朝过来，沿着“诗缘情”一路，虽经众多诗人的努力，将持续宫体诗的“绮靡”之风加以纠正，注入了建安风骨，如殷璠所说是“文质半取，风骚两挟”[②]，但唐代文学的主要特点仍在“主情”。宋代则不然，鉴于唐代进士文化在道德气节上的不振，宋人在重建“内圣”路线的同时，力图将“性理”与天理统一在一起。作为“宋儒之首”的周敦颐，其《太极图说》本为宇宙论，却引出了“圣人定之以中正仁义而主静，立人极焉”[③]一说，其《通书》亦以“诚”作为中心概念，体现出将宇宙论与道德论相结合的趋向。发展至程颐，终于构成了区别于汉代的天人合一新说：“在天为命，在义为理，在人为性，主于身为心，其实一也。”[④]理学的影响不仅在理学家，更及于宋代士大夫，在普遍追求性理的同时，对于天理的关注，也成为重要的文学内涵，所以宋代的文艺都有言理、求理的倾向。

宋人既不同于汉人的重视讽谏，以三百篇皆为谏书，强调比兴对政治的匡正，而是肯定文学的抒情特质；但又不似唐人纯粹的、不作抑制的抒情，而是将情限定在“性”的合理范围之内。在宋开国之初，田锡已有“以情合于性，以性合于道”[⑤]之说，后来不少人都对“发愤抒情”、“不平则鸣”说进行过修正、改造，以求“吟咏性情之正”。韩愈《送孟东野序》指出：“凡物不得其平则鸣”，“人之于言也亦然！有不得已者而后言，其歌也有思，其哭也有怀”[⑥]，发展了司马迁的“发愤著书”说，进而谓“和平之音淡薄，而愁思之言要妙；欢愉之辞难工，而穷苦之言易好”[⑦]。宋人多宗韩，却对韩愈此说作了改造。欧阳修的“穷而后工”论虽与韩愈所说有相近处，但此序又显著反对“徒发”“羁愁感叹之言”[⑧]。苏轼更兼综“礼”与“理”，对“不平则鸣”一说表示异议，其《王定国诗集叙》云：“太史公论《诗》，以为《国风》好色而不淫，《小雅》怨诽而不乱。以余观之，是特识变风、变雅耳，乌睹《诗》之正乎？昔先王之泽衰，然后变风发乎情，虽衰而未竭，是以犹止于礼义……”称道王定国被贬岭南“所作诗数百馀首寄余，皆清平丰融，蔼然有治世之音”[⑨]。而《送参寥师》一诗则写道：“退之论草书，万事未尝屏。忧愁不平气，一寓笔所骋。颇怪浮屠人，视身如丘井。颓然寄淡泊，谁与发豪猛。细思乃不然，真巧非幻影。欲令诗语妙，无厌空且静。静故了群动，空故纳万境。”虽非正面否定韩说，“空”与“静”的标举，实际上包含了对“情累”的不以为然。

对于情与理关系的理解，理学家反对情之溺人，提倡以理胜情，为文艺家改造唐人的理论起了推波助澜的作用。邵雍《伊川击壤集序》云：“且情有七，其要在二。二谓

---

① 杨慎著，王仲镛笺证：《升庵诗话笺证》卷四，上海古籍出版社1987年版，第111页。
② 殷璠：《河岳英灵集·集论》，元结、殷璠等《唐人选唐诗十种》，上海古籍出版社1958年版，第41页。
③ 周敦颐：《太极图说》，周敦颐著，陈克明点校《周敦颐集》卷一，中华书局1990年版，第6页。
④ 程颢、程颐：《河南程氏遗书》卷一八，《二程集》，中华书局2004年版，第204页。
⑤ 田锡：《贻宋小著书》，《咸平集》卷二，四库全书本。
⑥ 韩愈：《送孟东野序》，《韩愈全集校注》，第1464页。
⑦ 韩愈：《荆谭唱和诗序》，《韩愈全集校注》，第1671页。
⑧ 欧阳修：《梅圣俞诗集序》，《欧阳修全集》卷四三，第613页。
⑨ 苏轼：《王定国诗集序》，《苏轼全集·文集》卷十，第854页。

身也，时也。谓身则一身之休戚也，谓时则一时之否泰也。一身之休戚，则不过贫富贵贱而已。一时之否泰，则在夫兴废治乱者焉。”“近世诗人，穷戚则职于怨憝，荣达则专于淫泆。身之休戚，发于喜怒；时之否泰，出于爱恶。殊不以天下大义而为言者，故其诗大率溺于情好也”。[①]在阐述了“情之溺人也甚于水”及如何知利害而把握性与情的关系后，他又以自己为例，提出“诚为能以物观物，而两不相伤”的原则，要扫除感情之蔽障，超于物而不累于物，以期达到物我两忘之境。虽说邵雍的诗被认为是“语录讲义之押韵者”[②]，但他“以物观物，而两不相伤”，对于遭遇人生中的休戚否泰，欲力图摆脱情累，不失为一个很好的方法。而对于士大夫来说，在仕途坎坷之中能否做到以理化情，也不妨看作是一种生存的智慧。

在整体性的由唐代儒道释三家并行，到宋代的三家融合之发展趋向中，虽以儒为本，却因政治斗争、个人的升沉，又有在个人历史不同阶段对三家的侧重选择，苏轼就是一个典型例子，他的一生似乎都在寻找合适的处世之“理”。苏轼论诗最重陶杜两家，杜甫“一饭未尝忘君”的精神与苏轼自己的“奋厉有当世志”[③]相一致，而陶渊明的“欲仕则仕，不以求之为嫌，欲隐则隐，不以去之为高”[④]，则与苏轼对人生处世“循万物之理，无往而不自得，谓之顺”[⑤]的认识一致。因“性公而明，情偏而暗”，出于自身际遇的原因，欲使不溺于情，故作以理化情，以寻求超越。苏轼曾对于诗是否能“穷人”之说阐述已见，其《答陈师仲主簿书》说：“诗能穷人，所从来尚矣，而于轼特甚。”但是，“其诗日已工，其穷殆未可量，然亦在所用而已。不龟手之药，或以封，安知足下不以此达乎？人生如朝露，意所乐则为之，何暇计议穷达。云能穷人者固缪，云不能穷人者，亦未免有意于畏穷也”。[⑥]由于所识通达，故对于穷愁哀苦之诗不以为然，他既有“郊寒岛瘦”之说，又在《读孟郊诗二首》中说：“人生如朝露，日夜火清膏。何苦将两耳，听此寒虫号，不如且置之，饮我玉色醪。”在对待自己的穷通出处上，他虽不无萦念利害得丧，甚而极其哀恸之时，却终能以理化情，而这又得益于不辟佛老甚而真能得其要谛。他“初好贾谊、陆贽书，论古今治乱，不为空言。既而读《庄子》，喟然叹息曰：‘吾昔有见于中，口不能言，今见《庄子》，得吾心矣’”，“后读释氏书，深悟实相，参之孔、老，博辩无碍，浩然不见其涯也”[⑦]。庄释思想对他的影响，在其黄州词中颇能见到，此在后面再论。

理学家邵雍有“情之溺人甚于水”之说，黄庭坚所论，则与之尤近，他说：“诗者，人之情性也。非强谏争于廷，怨忿诟于道，怒邻骂坐之为也……其发为讪谤侵陵，引颈以承戈，披襟而受矢，以快一朝之忿者，人皆以为诗之祸，是失诗之旨，非诗之过

① 邵雍：《伊川击壤集·序》，四部丛刊本。
② 刘克庄：《恕斋诗存稿》，《后村先生大全集》卷一一一，四部丛刊本。
③ 苏辙：《亡兄子瞻端明墓志铭》，《苏辙集》，第1117页。
④ 苏轼：《书李简夫诗集后》，《苏轼全集·文集》卷六八，第2148页。
⑤ 苏轼：《苏氏易传》卷九，四库全书本。
⑥ 苏轼：《答陈师仲主簿书》，《苏轼全集·文集》卷四九，第1659页。
⑦ 苏辙：《亡兄子瞻端明墓志铭》，《苏辙集》，第1126–1127页。

也。”[①]甚至认为“东坡文章妙天下,其短处在好骂”[②],他所肯定的是经抑情约性将“诗可以怨”转化为“不怨之怨”[③]。所以,黄庭坚藉老庄与禅宗化解现实中的思想苦闷,其作于贬所之词,可见特有的禅意或老庄情怀。如《西江月》,其小序云:“崇宁甲申,遇惠洪上人于湘中。洪作长短句见赠云:‘大厦吞风吐月,小舟坐水眠空。雾窗春色翠如葱。睡起云涛正拥。往事回头笑处,此生弹指声中。玉笺佳句敏惊鸿,闻道衡阳价重。’次韵酬之。时余方谪宜阳,而洪归分宁龙安。”据此可知此词的写作背景。词云:

> 月侧金盆堕水,雁回醉墨书空。君诗秀色雨园葱。想见衲衣寒拥。　蚁穴梦魂人世,杨花踪迹风中。莫将社燕等秋鸿,处处春山翠重。

又如《木兰花令》(当涂解印后一日,郡中置酒,呈郭功甫):

> 凌歊台上青青麦。姑熟堂前馀翰墨。暂分一印管江山,稍为诸公分皂白。
> 江山依旧云空碧。昨日主人今日客。谁分宾主强惺惺,问取矶头新妇石。

《南乡子》(重阳日宜州城楼宴集,即席作):

> 诸将说封侯,短笛长歌独倚楼。万事尽随风雨去,休休,戏马台南金络头。
> 催酒莫迟留,酒味今秋似去秋。花向老人头上笑,羞羞,白发簪花不解愁。

所以,理碍于情,是历来论家的认识,但北宋士大夫之词的理趣,如苏黄所作,却都有其独到的表现和价值。

由于重理,即使小小咏物,宋人也求证于心性境界。程颐认为“多识于鸟兽草木之名”,是“所以明理也”[④],罗大经《鹤林玉露》曾就杜甫的绝句“迟日江山丽,春风花草香。泥融飞燕子,沙暖睡鸳鸯”驳斥“此与儿童之属对何以异”一说,而认为:“上二句见两间莫非生意,下二句见万物莫不适性。于此而涵咏之,体认之,岂不足以感发吾心之真乐乎!”[⑤]若作比较,五代咏物词重在外部形态的描写,而北宋咏物词则重心性的抒发,如苏轼《卜算子》之咏孤雁,黄庭坚之所以认为是“语意高妙,似非吃烟火食人语”[⑥],大约是体会出其中的“见道”之心。如果说“比体”的以物比人尚是唐诗所惯用,而用于词中,咏物而见理,则是苏轼作为士大夫之词的突出之处。

① 黄庭坚:《书王知载朐山杂咏后》,《豫章黄先生文集》卷二六,四部丛刊本。
② 黄庭坚:《答洪驹父书》,《豫章黄先生文集》卷一九,四部丛刊本。
③ 黄庭坚:《胡宗元诗集序》,《豫章黄先生文集》卷一六,四部丛刊本。
④ 程颢、程颐:《河南程氏遗书》卷二五,《二程集》,第323页。
⑤ 罗大经:《鹤林玉露》乙编卷二,《宋元笔记小说大观》,第5255页。
⑥ 黄庭坚:《跋东坡乐府》,《豫章黄先生文集》卷二六,四部丛刊本。

三、雅俗结合　以俗为雅

北宋士大夫文化是雅文化。在上一章论柳永时，以之与柳永代表的市井文化相对举，即可知之。

汉人重外在的“礼”，宋代则既重“礼”又重内在的“理”，由外入内，在回到先秦儒家礼乐文化“礼以节外，乐以和内”这一精神同时，更将“和内”推向了理性的自觉，广义的“乐”构成了属于雅文化而非俗文化的系统。追求雅趣、雅玩而非俗趣、俗玩，与宋人“正性情”的追求互为表里，所以，北宋士大夫文化是雅文化。

我国的文学传统历来是北方尚质而南方多文，正如李延寿所说：“江左宫商发越，贵于清绮；河朔词义贞刚，重乎气质。气质则理胜其词，清绮则文过其意。理深者便于时用，文华者宜于咏歌。”[①]南方文学的“宫商发越”、“清绮”、“文华”，尤见于诗赋骈文，而这些文体也确实比实用为主的古文更见典雅。词在唐代，起于宫廷，又盛于民间，其音乐基础是教坊俗乐，本应是兼备雅俗，而在走出宫廷后，到了文人手中渐变为雅，盛于民间者则多为俗，渐见分流。五代词主要是文人所作，雅声为盛，而俗乐不闻。到北宋初期，以晏殊、欧阳修为代表的士大夫情调，更提升了雅词的品位，但因柳永醉心于市井文化，将文人词作了俚俗化的改变，具有很大的接受面，故连欧阳修也受到影响。到北宋中期，苏轼有意于与柳永分庭抗礼，“指出向上一路”，且对传统文人词的侑觞、佐欢功能作了改造，渐转为自我感情的抒发，拓展了词的题材，提高了词的意格，使词在雅化同时，又回到了士大夫文化之中，且对这一文化的内涵作了拓展，并见诸词中。

苏轼以柳永俗词为对立面的改革，虽未得艺术上的赞同，但对士大夫所作是有影响的，所以，北宋中期是士大夫雅词占据了主导地位。而雅词的回到主位，除了士大夫文化重新占得优势，审美趣尚也发生了相应变化的原因外，就词本身而言，其文学化的创作，则主要取决于语言。士大夫之词所用的语言自是不同于柳永俗词的雅言。何谓“雅”？贾谊《新书·道术》云：“辞令就得谓之雅，反雅为陋。”此处的“雅”即高尚、文明之意。《论语·述而》曰：“子所雅言，诗、书、执礼，皆雅言也。”《集解》引孔安国、郑玄注，训为“正言”，朱熹《集注》训为“常言”。若合上面二说，“雅言”应是“正常”之言，即“正式”、“经常”使用的高尚、文明的语言。宋初，孙何《文箴》有云：“天佑斯文，起我大君。蒲帛诏聘，鸿硕纷纶。邪返而正，漓澄而淳。凡百儒林，宜师帝心。语思其工，意思其深。勿听淫哇，丧其雅音。勿视彩饰，亡其正色。”这里所说的“勿听淫哇，丧其雅音”，既与“文”的“勿视彩饰，亡其正色”相关，又须是“语思其工，意思其深”。只有语言是“辞令就得”的“正言”且为之“常”，才能够“邪返而正，漓澄而淳”。姚铉编选《唐文粹》，其序言表明了“止以古雅为命，不以雕篆为工，故侈言蔓辞，率皆不取”[②]的原则，所说不止是文风，也是语言问题，“古雅为命”必与“侈言蔓辞”划清了界限，因为“文”与“言”是紧密相关的。

---

① 李延寿：《北史》卷八三《文苑传》，《二十五史》，第3187页。

② 姚铉：《唐文粹序》，四部丛刊本。

语言是文学的基础，且决定了文学的风格。前引孔子的“诗、书、执礼，皆雅言也”，可见诗文是否能雅，雅言是很重要的判断标准。苏轼《评诗人写物》云：“诗人有写物之功……林逋《梅花》诗云：‘疏影横斜水清浅，暗香浮动月黄昏。’决非桃、李诗。皮日休《白莲花》诗云：‘无情有恨何人见，月晓风清欲堕时。’决非红莲诗。此乃写物之功。若石曼卿《红梅》诗云：‘认桃无绿叶，辨杏有青枝。’此至陋语，盖村学中体也。”①对林逋和皮日休的赞扬，实有赞其雅人深致之意，而对石曼卿“村学体”之讥，实是因其俗，因为此体的“至陋语”，如贾谊所说，是“反雅为陋”。黄庭坚说：“予友生王观复，作诗有古人态度。虽气格已超俗，但未能从容中玉佩之音，左准绳、右规矩尔……”②所说王观复未能做到的，实即气格超俗以外还有语言的要求，赞赏之中是有所期待。晁补之认为：“鲁直于治心养气，能为人所不为。故用于读书，为文字，致思高远，亦似其为人。”③则是对黄庭坚雅人风致成因的解释。

宋代文学尚雅而尤见于语言，这只是问题的一个方面。另一方面是：北宋文学在以雅为宗同时，又表现出雅俗结合的变化。这一变化与经济、社会之变所导致的文化之变有密切的关系。由于经济发达，城市繁荣，造就出可观的市民队伍，城市中除日常生活、经济活动的有关设施外，勾栏、瓦舍等娱乐性场所也较多，从《东京梦华录》卷五的《京瓦伎艺》一则，就很可见群众性娱乐活动的兴盛。市民的文化消费促使了文艺的变化，使得北宋文艺逐渐具有了平民化、通俗化的特点。另外，北宋俗文学的接受效应，也影响了雅文学作者的创作思想，使之从一味求雅转向了雅俗结合。印书业发达，为文学作品的传播提供了方便，通俗文艺要适应市场需要，雅文学也不能一味自我欣赏，为了有更多的读者，适当的语言通俗化应是可行的道路。

从传播与接受角度，可以解释北宋文学向语言通俗发展的原因，此外，还有一个重要的原因，即北宋中期士大夫的沉迷禅宗，也使语言发生了变化。尽管宋初诸帝都沉迷道教，但在北宋初期，以欧阳修为代表的士大夫，还是努力辟佛的，而到北宋中期，则士大夫具有普遍悦禅的倾向。随着悦禅，也发生了语言的变化，禅宗语言在北宋语言的流程中具有显著转变的特点：“……经典中的书面语言被生活中的日常语言所替代，生活中的日常语言又被各种特意变异和扭曲的语言所替代，这种语言又逐渐转向充满机智和巧喻的艺术语言……最后，中国特殊的知识语境与社会背景，又使这一思想领域内的宗教语言，逐渐演变成了文学中的语言艺术与语言游戏……”④这正是悦禅的文人诗文由雅而俗的重要原因。

郑振铎先生说：“正统文学的发展和‘俗文学’的发展是息息相关的。许多的正统文学的文体原都是由‘俗文学’升格而来的。”⑤俗文体既可以被文人所习，且在“升格”的过程中逐渐雅化，雅文学也可以接受审美情趣的改变，而渐染“俗气”。一时风气变，

① 苏轼：《评诗人写物》，《苏轼全集·文集》卷六八，第2144–2145页。
② 黄庭坚：《跋书柳子厚诗》，《豫章黄先生文集》卷二六，四部丛刊本。
③ 晁补之：《书鲁直题高求父杨清亭诗后》，见《鸡肋集》卷三三，四库全书本。
④ 葛兆光：《中国思想史》(第二卷)，复旦大学出版社2001年版，第92–93页。
⑤ 郑振铎：《中国俗文学史》，《郑振铎全集》第七卷，第2页。

多种文体亦变,横向与纵向发展变化的交织,遂使整体的文学出现雅俗结合的变化。纵观宋代,传统的诗、文在尚雅的同时,也能与时而变,出现了雅俗结合的现象,且尤见于北宋中期。

士大夫们对这一现象是怎样看、怎样做的呢?

首先,表现出对俗文学乐于接受的态度。宋初时,王禹偁的《唱山歌》已写道:“滁民带楚俗,下俚同巴音。岁稔又时安,春来恣歌吟。接臂转若环,聚首丛如林。男女互相调,其词非奔淫。修教不易俗,吾亦弗之禁。夜阑尚未阕,其乐何愔愔。用此散楚兵,子房谋计深。乃知国家事,成败因人心。”北宋中期,秦观喜记载野闻,其《逆旅集序》云,因所集“虽有先王之馀论,周孔之遗言,而浮屠老子、卜医梦幻、神仙鬼物之说猥杂于其间”,引起人家的质疑。对此,他辩解道:“仆,野人也,臃肿是师,懈怠是习,仰不知雅言之可爱,俯不知俗论之可卑。偶有所闻,则随而记之耳,又安知其纯与驳耶?然观今世人,谓其言是,则矍然改容,谓其言信,则适然以喜,而终身未尝信也。则又安知彼之纯不为驳,而吾之驳不为纯乎?”[①]其实,“仰不知雅言之可爱,俯不知俗论之可卑”只是托词,对野闻的兴趣,真实见出了秦观对俗文学的态度。

其次,有意于改造传统雅文学,力图探讨雅俗结合的创作道路。自宋初起,就有不少名家论述雅俗结合的创作道路,这里仅就梅尧臣“以俗为雅”一说,及苏轼、黄庭坚的继续阐发而论之。据陈师道所云,梅尧臣曾答书“不用陈语常谈”的“闽士好诗者”,曰:“子诗诚工,但未能以故为新,以俗为雅尔。”[②]梅诗的特点是平淡,他的《读邵不疑学士诗卷》说:“作诗无古今,惟造平淡难”,“平淡”除了“意新语工,得前人所未到者”[③]外,也如钱锺书先生所说,还包括将一些似乎不宜入诗的俗事写入诗中[④]。苏轼在《书黄子思诗集后》赞赏韦、柳、司空图的诗,在《祭柳子玉文》中不满“元轻白俗”,黄庭坚《书缯卷后》认为学书“俗便不可医”,屡以“韵”来论艺,都可见尚雅的指向。但另一方面,他们又不是一味排斥俗,而表现了兼容并包的态度,继承了梅尧臣的思想,提倡以俗为雅。苏轼说:“鲁直诗文,如蝤蛑、江瑶柱,格韵高绝,盘飧尽废。然不可多食,多食则发风动气。”[⑤]“格韵高绝”当然是雅之极致,他却以为多食会犯病。为此,他说:“诗须要有为而作,用事当以故为新,以俗为雅。好奇务新,乃诗之病。”[⑥]“以故为新,以俗为雅”,就是梅尧臣之见。周紫芝还引了他所说的“街谈市语,皆可入诗,但要人镕化耳”[⑦],更见其对如何采俗语以入诗的看法。沈德潜说:“苏子瞻胸有洪炉,金银铅锡,皆归熔铸。”[⑧]此说多少道出了苏诗善于熔铸语言,其中也包括俗语的

---

① 秦观:《逆旅集序》,秦观撰、徐培均笺注《淮海集笺注》,上海古籍出版社2000年版,第1258页。
② 陈师道:《后山诗话》,《历代诗话》,第314页。
③ 欧阳修:《六一诗话》,《六一诗话·白石诗说·滹南诗话》,人民文学出版社1962年版,第8页。
④ 钱锺书:《宋诗选注》,第22页。
⑤ 苏轼:《书黄鲁直诗后》,《苏轼全集·文集》卷六七,第2132页。
⑥ 苏轼:《题柳子厚诗二首》,《苏轼全集·文集》卷六七,第2123页。
⑦ 周紫芝:《竹坡诗话》,《历代诗话》,第354页。
⑧ 沈德潜:《说诗晬语》卷下,《原诗·一瓢诗话·说诗晬语》,人民文学出版社1979年版,第233页。

特点。苏轼诗歌善用博喻,其中常有用俗物为喻者,而甚见形象生动。

词虽经苏轼的努力而扭转了柳永的俚俗，但其雅俗结合的发展趋势仍是不可避免。除了文学发展的整体大势这一原因外,更在于词自身的特殊性。词为倚声之艺术,而词乐本为俗乐,士大夫习此者少,柳永留连坊曲、驻足青楼,与乐工歌妓多有切磋,才“大得声称于世”,而士大夫只在家妓中“呈艺”,难以将所作经过众口相传的检验。所以,苏轼词被认为是诗人之词,“要非本色”,不仅是文学意义的,更是对“倚声”特质的疏远、以至背离。鉴于文人词既是对词的发展,也是对词之特质的销蚀,部分作者在坚持雅文化立场同时,又对俗文化加以改造、吸收,用于词中,造成了北宋中期士大夫之词雅俗结合现象的出现。不仅是黄庭坚、秦观有不少俗词,从王安石以来,一直都有俗词之作,甚至到后来形成了词的俳谐体,且有不少作者。

对于北宋中期词的雅俗结合,后面再详论。

第二节　北宋中期词的守成与突破

北宋中期词在苏轼崛起之前,基本处于守成状态。此期在题材上较有开拓,艺术上亦有特色的词人是王安石、王观。曾布有《水调歌头》排遍,在形式上有所创获,其妻魏玩(魏夫人),作为女性词人,亦自具特色。司马光作品不多,其词却与其为人不类,不能不论。有些作者作品虽少,或不算很多,却在题材或艺术上,都有自立之处,如孙洙、张舜民、王诜,故亦举要论之。舒亶与苏轼同时,与李定共同构陷苏轼罪名,人品不好,其词却艺术性较高。本节拟将司马光、王安国、张舜民、孙洙、王诜、舒亶作为一组,王安石与王观一组,曾布、魏玩夫妇一组,共分三小节论之。

一、妩媚凄惋　清丽幽远:从司马光到王诜、舒亶

司马光(1019—1086),字君实,号迂夫,晚号迂叟,陕州夏县(今山西闻喜)人。仁宗宝元二年(1039)进士。仁宗时进龙图阁直学士,神宗时为翰林学士、御史中丞,后以端明殿学士知永兴军。修《资治通鉴》。哲宗时拜尚书左仆射,卒赠太师、温国公,谥文正。《宋史》有传。有《司马文正公集》。

司马光存词仅三首,二首为令词,一首为长调。另有二首不见于《全宋词》及其《补辑》,被日本内阁文库藏《司马温公全集》收入。

《阮郎归》咏调名本意,写刘晨、阮肇入天台山采药遇仙一事:

> 渔舟容易入春山。仙家日月闲。绮窗纱幌映朱颜。相逢醉梦间。　　松露冷,海霞殷。匆匆整棹还。落花寂寂水潺潺。重寻此路难。

词中约写入山遇仙的故事,由于自唐代以来即有以遇仙写艳遇、冶游,所以宋人亦常将此故事用作这一题材、内容的典故。司马光此词写得比较隐约,陈廷焯曾用“清

淡有味"[1]四字评之。

《西江月》最早见于赵令畤《侯鲭录》,赵氏还有评语:"司马文正公言行俱高,然亦每有谑语……风味极不浅,乃《西江月》词也。"[2]而不少人都以为并非司马光所作,而是有人作此以诬之。但也有人能突破卫道的眼光,以"人非太上,未免有情"[3]来看待。词云:

> 宝髻松松挽就,铅华淡淡妆成。青烟翠雾罩轻盈。飞絮游丝无定。 相见争如不见,有情何似无情。笙歌散后酒初醒。深院月斜人静。

词的上片写酒宴上所见的舞妓:松松挽就的发髻,淡淡画成的妆,舞姿轻盈就像青烟笼罩,如飞絮游丝一样飘忽无定。下片写所生的恋情:因相见惹起了相思,这样还不如不见,人还是无情的好,这样就不会为情而烦恼,在笙歌散后酒意初醒之时,深院、月斜、人静,尤其令人感到怅惘无着。短短一首小令,将酒宴上所见舞妓,及所生情愫,都作了交代,未正面写舞妓的面貌,仅略作点染,以见出其脱俗不凡,体态舞姿也用间接、比喻的写法,却颇得其神。表达自己的感情也不是正说,而作反说,最后藉景言情而尽在不言之中。写得含蓄不尽,不涉秽语,给人留下充分的想象馀地。

《锦堂春》为长调,与上面二首写法有异,前已引,此不赘。陈霆疑为司马光少年时所作,而细品词意,当非。此词上片写春残景色:红日逐渐西斜,晚霞难以描绘,蝴蝶不知春之将尽,还在寻花,可一阵猛风过后,残红就不知飞向哪里了。下片抒发宦情:因春去而想到人生青壮年的可贵,可叹在宦路上飘零,不觉年华荏苒而去,今天在笙歌丛中咨嗟,何止是白居易江州司马的琵琶之叹!又是春去时节,念此而尤感人生易老,而在这天涯之地,更有多少离恨啊!词中很见描写景物的艺术功力,并藉之以寓情。写太阳的"迟迟"、"转影"、"迤逦西斜",又以"槐阴"衬之,状物之功可见;而日虽迟迟,春却匆匆,无形的对比更令人惊心。写蝴蝶的不解春之将去,"漫绕幽砌寻花",再写风过残红乱飞,而不知飞向谁家,表春归无处之意;而读至下片,春归无所应与"飘零宦路"、"散在天涯"有着有机的联系。所以,此词既有下片的直说,又有上片的藉景言情、以景寓情。

王安国(1031—1074),字平甫,临川(今属江西)人。王安石弟。曾任秘阁校理等。与兄政见不合。有《王校理集》。

其《清平乐》(春晚)一首艺术性较高:

> 留春不住。费尽莺儿语。满地残红宫锦污。昨夜南园风雨。 小怜初上琵琶。晓来思绕天涯。不肯画堂朱户,春风自在梨花。

① 陈廷焯:《词则·别调集》卷一,第577页。

② 赵令畤:《侯鲭录》卷八,《宋元笔记小说大观》,第2093页。

③ 徐釚撰,王百里校笺:《词苑丛谈校笺》卷三,第183页。

此首写残春景象。作者不是逐渐写出风雨摧春之景，而是倒转过来，陡然出以“留春不住”四字，且移之于黄莺，谓其费尽啼叫仍然留不住春天，然后再写落红满地，如美丽的宫锦被染污，而南园风雨的春之“杀手”，则被置于最后。因残春令人悲怨，故换头托之以琵琶的掩抑之声，此句化用李贺《冯小怜》的“湾头见小怜，请上琵琶弦”，“思绕天涯”见远韵。歇拍以“自在”对“不肯”，实有人格高洁的自我寄托，可以想见作者的为人梗直、不肯苟且。谭献说：“倒装二句以见笔力。品高自高，言为心声。”[①]可谓言简意赅，深得要领。

张舜民（生卒年不详），字芸叟，自号浮休居士，长安（今陕西西安）人。英宗治平二年（1065）进士，为襄乐令。曾使辽，历知诸州。曾入元祐党籍，后复集贤殿修撰。政和年间卒。有《画墁集》。

张舜民的《卖花声》二首皆表贬谪之情，其一为《题岳阳楼》，前已引，此不再录。元丰五年，“降授承务郎新监邕州盐米仓张舜民监郴州茶盐酒税”[②]。此词应是写于迁谪途中，因所经得以登岳阳楼，故词中皆以该楼抒发心中憾恨。开头的“木叶下君山”，出于《九歌》的《湘夫人》，次句写登楼所见为一片“空水漫漫”，然后转到楼内的宴饮，歌妓敬酒却“敛芳颜”，因为自己是被贬谪之官，自难含笑相敬，“不是渭城西去客，休唱阳关”二句不是泛指，因作者从军守灵州，“赞画无功，作诗讥讪”[③]，而被贬谪郴州，故二句用于自身十分贴切。下片由凭栏远眺，发“何人此路得生还”的悲恸之喊，而最后则表其瞻望故都的恋阙之情。此词的贬谪之悲、去国之情，虽表达得非常强烈，却又借古人之诗出其真意，很见敛约，境界开阔，悲咽中不乏感人之力。

其另一《卖花声》为同时之作，虽情绪较低黯，艺术上也不及上一首，但仍不失为写贬谪之情的好词。亦录之：

楼上久踟躇。地远身孤。拟将憔悴吊三闾。自是长安日下影，流落江湖。烂醉且消除。不醉何如。又看暝色满平芜。试问寒沙新到雁，应有来书。

孙洙（1031—1079），字巨源，广陵（今江苏扬州）人。年十九，举进士，补秀州法曹，曾官翰林学士。

与王安国相似，孙洙亦中年而亡，他在制科考试时所作之策论，被韩琦叹为“今之贾谊”[④]，而其《菩萨蛮》则属士大夫文化中的“另类”。词云：

楼头上有三鼕鼓。何须抵死催人去。上马苦匆匆。琵琶曲未终。　回头肠断处。却更廉纤雨。漫道玉为堂。玉堂今夜长。

---

① 谭献：《谭评词辨》，《清人选评词集三种》，第179页。
② 李焘著，黄以周等辑补：《续资治通鉴长编（附拾遗）》卷三三〇，第3075页。
③ 李焘著，黄以周等辑补：《续资治通鉴长编（附拾遗）》卷三三〇，第3075页。
④ 脱脱等：《宋史》卷三二一《孙洙传》，《二十五史》，第6347页。

词一开头就作怨语,原因在于留恋“琵琶曲未终”,对自己被宣连夜起草诏令,发“何须抵死催人去”之怨,结句“漫道玉为堂,玉堂今夜长”,是作为翰林学士对玉堂(翰林院别称)的抱怨。在个人享受和工作之间,此词表现出的是士大夫的一种别调。词写得通俗而生动,《古今词统》评以八个字:“直写当境,不增一字。”①十分恰当。

王诜(生卒年不详),字晋卿,太原(今属山西)人。徙居开封(今属河南)。尚英宗二女舒国长公主,拜左将军,驸马都尉。长于书画,与苏轼结交,受处责,后复驸马都尉。有后人辑本《王晋卿词》。

王诜多才多艺,其词兼作小令与长调,可见出在艺术形式上的探索。《鹧鸪天》是用黄庭坚诗成句之作:

才子阴风度远关。清愁曾向画图看。山衔斗柄三星没,雪共月明千里寒。新路陌,旧江干。崎岖谁叹客程难。临风更听昭华笛,簌簌梅花满地残。

黄庭坚在熙宁四年(1071)为叶县尉时,作有《冲雪宿新寨忽忽不乐》诗:“县北县南何日了,又来新寨解征鞍。山衔斗柄三星没,雪共明月千里寒。小吏有时须束带,故人颇问不休官。江南长尽梢云竹,归及春风斩钓竿。”王诜此词应是有感于黄诗而写,词中三、四句对应用黄诗原句,却如同己出,全词所表现的是羁旅宦情,歇拍演笛曲《梅花落》为具体形象,意境极美,韵味悠长。

《忆故人》为王诜创调,词意与调名合。词云:

烛影摇红向夜阑,乍酒醒、心情懒。尊前谁为唱阳关,离恨天涯远。　无奈云沉雨散。凭阑干、东风泪眼。海棠开后,燕子来时,黄昏庭院。

此词为“男子闺音”之作。上片写酒醒之后,回忆起尊前所听唱的《阳关曲》,勾起自己的离恨。下片写白天的相思之情,用三个“镜头”作结,依次转换场景,情寓景中,可谓语尽而情不尽。据吴曾所云,“徽宗喜其词意,犹以不丰容宛转为恨,遂令大晟府别撰腔。周美成增损其词,而以首句为名,谓之烛影摇红。云:‘芳脸匀红……’”②而朱彝尊也认为“原词甚佳,美成增益,真所谓续凫为鹤也”③。可见即使如周邦彦这样的大家,也会因增损词句而破坏其自然美。

王诜有叹世之作,如《蝶恋花》:

钟送黄昏鸡报晓。昏晓相催,世事何时了。万恨千愁人自老。春来依旧生芳草。　忙处人多闲处少。闲处光阴,几个人知道。独上高楼云渺渺。天涯一点青

---

① 卓人月、徐士俊辑:《古今词统》卷五,《续修四库全书》第1728册,第553页。
② 吴曾:《能改斋漫录》卷一七,第496–497页。
③ 朱彝尊、汪森编:《词综》卷七,上海古籍出版社1978年版,第153页。

山小。

上下片贯通以写人生哲理，语言通俗，措意显豁，较之一般的闲愁更见理趣，结句登楼远眺，境界提升，而情与意则延伸不断。

另一《蝶恋花》据考为贬外七年后回京所作：

小雨初晴回晚照。金翠楼台，倒影芙蓉沼。杨柳垂垂风袅袅。嫩荷无数青钿小。　似此园林无限好。流落归来，到了心情少。坐到黄昏人悄悄。更应添得朱颜老。

此词上片写景，楼台亭阁、杨柳依依、芙蓉池沼，一幅晚春初夏的美景立现，王诜为著名画家，此处以文字为画，功夫不逊其画技。过片一句承上而见转折，以下表达了“流落归来”的孤寂悲惋之情，在暮色之中尤感人之老去，真使人无限惆怅。王诜的驸马都尉府，曾是胜流汇聚的“文艺沙龙”，著名的《西园雅集图》以之为背景而作，如今主人归来，高朋星散，朱颜不再，上片的美景亦成“乐景写哀”的反衬了。此词有王诜自书的手迹留存，刚柔兼备，有晋宋之风，与词堪称为双璧。

王诜所用调有《黄莺儿》，为柳永所创，《踏青游》又见于苏轼所作，不知是苏轼还是王诜所创。王诜自创之调，除上面的《忆故人》外，还有《落梅》（按，此调名为《落梅》，又名《落梅风》、《落梅慢》，《全宋词》作《落梅花》，误）：

寿阳妆晚，慵匀素脸，经宵醉痕堪惜。前村雪里，几枝初绽，□冰姿仙格。忍被东风，乱飘满地，残英堆积。可堪江上起离愁，凭谁说寄，肠断未归客。　流恨声传羌笛。感行人、水亭山驿。越溪信阻，仙乡路杳，但风流尘迹。香艳浓时，东君吟赏，已成轻掷。愿身长健，且凭阑，明年还放春消息。

又有《花心动》（蜡梅）：

春欲来时，看雪里、新梅品流珍绝。气韵楚江，颜色中央，数朵巧熔香蜡。嫩苞珠泪圆金烛，娇腮润、蜂房微缺。画栏悄，佳人道妆，醉吟风月。　淡白轻红谩说。算何事、东君用心偏别。赋与异姿，添与清香，堪向苦寒时节。但教开后金尊满，休惆怅、落时歌阕。断肠也，繁枝为谁赠折。

《换遍歌头》：

雪霁轻尘敛，好风初报柳。春寒浅、当三五。是处鳌山耸，金羁宝乘，游赏遍蓬壶。向黄昏时候。对双龙阙门前，皓月华灯射，变清昼。　彩凤低衔天语。承宣诏传呼。飞上层霄,共陪霞觞频举。更渐阑,正回路。遥拥车佩珊珊,笼纱满香衢。指凤楼、相将醉归去。

在此期词人中,王诜创调较多,可见其不仅有书画文学之长,且亦精乐律。黄庭坚说:“驸马王晋卿乐府,清丽幽远,工在江南诸贤季孟之间。”[①]揆之所作,此见甚合。其词风与其画风接近,于此亦可见艺术的相通。

舒亶(1041—1103),字信道,号懒堂、亦乐居士。明州慈溪(今属浙江)人。英宗治平二年(1065)进士。仕至龙图阁待制。有《舒懒堂诗文存》三卷,词有赵万里辑本《舒学士词》一卷。

舒亶词有较高的艺术性,但如王灼所说,“思致妍密,要是波澜小”[②]。录其《虞美人》(寄公度):

芙蓉落尽天涵水。日暮沧波起。背飞双燕贴云寒。独向小楼东畔、倚阑看。　　浮生只合尊前老。雪满长安道。故人早晚上高台。赠我江南春色、一枝梅。

此首上片写日暮时登小楼所见景色,下片抒发怀人之情,体物工细,抒情婉转,用典融化不涩。朱祖谋评此词而感慨:“如此等雅词,倘出太虚、无咎之手,便觉神骨俱仙,乃辱以舒信道乎”(《北宋三家词》附)。

又《一落索》(蒋园和李朝奉):

正是看花天气。为春一醉。醉来却不带花归,诮不解、看花意。　　试问此花明媚。将花谁比。只应花好似年年,花不似、人憔悴。

此词从春日赏花,却不带花归,转到对为何不带的说明,引出惜花即惜人之意。写花即是写人,从赏花之中有所了悟,虽议论却不板滞,得益于语言的质朴,结构的变化。

《菩萨蛮》(别意)艺术性较高:

江梅未放枝头结。江楼已见山头雪。待得此花开。知君来不来。　　风帆双画鹢。小雨随行色。空得郁金裙。酒痕和泪痕。

此首亦“闺音”之作,通过一个个美丽画面的转接,将思念之意表达得极其深切,思绪与情致既通过景语出之,又有直接的抒发,配合得非常完美,最合于王灼之评。王士

---

① 王奕清:《历代词话》卷六,《词话丛编》,第1192页。

② 王灼著,岳珍校正:《碧鸡漫志校正》卷二,第34页。

禛极赏此词，常曰："钟退谷评闾邱晓诗，谓具此手段，方能杀王龙标。此等语乃出渠辈手，岂不可惜！"[1]不过，倘不以人废文，对舒亶词的艺术性还是可以肯定的。

二、瘦削素雅　新丽轻狂：王安石与王观

王安石（1021—1086），字介甫，号半山，抚州临川（今属江西）人。仁宗庆历二年（1042）进士。神宗时除参知政事，行新法，再拜同中书门下平章事，后辞相，再复而再辞，以镇南军节度使、同平章事判江宁府。后封舒国公。卒赠太傅。绍圣中谥文。有《临川集》等。

王安石以政事、文章、诗歌著称，词不多，李清照以之"不可读"[2]，清贺裳也说："王荆公论词，虽知'细雨梦回鸡塞远'之妙，然自作未免平直板硬，不及其儿之饶翠也。"[3]而王灼却认为："王荆公长短句不多，合绳墨处，自雍容奇特。"[4]刘熙载也说："王半山词瘦削雅素，一洗五代旧习。惟未能涉乐必笑，言哀已叹，故深情之士不无间然。"[5]龙榆生《唐五代宋词选》则评之以"笔力豪纵，不为妖媚语，一如其诗文"。《桂枝香》是王安石的代表作：

> 登临送目。正故国晚秋，天气初肃。千里澄江似练，翠峰如簇。归帆去棹残阳里，背西风、酒旗斜矗。彩舟云淡，星河鹭起，画图难足。　　念往昔、繁华竞逐。叹门外楼头，悲恨相续。千古凭高，对此谩嗟荣辱。六朝旧事随流水，但寒烟、芳草凝绿。至今商女，时时犹唱，后庭遗曲。

在王安石之前有张昪的《离亭燕》，已写出了"多少六朝兴废事，尽入渔樵闲话"的主题。王安石此词，上片写景，下片怀古抒情，立意比张作《离亭燕》要高得多。在上片，作者描绘了一幅金陵秋色图：晚秋清肃的天气，千里清澄的江面如白练般的平静柔和，远近的山峰青翠如簇，夕阳下，来往的帆影在江上移动，店招、酒旗在西风中缓缓飘扬。长江上有"征帆去棹"，"彩舟云淡，星河鹭起"，当是转写秦淮河，才合理引发了下片的怀古之意，和对"商女"、"后庭遗曲"的感慨。上片结于"画图难足"，也反挑起下片的"谩嗟荣辱"，和积极汲取历史教训的作意。换头"念往昔、繁华竞逐"总冒下片词意，"竞逐"二字，准确概括了六朝君主的穷奢极侈、代代攀争，而他们的骄奢淫靡，荒废朝政，终于导致了六朝政权的逐个倒台。"门外韩擒虎，楼头张丽华"（杜牧《台城曲》），典型地概括了隋军兵临城下，可陈后主、张丽华还在宫中作乐的情景，词中约写为"门外楼头"，表现出极高的概括力，而"悲恨相续"四字，更是将六朝的更迭作了形象的浓缩。六朝兴衰旧事如流水之逝，只有寒烟衰草似在诉说过去。令人感慨的是，直到如今，那

---

① 徐釚著，王百里校笺：《词苑丛谈校笺》卷三，第152页。
② 李清照：《词论》，《李清照集校注》，第195页。
③ 贺裳：《皱水轩词筌》，《词话丛编》，第716页。
④ 王灼著，岳珍校正：《碧鸡漫志校正》卷二，第34页。
⑤ 刘熙载：《艺概》卷四《词曲概》，第107页。

些被杜牧讥讽为“不知亡国恨”的“商女”,竟然还在唱着前朝遗留的《玉树后庭花》。

王安石看到了宋朝自真宗到仁宗、英宗数朝,虽表面承平,实际上却因上下都追求享受,皇帝赏赐过众,宫廷开销过大,冗官俸禄甚高而无所事事,坐吃山空,使得民怨渐起,危机暗生,为此,他给仁宗和神宗上书都有陈述。此词则借金陵怀古的传统题材,表现了对历史教训的重视,以过去只宜于写花前月下的新兴体裁表现了政治家的卓识,开拓了曲子词的境界。尽管王安石在词中有“谩嗟荣辱”之说,实际上,他不仅是空叹历史的兴衰,对已成的陈迹感慨一番而已,而是认为要认真汲取历史教训,从政治、经济上进行重大的改革,富国强兵,国库充盈,才能免蹈前朝覆辙。《历代词话》引《古今词话》云:“金陵怀古,诸公寄调桂枝香者三十馀家,惟王介甫为绝唱。东坡见之叹曰:‘此老乃野狐精也。’”[①]梁启超也曾说道:“李易安谓介甫文章似西汉,然以作歌词,则人必绝倒。但此作却颉颃清真、稼轩,未可谩诋也。”[②]

第一节曾引过的《浪淘沙令》(伊吕两衰翁),是一首颇为特殊的咏史词,辅佐商汤灭夏桀的伊尹,帮助周武王灭殷纣的吕尚,都出身低贱,吕尚显达时更是年龄已老,作者不由得感叹,如果不是他们得遇明主,岂非英雄将老死沟壑。下片指出,是汤、武的偶相逢,君臣遇合,遂成一番大业,直至千载之后,仍难以超越。显然,此词寄寓了作者得神宗支持,欲行变法之旨。词中浓缩历史,出以感慨,极见笔力,深合“豪纵”之评。

变法失败,王安石罢相退隐,前引的《千秋岁引》(秋景)即作于此时。黄苏论其作期及题意云:“按是必其退居金陵时作也。意致清迥,翛然有出尘之致。”[③]因词中明言“无奈被些名利缚”,“无奈被他情担阁。可惜风流总闲却”,故杨慎以之为见道语。李攀龙《草堂诗馀隽》则云:“不著一愁语,而寂寂景色,隐隐在目,洵一幅秋光图,最堪把玩。”

《渔家傲》也是王安石罢相退隐江宁后所作。词云:

> 灯火已收正月半。山南山北花撩乱。闻说洊亭新水漫。骑款段。穿云入坞寻游伴。　　却拂僧床褰素幔。千岩万壑春风暖。一弄松声悲急管。吹梦断。西看窗日犹嫌短。

此词上片写居于山间,在过了元宵之后的一次野游,因距其住宅半山园不远的定林寺昭文斋是他常去读书、待客之处,故下片所写即其僧斋昼寝事,寻春而得到的心灵宁静,被松声惊醒,透出了内心并非一潭止水。词中写景状物全用白描,清幽而非寂灭,萧缓又具动感,虽稍乏婉美,却不少清趣,其风格最合“瘦削雅素”之评。

本章第一节已引的《渔家傲》(平岸小桥千嶂抱),亦退隐钟山时所作,词中显见退出政治舞台后的安宁生活和情趣,山居的平静中,仍偶尔会因睡醒而借“邯郸梦”表其“悟道”之心。较之通常以婉约见长的词,此首稍感“平直板硬”,但仍见“瘦削雅素”的特殊风格。

① 王奕清:《历代词话》卷四,《词话丛编》,第1156页。

② 梁启超:《饮冰室评词》,《词话丛编》,第4306页。

③ 黄苏:《蓼园词评》,《词话丛编》,第3062页。

王安石晚年退隐后，对佛理颇有体会，词中多有表现。如《雨霖铃》：

孜孜矻矻。向无明里、强作窠窟。浮名浮利何济，堪留恋处，轮回仓猝。幸有明空妙觉，可弹指超出。缘底事、抛了全潮，认一浮沤作瀛渤。　本源自性天真佛。祇些些、妄想中埋没。贪他眼花阳艳，谁信道、本来无物。一旦茫然，终被阎罗老子相屈。便纵有、千种机筹，怎免伊唐突。

《南乡子》：

嗟见世间人。但有纤毫即是尘。不住旧时无相貌，沉沦。祇为从来认识神。作么有疏亲。我自降魔转法轮。不是摄心除妄想，求真。幻化空身即法身。

《望江南》（归依三宝赞）：

归依众，梵行四威仪。愿我遍游诸佛土，十方贤圣不相离。永灭世间痴。

其二：

归依法，法法不思议。愿我六根常寂静，心如宝月映琉璃。了法更无疑。

其三：

归依佛，弹指越三祇。愿我速登无上觉，还如佛坐道场时。能智又能悲。

其四：

三界里，有取总灾危。普愿众生同我愿，能于空有善思惟。三宝共住持。

佛理之外，王安石又对道教颇有兴趣，《诉衷情》（和俞秀老鹤词）就是佞道的组词，其中又见佛道兼容之意：

其一：

常时黄色见眉间。松桂我同攀。每言天上辛苦，不肯饵金丹。　怜水静，爱云闲。便忘还。高歌一曲，岩谷迤逦，宛似商山。

其二：

练巾藜杖白云间。有兴即跻攀。追思往昔如梦,华毂也曾丹。　　尘自扰,性长闲。更无还。达如周召,穷似丘轲,祗个山山。

其三:

茫然不肯住林间。有处即追攀。将他死语图度,怎得离真丹。　　浆水价,匹如闲。也须还。何如直截,踢倒军持,赢取沩山。

其四:

营巢燕子逞翱翔。微志在雕梁。碧云举翮千里,其奈有鸾皇。　　临济处,德山行。果承当。自时降住,一切天魔,扫地焚香。

其五(又和秀老):

莫言普化祇颠狂。真解作津梁。蓦然打个斤斗,直跳过羲皇。　　临济处,德山行。果承当。将他建立,认作心诚,也是寻香。

当然,这些几乎就是佛法、道教讲义,用以禅喻诗的"术语",属于"禅语"而非"禅意",并无艺术性可言,却可见士大夫在政治失败后的思想变化,而将出处进退的思想矛盾托之于佛道,施之为词,王安石却是一个开创者,并非始自金元的全真派长老。

王观(生卒年不详),字通叟,泰州(今属江苏)人,曾入太学。仁宗嘉祐二年(1057)进士,曾官大理寺丞等。词有《冠柳集》一卷。

王观为翰林学士时,以应制赋狎词被谪,自号"逐客",其词之所以名为"冠柳",黄昇谓之是高于柳永词之意①。王灼云:"王逐客才豪,其新丽处与轻狂处皆足惊人。"②新丽与轻狂确是王观词的特点。先看其新丽者,如《江城梅花引》:

年年江上见寒梅。暗香来。为谁开。疑是月宫、仙子下瑶台。冷艳一枝春在手,故人远,相思寄与谁。　　怨极恨极嗅香蕊。念此情,家万里。暮霞散绮。楚天碧、片片轻飞。为我多情,特地点征衣。花易飘零人易老,正心碎,那堪塞管吹。

此词应是王观所创调,词咏调名本意。王观曾坐知扬州江都县,因枉法受财,除名,永州编管,或为此时所作。上片正面写梅花,月宫仙子之喻颇新,上结化用陆凯赠梅事。换头突作"怨""恨",以下点出缘由在于离家万里之遥,因移情于梅,故以落梅亦

---

① 黄昇:《花庵词选·唐宋诸贤绝妙词选》卷五,第88页。
② 王灼著,岳珍校正:《碧鸡漫志校正》卷二,第35页。

为有情,歇拍就花落联想人老,道出悲情。此词所用为新调,用语生新,风格清丽,后来洪皓所作明显受到此词的影响。

《天香》亦属新丽之作:

霜瓦鸳鸯,风帘翡翠,今年早是寒少。矮钉明窗,侧开朱户,断莫乱教人到。重阴未解,云共雪、商量不了。青帐垂毡要密,红炉收围宜小。　呵梅弄妆试巧。绣罗衣、瑞云芝草。伴我语时同语,笑时同笑。已被金尊劝倒。又唱个新词故相恼。尽道穷冬,元来恁好。

此词写迎冬与过冬的诸般情景,其中"重阴未解,云共雪、商量不了"数语就很新奇,"青帐垂毡要密,红炉收围宜小"二语,似闻闺中伴侣的商量之声,十分生动,而"伴我语时同语,笑时同笑",浅显的口语,使人物形象呼之欲出,馀如呵梅弄妆、巧绣罗衣、喝酒唱词,给读者展现了宋代女性生活的新画面,完全不同于惯见的闺怨之词,结尾的"尽道穷冬,元来恁好",更透出乐观向上的精神。此词的市民情调与通俗清新的语言相得益彰,对于看惯的伤春悲秋的文人词,确以新鲜轻巧见长,是另一类的丽词。

《木兰花令》(柳)在立意、用语、构境上也属新丽:

铜驼陌上新正后。第一风流除是柳。勾牵春事不如梅,断送离人强似酒。　东君有意偏搁就。惯得腰肢真个瘦。阿谁道你不思量,因甚眉头长恁皱。

传统中的柳,似乎已经成为一种文化符号:或被加上悲怨的离情,如灞桥之柳;或被带上沉重的历史意识,如隋堤之柳;或成为了伤春叹老的载体,如刘白之柳。而此词中的柳,虽仍为人迎春、送离,但作者却赋予其"第一风流"的禀性,"勾牵春事"、"断送离人"的拟人化写法,极其生动,下片将拟人写法一路贯穿到底,其生新活泼、构想轻丽,使用民间俗语,大与婉约凄迷的传统写法不同,实为咏柳词中所未见。

《庆清朝慢》(踏青)之写春天,也是轻巧而新丽:

调雨为酥,催冰做水,东君分付春还。何人便将轻暖,点破残寒。结伴踏青去好,平头鞋子小双鸾。烟郊外,望中秀色,如有无间。　晴则个,阴则个,饾饤得天气,有许多般。须教镂花拨柳,争要先看。不道吴绫绣袜,香泥斜沁几行斑。东风巧,尽收翠绿,吹在眉山。

一开始就将由冬而春的变化,作了"冬君分付春还"的拟人化、形象化处理,故有"调雨为酥,催冰做水"的对句开头,接着又将春神东君的点化自然,作问句而出。在新春到来之时,展开了女子结伴出游的画面,因"踏青"而写其鞋,且为下片埋下伏笔,而状初春秀色的“如有无间”，将王维诗融化其中，功力可见。过片纯用口语，将“孩儿脸”般变化甚多的初春天气，作了“晴则个，阴则个”的生动的描写，故贺裳云：“词之最丑者为酸腐，为怪诞，为粗莽。然险丽贵矣，须泯其镂划之痕乃佳。如蒋捷‘灯摇缥晕茸窗冷’，可谓工矣，觉斧迹犹在。如王通叟春游曰：‘晴则个……则痕迹都无，真犹石尉香尘，汉皇掌上也。两个字尤弄姿无限。’”[①]尤其接着的“饾饤”一语，原意为食品堆叠之状，此处接上“则个”，连下“有许多般”，用得极其形象。下面又回到探春的姑娘，“镂花拨柳，争要先看”，“镂”“拨”二字，顿现她们急切的心情，却不料一脚踩到泥中，使得美丽的吴绫绣袜，斜沁上几行泥迹，“平头鞋子小双鸾”更是可想而知了，这一来，笑容顿收，眉头起皱，就好像灵巧的东风将所有的翠绿都吹到眉上了。“眉山”出《西京杂记》，谓卓文君“眉色如望远山，脸际常若芙蓉”，词中的化用极其形象贴切。此词不仅写早春景象脱出窠臼，很见出新，而且抓住姑娘踏青的生活片断，作了生动的特写，神情姿态如在目前。王观词集名为“冠柳”，可见其压倒柳永之志，虽总体上难以与柳永相比，但如本篇，却能得柳词之俗而去其靡，不是浮艳，而是充满了生活气息。

《卜算子》(送鲍浩然之浙东)是历来为选家所重之词：

> 水是眼波横，山是眉峰聚。欲问行人去那边，眉眼盈盈处。　　才始送春归，又送君归去。若到江东赶上春，千万和春住。

浙东历来以山水奇丽著称，唐代诗人好游山水，故此地有著名的“唐诗之路”。因这位鲍浩然要去浙东，而古人又有眼如秋水、眉如远山之喻，作者遂将彼处的山水分别比作美女的眼波和眉峰，而有“水是眼波横，山是眉峰聚”的开头。第三句以发问出之，答以所去是“眉眼盈盈处”，即好山好水的浙东地区。下片为送别之语，说这里才送走春天，接着又要送你走了，如果你到江南还赶得上春天的脚步，你可千万要让她住下来不走啊。此词亦一反送别词的惯用套路，既无悲情怨语，亦非愁山恨水，而是轻巧、俏皮，以眉、眼喻山、水，其女性化的意象自带温情，又或兼具彼处有佳人相候之意。送春与送君，送而不悲，是因为春在这里已去，却在彼处还应停留，不仅理性地揭示了南北季节物候的不同，更作了感性、形象的劝春相留之临别告语。此词既有民歌的通俗、生动，更是新奇鲜明、和婉倩丽。

《清平乐》(应制)：

> 黄金殿里。烛影双龙戏。劝得官家真个醉。进酒犹呼万岁。　　折旋舞彻伊州。君恩与整搔头。一夜御前宣住，六宫多少人愁。

据吴曾所说，“王观学士尝应制撰《清平乐》词云(词略)，高太后以为媟渎神宗，翌

---

① 贺裳：《皱水轩词筌》，《词话丛编》，第701页。

日罢职，世遂有‘逐客’之号”[①]。可见，王观本为翰林学士，因此词“媟渎神宗”而罢职，被逐出朝。为何是对圣主的不恭呢？因为作为应制词，一定要写得雍容庄重，可是王观此词却很是不恭。上片所写是黄金殿里，双龙烛影之下，嫔妃施展手段，将“官家”劝醉了，一句“进酒犹呼万岁”，兼及劝酒的嫔妃、饮酒的皇帝，一个逢迎邀宠，一个贪恋酒色，可谓本质毕现。下片写嫔妃在劝酒后继续施展其跳舞的本领，直接的效果就是“君恩”立降，御手为之整理头饰，此位嫔妃是获得了“一夜御前宣住”之宠了，可是六宫之中又有多少人发愁呢！或许王观幽默风趣已惯，竟然忘记了在最高统治者前应有的顾忌，终致贬逐。应该说，由于“祖宗家法”，宋代皇帝对文臣还算是客气的，在别的朝代，如此“应制”，说不定还得掉脑袋！同样是“应制”的李白《清平调》、柳永《醉蓬莱》，都因不慎而断送了作者的前程，王观亦如此，而三作相较，不管王观主观动机如何，却是最能揭下“麒麟皮”而露出神圣者“马脚”的，也可见“其新丽处与轻狂处，皆足惊人”一说不虚。

《红芍药》是一首很特别的俗词：

人生百岁，七十稀少。更除十年孩童小。又十年昏老。都来五十载，一半被、睡魔分了。那二十五载之中，宁无些个烦恼。　仔细思量，好追欢及早。遇酒追朋笑傲。任玉山摧倒。沉醉且沉醉，人生似、露垂芳草。幸新来、有酒如渑，结千秋歌笑。

此词上片是计算人生寿账：人能活到七十岁的已经不多，可这七十年中，先是十年懵懵懂懂的童年，最后是又老又昏的老年，这两头能感知、享受到什么呢？掐头去尾一算，七十岁就只剩下五十年。可五十年中竟然有一半的时间用于睡觉，于是仅剩二十五年了。二十五年中，“不如意事常八九，可与语人无二三”[②]，这样算来，岂不叫人气馁？既然人无法延长自己的寿命，那就只有想法“提高生活质量”了。词的下片很现实地只说一个“酒”字。要抢时间来尽早“追欢”，遇到有酒宴时，尽量与朋友欢笑享受，任凭喝醉了，象嵇康一样，如玉山之倒。让沉醉接着沉醉，因为人生就如芳草上的露珠一样短暂。所幸的是，近来并不缺酒喝，因为酒就象渑水一样的多[③]，大家边歌边笑，结千年之欢。如果此词作于被罢翰林之后，是不难理解何以会如此看待人生的，因为在王观的时代，词人至多只是感慨人生短暂，较含蓄地倡以及时行乐，似他那样直白“追欢及早”的，几为仅见。此词的主题和情感，在元散曲创作中得到了继续与发扬，因为那是一个“九儒十丐”的社会，文人学者都看不到什么希望，故此散曲的作者常以“抑圣为狂，寓哭于笑”[④]的态度来创作，及时行乐成了一个重要的主题。如卢处道的[蟾宫曲]：

① 吴曾：《能改斋漫录》卷一七，第489页。

② 方岳：《别子才司令》，《秋崖集》卷四，四库全书本。

③《左传·昭公十二年》载，春秋时的鲁昭公十二年，晋昭公宴请齐景公，“齐侯举矢曰：‘有酒如渑，有肉如陵。寡人中此，与君代兴。’”意谓酒象渑水一样多，肉象山陵一样高，形容宴席的丰盛。

④ 李渔：《闲情偶寄》卷一，《李渔全集》第3卷，第20页。

“想人生七十犹稀,百岁光阴,先过了三十。七十年间,十岁顽童,十载尫羸,五十岁除分昼黑,则分得一半儿白日。风雨相催,兔走乌飞,子细沉吟,都不如快活了便宜。”[①]也是用“算账法”来拆分岁月,同样是在二十五年中算日子,最终自劝行乐,其写法分明是出于王观的《红芍药》。

三、长歌短调　克称良匹:曾布、魏玩夫妇词

曾布(1036—1107),字子宣,南丰(今属江西)人,曾巩弟。嘉祐二年(1057)与曾巩同登进士第。神宗时擢知制诰、翰林学士兼三司使。元丰时历知诸州,元祐时,出知太原、真定等地。绍圣初,召为翰林学士承旨,知枢密院。徽宗立,以右仆射独当国。后受蔡京排挤,罢为观文殿大学士知润州,后提举崇福宫。卒谥文肃。

曾布在太原任上,因唐朝发生于此地之冯燕事,感其忠义之风,作《水调歌头》排遍。其叙事体及大曲形式,既是对敦煌曲子词的继承,又是宋代所少见。全录于下:

《水调歌头》(排遍第一):

魏豪有冯燕,年少客幽并。击球斗鸡为戏,游侠久知名。因避仇、来东郡。元戎留属中军。直气凌貔虎,须臾叱咤风云。凛凛坐中生。　偶乘佳兴。轻裘锦带,东风跃马,往来寻访幽胜。游冶出东城。堤上莺花撩乱,香车宝马纵横。草软平沙稳。高楼两岸春风,语笑隔帘声。

《排遍第二》:

袖笼鞭敲镫。无语独闲行。绿杨下、人初静。烟淡夕阳明。窈窕佳人,独立瑶阶,掷果潘郎,瞥见红颜横波盼,不胜娇软倚银屏。　曳红裳,频推朱户,半开还掩,似欲倚、咿哑声里,细说深情。因遣林间青鸟,为言彼此心期,的的深相许,窃香解佩,绸缪相顾不胜情。

《排遍第三》:

说良人滑将张婴。从来嗜酒、还家镇长酩酊狂酲。屋上鸣鸠空斗,梁间客燕相惊。谁与花为主,兰房从此,朝云夕雨两牵萦。　似游丝飘荡,随风无定。奈何岁华荏苒,欢计苦难凭。唯见新恩缱绻,连枝并翼,香闺日日为郎,谁知松萝托蔓,一比一毫轻。

《排遍第四》:

---

① 隋树森编:《全元散曲》,中华书局1964年版,第114页。(版本后同)

一夕还家醉，开户起相迎。为郎引裾相庇，低首略潜形。情深无隐。欲郎乘间起佳兵。　　授青萍。茫然抚叹，不忍欺心。尔能负心于彼，于我必无情。熟视花钿不足，刚肠终不能平。假手迎天意，一挥霜刃。窗间粉颈断瑶琼。

《排遍第五》：

凤凰钗、宝玉凋零。惨然怅，娇魂怨，饮泣吞声。还被凌波呼唤，相将金谷同游，想见逢迎处，揶揄羞面，妆脸泪盈盈。　　醉眠人、醒来晨起，血凝螓首，但惊喧，白邻里、骇我卒难明。思败幽囚推究，覆盆无计哀鸣。丹笔终诬服，阛门驱拥，衔冤垂首欲临刑。

《排遍第六》(带花遍)：

向红尘里，有喧呼攘臂，转声辟众，莫遣人冤滥、杀张室，忍偷生。僚吏惊呼呵叱，狂辞不变如初，投身属吏，慷慨吐丹诚。　　仿佛缧绁，自疑梦中，闻者皆惊叹，为不平。割爱无心，泣对虞姬，手戮倾城宠，翻然起死，不教仇怨负冤声。

《排遍第七》(撷花十八)：

义城元靖贤相国，喜慕英雄士，赐金缯。闻斯事，频叹赏，封章归印。请赎冯燕罪，日边紫泥封诏，阖境赦深刑。　　万古三河风义在，青简上、众知名。河东注，任流水滔滔，水涸名难泯。至今乐府歌咏。流入管弦声。

钱锺书说："司空图《冯燕歌》末云：'为感词人沈下贤，长歌更与分明说'；王明清《玉照新志》卷二载曾布《水调七遍》亦赋燕事，多本于司空《歌》，如……"①虽多本司空图，然其"长歌更与分明说"的铺排故事，对宋代的说唱文学应是有影响的。

魏夫人(生卒年不详)，名玩，曾布妻，封鲁国夫人，有后人辑本《鲁国夫人词》。

沈雄引朱熹语云："本朝妇人能词者，惟李易安、魏夫人二人而已。"又引黄昇语："李易安、魏夫人，使在衣冠之列，当与秦七、黄九争雄，不徒擅名于闺阁也。"②丁绍仪也曾说："宋时词学盛行，然夫妇均有词传，仅曾布、方乔、陆游、易祓、戴复古五家……惟子宣与魏夫人克称良匹。"③陈廷焯《云韶集》则云："魏夫人词，疾徐进退，居然作家；高者不减端己、正中。"④平心而论，魏夫人虽难以与李清照相并，但是在宋代女词人中，

① 钱锺书：《管锥编》(二)下卷，第705–706页。
② 沈雄：《古今词话·词话》上卷，《词话丛编》，第767页。
③ 丁绍仪：《听秋声馆词话》卷八，《词话丛编》，第2670页。
④ 陈廷焯：《云韶集》卷十，转引自《白雨斋词话足本校注》，第221页。

也是一流人物了。

曾布作长歌,而魏玩善小令,其《临江仙》云:

庭院深深深几许,云窗雾阁春迟。为谁憔悴损芳姿。夜来清梦好,应是发南枝。 玉瘦檀轻无限恨,南楼羌管休吹。浓香吹尽有谁知。暖风迟日也,别到杏花肥。

此词用欧阳修(一说冯延巳)成句开篇,次句写春天之迟来,而用“云窗雾阁”,营造出朦胧的美感,第三句以下写梅花而赋予人情,夜来清梦,梅花也应梦而发于向阳的南枝。过片的“玉瘦檀轻”四字,既得梅花之态,更得梅花之神,以下用笛曲《梅花落》之意而传已惜花之意。梅开最早,待到暖风迟日之时,已是杏花季节,而作者却央告,可别让这轻佻的杏花开得太盛了。词中以“瘦”写梅,以“肥”写杏,新奇而不失其真,而梅与杏又可作拟人之想,自有其不同之“品”在。

《好事近》为怀人词:

雨后晓寒轻,花外早莺啼歇。愁听隔溪残漏,正一声凄咽。 不堪西望去程赊,离肠万回结。不似海棠阴下,按凉州时节。

上片写初春海棠花开的时节,在一个透着雨后轻寒的拂晓,花外的早莺啼声不再,却愁听隔着溪水的更漏发出凄咽的声音。上片由景而人,下片写心理活动。在这清晨醒来时,倍感孤独,想起亲人西去,路程遥远,真使人“离肠万回结”。结二句换笔换意,写出曾经有过的美好时节,那是与亲人在海棠的花阴之下,演奏《凉州曲》之时,而此刻的心情却与之相距何其太远!

《减字木兰花》亦为同一题材。词云:

西楼明月。掩映梨花千树雪。楼上人归。愁听孤城一雁飞。 玉人何处。又见江南春色暮。芳信难寻。去后桃花流水深。

词中意象极美,如镜头缓缓转换:明月映照西楼,月光之下,千树梨花如同皎洁白雪,然后转到楼上人归来,听到城头大雁飞过的叫声,城之“孤”,雁之“一”,与千树梨花相对,更衬出人的孤单。下片仍转为怀人:在此江南春色已暮之时,所思者(玉人为爱称)在何处呢?自从他去后,芳(美好意)信难寻,只有桃花流水依然,此处化用李白《赠汪伦》诗句之意,寄情于物,其情尤深。

《点绛唇》亦是自抒离情之作:

波上清风,画船明月人归后,渐消残酒。独自凭阑久。 聚散匆匆,此恨年年有，重回首。淡烟疏柳。隐隐芜城漏。

此首写月夜送别。一开始描绘了水波、清风、明月、画船所组成的美好图画，而自“人归后”则急转，行人走了，留下自己独自一人，在残酒渐消后，独自凭栏，久久不忍离去，其对离者的深情，不言而可知。换头转为女主人公的内心独白：聚散匆匆，如此离恨年年都有，怎不教人回首伤情呢。不觉之中，透过淡烟疏柳，传来了远处芜城的更漏声。

以上三词，写出思妇的深情，却又不失分寸，可谓疾徐进退，合度中节，古人云“发乎情，止乎礼义”，于此可见。

《卷珠帘》与前三首不同：

记得来时春未暮。执手攀花，袖染花梢露。暗卜春心共花语。争寻双朵争先去。　　多情因甚相辜负。轻拆轻离，欲向谁分诉。泪湿海棠花枝处。东君空把奴分付。

此词写少女恋情失落的痛苦。上片回忆春天海棠花盛开的时节，少女与所爱者不顾花梢露水，执手攀花、情投意合的情景，以及内心充满希望，暗中卜求人如花之能成双朵，有美满的结句。下片转为对“多情”(情人之俗称)辜负自己，表示不可理解，轻易的拆离分散，使人能向谁倾诉呢！只有泪湿花枝，在这见证了自己爱情的海棠花下，埋怨春神的“空把奴分付”。对东君的埋怨，虽无理却又是少女无奈的表现，表现其心理，能想见其神情。此词超越了一己之情，写出古代社会中女子的不幸，具有普遍性，写得十分生动感人。

《系裙腰》一首，亦为相思题材，而颇具民歌风味：

灯花耿耿漏迟迟。人别后、夜凉时。西风潇洒梦初回。谁念我，就单枕，皱双眉。　　锦屏绣幌与秋期。肠欲断、泪偷垂。月明还到小窗西。我恨你，我忆你，你争知。

由以上可知，在李清照之前，魏夫人确实是最优秀的女词人。虽不能想见如李清照与赵明诚夫唱妇随的情景，但曾布与魏玩，一作长歌，一作小令，在体式的运用上，也应是“克称良匹”了。

而综观北宋中期词，大词人之外的诸多作者，无论在内容题材上，还是在艺术表现上，都是既有守成，又有突破，但较之柳永，则守成显然多于突破。因此，真正的发展、突破，则有待苏轼的出现。

第三节　晏几道词的真情与韵致

在苏轼出场之前,应先论与之同时的晏几道。

晏几道(1038—1110,一说1030? —1106?),临川(今属江西)人,字叔原、号小山,晏殊幼子。仁宗至和中为太常寺太祝,曾因事下狱,元丰以后在地方任微官。有《小山词》一卷。

晏几道一生都置身于士大夫文化范围之外,在北宋时代是非常特殊的人物。即使是柳永,也有求名宦之心、之举,只是因沉迷市井青楼而名声不佳,才被仁宗黜落于进士榜外的;而晏几道不然,他似乎从未有过通过进士阶梯踏上仕途之念,甚而大概是将功名富贵视若粪土的。其元丰二、三年间京师唱和之友黄庭坚,曾作《小山词序》:"晏叔原,临淄公之暮子也。磊隗权奇,疏于顾忌,文章翰墨,自立规模,常欲轩轾人而不受世人之轻重,诸公虽称爱之,而又以小谨望之,遂陆沉于下位。平生潜心六艺,玩思百家,持论甚高,未尝以沽世。余尝怪而问焉,曰:'我槃跚勃窣,犹获罪于诸公,愤而吐之,是唾人面也。'……余尝论叔原固人英也,其痴亦自绝人。爱叔原者皆愠而问其目,曰:仕宦偃蹇而不能一傍贵人之门,是一痴也;论文自有体,不肯一作新进士语,此又一痴也;费资千百万,家人寒饥,而面有孺子之色,此又一痴也;人百负之而不恨,已信人,终不疑其欺己,此又一痴也。"[①]据陆友仁《研北杂志》载:"元祐中,叔原以长短句行。苏子瞻因黄鲁直欲见之,则谢曰:'今政事半吾家旧客,亦未暇见也。'"[②]这里还可补充一则材料,据王灼所云:"叔原年未至乞身,退居京城赐第,不践诸贵之门。蔡京重九冬至日遣客求长短句,欣然两为作《鹧鸪天》:'九日悲秋不到心,凤城歌管有新音。风雕碧柳愁眉淡,露染黄花笑靥深。　初过雁,已闻砧,绮罗丛里胜登临。须教月户纤纤玉,细捧霞觞滟滟金。''晓日迎长岁岁同,太平箫鼓间歌钟。云高未有前村雪,梅小初开昨夜风。　罗幕翠,锦筵红,钗头罗胜写宜冬。从今屈指春期近,莫使金樽对月空。'竟无一语及蔡者。"[③]既是"论文自有体,而不肯一作新进士语",又"仕宦偃蹇,而不能一傍贵人之门",即使父亲馀荫尚在,如此为人、如此性格,也必然难以进入主流社会。而晏几道的"潜心六艺,玩思百家,持论甚高,未尝以沽世",按说应与宋初书院教育创始人的教育目的甚合,但由于晏几道又不是追求"内圣"、以期道德自我完善者,从其词即可知之。

所以,晏几道几乎就是一个早生的贾宝玉,一个主流文化、主流社会之外的"畸零人",其词无论在内容上还是艺术上,都是较为特别的。

---

① 黄庭坚:《小山词序》,《词籍序跋萃编》,第51页。

② 陆友仁:《研北杂志》卷上,四库全书本。

③ 王灼著,岳珍校正:《碧鸡漫志校正》卷二,第38页。

一、微痛纤悲 以其情胜

晏几道在士大夫文化之外，其词全为小令，可以说是北宋中期“返祖”于“花间”，却又以真情见长的词人。“四痴”集于一身，可见既不热心仕进，又不干谒权贵，既乐于助人，又颇有“宁可天下人负我，不可我负天下人”之气度。既然不是“禄蠹”，那就未免有些“情种”素质，殆不随人俯仰，其别有伤心可知，而这位早生的贾宝玉也确实如此，所以他的真性情见于词，确以真情的抒发见长。

冯煦将晏几道与秦观并称为“古之伤心人”[①]，其所伤者何？近人夏敬观云：

> 晏氏父子嗣响南唐二主，才力相敌，盖不特辞胜，犹有过人之情。叔原以贵人暮子，落拓一生，华屋山丘，身亲经历，哀丝豪竹，寓其微痛纤悲，宜其造诣又过于父。山谷谓为“狎邪之大雅，豪士之鼓吹”，未足以尽之也。[②]

宋人王铚说：“贺方回遍读唐人遗集，取其意以为诗词，然所得在善取唐人遗意也，不如晏叔原尽见升平气象，所得者人情物态。叔原妙在得于妇人，方回妙在得词人遗意。”[③]可以合二人所说，概括小山词情之所伤者在于“落拓一生”，“身所经历”而感触的“人情物态”，以及“得于妇人”者。换言之，则是：身世之所感与失落之爱情，二者又难以割断，经常联系在一起。

观小山的《鹧鸪天》，虽非惨巨痛深，却也不止是“微痛纤悲”：

> 彩袖殷勤捧玉钟。当年拚却醉颜红。舞低杨柳楼心月，歌尽桃花扇底风。
> 从别后，忆相逢。几回魂梦与君同。今宵剩把银釭照，犹恐相逢是梦中。

据晏几道的《小山词自序》：“始时沈十二廉叔，陈十君龙家，有莲、鸿、蘋、云，工以清讴娱客。每得一解，即以草授诸儿，吾三人持酒听之，为一笑乐。已而君龙疾废卧家，廉叔下世，昔之狂篇醉句，遂与两家歌儿酒使，俱流转于人间。”[④]此词很可能就是与“流转于人间”的莲、鸿、蘋、云中的某一位偶然相逢后所写。对于别后相逢的又惊又喜之情，是直到最后才写出，上片融今昔之事为一体，首句当写眼前，次句追溯往事，三四句写当年沈、陈家清讴娱客，欣赏歌舞的往事。过变以下，实事虚写，“从别后，忆相逢”六字，有回环之妙，“几回魂梦与君同”，彼此之心的推知，“今宵”二句一转，前时梦却疑真，今日真转疑梦。赵令畤在《侯鲭录》中引晁无咎言，谓此词“不蹈袭人语，而风调闲雅，自是一家。如：‘舞低杨柳楼心月，歌尽桃花扇底风。’自可知此人不生在三家

① 冯煦：《蒿庵论词》，《介存斋论词杂著·复堂词话·蒿庵论词》，第61页。

② 夏敬观：《吷庵词评》，《词学》第五辑，第201页。

③ 王铚：《默记》，《宋元笔记小说大观》，第4567页。

④ 晏几道：《小山词自序》，《词籍序跋萃编》，第52页。

村中者"[①]。晏殊当年颇以"梨花院落溶溶月，柳絮池塘淡淡风"的"富贵语"自得，晏几道也经历过富贵的生活，故"舞低"二句有乃父之风，但是，昔日"不生在三家村中者"，如今或已是"家人寒饥，而面有孺子之色"，既"华屋山丘，身亲经历"，又朋友或下世，或疾废，故在经历了这一切后，与旧时相识的歌女相逢，有杜甫《羌村》的"夜阑更秉烛，相对如梦寐"之惊喜俨然，是很自然的。所以陈廷焯云："仙乎丽矣。后半阕一片深情，低回往复，真不厌百回读也。言情之作，至斯已极。"[②]从艺术而言，则如刘体仁所说："'夜阑更秉烛，相对如梦寐'，叔原则云：'今宵剩把银釭照，犹恐相逢是梦中。'此诗与词之分疆也。"[③]将诗的直说，改为词的婉转出之，更见低回往复，耐人寻味。胡仔引《雪浪斋日记》谓"舞低杨柳楼心月，歌尽桃花扇底风"二句"不愧六朝宫掖体"[④]，但因其伤离感旧之情，神味实与宫体诗、《香奁诗》不同。

再看《临江仙》：

> 梦后楼台高锁，酒醒帘幕低垂。去年春恨却来时。落花人独立，微雨燕双飞。
> 记得小蘋初见，两重心字罗衣。琵琶弦上说相思。当时明月在，曾照彩云归。

此词以六字对句领起，展现了一个官宦之家的朦胧境界，这"梦"是真梦还是人生有如幻梦？是"酒醒"还是生活的醉醒？而"楼台高锁"、"帘幕低垂"则见此境唯能却步，因为自己已经与之隔绝了。第三句点明一二句所写是去年之所见，一场梦后、一次酒醒，看到那楼台、帘幕，可望而不可即，而且"室迩人远"，那人亦不知何处？即使知之，怕也是"咫尺画堂深似海"，已属他人。这是去年春恨，可又承至今日，承上启下，亦达于明朝。如今又对春花雨燕，真是令人情何以堪！下片写当年与歌女小蘋初见之时，不写其容貌声音，而写了印象最深的"两重心字罗衣"，"琵琶弦上说相思"，则见两情相悦，歇拍以彩云明月之喻，说小蘋之离去，如今明月依然，可她的倩影已不可追寻。这是对所爱的寻踪？还是对过去的寻梦？应该说是兼而有之。

此词以"落花人独立，微雨燕双飞"二句见赏于论者。南宋时杨万里已经以"好色而不淫"[⑤]称之，《古今词统》亦以之为"晚唐丽句"[⑥]。谭献益之以"柔厚"："名句，千古不能有二。所谓柔厚在此。"[⑦]陈廷焯加之以"闲婉"、"沉著"："小山词，如'去年春恨却来时，落花人独立，微雨燕双飞'，又'当时明月在，曾照彩云归。'既闲婉，又沉著，当时更无敌手。"[⑧]其实"落花"二句出于五代翁宏的《春残》诗，为此诗成句，作者用于词中，却

---

① 赵令畤：《侯鲭录》卷七，《宋元笔记小说大观》，第 2091 页。
② 陈廷焯：《词则·闲情集》卷一，第 885 页。
③ 刘体仁：《七颂堂词绎》，《词话丛编》，第 619 页。
④ 胡仔：《苕溪渔隐丛话》后集卷三三，第 253 页。
⑤ 杨万里：《诚斋诗话》，《历代诗话续编》，第 139 页。
⑥ 卓人月、徐士俊辑：《古今词统》卷九，《续修四库全书》第 1728 册，第 642 页。
⑦ 谭献：《复堂词话》，《介存斋论词杂著·复堂词话·蒿庵论词》，第 22 页。
⑧ 陈廷焯著，屈兴国校注：《白雨斋词话足本校注》卷一，第 46–47 页。

极其浑成、贴切。此词不仅有好句，而是如俞陛云所言，全首都见情、愁与恨：

前二句追昔抚今，第三句融合言之，旧情未了，又惹新愁。"落花"二句正春色恼人，紫燕犹解"双飞"，而愁人翻成"独立"……下阕回忆相逢，"两重心字"，欲诉无从，只能借凤尾檀槽，讬相思于万一。结句谓彩云一散，谁复相怜，惟明月多情，曾照我相送五铢仙佩，此恨绵绵，只堪独喻耳。①

所以，仍是"华屋山丘，身亲经历，哀丝豪竹，寓其微痛纤悲"，且又"得于妇人"，是这二者的深情体现。

《采桑子》所写仍在于对歌妓的思念之情：

西楼月下当时见，泪粉偷匀。歌罢还颦。恨隔炉烟看未真。　　别来楼外垂杨缕，几换青春。倦客红尘。长记楼中粉泪人。

在小晏的词中，屡见"西楼"，如："谁堪共展鸳鸯锦，同过西楼此夜寒"(《鹧鸪天》)，"别来长记西楼事"(《采桑子》)，"西楼别后，风高露冷，无奈月分明"(《少年游》)，"西楼题叶，故园欢事重重"(《满庭芳》)。可见，西楼当在汴京，是当年欢爱之地，难以忘怀。上片写月下西楼的初见，印象最深的是歌女的"粉泪偷匀，歌罢还颦"。下片经时空的跳跃，点明自己此时的"倦客红尘"身份，却对楼中粉泪人而"长记"不忘。仅是当年"恨隔炉烟看未真"的记忆，小晏却长记不忘，其深情可知，"同是天涯沦落人"之意亦能从言外得之。

《鹧鸪天》仍写与歌妓之情：

小令尊前见玉箫。银灯一曲太妖娆。歌中醉倒谁能恨，唱罢归来酒未消。
春悄悄，夜迢迢。碧云天共楚宫遥。梦魂惯得无拘检，又踏杨花过谢桥。

上片写尊前初见侑觞的歌女，称之为"玉箫"，是用唐人范摅《云溪友议》载韦皋与玉箫事：韦与姜铺家侍女玉箫有情，韦归，一别七年，玉箫绝食而死，后再世，嫁作韦皋侍妾。如此称呼，可见"银灯一曲"已经两下有情。因她唱得太好，醉倒也不为恨，回到家中，馀音犹在，酒意未消。下片写归家后思念不已，而更觉春夜之长，而与她之间已是"碧云天共楚宫遥"，难以再见了。最后两句是全首最精警之处：只有梦魂没有拘检，还可以踏过满地杨花，走过谢桥与她相会。虽从张泌《寄人》诗中化出，却有出蓝之妙。与小晏同时的道学家程颐闻诵此二句，禁不住而有"鬼语"之叹赏②，《古今词统》解释程

① 俞陛云：《唐五代两宋词选释》，第174页。
② 邵博：《邵氏闻见后录》卷一九，中华书局1983年版，第151页。(版本后同)

颐此语，是所谓“我见犹怜”[1]，甚当。

晏几道“妙在得于妇人”，不是柳永所悦的青楼私妓，而应是官宦家妓，他对歌妓的深情款款，似与其“贵人暮子”的身份不合，故邵博说：“晏叔原，临淄公晚子。监颍昌府许田镇，手写自作长短句，上府帅韩少师。少师报书：‘得新词盈卷，盖才有馀而德不足者，愿郎君损有馀之才，补不足之德，不胜门下老吏之望’云。”[2]可见，晏几道袒露心迹的对歌妓之爱，是为士大夫所不齿的，而正是这种非欣赏、玩弄的爱，可以看到他的真诚，其词也以真情感人，他对歌妓的赞赏和爱，令人想起恩格斯在《家庭、私有制和国家的起源》中，对沦为妓女的希腊妇女的赞美。

陈廷焯云：

> 李后主、晏叔原皆非词中正声，而其词则无人不爱，以其情胜也。情不深而为词，虽雅不韵，何足感人？[3]

郑骞《成府谈词》也说：

> 小山词境，清新凄婉，高华绮丽之外表，不能掩其苍凉寂寞之内心，伤感文学，此为上品。《人间词话》云：“小山矜贵有馀，但可方驾子野方回，未足抗衡淮海。”是犹以寻常贵公子目小山矣。
>
> 小山词伤感中见豪迈，凄凉中有温暖，与少游之凄厉幽远异趣。小山多写高堂华烛、酒阑人散之空虚，淮海则多写登山临水，栖迟零落之苦闷。二人性情、家世、环境、遭遇不同，故词境亦异，其为自写伤心则一也。[4]

情胜之词，为感伤文学的上品，此绝非“花间”所有，而是小山词在北宋中期所特有地位的标志。

二、淡语有味　浅语有致

冯煦云：

> 淮海小山，真古之伤心人也。其淡语皆有味，浅语皆有致，求之两宋词人，实罕其匹。子晋欲以晏氏父子追配李氏父子，诚为知言。[5]

---

① 卓人月、徐士俊辑：《古今词统》卷七，《续修四库全书》第1728册，第604页。

② 邵博：《邵氏闻见后录》卷一九，第151–152页。

③ 陈廷焯著，屈兴国校注：《白雨斋词话足本校注》卷九，第721页。

④ 郑骞：《成府谈词》，《词学》第十辑，第148页。

⑤ 冯煦：《蒿庵论词》，《介存斋论词杂著·复堂词话·蒿庵论词》，第61页。

陈廷焯则兼有褒贬:“《诗》三百篇,大旨归于无邪。北宋晏小山工于言情,出元献、文忠之右,然不免思涉于邪,有失风人之旨;而措词婉妙,则一时独步。”[①]从艺术上讲,小山词确是浅淡之语,却自有意味、情致,并常见措词婉妙。其《虞美人》是怀人怨别之作,所写是女性:

曲阑干外天如水。昨夜还曾倚。初将明月比佳期。长向月圆时候、望人归。罗衣着破前香在。旧意谁教改。一春离恨懒调弦。犹有两行闲泪、宝筝前。

上片写所望之切,起两句,阑干已不是一倚,而倚阑所见,只有天色如水。“初将”两句,是倚阑所思所盼,期望月圆而归。过片“罗衣着破”二句,虽久别而不改其情,浅淡之中,深情自见。“一春”两句,写筝前落泪,无声之中,哀惋亦现,是为措词婉妙之处。

写别情而见措词婉妙的,当数《阮郎归》:

旧香残粉似当初。人情恨不如。一春犹有数行书。秋来书更疏。　衾凤冷,枕鸳孤。愁肠待酒舒。梦魂纵有也成虚。那堪和梦无。

唐圭璋说:

此首起两句,言物是人非。“一春”两句,正写人不如之实,殊觉怨而不怒。换头,言独处之孤冷。“梦魂”两句,言和梦都无,亦觉哀而不伤。又此首上下片结处文笔,皆用层深之法,极为疏隽。少游“衡阳犹有雁传书,郴阳和雁无”,亦与此意同。[②]

词中并无重言、痛语,如唐圭璋先生所说,是“怨而不怒”、“哀而不伤”,却自有沉痛,而结句的“层深”却“疏隽”之笔,正是其折进而深的婉妙之处。

若谓上面二首虽淡语、浅语却仍有“语”,那么《生查子》则是以无言传悲意了:

金鞭美少年,去跃青骢马。牵系玉楼人,绣被春寒夜。　消息未归来,寒食梨花谢。无处说相思,背面秋千下。

词中说,一个美少年挥金鞭骑青骢马走了,词里没说他出外做什么,转而写留家的女子,她虽住玉楼,盖绣被,可在春寒之夜尝尽了独宿的滋味,“牵系”虽说出了女子的心理,但并无显见的表其悲伤之意,仅“绣被春寒夜”以环境衬托其孤寂景况。下片说,

---

① 陈廷焯著,屈兴国校注:《白雨斋词话足本校注》卷一,第45页。
② 唐圭璋:《唐宋词简释》,第85页。

美少年去后没有消息传来，而寒食已过，梨花凋谢，春光无几，词中并不点明女子的烦恼，却展示了一个“定格”的画面：无处诉说相思之意，只是站在秋千架下，甚至还看不到她的表情，只留下一个背影。这“背面秋千下”的形象虽悄无声息，却“此时无声胜有声”，给人以无尽的联想和惆怅。此处将李商隐的诗句“十五泣春风，背面秋千下”翻出了新意。南宋曾季狸说：“晏叔原小词：‘无处说相思，背面秋千下。’吕东莱极喜诵此词，以为有思致。”[1]吕本中是理学家，却喜爱此词之“思致”，一如程颐的赏其“又踏杨花过谢桥”为“鬼语”，可见所塑造的思妇怀人形象，其无言之悲所具有的感情力量。

小山《阮郎归》是宋词中写重阳节的名篇：

> 天边金掌露成霜。云随雁字长。绿杯红袖称重阳。人情似故乡。　　兰佩紫，菊簪黄。殷勤理旧狂。欲将沉醉换悲凉。清歌莫断肠。

“天边金掌”指汉武帝所建的金人承露盘，金掌为皇宫特有，故用以代指汴京。次句写深秋天上的典型景色。三、四句写重阳佳节，举绿杯、对红袖，酒宴上深感人情有如故乡般温暖。之所以出此言，是因为小晏在地位显赫的父亲死后，家道败落，也从过去的少不更事感受到了世态炎凉，故对此“人情”分外珍重。下片说，为了感谢主人的盛意，特地佩戴紫色的兰花，簪插黄色的菊花，以与节日相符。因为长时间没有狂放豪饮，为参加此次佳节盛会，遂“殷勤”理之，以唤起往日的豪情，但可能因压抑已久，怕豪情难以唤回，只能是狂饮后的沉醉，用以替换悲凉。那么能不能沉醉呢？自己亦无把握，所以只好吩咐歌女不要唱出让人断肠的歌声，以免使人还是在痛苦中清醒，连沉醉也做不到。陈匪石说：“此在《小山词》中，为最凝重深厚之作。”[2]而其重语亦仅结句的“莫断肠”而已。之所以既能凝重深厚，又多为浅淡之语，是因为写得委婉。况周颐对此分析甚好：

> “绿杯”二句，意已厚矣。“殷勤理旧狂”五字三层意。“狂”者，所谓一肚皮不合时宜，发见于外者也。狂已旧矣，而理之，而殷勤理之，其狂若有甚不得已者。“欲将沉醉换悲凉”是上句注脚。“清歌莫断肠”仍含不尽之意。此词沉著厚重，得此结句，便觉竟体空灵。[3]

表现离恨而写得委婉的还有《鹧鸪天》：

> 醉拍春衫惜旧香。天将离恨恼疏狂。年年陌上生秋草，日日楼中到夕阳。
> 云渺渺，水茫茫，征人归路许多长。相思本是无凭语，莫向花笺费泪行。

---

① 曾季狸：《艇斋诗话》，《历代诗话续编》，第283页。
② 陈匪石：《宋词举》，《宋词举》(外三种)，第150页。
③ 况周颐：《蕙风词话》卷二，《蕙风词话·广蕙风词话》，第18页。

开头的"醉拍春衫"起得突兀,很见激情,因心中有难以消解之情,故要借酒出之,乘着酒意而"醉拍",以引起对往事的思量,因为这春衫上还留着旧日的香泽,由此而想起与莲、鸿、蘋、云歌酒交往的日子,昔日的疏狂已变作今日之离恨,怎能不烦恼、不以酒浇之呢！离恨已不是短暂之事,也不仅是外出者一人之事,"年年陌上生秋草,日日楼中到夕阳",两句虽未明言居者之愁,但远望陌上衰草、近傍楼中夕阳的思妇形象已呼之欲出。下片转写云渺渺水茫茫的阻隔,征人的归路何等遥远。既然只能自己体会相思,无以为说,也无从说起,还是不要向花笺多费笔墨和眼泪了。看似无情,实是情深,委婉而出,不见其"决绝语"的真面目,正是其艺术上的成功之处。

又如《蝶恋花》:

> 醉别西楼醒不记。春梦秋云,聚散真容易。斜月半窗还少睡。画屏闲展吴山翠。　衣上酒痕诗里字。点点行行,总是凄凉意。红烛自怜无好计。夜寒空替人垂泪。

此首亦写别情。起头说醉时告别西楼,醒来已记不得当时景况,这样的故作迷离,将别时之情事就以淡语出之了。"春梦"两句,将人生聚散无常的深重之情,喻之以无形与有形之物,却非如山如海,而是轻轻淡淡的春梦秋云。"斜月"两句,写远思而无眠,只有空对月光斜照下的画屏怀想。"还"字见失眠之久,"闲"字见孤独之状,此即淡语深情之处,不应放过。过片两句,承接"醉别西楼",酒痕墨痕,点点行行,人去而留此旧痕,难遏之情终以"总是凄凉意"的重笔出之。但作者不是继言凄凉痛苦,而用杜牧诗"蜡炬有心还惜别,替人垂泪到天明",借物以写情,在重笔后即转为委婉。先著、程洪论此首说:"如小山父子及德麟辈,用事亦未常不轻,但有厚薄浓淡之分。后人一再过,不复留馀味,而古人隽永不已。"[①]若非清淡、委婉,则难见隽永,读小山词,当于此有体会。

陈匪石说:"小山学《花间》,妙在吞吐含蓄,全不说破。"[②]此说可与陈廷焯"措词婉妙"互证。夏敬观云:"殊父子词,语浅意深,有回肠荡气之妙;几道殆过其父。"这一比较乃具眼之见。

三、秀气胜韵　花中文杏

李清照《词论》以词"别是一家,知之者少",而对北宋中期词人相对肯定较多,却又在肯定同时,又一一指出各人的不足:"后晏叔原、贺方回、秦少游、黄鲁直出,始能知之。又晏苦无铺叙,贺苦少典重,秦则专主情致,而少故实……"[③]且不说对其他人评价如何,以晏几道"苦无铺叙",则未免苛求,因为小山词全为小令,何来铺叙之有？清周

① 先著、程洪:《词洁辑评》卷二,《词话丛编》,第1349页。
② 陈匪石:《宋词举》,《宋词举》(外三种),第158页。
③ 李清照:《词论》,《李清照集校注》,第195页。

之琦说:“词之有令,唐五代尚矣。宋惟晏叔原最擅胜场,贺方回差堪接武。其馀间有一二名作流传,然皆专门之学。自兹以降,专工慢词,不复措意令曲,其作令曲,仍与慢词声响无异。”[①]陈匪石也有近似看法:

至于北宋小令,近承五季,慢词藩衍,其风始微。晏殊、欧阳修、张先,固雅负盛名,而砥柱中流,断非几道莫属。[②]

令词不似长调之可以凭借篇幅之长而从容铺叙,而应以少见多,馀音不尽,又应言外见意,不凭装饰,而风韵自出。晏几道作为令词的“砥柱中流”,所作正是以馀韵见长。宋人王灼已说:

叔原如金陵王谢子弟,秀气胜韵,得之天然,将不可学。[③]

陈廷焯亦以“韵胜”称小山:

北宋之晏叔原,南宋之刘改之,一以韵胜,一以气胜,别于清真、白石外,自成大家。[④]

试看其《生查子》:

长恨涉江遥,移近溪头住。闲荡木兰舟,误入双鸳浦。　无端轻薄云,暗作帘纤雨。翠袖不胜寒,欲向荷花语。

词之首句意出《古诗十九首》的“涉江采芙蓉,兰泽多芳草。采之欲遗谁?所思在远道”。因恨涉江遥远,就移家于溪头住下,这样就采莲既便,所遗亦近,如此写来,虽未明言,一位多情女子的形象已浮现眼前。三四句写这一女子闲荡着木兰舟,应是去采芙蓉,却误入了双鸳浦,这一“误入”,是以“双鸳”反兴自己的孤单。过片写雨之突至,却是“兴”义的暗喻之用:以“轻薄”言云,当指男子,“无端”则事发突然,可见此处写雨而兼有自己所遭遇的爱情风雨之意,暗藏着男子无端弃己而去一事。帘纤细雨打湿了衣服,故翠袖不胜其寒,心中的苦恼无处可诉说,只有向荷花倾诉了。至此而返观开头,则更为多情女子之枉有爱情之心,却遭遇被弃的不幸,而深感其悲了。此词发于外者是几个转换的“镜头”,其涵义却深蕴其中,以范温所说的“有馀意之谓韵”,来理解此

---

① 周之琦:《十六家词录》,转引自杜文澜《憩园词话》卷二,《词话丛编》,第 2865 页。
② 陈匪石:《声执》卷下,《宋词举》(外三种),第 206 页。
③ 王灼著,岳珍校正:《碧鸡漫志校正》卷二,第 34 页。
④ 陈廷焯:《词坛丛话》,《词话丛编》,第 3724 页。

词之“韵胜”,应是最允洽的。

再如《木兰花》:

秋千院落重帘幕。彩笔闲来题绣户。墙头丹杏雨馀花,门外绿杨风后絮。朝云信断知何处。应作襄王春梦去。紫骝认得旧游踪,嘶过画桥东畔路。

此词仍应与莲、鸿、蘋、云等歌女相关,是其有感于悲欢离合之事,“如幻、如电、如昨梦前尘”的表现。旧地重游,窥见过去所熟悉的秋千、院落、绣户,彩笔题诗当是昔日情景的重现,而非当今,现在所见者只有雨后出墙的丹杏,门外绿杨风后的柳絮。下片说,昔日的佳人已如朝云飘走,断了音信,不知今在何处,怕是去赴楚襄王之梦约吧,而我的紫骝马还认识过去的游踪,嘶鸣着过了画桥东畔之路。黄苏这样分析此词:“前阕首二句,别后想其院宇深沉,门阑谨闭。接言墙内之人,如雨馀之花。门外行踪,如风后之絮。次阕起二句,言此后杳无音信。末二句言重经其地,马尚有情,况于人乎。似为游冶思其旧好而言。然叔原尝言其先公不作妇人语,则叔原又岂肯为狭邪之事,或亦有所寄托言之也。”[①]若去除其最后的寄托一说,所析很是可取。沈谦将此词的结句作为典范之一:“填词结句,或以动荡见奇,或以迷离称隽,著一实语,败矣。康伯可‘正是销魂时候也,撩乱花飞’、晏叔原‘紫骝认得旧游踪,嘶过画桥东畔路’、秦少游‘放花无语对斜晖,此恨谁知’,深得此法。”[②]依沈谦之说,小山此词的结句其实兼有动荡与迷离:说其动荡,是因为不延续作朝云襄王、昨梦前尘之想,而顿转为马嘶过桥而去;说其迷离,是因为如此写来,合而却开、入而即离,使人难以跟上其思路及所营情景,对前面所说也难以索解落实。而恰是如此,却给人留下想象的空间,馀韵袅袅不绝。至于其状物写景,不尽是客观所得,又有比兴况味。对于用字,陈廷焯以为“‘馀’、‘后’二字,有意味”[③]。

小山的《清平乐》较之上面的《生查子》,更显是男子闺音之作:

留人不住。醉解兰舟去。一棹碧涛春水路。过尽晓莺啼处。　渡头杨柳青青。枝枝叶叶离情。此后锦书休寄,画楼云雨无凭。

此词当是托为女子送人之作。开头就浅言点出事由:留人而留不住。接着就写去者:他还带着醉意,就乘舟凌波而去了,船行很快,在碧涛春水中,一会儿就过了晓莺啼叫的远处。换头回到渡头送行的女子:此处杨柳青青,枝枝叶叶都牵系着离情,可他绝情走了,今后干脆就不要写信,我所在的画楼也就云雨无凭了。尽管最后写出了女子的负气话,但全无柳永式的语言、情态,而如王灼《碧鸡漫志》所说,“如金陵王谢子

① 黄苏:《蓼园词评》,《词话丛编》,第3044页。
② 沈谦:《填词杂说》,《词话丛编》,第633页。
③ 陈廷焯:《词则·闲情集》卷一,第882页。

弟，秀气胜韵，得之天然”。周济说：“结语殊怨，然不忍割。”[①]陈廷焯也说道：“怨语，然自是凄绝。”[②]却敛约含蓄，不作奔进而出。

《思远人》在小山词中属于“另有机杼”者：

红叶黄花秋意晚，千里念行客。飞云过尽，归鸿无信，何处寄书得。　泪弹不尽临窗滴。就砚旋研墨。渐写到别来，此情深处，红笺为无色。

陈廷焯以为此词“就‘泪’、‘墨’二字，渲染成词，何等姿态”[③]。陈匪石论析甚详而甚确：

首句写景以起兴。因感“秋意”，遂“念行客”，此属闺体，乃代闺中人立言者。“飞云”缥缈无凭，况已“过尽”，而云边归雁又杳无信息，是虽欲“寄书”而不知其处矣。然书虽无从寄，而又不肯不写，故后遍说写书时情事。因无处“寄书”，于是弹泪。“泪弹不尽”，而临窗滴下，有砚承之，乃“就砚”“研墨”，仍以写书，即墨即泪，幽闺动作，幽闺心事，极旖旎，极凄断，看其只从“和泪濡墨”四字化出，而深婉如许，已令人叫绝矣。下文再进一层说，“渐”字极宛转，却激切。“写到别来，此情深处”，墨中纸上，情与泪粘合为一，不辨何者为泪，何者为情，故不谓笺色之红因泪而淡，却谓红笺之色因情深而无，语似无理，而实则有此想法，体会入微，神妙达秋毫巅矣。至此词纯用直笔朴语，不事藻饰，在小山为另一机杼。实则《花间》亦有质朴一派，特易涉浅露，小山则出以蕴藉，故终不堕恶趣也。欲入此法门，当求诸《古诗十九首》。[④]

虽“纯用直笔朴语，不事藻饰，在小山为另一机杼”，却仍“出以蕴藉，故终不堕恶趣”。

小令要以“韵”胜，直笔朴语一般不宜，而常要藉章法之顿挫以求之。如《蝶恋花》：

梦入江南烟水路。行尽江南，不与离人遇。睡里消魂无说处。觉来惆怅消魂误。　欲尽此情书尺素。浮雁沉鱼，终了无凭据。却倚缓弦歌别绪。断肠移破秦筝柱。

唐圭璋以其节节顿挫，所论甚确：

此首一起从梦写入，语即精练。盖人去江南，相思不已，故不觉梦入江南也。但行尽江南，终不遇人，梦劳魂伤矣，此一顿挫处。既不遇人，故无说处，而一梦觉来，依然惆怅，此又一顿挫处。下片，因觉来惆怅，遂欲详书尺素，以尽平日相

---

① 周济：《宋四家词选眉批》，《词话丛编》，第1651页。
② 陈廷焯：《词则·别调集》卷一，第578页。
③ 陈廷焯：《词则·闲情集》卷一，第884页。
④ 陈匪石：《宋词举》，《宋词举》(外三种)，第156–157页。

思之情与梦中寻访之情。但鱼雁无凭，尺素难达，此亦一顿挫处。寄书既无凭，故惟有倚弦以寄恨，但恨深弦急，竟将筝柱移破。写来层层深入，节节顿挫，既清利，又沈著。①

因顿挫转折，才能化直为曲，在增加容量同时，又能以韵味见胜。

周济说："晏氏父子，仍步温韦；小晏精力尤胜。"②仍步温韦，当指未脱晚唐之风，尤见于作令词这一形式，而"小晏精力尤胜"，语焉不详，除上首《蝶恋花》这样的节节顿挫外，还可结合其变化前人用语另出新意，又不失风度秀气来理解。如《留春令》：

画屏天畔，梦回依约，十洲云水。手捻红笺寄人书，写无限、伤春事。　　别浦高楼曾漫倚。对江南千里。楼下分流水声中，有当日、凭高泪。

郑文焯认为："'楼下分流水声中，有当日凭高泪'二语，亦袭冯延巳《三台令》：'流水、流水，中有伤心双泪。'"③小山虽出于冯延巳词，却委婉其语，更见意蕴深长，应是出蓝之笔，其"王谢子弟"的风度胜韵，亦可从词中见之。赵尊岳说："词语尚华贵，虽愁苦之音，亦当以华贵出之。不同诗之郊寒岛瘦，穷而后工也。小山、饮水，六百年间，方轨并驾，首由于此。"④小山词情深意永，却内敛而蕴藉，又不失其华贵之处，不过，较之乃父，自是不同，况周颐所言最确：

小山词从《珠玉》出，而成就不同，体貌各具。《珠玉》比花中之牡丹，小山其文杏乎！⑤

第四节　士大夫之词的完成：一论苏轼

对苏轼词作出如本节标题这样的判断，其理论依据何在呢？对此，宜先看王国维与胡适的论述。

本书第三章曾引王国维《人间词话》所云：

冯正中词虽不失五代风格，而堂庑特大，开北宋一代风气。与中、后二主词皆在《花间》范围之外……

词至李后主而眼界始大，感慨遂深，遂变伶工之词而为士大夫之词。周介存置诸温、韦之下，可谓颠倒黑白矣。"自是人生长恨水长东"，"流水落花春去也，天

① 唐圭璋：《唐宋词简释》，第81页。
② 周济：《宋四家词选目录序论》，《介存斋论词杂著·复堂词话·蒿庵论词》，第13页。
③ 郑文焯：《评小山词》，转引自上彊村民重编、唐圭璋笺注《宋词三百首笺注》，第64页。
④ 赵尊岳：《填词丛话》卷三，《词学》第四辑，华东师范大学出版社1986年版，第77页。（版本后同）
⑤ 况周颐：《蕙风词话辑佚》卷六，《蕙风词话·广蕙风词话》，第418页。

上人间”,《金荃》、《浣花》,能有此气象耶。

以王国维所见,冯延巳已经以其“堂庑特大”开北宋的一代风气,对于此点,晏、欧之词已经可证;而到李煜,则明确表述为:“眼界始大,感慨遂深,遂变伶工之词而为士大夫之词。”度其含义,当是指李煜之词不是如“花间”那样为歌妓演唱而作,而是自我抒情的、以气象见长之词。

胡适《词选·序》将词的历史分为了三大时期:

第一时期:自晚唐到元初(850—1250),为词的自然演变时期。
第二时期:自元到明清之际(1250—1650),为曲子时期。
第三时期:自清初到今日(1620—1900),为模仿填词的时期。

而他的《词选》则“专表现第一个大时期”。这个时期,也可以分作三个段落,即:歌者的词,诗人的词,词匠的词。

苏东坡以前,是教坊乐工与娼家妓女歌唱的词;东坡到稼轩、后村,是诗人的词;白石以后,直到宋末元初,是词匠的词。①

我们且不对其所有的判断作认真、详细的辩析,却不得不承认:尽管“词匠”一说过苛,但所定的宋词发展变化的几个时间节点,却是有道理的。

合王国维与胡适之论,可以这样说:自冯延巳开始,已经以其“堂庑特大”之词,开北宋风气,李煜以其降宋后之词,改变了此前词为伶工而作的性质,开士大夫词之先;但李煜只是个人创作的一种突变,歌妓伶工之词一直延续到北宋前期,到苏轼之出,才真正将词变成了诗人之词,而诗人之词不必计较伶工之“倚声”,是表现士大夫情怀、有眼界又有气象之词。

苏轼词是诗人之词的开始,也是士大夫之词的完成。后者始自中唐刘、白,发扬于南唐冯、李,因士大夫文化之成而盛于北宋前期,又因士大夫文化之变而大成于苏轼。

一、一洗绮罗香泽之态 摆脱绸缪宛转之度

苏轼(1037—1101),字子瞻,号东坡居士,眉山(今四川眉山)人。嘉祐二年(1057)进士,嘉祐六年(1061)试制科,授签书凤翔府判官通事。英宗治平二年(1065)除判登闻鼓院,试馆职,除直史馆。神宗熙宁初,因与王安石政见不合,自请外任,通判杭州,历知密州、徐州、湖州。元丰二年(1079),因“乌台诗案”入狱,贬黄州团练副使,再移汝州团练副使。后知登州,召除起居舍人。哲宗元祐元年(1086)迁中书舍人,改翰林学

① 胡适:《词选·序》,中华书局2007年版,第2–4页。(版本后同)

士、龙图阁学士。四年,出知杭州。六年,召为翰林学士承旨,因政见不同,复出知颍州、扬州、定州。哲宗亲政,用新党,贬惠州,再贬儋州。徽宗即位,赦还,提举玉局观,卒于常州。《宋史》有传。有《东坡全集》四十卷、《后集》二十卷,词集名《东坡乐府》。

东坡之词一出,就引起了宋人的关注,也引发了争议。许多评论和争议都是从音律及相关的本色论而起的。笔者以为,最能道出苏词作为士大夫之词的本质之变的,是胡寅所说。胡寅虽非词家,也有人以其为词中"外行领导内行"之始,但是,其《酒边集序》却有着异乎寻常的眼光。他说:

> 词曲者,古乐府之末造也……文章豪放之士,鲜不寄意于此者,随亦自扫其迹,曰谑浪游戏而已也。唐人为之最工者,柳耆卿后出,掩众制而尽其妙,好之者以为不可复加。及眉山苏氏,一洗绮罗香泽之态,摆脱绸缪宛转之度,使人登高望远,举首高歌,而逸怀浩气,超然乎尘垢之外,于是"花间"为皂隶而柳氏为舆台矣。①

我们尚不知和凝是否是"文章豪放之士",而他却实在是"寄意于此者",又在为相后"随亦自扫其迹",尽管有"曲子相公"之号,此举却说明他对此雅号是不愿接受的。五代虽君臣皆好歌词,却不因人贵而小词亦贵,其时观念亦可知。北宋前期承五代尤其是冯延巳词而来,士大夫之词,自非"谑浪游戏",但所作除传统的艳情以外,则以伤春悲秋的闲情为多,直到苏轼之出,才使士大夫之词有根本性的改变。故笔者在上一章的开头即说:"士大夫文化在颠覆、取代了进士文化后,占据了宋代的主流文化地位。在对宋代政治、思想、文艺、社会生活等各个方面发挥积极作用的同时,其多种人生角色与多重性格组合的特点,也以其中部分的消极因素,影响了词的发展走向,虽非进士文化中的'无行'、'轻薄'之单一,却有一定的相似性。因此,北宋在诗文领域可以有改革运动,而在词中却难以见到,直到政党政治影响了词人的生活和思想,才逐渐发展出苏轼词的'向上一路'。"

苏轼词的"向上一路",最根本的,就在于"一洗绮罗香泽之态,摆脱绸缪宛转之度,使人登高望远,举首高歌,而逸怀浩气,超然乎尘垢之外"。词起于"颂酒赓色"的宫廷,又盛于歌妓侑觞的欢宴,自来就与"绮罗香泽"密不可分,苏轼并非与词的香艳本质绝缘,他自己有家妓,又在官场聚会时同歌妓有交往,初任杭州通判时,曾作《菩萨蛮》(玉童西迓浮丘伯),其词序云:"杭妓往苏迓新守杨元素,寄苏守王规父。"据宋人周辉所云:"东坡在黄冈,每用官奴侑觞。"②而《古今词话》所载的苏轼守钱塘所作的榴花词,就与营妓秀兰有关③。但是,又应看到,苏轼对歌妓是颇为同情的,据陈善云:"东坡集中有《减字木兰花》,词云:'郑庄好客。容我尊前时堕帻。落笔生风。籍甚声名独

① 胡寅:《酒边集序》,《词籍序跋萃编》,第168–169页。

② 周辉:《清波杂志》卷五,《宋元笔记小说大观》,第5063页。

③ 杨湜:《古今词话》,《词话丛编》,第27页。

我公。高山白早,莹雪肌肤那解老。从此南徐。良夜清风月满湖。'人多不晓其意。或云:坡昔过京口,官妓郑容、高莹二人尝侍宴,坡喜之。二妓间请于坡,欲为脱籍,坡许之而终不为言。及临别,二妓复之船所恳之。坡曰:'尔当持我此词以往,太守一见,便知其意。'盖是'郑容落籍,高莹从良'八字也。此老真尔狡狯耶!"①

苏轼不可能超越历史,并未生活在当时的诸多制度、礼节之外,其词之生成土壤也未离于此,并未抛弃其侑觞佐欢的功能,自然也未离异与这些密切相关的歌妓制度。但是,我们以苏词是士大夫之词的完成,作出这一判断,最主要的依据就是:苏词在一定范围内,几及本质的对歌妓乐人的偏离以至背离。

为何这样说呢?主要有以下几点理由。

第一,对词"独重女音"的背离。

古代的歌者男女均有,自晚唐曲子词流行以来,就仅重女音,北宋尤甚。王灼说:"古人善歌得名,不择男女……今人独重女音,不复问能否。而士大夫所作歌词,亦尚婉媚,古意尽矣。政和间,李方叔在阳翟,有携善讴老翁过之者。方叔戏作《品令》云:'歌唱须是玉人,檀口皓齿冰肤。意传心事,语娇声颤,字如贯珠。　老翁虽是解歌,无奈雪鬓霜须。大家且道,是伊模样,怎如念奴?'方叔固是沈于习俗,而语娇声颤,那得字如贯珠?不思甚矣。"②苏轼固然也遵循世俗,但他却有意于突破"独重女音",其《江城子》(密州出猎)作成后,曾致书鲜于子骏,说此词"令东州壮士抵掌顿足而歌之,吹笛击鼓以为节,颇壮观也"③。后来在黄州檃括陶渊明的《归去来辞》作《哨遍》,其序说:"……乃取《归去来词》,稍加檃括,使就声律,以遗毅夫。使家僮歌之,时相从于东坡,释耒而和之,扣牛角而为之节,不亦乐乎。"而别人论其词亦谓宜于关西大汉唱"大江东去",这些都说明苏轼对于突破"独重女音"是具有自觉意识的。

第二,将"男子作闺音"变为自我抒情。

"男子作闺音"是出于演唱者的原因,因"独重女音"而作词者有意识地作性别移位,使歌词以女性声口出之,这也是词之多写闺情别怨的主要原因。虽说李煜已"变伶工之词而为士大夫之词",但宋初以来,词仍然多作"闺音",晏殊词虽也发生了各自"呈艺"的转变,使"男子"与"闺音"分离,但仍带着题材的惯性,不免于作"妇人语",而晏欧惯作的伤春伤别之闲情也与女性相关,与苏轼同时的晏几道,因在士大夫文化之外,代言的闺音更多。苏轼不然,其词转为自我抒情,是"词中有我"。而角色的转换,也意味着词的士大夫文化转换之完成:从纯为"闺音"或借此言自己的爱情,转移到与朋友、同僚的交谊,虽亦为"缘情"文学,却是向同性的转移;爱情从婚外情向妻子的转移,苏词的悼亡题材是由诗而词的开拓;因政党政治而起的宦情、羁情,在苏词中得到了泛化与深化;还将情的范畴扩大到向自然、人生、农村的移情。另外,怀古与感慨,咏物与寄托,分作"以古比今"、"以物比人",且肇始了"男女比君臣",使得"比体"从诗向

① 陈善:《扪虱新话》卷九,上海书店1990年版,第2-3页。(版本后同)
② 王灼著,岳珍校正:《碧鸡漫志校正》卷一,第26-27页。
③ 苏轼:《与鲜于子骏》,《苏轼全集·文集》卷五三,第1754页。

词转移,也使词从“缘情”转向了“言志”。这些,都是苏轼词从根本上改变“男子作闺音”之处,也是完成士大夫之词的主要标志。

第三,在雅词与俗词的对立中,寻找到脱离女音的发展择向。

对于雅词言,苏轼词“缘情”的变化已如上说,这既是对妓情、艳情的超越,又是对伤春悲秋的闲情的超越,在超越与“绮罗香泽”、“绸缪宛转”相关的这两类感情之外,既将情推扩到亲情与友情,又尤在抒发宦情、羁情中表现出特有的性情。对此,下面再详论。

对于俗词言,苏轼重视从市井俗乐新声中发展出的长调慢词形式,采取用其形式,改造其内容的策略,对俗文化产物作了雅化的改造。柳永在市井新声中对词作了很大的改革和发展,但士大夫坚守主流文化立场,即使如晏几道这样具有“贰臣”性质的词人,都仍然坚守乃父的雅词立场,仅作小令,拒绝新声长调慢词。苏轼不似诸多士大夫那样鄙视市井文化,而是对柳永的俗乐新调满怀兴趣,并在自己的创作实践中,去其俚俗的市井语言,改造其市民、青楼情调,尤其是改换其悦妓题材,及因之而生的离情别意,与之相关的羁旅行役,将俗词形式作了雅词内容的发展。而这对青楼妓情的去除,无疑是一大净化之举,是“一洗”和“摆脱”的保证。

汪莘云:“唐宋以来,词人多矣。其词主乎淫,谓不淫非词也。余谓词何必淫,顾所寓何如耳。余于词,所爱喜者三人焉:盖至东坡而一变,其豪妙之气,隐隐然流出言外,天然绝世,不假振作。二变而为朱希真,多尘外之想,虽杂以微尘,而其清气自不可没。三变而为辛稼轩,乃真写其胸中事,尤好称渊明。此词之三变也。”[①]对朱敦儒的评价且不说,而对于苏轼改造词“主于淫”的功绩,及首变词质词性的词史地位,都说得很准确。刘熙载则异于一般的词史正变观,发独到之见:“太白《忆秦娥》,声情悲壮,晚唐、五代,惟趋婉丽,至东坡始能复古。后世论词者,或转以东坡为变调,不知晚唐、五代乃变调也。”[②]如果说“一洗绮罗香泽之态,摆脱绸缪宛转之度”,是对词为艳科的否定,那么,以东坡为复古的正调,则是对前说“表现士大夫情怀、有眼界又有气象”的印证,也是对苏轼作为士大夫之词的完成的又一含义。

二、吟咏情性　起人妙思

元好问在《新轩乐府引》中对苏轼改变词之宗风有更为全面的评价:

> 唐歌词多宫体,又皆极力为之。自东坡一出,情性之外不知有文字,真有“一洗万古凡马空”气象。虽时作宫体,亦岂可以宫体概之?人有言:乐府本不难作,从东坡放笔后便难作。此殆以工拙论,非知坡者。所以然者,《诗》三百所载小夫贱妇幽忧无聊赖之语,特猝为外物感触,满心而发,肆口而成者尔。其初果欲被管弦,谐金石,经圣人手,以与六经并传乎?小夫贱妇且然,而谓东坡翰墨游戏,

---

① 汪莘:《方壶诗馀自序》,《词籍序跋萃编》,第270页。

② 刘熙载:《艺概》卷四《词曲概》,第108页。

乃求与前人角胜负，误矣！自今观之，东坡圣处，非有意于文字之为工，不得不然之为工也。坡以来，山谷、晁无咎、陈去非、辛幼安诸公，俱以歌词取称。吟咏情性，留连光景，清壮顿挫，能起人妙思。亦有语意拙直，不自缘饰，因病成妍者，皆自坡发之……①

对于苏词的乐律问题，此处不谈，后面论"以诗为词"及豪放风格时再论。值得注意的是，元好问提出的苏词"情性"，及由此而开的黄、晁、陈、辛诸人"吟咏情性，留连光景，清壮顿挫，能起人妙思"的一脉词。情性即性情，是艳情、闲情之后，词"缘情"的第三类情，而以苏轼开此一脉，实际上即以苏轼在士大夫文化范围内完成了士大夫化之词，开始了胡适所说的"诗人之词"发展新阶段。

那么，苏词所咏的情性或曰性情，究竟具有什么新质呢？

前面已说，苏轼在党争中遭受的磨难，是此前北宋词人所未见的，仅以被贬黄州来说，就不是此前范仲淹、欧阳修等人所经历。苏轼青年时"奋厉有当世志"，神宗用王安石变法，初时对苏轼颇重视，但是，王欲变科举、兴学校、行新法，苏轼上书多论不宜行之，当神宗召见时，他不顾神宗所愿，认为皇帝"求治太急，听言太广，进人太锐"，建议神宗"安静以待物之来，然后应之"②。此说为神宗所不喜，遂改任开封府推官。他先在开封，再通判杭州，然后知密州(今山东诸城)、徐州(今在江苏)，再知湖州(今在浙江)，每到一地，都有政绩，很得百姓拥护。但苏轼常将他对时政的不满表现在诗中，尤其是在到湖州上任的谢表中"以诗托讽"，结果被御史台李定、舒亶、何正臣等人弹劾，朝廷下令逮捕。被捕时，苏轼正在坐衙，吏卒"拉一太守如驱犬鸡"③，到京后，即投入御史台所设监狱，经过四个多月的监禁逼供，自以必死，最后因多方求情，由神宗决定责授黄州团练副使，本州岛安置，不得签书公事。在黄州期间，苏轼潜入佛禅和老庄，经历了思想的蝉蜕，"物我相忘，身心皆空……一念清净，染污自落，表里翛然，无所附丽"④，其词也因思想之变而见从不幸中的超脱，赋予了士大夫贬谪文化以新的思想元素。

苏轼到黄州后，有《西江月》之作：

世事一场大梦，人生几度秋凉。夜来风叶已鸣廊。看取眉头鬓上。　酒贱常愁客少，月明多被云妨。中秋谁与共孤光。把盏凄然北望。

此词作于到黄州后第一个中秋节。以戴罪之身，既遭歧视，生活又极其困难，未免情绪低沉。因此，开头即作"世事一场大梦"的沉重叹息，紧接的"人生几度新凉"，感慨流年似水的惋惜、惆怅之意已出。夜来风起，树叶飘落，作者虽仅四十五岁，却被贬黄州，前

---

① 元好问：《新轩乐府引》，见元好问著，姚奠中主编，李正民增订《元好问全集》卷三六，山西古籍出版社2004年版，第764–765页。(版本后同)

② 苏辙：《亡兄子瞻端明墓志铭》，《苏辙集》，第1118页。

③ 孔平仲：《谈苑》卷一，《宋元笔记小说大观》，第2235页。

④ 苏轼：《黄州安国寺记》，《苏轼全集·文集》卷一二，第903页。

途未卜,难怪会因秋而有迟暮之悲了。苏轼因诗获罪入狱,旧友多避之不及,到黄州后,因罪人的身份当然是"酒贱"、"客少"。"月明多被云妨"既是实见,又有比兴之义。最后说,值此中秋之夜,孤独之中,只有凄然把盏,向北遥望了。此词让我们看到了苏轼思想上消极的一面,但他很快就能调整心态,自我解脱,以看穿忧患、当下即是的态度对待人生。

《满庭芳》还略见消极:

> 蜗角虚名,蝇头微利,算来著甚干忙。事皆前定,谁弱又谁强?且趁闲身未老,尽放我、些子疏狂。百年里,浑教是醉,三万六千场。　　思量、能几许?忧愁风雨,一半相仿。又何须,抵死说短论长。幸对清风皓月,苔茵展、云幕高张。江南好,千钟美酒,一曲满庭芳。

此词以《庄子·则阳》的触蛮之争开头,词旨也是庄子思想的体现。在遭受人生重大的打击、挫折后,苏轼早年的积极进取精神不得不退缩,所以一开始就表明看淡名利之意。"著甚干忙"既问又叹,若非经历过人世风波,是不会有此体会的。因变法的是非之争使自己大受其害,终有了"乌台诗案"及后来被贬黄州,"事皆前定,谁弱又谁强"似是无可奈何,实是看穿后的一种醒悟,而不必责之为过于消极。既然如此,面对人生又能做些什么呢?他给自己设定了一个方案:疏狂。具体说就是每天都喝个烂醉,虽百年而皆如此。下片继续上片所说:既然人生有那么多风雨令人忧愁,又何必老是说短论长、争论不休呢?还是抓紧良辰美景好好喝酒唱曲吧!

而在《西江月》作后的一年半稍多,苏轼有《定风波》:

> 三月七日,沙湖道中遇雨。雨具先去,同行皆狼狈,余独不觉。已而遂晴,故作此词。
>
> 莫听穿林打叶声。何妨吟啸且徐行。竹杖芒鞋轻胜马。谁怕?一蓑烟雨任平生。　　料峭春风吹酒醒。微冷。山头斜照却相迎。回首向来萧瑟处。归去。也无风雨也无晴。

从此词的小序中,可知当途中遇雨时,同行诸人都狼狈,只有东坡一人不为所动。他从自然界的风雨中感悟到人生的哲理,如果对待人生忧患如面对风雨而不觉,那也就能处变不惊,履危难若行平地。尽管苏轼所得是庄子"任天而动"的思想,却变消极为积极,如《易经》所说:"天行健,君子以自强不息。"

《浣溪沙》(山下兰芽短浸溪)一首,也是作于黄州,因游清泉寺,见寺所临之兰溪,溪水西流,苏轼因此而有感发,此词下片云:

> 谁道人生无再少?门前流水尚能西。休将白发唱黄鸡。

因溪水西流而有人生再少之想，故一反白居易“白发黄鸡”之诗意，可见其在逆境中振作精神的积极人生态度。

《临江仙》(夜归临皋)也是作于黄州：

夜饮东坡醒复醉，归来仿佛三更。家童鼻息已雷鸣。敲门都不应，依杖听江声。
长恨此身非我有，何时忘却营营。夜阑风静縠纹平。小舟从此逝，江海寄馀生。

据叶梦得《避暑录话》记载，苏轼作此词后，传说“挂冠服江边，拏舟长啸去矣”，消息传到郡守处，郡守“以为州失罪人”，大为惊恐，赶到苏轼的居处，却只闻他鼾声如雷，竟然还没有醒来[①]。

“敲门都不应，依杖听江声”，展示的是“无可无不可”、坦然面对现实的人物形象。到了家却进不去，该多么令人恼火，可苏轼竟悠闲地拄着拐杖倾听江声。换头出自《庄子·知北游》：“汝身非汝有也。”意为人的生命、身体是天地造就，并非自有。《庄子·庚桑楚》又说：“全汝形，抱汝生，无使汝思虑营营。”是说应健全人的形体，关爱人的生命，不要因百般思虑使生机受损。显然，这感慨与自警正是因进不了家，静听江声所得到的启发：家童听不见敲门声，自己有家而难入，不是类似于“我”的不能决定“此身”吗？如果能忘却营营，不去为追求而忙碌，也就像不在意是否回家，听江涛于天地间更是难得的美事，会在精神上得到极大的自由。当想通了这一切，就能以审美的态度对待人生，享受“夜阑风静縠纹平”的美景。在为之陶醉时，不由得生出了驾舟任意而行，在江海中去度过馀生之念。苏轼虽是发一时之感，并未真的驾舟消失于江海，只让郡守虚惊一场，这首词却给人以不少启发。人世难得一生坦途，人生极少一帆风顺，只有看穿忧患，善于自我解脱，才不会因处逆境而损身心。苏轼从庄子的思想求解脱之道，与他早年贬抑道释的主张相左，却是随人生境遇的变化而变化，对他来说，这不是强作解脱，而是性情的表露。后来他再贬岭南，甚而海南，却依然乐观，可见庄子思想是真正化作了性情。

元祐更化，苏轼回京入翰林，有《定风波》之作：

谁羡人间琢玉郎，天应乞与点酥娘。自作清歌传皓齿。风起。雪飞炎海变清凉。　　万里归来颜愈少。微笑。笑时犹带岭梅香。试问岭南应不好？却道，此心安处是吾乡。

此词原有序：“王定国歌儿曰柔奴，姓宇文氏，眉目娟丽，善应对，家世住京师。定国南迁归，余问柔：‘广南风土应是不好？’柔对曰：‘此心安处便是吾乡。’因为缀词云。”王定国名王巩，尝从苏轼习文，苏轼因“乌台诗案”入狱，王定国亦因收受苏轼的

① 叶梦得：《避暑录话》卷二，《宋元笔记小说大观》，第2610-2611页。

诗而遭牵连，被贬宾州(治所在今广西宾阳南)监盐酒税，歌女柔奴同行。三年后，王巩北归，与苏轼相遇，宴间叫柔奴向苏轼劝酒。苏轼以广西为荒凉僻远之地，柔奴同行三年却愈见年轻，相问之下，竟有这一富有哲理的回答，苏轼遂借此发挥，写下了既含哲理，又见性情之词。苏轼出入于佛老，遇危难而能恬然自适、随遇而安，《金刚经》教人"应无所住而生其心"，"无所住"就是要圆通透脱，这样才能不惧忧患，苦乐随缘。苏轼深明此理，故对柔奴所说的"此心安处便是吾乡"大加赞赏，而我们也不妨视之为借柔奴之口表达苏轼自己的思想性情。苏轼在初贬黄州时，自感环境险恶，故《卜算子》写孤鸿，有"拣尽寒枝不肯栖"之句，而一旦藉佛道思想得到解脱，境界自是不同。这首《定风波》似是为柔奴而写，却又是自己人生态度的寄寓，且成了今后生活的预言，确实很有意义。

苏轼自嘲"平生功业"所在三州，其中黄州尚在湖北，惠州已到岭南，而儋州则过海到了海南，当时的岭南极其落后，海南的生存环境更差，而苏轼却能履危难而笑对，援老庄而自宽，当始自黄州时期。此后，惠州词有"天涯何处无芳草"(《蝶恋花》)之句，又有"玉骨那愁瘴雾，冰姿自有仙风"(《西江月·梅花》)的托喻；六十三岁被贬儋州，《千秋岁》(岛外天边)一词悲伤不亚于秦观，但《减字木兰花》(己卯儋耳春词)仍见"春牛春杖。无限春风来海上"，"不似天涯。卷起杨花似雪花"，达观精神无改当初。

元好问所说的"吟咏情性"，"能起人妙思"者绝非仅有这些，但无疑是与此前的士大夫词最见不同的，且苏词确实因其性情语而开新的一路，即"语意拙直，不自缘饰，因病成妍者，皆自坡发之"。这既是诗人之词的特点，也指出了苏轼是诗人之词的起点。

三、寓意高远　运笔空灵

苏轼词是士大夫之词的完成。故清人郭麐云："东坡以横绝一代之才，凌厉一世之气，间作倚声，意若不屑，雄词高唱，别为一宗。"①不过，仅言"雄词"未免偏取，苏词的"别立一宗"不仅在于"豪放"或"清雄"，更在于其士大夫词的本质、新质。邓廷桢对苏轼改词之艳情，变"小词"为"大词"，所论较全，且言及开派之义：

> 东坡以龙骥不羁之才，树松桧特立之操，故其词清刚隽上，囊括群英。院吏所云：学士词须关西大汉，铜琵铁板，高唱"大江东去"。语虽近谑，实为知音。然如卜算子云：(词略)，则明漪绝底，芗泽不闻，宜涪翁称之为不食人间烟火。而造言者谓此词为惠州温都监女作，又或谓为黄州王氏女作。夫东坡何如人，而作墙东宋玉哉。至如蝶恋花之"枝上柳绵飞又少。天涯何处无芳草"，坡命朝云歌之，辄泫然流涕，不能成声。永遇乐之"古今如梦，何曾梦觉，但有新欢旧怨"，和章质夫杨花水龙吟之"晓来雨过，遗踪何在，半池萍碎。春色三分，二分尘土，一分流水"，洞仙

① 郭麐：《灵芬馆词话》卷一，《词话丛编》，第1503页。

歌之“试问夜如何,夜已三更,金波澹、玉绳低转”,皆能簸之揉之,高华沉痛,遂为石帚导师。譬之慧能肇启南宗,实传黄梅衣钵矣。①

陈廷焯更进而指出苏词的三大特点:

……东坡词寓意高远,运笔空灵,措语忠厚,其独至处,美成、白石亦不能到。昔人谓东坡词非正声,此特拘于音调言之,而不究本原之所在,眼光如豆,不足与之辩也。②

不拘于音调,从本原言苏词,确与一般人所论不同,陈廷焯所说很见以诗论词之意。而他所说的苏词三大特点,尤以寓意高远、运笔空灵为此前词之所无、所少。苏词的寓意高远体现在何处呢?笔者以为可结合其“以诗为词”来理解,对此将在下一节再论。其另一要义则是苏门晁、陈二氏在对苏轼“短于情”的辨析中,所带出的“雅趣”一说:

晁无咎云:“眉山公之词短于情,盖不更此境耳。”陈后山曰:“宋玉不识巫山神女,而能赋之,岂待更而后知,是直以公为不及于情也。呜呼!风韵如东坡,而谓不及于情,可乎?彼高人逸才,正当如是,其溢为小词而间及于脂粉之间,所谓滑稽玩戏,聊复尔尔者也。若乃纤艳淫媟,入人骨髓,如田中行、柳耆卿辈,岂公之雅趣也哉?”③

这段话,既是苏词的辩护词,又指出苏词虽“间及于脂粉”,亦“所谓滑稽玩戏”,绝非主流,而且还提出了“雅趣”一说。苏轼并不短于情,只是不喜写俗情而已,其“及情”者可举一例:“辋川图上看春暮,常记高人右丞句。作个归期天定许。春衫犹是,小蛮针线,曾湿西湖雨。”是其《青玉案》的下片,此词是送苏坚归吴之作,因其跟从苏轼已三年未回,故词中特地指出“作个归期天定许”,结尾三句更温馨提示苏坚:你穿了三年的春衫还是“小蛮”(以白居易的舞妓代其姬人或歌女)的针线,上面带着西湖的雨水!这里,“小蛮”针线做成的“春衫”也是为爱所维系。所以况周颐评之曰:“‘曾湿西湖雨’是清语,非艳语。与上三句相连属,遂成奇艳、绝艳,令人爱不忍释。”④至于苏词所表现出的雅趣,则出于苏轼本人对文人雅事的兴趣,这些雅人与雅事,见于著名书画家米芾的《西园雅集图记》,此文是对李公麟所作《西园雅集图》的一篇说明性文字,文中对“雅集”的人物及活动作了详尽记录:“……人物秀发,各肖其形,自有林下风味,无一

---

① 邓廷桢:《双砚斋词话》,《词话丛编》,第2529页。
② 陈廷焯著,屈兴国校注:《白雨斋词话足本校注》卷一,第50页。
③ 王若虚:《滹南诗话》卷二,《历代诗话续编》,第517页。
④ 况周颐:《蕙风词话》卷二,《蕙风词话·广蕙风词话》,第18页。

点尘埃气，不为凡笔也。其乌帽黄道服、捉笔而书者，为东坡先生。仙桃巾紫裘而观者，为王晋卿。幅巾青衣、据方几而凝伫者，为丹阳蔡天启。捉椅而观者，为李端叔。后有女奴云鬟翠饰侍立，自然富贵风韵，乃晋卿之家姬也。孤松盘郁，上有凌霄缠络，红绿相间；下有大石案，陈设古器瑶琴，芭蕉围绕。坐于石盘旁，道帽紫衣。右手倚石，左手执卷而观者，为苏子由。团巾茧衣，手执蕉箑而熟视者，为黄鲁直……前有鬅头顽童捧古砚而立，后有锦石桥，竹径缭绕于清溪深处……水石潺湲，风竹相吞，炉烟方袅，草木自馨，人间清旷之乐，无过于此……自东坡而下，凡十有六人，以文章议论、博学辩识、英辞妙墨、好古多闻，雄豪绝俗之资，高僧羽流之杰，卓然高致，名动四夷……"文中所说到的文章议论、博学辩识、英辞妙墨、好古多闻，自是雅趣所在，此外，还具体到创作书画诗文，品鉴奇石珍玩，讲论佛道妙谛，欣赏音乐歌舞，徜徉山水园林，追求酒情茶趣等。苏轼词中属于或体现出雅趣者甚多，非但与柳永词判然有别，即使较之晏欧词，也大增雅趣。

至于苏词的运笔空灵，可举二例以明之。如《水调歌头》(明月几时有)，咏月而怀人，又表达对事理的认识，可宋神宗在读到"又恐琼楼玉宇，高处不胜寒"之句时，却有"苏轼终是爱君"的理解[①]。刘熙载指出其"不犯本位"的特点："词以不犯本位为高。东坡《满庭芳》'老去君恩未报，空回首弹铗悲歌'，语诚慷慨，然不若《水调歌头》'我欲乘风归去，又恐琼楼玉宇，高处不胜寒'，尤觉空灵蕴藉。"[②]词中或有寄托，却难以指实，确是运笔空灵。又如《卜算子》(黄州定惠院寓居作)：

> 缺月挂疏桐，漏断人初静。时见幽人独往来，缥缈孤鸿影。　　惊起却回头，有恨无人省。拣尽寒枝不肯栖，寂寞沙洲冷。

黄庭坚就以其"语意高妙，似非吃烟火食人语。非胸中有万卷书，笔下无一点尘俗气，孰能至此"[③]。其中就有空灵之意。胡仔针对黄庭坚所说作了进一步解释："……此词本咏夜景，至换头但只说鸿，正如《贺新郎》词'乳燕飞华屋'，本咏夏景，至换头但只说榴花。盖其文章之妙，语意到处即为之，不可限以绳墨也。"[④]鲖阳居士曾逐句分析其托意，认为"此词与考槃诗极相似"[⑤]，而王士禛讥其"村夫子强作解事"，并说"坡公命宫磨蝎，湖州诗案，生前为王珪、舒亶辈所苦，身后又硬受此差排耶"[⑥]。黄苏则认为"此词乃东坡自写在黄州之寂寞耳……格奇而语隽，斯为超诣神品"[⑦]。惟其运笔空灵，才难以说实，也给人以更多的联想。这无论较之陈尧佐《踏莎行》的咏燕以谢吕夷简，还

---

① 鲖阳居士：《复雅歌词》，《词话丛编》，第 59 页。
② 刘熙载：《艺概》卷四《词曲概》，第 121 页。
③ 黄庭坚：《跋东坡乐府》，《豫章黄先生文集》卷二六，四部丛刊本。
④ 胡仔：《苕溪渔隐丛话》前集卷三九，第 268 页。
⑤ 鲖阳居士：《复雅歌词》，《词话丛编》，第 60 页。
⑥ 王士禛：《花草蒙拾》，《词话丛编》，第 678 页。
⑦ 黄苏：《蓼园词评》，《词话丛编》，第 3032 页。

是晏殊《山亭柳》(赠歌者)的寄托贬逐之悲,都确实更见空灵。

对于苏词的诗化、雅化,宋人因其“破体”、“移位”过甚而多不理解、不赞同,连陈师道都以苏轼“以诗为词”是“要非本色”。为此,王灼为之力辩,且指出苏轼的开派之功及从学者的短长:

东坡先生以文章馀事作诗,溢而作词曲,高处出神入天,平处尚临镜笑春,不顾侪辈。或曰:长短句中诗也。为此论者,乃是遭柳永野狐涎之毒。诗与乐府同出,岂当分异?若从柳氏家法,正自不得不分异耳。晁无咎、黄鲁直皆学东坡,韵制得七八。黄晚年闲放于狭邪,故有少疏荡处。后来学东坡者,叶少蕴、蒲大受亦得六七,其才力比晁、黄差劣。苏在庭、石耆翁入东坡之门矣,短气跼步,不能进也。赵德麟、李方叔皆东坡客,其气味殊不近,赵婉而李俊,各有所长……[1]

虽黄、晁以苏轼门下之士皆学东坡,王灼并指出其不足,但后来刘熙载却认为黄庭坚词不能算作苏轼一派,而他对晁词与苏词的差距论述甚切:

东坡词在当时鲜与同调,不独秦七、黄九,别成两派也。晁无咎坦易之怀,磊落之气,差堪骖靳,然悬崖撒手处,无咎莫能追蹑矣。[2]

况周颐则对苏轼及苏门词有自己的看法:

有宋熙、丰间,词学称极盛。苏长公提倡风雅,为一代山斗。黄山谷、秦少游、晁无咎皆长公之客也,山谷、无咎皆工倚声,体格于长公为近,唯少游自辟蹊径,卓然名家。盖其天分高,故能抽秘骋妍于寻常濡染之外。而其所以契合长公者独深。[3]

应该说,况周颐的看法较接近事实,山谷词虽自有风格,却仍有明显学苏之处,至于秦观,因其词心、词情独特,与苏轼援佛老以处世,履危难而见性情不同,且秦词坚守词苑本色,与苏轼的“以诗为词”显著不同,此在后面再论。

至于苏词的高远空灵,出于其性情胸襟,则更难企及,如刘熙载所说:“东坡词具神仙出世之姿,方外白玉蟾诸家,惜未诣此。”[4]“苏、辛皆至情至性人,故其词潇洒卓荦,悉出于温柔敦厚。世或以粗犷托苏、辛,固宜有视苏、辛为别调者哉!”[5]蔡嵩云也说:

---

① 王灼著,岳珍校正:《碧鸡漫志校正》卷二,第34页。
② 刘熙载:《艺概》卷四《词曲概》,第109页。
③ 况周颐:《蕙风词话》卷二,《蕙风词话·广蕙风词话》,第18–19页。
④ 刘熙载:《艺概》卷四《词曲概》,第108页。
⑤ 刘熙载:《艺概》卷四《词曲概》,第110页。

> 东坡词，胸有万卷，笔无点尘。其阔大处，不在能作豪放语，而在其襟怀有涵盖一切气象。若徒袭其外貌，何异东施效颦。东坡小令，清丽纡徐，雅人深致，另辟一境。设非胸襟高旷，焉能有此吐属。①

"文如其人"，非其人则难以为其文，若以为作豪放语就是学东坡，所得也多在纸上奔腾而已。若无东坡的胸襟、学问、性情和雅人深致，是无法做到寓意高远与运笔空灵的。

文艺创作具有不可重复性，尽管苏轼所开创的诗人之词可以延续、发展，但由于诸般客观条件及创作主体的难以重复，士大夫之词至苏轼已完成，后来的稼轩词属于英雄的吐属，故苏辛虽并称，二人之词却不具相同的文化属性。

第五节 以诗为词及题材、风格：二论苏轼

胡寅以苏词出而"《花间》为皂隶，耆卿为舆台"，王灼更明确地肯定了苏轼的"以诗为词"："长短句虽至本朝盛，而前人自立与真情衰矣。东坡先生非心醉于音律者，偶尔作歌，指出向上一路，新天下耳目，弄笔者始知自振。今少年妄谓东坡移诗律作长短句，十有八九不学柳耆卿，则学曹元宠。虽可笑，亦毋用笑也。"②尽管历朝文士对东坡词争议很多，但对他在词创作上的贡献和词史上的地位都无法否定。

《四库全书总目》说："词自晚唐、五代以来，以清切婉丽为宗。至柳永而一变，如诗家之有白居易；至轼而又一变，如诗家之有韩愈，遂开南宋辛弃疾等一派。寻源溯流，不能不谓之别格，然谓之不工则不可。故今日，尚与花间一派并行，而不能偏废。"③其诗人之拟是否允当，这里且置不论，最后的结论是几乎所有论家都接受的。

由伶工之词转为士大夫之词，无疑也是一个文学化的过程，由侑觞、佐欢的功能逐渐转为自我感情的抒发，至苏轼的"以诗为词"，更是拓展了词的题材，提高了词的意格，"指出向上一路"，在艺术上也因汲取和应用诗的特点，而对词的表现手段手法有所发展。但由于词为"倚声"，词乐本为俗乐，士大夫习此者少，柳永留连坊曲、驻足青楼，才"大得声称于世"，而士大夫只在家妓中"呈艺"，难以将所作经众口相传的检验，苏轼词之所以被认为"要非本色"，不仅是文学意义的，更在一代意义上是对"倚声"特质的疏远以至背离。因此，就某种意义而言，苏轼士大夫之词既是对词的发展，也是对词的特质的销蚀。

本节拟专论苏轼"以诗为词"的内涵，及其在艺术上的得失。

---

① 蔡嵩云：《柯亭词论》，《词话丛编》，第 4910–4911 页。

② 王灼著，岳珍校正：《碧鸡漫志校正》卷二，第 37 页。

③ 永瑢等：《四库全书总目》卷一九八，第 1808 页。

一、诗人之雄 非小词也

苏轼之前,宋词已有很大发展,出现了诸多名家。其中如晏殊的温润秀洁,和婉鲜明,善写心理活动;欧阳修的疏隽深婉,既得庄雅,又见冶艳;张先的色彩艳丽,善于炼句,兼有含蓄与发越,更是宋前期词之隽者。与苏轼同时的晏几道,所作情感深挚,措词婉妙,耐人寻味,已将令词发展到了很高的水平。柳永更因仕途遭挫,失意无聊,流连坊曲,吸收俚言俗语,倚教坊新腔、民间曲调填制大量长调,得以广为传唱,不仅使北宋令词转变为格局开张、繁音促节的慢词;而且使花前月下的惯见题材转向羁旅行役、城市风物等,开拓了词境;他善于形容,工于铺叙,长于白描,词意妥帖,音律谐婉,都为他人所未到。但是,柳永虽有发展慢词、初拓词境之功,却终因其"长于纤艳之词,然多近俚俗"[①],"惟绮罗香泽之态,所在多有,故觉风期未上耳"[②],继续甚而发展了词自有的艳科性质,并未真正转变北宋词风。

长调之兴,柳永"大得声称于世",而士大夫却很少尝试,面对这一事实,如何以士大夫雅文化的立场容纳、改造市井俗文化的产物,且又将晏几道几乎走到尽头的令词再提升一步,北宋词的继续发展,期待着一位大家的出现。担起这一大任的就是苏轼。苏轼以雅变俗、综融长调小令,转变北宋词风的关键艺术手段,正是陈师道所说的"以诗为词"四字。陈师道说:"退之以文为诗,子瞻以诗为词,如教坊雷大使之舞,虽极天下之工,要非本色。今代词手,惟秦七黄九尔,唐诸人不逮也。"[③]李清照论词的文字,亦有谓苏轼词"皆句读不葺之诗尔"[④]之语,可见李清照也看到了其中消息。

文各有体,而苏轼却似对"体"的界域有所突破,王世贞就说过:"读子瞻文,见才矣,然似不读书者。读子瞻诗,见学矣,然似绝无才者。"[⑤]可见苏轼对文以见学、诗以见才是有"错位经营"倾向的。所以,"以诗为词"是贬语而绝非褒词,但对苏轼来说,却是改造、发展词体的理论自觉。苏轼说:"清诗绝俗,甚典而丽。搜研物情,刮发幽翳。微词宛转,盖诗之裔。"[⑥]虽"清诗"之绝俗高于"微词"之宛转,但以词为"诗之裔",无疑是对词为小道的提升。《与蔡景繁书》云:"颁示新词,此古人长短句诗也。得之惊喜,试勉继之。"[⑦]《与陈季常》则曰:"又惠新词,句句警拔,诗人之雄,非小词也。"[⑧]同样是苏轼赞赏"以诗为词"之语,前者的"古人长短句诗",自非当今长短句歌词的柔靡婉转,而是如诗骚或汉魏乐府歌词中的长短句;后者的"警拔"而"雄",亦非通常小词的风貌,所以,二者的"新词"都体现了体式为长短句,而内在与外现者却都近于诗的异质特点。最可

---

① 黄昇:《花庵词选·唐宋诸贤绝妙词选》卷五,第93页。

② 刘熙载:《艺概》卷四《词曲概》,第108页。

③ 陈师道:《后山诗话》,《历代诗话》,第309页。

④ 李清照:《词论》,《李清照集校注》,第195页。

⑤ 王世贞著,罗仲鼎校注:《艺苑卮言校注》卷四,齐鲁书社1992年版,第215页。(版本后同)

⑥ 苏轼:《祭张子野文》,《苏轼全集·文集》卷六三,第2021页。

⑦ 苏轼:《与蔡景繁》,《苏轼全集·文集》卷五五,第1824页。

⑧ 苏轼:《与陈季常》,《苏轼全集·文集》卷五三,第1761页。

见苏轼“以诗为词”自觉意识的,是《与鲜于子骏》:

> 忝厚眷,不敢用启状,必不深讶。所惠诗文,皆萧然有远古风味。然此风之亡也久矣。欲以求合世俗之耳目,则疏矣。但时独于闲处开看,未尝以示人,盖知爱之者绝少也。所索拙诗,岂敢措手,然不可不作,特未暇耳。近作小词,虽无柳七郎风味,亦自是一家。呵呵。数日前,猎于郊外,所获颇多。作得一阕,令东州壮士抵掌顿足而歌之,吹笛击鼓以为节,颇壮观也。写呈取笑。①

此书有三层意:从鲜于子骏所寄诗文谈起,认为其萧然可见的远古风味是不入世俗耳目的,所以只能“独于闲处开看”,仅宜已赏而不宜示人;然后回答鲜于氏索诗之请,既云其大作有“远古”之风,自己“岂敢措手”,又说不能不作,却因没有时间而未作;最后说,自己近作小词,虽无流行的柳永风味,却自是一家,特将数天前打猎郊外所得的一阕写呈,因壮观而与小词迥异,故以博一笑。

此时的北宋诗文,经欧阳修领导的革新运动,已经在文章领域恢复了韩愈的古风,而诗歌领域则经历了一系列分师中晚唐人的探索,宋诗自己的面貌还有待王安石、苏轼、黄庭坚崇尚杜诗而自立,“远古风味”正处未成之中。苏轼信中所说,实有因柳词出而宋词已过于唐五代,但自己仍意欲自成一家再作革新之意,即使似阁下之诗文“爱之者绝少”,但“萧然有远古风味”仍是自己的目标。这实在就是苏轼对柳词占主导的词坛实行革新的宣示!按“诗穷而后工”的规律,“功夫在诗外”印证于杜甫的“一饭未尝忘君”,及所历战乱与漂泊,宋诗之成尚在苏轼此信之后,倘如此,苏词的革新则已先行一步了。其革新的方向应是向同样“背时”的诗歌“萧然有远古风味”认同,而这也符合我国历来以复古为革新的传统。

苏轼“奋厉有当世志”,初入仕途就努力躬行,但由于先后与新旧党的矛盾,使他既失败于元丰,又失意于元祐,仅两次在朝而长期外任。在朝之时,由于先后与王安石的变法派和司马光守旧派的矛盾,使他注重于政治而非文学。而熙宁、元丰和元祐、绍圣的两次外任,却是苏轼文学创作得到很大发展的时期,他的词之创作,就开始于熙宁年间。苏轼初登词坛,就显示出“以诗为词”的创作倾向,所作的赠别、纪游诸作,已与传统词作的幽怨、缠绵不同,显得较为开阔、俊爽、深沉。如赠别杭州知州陈襄的一组词,就与前人浓艳、纤仄的风格异趣:“湖山信是东南美,一望弥千里。使君能得几回来?便使尊前醉倒、更徘徊。”(《虞美人·为杭州陈述古作》)“回首乱山横。不见居人只见城。谁似临平山上塔,亭亭,迎客西来送客行。”(《南乡子·送述古》)桐庐七里濑纪游的《行香子》:“一叶舟轻。双桨鸿惊。水天清影湛波平。鱼翻藻鉴,鹭点烟汀。过沙溪急,霜溪冷,月溪明。　重重似画,曲曲如屏。算当年、虚老严陵。君臣一梦,今古空名。但远山长,云山乱,晓山青。”所呈现的也是清新、俊逸、疏宕之风。而由于此时尚是初作

---

① 苏轼:《与鲜于子骏》,《苏轼全集·文集》卷五三,第1754页。

歌词之时,苏轼具有自觉的"以诗为词"意识,还是以上面这封写给鲜于子骏的信为标志,而此信写作的时间是熙宁八年(1075)十一月左右[①]。

写出"无柳七郎风味"的"自是一家"之词,是凭借学习诗歌的"远古风味",寄呈鲜于子骏的《江城子·密州出猎》,不是女郎檀口轻唱,而是令壮士抵掌顿足而歌,以击鼓吹笛为节的"壮观"之词,是"诗人之雄,非小词也",故必然也"爱之者绝少"。所以,苏轼"以诗为词"的革新结果,即使他门下之人也未予赞赏。除陈师道以外,胡仔引《王直方诗话》又可见之:

东坡尝以所作小词示无咎、文潜,曰:"何如少游?"二人皆对曰:"少游诗似小词,先生小词似诗。"[②]

词因独重女音,"小词似诗"则与此相悖,故《吹剑续录》载:

东坡在玉堂,有幕士善讴,因问:"我词比柳词何如?"对曰:"柳郎中词,只好十七八女孩儿,执红牙拍板,唱'杨柳岸晓风残月';学士词,须关西大汉,执铁板,唱'大江东去。'"[③]

苏轼不似王安石,他不欲人同己,不愿看到的皆是黄苇白茅,所以对门人很宽容,但是,不欲他们学柳永之语,《高斋诗话》载:"少游自会稽入都见东坡,东坡曰:'不意别后公却学柳七作词。'少游曰:'某虽无学,亦不如是。'东坡曰:'销魂当此际,非柳七语乎?'"[④]他论秦观词就"犹以气格为病,故常戏云:'山抹微云秦学士,露花倒影柳屯田'"[⑤]。

综上可见,苏轼对"以诗为词"是极为坚持的,这不仅包括其创作主张,也包括以柳永、秦观为具体的竞争对手;而他不愿秦观学柳七词,则可见对门下也参与这一革新的期待。

二、无意不可入 无事不可言

那么,既承认苏词"极天下之工",又认为其"要非本色",这"本色"究竟是什么?除合律可歌的倚声要求,以及语言风格以外,更主要的在于题材。由宋入元的张炎在《词源》中写道:"簸弄风月,陶写性情,词婉于诗。"[⑥]正说出了这一特点。苏轼"以诗为词"的结果给北宋词坛带来了两大变化,且对整部词史具有非凡的意义,这就是:扩大了词的传统题材,使之从狭义的"缘情"文学向"言志"靠拢,提高了它的意格和境界;与此同时,变革了晚唐以来香艳、柔婉的主体风格,使词"无穷清新,不独

① 见王水照:《苏轼的书简〈与鲜于子骏〉和〈江城子·密州出猎〉》,《唐宋文学论集》,齐鲁书社 1984 年版。
② 胡仔:《苕溪渔隐丛话》前集卷四二,第 284 页。
③ 余文豹撰,张宗祥校订:《吹剑录全编》,古典文学出版社 1958 年版,第 38 页。
④ 曾慥:《高斋诗话》,《宋诗话辑佚》,第 497 页。
⑤ 叶梦得:《避暑录话》卷三,《宋元笔记小说大观》,第 2629 页。
⑥ 张炎:《词源》,《词源注·乐府指迷笺释》,第 23 页。

寓以诗人句法,能一洗绮罗香泽之态也”[①]。所以,“花间为皂隶而耆卿为舆台”,正是“以诗为词”的结果。

刘熙载说:“东坡词颇似老杜诗,以其无意不可入,无事不可言也。若其豪放之致,则时与太白为近。”[②]此说将苏词与杜诗相拟,是指对题材的开拓,而与李白相比,则在于风格的豪放。此处先论苏词题材的“无意不可入,无事不可言”。

在苏轼之前,虽间有一二言志、怀古之词,如范仲淹《渔家傲》抒发戍边的情怀,有悲壮苍凉之风;王安石《桂枝香》以词论政,抒兴亡之感,有深沉的意境,但未成风气。苏轼有意全面扩大词的题材,“以诗为词”成了他的自觉行动。那么,苏词在题材上有哪些开拓呢?笔者以为主要是围绕着对“缘情”的突破,而表现在以下三个方面:

第一,情的内涵之扩大与转移。

苏词越过了关涉妓情的艳情,到伤春悲秋的闲情,转到了亲情与友情,又对因政党政治而起的宦情、羁情,作了深化的处理,且又移情于自然、人生、农村,使其词“缘情”的范畴大为扩大。对于宦情、羁情,前面已论,此处论其他。

苏轼以前,词多涉艳情,苏轼集中虽亦不乏赠妓之作,却与传统写法不同,故有其“短于情”一说,其实苏轼的词不是泥于狭义的“艳情”,却是将“情”推之于亲朋,推之于生活和大自然。离情别绪、男欢女爱是词的传统题材,即使如范仲淹、欧阳修、司马光这样的北宋名臣,也可从他们的词中窥见恋爱生活一面。但他们和其他词人一样,词中所思所念者多是姬妾、歌妓、情人,却并未提及自己的妻子。只有苏轼将诗中传统的悼亡题材移至词的领域,他的《江城子》(乙卯正月二十日夜记梦),对亡妻王弗倾诉了真挚而深沉的感情。起头数句,谓妻子虽死十年,仍难忘怀,由于王弗死后初殡于京都西郊,后又迁葬祖籍,而苏轼此时知密州,故有“千里孤坟,无处话凄凉”之叹。下片承“不思量,自难忘”生发开来而述梦,写得情致缠绵,非常感人。最后再应开头,申足“此恨绵绵无绝期”之意。词中思致深挚,构思、运笔,曲折顿宕,愈见真切生动。

苏轼与弟苏辙有深厚的手足之情,除诗中常有表现外,词中也不乏佳篇。如《沁园春》(孤馆灯青)、《水调歌头》(明月几时有),都表现了深厚的兄弟之情。苏轼词中,还可见师友情深。《西江月》(平山堂)和《木兰花令》(次欧公西湖韵)作期相隔十二年之久,但都表现了对欧阳修的无比尊敬之情。前者称道欧公的文章诗词:“十年不见老仙翁。壁上龙蛇飞动。”“欲吊文章太守,仍歌杨柳春风。”后者倾注了深切的怀念:“佳人犹唱醉翁词,四十三年如电抹。”“与余同是识翁人,惟有西湖波底月。”酬赠友人之作更多,他与杭州知州陈襄感情甚深,送别的《南乡子》:“今夜残灯斜照处,荧荧。秋雨晴时泪不晴。”正道出别情之真挚。他与诗僧参寥过从甚密,不但友谊深厚,而且两人肝胆相照,苏轼任徐州知州时,他从余杭专程前访,苏轼被贬黄州时,他专门从二千里外赶来,与苏轼相游从,所以《八声甘州》(寄参寥子)以“记取西湖西畔,正春山好处,空翠

---

① 张宗橚编:《词林纪事》卷五引楼敬思语,张宗橚编,杨宝霖补正《词林纪事·词林纪事补正》,上海古籍出版社 1998 年版,第 270 页。

② 刘熙载:《艺概》卷四《词曲概》,第 108 页。

烟霏"忆念游踪,感慨"算诗人相得,如我与君稀",见知己之深情,并有后约:今后要像谢安实现归隐之志,免得老友为我遗憾。他不仅在词中表达对朋友的相别、思念之情,而且激励意气,以为国功业期许,如"恨君不取契丹首,金甲牙旗归故乡"(《阳关曲·赠张继愿》),即其中最著者。

苏轼不仅深于亲情,而且深于乡情,钟情于宦游过的地方。"一纸乡书来万里。问我何年,真个成归计。白首送春拚一醉,东风吹破千行泪"(《蝶恋花·京口得乡书》),"江汉西来,高楼下、蒲萄深碧。犹自带、岷峨雪浪,锦江春色。君是南山遗爱守,我为剑外思归客"(《满江红·寄鄂州朱使君寿昌》),都倾诉了对故乡的思念、热爱。"隋堤三月水溶溶。背归鸿。去吴中。回首彭城,清泗与淮通。欲寄相思千点泪,流不到,楚江东"(《江城子·恨别》),这是将移知湖州,离别徐州时所作,充满了眷念之情。"坐见黄州再闰,儿童尽、楚语吴歌。山中友,鸡豚社酒,相劝老东坡","仍传语,江南父老,时与晒渔蓑"(《满庭芳》),这是去黄移汝的留别之作。黄州虽是作者贬谪之地,但与邻里朋友有极深的情谊,对此地亦难决舍。即使被贬海南,食芋饮水,仍以著书为乐,称道此地"春牛春杖,无限春风来海上","不似天涯,卷起杨花似雪花"(《减字木兰花·乙卯儋耳春词》)。

苏轼热爱生活,也钟情于大自然,并热情地描绘了农家生活画面,这些都为前人所未到。在苏轼词中,既有"北固山前三面水,碧琼梳拥青螺髻"(《蝶恋花》)、"但空江、月明千里"(《水龙吟》)、"一千顷,都镜净,倒碧峰"(《水调歌头》)、"青山白浪,万重千叠"(《满江红》)、"清溪无底,上有千仞嵯峨。画楼西畔,天远夕阳多"(《满庭芳》)的开阔、明快的画面,也有"半壕春水一城花,烟雨暗千家"(《望江南》)、"摐摐,疏雨过,风林舞破,烟盖云幢"(《满庭芳》)、"欹枕江南烟雨,杳杳没孤鸿"(《水调歌头》)的朦胧,还有"林断山明竹隐墙,乱蝉衰草小池塘。翻空白鸟时时见,照水红蕖细细香"(《鹧鸪天》)、"桃李溪边驻画轮,鹧鸪声里倒清尊"(《浣溪沙》)、"风压轻云贴水飞,乍晴池馆燕争泥"(《浣溪沙》)的隽秀,都是写物传神,触处生春。在苏轼以前,词人笔下也写过渔夫、村姑,但只有苏轼,才真正描绘了农家生活。他在徐州因至石潭谢雨所作的五首《浣溪沙》,不仅写了农民的群像,而且写了农事和民风,充满了浓郁的乡土气息。词中既有对"老幼扶携收麦社,乌鸢翔舞赛神村"的赞美,也有对煮茧、缲丝的描绘,还有"捋青捣面软饥肠"、"牛衣古柳卖黄瓜" 的真实写照。苏轼之所以没有将农民写成隐士,没有一味赞叹"农家乐",实与"使君元是此中人"一样,本有较真切的体验有关。

第二,由情而志的发展。

古代文体分工的意识很强,韵文之中,诗以言志,赋以体物,词以缘情,似是约定俗成之说,而苏轼的"以诗为词",则又意味着给词赋予了言志的功能。

苏轼带有"言志"色彩的最早之词,似是自杭州赴密州途中寄赠其弟苏辙的《沁园春》了。此词下片写道:"当时共客长安。似二陆、初来俱少年。有笔头千字,胸中万卷,致君尧舜,此事何难。用舍由时,行藏在我,袖手何妨闲处看。身长健,但优游卒岁,且斗尊前。"虽此时苏轼出京外任,政治上的挫折和行旅的艰难,也令他生出"世路无穷,劳生有限”之感，有“优游卒岁，且斗尊前”的消极，但回忆之中仍见当年的充满自信，洋溢着豪情，所表胸襟抱负为前人词中所罕见，预示着独树一帜的创作行将出现。

到密州之后，苏轼终于创作了“新天下人耳目”的作品，《江城子》（密州出猎）与《水调歌头》（明月几时有）即其中代表。《江城子》上片写出猎的狂态，“左牵黄，右擎苍”，“千骑卷平冈”，其气势与迅捷，令人惊叹。下片更袒露了“酒酣”后的胸襟：“持节云中，何日遣冯唐？会挽雕弓如满月，西北望，射天狼。”作者虽在新法问题上与王安石政见有所不合，但主张加强国防的精神却与之一致。这里，他借出猎表现希望得到朝廷信任，效力疆埸，抗拒西夏侵略的意愿。全词叙事、抒情、言志、寄望结合得天衣无缝，可与《祭常山回小猎》一诗相发明，“遣冯唐”、“射天狼”亦即诗中“圣朝若用西凉簿，白羽犹能效一挥”之意。苏轼之所以将此词寄给鲜于子骏，当是因其“壮观”而别开生面，而此词也确实在词史上有转变风气的意义。《水调歌头》所写是欢度中秋时怀想其弟，但所表达的远不止此。上片从望月生出奇想，随着思绪的升落，在矛盾中表达了对人生的热爱超过对月宫的向往，这是明言；对朝廷政治斗争的关注及自己之志，则是暗语。下片从转入“兼怀子由”到自我宽慰、解脱，物理通于人情，以达观的态度看待人生。此词从屈原、李白以及谢庄《月赋》中脱化而出，将较单纯的发问、感慨，翻出了全新的意境，意象开阔，包蕴深广，指物喻事，以形象传递哲理造于极诣，开阖转折，递进自然。尽管内蕴之意并未明言，但论家多欣赏之。此词清雄旷远，笔力、胸襟与意境均为前人所未到，故《古今词统》誉之以“画家大斧皴，书家擘窠体”[①]，胡仔亦谓“中秋词，自东坡《水调歌头》一出，馀词尽废”[②]，都非虚语。

苏轼因“乌台诗案”被贬黄州后，对政治、人生、社会的态度发生了变化，这种变化也反映在词中。当他少年得志、意气风发之时，是积极入世崇儒的，曾斥老庄哲学为“猖狂浮游之说”[③]，批判禅宗“废学而徒思”[④]。由于阅历渐深，感叹宦海升沉，世情冷暖，思想渐变。被贬黄州后，政治的险恶和生活的困顿，使他逐渐在佛老中找到了自我遣闷的想法。但他毕竟不能忘怀国事，仍望有补于世，长期所受的儒学入世教育使他不能真正遁世而去。黄州所作词，在表达志向、怀抱、行藏、出处时，就既有对无法展抒其怀抱的深沉感慨，同时又能不甚为忧患所困，随缘自适。

《定风波》（莫听穿林打叶声）表现了任天而动、随遇而安的思想。《浣溪沙》（山下兰芽短浸溪）则受到自然的启示，旷达坦荡、自作振拔。苏轼从佛老中汲取运用了其中“达”的思想，确能做到心胸豁达。但他毕竟难以忘怀人生、功业，名作《念奴娇》（赤壁怀古）就充分表现了他出入于儒家与道释，徘徊于入世与出世间的思想矛盾。词之起句“大江东去，浪淘尽、千古风流人物”笼罩全篇，总括了对宇宙、人生的认识。继而面对江山，回忆历史，笔底展现了昔日的风云与豪杰。“故国神游，多情应笑我，早生华

---

① 卓人月、徐士俊辑：《古今词统》卷一二，《续修四库全书》第1729册，第57页。

② 胡仔：《苕溪渔隐丛话》后集卷三九，第321页。

③ 苏轼：《韩非论》，《苏轼全集·文集》卷四，第714页。

④ 苏轼：《大悲阁记》，《苏轼全集·文集》卷一二，第900页。

发”,从怀古转为抒写己怀,由三十四岁即建立破曹功业的周瑜,拍合抱负难展、贬谪他乡、年近半百、早生华发的自己。不过,即景生悲之后,又能自我排遣:“人生如梦,一尊还酹江月。”似这样的追怀历史、抒写情怀、描摹风物之作,写得如此履险如夷、举重若轻,将复杂丰富的思想写得如此具体生动,在词史上可谓少见。

第三,由情而趣、道的提升。

苏轼词中所表现的不仅是情与志,还有士大夫文人的雅趣、情操,从事物中发现的理趣,超越人生苦难的风趣,还有对人生之觉悟,以悟道之心表达对现实中苦难的超越。

苏轼一生几经大起大落,由于抑郁失意,不免有消沉或故作旷达的时候,但他一生的主导精神仍是积极入世的,词中极少呻吟之声,而是充满了对生活的热爱与希望,并表现出士大夫的雅趣、情操。上元节在密州曾因“火冷灯稀”而怀念“灯火钱塘三五夜”,遂有“寂寞山城人老也”之叹,但对“击鼓吹箫,乍入农桑社”的别具情趣,仍怀爱意(见《蝶恋花·密州上元》)。“寒食后,酒醒却咨嗟。休对故人思故国,且将新火试新茶。诗酒趁年华”(《望江南·超然台作》),咨嗟后复振起向上,在诗酒新茶中寻找雅趣。在黄州时处境可谓艰难,苏轼却仍有夜行醉卧溪桥的兴致:“障泥未解玉骢骄,我欲醉眠芳草。”“解鞍欹枕绿杨桥,杜宇一声春晓”(《西江月》)。他固然赞美深院朱栏的盛宴,也以清茶野餐为乐:“雪沫乳花浮午盏,蓼茸蒿笋试春盘。人间有味是清欢。”(浣溪沙·从泗州刘倩叔游南山》)他对仕宦的沉浮无定自然深有感触,曾认为“事皆前定,谁弱又谁强?”却又鄙薄“蜗角虚名,蝇头微利”,表现了快意人生的信条:“常对清风皓月,苔茵展、云幕高张。江南好,千钟美酒,一曲满庭芳。”诸多的宴赏、登临之作,都能消减宦情怅触,在表现出热爱生活的积极精神同时,也见其情趣,这与前人所作的或以淡淡忧愁妆点过于丰美的生活,或无节制地放纵欲念、显示单纯的享乐意识,确有很大不同。

苏轼虽说:“尘心消尽道心平,江南与塞北,何处不堪行!”(《临江仙》)但黄州生活还是使他的思想发生了很大转变。他后来尽管在地方任上仍积极有为,然而已从以前的努力进取、议论风发,转为多作人生感慨,词风也更见超逸旷远,甚至充满理趣。既然“人生欲避风波险,一日风波十二时”(《鹧鸪天》),那就只能直面现实,从容应对,以定抗动,随缘自适,因此他的黄州词常见“禅机”,而实际上是“悟道”的体现,并以此来超越苦难。在离黄州移汝州时所作的《满庭芳》写道:“归去来兮,吾归何处?万里家在岷峨。百年强半,来日苦无多。”“当此去,人生底事,来往如梭”,和在颍州所作的《木兰花令》,感慨“佳人犹唱醉翁词,四十三年如电抹”,尚见消极倾向,但《定风波》的“万里归来年愈少。微笑。笑时犹带岭梅香。试问岭南应不好?却道,此心安处是吾乡”,则是表现了一种比较平静的“心安”思想(《坛经·行由品》记惠能语:“不是风动,不是幡动,仁者心动”),旷达之中兼饶理趣。《蝶恋花》的“枝上柳绵吹又少,天涯何处无芳草”也一样,此词语句“多情却被无情恼”曾被评为“极有理趣”[1]。

苏轼对词的题材开拓并不限于以上这些,从咏史、游仙、咏物到悦道、参禅,或有发

---

[1] 魏庆之:《魏庆之词话》,《词话丛编》,第204页。

展，或有创造，"无意不可入，无事不可言"，苏词之所"入"与所"言"，确多前人所未到、未言。苏轼的"以诗为词"开拓了词的题材，提高了词的意格，改变了词的宗风，扩展了词的境界。这是苏轼将欧阳修诗文革新运动进而推之于词的领域，并以文坛领袖的地位使这个革新产生了广泛而深远的影响，非但促使了元佑词风之变，而且影响了南渡词坛和金源词人。可以说，自苏轼起，词体始尊，改变了晚唐以来"小词"的"虽好却小"的地位，给儿女之情的传统园苑贯注进风云之气，初步填平了"诗庄词媚"的鸿沟，使二者能得以并称。

三、刚亦不吐　柔亦不茹

苏轼"以诗为词"，因题材及艺术表现之变，苏词也变更了词的主体风格。

要阐说这一问题，应先明确在苏轼以前词的主体风格是什么。词自其诞生起，就以"缘情"为主。这"情"，以艳情、爱情为大端，以闲情为辅。艳情、爱情或直抒，或托为闺情，都涉及女性，故有"男子而作闺音"[①]，"雌声学语"[②]的特点，因而亦使词具有绮艳的风格。闲情则多岁月不居、年光抛人之叹，不作直言，语求婉妙，故词又具有柔婉的特色。

北宋自立国以来，统治者就对将相臣僚采取优赐厚养的政策，宋太祖在"杯酒释兵权"时，对石守信说："人生如白驹过隙，所以好富贵者，不过欲多积金钱，厚自娱乐，使子孙无贫乏尔"，并以"多置歌儿舞女，日夕饮酒相欢，以终天年"相劝[③]"侑觞"之词所表现出来的，无非是沉湎女色与享乐意识。

苏轼所处时代既已不同于宋初的承平时期，他的胸襟、学养与境遇也使他在词的创作中，能在沿袭传统之外注入新的东西，这就是忧患意识和理想主义。《东坡乐府》中赠妓之作亦不少，说明苏轼在"应歌"时未能免俗，但由于"言志"色彩的增强，可以看到他的以"清"破"艳"，以"刚"破"柔"，体现出主体风格的变革处。

前面论题材开拓时，实已涉及风格之变，我们不妨再看同类题材的作品。先看咏物之作。五代及北宋前期的咏物词多与"情"相关，如牛峤《梦江南》二首："含泥燕，飞到画堂前。占得杏梁安稳处，体轻唯有主人怜，堪羡好因缘。""红绣被，两两间鸳鸯。不是鸟中偏爱尔，为缘交颈睡南塘，全胜薄情郎。"欧阳修《望江南》："江南蝶，斜日一双双。身似何郎全傅粉，心如韩寿爱偷香，天赋与轻狂。微雨后，薄翅腻烟光。才伴游蜂来小院，又随飞絮过东墙，长是为花忙。"而苏轼却在《卜算子》(缺月挂疏桐)中塑造了一个孤鸿的形象，同是托物寓意，但立意与格调大异。黄庭坚《山谷题跋》谓《卜算子》"语意高妙，似非吃烟火食人语"[④]，正是看到了它的"清"，显与前人咏物之"艳"不同。且不论词中是否有《诗·考槃》的"贤者退而穷处"之意，但"自写在黄州之寂寞"[⑤]还是可以味出，而且"惊起"、"有恨"、"寂寞"等语及全词意境，都流露出与牛峤、欧阳修所

① 田同之：《西圃词说》，《词话丛编》，第1449页。

② 刘辰翁：《辛稼轩词序》，《词籍序跋萃编》，第201页。

③ 陈邦瞻：《宋史纪事本末》卷二，中华书局1977年版，第8页。(版本后同)

④ 黄庭坚：《跋东坡乐府》，《豫章黄先生文集》卷二六，四部丛刊本。

⑤ 黄苏：《蓼园词评》，《词话丛编》，第3032页。

作有明显不同,即:男女之情与忧患意识之别,亦即“情”与“志”之别。

苏轼之前有些人的咏物词,也并非写“情”,而是立意较高的,但毕竟缺乏苏词的深层涵义。如林逋和梅尧臣都写过咏草词,二词均从《楚辞·招隐士》“王孙游兮不归,春草生兮萋萋”衍化而来,境界不低,可是除了怨离伤别与年光之叹外,缺少其它深意。苏轼咏榴花的《贺新郎》却不然,其下片写道:“石榴半吐红巾蹙。待浮花、浪蕊都尽,伴君幽独。秾艳一枝细看取,芳心千重似束。又恐被、秋风惊绿。若待得君来向此,花前对酒不忍触。共粉泪,两簌簌。”词中的榴花“半吐红巾蹙”,无意与众芳斗妍,“待浮花浪蕊都尽,伴君幽独”,更见情怀高洁,确与“乱生春色”、“萋萋无数”、“乱碧萋萋”的芳草不同,“幽独”者正带有一种理想主义色彩,透过榴花形象,可味出其怀才不遇之情。

咏物词尚如此,更不必说情景交融的抒怀之作了。“会挽雕弓如满月,西北望,射天狼”(《江城子》)、“投笔将军因笑我,迂儒。帕首腰刀是丈夫”(《南乡子》)等对从戎建功的向往,正来源于边患日亟的忧患意识。“我欲乘风归去,又恐琼楼玉宇,高处不胜寒”(《水调歌头》)、“归去来兮,吾归何处? 万里家在岷峨”(《满庭芳》)等的去从难适,正根源于政治斗争中的忧患意识。“此生此夜不长好,明月明年何处看”(《阳关曲》)、“长恨此身非我有,何时忘却营营”(《临江仙》)等的人生感慨,也导源于此。“诗酒趁年华”(《望江南》),“江南好,千钟美酒,一曲满庭芳”(《满庭芳》),这是他的生活理想。“有笔头千字,胸中万卷,致君尧舜,此事何难”(《沁园春》),这是他的政治理想。“问何事人间,久戏风波”“青衫破,群仙笑我,千缕挂烟蓑”(《满庭芳》),这是他超脱危难的向往。忧患意识与理想主义之入于词,必然会突破传统,变革沿袭不已的主体风格。

由于苏轼对人生有其独特的思考与把握,才使他的词能有“清”与“刚”的风格特点。“对酒卷帘邀明月,风露透窗纱”(《少年游》),“夜阑风静欲归时,惟有一江明月碧琉璃”(《虞美人》),“明月如霜,好风如水,清景无限”(《永遇乐》),“淡云斜照著山明,细草软沙溪路马蹄轻”(《南歌子》),这都足见其“清”。非但与“花间”词不同,而且与“朱粉不深匀,闲花淡淡春”(张先《醉垂鞭》)、“重头歌韵响铮琮,入破舞腰红乱旋”(晏殊《玉楼春》)、“寸寸柔肠,盈盈粉泪”(欧阳修《踏莎行》)、“罗衣着破前香在,旧意谁教改”(晏几道《虞美人》)、“翠眉开,娇横远岫,绿鬓鬟,浓染春烟”(柳永《玉蝴蝶》)等都迥异。与“艳”相关的是“柔”,如:“花若胜如奴,花还解语无”(张先《菩萨蛮》)、“念兰堂红烛,心长焰短,向人垂泪”(晏殊《撼庭秋》)、“脉脉横波珠泪满,归心乱,离肠便逐星桥断”(欧阳修《渔家傲》)、“绣帏人念远,暗垂珠露,泣送征轮”(韩缜《风箫吟》)、“记得小蘋初见,两重心字罗衣,琵琶弦上说相思”(晏几道《临江仙》)、“脉脉人千里,念两处风情,万重烟水”(柳永《卜算子》)等,都柔情似水。苏轼也写情,不乏幽怨缠绵之语,但他不同于前人处,在以健笔写柔情。如“燕子楼空,佳人何在,空锁楼中燕”(《永遇乐》)、“美人怜我老,玉手簪金菊”(《千秋岁》)、“莫恨黄花未吐,且教红粉相扶。酒阑不必看茱萸,俯仰人间今古”(《西江月》)、“蓝桥何处觅云英,只有多情流水伴人行”(《南歌子》),不是溺于情中,却乃柔中见刚。

什么最能体现出苏词的个性？张炎注目于他的“清”，称道他“清丽舒徐，高出人表”[①]，近代王鹏运在“清”之外，还见其“雄”，故以“清雄”、“轶尘绝迹”[②]称之。相沿相从的说法则是“豪放”，对此将在下一节再详论。除《念奴娇》（赤壁怀古）外，如“江汉西来，高楼下、蒲萄深碧。犹自带、岷峨雪浪，锦江春色”（《满江红》），“堪笑兰台公子，未解庄生天籁，刚道有雌雄。一点浩然气，千里快哉风”（《水调歌头》），“我梦扁舟浮震泽，雪浪摇空千顷白。觉来满眼是庐山，倚天无数开青壁”（《归朝欢》），“古来云海茫茫，道山绛阙知何处”，“行尽九州岛四海，笑纷纷、落花飞絮”（《水龙吟》），“路漫漫，玉花翻，云海光宽，何处是超然”（《江城子》），“桂魄飞来光射处，冷浸一天秋碧”，“水晶宫里，一声吹断横笛”（《念奴娇》）等，其意象的开阔雄奇，笔力的刚健排宕，确能使人有万斛泉源奔涌，挟海上风涛云气之感。

作为大家，苏词的风格并不是单一的，刘熙载曾说：“东坡《定风波》云：‘尚馀孤瘦雪霜姿。’《荷华媚》云：‘天然地别是风流标格。’‘雪霜姿’、‘风流标格’，学坡词者便可从此领取。”[③]苏词此类不是“清雄”，而是清雅、清幽。如《永遇乐》，因夜宿燕子楼，梦盼盼而作此词，本应是艳情的题材，却写得清幽雅致：

> 明月如霜，好风如水，清景无限。曲港跳鱼，圆荷泻露，寂寞无人见。紞如三鼓，铿然一叶，黯黯梦云惊断。夜茫茫，重寻无处，觉来小园行遍。　天涯倦客，山中归路，望断故园心眼。燕子楼空，佳人何在，空锁楼中燕。古今如梦，何曾梦觉，但有旧欢新怨。异时对，黄楼夜景，为余浩叹。

《贺新郎》（乳燕飞华屋），为何被胡仔称为“冠绝今古，托意高远”[④]呢？苏轼自称“早岁便怀齐物志，微官敢有济时心”（《次韵柳子玉过陈绝粮》），有积极用世之心，但因政见的分歧，不能实现自己的抱负，也就免不了会运用“芳草美人”表现君臣难以遇合的感触。词中的美人应是作者自喻，她的被冷落自然也如现实中一样，梦中的期待与醒后的失望，表现出心中的真实情感。至于团扇，则有秋扇见捐的特定涵义。石榴花的“伴君幽独”可看出一片忠心，而年华易逝、红花难久则有《离骚》“恐美人之迟暮”的寓意。可以认为，此词发展了杜甫“天寒翠袖薄，日暮倚修竹”的佳人形象，与“浮花浪蕊”判然有别的榴花志在“伴君幽独”，而“幽独”一词也就同那些好为逢迎的小人划清了界限，表现出狷介之士的高洁。

苏轼也善作婉约词，周济就说过：“人赏东坡粗豪，吾赏东坡韶秀。”[⑤]属于“韶秀”者如《水龙吟》（次韵章质夫杨花词），王国维《人间词话》以之虽和作而胜于原作[⑥]：

---

① 张炎：《词源》，《词源注·乐府指迷笺释》，第 30 页。
② 王鹏运：《半塘遗稿》，转引自龙榆生《唐宋名家词选》，第 126 页。
③ 刘熙载：《艺概》卷四《词曲概》，第 108 页。
④ 胡仔：《苕溪渔隐丛话》后集卷三九，第 328 页。
⑤ 周济：《介存斋论词杂著》，《介存斋论词杂著·复堂词话·蒿庵论词》，第 8 页。
⑥ 王国维：《人间词话》，《蕙风词话·人间词话》，第 208 页。

似花还似非花,也无人惜从教坠。抛家傍路,思量却是,无情有思。萦损柔肠,困酣娇眼,欲开还闭。梦随风万里,寻郎去处,又还被、莺呼起。　不恨此花飞尽,恨西园、落红难缀。晓来雨过,遗踪何在?一池萍碎。春色三分,二分尘土,一分流水。细看来,不是杨花点点,是离人泪。

《洞仙歌》:

冰肌玉骨,自清凉无汗。水殿风来暗香满。绣帘开、一点明月窥人,人未寝,欹枕钗横鬓乱。　起来携素手,庭户无声,时见疏星渡河汉。试问夜如何?夜已三更,金波淡、玉绳低转。但屈指、西风几时来,又不道流年,暗中偷换。

沈祥龙说:"词韶丽处,不在涂脂抹粉也。诵东坡'冰肌玉骨,自清凉无汗,水殿风来暗香满'句,自觉口吻俱香……盖皆在神不在迹也。"①

张耒称道贺铸词"盛丽如游金张之堂,而妖冶如揽嫱、施之祛,幽索如屈、宋,悲壮如苏、李"②,苏轼词风格之多样,更在贺铸之上。冯煦也指出苏词"刚亦不吐,柔亦不茹"的特点,并认为他有"树秦、柳之前旃","导姜、张之大辂"之功,③这正是从兼得刚柔上着眼的。

苏轼除对词的主体风格有所变革外,在词的体制、语言上也颇有创新。他在词中始标题目,并擅作小序,甚至长达数百字,开后来姜夔善作词序之风,他还善为檃括、回文之作,可见其在体制上创新的一斑。在语言上,他一变柳永之俚俗为典雅,从诗赋史传中多有吸收,接近口语又有所烹炼,在改变传统的绮艳、柔媚、错采镂金同时,创造出明丽、清新、朴素的语言风格。

苏词也有些过直过率的地方,部分作品言理太多,或缺少情味,有些乃在作文字游戏。不过,比之其成就来,就仅是小疵而已。

第六节　豪放之辨:三论苏轼

上节主要以"清刚"论苏轼对词的主体风格之改变,而对于苏轼词风格本身,论者则多有"豪放"之评。首以"豪放"论苏词的是南宋初绍兴年间的曾慥,他曾以"豪放风流之不可及也"④评东坡词。陆游则为苏轼词是否协律辩护:"……则公非不能歌,但豪放不喜裁剪以就声律耳。"⑤宋末沈义父也是就音律问题而说:"近世作词者不晓音律,乃故为

---

① 沈祥龙:《论词随笔》,《词话丛编》,第 4055 页。
② 张耒:《东山词序》,《词籍序跋萃编》,第 121 页。
③ 冯煦:《宋校东坡乐府序》,《词籍序跋萃编》,第 65 页。
④ 曾慥:《东坡词拾遗跋》,《词籍序跋萃编》,第 61 页。
⑤ 陆游:《老学庵笔记》卷五,《宋元笔记小说大观》,第 3498 页。

豪放不羁之语，遂借东坡、稼轩诸贤自诿。诸贤之词，固豪放矣，不豪放处，未尝不叶律也。如东坡之《哨遍》、杨花《水龙吟》，稼轩之《摸鱼儿》之类，则知诸贤非不能也。"[①]到明人张綖，在其《诗馀图谱·凡例》中，乃有"豪放"与"婉约"对举之论："词体大略有二：一体婉约，一体豪放。婉约者欲其词情蕴藉，豪放者欲其气象恢宏"，并云："苏子瞻之作，多是豪放。"[②]自二十世纪以来，以豪放、婉约论词更成风气，尤其因一度将反映论、人民性、现实主义作为衡量古代文学的标准，豪放与婉约甚而被作为主流与逆流的对立，一反传统而极力贬抑婉约词，苏轼词因有豪放之评而被提到不恰当的地位。而改革开放的新时期以来，又有论家如吴世昌先生以词史上并无豪放派，苏轼仅三、五首词可算豪放[③]。那么，对流传已久的苏词豪放说究竟应如何看呢？本节拟对此作一辨析。

一、阴柔阳刚 婉约豪放

"豪放"一语的源头实出于阳刚阴柔说。我国古代哲人以阴阳二分之共相看待宇宙万殊之异，导致阳刚、阴柔观念的产生。由哲学而及于文艺，使风格学得以潜生并确立。

《周易》曾明确提出阴阳、刚柔的对立统一范畴，且有将二者结合而论之势。《说卦》云："观变于阴阳而立卦，发挥于刚柔而生爻"，"分阴分阳，迭用柔刚，故《易》六位而成章"。而《周易》"经"的创作过程，首先就经历了阴阳概念产生这一阶段。"八卦"的创立，是"观物取象"的结果，其中的《乾》卦象征"天"，喻示"刚健"，《坤》卦象征"地"，喻示"柔顺"。"盈乎天地之间，无非一阴一阳之理"（《朱子大全·易纲领》）。《周易》这一认识，对古代中国人的思维特性具有普遍的涵括性和指导意义，入于文艺领域，就产生了与阴阳、刚柔密切相关的概念，成为美学以至文艺风格学的重要内容。

郑振铎曾认为，"汉代乃是诗思最消歇的一个时代"[④]。与之相关，汉代的文学思想主要表现在对诗、骚的解释、诠评。由于汉人重在对先秦典籍的整理、研究，经学笼罩下的美学、文艺学，很难禀承阳刚、阴柔之说绽出花朵。直到汉末刘劭《人物志》的出现，才改变品核公卿、裁量执政的清议之风，深入人物的精神、才性，启发了魏晋"文气"说的产生。

《后汉书》载孔融荐祢衡书，已有"飞辩骋辞，溢气坌涌"[⑤]之说。曹丕在评论"建安七子"的"徐幹时有齐气"，"应玚和而不壮，刘桢壮而不密，孔融体气高妙"[⑥]的同时，又发其著名的"文气"之论："文以气为主，气之清浊有体，不可力强而致。"[⑦]尽管他本人未加说明，但"清"者显然偏在阳刚，"浊"者偏在阴柔。后来刘勰所说的"才有庸俊，气

---

① 沈义父：《乐府指迷》，《词源注·乐府指迷笺释》，第75–76页。

② 张綖：《增正诗馀图谱·凡例》，明万历刊本。

③ 吴世昌：《宋词中的"豪放派"与"婉约派"》，《吴世昌全集》第4册，第84–93页。

④ 郑振铎：《中国俗文学史》，《郑振铎全集》第七卷，第37页。

⑤ 范晔：《后汉书》卷一一〇下《祢衡传》，《二十五史》，第1034页。

⑥ 曹丕：《典论·论文》，转引自郭绍虞《中国历代文论选》第1册，上海古籍出版社2001年版，第158页。

⑦ 曹丕：《典论·论文》，转引自郭绍虞《中国历代文论选》第1册，上海古籍出版社，第158页。

有刚柔”,“风趣刚柔,宁或改其气”,“气以实志,志以定言,吐纳英华,莫非情性”[①],沈约的“民禀天地之灵,含五常之德。刚柔迭用,喜愠分明”[②],都是曹丕所论的继续阐发。

与文气说约略同时,魏晋的人物品评和山水赏会,也大体有区分刚柔之势。刘义庆《世说新语》所载的王武子、孙子荆“各言其土地人物之美”:“其地坦而平,其水淡而清,其人廉且贞”,“其山嶵巍以嵯峨,其水泙渫而扬波,其人磊砢而英多”[③],是将人物与山水相联系,且有刚柔之大概。而在《世说新语·赏鉴》中亦有用“岩岩清峙,壁立千仞”,“谡谡如劲松下风”与“荀子秀出,阿兴清和”来评人的,《世说新语·容止》中的“濯濯如春月柳”,则更见刚柔之别。同样,山水赏会中的“江山辽落,居然有万里之势”,“千岩竞秀,万壑争流”,与“翳然林水”、“日月清朗”(见《世说新语·言语》),也显见不同。

风格学与文气说密切相关。对文学作风格的较详细区分,当始于刘勰,他在《文心雕龙·体性》中提出八体之分:典雅、远奥、精约、显附、繁缛、壮丽、新奇、轻靡。其后,唐代日本僧人遍照金刚《文镜秘府》之《论体》,唐僧皎然《诗式》之以十九字概括诗体,及传为司空图的《二十四诗品》等,各有所论,宋代严羽的《沧浪诗话》继有发展,然而都可看作是刘勰所论的推衍。清人姚鼐由博返约,以《易·系辞》“一阴一阳之谓道”为理论根据,明确地将众多的风格之分归纳为阳刚、阴柔二类。其《复鲁挈非书》云:“鼐闻天地之道,阴阳刚柔而已。文者,天地之精英,而阴阳刚柔之发也……其得于阳与刚之美者,则其文如霆,如电,如长风之出谷,如崇山峻崖,如决大川,如奔骐骥;其光也如杲日,如火,如金镠铁;其于人也,如冯高视远,如君而朝万众,如鼓万勇士而战之。其得于阴与柔之美者,则其文如升初日,如清风,如云,如霞,如烟,如幽林曲涧,如沦,如漾,如珠玉之辉,如鸿鹄之鸣而入寥廓。其于人也,漻乎其如叹,邈乎其如有思,暖乎其如喜,愀乎其如悲。”[④]

豪放、婉约二辞进入文艺评论领域较晚,但用于评论人物则至迟已在南北朝,而二辞之从字源考释或语义探寻,亦有刚柔之别在。

《说文》以“豪”为豪猪项脊间如笔管状的长毛,段注以“豪俊”为其引申义。“鬣如笔管者”,特征当然在“刚”。《说文》释“婉”为“顺”,自有“柔”意。而《左传·昭公二十六年》的“姑慈而从,妇听而婉”,《左传·成公十四年》的“婉而成章”,皆有宛转、和顺之意,不悖于“柔”。“放”之本义为“逐”,后渐有恣纵、放任等义。而“约”之基本义项也从“缚”引申为俭约、约束等。“豪”、“放”二字连用以评人,较早地见于《魏书·张彝传》:“彝少而豪放,出入殿庭,步眄高上,无所顾忌。”[⑤]而“婉”、“约”连用之论人,也可见于《世说新语》“南郡庞士元闻司马德操在颍川,故二千里候之”一则的注。注中引《司马徽别传》:“时

① 刘勰著,范文澜注:《文心雕龙注》,第506-507页。
② 沈约:《宋书》卷六七《谢灵运传》,《二十五史》,第1831页。
③ 刘义庆著,徐震堮校笺:《世说新语校笺》,中华书局1984年版,第47页。馀引《世说新语》同此版本。
④ 姚鼐:《复鲁挈非书》,《惜抱轩诗文集》卷六,上海古籍出版社1992年版,第93-94页。
⑤ 魏收:《魏书》卷六四《张彝传》,《二十五史》,第2333页。

人有以人物问徽者，初不辨其高下，每辄言‘佳’……其婉约逊遁如此。”张彝“步眄高上，无所顾忌”，与司马徽“括囊不谈议”、“逊遁”，可见“豪放”与“婉约”之别其基本点就在刚、柔，又益之以显、隐。若参之以杜甫《壮游》诗的“性豪业嗜酒，嫉恶怀刚肠”，和《新唐书·李邕传》的“邕资豪放，不能治细行”[①]，“豪放”又有“粗豪”的涵义。而从《国语》的“夫固知君王之盖威以好胜也，故婉约其辞，以从逸王志”[②]，到唐人张彦远《梁庚元威论书》的“（孔）敬通又能一笔草书，一行一断，婉约流利，特出天性”[③]，可见“婉约”之义已从卑顺宛转发展为细致柔美。

下面专就“豪放”一辞进入词学批评领域作一考察。

《二十四诗品》，列有“豪放”一品，其比物取象如下：

> 观花匪禁，吞吐大荒。由道返气，处得以狂。天风浪浪，海山苍苍。真力弥满，万象在旁。前招三辰，后引凤凰。晓策六鳌，濯足扶桑。

郭绍虞所作《集解》云：“观花匪禁，即‘看竹何须问主人’之意，自见其放。吞吐大荒，即‘吞若云梦者八九，于其胸中曾不蒂芥’之意，自见其豪。”“由道返气，言豪气是集义所生，根于道，故不馁。处得以狂，言忘怀得失，才能自得，超于世，故无累。不馁无累，自近豪放。”当中四句，昭示意象，言其感受，皆不难理解。“前招三辰，后引凤凰”，足见手摘星辰、不可方物之豪气。最后二句，暗用《列子》一钓而连六鳌故事，又袭晋左思《咏史诗》“振衣千仞冈，濯足万里流”句意，且如杨廷芝《诗品浅解》云：“策六鳌，豪之至；濯扶桑，放之至。”[④]四十八字之中，“由道返气，处得以狂”的“言豪气是集义所生”，“不馁无累，自近豪放”，尤见新意，在注入孟子“养气说”内容同时，又回到曹丕“文气说”之初。至如以意象昭示境界，更便于我们对“豪放”的风格特征作总体性的理解、把握。

以“豪放”评词，恰是被目为“豪放派”领袖的苏轼之创。他的《与陈季常》曰：“又惠新词，句句警拔，诗人之雄，非小词也。但豪放太过，恐造物者不容人如此快活。”[⑤]陈季常即陈慥，号方山子。苏轼《方山子传》谓其“少时慕朱家、郭解为人，闾里之侠皆宗之。稍壮，折节读书，欲以此驰骋当世。然终不遇”。其“少时使酒好剑，用财如粪土”，十九年前，“与余马上论用兵及古今成败。自谓一世豪士”，如今“庵居蔬食，不与世相闻”，虽洛阳故家“园宅壮丽与公侯等。河北有田，岁得帛千匹”，却“皆弃不取，独来穷山中”[⑥]。我国说文如其人，西方说风格即人，可见人的性格对风格具有决定性作用，风格也实为性格的外现。以陈慥如此为人，作“豪放太过”之词，恃其“诗人之雄”，自是偏于阳

---

① 欧阳修等：《新唐书》卷二〇二《李邕传》，《二十五史》，第4741页。

② 徐元诰撰，王树民、沈长云点校：《国语集解》，中华书局2002年版，第539–540页。（版本后同）

③ 张彦远：《梁庚元威论书》，见《法书要录》卷二，人民美术出版社1964年版，第60页。（版本后同）

④ 司空图著，郭绍虞集解：《诗品集解》，人民文学出版社1963年版，第23–24页。（版本后同）

⑤ 苏轼：《与陈季常》，《苏轼全集·文集》卷五三，第1761页。

⑥ 苏轼：《方山子传》，《苏轼全集·文集》卷一三，第922页。

刚,与传统的“风云气少,儿女情多”的“小词”不同。

那么,苏轼本人又如何呢?

二、天资不凡　辞气迈往

本节开头已说，对苏轼词的风格特点，首以“豪放”称之的是曾慥。绍兴辛未(1151),他在《东坡词拾遗跋》中说:“豪放风流之不可及也。”胡寅《酒边集序》先言“文章豪放之士,鲜不寄意于此者”,然后才说苏轼“一洗绮罗香泽之态,摆脱绸缪宛转之度”,自然应是“文章豪放之士”了。后来陆游、沈义父也以“豪放”论苏词。其实,即使不是明言“豪放”,也能充分意识到苏词风格与传统词作之别。如汪莘《方壶诗馀自序》的词史三变说,即以“至东坡而一变,其豪妙之气,隐隐然流出言外”,论苏轼而有一“豪”字[①]。俞文豹《吹剑续录》所载东坡在玉堂时,发问于善讴之幕士[②],据说这位善歌的幕士就是袁绹,他道出了苏词中最见雄壮、开阔意境的作品与柳词的区别,而这种区别,其实就是豪放与婉约的区别。刘辰翁云:“词至东坡,倾荡磊落,如诗如文,如天地奇观。”[③]元好问《新轩乐府引》更明确而形象地道出了苏词“真有一洗万古凡马空气象”。时至今日,或许仍有不少论者从统计学的角度否定苏词之“豪放”,但其立意和风格的创新,难道不是给词坛提供了前所未有的东西?元好问所论是具眼而又持平之见。到明人张綖为《诗馀图谱·凡例》作按语,又从众多的风格类型剔出婉约与豪放,以之为词体之“大略”,而对二者的阐释则实为刚柔之别,他所说的“气象恢宏”偏于“大”,又如前所说,“大”者往往与“刚”相关;“词调蕴藉”虽偏在“蓄”、“约”,亦如前所云,常与“柔”密不可分。

张綖分别视苏轼、秦观为豪放、婉约的典范,而从历代论家对二人的评论中,也可看到这种阳刚与阴柔、大与小、恢宏与蕴藉之别。前引陈师道、晁补之、胡寅、王若虚诸人所说,都是就此而言的。对于秦观,后面再论。

由刘勰而至姚鼐,再转到张綖所论,对词的风格学探讨,应具有启示性。诚然,唐宋词“创调数百,列体盈千”,后世又继有发展,清代的词家、词作数,更远逾于宋,历来对著名词人风格的评价,林林总总,指不胜屈。举隅而言,清人陈廷焯所析唐宋词十四体,近人詹安泰的八种风格之论,就是对众多风格类型的归纳。但诚如严羽《沧浪诗话》既列诗之“九品”,又曰“其大概有二:曰优游不迫,曰沉著痛快”。[④]背后仍有阳刚、阴柔说之影响在。以此相拟相揆,无论是十四体还是八种风格,亦可返于张綖“一体婉约,一体豪放”的“词体大略有二”之分。虽实际上苏轼词并不“多是豪放”,而仅有少数可当此称,但因变革了词的传统风格,为词史提供了新的“这一个”,故就“大概”论其归属,在非此即彼的选择中,也只能以苏词为“豪放”,而这,实际上就是回归于古老的阳

---

① 汪莘:《方壶诗馀自序》,《词籍序跋萃编》,第 270 页。

② 俞文豹撰,张宗祥校订:《吹剑录全编》,第 38 页。

③ 刘辰翁:《辛稼轩词序》,《词籍序跋萃编》,第 201 页。

④ 严羽著,郭绍虞校释:《沧浪诗话校释》,人民文学出版社 1961 年版,第 7-8 页。(版本后同)

刚阴柔说。兹再举王世贞《艺苑卮言》一例以明此理，王氏云："之诗而词，非词也。之词而诗，非诗也。言其业，李氏、晏氏父子、耆卿、子野、美成、少游、易安至矣，词之正宗也。温、韦艳而促，黄九精而险，长公丽而壮，幼安辨而奇，又其次也，词之变体也。"[①]此说置苏轼于整个词史而论之，显然是坚持诗词各有疆界，反对"以诗为词"的，故以九人为词之正宗，五人为词之变体，苏轼属于后者，显然不合于婉约的正宗词风，而"丽而壮"之评则偏在气象恢宏的阳刚一侧。

前面对"豪放"一辞作字源性讨论时，曾涉张彝、李邕等人传记及杜诗所言，可见与人的性格密不可分。以苏轼词为豪放、豪妙或恢宏，其实也是取决于他的个性、资质、禀赋。胡寅论苏轼，有"逸怀浩气，超然乎尘垢之外"一语，与其说是接受者之所感，不如说是苏轼本人真性情的自然发露，王若虚认为苏轼"雄文大手，乐府乃其游戏"，原因在于"天资不凡，辞气迈往，故落笔皆绝尘耳"[②]。张綖论婉约、豪放之别且举苏、辛为代表，明言"然亦存乎其人"。清人李调元辨苏词之是否谐律，持"才大不肯受束缚"[③]之见。邓廷桢也认为："东坡以龙骥不羁之才，树松桧特立之操，故其词清刚隽上，囊括群英。"[④]王鹏运则云："北宋人词……唯苏文忠之清雄，敻乎轶尘绝迹，令人无从步趋。盖霄壤相悬，宁止才华而已？其性情，其学问，其襟抱，举非恒流所能梦见。"[⑤]所以，才具、节操、性情、学问、襟抱，是苏轼"天资不凡"加以后天修养的几个主要因素，其"辞气迈往"、"落笔绝尘"，是出于必然，也出于自然，是他人所难到的。

苏轼曾胸怀壮志，"有笔头千字，胸中万卷，致君尧舜，此事何难"（《沁园春》），而因乌台诗案贬黜黄州，自感年华老去，机会不来，故在赤壁作《念奴娇》，怀古人言自己，所抒皆为真性情、真襟抱。黄苏有很好的分析："题是怀古，意谓自己消磨壮心殆尽也。开口'大江东去'二句，叹浪淘人物，是自己与周郎俱在内也。'故垒'句至次阕'灰飞烟灭'句，俱就赤壁写周郎之事。'故国'三句，是就周郎拍到自己。'人生似梦'二句，总结以应起二句。总而言之，题是赤壁，心实为己而发。周郎是宾，自己是主。借宾定主，寓主于宾。是主是宾，离奇变幻，细思方得其主意处。不可但诵其词，而不知其命意所在也。"[⑥]《定风波》（莫听穿林打叶声）一首，亦如刘永济所说："上半阕可见作者修养有素，履险如夷，不为忧患所摇动之精神。下半阕则显示其对于人生经验之深刻体会，而表现出忧、乐两忘之胸怀。盖有学养之人，随时随地，皆能表现其精神。东坡一生在政治上之遭遇，极为波动，时而内召，时而外用，时而位置于清要之地，时而放逐于边远之区，然而思想行为不因此而有所改变，反而愈遭挫折，愈见刚强，挫折愈大，声誉愈高。此非可幸致者，必平日有修养，临事能坚定，然后可得此效果也。"[⑦]上面二词，

---

① 王世贞：《艺苑卮言》，《词话丛编》，第385页。

② 王若虚：《滹南诗话》卷三，《历代诗话续编》，第517页。

③ 李调元：《雨村词话》卷一，《词话丛编》，第1394页。

④ 邓廷桢：《双砚斋词话》，《词话丛编》，第2529页。

⑤ 王鹏运：《半塘遗稿》，转引自龙榆生《唐宋名家词选》，第126页。

⑥ 黄苏：《蓼园词评》，《词话丛编》，第3077页。

⑦ 刘永济：《唐五代两宋词简析》，第49页。

《念奴娇》的物境为大江、乱石、惊涛，史境为赤壁之战的万船烟灭，境界之开阔，笔力之雄放，使之为豪放词的代表，其立意虽如黄苏所说，是“谓自己消磨壮心殆尽”，但不是溺于消沉，而翻作旷达；而《定风波》以“也无风雨也无晴”看待人生忧患，表现出履险如夷的精神，更是在逆境中足见其旷达。

《二十四诗品》之《旷达》云：

> 生者百岁，相去几何。欢乐苦短，忧愁实多。如何尊酒，日往烟萝。花覆茅檐，疏雨相过。倒酒既尽，杖藜行歌。孰不有古，南山峨峨。①

郭绍虞的注释有云：“人之生也不过百年……况此百岁中欢乐快意之时每苦其短少，而忧愁失意之日实觉其繁多。与其日绊于尘世之中，自投苦境，何如置一切于度外，手携一尊之酒，日往于飞烟带萝之地以自适乎？”其《浅解》则云：“花覆茅檐，瞻物色之华，乐安居之况；疏雨相过，有化机之感，无尘缘之牵。则无一时不乐也。”又云：“古，故也。有古，犹言自古皆死也。人孰不死，而惟南山峨峨，得以长存。悟得此理，则对欢乐不会苦其短，对忧愁亦不会嫌其多，乃真旷达矣。”②以苏轼词与之对照，被认为是豪放者，其实更与旷达为近。

所以，如对苏词之豪放作辨析，能真正称为豪放词仅是“以诗为词”之初期所作，如《江城子》(密州出猎)。黄州以后词，虽如《念奴娇》之外在笔力极其雄豪，有“天风浪浪，海山苍苍。真力弥满，万象在旁”之概，但其内在精神意旨已转为旷达；而《定风波》更是郭绍虞所释的“与其日绊于尘世之中，自投苦境，何如置一切于度外”，是“倒酒既尽，杖藜行歌”的“旷达”。无论是《念奴娇》一类，还是《定风波》一类，外在表现不同，内在精神却是一致的，称之为“豪放”，不如说于“旷达”更宜。

苏轼在黄州以后，仅一度入翰林，却很快又被牵累于党争，一再被贬，既然豪放由性格而定，苏轼虽性格开朗，但在远逐的生涯中亦无豪放之由，故只能以佛禅老庄成其旷达。所以，豪放与旷达二者都本属性格，但若用于风格的品鉴，虽都入二十四品之中，却豪放易于外现为风格，而旷达则易于留在性格范畴内，而难以被认作风格。

豪放之外，还有张炎的以“清丽舒徐”论苏词，俞彦更以豪放为贬义而说：“子瞻词无一语著人间烟火，此自大罗天上一种，不必与少游、易安辈较量体裁也。其豪放亦止大江东去一词。何物袁绹，妄加品骘，后代奉为美谈，似欲以概子瞻生平。”③上一节已较多引述了从“清”的角度论苏词风格之论，此不赘。而以“清丽”或“不食人间烟火”对比《二十四诗品》，其中《清奇》一品的“载瞻载止，空碧悠悠。神出古异，澹不可收。如月之曙，如气之秋”④，《飘逸》的“落落欲往，矫矫不群”⑤，应该说是比较接近的。而且也比

① 司空图著，郭绍虞集解：《诗品集解》，第41页。
② 司空图著，郭绍虞集解：《诗品集解》，第41–42页。
③ 俞彦：《爰园词话》，《词话丛编》，第402页。
④ 司空图著，郭绍虞集解：《诗品集解》，第30页。
⑤ 司空图著，郭绍虞集解：《诗品集解》，第39页。

“豪放”更切合、更接近苏词的主体风格。

无论是豪放、旷达还是清丽、雄奇，抑或“大罗天上一种”，它们所共同的，都是“天资不凡”所体现出的“辞气迈往”，既然风格品鉴可以由多返约，回归于阳刚阴柔说，辨析苏词豪放而引起的多种风格之见，也应可作此返约之论。

三、文自为文 歌自为歌

对“豪放”内涵的辨析，还有一个是否协律的问题。

苏轼以其所作转变词坛风气后，不少论家从词的“倚声”特质出发，多有不协音律的指责。晁补之说：“东坡词，人谓多不谐音律，然居士词横放杰出，自是曲中缚不住者。”[①]若谓此《复斋漫录》所载的苏门弟子晁补之所言，尚是转述口气，且多回护之意，李清照所说，就显见不满了。她说：“至……苏子瞻，学际天人，作为小歌词，直如酌蠡水于大海，然皆句读不葺之诗尔。又往往不协音律。”[②]王灼与胡仔都称道苏词，王灼以“东坡先生非心醉于音律者”[③]辨之，胡仔则云：“子瞻自言，平生不善唱曲，故间有不入腔处，非尽如此。”[④]沈义父不似以上几位之概言之，而是作豪放、不豪放与协律、不协律的辨析，其《乐府指迷》云：“近世作词者不晓音律，乃故为豪放不羁之语，遂借东坡、稼轩诸贤自诿。诸贤之词，固豪放矣，不豪放处，未尝不叶律也。如东坡之《哨遍》、杨花《水龙吟》，稼轩之《摸鱼儿》之类，则知诸贤非不能也。”[⑤]这实际上是说，豪放词是不顾及音律的，而豪放词人所作的“不豪放”词，才是“未尝不协律”。

那么，豪放词与协律是否矛盾，是否彼此难容呢？从苏轼自己的各词自序看，他是会唱词、唱过词的，尽管他因具备多方面的才能而自谦“著棋、饮酒、唱曲”“三不如人”，论者亦信之，以其词“多不入腔，正以不能唱曲耳”[⑥]。但事实并非如此。他虽未必似《和致仕张郎中春昼》诗称道张先那样，“浅斟杯酒红生颊，细琢歌词稳称声”，但亦颇有就声律作词之举。《水调歌头》（昵昵儿女语）词序有云：“建安章质夫家善琵琶者，乞为歌词。余久不作，特取退之词，稍加檃括，使就声律，以遗之云。”又，《哨遍》（为米折腰）词序亦云：“乃取《归去来词》，稍加檃括，使就声律。”而作《江城子》密州出猎词后，“令东州壮士抵掌顿足而歌之，吹笛击鼓以为节”，是为了区别于“柳七郎风味”，求“自是一家”，于协律一道并不能下简单的结论。李之仪《跋〈戚氏〉》一文，记叙了苏轼五十九岁时出任定州安抚使，席间有歌者唱柳永《戚氏》词，并请苏轼即席填写新词，“意将索老人之才于仓卒，以验天下之所向慕者。老人笑而颔之，邂逅方论穆天子事，颇摘其虚诞，遂资以应之。随声随写，歌竟篇就，才点定五六字尔。坐中随声击节，终席不间他

---

① 《复斋漫录》引晁补之语，见胡仔《苕溪渔隐丛话》后集卷三三，第253页。

② 李清照：《词论》，《李清照集校注》，第195页。

③ 王灼著，岳珍校正《碧鸡漫志校正》卷二，第37页。

④ 胡仔：《苕溪渔隐丛话》后集卷二六，第193页。

⑤ 沈义父：《乐府指迷》，《词源注·乐府指迷笺释》，第75–76页。

⑥ 陈正敏：《遯斋闲览》，见胡仔《苕溪渔隐丛话》前集卷四二，第284页。

辞,亦不容别进一语。临分曰:'足以为中山一时盛事'"[①]。苏轼之才于"随声随写,歌竟篇就"中可见,协律一事自无疑问。

由苏轼自己所言,以及他人所说,都可见苏轼于唱曲一道并非外行。《书彭城观月诗》有云,十八年前与弟苏辙观月彭城作此诗,"以《阳关》歌之。今复此夜,宿于赣上,方迁岭表,独歌此曲……"陆游也说:"世言东坡不能歌,故所作乐府词多不协。晁以道云:'绍圣初,与东坡别于汴上。东坡酒酣,自歌《古阳关》。'则公非不能歌,但豪放不喜裁剪以就声律耳。"[②]叶梦得亦记有东坡在黄州与客饮江上,夜归而歌《临江仙》之事[③]。他对《阳关三叠》的唱法,有极精到的考释。可见,苏轼之自谦唱曲"不如人"并非"不能",据此而断苏词不协律,至少是论据不足的。宋朱弁曾说:"章楶质夫作《水龙吟》咏杨花,其命意用事,清丽可喜。东坡和之,若豪放不入律吕。徐而视之,声韵谐婉,便觉质夫词有织绣工夫。"[④]可见,苏之咏杨花固然"若豪放"而实际上"声韵谐婉"。

当然,苏轼词也确有"曲子中缚不住"的现象,陆游就指出了苏轼"但豪放不喜裁剪以就声律"的特点,词论家多有辨苏轼的名作《念奴娇》(赤壁怀古)不谐音律者,就是一个显见例子。但诚如毛稚黄所言,这是"文自为文,歌自为歌,然歌不碍文,文不碍歌,是坡公雄才自放处","亦词家一法"[⑤]。这又说明,"豪放"虽非与协律对立,确也偶有挣脱音律的现象。这样一来,如晁补之论苏轼的"自是曲子中缚不住者",李调元也说东坡"才大不肯受束缚",实又使协律问题回到了"风格即人"的论题上。清人万树曾为苏轼辩解:"人每谓坡公词不叶律,试观如此长篇(按,指《戚氏》),字字不苟,何常不协乎……奈何轻以失律讥之欤?"[⑥]但苏词又确有不协律现象,这就很容易令人想起苏轼及其他豪放词作者,在首先顾及词的内容时,常与前引《魏书·张彝传》的"步眄高上,无所顾忌"的为人特点相生发。所以,"不喜剪裁以就声律"是与其为人的"但豪放"密切相关、互为表里的。

对于"文自为文,歌自为歌,然歌不碍文,文不碍歌",还是有必要作出进一步的辨析,因为虽一般统言格律或音律,实际上曲子词的音乐与其文字的格律并非一码事,苏词的豪放正是"文自为文"与"歌自为歌"的分离,并不能做到"歌不碍文,文不碍歌"。

苏轼"以诗为词",致力于拓宽词境、改变词风、推尊词体,将儒家"诗言志"的传统嫁接入词,在词的传统创作领域里,泾渭分明地区别雅俗,并要求文士自觉在"雅"方站队。甚至在力所不逮的"创调"领域,也曾刻意择选雄壮豪迈的旋律,"倚声"以求文人词之"格调"、"骨力",以作示范。其所作被认为是豪放而"曲子中缚不住",对此应怎样深入地看待呢?尽管"以诗为词"、标举雅化或许可以取得曲子词的文学成就,但如

① 李之仪:《跋〈戚氏〉》,《姑溪居士全集·文集》卷三八,丛书集成初编本,第301页。
② 陆游:《老学庵笔记》卷五,《宋元笔记小说大观》,第3498页。
③ 叶梦得:《避暑录话》卷二,《宋元笔记小说大观》,第2610–2611页。
④ 朱弁:《曲洧旧闻》卷五,《宋元笔记小说大观》,第2993页。
⑤ 王又华:《古今词论》引毛稚黄语,《词话丛编》,第608页。
⑥ 万树:《词律》卷二〇,第457页。

果只求改辞，不考虑音乐的变化，这种努力也会带来弊端：用俗曲子的音乐作雅词，至少会导致偏离原曲调名本意的后果。与苏轼同时代的沈括即对这种现象颇有微辞。他在《梦溪笔谈》中说："今声词相从，唯里巷间歌谣及阳关、捣练之类，稍类旧俗。然唐人填曲，多咏其曲名，所以哀乐与声尚相谐会。今人则不复知有声矣，哀声而歌乐词，乐声而歌怨词，故语虽切而不能感动人情，由声与意不相谐故也。"①

沈括所说，涉及两种可能。一种是：很多在唐代用以填词的曲子到北宋已经不复有声，宋人只好依前人旧制以格律摹写，直如今人之依宋词而填；另一种是：唐曲子在当时虽还沿续，但许多作者已不辨声情，致使新填之词与原来的曲调声情南辕北辙。虽能将词写得如诗一样极"切"合其所要表达的思想感情，但配上曲子一唱，却难以动摇人心。后一种情况，正恰好可用来解释宋词留给后人最富争议的一个问题：同一词牌，不同作者所作，句式、平仄、用韵并无差别，居然可以填出多种不同题材风格之词。

苏轼的代表作《念奴娇》（赤壁怀古）堪称这后一种情况的代表。《念奴娇》初为入声韵，见《全芳备祖·前集》卷十"杏花门"所录宋人沈唐词，沈词婉约悱恻，与苏词的雄浑迥异，而二词却句式、平仄、叶韵相同。由是观之，李清照《词论》纠弹苏轼并非无由。至少可以据此断定，苏轼填《念奴娇》应是在原曲已佚、无从倚声的情况下，只能依沈唐原作的平仄格律而为。然而依晁无咎所说，东坡"自是曲子中缚不住者"，王灼盛赞其"指出向上一路"，于是便"以诗人之句法"入词。此处的"句法"若解作句读之轻重缓急，则词体与诗体作法的本质区别自见：词之句读强弱须迎合曲拍强弱，而诗之句读强弱全由平仄格律而定，不与音乐直接相关。由是观之，沈括之说实是确凿可信。

据施蛰存先生的考证，长短句在唐代是一种诗体，在宋代是词的本名。施著以韩偓《香奁集》为例，说明中晚唐时期，"长短句"这个名词所指的，是以五七言句法为主的一种新诗体。宋人并非不谙此理，苏轼刻意择雄迈之曲为有骨力之词，也是一种合理的尝试。但由于没有足够数量的合适歌曲，往往随意挪用旁曲造成无法协律的事实，如"《渔父词》以《鹧鸪天》歌之甚协律，恨语少声多"等，就是曲拍与词句不合的明证。这样的长短句，李清照给它命名为"句读不葺之诗"，说明宋人治文体之严，以至于当时这还是一种不合规范不获承认的韵文体裁。②

对于陆游等人为苏轼的辩护，应怎样看呢？东坡能自歌古《阳关》，仅说明苏轼会唱歌，他唱的是"古《阳关》"，歌曲歌词均是古人定好的，并非苏轼自己倚声而填。众所周知，唱歌与作词作曲根本是两码事，即使专业歌唱演员也大都不擅作词。苏轼确实有《阳关曲》三首，但这三首根据苏轼的自序，根本就是诗！诗的歌法，本来就是选诗以配乐，如何用来说明苏轼懂词乐呢？《江城子》（密州出猎）一首，是用词的字数创作并断句的，苏轼在给鲜于侁信中说："令东州壮士抵掌顿足而歌之，吹笛击鼓以为节，颇壮观也。"在黄州时所作的《哨遍》序又说："陶渊明赋《归去来》，有其词而无其声。余治东坡，筑雪堂于上，人俱笑其陋。独鄱阳董毅夫过而悦之，有卜邻之意。乃取《归去来

① 沈括著，胡道静校注：《新校正梦溪笔谈》卷五，第62页。

② 施蛰存：《词学名词释义》，中华书局1988年版，第6-10页。

词》,稍加檃括,使就声律,以遗毅夫。使家僮歌之,时相从于东坡,释耒而和之,扣牛角而为之节,不亦乐乎。"而根据《乐府杂录》的记载,唐教坊乐的主奏乐器,是丝竹二部。《江城子》之歌,其主要伴奏,居然是"顿足"的声音,直如"踏摇",哪里是合乐部而歌呢!东坡也用到了笛和鼓,但他说得非常明确,那只是用作节的,亦即给歌曲打拍子。不论是笛还是鼓,用作节拍器,其音声必然是不连贯的,因此东坡此《江城子》几近于徒歌。而《归去来辞》本来是古歌行体的诗,稍加檃括的意思,即按照《哨遍》的句式断句,这还是"以诗为词"的一贯作法。他让小仆人徒歌,自己把犁田的农具解下来,跟着作和声,还用手拍耕牛角来打拍子,这不像是在合乐部而歌,倒很象汉代的相和歌了。他更误以为檃括词句即可"就声律",说明他所说的"声律",只是指唱歌时的句读长短而已。由此可见,苏东坡填词之时,是听过且会唱所填之曲的。但他的作词之法,只是把每一句按前人作品的固定字数、平仄格式写成诗句,然后徒歌,就连改动个别拗口字使之协唱的记载都找不到。当然,前引李之仪记载苏轼即席填《戚氏》词一事当别论,因为"随声随写,歌竟篇就"是真正的"倚声"所填,是歌者与词人"互动"的结果,倘无歌者在旁歌之,只是苏轼自填,怕就难以做到如此按拍合律且又可歌了。苏轼的自创,多因不审词乐而不善变动字句的定式,使得本为"倚声"的歌词创作(一如今人歌曲之作词)失去了依"曲拍为句"的灵活性,变成了依字数为句,"豪放"一路遂走入了案头文学的"别格"。

有人以苏轼好鼓琴,曾倚声填《醉翁操》而认为他雅善知音。事实上,琴曲与散乐丝竹最大的区别就是,琴曲谱没有节拍,具体的旋律完全根据每个抚琴者自身的感受与审美而定。"大音希声"反映在琴的演奏上就是自由发挥,这是琴之所以成为文人雅玩的最主要原因。而教坊乐从唐朝开始,就有着较为固定的节拍,旋律也是相对固定的。苏轼所作《醉翁操序》,体现的是他的审美情趣。仔细阅读便不难看出,其中并没有一个字涉及琴的律制,以及怎样填词才能与琴声谐和的法度。因此依据《醉翁操》断定苏轼熟知音律,也是没有根据的。

总之,从北宋中期起,词乐开始流于程序化,苏轼的"以诗为词",是真正的"变伶工之词为士大夫之词",这一路创作不"依曲拍为句",脱离"倚声"。曲子词之"别格"从一开始就是按照诗法创作出来的案头文学,并不具备音乐文学的特质,这就是以"词为倚声"观照苏轼"以诗为词"的一种"别解",也是对苏词"豪放"是否合乐的认识。所以,苏词的豪放,仍只能理解为"文自为文,歌自为歌",与"歌不碍文,文不碍歌"还存在不小的距离。

虽然苏词因豪放而导致一定程度的文乐分离,但可以说是既顺应了宋词的发展态势,又以其所作开启了这一大势。为何这样说呢?因为自长短句的词诞生以来,实际上就存在着文人与乐工分离的现象,北宋词虽盛,但沈括就指出其时词多是声与辞不合,其甚者以至"哀声而歌乐词,乐声而歌怨词",究其原因,当是"后之为乐者,文备而实不足。乐师之志,主于中节奏、谐声律而已"[①]。沈义父亦曾论及:"前辈好词甚多,往往不协律腔,所以无人唱。如秦楼楚馆所歌之词,多是教坊乐工及闹井做赚人所作,只缘音

① 沈括著,胡道静校注:《新校正梦溪笔谈》卷五,第62页。

律不差,故多唱之。求其下语用字,全不可读。"[①]这种情况应不是宋末才有,比照沈括所论,可见是由来已久的。而张炎以周邦彦这样精于乐律的词人仍"于音谱且间有未谐"并感叹"可见其难矣"。[②]由于文人昧于乐,乐工又无文,为消除文人作词的障碍,王安石曾以古而反近:"古之歌者,皆先有词,后有声,故曰:'诗言志,歌永言,声依永,律和声。'如今先撰腔子,后填词,却是永依声也。"[③]此说应是代表了诸多昧于词乐的文人对"音障"的不满和反抗。苏轼以前,只有柳永才因既精乐律,又与歌妓乐工密切合作,使长调大盛,但柳永因顺应歌与文的相谐,从俗乐而作俗词;而柳词本身则既有文人雅词,又有市井俗词,呈现兼跨两端、雅俗分流的二元现象。柳永以外,鲜见文人能从俗乐而作新词,而仍多令词之作。所以,苏轼的"以诗为词"成其豪放之作,内中多为长调,是以雅改俗之举。同时,又在词人与乐工分离的情况下,既能如元稹《乐府古题序》所说的"由乐以定词",又不惧其难,大胆实践,主文而不主声,力图打开文人雅词的大门,这对于士大夫文人更多地介入长调创作,无疑是很好的榜样。虽说我们至今仍难以准确判断词乐分离的成因,但从结果来看,苏轼的豪放词应代表了词摆脱音乐的附属地位,成为独立文体的发展方向。

最后再对苏轼"以诗为词"所成之"豪放词"作一小结。

词自诞生之初,就确乎存在不同于诗的"体性"特征。敦煌曲子词虽反映生活面较广,风格较多样,但作为文人词结集的"花间"词就以"柔丽"为宗,张炎《词源》所说的"簸弄风月,陶写性情,词婉于诗",其实就是对"花间"潜势力的认可。因此,苏轼的豪放词出,陈师道、李清照皆持异议,李之仪则非针对性地作感慨:"长短句于遣词中,最为难工,自有一种风格,稍不如格,便觉龃龉。"[④]尽管胡寅、王灼、胡仔、陆游、刘辰翁、王若虚、元好问等宋金论家都推崇东坡词,但如张綖,虽承认婉约、豪放为词体"大略",却又认为"以婉约为正",清王士禛所着眼的也是"枝上柳绵,恐屯田缘情绮靡,未必能过。孰谓坡但解作大江东去耶,髯直是轶伦绝群"[⑤]。清贺裳也说:"苏子瞻有铜琶铁板之讥,然其浣溪沙春闺曰:'彩索身轻常趁燕,红窗睡重不闻莺',如此风调,令十七八女郎歌之,岂在'晓风残月'之下。"[⑥]这些都说明人们心目中以婉约为正的观念是多么根深蒂固。

诚如俞平伯所说:"词在最初已走着一条狭路,此后历南唐两宋未尝没有豪杰之士自制新篇,其风格题材每轶出《花间》的范围;但其为'诗客曲子词'的性质却没有改变,亦不能发生有意识的变革。'花间'的潜势力依然笼罩着千年的词坛。"[⑦]既如此,以婉约为正、豪放为变,且崇正抑变的观念,就成了论词的主调之成因。南宋王炎云:"今之为长短句者,字字言闺阃事,故语懦而意卑。或者欲为豪壮语以矫之。夫古律诗且不

---

① 沈义父:《乐府指迷》,《词源注·乐府指迷笺释》,第69页。
② 张炎:《词源》,《词源注·乐府指迷笺释》,第9页。
③ 赵令畤:《侯鲭录》卷七,《宋元笔记小说大观》,第2091页。
④ 李之仪:《跋吴思道小词》,《姑溪居士全集·文集》卷四〇,丛书集成初编本,第310页。
⑤ 王士禛:《花草蒙拾》,《词话丛编》,第680页。
⑥ 贺裳:《皱水轩词筌》,《词话丛编》,第696–697页。
⑦ 俞平伯:《唐宋词选释·前言》,《俞平伯全集》第4卷,第152页。

以豪壮语为贵,长短句命名曰曲,取其曲尽人情,惟婉转妩媚为善,豪壮语何贵焉。”[①]这是一段颇具代表性的话。直到明清时,仍持这种正变观而申其抑扬之见。如明何良俊《草堂诗馀序》云:“乐府以皦迳扬厉为工,诗馀以婉丽流畅为美;如周清真、张子野、秦少游、晁叔用诸人之作,柔情曼声,摹写殆尽,正辞家所谓当行、所谓本色者也。”[②]清王士禛《倚声初集序》则曰:“诗馀者,古诗之苗裔也。语其正则景、煜为之祖,至漱玉、淮海而极盛,高、史其大成也;语其变,则眉山导其源,至稼轩、放翁而尽变,陈、刘其馀波也。”[③]而彭孙遹所说的“词以艳丽为本色,要是体制使然”[④],则可看作王说之补充。

尽管传统眼光、势力是如此,却毕竟看到了豪放词的独特贡献,并承认其历史地位。颇具权威性的《东坡词提要》以之“与花间一派并行而不能偏废”[⑤]。田同之不从“体制”而就“性情”论词之“本色”,能突破传统的正变观:“填词亦各见其性情,性情豪放者,强作婉约语,毕竟豪气未除。性情婉约者,强作豪放语,不觉婉态自露。故婉约自是本色,豪放亦未尝非本色也。”[⑥]沈祥龙则从词之内容、题材言婉约、豪放之所宜:“词有婉约,有豪放,二者不可偏废,在施之各当耳。房中之奏,出以豪放,则情致绝少缠绵。塞下之曲,行以婉约,则气象何能恢拓。苏、辛与秦、柳,贵集其长也。”[⑦]所说极为通达。

由于苏轼的拓展词境、变革词风,以他的文坛领袖的地位,又热心提携后进,影响所及,造就了蔚为壮观的元祐词林。黄庭坚、秦观、晁补之、张耒、陈师道、毛滂、贺铸即其中的主要人物。北宋灭亡后,苏词的影响流播南北。南渡词人中,如向子諲、陈与义、叶梦得、张元幹,直到张孝祥、陆游、陈亮、辛弃疾,都继承了苏轼以词言志咏怀的传统,成为南渡词坛的主流。由于苏学盛于北,苏词的豪放雄奇与“深裘大马之风”相融,开金源之盛,蔡松年、赵秉文、元好问是其中代表。直到金与南宋灭亡,苏轼词的影响依然未减。

第七节　如诗似曲的黄庭坚词

苏轼的“以诗为词”虽难得普遍的认同,但由于其文坛领袖的地位及号召力,亦对其门下及当时的词作者产生了一定的影响。词的题材变化,情的内涵改变,也必然使词的创作理论与实践发生变化。苏门诸子对苏轼革新词体看法不一,对词人词作的评价也不同,可是总体上对词的诗化都有不同程度的接受。如黄庭坚作《小山词序》,称晏几道“独嬉弄乐府之馀,而寓以诗人之句法……其乐府可谓狎邪之大雅,豪士之鼓吹”[①]。以苏轼《卜算子》孤鸿词:“语意高妙,似非吃烟火食人语。非胸中有万卷书,笔下无一点尘俗气,孰能至此!”[②]晁补之为苏轼的不谙音律辩护,虽强调“本色”,却仍同意

① 王炎:《双溪诗馀自序》,《词籍序跋萃编》,第 302 页。
② 何良俊:《草堂诗馀序》,《词籍序跋萃编》,第 670 页。
③ 王士禛:《倚声初集序》,邹祗谟、王士禛《倚声初集》,《续修四库全书》第 1729 册,第 164 页。
④ 彭孙遹:《金粟词话》,《词话丛编》,第 723 页。
⑤ 永瑢等:《四库全书总目》卷一九八,第 1808–1809 页。
⑥ 田同之:《西圃词说》,《词话丛编》,第 1455 页。
⑦ 沈祥龙:《论词随笔》,《词话丛编》,第 4049 页。

词的诗化。张耒《东山词序》论词而与文章共观，以为“满心而发，肆口而成”是“情性之至道”[3]。尤其是黄庭坚，非但在诗歌创作上与苏轼并称，而且在词作上也有近于苏轼“以诗为词”之处。不过，正如论诗的“夺胎换骨”“点铁成金”一样，黄庭坚为词也多方师承，且能自出面目，体现出雅俗结合、变化甚多的特点。

对于苏门俊彦，苏籀侧重评黄、秦、晁三人，其中首论黄庭坚云：“黄太史纤秾精稳，体趣天出，简切流美，能中之能，投弃锜斧，有佩玉之雍容。”[4]同门则所见颇有歧异，陈师道认为苏轼“以诗为词”“要非本色”，而“今代词手唯秦七、黄九”[5]，而晁补之却以黄庭坚“间作小词，固高妙，然不是当行家语，是著腔子唱好诗”[6]。李清照《词论》在肯定黄庭坚属于词的“知之者”同时，又以其“尚故实而多疵病，譬如良玉有瑕，价自减半”。南宋人仍所见不同，如王灼以为其词学东坡而“韵致得七八”[7]，胡仔则说“鲁直词亦有佳者，第无多首耳”[8]。

为何对黄庭坚词的看法会有较多的分歧呢？这当与其雅俗兼到、风貌甚多的原因有关，以至论者常是论其一面而未及其余。

黄庭坚(1045—1105)，字鲁直，号山谷道人，晚号涪翁，祖籍婺州金华(今属浙江)，徙居洪州分宁(今江西修水)。英宗治平四年(1067)进士，授叶县尉。后除国子监教授。元丰初知吉州太和县。哲宗立，召为校书郎，再为《神宗实录》检讨官，迁著作佐郎，加集贤校理。以元祐党人贬涪州别驾，黔州安置。徽宗即位，召还，以文字罪除名，羁管宜州，卒于贬所。有《豫州黄先生集》、《山谷琴趣外编》等。

一、妙脱蹊径　迥出慧心

黄庭坚存词一百九十多首，虽少于苏轼的三百二十首左右，却与柳永的一百九十多首、周邦彦的约二百首相近，超过了其他北宋词人。

笔者以为，在历代对黄庭坚词的评价中，《四库全书总目》的看法较为持平可取，在指出其有些作品“皆亵诨不可名状”同时，又说：

> 顾其佳者则妙脱蹊径，迥出慧心，补之著腔好诗之说，颇为近之。师道以配秦观，殆非定论。[9]

《四库全书简明目录》以其诗“峭拔奇丽，自为门径，入词乃非当行”，与此同时，又说：

---

① 黄庭坚：《小山词序》，《词籍序跋萃编》，第51页。

② 黄庭坚：《跋东坡乐府》，《豫章黄先生文集》卷二六，四部丛刊本。

③ 张耒：《东山词序》，《词籍序跋萃编》，第121页。

④ 苏籀：《书三学士长短句新集后》，《双溪集》卷一一，丛书集成初编本，第152页。

⑤ 陈师道：《后山诗话》，《历代诗话》，第309页。

⑥ 吴曾：《能改斋漫录》卷一六，第469页。

⑦ 王灼著，岳珍校正：《碧鸡漫志校正》卷二，第34页。

⑧ 胡仔：《苕溪渔隐丛话》后集卷三三，第253页。

⑨ 永瑢等：《四库全书总目》卷一九八，第1809页。

然当其造语高妙之处,亦脱尽畦町。盖此事非所留意,但偶然兴到即佳耳。①

所说相近而又作了很好的补充。

黄庭坚词中的佳者,如刘熙载所说,是“用意深至,自非小才所能办”②,不乏刻意学苏词之处。如《念奴娇》与《水调歌头》二首都可见苏轼“以诗为词”的清雄豪壮之风。前者有小序:

八月十八日同诸生步自永安城楼,过张宽夫园待月。偶有名酒,因以金荷酌众客。客有孙彦立,善吹笛。援笔作乐府长短句,文不加点。

词云:

断虹霁雨,净秋空、山染修眉新绿。桂影扶疏,谁便道、今夕清辉不足。万里青天,嫦娥何处,驾此一轮玉。寒光零乱,为谁偏照醽渌。　年少从我追凉,晚寻幽径,绕张园森木。醉倒金荷,家万里、难得尊前相属。老子平生,江南江北,最爱临风笛。孙郎微笑,坐来声喷霜竹。

此词先写开阔远景,秋空明净,山如修眉,高旷而明远。接写赏月,万里青天,一轮玉盘,零乱寒光偏照美酒之上。下片写月下与青年人游园、饮酒、临风赏乐,结于孙彦立声喷霜竹的演奏。此词属辞鲜明,气概高迈,情绪达观,虽与东坡的《念奴娇》赤壁词题材不同,表达的意旨亦异,但雄豪之气却颇见一致。

又《水调歌头》(游览)亦为近于苏词之作:

瑶草一何碧,春入武陵溪。溪上桃花无数,枝上有黄鹂。我欲穿花寻路,直入白云深处,浩气展虹霓。只恐花深里,红雾湿人衣。　坐玉石,倚玉枕,拂金徽。谪仙何处,无人伴我白螺杯。我为灵芝仙草,不为绛唇丹脸,长啸亦何为。醉舞下山去,明月逐人归。

此词当写于被贬时期。上片写幻想中的武陵源春日之游,从瑶草开始,展开入武陵溪所见的想象,从桃花、黄鹂,直到白云深处,因虑及花深而红雾湿衣,故止步而入下片,坐于玉石之上,靠着玉枕,弹奏着瑶琴,因无李白为伴,故只能手把白螺杯一人独饮了。“我为”二句上承瑶草、桃花,表明此来意向是为灵芝仙草,而不是花的绛唇丹脸,既然“耻掇世上艳,所贵心之珍”(李白《拟古十二首》之四),长啸又何为呢?最后醉舞下山,回到人境。词中化用王维、李白诗句,营造了清丽明艳的境界,表达了清高绝

① 永瑢等:《四库全书简明目录》卷二〇,第888页。
② 刘熙载:《艺概》卷四《词曲概》,第108页。

俗的襟怀,“我欲”—“只恐”的句式显见东坡中秋词的痕迹,气度、风格亦近于东坡。

以上二词皆清雄明净,可见山谷学习东坡之处,所不同者是:东坡的《念奴娇》近豪放而山谷近清旷,东坡的《水调歌头》近清旷而山谷近豪放。

《定风波》(次高左藏使君韵)则为处逆境却不改豪气之作,与东坡词为近:

> 万里黔中一漏天。屋居终日似乘船。及至重阳天也霁。催醉。鬼门关近蜀江前。　　莫笑老翁犹气岸,君看,几人白发上华颠。戏马台南追两谢,驰射,风情犹拍古人肩。

绍圣二年(1095)黄庭坚以修《神宗实录》不实的罪名被贬为涪州别驾,黔州安置,处境极其艰难,而词人却不改其乐观奋发的精神。上片写黔中“天无三日晴”,至重阳雨止天开,“催醉”二字透出欣喜,上结再写此地的险峻,以反衬其不计得失之心。下片写重阳赏菊、作诗之兴(刘裕北征至彭城,重阳会于项羽所筑戏马台,谢瞻、谢灵运各赋诗一首),甚至还骑马射箭,不失“右拍洪崖肩”(郭璞《游仙诗》)的风流。若谓东坡在逆境中善作解脱,那么山谷则豪气直在东坡之上。

同韵的《鹧鸪天》二首,亦作于贬所,皆以旷达为基调,却又见不同。《鹧鸪天》(明日独酌自嘲呈史应之),旷中略见颓放而自劝之意:

> 万事令人心骨寒,故人坟上土新干。淫坊酒肆闲居士,李下何妨也整冠。
> 金作鼎,玉为餐。老来亦失少时欢。茱萸菊蕊年年事,十日还将九日看。

而《鹧鸪天》(坐中有眉山隐客史应之和前韵,即席答之),却旷中见傲世与挑战之意:

> 黄菊枝头生晓寒,人生莫放酒杯干。风前横笛斜吹雨,醉里簪花倒着冠。
> 身健在,且加餐,舞裙歌板尽清欢。黄花白发相牵挽,付与时人冷眼看。

山谷词佳者的另一类,如杨希闵《词轨》卷四引陈广夫所说:“今之言词,论及山谷辄加丑诋,渠侬焉识魏公妩媚耶。山谷称叔原词精壮顿挫,时寓以诗人句法。叔原犹未逮也,正山谷自谓耳。”魏征铁面无私,而唐太宗又称其妩媚,看似矛盾,却是原本存在的一面。山谷俗词常为人所诋,而其雅词则确是“时寓以诗人句法”,虽非显学苏轼,却在“以诗为词”上具有一致性。

如《水调歌头》:

> 落日塞垣路,风劲戛貂裘。翩翩数骑闲猎,深入黑山头。极目平沙千里,惟见雕弓白羽,铁面骏骅骝。隐隐望青冢,特地起闲愁。　　汉天子,方鼎盛,四百州。玉颜皓齿,深锁三十六宫秋。堂有经纶贤相,边有纵横谋将,不减翠蛾羞。戎虏和

乐也,圣主永无忧。

此词题材为唐人咏史诗所常见,宋人中如王安石也对王昭君和番事写过翻案式的诗歌,山谷所写,非仅境界开阔,气氛苍凉,而且具有咏史诗的针砭意旨与讽刺的冷隽手法,其句法亦与诗歌为近。

《鹊桥仙》(次东坡七夕韵)也在题旨、构思、运词、境界上具有诗的特点,而与词的小巧、曲折为远:

八年不见,清都绛阙,望河汉、溶溶漾漾。年年牛女恨风波,算此事、人间天上。野麋丰草,江鸥远水,老去唯便疏放。百钱端欲问君平,早晚具、归田小舫。

山谷有些词,缘事即物,而能发其理趣,出己情感,尤见脱蹊径而出慧心,很耐人寻味。如《定风波》:

把酒花前欲问溪,问溪何事晚声悲。名利往来人尽老,谁道,溪声今古有休时。且共玉人斟玉醑,休诉。笙歌一曲黛眉低。情似长溪长不断,君看,水声东去月轮西。

上片以溪声不断、未有休时,与"名利往来人尽老"相拟,在轻言细语中令人震悚。下片承上而有弃名利之思、求及时行乐之意,仍就溪流不尽作情长之拟,在景语相结中寓含无尽情意。

又如《西江月》(月侧金盆堕水)一首,在本章第一节已引,兹不赘。此词的写作缘由是:黄庭坚因在荆州作《承天院塔记》,被指摘有"幸灾谤国"之语,除名编管宜州(治所在今广西宜山),途中在长沙遇惠洪并得赠词,此词为次韵和作。首二句写湖南行旅,三四句酬答惠洪,过片以南柯之梦和杨花飘零写自己的人生体会,最后表其豁达之心:社燕秋鸿皆无定所,以喻自己和惠洪,但处处皆有青山滴翠,以此而开解。此词亦"以诗为词",虚实结合,转折吞吐,情理兼到。

《木兰花令》(凌歊台上青青麦)本章第一节已引,不赘。此词作于宋徽宗崇宁元年(1102),黄庭坚获准知太平州(今安徽当涂),不料仅上任九天即被罢,故作此词。凌歊台、姑熟堂皆当涂胜景,首二句以历史胜迹的黍离麦秀、惟见于翰墨之中,寄寓宦海浮沉之感,三四句写自己出知太平州一事。过片概括自己为官九日即被罢的突变,最后谓不必作宾主之分,表达庄子齐物我、等贵贱、一是非的思想,以之为自我开脱。在苏轼之后,黄庭坚显是又一妙出慧心、以老庄而见达观的词人。

山谷雅词甚多,再录《清平乐》:

春归何处,寂寞无行路。若有人知春去处。唤取归来同住。 春无踪迹谁知，除非问取黄鹂。百啭无人能解，因风飞过蔷薇。

此词从问春、惜春，到唤春、寻春，终至春无可寻，而在难解黄鹂啼声中结束。其惜春之情，却馀音袅袅，延续不已。

又《清平乐》（重九）：

黄花当户，已觉秋容暮。云梦南州逢笑语，心在歌边舞处。　使君一笑眉开，新晴照酒尊来。且乐尊前见在，休思走马章台。

此词不似上首的逐层转深，而是腾挪换接，从当前写到所思，又回到眼前。因重九易生时岁催人之想，故词中以当下即是的态度把握人生，用且乐眼前自劝。

以上所作，都属"著腔子唱好诗"，而成妙脱蹊径、造语高妙之词，为山谷雅词中清雄或和婉一类。

二、瘦健精险　桀骜不驯

唐诗丰润而意境圆融，宋诗瘦劲而长于理趣，而宋诗的这一面貌，又与黄庭坚颇有关系。王灼以山谷学东坡"韵致得七八"，主要指其沿苏轼"以诗为词"一路，而结果则是因其诗而成其词的特殊风格。这一风格被明人张綖对比黄秦时拈出：

陈后山云："今之词手，惟有秦七、黄九。"谓淮海、山谷也。然词尚丰润，山谷特瘦健，似非秦比。①

而王世贞则对几位词坛大家评论道："温韦艳而促，黄九精而险，长公丽而壮，幼安辨而奇，又其次也，词之变体也。"②合张綖与王世贞之见，山谷词的风格可概括为瘦健精险四字。由于词尚丰润，山谷与之异趣，故又被认为是桀骜不驯。陈廷焯即云：

黄鲁直词，乖僻无理，桀骜不驯；然亦间有佳者。如……③

沈曾植《菌阁琐谈》、邹弢《三借庐赘谭》卷十一，也分有"险丽"④、"生硬"之说，亦与上说为近。

此类词如《醉落魄》，词前有序：

---

① 张綖：《淮海居士长短句跋》，《词籍序跋萃编》，第74页。
② 王世贞：《艺苑卮言》，《词话丛编》，第385页。
③ 陈廷焯著，屈兴国校注：《白雨斋词话足本校注》卷八，第623页。
④ 沈曾植：《菌阁琐谈》，《词话丛编》，第3607页。

旧有一曲云："醉醒醒醉，凭君会取这滋味。浓斟琥珀香浮蚁。一入愁肠，便有阳春意。须将幕席为天地，歌前起舞花前睡。从他兀兀陶陶里。犹胜醒醒，惹得闲憔悴。"此曲亦有佳句，而多斧凿痕，又语高下不甚入律。或传是东坡语，非也。与蜗角虚名、解下痴绦之曲相似，疑是王仲父作。因戏作二篇，呈吴元祥、黄中行，似能厌道二公意中事。

词云：

陶陶兀兀，尊前是我华胥国。争名争利休休莫。雪月风花，不醉怎归得。

邯郸一枕谁忧乐，新诗新事困闲适。东山小妓携丝竹。家里乐天，村里谢安石。（石曼卿云：村里黄番绰，家中白侍郎。）

此词表休争名利、忘怀忧乐，学习白居易、谢安携妓而游之意，写法与一般的词大异，其警世式的语言，说理与示象的结合，加以入声字的运用，都很见险而劲，确令人有桀骜不驯之感。

《渔家傲》组词，被毛晋认为是"借题棒喝，拈示后人"，"岂其与桃叶团扇斗妖艳耶"[①]，也是说理之词。其小序云：

江宁江口阻风，戏效宝宁勇禅师作古渔家傲。王环中云，庐山中人，颇欲得之。试思索，始记四篇。

录其三：

万水千山来此土，本提心印传梁武。对朕者谁浑不顾。成死语，江头暗折长芦渡。　面壁九年看二祖，一花五叶亲分付。只履提归葱岭去。君知否，分明忘却来时路。

三十年来无孔窍，几回得眼还迷照。一见桃花参学了。呈法要，无弦琴上单于调。　摘叶寻枝虚半老，拈花特地重年少。今后水云人欲晓。非玄妙，灵云合破桃花笑。

忆昔药山生一虎，华亭船上寻人渡。散却夹山拈坐具。呈见处，系驴橛上合头语。　千户垂丝君看取，离钩三寸无生路。蓦口一桡亲子父。犹回顾，瞎驴丧我儿孙去。

黄庭坚精于禅宗，此组的第一首演达摩东来传法，与梁武帝机缘不契，遂北上嵩

① 毛晋：《山谷词跋》，《词籍序跋萃编》，第87页。

山、面壁九年，传法二祖，留下偈语、只履西归的故事。第二首演《景德传灯录》卷一一福州灵云志勤禅师三十年见桃悟道一事。第三首演《五灯会元》卷五华亭船子和尚事。此组词确与以缘情为当行本色的词大异，其“借题棒喝，拈示后人”，显见精奇、险劲，与当行之词相较，宜于以“桀骜不驯”一语以评之。

黄庭坚所作茶词甚多，而各首都有所不同。

《满庭芳》（茶）：

北苑春风，方圭圆璧，万里名动京关。碎身粉骨，功合上凌烟。尊俎风流战胜，降春睡、开拓愁边。纤纤捧，研膏溅乳，金缕鹧鸪斑。　　相如虽病渴，一觞一咏，宾有群贤。为扶起灯前，醉玉颓山。搜搅胸中万卷，还倾动、三峡词源。归来晚，文君未寝，相对小窗前。

《满庭芳》（咏茶）：

北苑龙团，江南鹰爪，万里名动京关。碾轻罗细，琼蕊暖生烟。一种风流气味，如甘露、不染尘凡。纤纤捧，冰瓷莹玉，金缕鹧鸪斑。　　相如方病酒，银瓶蟹眼，波怒涛翻。为扶起尊前，醉玉颓山。饮罢风生两腋，醒魂到、明月轮边。归来晚，文君未寝，相对小窗前。

二首用同一调、同一韵，亦有不少语句相同，二首的写法因尽力铺排，都类似于赋。第一首以“粉身碎骨”喻研磨制茶，绾合为国捐躯的功臣，设想奇妙，而“尊俎风流战胜”，“开拓愁边”，则在写茶之所用时，从字面上切合凌烟阁的功臣，下片从雅集品茶引出司马相如患消渴疾一事，又连用四个典故，最后带出卓文君以呼应司马相如，为茶会作结。后一首开头的以龙团、鹰爪写茶，下片茶汤的“银瓶蟹眼，波怒涛翻”，饮后的“风生两腋，醒魂到、明月轮边”，又回到司马相如和卓文君事。两首都腾挪跌宕，设想奇特，大开大阖，多用典故，与词的通常写法显为不同，而近于作者为诗的刻意出奇，穷力追新，可谓精能险劲、桀骜不驯。

《阮郎归》（效福唐独木桥体作茶词），福唐独木桥体，即全首仅押同字一韵。词云：

烹茶留客驻雕鞍，有人愁远山。别郎容易见郎难，月斜窗外山。　　归去后，忆前欢，画屏金博山。一杯春露莫留残，与郎扶玉山。

此类巧体在黄庭坚之前似尚未见，而到元曲之中则渐多，可谓在苏轼喜作回文之后的又一种尝试。由于曲尚巧而不避尖新，词虽至晚清才有重拙大之倡，但北宋之词亦不尚巧，故山谷此词不属于以丰润为本色者，大体可归入与之对立的“瘦健”一类。

又《品令》（茶词）：

凤舞团团饼。恨分破、教孤令。金渠体净，只轮慢碾，玉尘光莹。汤响松风，早减了、二分酒病。　味浓香永。醉乡路、成佳境。恰如灯下故人，万里归来对影。口不能言，心下快活自省。

此词从茶形写起，碾茶、烹茶、茶味、茶境都非直写，而出以拟喻或形容，仍多腾挪跌宕之笔，翻空出奇之想，直到最后的“口不能言，心下快活自省”，用俗语表难言的饮茶感受，都异于一般词的写法。

黄庭坚是“以文字为诗”的典型，其诗的散文化特点是很显见的：如将五言诗惯用的上二下三节拍变为上一下四，如“石吾甚爱之”(《题竹石牧牛》)，或上三下二，如“牛砺角尚可”(同前)；七言的上四下三，变为上三下四，如“管城子无食肉相，孔方兄有绝交书”(《戏呈孔毅父》)。其词也有这种写法的。如《采桑子》：

投荒万里无归路，雪点鬓繁。度鬼门关，已拚儿童作楚蛮。　黄云苦竹啼归去，绕荔枝山。蓬户身闲，歌板谁家教小鬟。

词中句法就与众不同，四个四字句中，“雪点鬓繁”，“蓬户身闲”为常态写法，而“度鬼门关”，“饶荔枝山”皆变二二相连的节奏，而作上一下三，破了常用的奇偶律，与其诗的句法为近。

又《西江月》(老夫既戒酒不饮，遇宴集，独醒其旁。坐客欲得小词，援笔为赋)亦有此种情况：

断送一生唯有，破除万事无过。远山微影蘸横波，不饮旁人笑我。　花病等闲瘦恶，春来没个遮阑。杯行到手莫留残，不道月明人散。

首二句句法亦近于散文，强调“唯有”与“无过”而置于最后，如其“心犹未死杯中物，春不能朱镜里颜”(《次韵柳通寄王文通》)，强调“死”与“朱”二字，而置于句中，且将“朱”由形容词转为动词。在诗中已很特别，入之于词，则更显瘦硬、佶屈。

总之，山谷词受其诗法影响，确见与众不同，以瘦健精险、桀骜不驯，甚而乖僻无理来概括，差可近之。

三、俚艳俳狎　北曲先声

宋人论山谷词，尚未言其俚俗，而如李清照之谓其“尚故实而多疵病”，则未得其实，直到散曲经元明两代发展，才在清代有人指出山谷词近于俳狎，与柳永并开曲体之先。如刘体仁云：

柳七最尖颖，时有俳狎，故子瞻以是呵少游。若山谷亦不免，如我不合太搁就类，下此则蒜酪体也。[①]

郑方坤《蔗尾诗集》卷五的《论词绝句》云：

随风柳絮剧颠狂，浅淡梅妆体自香。纵笔俳谐怪黄九，早将院本露春光。

其原注云：

山谷情至之语，风雅扫地。又多阑入俚词，殆为北曲兆先声矣。

李调元《雨村词话》也说：

山谷词酷似曲，如归田乐云："对景还消受。被个人、把人调戏，我也心儿有……"[②]

黄山谷词多用俳语，杂以俗谚，多可笑之句。如鼓笛令词云："共道他家有婆婆。与一口管教𡱰鬝。"[③]

试看山谷之《渔家傲》。此词有序：

予尝戏作诗云："大葫芦挈小葫芦，恼乱檀那得便沽。每到夜深人静后，小葫芦入大葫芦。"又云："大葫芦干枯，小葫芦行沽。一住金仙宅，一住黄公垆。有此通大道。无此令人老。不问恶与好，两葫芦俱倒。"或请以此意倚声律作词，使人歌之。为作《渔家傲》。

其词多俗语：

踏破草鞋参到老，等闲拾得衣中宝。遇酒逢花须一笑。重年少，俗人不用嗔贫道。　是处青旗夸酒好，醉乡路上多芳草。提着葫芦行未到。风落帽，葫芦却缠葫芦倒。

再录其俗词如下。

《卜算子》设问而自答，多用口语：

---

① 刘体仁：《七颂堂词绎》，《词话丛编》，第622页。

② 李调元：《雨村词话》卷一，《词话丛编》，第1400页。

③ 李调元：《雨村词话》卷一，《词话丛编》，第1401页。

要见不得见,要近不得近。试问得君多少怜,管不解、多于恨。　　禁止不得泪,忍管不得闷。天上人间有底愁,向个里、都谙尽。

《步蟾宫》语言俚俗:

虫儿真个恶灵利,恼乱得、道人眼起。醉归来、恰似出桃源,但目断、落花流水。　　不如随我归云际,共作个、住山活计。照清溪,匀粉面,插山花,也须胜、风尘气味。

《两同心》下片作"好闷"二字的字谜:

一笑千金,越样情深。曾共结、合欢罗带,终愿效、比翼纹禽。许多时,灵利惺惺,蓦地昏沉。　　自从官不容针,直至而今。你共人、女边着子,争知我、门里挑心。记携手,小院回廊,月影花阴。

《江城子》因用口语、叠句而极其生动:

新来曾被眼奚搐。不甘伏,怎拘束。似梦还真,烦乱损心曲。见面暂时还不见,看不足、惜不足。　　不成欢笑不成哭。戏人目,远山蹙。有分看伊,无分共伊宿。一贯一文跷十贯,千不足、万不足。

《归田乐引》同样是多用口语而作代言:

对景还销瘦。被个人、把人调戏,我也心儿有。忆我又唤我,见我,嗔我,天甚教人怎生受。　　看承幸厮勾,又是尊前眉峰皱。是人惊怪,冤我忒搁就。拚了又舍了,一定是这回休了,及至相逢又依旧。

有的在口语基础上兼用方言,使得今天读来极其费解。如《归田乐令》:

引调得、甚近日心肠不恋家。宁宁地、思量他,思量他。两情各自肯,甚忙咱。　　意思里、莫是赚人唦。噉奴真个哷、共人哷。

《望远行》:

勾尉有所眄,为太守所猜。兼此生有所爱,住马湖。马湖出丁香核荔枝,常以遗生。故戏及之。

自见来，虚过却、好时好日。这訑尿粘腻得处煞是律。据眼前言定，也有十分七八。冤我无心除告佛。　　管人闲底，且放我快活嗋。便索些别茶祗待，又怎不遇偎花映月。且与一班半点，只怕你没丁香核。

《鼓笛令》(戏咏打揭)俗事与俗语兼到：

酒阑命友闲为戏，打揭儿、非常惬意。各自输赢只赌是。赏罚采、分明须记。小五出来无事，却跋翻和九底。若要十一花下死，管十三、不如十二。

另二首《鼓笛令》亦如此：

见来两个宁宁地，眼厮打、过如拳踢。恰得尝些香甜底，苦杀人、遭谁调戏。腊月望州坡上地。冻着你、影鬇村鬼。你但那些一处睡，烧沙糖、管好滋味。

见来便觉情于我，厮守着、新来好过。人道他家有婆婆。与一口、管教屎磨。副靖传语木大，鼓儿里、且打一和。更有些儿得处啰，烧沙糖、香药添和。

如果说柳永俗词所写为俗事，黄庭坚亦如此，其用俗语者甚至多于柳永。再录数首。

《丑奴儿》口语中又用语气词：

济楚好得些，憔悴损、都是因它。那回得句闲言语，傍人尽道，你管又还鬼那人吵。　　得过口儿嘛。直勾得、风了自家。是即好意也毒害，你还甜杀人了，怎生申报孩儿。

《少年心》口语对答而兼谜语：

对景惹起愁闷，染相思、病成方寸。是阿谁先有意，阿谁薄幸，斗顿恁、少喜多嗔。　　合下休传音问，你有我、我无你分。似合欢桃核，真堪人恨。心儿里、有两个人人。

《少年心》(添字)以女子口吻作俗语：

心里人人，暂不见、霎时难过。天生你要憔悴我。把心头从前鬼，着手摩挲，抖搂了、百病销磨。　　见说那厮脾鳖热，大不成我便与拆破。待来时、鬲上与厮噷则个。温存着、且教推磨。

《千秋岁》由叙述转为最后女子的俗语自道：

世间好事。恰恁厮当对。乍夜永，凉天气。雨稀帘外滴，香篆盘中字。长入梦，如今见也分明是。　欢极娇无力，玉软花欹坠。钗罥袖，云堆臂。灯斜明媚瞢，汗浃瞢腾醉。奴奴睡，奴奴睡也奴奴睡。

《好事近》则类于柳永所作，为女子盘算如何惩罚负情的男子，显为市井女子口吻：

不见片时霎，魂梦镇相随着。因甚近新无据，误窃香深约。　思量模样忔憎儿，恶又怎生恶。终待共伊相见，与佯佯奚落。

《更漏子》上片写歌妓奏乐，下片多用叠字却较费解：

体妖娆，鬟婀娜，玉甲银筝照座。危柱促，曲声残。王孙带笑看。　休休休，莫莫莫，愁拨个丝中索。了了了，玄玄玄，山僧无盌禅。

《河传》可看作秦黄相继的俗词之作。小序云：

有士大夫家歌秦少游"瘦杀人、天不管"之曲。以好字易瘦字，戏为之作。

词云：

心情老懒。对歌对舞，犹是当时眼。巧笑靓妆，近我衰容华鬓。似扶着、卖卜算。　思量好个当年见。催酒催更，只怕归期短。饮散灯稀，背锁落花深院。好杀人、天不管。

对于山谷词的俚俗，宋翔凤从柳永俗词的"便于伎人传唱"说起，而认为山谷"尤俚艳，不类其诗，亦欲便歌也"[①]。此说应是在理的。由于当时诗人之词已经与妓人之词脱离，黄庭坚亦如柳永，其词也明显分为雅俗二类，如果说其雅词带有其诗的特点，则其俗词近于后出之曲。由于山谷词的雅俗分野太显著，山谷又身为士大夫，而非柳永的市井行径，故其俗词多为后人所不受。谢章铤称其较柳七的尖颖、俳狎更甚，"于俳狎中更见鹘突"[②]，而刘熙载则说他"故以生字俚语侮弄世俗，若为金、

① 宋翔凤：《乐府馀论》，《词话丛编》，第2499页。
② 谢章铤：《赌棋山庄词话》卷一，《词话丛编》，第3323页。

元曲家滥觞”①。

黄庭坚具有强烈的革新意识，他对宋诗的贡献自不待言，即就雅俗结合而言，他也具有明确的说法。其《题意可诗后》云：“宁律不谐而不使句弱，用字不工不使语俗，此庾开府之所长也，然有意于为诗也。至于渊明，则所谓不烦绳削而自合者。虽然，巧于斧斤者，多疑其拙；窘于检括者，辄病其放。孔子曰：宁武子‘其智可及也，其愚不可及也’。渊明之拙与放，岂可为不知者道哉？道人曰：‘如我按指，海印发光；汝暂举心，尘劳先起。’说者曰：若以法眼观，无俗不真；若以世眼观，无真不俗。渊明之诗，要当与一丘一壑者共之耳。”②他排比众例，对雅俗的辨证关系阐发得非常全面、通达。其《再次韵杨明叔小序》继续梅尧臣所说，并出以形象的比喻：“盖以俗为雅，以故为新，百战百胜，如孙、吴之兵，棘端可以破镞，如甘蝇、飞卫之射，此诗人之奇也。”③他自己的“点铁成金”，在一定意义上也可以看成是以俗为雅之举。据孔平仲《谈苑》载：“山谷云：作诗正如杂剧，初时布置，临了须打诨，方是出场。”④此说可见黄庭坚在诗歌创作中对俗文学的学习、汲取，而在他的作品中，也确实体现出这一方法的运用。他常先说一些难以理会的话，再用意挑明，确实类似于杂剧手法，或禅宗的和尚说法。这种作法，确能收到以奇破常的效果，当然另一面亦如苏轼所说，是“不可多食”。对于诗歌的以俗为雅、以故为新，毕竟还能一纠仅学唐人之弊，黄庭坚亦与王安石、苏轼一起创宋诗自己的面貌。

而黄庭坚打诨插科、俳狎俚艳的俗词如何呢？其一脱文人情调而见感情直切，颇有谐趣，有生新活泼之貌，易于为下层所传唱。但也因以俗为雅而过犹不及，太追求新奇而用生僻的方言、俗语，反而使语言生硬、表意难明，其特殊的俚俗手法，也落入艰涩、凑逗之弊。所以，诸多论者的批评都是较为正确的。

山谷之词，上者似诗，下者似曲，其破体而为的努力，其综柳永俗词与苏轼雅词于一身，力求能继承、发展，不仅呈现出创作个性，也见证了对北宋词艺术发展的探索，对此，是应该给予适度肯定的。

第八节　秦观的词心与词艺

秦观（1049—1100），字少游，一字太虚，号淮海居士、邗沟居士，高邮（今属江苏）人。神宗元丰八年（1085）进士，授蔡州教授。后召为秘书省校对黄本书籍，再迁秘书省正字，兼国史编修官。绍圣元年（1094）坐党籍，贬监处州盐酒税，又削秩徙郴州，编管横州，除名，移雷州，放还，卒于藤州。有《淮海集》四十卷、《后集》六卷，《淮海居士长短句》。

---

① 刘熙载：《艺概》卷四《词曲概》，第108页。

② 黄庭坚：《题意可诗后》，《豫章黄先生文集》卷二六，四部丛刊本。

③ 黄庭坚：《再次韵杨明叔小序》，《豫章黄先生文集》卷六，四部丛刊本。

④ 孔平仲：《谈苑》卷四，《宋元笔记小说大观》，第2273页。

秦七黄九并称，而实际上二人差异颇大：黄庭坚出入佛道，得失进退皆善于处之，而秦观却强志盛气，危难中难于自拔。秦黄之词，从陈师道《后山诗话》论定“当今词手，惟秦七黄九”，到夏敬观《手批山谷词》所说：“少游清丽，山谷重拙，自是一时敌手”[①]，都以之相并。不过，二人虽并称，论者还是以之有高下之别。叶梦得曾对秦词的“本色”有所阐发，即“语工而入律，知乐者谓之作家歌”，因此能“元丰间盛行于淮楚”。[②]胡仔进而引晁补之语：“鲁直词不是当家语，自是著腔子唱好诗”，并为之判断：“二公在当时，品题不同如此”[③]。而吴曾更引晁氏语：“近世以来，作者皆不及秦少游。”[④]明确分出了秦、黄的高下。晁与陈师道同出苏门，有词集《晁氏琴趣外篇》，在作词上较陈氏内行，所说也更为“到位”。所以，秦观的词是真正“当行”“本色”之作。苏轼尽管以秦观词的气格为病，用“山抹微云秦学士”戏之，但从胡仔《苕溪渔隐丛话》引《王直方诗话》看，东坡以所作词示晁补之、张耒，曰：“何如少游？”[⑤]就可以看出，在他心目中，秦观词的地位究竟如何了。《淮海词提要》认为：“观诗格不及苏黄，而词则情韵兼胜，在苏黄之上。”[⑥]以秦词胜于苏词，虽未必皆得人人首肯，但秦本人的词胜于诗文，则并无争议，以其词胜于黄庭坚，也是多数论者之见。

一、少游词心　得之于内

如果说苏门文士及宋代其他论家对秦观词的评价，还只是着眼于词的体性特点而肯定秦词；至清人所论，在充分肯定其词本色、婉美、辞情相称、含蓄、以韵胜，并以之为婉约词主要代表的同时，又有以寄托、沉郁言之者，且评价颇高。而在近代的评价中，有一说别具深意，但未见深入探讨者，此即对少游“词心”的独到发现。

在所有对秦观词的评论中，笔者认为“词心”一说最值得注意。此说出于乔笙巢[⑦]，而为冯煦和陈廷焯所接受、阐述，最能发秦词之秘。

冯煦《宋六十一家词选·例言》说：

> 少游以绝尘之才，早与胜流，不可一世；而一谪南荒，遽丧灵宝，故所为词，寄慨身世，闲雅有情思，酒边花下，一往而深，而怨悱不乱，悄乎得《小雅》之遗；后主而后，一人而已。昔张天如论相如之赋云：“他人之赋，赋才也；长卿，赋心也。”予于少游之词亦云：他人之词，词才也；少游，词心也。得之于内，不可以传。虽子瞻之明

---

① 夏敬观：《手批山谷词》，转引自龙榆生《唐宋名家词选》，第134页。

② 叶梦得：《避暑录话》卷三，《宋元笔记小说大观》，第2629页。

③ 胡仔：《苕溪渔隐丛话》后集卷三三，第253页。

④ 吴曾：《能改斋漫录》卷一六，第469页。

⑤ 胡仔：《苕溪渔隐丛话》前集卷四二，第284页。

⑥ 永瑢等：《四库全书总目》卷一九八，第1809页。

⑦ 冯煦云：“予年十五，从宝应乔笙巢先生游，先生嗜倚声，日手毛氏《宋六十一家词》一遍……”故陈廷焯将词心之说归于乔笙巢名下，见屈兴国《蕙风词话辑注》，江西人民出版社2000年版，第564页。

隽，耆卿之幽秀，犹若有瞠乎后者，况其下邪？①

《白雨斋词话》引作乔笙巢所论：

乔笙巢云："少游词，寄慨身世，闲雅有情思，酒边花下，一往而深，而怨悱不乱，悄乎得《小雅》之遗。"又云："他人之词，词才也，少游，词心也。得之于内，不可以传，虽子瞻之明俊，耆卿之幽秀，犹若有瞠乎后者，况其下耶？"此与庄中白之言相合，淮海何幸，有此知己。②

卷八又曰：

东坡、稼轩、白石、玉田，高者易见；少游、美成、梅溪、碧山，高者难见。而少游美成尤难见。美成意馀言外，而痕迹消融，人苦不能领略。少游则义蕴言中，韵流弦外。得其貌者，如鼷鼠之饮河，以为果腹矣，而不知沧海之外，更有河源也。乔笙巢谓："他人之词词才也，少游词心也。"可谓卓识。③

以乔笙巢、冯煦之见，词心应本于才，却又高于才。秦观本具"绝尘之才"，贬谪的经历成就了他闲雅而情深、怨悱而不乱之词，使之所现的词心超越了他人的词才。其次，词心颇类于《庄子·天道》所说的"应于心"，"口不能言，有数存焉其间"，是"得之于内，不可以传"，具有显著的独特性，能自悟而不能传人。我国古代以心为五脏之首，为人体器官之主宰。如《素问·灵兰秘典论》所说："心者，生之本、神之变也。"而以"词心"论秦观，亦不妨以"生之本，神之变"相求，即淮海词的生命之本、神理之变，体现为特有的"词心"。乔、冯认为，有此词心，秦观词高于苏轼、柳永。陈廷焯虽未许秦观为最高，而"义蕴言中，韵流弦外"二语，却可看作他在肯定乔、冯词心说的同时，又依稀由外而内地道出了"词心"有待抉发之意。

其实，乔笙巢、冯煦所说的词心，一在于真切的深情，二在于难以移易的独特性。"一谪南荒，遽丧灵宝"，是说秦观遭贬而使心灵大变，神情大损（旧题班固《汉武帝内传》云："灵者，神也，宝者，精也"），而其词的"寄慨"，"有情思"，"一往而深"，"怨悱不乱"，且为"后主而后，一人而已"，都在于真情、深情。而"得之于内，不可以传"，则谓其词系内心真情的外现，无此情即无此词，非技巧之可传，才能之可养，具有鲜明的个性。

对于词心出于真情，况周颐有独到的体会，他论曰：

---

① 冯煦：《蒿庵论词》，《介存斋论词杂著·复堂论词·蒿庵论词》，第 61 页。

② 陈廷焯著，屈兴国校注：《白雨斋词话足本校注》卷八，第 584 页。

③ 陈廷焯著，屈兴国校注：《白雨斋词话足本校注》卷十，第 736 页。

> 吾听风雨，吾览江山，常觉风雨江山外有万不得已者在。此万不得已者，即词心也。而能以吾言写吾心，即吾词也。此万不得已者，由吾心酝酿而出，即吾词之真也，非可强为，亦无庸强求。视吾心之酝酿何如耳。[①]

"词心"出于"万不得已"之情，可见况氏对于真情实感的强调。尽管我国历来重视文学的政教功能，但即使对于"诗言志"这一诗论"开山纲领"的阐释，任何论者都不能无视感情问题。如班固在《汉书·艺文志》中说："《书》曰：'诗言志，歌咏言。'故哀乐之心感，而歌咏之声发。诵其言，谓之诗，咏其声，谓之歌。"[②]唐孔颖达为《诗大序》作《正义》，以情释"志"，表达了官方的权威意见："言作诗者，所以舒心志愤懑，而卒成于歌咏。故《虞书》谓之'诗言志'也。包管万虑，其名曰心；感物而动，乃呼为志。志之所适，外物感焉。言悦豫之志则和乐兴而颂声作，忧愁之志则哀伤起而怨刺生。"[③]刘勰《文心雕龙·征圣》有云："志足而言文，情信而辞巧。"[④]《宗经》亦云："义既极于性情，辞亦匠于文理。"[⑤]《情采》篇更认为："故情者文之经，辞者理之纬；经正而后纬成，理定而后辞畅，此立文之本源也。"[⑥]白居易的诗论以强调理性节制著称，其《与元九书》仍说："感人心者莫先乎情"，且将诗定义为"根情，苗言，华声，实义"[⑦]。"言志"之诗既如此，"缘情"的词当然更以情为本。

秦观的词，从宋人起，就颇多以情相取者。李清照认为：词"别是一家，知之者少"，而秦观就属于"知之者"之一，但又认为："秦即专主情致，而少故实，譬如贫家美女，虽极妍丽丰逸，而终乏富贵态。"[⑧]且不论她的评价高低如何，"专主情致，而少故实"，确实是抓住了根本的。秦词的"情"，宋高宗时已有人指出其性质，如楼钥《黄太史书少游海康诗题跋》有载："祭酒芮公赋《莺花亭》诗，其中一绝云：'人言多技亦多穷，随意文章要底工？淮海秦郎天下士，一生怀抱百忧中。'尝诵而悲之……"[⑨]"一生怀抱百忧中"七字，可谓很好的概括。当然，秦词中还有一个重要内容，就是王灼所云："少游屡困京洛，故疏荡之风不除。"[⑩]对秦词的"穷""忧"，冯煦特地指出"一谪南荒，遽丧灵宝"，以至"所为词寄慨身世"，成就其特殊的"词心"。至于"专主情致"，则应包括那些屡被人道及的"艳语"。两者之中，尤其是前者，更应是"万不得已"者。

"风雨江山外"的"万不得已"者，即少游特殊的"词心"。冯煦认为秦观是"后主而后，一人而已"，就是着眼于"寄慨身世"。乔笙巢、冯煦、陈廷焯论秦观之以"词心"相取，

---

① 况周颐：《蕙风词话》卷一，《蕙风词话·广蕙风词话》，第7页。
② 班固：《汉书》卷三〇《艺文志》，《二十五史》，第528页。
③ 阮元校刻：《十三经注疏·毛诗正义》卷一，第270页。
④ 刘勰著，范文澜注：《文心雕龙注》，第15页。
⑤ 刘勰著，范文澜注：《文心雕龙注》，第21页。
⑥ 刘勰著，范文澜注：《文心雕龙注》，第538页。
⑦ 白居易：《与元九书》，《白居易集笺校》卷四五，第2790页。
⑧ 李清照：《词论》，《李清照集校注》，第195页。
⑨ 转引自秦观撰，徐培均校注：《淮海居士长短句·附录四》，上海古籍出版社1985年版，第294页。
⑩ 王灼著，岳珍校正：《碧鸡漫志校正》卷二，第34页。

应是对他“这一个”的肯定。

秦观熟读经史，又习兵书，长于为文，熙宁、元丰间二次应举，皆不中。元丰元年(1078)，他谒苏轼于彭城，写《黄楼赋》，以文才见赏于苏。元丰二年(1079)，苏轼徙知湖州，恰因他赴会稽探望祖、叔，陪同苏轼行至吴兴，使苏对他有了更多的了解。至苏轼坐乌台诗案，后贬黄州，他不避嫌疑，多有问候。元丰五年(1082)，他因苏轼之劝而再应试，不中。虽得苏轼向王安石推荐，并得王氏对其诗文的赞誉，却直到元丰八年(1085)，才考中进士，开始步入仕途。

秦观在淹留场屋十多年之后，一旦为官，即卷入了党争之中。“元祐更化”时期，他被目为蜀党，屡遭洛党排斥。后得范纯仁推荐，才得充馆职，次年(1086)进京，为秘书省校对黄本书籍。不久，被任为秘书省正字，又因洛党人士反对，连带引起对苏轼兄弟的攻讦，被免去正字。至元祐八年(1093)，秦观再度被升为正字，继又充编修官，参与修《神宗实录》。高太后死，哲宗亲政，重任新党，旧党失势。秦观在出为杭州通判的赴任途中，就因御史刘拯告其与黄庭坚增损《神宗实录》之罪，被贬为监处州酒税。在处州年馀，虽无过失，仍以写佛书获罪，再贬郴州。在郴州一年，编管横州，然后再徙雷州。这样，他从浙江到湖南，再到广西，终至天涯之地。新继位的徽宗在元符三年(1100)下赦令，苏轼自海南量移廉州，与之见了一面。随即秦观也被放还，北行至藤州时，溘然逝于光化亭，终年五十二岁。

青少年时代的秦观，性格“豪隽”、“慷慨”、“强志盛气”，但十多年场屋之困，已使之英气渐销。步入仕途给了他希望，尽管如《王直方诗话》所载：“秦少游为黄本，钱穆父为户部，皆居于东华门之堆垛场。少游春日尝以诗遗穆父云：‘三年京国鬓如丝，又见新花发故枝。日典春衣非为酒，家贫食粥已多时。’穆父以米二石送之。”[①]但《诗话总龟》仍有此载：“秦少游晚出左掖门，有诗云：‘金雀觚棱转夕晖，飘飘宫叶堕秋衣。出门尘涨如黄雾，始觉身从天上归。’识者以为少游作一黄本校勘，而炫耀如此，必不远到。”[②]而这正说明了秦观此时豪气尚存。《王直方诗话》对秦观意气盛衰的变化，曾举其所作诗以明之：

> 秦少游始作蔡州教授，意谓朝夕便当入馆，步青云之上，故作《东风解冻诗》云：“更作舟桴碍，从此百川通。”已而久不召用，作《送张和叔》云：“大梁豪英海，故人满青云；为谢黄叔度，鬓毛今白纷。”谓山谷也。说者以为意气之盛衰一何容易。[③]

从中可见秦观其人情绪的易于因境遇而涨落。

秦观有豪气，却由于受苏轼知遇之恩，他身不由主地被卷入了党争之中，非但是

---

① 王直方:《王直方诗话》,《宋诗话辑佚》,第73页。

② 阮阅编:《诗话总龟》前集卷八,第90页。

③ 王直方:《王直方诗话》,《宋诗话辑佚》,第28页。

"久不召用",而且各种各样的打击接踵而至,遂使性情大变。

被贬处州时,他作了《千秋岁》词,流露出很深的悲慨。再贬而过衡阳,将此词抄呈太守孔毅甫,孔以之过悲而恐其将不久于人世。大约作于绍圣四年(1097)春郴州旅舍的《踏莎行》是秦观的又一名作。王国维评其四、五两句曰:"少游词境最为凄婉。至'可堪孤馆闭春寒,杜鹃声里斜阳暮。'则变而凄厉矣。"①这"凄厉"二字,实又点出了他情感世界的剧变。可当他尚未从"郴江幸自绕郴山,为谁流下潇湘去"那种类于"在山泉水清,出山泉水浊"的内省中解脱时,他又遭遇了新事。《曲洧旧闻》载:"秦少游自郴州再编管横州,道过桂州秦城铺,有一举子,绍圣某年省试下第,归至此,见少游南行事。遂题一诗于壁曰:'我为无名抵死求,有名为累子还忧。南来处处佳山水,随分归休得自由。'至是少游读之,泪涕雨集。"②"有名为累"的感触,一经点醒,少游竟不能化解,反而触动伤心事,为之大恸,此时之性格、情绪确较早年大不相同,其递降的历程清晰可见。

冯煦大概是能本着"了解之同情"作论世知人之语,其《宋六十一家词选·例言》说:

> 淮海小山,真古之伤心人也。其淡语皆有味,浅语皆有致,求之两宋词人,实罕其匹。③

后来王国维《人间词话》进一步比较秦、晏,认为"小山矜贵有馀"④,实际是看到了秦观这一"伤心人"毕竟不同于贵公子出身的晏几道。恐怕这也与李清照以秦观"终乏富贵态"之说暗合。

为什么只将"古之伤心人"许之于秦观,而同样因党争而被贬的苏轼、黄庭坚,为什么不当"伤心人"之称呢?这里恐怕有两个原因。

其一,就政治境遇造就的身世之感而言,由于秦观与苏黄思想素养的不同,进而影响了性格、感情,并扩大了差距,使其迁谪之词充满了哀情苦思。

其二,就个人经历的"艳情"而言,由于秦观久困场屋,非但不能同苏轼的早达相比,而且是"苏门四学士"中最晚中进士的,因此,他寄迹青楼,又颇为用情,故而在词中留下了不少伤心语。

两者使秦观具有难以移易的独特性,加之"一往而深"的感情,遂造就其特有的"词心"。

二、辞情相称 酸楚凄婉

先论第一点。

---

① 王国维:《人间词话》,《蕙风词话·人间词话》,第204页。
② 朱弁:《曲洧旧闻》卷五,《宋元笔记小说大观》,第2989页。
③ 冯煦:《蒿庵论词》,《介存斋论词杂著·复堂论词·蒿庵论词》,第61页。
④ 王国维:《人间词话》,《蕙风词话·人间词话》,第204页。

苏轼少年得志,他《沁园春》词中的“当时共客长安。似二陆初来俱少年。有笔头千字,胸中万卷。致君尧舜,此事何难”正是当时胸襟的写照。但除了嘉祐、治平间初入仕途时期外,他两次在朝,两次外任,后来一贬再贬。在他意气风发、积极从政之时,从治世的角度出发,他一心崇儒,攘斥佛老,曾在《韩非论》中斥老庄哲学为“猖狂浮游之说”,在《大悲阁记》中批评禅宗“废学而徒思”。但在经历了乌台诗案、被贬黄州之后,他深尝了环境险恶、生活困顿的滋味,遂以佛道思想看穿忧患,以随缘自适的人生态度作自我调节,应付复杂多变的社会政治环境。应该说,从苏轼三次被贬所作的《到黄州谢表》、《到惠州谢表》、《到昌化军谢表》来看,所表达的感情一次比一次沉痛、悲伤。但他确又是努力以庄禅思想来消释,这种自我调节、化解,在他的许多诗文中都可见之。所以刘克庄曾说:“坡公海外笔力,益老健宏放,无忧患迁谪之态。”[①]陆游《老学庵笔记》有一则很有趣的记载:“吕周辅言:东坡先生与黄门公南迁,相遇于梧、藤间。道旁有鬻汤饼者,共买食之。粗恶不可食。黄门置箸而叹,东坡已尽之矣。徐谓黄门曰:‘九三郎,尔尚欲咀嚼耶?’大笑而起。”[②]以苏轼美食家的秉性,却如此能屈能伸,在他人恐怕是难以做到的。

再看黄庭坚。黄庭坚一生中曾遭两次文字之祸:一是因修《神宗实录》事,同秦观一样获罪,被贬为涪州别驾、黔州安置;二是因作《承天院塔记》被诬以“幸灾谤国”,除名编管宜州。十年之中,一直在流放中度过。但据《黄山谷年谱》卷首的《豫章先生传》所载:当他听闻责授涪州别驾、黔州安置后,“命下,左右或泣,公色自若,投床大鼾”。至黔后,“以登览文墨自娱,若无迁谪意”。而获宜州谪命,身向瘴乡之时,他还在《过洞庭青草湖》一诗中写道:“我虽贫至骨,犹胜杜陵老。忆昔上岳阳,一饭从人讨。行矣勿迟留,蕉林追獦獠。”一方面想昔日,以自己的处境尚强于杜甫而自慰,另一方面想未来,并不因与土著相逐而烦恼。他的一首《青玉案·至宜州次韵上酬七兄》下片写道:“忧能损性休朝暮,忆我当年醉时句。渡水穿云心已许。暮年光景,小轩南浦,同卷西山雨。”可见处境虽难仍不失乐观。之所以能够如此,与他的庄禅修养大有关系。黄庭坚不同于苏轼的以随遇而安的态度来自我抑制悲观情绪,化解矛盾,超越现实,而是以不变应万变,庄子《大宗师》“安时而处顺,哀乐不能入也”的思想、禅宗“无念为宗,无住为本”的原则,真正化成了他的处世哲学。有此真正的庄禅修养,他才能以坦然的态度度过十年的流放生涯。

对秦观与苏、黄的比较,《冷斋夜话》有一段话说得极好:

少游调雷,凄怆,有诗曰:“南土四时都热,愁人日夜俱长。安得此身如石,一时忘了家乡。”鲁直谪宜,殊坦夷,作诗云:“老色日上面,欢情日去心。今既不如昔,后当不如今。”“轻纱一幅巾,短簟六尺床。无客白日静,有风终夕凉。”少游钟情,故其诗酸楚;鲁直学道休歇,故其诗闲暇。至于东坡《南中》诗曰:“平生万事足,

① 刘克庄:《后村诗话》后集卷一,第45页。

② 陆游:《老学庵笔记》卷一,《宋元笔记小说大观》,第3459页。

所欠惟一死。”则英特迈往之气,不受梦幻折困,可畏而仰哉![1]

这里的对比可看出,苏轼虽经众多磨难,庄禅思想使他能看穿忧患,随缘自适,却未销尽其早年“奋厉有当世志”的“奋厉”本色,故能“有英特迈往之气”;黄庭坚安时处顺、无念无住的庄禅修养使他的诗自然流露出坦夷、闲暇的情调;而秦观却因难以摆脱现实中的诸多烦恼,“钟情”而所作诗“凄怆”“酸楚”。

在面对人生忧患时,秦观无疑不具备苏、黄豁达、泰然的态度,他的“考试成绩”差得很远。但是,正是这种“钟情”的资质、特性,使之成为“情种”,具备他人所难到的“词心”,从而也使他的词作能比苏、黄更见以情动人,且逾于同时代的其他词人。故“蔡伯世云:子瞻辞胜乎情,耆卿情胜乎辞。辞情相称者,惟少游而已”[2]。

我们不妨沿着秦观的被贬路线,看看他的心路历程与灵魂悸动。

被汲古阁本《淮海词》题作《洛阳怀古》的《望海潮》,实非写洛阳,而是为汴京而写的感旧之作。此词作于绍圣元年(1094)春,系新党再起、旧党失势之时,秦观被贬而即将离京。词云:

梅英疏淡,冰澌溶泄,东风暗换年华。金谷俊游,铜驼巷陌,新晴细履平沙。长记误随车。正絮翻蝶舞,芳思交加。柳下桃蹊,乱分春色到人家。　　西园夜饮鸣笳。有华灯碍月,飞盖妨花。兰苑未空,行人渐老,重来是事堪嗟。烟暝酒旗斜。但倚楼极目,时见栖鸦。无奈归心,暗随流水到天涯。

起三句写初春景色,“暗换年华”四字,语带双关,兼及政局之变。从第四句到第十四句,上下片贯通,皆写旧游之欢,尤其西园夜饮的文酒之会,更为作者所恋恋不已。可惜好景不长,“兰苑未空,行人渐老”,时空的飞跃、转换,带出“重来是事堪嗟”,今昔对照显然。最后的倚楼所见和归心之去,传递出的是无奈的情绪。无奈尽管无奈,毕竟此时尚未尝迁谪之苦,所以词中流露出的主要还是感慨和怅惘。

被贬处州时,他的《千秋岁》(水边沙外)词在回忆当年欢会时,抒发了很深的感慨和忧愁,已从去年的惆怅转为悲怆。当他再贬而经过衡阳时,呈此词给太守孔毅甫,孔深以其过悲而担忧,并为之劝解。《独醒杂志》记云:“秦少游谪古藤,意忽忽不乐。过衡阳,孔毅甫为守,与之厚,延留待遇有加。一日,饮于郡斋,少游作《千秋岁》词,毅甫览至‘镜里朱颜改’之句,遽惊曰:‘少游盛年,何为言语悲怆如此!’遂赓其韵以解之。居数日别去,毅甫送之于郊,复相语终日。归谓所亲曰:‘秦少游气貌大不类平时,殆不久于世矣。’未几果卒。”[3](按,这里的“作《千秋岁》词”,应是录处州之作)。以孔毅甫眼中所见,可看出秦观两遭贬谪后的身心变化。

---

① 惠洪:《冷斋夜话》卷三,《宋元笔记小说大观》,第 2183 页。
② 朱彝尊:《词综》卷六,第 121 页。
③ 曾敏行:《独醒杂志》卷五,《宋元笔记小说大观》,第 3242 页。

待到再贬郴州，秦观作了《踏莎行》词，虽将《千秋岁》的直抒换为比兴，没有“愁如海”之类字眼，内心深处却依然郁结难解。此词的上片营造出一个凄迷的暮春境界，而起头“雾失楼台，月迷津渡，桃源望断无寻处”三句，连下“失”、“迷”、“无”三字，透出了词人心中的渺茫之感，黄苏认为：“雾失月迷，总是被谗写照。”[1]可谓深获其心。至如王国维所说的从“凄婉”到“凄厉”，更是敏感地指出了他内心感情、精神境界的递降。到郴州贬所约一年，又有《阮郎归》（湘天风雨破寒初）之作。此词作于除夕之时，换头两句虽淡犹浓，令人想起迁谪者的形只影单与平常人合家守岁的强烈对比。且大雁南飞只至衡阳，郴州更在衡阳之南，连传书都不能。难怪明沈际飞《草堂诗馀正集》卷一仅以“伤心”二字评之。

当是作于哲宗元符三年(1100)在雷州贬所的《江城子》写道：

> 南来飞燕北归鸿，偶相逢，惨愁容。绿鬓朱颜重见两衰翁。别后悠悠君莫问，无限事，不言中。　小槽春酒滴珠红，莫匆匆，满金钟。饮散落花流水各西东。后会不知何处是？烟浪远，暮云重。

当年正月，哲宗崩，徽宗即位，五月下赦令，迁谪者多内徙。苏轼量移廉州，过雷州，与秦观会面。作此词时，苏年六十四，秦五十二，“两衰翁”之说，于苏或不为过，于己则可见贬谪岁月之摧残至深了。“别后悠悠”三句，堪称“大音希声”，而欲说还休的深衷，怕与多年来的罪人生涯不无关系，仅“惨愁容”三字就可见出作者这些年精神上所受的折磨了。

秦观的迁谪之词，多系自己“万不得已”之情的倾诉，这确与苏轼有很大的不同。苏轼被贬，固然也发出“人生如梦，一尊还酹江月”（《念奴娇》）的感叹，但毕竟能以任天而动的态度对待忧患，从“门前流水尚能西”悟出“谁道人生无再少”的哲理，将自己的精神境界作了“休将白发唱黄鸡”（《浣溪沙》）的提升；又能从大自然的风雨中作出对人生挫折的了悟，以“回首向来萧瑟处，也无风雨也无晴”（《定风波》）自勉。他还借王巩的歌女之语，写下“试问岭南应不好？却道，此心安处是吾乡”（《定风波》）。在赞美歌女性格的同时，也表现出自己旷达的情怀。苏轼并非短于情，而是善于以理化情，使自己得到解脱。这样的以词表达理趣与哲思，可见苏轼开阔的心胸，也可以使读者得到教益，况且哲学的境界也差可看成文学的最高层次；但是，就词“缘情”的本位而言，就文学作品所具备的兴发感动之力而言，秦观的迁谪之词，能以其特有的“词心”之真情发露，却得到了特有的认可，冯煦等人所论，足以证之。

三、情钟世味　意恋生理

再论第二点。

---

① 黄苏：《蓼园词评》，《词话丛编》，第3048页。

苏轼兄弟嘉祐进士,黄庭坚治平进士,张耒熙宁进士,均当二十多岁,晁补之元丰初进士,亦仅二十七岁。只有秦观久困场屋,直到元丰八年(1085)三十七岁时才中了进士。这一个十年以上的"时间差",不仅在秦观心中留下了仕途蹭蹬的隐隐伤痕,而且一如词坛先辈温庭筠、柳永那样,他也有不少因失意而寄迹青楼的"艳迹"。

秦观《送刘贡父舍人》诗云:"观也本诸生,早与世参商。方枘不量凿,交亲指为狂。"这一"狂"字,应是秦观很准确的自画像。据《侯鲭录》载:"东坡在徐州,送郑彦能还都下,问其所游,因作词云:'十五年前,我是风流帅,花枝缺处留名字。'记坐中人语,尝题于壁。后秦少游薄游京师,见此词,遂和之,其中有'我曾从事风流府',公闻而笑之。"[①]可见苏、秦都并不讳言自己的"风流",而实际上当然秦观更甚。《王直方诗话》有云:"参寥言旧有一诗寄少游。少游和云:'楼阁过朝雨,参差动霁光。衣冠分禁路,云气绕宫墙。乱絮迷春阔,嫣花困日长。平康何处是?十里带垂杨。'孙莘老读此诗至末句,云:'这小子又贱相发也。'"[②]可见时人对他的"贱相"颇为了解。《侯鲭录》又载:"少游《题大年小景四首》:'本自江湖客,宦游何苦心。因君小平远,还我旧登临。'又云:'公子歌钟里,何曾识渺茫。唯应斗帐梦,曾入水云乡。'又云:'晓浦烟笼树,晴江水拍空。烦君添小艇,画我作渔翁。'又云:'岛外云峰晚,沙边水树明。想当挥洒就,侍女一时惊。'"[③]从中颇见他的山水情、江湖心。而实际上,他是很迷恋城市生活的,与妓女的交往应是重要的原因。其词《梦扬州》自称"酬妙舞清歌",不少作品都是寄迹青楼,与歌妓相恋的自况,足可证之。《苕溪渔隐丛话》对陶渊明及秦观的自作挽辞有所比较,并发表了不同于苏轼的见解:"渊明自作挽辞,秦太虚亦效之。余谓渊明之辞了达,太虚之辞哀怨……东坡谓太虚'齐死生,了物我,戏出此语'。其言过矣。此言惟渊明可以当之;若太虚者,情钟世味,意恋生理,一经迁谪,不能自释;遂挟忿而作此辞。"[④]这"情钟世味,意恋生理"八字,可谓知人之言。而这人世之味、生活之理,是应包括城市生活、青楼情味在内的。

陈师道所撰的《淮海居士字序》曾记秦观语:"往吾少时,如杜牧之强志盛气,好大而见奇;读兵家书,乃与意合,谓功誉可立致,而天下无难事。"[⑤]明人张綖《秦少游先生淮海集序》认为,他的策论"灼见一代之利害,建事揆策,与贾谊、陆贽争长"[⑥]。而实际上,只能是书生空论,他无法实现宏伟的志向,只能得杜牧"赢得青楼薄幸名"一面。他的《满庭芳》(晓色云开)下片:"多情,行乐处,珠钿翠盖,玉辔红缨。渐酒空金榼,花困蓬瀛。豆蔻梢头旧恨,十年梦、屈指堪惊。"就是这种杜牧式扬州生活的自我写照。

今传《淮海词》中约有一半属爱情题材。其中如《八六子》:

---

① 赵令畤:《侯鲭录》卷一,《宋元笔记小说大观》,第 2038 页。
② 王直方:《王直方诗话》,《宋诗话辑佚》,第 34 页。
③ 赵令畤:《侯鲭录》卷二,《宋元笔记小说大观》,第 2044 页。
④ 胡仔:《苕溪渔隐丛话》后集卷三,第 20–21 页。
⑤ 陈师道:《淮海居士字序》,转引自秦观撰,徐培均校注《淮海居士长短句·附录三》,第 267 页。
⑥ 张綖:《秦少游先生淮海集序》,转引自秦观撰,徐培均笺注《淮海集笺注·附录三》,第 1775 页。

倚危亭，恨如芳草，萋萋刬尽还生。念柳外青骢别后，水边红袂分时，怆然暗惊。　　无端天与娉婷。夜月一帘幽梦，春风十里柔情。怎奈向、欢娱渐逝流水，素弦声断，翠绡香减；那堪片片飞花弄晚，蒙蒙残雨笼晴。正销凝，黄鹂又啼数声。

《满庭芳》：

山抹微云，天连衰草，画角声断谯门。暂停征棹，聊共引离尊。多少蓬莱旧事，空回首，烟霭纷纷。斜阳外，寒鸦万点，流水绕孤村。　　销魂，当此际，香囊暗解，罗带轻分。谩赢得青楼，薄幸名存。此去何时见也？襟袖上，空惹啼痕。伤情处，高城望断，灯火已黄昏。

都可见感情真挚、萦念甚深的特色。前者先写独倚危亭思念离别已久的女子，回忆分手时的情景，“怆然暗惊”一句，陡然回到现实，使别恨骤增。换头三句写当时与“娉婷”的欢情，可惜好景不长，“素弦声断”数句，不是直接言情，却得幽约怨悱之致，而飞花、残雨，是凄迷的心绪化为形象，结尾情从景出，悠然不尽。词中的“恨”、“念”、“怆然”、“惊”、“怎奈”、“那堪”诸语，可见出这是“万不得已”的情感自然、真实的流露，不是“词心”，又是什么？后者的“蓬莱旧事”指与一歌妓相恋之事，对这一恋情，少游实难忘怀。李攀龙《草堂诗馀隽》卷四眉批写道：“回首处，斜阳远眺，情何殷也！伤情处，黄昏独坐，情难遣矣。”很准确地道出了少游内心情感的殷切、伤痛、难以排遣。又评曰：“少游叙旧事，有寒鸦流水之语，已令人赏目赏心。至下襟袖啼痕，只为秦楼薄幸，情思迫切。”“赏目赏心”是言其美感作用，“情思迫切”四字则又是落在情上，而这些感情倘非“万不得已”，又何必作此倾诉？这不是“词心”的自然流露又是什么？

又如《水龙吟》(小楼连苑横空)的下片，写别后情怀：“玉佩丁东别后。怅佳期、参差难又。名缰利锁，天还知道，和天也瘦。花下重门，柳边深巷，不堪回首。念多情但有，当时皓月，向人依旧。”由别后想重逢，又为因追逐名利、与心上人分别而矛盾、痛苦，不堪回首往事，终又移情于当时的明月。只要我们以心灵贴近心灵，就不难体会他“古之伤心人”的情怀。秦观写此词时，系由蔡州教授任调入京供职秘书省，为功名利禄而不得不与情人分手，词中真实地表现了难分难舍的情感，谁能说不是感动多于责备呢？

在词史上，往往将柳永与秦观并称，但倘对照二人，秦观确无柳永所作的那种色情意味和“词语尘下”的面貌。即如涉及对女性作正面描写的，也并非仅止外貌、体态，不是只重自己的观感，而常是设为对方之想，仍重在思念之情。如《南歌子》：

香墨弯弯画，燕脂淡淡匀。揉蓝衫子杏黄裙，独倚玉阑无语点檀唇。　　人去空流水，花飞半掩门。乱山何处觅行云？又是一钩新月照黄昏。

另一首《南歌子》：

玉漏迢迢尽，银潢淡淡横。梦回宿酒未全醒，已被邻鸡催起怕天明。　臂上妆犹在，襟间泪尚盈。水边灯火渐人行，天外一钩残月带三星。

写与情人的离别，兼及自己与对方，己之伤离见之于"怕天明"而厌鸡声，而换头两句的妆印与啼痕，又传递出对方更大的痛苦，最后的以景结情使离情别绪摇漾不绝。就写离别的词而言，后来能与之相比的，大概只有周邦彦的《蝶恋花》(月皎惊乌栖不定)了。因为他能"以我心换你心"，故而"始知相忆深"，颇能为对方设想，表现女子的相思之情。如《减字木兰花》：

天涯旧恨，独自凄凉人不问。欲见回肠，断尽金炉小篆香。　黛蛾长敛，任是东风吹不展。困倚危楼，过尽飞鸿字字愁。

这种想对方之所想的立场移易，又见出特别的体贴，"代言"的意味流露出"词心"的推己及人。

秦观的不少爱情词，常如周济所说，是"将身世之感打并入艳情"[①]，二者酝酿交融，感人尤深。如《风流子》(东风吹碧草)，作于由汴京贬往杭州之时。上片有云"寸心乱，北随云黯黯，东逐水悠悠"，表现出离京欲行时纷乱的心情。下片写道：

青门同携手，前欢记、浑似梦里扬州。谁念断肠南陌，回首西楼。算天长地久，有时有尽；奈何绵绵、此恨难休。拟待倩人说与，生怕人愁。

宦游的失意既如此，被贬南行，又不得不与情人分手，"回首西楼"之时，自是生出绵绵长恨，难怪见春色而情烦恼、寸心乱了。黄苏虽以寄托说错认词旨为"念京中旧友"，却又能很正确地指出其"情致浓深，声调清远"的特点，并认为"真能奕奕动人者矣"[②]。至如绍圣三年(1096)自处州贬徙郴州、途经潇湘时所作的《阮郎归》，论者以为可能是抒发与长沙艺妓分别之情。词云：

潇湘门外水平铺，月寒征棹孤。红妆饮罢少踟躇，有人偷向隅。　挥玉箸，洒真珠，梨花春雨馀。人人尽道断肠初，那堪肠已无！

下片先写女子的悲伤，最后关合自己，断肠而又无肠可断，其意翻进而折转，将迁谪之人身不由己的痛苦，既失去自由又失去爱情的强烈感受，表现得非常动人。诚如

---

① 周济：《宋四家词选眉批》，《词话丛编》，第1652页。

② 黄苏：《蓼园词评》，《词话丛编》，第3088–3089页。

明人杨慎批《草堂诗馀》所说:“此等情绪,煞甚伤心。秦七太深刻矣!”

陈师道《淮海居士字序》曾记秦观将己字从太虚改为少游之由:他原期望自己能“回幽夏之故墟,吊唐晋之遗人,流声无穷,为计不朽,岂不伟哉”,“于是字以太虚,以导吾志”。但后来发生了变化:“今吾年至而虑易,不待蹈险而悔及之。愿还四方之事,归老邑里如马少游,于是字以少游,以识吾过。”①这种由进而退、由平天下而归乡里的变化,实际上表明了秦观已从少不更事到了解世情,可是他终因党争之累,连归老邑里的愿望都未能实现。我们可以不必认真对待他关于军政大事的策论,而那些“多出一时之兴,不自甚惜,故散落者多”②的词作,却留下了“古之伤心人”心理、灵魂的记录。对他“万不得已”的“词心”,我们应以“了解之同情”去熨帖之,才不会满足于孰为高低、何当取舍的简单评判。

四、俊逸清新　和婉醇正

如果说苏轼的“以诗为词”被认为不合本色当行,黄庭坚词的或近于诗、或近于曲,也遭人訾议,那么秦观之词在艺术上却历来多能得到正面的评价。晁补之《评本朝乐章》说:“近世以来,作者皆不及秦少游,如‘斜阳外,寒鸦万点,流水绕孤村’,虽不识字人,亦知是天生好言语。”③张炎亦云:“旧有刊本《六十家词》,可歌可诵者,指不多屈。中间如秦少游、高竹屋、姜白石、史邦卿、吴梦窗,此数家格调不侔,句法挺异,俱能特立清新之意,删削靡曼之词,自成一家,各名于世。作词者能取诸人之所长,去诸人之所短,象而为之,岂不能与美成辈争雄长哉。”④所见以周邦彦为最高,此外的五家仅秦观为北宋人,馀皆南宋。王世贞《艺苑卮言》所称的“词之正宗”仅得九人,即“李氏、晏氏父子、耆卿、子野、美成、少游、易安至矣”⑤。王士禛《倚声初集序》以正变言词,且分为文人、词人与英雄之词,所论词之正,有云:“诗馀者,古诗之苗裔也。语其正,则景、煜为之祖,至漱玉、淮海而极盛,高、史其大成也。”⑥张惠言创常州词派,重词之意格、比兴,与传统看法不同,故亦推崇苏辛词,其《词选序》云:“宋之词家,号为极盛,然张先、苏轼、秦观、周邦彦、辛弃疾、姜夔、王沂孙、张炎,渊渊乎文有其质焉。”⑦秦观仍被列入文质兼备的最高等级的八人之中。胡薇元以秦观为“词家正音”,且说“故北宋惟少游乐府语工而入律,词中作家,允在苏、黄之上”⑧。陈廷焯更纵观词史的发展而言道:“秦少游自是作手,近开美成,导其先路;远祖温、韦,取其神不袭其貌,词至是乃一变焉。然变而不失其正,遂令议者不病其变,而转觉有不得不变者。后人动称秦、柳,柳

① 陈师道:《淮海居士字序》,转引自秦观撰,徐培均校注《淮海居士长短句·附录三》,第 267 页。
② 明刊:《淮海集》张綖跋语,转引自秦观撰,徐培均校注《淮海居士长短句·附录三》,第 268 页。
③ 吴曾:《能改斋漫录》卷一六,第 469 页。
④ 张炎:《词源》,《词源注·乐府指迷笺释》,第 9 页。
⑤ 王世贞:《艺苑卮言》,《词话丛编》,第 385 页。
⑥ 王士禛:《倚声初集序》,邹祗谟、王士禛《倚声初集》,《续修四库全书》第 1729 册,第 164 页。
⑦ 张惠言:《词选》(附续词选)卷一,第 8 页。
⑧ 胡薇元:《岁寒居词话》,《词话丛编》,第 4029 页。

之视秦，为之奴隶而不足者，何可相提并论哉！”[1]

对于淮海词的艺术特色，诸家所论亦多。王灼以秦观与张先相并，且以“俊逸精妙”称之[2]。张炎具体论淮海词的艺术特点云：

> 秦少游词，体制淡雅，气骨不衰，清丽中不断意脉，咀嚼无滓，久而知味。[3]

周济亦云：

> 少游最和婉醇正，稍逊清真者辣耳。少游意在含蓄，如花初胎，故少重笔。然清真沉痛至极，仍能含蓄。[4]

刘熙载则说：

> 秦少游词得花间、尊前遗韵，却能自出清新。东坡词雄姿逸气，高轶古人，且称少游为词手。[5]

综上所见，本节以“俊逸清新，和婉醇正”论淮海词的艺术。

前引的《望海潮》(梅英疏淡)，为叙述游踪之作，可谓情韵兼胜。陈廷焯认为：“少游词最深厚，最沉著，如‘柳下桃蹊，乱分春色到人家。’思路幽绝，其妙令人不能思议。较‘郴江幸自绕郴山，为谁流下潇湘去’之语，尤为入妙。”[6]词中将昔日之俊游，难以忘怀的“误随车”的温柔记忆，美景撩动的芳思，直到夜饮时的灯光如昼，嘉宾如云，炼字措语极精工美艳，故谭献称赏下片如“陈隋小赋缩本。填词家不以唐人为止境也”[7]。“兰苑”以下，由昔而今，名园无改，人却已老，欢乐变为嗟伤。在由密转疏之后，结以思归之意，有四顾苍茫之感。唐圭璋说：“读此词令人怅惘已极。盖少游纯以温婉和平之音，荡人心魄。与屯田、东坡之使气者又不同也。”[8]陈匪石称其“局度安详，语意婉约，气味醇厚，则少游之本色”。[9]所论极是。

《八六子》(倚危亭)亦为秦观代表作。此词破空而入，到“念”字领起“柳外”两对句，始点出别离，然后以“怆然暗惊”含蓄其词而略顿。过片追溯往事，“无端”应“暗惊”，“娉婷”为所思之人，“夜月”又二对句，意象既美，感情亦深。“怎奈向”，一转而至

---

① 陈廷焯著，屈兴国校注：《白雨斋词话足本校注》卷一，第 63 页。

② 王灼著，岳珍校正：《碧鸡漫志校正》卷二，第 34 页。

③ 张炎：《词源》，《词源注·乐府指迷笺释》，第 31 页。

④ 周济：《宋四家词选目录序论》，《介存斋论词杂著·复堂词话·蒿庵论词》，第 13 页。

⑤ 刘熙载：《艺概》卷四《词曲概》，第 109 页。

⑥ 陈廷焯著，屈兴国校注：《白雨斋词话足本校注》卷一，第 64 页。

⑦ 谭献：《谭评词辨》，《清人选评词集三种》，第 153 页。

⑧ 唐圭璋：《唐宋词简释》，第 101 页。

⑨ 陈匪石：《宋词举》，《宋词举》(外三种)，第 114 页。

别后情事,形象地概括于“欢娱渐随流水”三句之中,飞花弄晚,残雨笼晴,物带人情,实为物移人情,用字构词极美,且又合“词性”。“正销凝”,一顿,“黄鹂又啼数声”,进一层后再收,结情于清婉之景,馀味不断。确如陈匪石所说:“此词起处突兀,中间委婉曲折,道出心中菀结,而确是别后追念之情。‘可堪’以下,不再说情,专就景描写,而一往情深,令人读之魂销意尽。至造句工炼,写景细腻,犹其馀事。此从唐、五代词得来者,观之可知变化之由。而‘怎奈向’五句,大气贯注,亦与耆卿同工。”[①]张炎云:“‘春草碧色,春水绿波,送君南浦,伤如之何?’矧情至于离,则哀怨必至;苟能调感怆于融会中,斯为得矣……秦少游《八六子》云(词略)。离情当如此作,全在情景交炼,得言外意。有如‘劝君更尽一杯酒,西出阳关无故人’,乃为绝唱。”[②]陈霆论其起结而尤赞之:“唐杜牧之一词,其末云:‘正销魂。梧桐又移翠阴。’秦词全用杜格。然秦首句云:‘倚危亭。恨如芳草萋萋,刬尽还生。’二语妙甚,故非杜可及也。”[③]

满庭芳(山抹微云)一词,属于周济《宋四家词选目录序论》所说“将身世之感打并入艳情”者,陈廷焯许之为“诗情画景,情词双绝”[④]。沈祥龙甚称其开头:“诗重发端,惟词亦然,长调尤重。有单起之调,贵突兀笼罩,如东坡‘大江东去’是。有对起之调,贵从容整炼,如少游‘山抹微云,天粘衰草’是。”[⑤]起头三句写秋景,萧飒之中隐含离思,四、五句写饯别,然后宕开而追想往事,以蓬莱旧事回首如同烟云作虚写,“斜阳外”三句再作宕开,景中传情。下片详叙离情,刻画细节,最后的望断高城,灯火黄昏,可谓情景兼到。如谭献所说:“下阕不假雕琢,水到渠成,非平纯所能借口。”[⑥]叶梦得云:“秦观少游亦善为乐府,语工而入律,知乐者谓之作家歌。元丰间盛行于淮楚。‘寒鸦万点,流水绕孤村。’本隋炀帝诗也,少游取以为《满庭芳》辞,而首言‘山抹微云,天粘衰草。’尤为当时所传。”[⑦]时誉可知,名句亦可见。王世贞也说:“‘寒鸦千万点,流水绕孤村’,隋炀帝诗也。‘寒鸦数点,流水绕孤村’,少游词也。语虽蹈袭,然入词尤是当家。”[⑧]

《千秋岁》(水边沙外)被孔毅甫看出“气貌大不类平时,殆不久于世”,真可谓闻曲知声。此词以结句著称,如陈郁曾比较:“太白云:‘请君试问东流水,别意与之谁短长。’江南李后主曰:‘问君还有几多愁,却似一江春水向东流。’略加融点,已觉精彩。至寇莱公则谓‘愁情不断如春水’,少游云‘落红万点愁如海’,青出于蓝而胜于蓝矣。”[⑨]罗大经亦举诗中杜甫、赵嘏、李颀,及词中李煜、贺铸与之比较[⑩]。虽《古今词统》

---

① 陈匪石:《宋词举》,《宋词举》(外三种),第116页。

② 张炎:《词源》,《词源注·乐府指迷笺释》,第24页。

③ 陈霆:《渚山堂词话》卷一,《渚山堂词话·词品》,第7页。

④ 陈廷焯:《词则·大雅集》卷二,第59页。

⑤ 沈祥龙:《论词随笔》,《词话丛编》,第4051页。

⑥ 谭献:《谭评词辨》,《清人选评词集三种》,第153页。

⑦ 叶梦得:《避暑录话》卷三,《宋元笔记小说大观》,第2629页。

⑧ 王世贞:《艺苑卮言》,《词话丛编》,第387页。

⑨ 陈郁:《藏一话腴》内编卷上,四库全书本。

⑩ 罗大经:《鹤林玉露》乙编卷一,《宋元笔记小说大观》,第5240页。

以之“悲歌未终,能使琴人舍徽笛人破竹”①。但仅此结句及“镜里朱颜改”二句可见悲痛,全首仍显婉约而醇正。

《踏莎行》是少游的代表作:

雾失楼台,月迷津渡,桃源望断无寻处。可堪孤馆闭春寒,杜鹃声里斜阳暮。 驿寄梅花,鱼传尺素,砌成此恨无重数。郴江幸自绕郴山,为谁流下潇湘去?

黄苏论其题旨:“按少游坐党籍,安置郴州。首一阕是写在郴,望想玉堂天上,如桃源不可寻。而自己意绪无聊也。次阕言书难达意,自己同郴水自绕郴山,不能下潇湘以向北流也。语意凄切,亦自蕴藉,玩味不尽。雾失月迷,总是被谗写照。”②此词藉景言情、指物喻事,在比兴手法运用上很见功力。开头的对句似述景,而后面“可堪孤馆闭春寒,杜鹃声里斜阳暮”却写日暮,与前不合,故不应是眼前实景,连后“桃源”,可明为喻事。最后的郴江郴山,以愁山怨水写羁旅之思及乡愁,刻至生新,以至得到苏轼的赞赏,题于扇头。词旨虽如黄苏所说,所出却敛约而婉言,不失其醇正之音。“可堪孤馆闭春寒,杜鹃声里斜阳暮”二句,又不同于藉景言情,而是藉景现情,“一切景语皆情语”,主观色彩很浓,故被王国维《人间词话》作为“有我之境”的典型;不过,其所说“少游词境最为凄惋”甚当,而以此二句“则变而凄厉”一说则似太过。就风格而言,王世贞云:“‘平芜尽处是青山,行人更在青山外’,又‘郴江幸自绕郴山,为谁流下潇湘去’,此淡语之有情者也。”③可见清新而婉曲确是其特点。

《浣溪沙》亦为少游代表作:

漠漠轻寒上小楼,晓阴无赖似穷秋,淡烟流水画屏幽。 自在飞花轻似梦,无边丝雨细如愁,宝帘闲挂小银钩。

此词最具“文小、质轻、境隐”的“词性”特征,柔和婉约,亦最能当“俊逸清新”之评。作者移情于外,而有晓阴无赖之语,比物于事,而有飞花似梦,丝雨如愁之喻,闲愁难以言说,故作景中见情,堪称轻灵朦胧的绝妙好词。陈廷焯谓之“宛转幽怨,温韦嫡派”④。俞陛云云:“清婉而有馀韵,是其擅长处。”⑤所评均见允当。

《鹊桥仙》为咏七夕名篇:

纤云弄巧,飞星传恨,银汉迢迢暗渡。金风玉露一相逢,便胜却人间无数。

① 卓人月、徐士俊辑:《古今词统》卷十,《续修四库全书》第1729册,第24页。
② 黄苏:《蓼园词评》,《词话丛编》,第3048页。
③ 王世贞:《艺苑卮言》,《词话丛编》,第388页。
④ 陈廷焯:《词则·大雅集》卷二,第57页。
⑤ 俞陛云:《唐五代两宋词选释》,第245页。

柔情似水,佳期如梦,忍顾鹊桥归路。两情若是久长时,又岂在朝朝暮暮。

此首写牛郎、织女"七夕"相会,却改变了《古诗十九首》中《迢迢牵牛星》的悲剧色彩,写得俊逸而又清新,和婉而又醇正。若谓"飞星传恨"尚带离愁,可当牛郎、织女"暗渡"银河,在金风玉露中相逢时,一次见面就胜过了人间的千遍万遍,愁恨亦消。过片"柔情似水,佳期如梦",写出难舍难分的感情,正缘于难得的一遇,当然要"忍顾鹊桥归路",可作者并不将题旨止于此,而在最后翻进一层,以令人警醒的"两情若是久长时,又岂在朝朝暮暮",昭示了爱的高境。正如明人沈际飞《草堂诗馀正集》卷二所说:"(世人咏)七夕以双星会少离多为恨,独谓情长不在朝暮,化臭腐为神奇!"秦观并不是豁达之人,他的爱情词常常充满了离愁别恨,不少作品都写得凄婉动人,而此词却高远而俊逸,醇雅而清新。苏轼有《水调歌头》中秋词,以天上说人间来解脱现实中的烦恼,秦观偶得神话的启发,或兼受苏轼的影响,振拔精神而作此词,是很可能的。

五、名作甚多 俚词不少

秦观词因其俊逸清新、和婉醇正,故能情韵兼胜。而秦词也有近于黄庭坚的俚俗之处。陈廷焯即指出:

少游名作甚多,而俚词亦不少,去取不可不慎。[①]

上面所引录并论析者多为其名作,而在俊逸清新、和婉醇正、情韵兼胜的婉约词之外,尚应看到淮海词还有近于苏轼豪放词的清新雄奇之作。如《念奴娇》(赤壁舟中咏雪):

中流鼓楫,浪花舞、正见江天飞雪。远水长空连一色,使我吟怀逸发。寒峭千峰,光摇万象,四野人踪灭。孤舟垂钓,渔蓑真个清绝。　　遥想溪上风流,悠然乘兴,独棹山阴月。争似楚江帆影净,一曲浩歌空阔。禁体词成,过眉酒热,把唾壶敲缺。冯夷惊道:坡翁无此赤壁。

《念奴娇》(过小孤山):

长江滚滚东流去,激浪飞珠溅雪。独见一峰青崒嵂,当住中流万折。应是天公,恐他澜倒,特向江心设。屹然今古,舟郎指点争说。　　岸边无数青山,萦回紫翠,掩映云千叠。都让洪涛恣汹涌,却把此峰孤绝。薄暮烟扉,高空日焕,谙历阴晴彻。行人过此,为君几度击楫。

---

① 陈廷焯著,屈兴国校注:《白雨斋词话足本校注》卷一,第68页。

《念奴娇》:

夜凉湖上,酌芳尊、对此一轮皓月。岁月匆匆人老大,又近中秋时节。夜气泬漻,湖光旷邈,风舞萧萧叶。水天一色,坐来肌骨清彻。　　自念尘满征衫,无人为浣,洒泪今成血。玉兔银蟾休道远,不识愁人情切。绣帐香销,画屏烛冷,此意凭谁说?天青海碧,枉教望断瑶阙。

蔡嵩云认为:

少游词,虽间有花间遗韵,其小令深婉处,实出自六一,仍是阳春一脉。慢词清新淡雅,风骨高骞,更非花间所能范围矣。[①]

此说对淮海词的源流及风格概括极为精当。其令词之所出及发展,与"花间"、晏欧的关系,前面所论已可见。其慢词之清新淡雅者,前亦已论。而如上面三首《念奴娇》,虽第一、第三首均属存疑者[②],但即使仅有第二首不容置疑,亦可当"风骨高骞"之评。

秦观对俗文学也感兴趣,本章第一节曾引其《逆旅集序》,有"仰不知雅言之可爱,俯不知俗论之可卑"之说,故其词亦如黄庭坚,也有俚俗之作。如《满园花》:

一向沉吟久。泪珠盈襟袖。我当初不合苦撋就。惯纵得软顽,见底心先有。行待痴心守,甚捻着脉子,倒把人来僝僽。　　近日来非常罗皂丑,佛也须眉皱。怎掩得众人口?待收了孛罗,罢了从来斗。从今后,休道共我,梦见也、不能得勾。

《河传》:

恨眉醉眼,甚轻轻觑着,神魂迷乱。常记那回,小曲阑干西畔。鬓云松、罗袜刬。　　丁香笑吐娇无限,语软声低,道我何曾惯。云雨未谐,早被东风吹散。闷损人、天不管。

《品令》二首:

幸自得。一分索强,教人难吃。好好地、恶了十来日。恰而今、较些不?　　须管啜持教笑,又也何须肐织。衠倚赖、脸儿得人惜,放软顽、道不得。

掉又惧。天然个品格,于中压一。帘儿下、时把鞋儿踢,语低低、笑咭咭。每每秦楼相见,见了无门怜惜。人前强、不欲相沾识。把不定、脸儿赤。

---

① 蔡嵩云:《柯亭词论》,《词话丛编》,第4911页。

② 秦观撰,徐培均校注:《淮海居士长短句·存疑》,第220–221页。

秦观还有《调笑令》(十首并诗)之作,以一诗一词相间,每首咏一事,共咏十事。当时在汴京流行《调笑转踏》,王国维《宋元戏曲考》据吴自牧《梦粱录》云:“北宋之转踏,恒以一曲连续歌之。每一首咏一事,共若干首则咏若干事。”[①]秦观此组作品显然是受到民间乐曲的影响,或为艺人演唱之求而作。此处选录其部分曲子而不录诗:

回顾,汉宫路,捍拨檀槽鸾对舞。玉容寂寞花无主,顾影偷弹玉箸。未央宫殿知何处?目送征鸿南去。

辇路,江枫古,楼上吹箫人在否?菱花半壁香尘污,往日繁华何处?旧欢新爱谁是主。啼笑两难分付。

翡翠,好容止,谁使庸奴轻点缀。裴郎一见心如醉,笑里偷传深意。罗衣中夜与门吏,暗结城西幽会。

相慕,无双女,当日尚书先曾许。王郎明俊神仙侣,肠断别离情苦。数年睽恨今复遇,笑指襄江归去。

肠断,绣帘卷,妾愿身为梁上燕。朝朝暮暮长相见,莫遣恩迁情变。红绡粉泪知何限?万古空传遗怨。

恋恋,楼中燕,燕子楼空春色晚。将军一去音容远,空锁楼中深怨。春风重到人不见,十二阑干倚遍。

春梦,神仙洞,冉冉拂墙花树动。西厢待月知谁共?更觉玉人情重。红娘深夜行云送,困亸钗横金凤。

柳岸,水清浅,笑折荷花呼女伴。盈盈日照新妆面,水调空传幽怨。扁舟日暮笑声远,对此令人肠断。

以上虽语言不俗,所采用的形式,却是行于瓦肆的民间技艺。

况周颐说:

有宋熙、丰间,词学称极盛。苏长公提倡风雅,为一代山斗。黄山谷、秦少游、晁无咎皆长公之客也。山谷、无咎皆工倚声,体格于长公为近。惟少游自辟蹊径,卓然名家。盖其天分高,故能抽秘骋妍于寻常濡染之外。而其所以契合长公者独深。张文潜《赠李德载》诗有云:“秦文倩丽舒桃李。”彼所谓文,固指一切文字而言。若以其词论,直是初日芙蓉,晓风杨柳,倩丽之桃李,容犹当之有愧色焉。王晦叔《碧鸡漫志》云:黄、晁二家词,皆学坡公,得其七八。而于少游独称其俊逸精妙,与张子野并论,不言其学坡公,可谓知少游者矣。[②]

秦观不为苏轼所笼罩,“自辟蹊径,卓然名家”,又“契合长公者独深”,能创“初日芙

① 王国维:《宋元戏曲考》,《王国维遗书》第15册,上海古籍书店1983年版,第27页。(版本后同)

② 况周颐:《蕙风词话》卷二,《蕙风词话·广蕙风词话》,第18–19页。

蓉，晓风杨柳”之貌。论者以为，其词“如红梅作花，能以韵胜，觉清真亦无此气味”[①]，“有小晏之妍，其幽趣则过之”[②]，都对之肯定甚多。秦观不走“以诗为词”一路，在苏门之中，其词独到的艺术性是其“词心”之外又一独得者。而且，他对俗词的探索不似黄庭坚之太过，对《调笑转踏》的尝试则为雅俗结合之作，故此可以说，秦观在元祐词林中既是独特的，又是不作“狂狷”而得“中行”的词人。

第九节　仲殊、陈师道与晁补之

除黄庭坚、秦观外，“苏门六君子”中，晁补之、陈师道作词较多，而张耒、李廌较少。入元祐党籍的李之仪亦与苏轼有交，作词较多。与苏轼大致同一时期的词人尚有舒亶、米芾、晁端礼、仲殊、赵令畤、贺铸等人。如前所作分期，以宋徽宗时期为北宋后期，用这一标准相衡，上述词人虽或生年较早，却因在徽宗时期生活较长，故列入下章再论，贺铸、赵令畤入下一章。而李之仪和晁端礼虽生年都早于秦观、晁补之、陈师道、张耒，但秦观卒于1100年，陈师道1102年，自应列入本章；晁补之卒于1110年，较秦、陈晚十年左右，因同入苏门，故仍入本章。李之仪卒于1117年，在徽宗时期生活了十六年，且其词的创作高峰亦在这一时期，故列入下章。晁端礼卒于1113年，与晁补之、张耒为近，却因在徽宗时以承事郎为大晟府制撰协律，亦入下章。

基于上述的分期原则，本节论苏门词人陈师道、晁补之及苏轼的朋友仲殊。张耒、李廌作品太少，不论。舒亶在前面已论。米芾有数首咏月词和茶词较有特色，却难出苏轼及苏门之外，亦不论。

一、脱尽寒俭　僻涩质朴：仲殊与陈师道

仲殊(生卒年不详)，字师利，俗名张挥，安州(今湖北安陆)人。初为士人，曾与乡荐，后弃家为僧，居苏州承天寺、杭州宝月寺。与苏轼交游，徽宗崇宁中自缢死。有后人所辑词集《宝月集》。

王灼对仲殊词评价较高，曾云：“贺方回、周美成、晏叔原、僧仲殊各尽其才力，自成一家……叔原如金陵王谢子弟，秀气胜韵，得之天然，将不可学。仲殊次之，殊之赡，晏反不逮也。”[③]杨慎则说：“宋人小词，僧徒惟二人最佳。觉范之作类山谷，仲殊之作似《花间》。祖可、如晦，俱不及也。”[④]

可称为“赡”者，如《减字木兰花》：

谁将妙笔。写就素缣三百匹。天下应无。此是钱塘江上图。　一般奇绝。

① 张宗橚编《词林纪事》卷六引楼敬思语，张宗橚编，杨宝霖补正《词林纪事·词林纪事补正》，第409页。
② 刘熙载《艺概》卷四《词曲概》，第109页。
③ 王灼著，岳珍校正《碧鸡漫志校正》卷二，第34页。
④ 杨慎《词品》卷二，《渚山堂词话·词品》，第85-86页。

云淡天低秋夜月。费尽丹青。只这些儿画不成。

词中不仅就绘画的能够表现或难以表现自然之美，道出了自己的独到体会，而且极有气势，大可见以狮搏兔、缩龙成寸的本领。又如《减字木兰花》亦小中见大，腾挪跌宕，清丽中颇见气概：

江南三月。犹有枝头千点雪。邀上芳尊。却占东君一半春。　尊前眼底。南国风光都在此。移过江来。从此江南不复开。

《定风波》（独登多景楼）登楼眺远，触动其情，古今之慨、无家之悲、流年之叹集于短短篇幅之中，堪称刚柔兼备，包蕴甚广：

花戟云幡拥上方。画帘风细度春香。银色界前多远景。人静。铁城西面又斜阳。　山色入江流不尽，古今一梦莫思量。故里无家归去懒。伤远。年华满眼多凄凉。

仲殊词有近于“花间”者，却能自出面貌。如《南歌子》：

十里青山远，潮平路带沙。数声啼鸟怨年华。又是凄凉时候、在天涯。　白露收残暑，清风衬晚霞。绿杨堤畔问荷花。记得年时沽酒、那人家。

此词上片近于一位行脚僧人的自画像，却不是心如古井，在感受自然界的变化中，因年华之去而怨，因行在天涯而伤。下片写出秋天的季节和景色，如画中小景，清丽可人，而“问荷花”之“问”，则将孤寂中的情怀寄于荷花，如故人般的晤谈，且点出当年在此买酒的就是自己。词中不仅表现出他对往事的难以忘情，更见出对尘世的眷恋。

仲殊虽入佛门，其尘心却是难泯，故颇有艳词之作。如《踏莎行》显见对女子的同情：

浓润侵衣，暗香飘砌。雨中花色添憔悴。凤鞋湿透立多时，不言不语厌厌地。　眉上新愁，手中文字。因何不倩鳞鸿寄。想伊只诉薄情人，官中谁管闲公事。

《南歌子》更近于散曲的写法：

解舞清平乐，如今说向谁。红炉片雪上钳锤。打就金毛狮子、也堪疑。　木女明开眼，泥人暗皱眉。蟠桃已是着花迟。不向春风一笑、待何时。

明陈霆对于仲殊的艳词评论道:“大率淫言媟语,故非衲子所宜也。然殊诸曲,类能脱绝寒俭之态。”①所言甚是。

黄昇说:

仲殊之词多矣。佳者固不少,而小令为最,小令之中,《诉衷情》一调又其最。盖篇篇奇丽,字字清婉,高处不减唐人风致也。②

如《诉衷情》(春情),脱化刘禹锡诗的意境而别具手眼,写得情韵悠长:

楚江南岸小青楼。楼前人檥舟。别来后庭花晚,花上梦悠悠。 山不断,水空流,谩凝眸。建康宫殿,燕子来时,多少闲愁。

《诉衷情》(宝月山作)则分写西湖晚春,及晚间景色,从容自在,胸襟淡泊,极得难传之妙,确可见唐人风致:

清波门外拥轻衣。杨花相送飞。西湖又还春晚,水树乱莺啼。 闲院宇,小帘帏。晚初归。钟声已过,篆香才点,月到门时。

尤其《诉衷情》(寒食):

涌金门外小瀛洲。寒食更风流。红船满湖歌吹,花外有高楼。 晴日暖,淡烟浮。恣嬉游。三千粉黛,十二阑干,一片云头。

词中特写西湖小瀛洲的寒食之景,湖中红船,花外高楼,一片繁华景象。下片从好天气、恣嬉游,而结于以数字构成的鼎足对,热闹之中自饶冷隽。此词是《诉衷情》组词中的上佳之作,婉丽而不失淡雅,质实却又见空灵,具有较高的独创性。

陈师道(1052—1102),字履常,一字无己,自号后山居士,彭城(今江苏徐州)人。心非王安石经学,绝意仕进。苏轼等荐为亳州司户参军,充徐州教授。后坐苏轼馀党,谪监海陵酒税。又召为秘书省正字。有《后山居士文集》、《后山词》。

陈师道为江西诗派的“三宗”之一,人以其词与其诗相较,以为可通处不少,但诗词之名却不称。王灼说:“陈无己所作数十首,号曰《语业》,妙处如其诗,但用意太深,有时僻涩。”③“世言无己喜作庄语,其弊生硬是也。”④意深、僻涩、生硬,皆江西诗派特点,

① 陈霆:《渚山堂词话》卷二,《渚山堂词话·词品》,第18页。
② 黄昇:《花庵词选·唐宋诸贤绝妙词选》卷九,第143页。
③ 王灼著,岳珍校正:《碧鸡漫志校正》卷二,第34页。
④ 王灼著,岳珍校正:《碧鸡漫志校正》卷二,第50页。

而庄语则于词不宜，可见其词同于诗，其弊亦见。陆游《跋后山居士长短句》尚是质疑口吻："唐末诗益卑而乐府词高古工妙，庶几汉魏。陈无己诗妙天下，以其馀作词，宜其工矣，顾乃不然，殆未易晓也。"[①]而至《四库全书总目》所论则断然分明：

胡仔《渔隐丛话》述师道自矜语，谓于词不减秦七、黄九。今观其《渔家傲》词有云："拟作新词酬帝力，轻落笔，黄秦去后无强敌"云云。自负良为不浅。然师道诗冥心孤诣，自是北宋巨擘。至强回笔端，倚声度曲，则非所擅长。如赠晁补之舞鬟之类，殊不多见。其诗话谓曾子开、秦少游诗如词，而不自知词如诗。盖人各有能有不能，固不必事事第一也。[②]

冯煦以其"娴雅有馀，绵丽不足"[③]，陈廷焯则说："后山词亦以情胜，微逊子野沈著，而措语较婉雅。"[④]况周颐有"或浑成而调高，或质朴而味厚"[⑤]之说，评价最高。

平心而论，陈师道词确实如《四库全书总目》所说"强回笔端，倚声度曲，则非所擅长"，能近于况周颐所评的甚少。其中艺术性较高的有《木兰花》（汝阴湖上同东坡用六一韵）：

湖平木落摇空阔。叶底流泉鸣复咽，酒边清漏往时同，花里朱弦纤手抹。风光过手春冰滑。十事违人常七八。不将白发并黄花，拟下清流搅明月。

《南乡子》（九日用东坡韵）：

晴野下田收。照影寒江落雁洲。禅榻茶炉深闭合，飕飕。横雨旁风不到头。登览却轻酬。剩作新诗报答秋。人意自阑花自好，休休。今日看时蝶也愁。

《满庭芳》（咏茶）：

闽岭先春，琅函联璧，帝所分落人间。绮窗纤手，一缕破双团。云里游龙舞凤，香雾起、飞月轮边。华堂静，松风竹雪，金鼎沸湲潺。　门阑。车马动，扶黄籍白，小袖高鬟。渐胸里轮囷，肺腑生寒。唤起谪仙醉倒，翻湖海、倾泻涛澜。笙歌散，风帘月幕，禅榻鬓丝斑。

---

① 陆游：《跋后山居士长短句》，《词籍序跋萃编》，第117页。
② 永瑢等：《四库全书总目》卷二〇〇，第1829–1830页。
③ 冯煦：《蒿庵论词》，《介存斋论词杂著·复堂词话·蒿庵论词》，第65页。
④ 陈廷焯：《词则·闲情集》卷一，第895页。
⑤ 况周颐：《历代词人考略》卷一二，《蕙风词话·广蕙风词话》，第242页。

尤其《木兰花减字》(赠晁无咎舞鬟)二首：

娉婷娜袅。红落东风青子小。妙舞逶迤。拍误周郎却未知。　　花前月底。谁唤分司狂御史。欲语还休。唤不回头莫着羞。

娉娉袅袅。芍药枝头红玉小。舞袖迟迟。心到郎边客已知。　　当筵举酒。劝我尊前松柏寿。莫莫休休。白发簪花我自羞。

使晁补之叹曰："无已清通，虽铁石心肠不至于开府，而此词已过于《梅花赋》矣。"①

此外，如《临江仙》：

曲巷斜街信马，小桥流水谁家。浅衫深袖倚门斜。只缘些子意，消得百般夸。粉面初生明月，酒容欲退朝霞。春风还解染霜华。肯持鸳绮被，来伴杜家花。

《卜算子》：

雪暗岭头云，竹冷溪边树。还似潇湘缥缈人，玉骨笼香雾。　　月下幽香度。梦里香魂驻。回首南枝酒半醺，寂寞无寻处。

前者似力求绵丽，后者则较为清幽。不过，陈师道词全为小令，且的确在艺术上不见创获，亦难见个性，宜于上面引录的诸人所评。

二、神姿高秀　沉咽雄邈：论晁补之词

晁补之(1053—1110)，字无咎，济州巨野(今山东巨野)人。神宗元丰二年(1079)举进士第一，历官秘书省正字、著作佐郎，后坐党籍贬监处、信二州酒税。徽宗立，召拜吏部员外郎，礼部郎中兼国史编修、实录检讨官。出知诸州。有《鸡肋集》，词集名《晁氏琴趣外编》。

王灼云："晁无咎、黄鲁直皆学东坡，韵致得七八。"②毛晋跋其词曰："无咎虽游戏小词，不作绮艳语。"③《四库全书总目》亦有相近之评："其词神姿高秀，与(苏)轼实可肩随。"④冯煦认为其"所为诗馀，无子瞻之高华，而沉咽则过之"⑤。陈廷焯《云韶集》竟然许之以最高的"沉郁顿挫"⑥。张德瀛综观北宋词坛，提出五大家之说，以晁补之为一家："同叔之词温润，东坡之词轩骁，美成之词精邃，少游之词幽艳，无咎之词雄邈，北宋

① 张邦基：《墨庄漫录》卷三，《宋元笔记小说大观》，第4671页。
② 王灼著，岳珍校正：《碧鸡漫志校正》卷二，第34页。
③ 毛晋：《琴趣外篇跋》，《词籍序跋萃编》，第90页。
④ 永瑢等：《四库全书总目》卷一九八，第1810页。
⑤ 冯煦：《蒿庵论词》，《介存斋论词杂著·复堂词话·蒿庵论词》，第61页。
⑥ 陈廷焯：《云韶集》卷三，转引自《白雨斋词话足本校注》，第74页。

惟五子可称大家。”[1]兹取《四库全书总目》及冯煦、张德瀛之说，而以上面的标题论晁补之的词。

《八声甘州》(扬州次韵和东坡钱塘作)：

谓东坡、未老赋归来，天未遣公归。向西湖两处，秋波一种，飞霭澄辉。又拥竹西歌吹，僧老木兰非。一笑千秋事，浮世危机。　应倚平山栏槛，是醉翁饮处，江雨霏霏。送孤鸿相接，今古眼中稀。念平生、相从江海，任飘蓬、不遣此心违。登临事，更何须惜，吹帽淋衣。

这是苏轼在杭州寄参寥子一首的和韵之词。苏轼在元祐七年(1092)到扬州知州任，晁补之已经出为扬州通判，但不久苏轼就被召回朝廷，此词为行前别宴上所赋。词之上片写苏轼从杭州、颍州的“西湖两处”，到“竹西歌吹”的扬州，并寄其感慨。下片回到平山堂的离筵，苏轼之与欧阳修，到自己的相从苏轼，约略相同，申别意而表师生情分。此词的气度、风格都近于东坡。

《摸鱼儿》(东皋寓居)写于免官回乡之后：

买陂塘、旋栽杨柳，依稀淮岸江浦。东皋嘉雨新痕涨，沙嘴鹭来鸥聚。堪爱处，最好是、一川夜月光流渚。无人独舞。任翠幄张天，柔茵藉地，酒尽未能去。

青绫被，莫忆金闺故步。儒冠曾把身误。刀弓千骑成何事？荒了邵平瓜圃。君试觑，满青镜、星星鬓影今如许。功名浪语。便似得班超，封侯万里，归计恐迟暮。

上片写景，表现对乡居生活的热爱，归隐中的诸般乐趣。下片即景抒情，化用前人诗句，多用典故，表其对官场生活的厌倦。写得一气流转，可见善于用典和驾驭语言的能力，确实是韵制得苏轼之七八。

《水龙吟》(次韵林圣予惜春)，是借惜春表达理趣之作：

问春何苦匆匆，带风伴雨如驰骤。幽葩细萼，小园低槛，壅培未就。吹尽繁红，占春长久，不如垂柳。算春常不老，人愁春老，愁只是、人间有。　春恨十常八九，忍轻辜、芳醪经口。那知自是，桃花结子，不因春瘦。世上功名，老来风味，春归时候。纵樽前痛饮，狂歌似旧，情难依旧。

作者受党争牵连被贬谪而退隐家乡，故将“世上功名，老来风味，春归时候”联系在一起，虽功名难遂，人将老去，情难依旧，却仍能排遣失意，借春归之题表达对人生愁恨的理解，努力振奋精神。全词基调不是悲哀低沉，而见高远、沉咽之气。

---

① 张德瀛：《词徵》卷五，《词话丛编》，第4153页。

秦观和黄庭坚的去世,使得苏门四学士顿失一半。晁补之分别有词吊之。《离亭宴》(次韵吊豫章黄鲁直):

> 丹府黄香堪笑。章台坠鞭年少。细雨春风花落处,醉里中人传诏。却上五湖船,悲歌楚狂同调。 青草荆江波渺,香炉紫霄簪小。人去江山长依旧,幼妇空传辞妙。洒泪作招魂,枫林子规啼晓。

《千秋岁》(次韵吊高邮秦少游):

> 江头苑外,常记同朝退。飞骑轧,鸣珂碎。齐讴云绕扇,赵舞风回带。严鼓断,杯盘藉草犹相对。 洒涕谁能会。醉卧藤阴盖。人已去,词空在。兔园高宴悄,虎观英游改。重感慨,惊涛自卷珠沉海。

都见对情谊的追忆,对逝者的悲悼,沉咽之中兼饶雄邈。

《迷神引》(贬玉溪对江山作)作于宋哲宗亲政后,作者因坐元祐党籍,被贬处州、信州酒税,此词即作于信州。词云:

> 黯黯青山红日暮,浩浩大江东注。馀霞散绮,回向烟波路。使人愁,长安远,在何处。几点渔灯小,迷近坞。一片客帆低,傍前浦。 暗想平生,自悔儒冠误。觉阮途穷,归心阻。断魂素月,一千里、伤平楚。怪竹枝歌,声声怨,为谁苦。猿鸟一时啼,惊岛屿。烛暗不成眠,听津鼓。

上片以写景为主,即景而生情,所感不见长安,恋阙之意显见。下片反省自己,儒冠误、阮途穷、归心阻,是直言为宦而被贬之悲,所思所悲又移之于外物,故素月令人断魂,猿鸟之啼令人心惊,连竹枝歌和津鼓声都令人生怨、失眠。词中所宣泄之情较为低黯,加以层层渲染,积之更重,但措语明白,境界开阔,低咽而不失其沉雄之气。

《满江红》(赴玉山之谪,与诸父泛舟大泽,分题为别)当作于上词之前:

> 莫话南征,船头转、三千馀里。未叹此、浮生飘荡,但伤佳会。满眼青山芳草外,半篙碧水斜阳里。问此中、何处芰荷深,渔人指。 清时事,羁游意。尽付与,狂歌醉。有多才南阮,自为知己。不似朱公江海去,未成陶令田园计。便楚乡、风景胜吾乡,何人对。

因此词作于泛舟大泽、赴玉山之前,故以“莫话南征”突作开局,继以“船头转、三千馀里”的设想,接着叹浮生、伤佳会,望去处不能见之青山,想斜阳碧水,而发问于渔人,寻求芰荷深处,岂非有避世之志?下片呼应泛舟之游而向知己表白,并自道未能如范蠡、陶潜那样隐于江海、田园而为憾，最后以南方风景虽胜家乡，却无良朋可对，回应“诸父”。因将赴贬谪之地，自无高兴之由，可所写并无衰飒悲凉之情，深沉中透出雄劲。

《临江仙》(信州作)是在贬所之作：

谪宦江城无屋买，残僧野寺相依。松间药臼竹间衣。水穷行到处，云起坐看时。　一个幽禽缘底事，苦来醉耳边啼。月斜西院愈声悲。青山无限好，犹道不如归。

身在赣东异乡，孤独而凄凉，在仕与隐的思考中，透出怀归之念。词中分别化用前人诗句“残僧野寺相依”，用杜诗“野寺残僧少”(《山寺》)，“水穷行到处，云起坐看时”改王维《终南别业》句中词序，结句“青山无限好，犹道不如归”，为范仲淹《越上闻子规》成句。都如同己出，堪称天衣无缝。词中虽有“苦”、“悲”的字眼，却非低黯幽怨，不害其清美高秀的意境。

晁补之擅画，且有画论传世，其《满庭芳》(用东坡韵题自画莲社图)是为己画而题：

归去来兮，名山何处，梦中庐阜嵯峨。二林深处，幽士往来多。自画远公莲社，教儿诵、李白长歌。如重到，丹崖翠户，琼草秀金坡。　生绡，双幅上，诸贤巾屦，文彩天梭。社中客，禅心古井无波。我似渊明逃社，怡颜盼、百尺庭柯。牛闲放，溪童任懒，吾已废鞭蓑。

此词演慧远在庐山结白莲社一事，自表归隐之志。词中出现李白《庐山谣寄卢侍御虚舟》，社中人禅心如古井，及陶渊明的自比，写得旷达清远，最合神姿高秀之评。

《洞仙歌》(泗州中秋作)，此绝笔之词也：

青烟幂处，碧海飞金镜。永夜闲阶卧桂影，露凉时、零乱多少寒螿，神京远，惟有蓝桥路近。　水晶帘不下，云母屏开，冷浸佳人淡脂粉。待都将许多明，付与金尊，投晓共、流霞倾尽。更携取胡床、上南楼，看玉做人间，素秋千顷。

此词作于泗州知州任上，通篇写月，如黄苏所说：“前阕从无月看到有月。次阕从有月看到月满人间。层次井井，而词致奇杰，各段俱有新警语，自觉冰魂玉魄，气象万千，兴乃不浅。”[①]措语结句都贯注清趣清兴，所营造意境，亦壮丽清奇，雄浑高远。

刘熙载称“无咎词堂庑颇大”[②]，王灼以其得东坡韵制七八分，皆甚得其要。无咎词虽直说者较多，缺乏婉约缠绵之致，却是较单纯、忠实地延续苏轼“以诗为词”一路，不

① 黄苏：《蓼园词评》，《词话丛编》，第3064页。
② 刘熙载：《艺概》卷四《词曲概》，第109页。

似黄庭坚择向较多。而其词的“不作绮艳语”，“神姿高秀”，“雄邈”，“无子瞻之高华，而沉咽则过之”，确实是“与苏轼实可肩随”。但又应看到，正如陈廷焯所云：“晁无咎则有意蹈扬湖海，而力又不足。”[①]所以，此话又可证王灼的“七八分”一说了。

① 陈廷焯著，屈兴国校注：《白雨斋词话足本校注》卷一，第73页。

第六章　北宋后期词的艺术发展与集成

本书所论的北宋后期是指宋徽宗时期的二十五年。有些词人的创作期实际上跨越了从宋神宗到宋徽宗、甚而宋高宗时期,因此是根据他们的主要生活期和创作期,而将他们置于应属的时期,上一章已经陈述将甚至年龄长于秦观者置于本章的理由,此不再赘。

宋徽宗是神宗第十一子,本封为端王,由向太后作主立为皇帝。当时的宰相章惇曾以其“轻佻,不可以君天下”[①]相告诫,但向太后不听,端王即位后,她权同处分国事,不久,卒。徽宗即位未久,很快就打破向太后并用新旧派的局面,改元崇宁,以示继承父兄大业之意。他焚毁元祐法,打起恢复新法的旗号,却另有所谋,擢升蔡京,九月下诏中书,开始对新旧派都实行大清算,定文彦博、苏轼、秦观等一百三十多人为奸党,徽宗御书并勒石于端礼门,或贬或降有五百馀人之多。徽宗与蔡京沆瀣一气,在对旧党进行打击迫害同时,又将新党中的章惇、曾布也列为打击对象。下诏毁司马光等人的画像,《资治通鉴》因有神宗御制序言才免于被毁,三苏及秦观、黄庭坚的文集亦被毁禁。徽宗为旧党所立,却极力打击旧党,蔡京力抬王安石,又打着维护新法的旗号,却拼命打击新党。二人如此密切的配合,就是披着新政的外衣,以求建立惟命是从的统治机构。在党争被压下之后,蔡京即提出“丰亨豫大”的口号,以尽情享受博徽宗的欢心。徽宗疏于政治,追求享乐,不懂军事,采取联金灭辽政策,结果导致北宋灭亡。但他热心艺术,宣和画院的建设,大晟乐府的成立,是绘画与音乐建设的两件大事。在他统治时期,宋词的艺术得到较大发展,尤其因大晟乐府之立,整理了词乐,“校正”了苏轼“以诗为词”的创作方向,这固然使词的内容、意格为之收缩、回落,却也使词回到“倚声”的道路。此期的代表词人周邦彦,更被认为是北宋词艺术的集成者,对南宋词的主流创作产生了巨大的影响。

第一节　苏门外围词的艺术之变

作为北宋诗文革新运动的后期领袖,苏轼的文学地位自不待言,即使在歌词领域,其创作实践虽引起争议,却仍然具有巨大的影响。上一章已经论述了苏门词人如黄庭坚、晁补之,以及苏轼的方外交仲殊之词。而在苏门四学士、六君子之外,还有与苏轼相交,或受教于苏轼的词人,他们是:李之仪、赵令畤、毛滂、惠洪、王安中,其中有的年龄与黄庭坚、秦观相仿,有的则相差一代人以上。为论述方便,本节拟将他们视

---

① 脱脱等:《宋史》卷二二《徽宗本纪》,《二十五史》,第5232页。

作苏门的外围,置于一起而论之,并力图勾画出他们的词在艺术上发展的轨迹。

一、清婉峭蒨　渐近沉著:论李之仪

李之仪(1047—1117),字端叔,号姑溪居士,沧州无棣(今属山东)人,后徙楚州山阳(今江苏淮安)。神宗熙宁六年(1073)进士。宋哲宗绍圣初,苏轼知定州,辟为管勾机宜文字。后以元祐党籍贬惠州。徽宗崇宁二年(1103),因代作范纯仁《遗表》,过于鲠直而忤蔡京,被逮入京,次年编管太平州,居姑熟(今安徽当涂)。政和三年(1113)被除名勒停,徙唐州(治所在今河南泌阳)。自号姑溪居士,有《姑溪居士集》,内含《姑溪词》。

李之仪善于属文,为苏轼所知,元祐八年(1093)九月,苏轼出帅中山,辟李之仪掌机宜文字。次年(1094)闰四月,苏轼谪岭南,李之仪于时历枢密院编修官,通判原州,元符中,监内香药库,御史论其为东坡客,不可任京官,诏停废。因以上原因,故将李之仪视作苏门的外围词人。

对于《姑溪词》的评价,《四库全书总目》谓之"其词亦工,小令尤清婉峭蒨,殆不减秦观"[①]。冯煦则说:"姑溪词长调近柳,短调近秦,而均有未至。"[②]况周颐所说最全面:"综论姑溪词格,其清空婉约,自是北宋正宗,而渐近沉著,则又开南宋风会矣。毛子晋略骨干而取情致,曷克尽揽其胜耶?"[③]综上所论,可用"清婉峭蒨"与"渐近沉著"二语概括李之仪词的艺术特点。

《姑溪词》中最为选家所重的是《卜算子》:

> 我住长江头,君住长江尾。日日思君不见君,共饮长江水。　此水几时休,此恨何时已。只愿君心似我心,定不负相思意。

此词以长江贯穿全首,作为抒情主线,兼有叙述、问答、设想、祈愿,语言清新明白,句法勾连复沓,结构回环往复,表达了永恒、深刻的爱情。既有民歌的质朴情调,又见文人词的运思婉转,灵动隽永,故毛晋称之为"真是古乐府俊语"[④]。

李之仪的好词多作于被编管太平州时期。先看其小令、中调。

《临江仙》(登凌歊台感怀)亦为《姑溪词》的名篇:

> 偶向凌歊台上望,春光已过三分。江山重叠倍销魂。风花飞有态,烟絮坠无痕。　已是年来伤感甚,那堪旧恨仍存。清愁满眼共谁论。却应台下草,不解忆王孙。

---

① 永瑢等:《四库全书总目》卷一九八,第1810页。

② 冯煦:《蒿庵论词》,《介存斋论词杂著·复堂词话·蒿庵论词》,第62页。

③ 况周颐:《历代词人考略》卷一五,《蕙风词话·广蕙风词话》,第252页。

④ 毛晋:《姑溪词跋》,《词籍序跋萃编》,第113页。

凌歊台为当涂名胜，南朝宋武帝曾在此建避暑离宫，李白曾有《凌歊台》诗，写其胜概。此词上片写景：偶然登山远眺，春光已经过去了三分，山重水复之中，难见家乡，令人销魂。风吹着花飞而有态，柳絮飘坠却无痕，此二句或有比兴之义，一飞一坠，当指他人的升迁，自己的被逐。下片抒情：已是年来特别伤感，更何况旧恨犹存，此二句当理解为作者对旧时所遭受的打击未能忘怀，又加上新愁，当然更令人不堪。满眼所见皆是清愁，却有谁可与相论呢？春草绿时，应是王孙归日，可自己被编管此地，何时可归呢，故云“却应台下草，不解忆王孙”。词中用比兴以委婉其辞，是不得已而为之，确实耐人寻味。

《忆秦娥》（用太白韵）亦在当涂所写，且此词标明用李白《忆秦娥》韵，可证在北宋时期，李白此词已经流传，胡应麟以之为伪作一说，可不攻自破，词云：

> 清溪咽。霜风洗出山头月。山头月。迎得云归，还送云别。　不知今是何时节。凌歊望断音尘绝。音尘绝。帆来帆去，天际双阙。

清溪当指作者此时居处的姑熟溪，秋日清溪水声如咽，霜风洗净天宇，山头升起的月亮尤见皎洁，迎送彩云，如同故人之情。为客他乡，竟然不知如今是什么时候，望断凌歊台而音尘已绝，只见天门山如天际双阙，江上帆来帆去。词中虽未明言乡思与愁闷，但云归云别则反衬自己的被编管定居于此，帆来帆去而自己却不能来去，心中的愁苦是不难体会的。结句的“天际双阙”虽说有状天门山之意，却又存逐臣望“长安”而“恋阙”之情。

《江神子》当是在当涂与故人相逢后所写：

> 今宵莫惜醉颜红。十分中。且从容。须信欢情，回首似旋风。流落天涯头白也，难得是，再相逢。　十年南北感征鸿。恨应同。苦重重。休把愁怀，容易便书空。只有琴樽堪寄老，除此外，尽蒿蓬。

词劈头就说今宵应尽兴一醉，因为欢情不久，回头想来就像旋风一样过去了，如今自己流落天涯，头发都白了，真是难得的再次相逢。过片感叹十年来如南北的征鸿，你我应有相同的体验（言外之意是如今自己定居于此了，却又并非所愿），且不要似殷浩被废后整天用手指在空中写“咄咄怪事”四字（事见《世说新语·黜免》），还是寄意琴樽，在音乐与酒中打发岁月，否则除此之外就只有蒿蓬荒草了。虽以颓放易悲凉，但内心之愁苦仍然难去。

《鹧鸪天》显然作于被编管之时：

> 收尽微风不见江。分明天水共澄光。由来好处输闲地，堪叹人生有底忙。心既远，味偏长。须知粗布胜无裳。从今认得归田乐，何必桃源是故乡。

此词上片因大江的天水澄光美景,发出感慨:这样的好地方正应是人们休闲之地,可叹的是人生忙碌,而未能感受。下片说如今来到此地,心既已远,对人生滋味的感受偏觉悠长,眼下虽是被编管之身,但正如粗布衣服亦胜于无衣,对人生应感到满足。所以,从此应专心享受归田之乐,何必非要桃花源才是故乡呢!李之仪作为苏轼之客,亦受苏轼影响,但词中自我排解,不是借助老庄,而是得之于陶渊明,词中过片出于陶诗《饮酒》的"心远地自偏"却反用之。词中的"天水共澄光"出谢灵运咏孤屿诗,而过片及结尾皆出陶渊明。

采石蛾眉亭为当地名胜,李之仪《天门谣》(次韵贺方回登采石蛾眉亭)为登临此亭,揽胜而写。词云:

天堑休论险。尽远目、与天俱占。山水敛。称霜晴披览。　　正风静云闲、平潋滟。想见高吟名不滥。频扣槛。杳杳落、沙鸥数点。

蛾眉亭筑于牛渚矶上,是宋神宗时太平州知州张瓌所建,登之可眺西南方的天门山,年久将圮,后得重修,贺铸在赴官江夏时途径当涂,恰逢此亭竣工,参加了落成典礼,并写有《蛾眉亭记》。贺铸原词《天门谣》本名《朝天子》,系据内容而更名,表现登临怀古,想象月上潮平之时,细数远处传来金陵更鼓之声的情景。

李之仪此词写登亭眺览之见:长江天堑且休论其险,在此地远眺,山与江就占满了天空,天门之险可见。山束水势,故一"敛"字下得极好,霜晴之时,天高宇旷,最宜于披览。下片说:正是风静云闲之时,大江无浪,波光潋滟,想到贺铸的高吟,果然不是浪得虚名,频频扣槛而歌,见远处落下了沙鸥数点。此词立意与贺铸原作不同,是写登临所见,而无怀古之意,笔下虽不见对山水的具体描写,然而在虚写中得其大势,平和、开阔、远韵悠悠,是李白《望天门山》之后又一写此地胜景的佳作。

由以上可见,李之仪的令词确实合于"清婉峭蒨,殆不减秦观"之评,亦体现出况周颐所说的"其清空婉约,自是北宋正宗",《临江仙》、《忆秦娥》、《天门谣》等作也堪称"沉著"。

下面再看其长调之作。《蓦山溪》(采石值雪)作于崇宁三年(1104),据《续资治通鉴长编拾遗》卷二十三所载,崇宁三年四月,编管人李之仪太平州居住,不得擅到阙下。六月,列名刻石于元祐党籍。此词作于崇宁三年冬至过采石时,词云:

蛾眉亭上,今日交冬至。已报一阳生,更佳雪、因时呈瑞。匀飞密舞,都是散天花,山不见,水如山,浑在冰壶里。　　平生选胜,到此非容易。弄月与燃犀,漫劳神、徒能惊世。争如此际,天意巧相符,须痛饮,庆难逢,莫诉厌厌醉。

词之上片交代地点、时间,因冬至之日,故曰"已报一阳生",当此时又逢下雪,应是冬天的瑞雪,雪中一片浑茫,就像在冰壶一样。下片自我安慰:平时要选胜登临,到此地都不是容易之事,李白弄月,温峤平乱,燃犀照见水族,都发生在采石矶,如今自己也来到这里,应该是天意安排,所以,不应难过,而要为与古人相逢而痛饮庆贺。是无奈呢?还是乐观?值此大雪之时而面对大江,壮丽的景色亦会令己移情,虽词中以李白、温峤都是“漫劳神、徒能惊世”,对文才与功业的评价见于“漫”“徒”二字之中,但还以到此登临而感是天意安排,痛饮的颓放中仍不失其乐观。李之仪《采石三题》有《捉月亭》诗,有云:“我昔扬帆下庐阜,落帆采石春欲暮。江南江北只见山,欲识锦袍无问处。夜深明月来青天,天水茫茫月连雾。想见扁舟捉月时,江心见月如相遇。醉魂不制月可捉,捉得便将天外去。”故“平生选胜,到此非容易”,“争如此际,天意巧相符”不是虚语。

《满庭芳》(八月十六夜,景修咏东坡旧词,因韵成此)亦为当涂之作:

> 一到江南,三逢此夜,举头羞见婵娟。黯然怀抱,特地遣谁宽。分外清光泼眼,迷滉漾、无计拘拦。天如洗,星河尽掩,全胜异时看。　　佳人,还忆否,年时此际,相见方难。谩红绫偷寄,孤被添寒。何事佳期再睹,翻怅望、重叠关山。归来呵,休教独自,肠断对团圆。

因词中开头的“一到江南,三逢此夜”,可知是作于崇宁五年。到当涂三年,又值中秋之时,可自己却羞见婵娟,因为“黯然怀抱”,故愁闷难以遣去。“十五的月亮十六圆”,故云“分外清光泼眼,迷滉漾、无计拘拦”。况且天空一碧如洗,银河也被月光所掩,朗月全然胜过他时所见。下片写对月怀人,而转从佳人落笔,此时此情,全为实感,因为自己正是与之相隔重叠关山。最后劝其归来而其情甚切,作者的真情亦于此可见。冯煦认为李之仪的长调近于柳永,大概就是指此词一类。词中下片的“佳人,还忆否,年时此际,相见方难”,直贯其终,无论构思、用语、情调,都确实与柳词为近。

《蓦山溪》一首亦应作于被编管时:

> 晚来寒甚,密雪穿庭户。如在广寒宫,惊满目、瑶林琼树。佳人乘兴,应是得欢多,泛新声,催金盏,别有留心处。　　争知这里,没个人言语。拨尽火边灰,搅愁肠、飞花舞絮。凭谁子细,说与此时情,欢暂歇,酒微醺,还解相思否。

上片写晚来下雪,看到这如同月宫之中的瑶林琼树美景,应是乘兴奏乐饮酒,不放这好景轻去。过片却以“争知这里,没个人言语”立转,烤火拨灰、百无聊赖的词人只觉得大雪如飞花舞絮,搅人愁肠。能有谁可以诉说此时之情,在微醺之中,暂歇其欢,来了解相思之意呢?被编管中的孤独,及其内心的痛苦,于此能见之。此词的结构也近于柳永词的三段式,而如“争知这里,没个人言语”,“凭谁子细,说与此时情,欢暂歇,酒微醺,还解相思否”,措词用语亦与柳永为近。

以上长调,较之令词,似更近于况周颐“渐近沉著,则又开南宋风会”之评。

二、婉约风流 清俊通脱:赵令畤与惠洪

赵令畤(1061—1134),字景贶,苏轼改字德麟,号聊复翁、藏六居士。宋宗室。苏轼知颍,与之游,后因此坐元祐党籍,被废十年。高宗绍兴初,官至右监门卫大将军,袭封安定郡王。著有《侯鲭录》,词集有赵万里辑本《聊复集》一卷。

对于赵令畤,王灼云:“赵德麟、李方叔皆东坡客,其气味殊不近,赵婉而李俊,各有所长,晚年皆荒醉汝颍京洛间,时时出滑稽语。”[①]况周颐则称之为“婉约风流,置之子野、少游集中,亦不失为合作”[②]。

《菩萨蛮》堪称赵令畤婉约风流之作的代表:

春风试手先梅蕊。頩姿冷艳明沙水。不受众芳知。端须月与期。 清香闲自远。先向钗头见。雪后燕瑶池。人间第一枝。

此首为咏梅词,梅花得春光最先,故开头将春风之有情写为“试手”,次句写梅姿,“冷艳”二字得其神,“明沙水”与林逋咏梅“疏影横斜水清浅”的环境近。第三、四句先抑后扬,写梅花的清高绝俗。下片写梅花因清香、闲远,而女子喜插之于钗头。最后说,人间第一枝的梅花,在雪后西王母的瑶池宴上也是那样仙姿出众。宋人咏梅之作很多,此词虽非名作,却也很得梅花之神韵,作者因得苏轼赏识而受党争之累,此词或因此而有托物寄情、自写精神之意。

《好事近》一首,写得轻倩幽婉,情景兼到:

急雨涨溪浑,小树带山秋色。轻棹暮天归路,袅芙蓉烟白。 酒醒香冷梦回时,虫声正凄绝。只觉小窗风月,与昨宵都别。

上片绘出了一幅秋日小景图,远景、近景、动景、静景,组合得极其和谐,人从画中轻棹而归,给人以无穷美感。下片写归后酒醒梦回,虫声凄绝,小窗风月,与上片“秋色”相应,上片为白天所感,此时为夜间所觉,最后的“与昨宵都别”,由物候而归于节令。全词在清美幽秀之中,透出极其轻微的伤感。

《蝶恋花》为“男子作闺音”的怀人词:

欲减罗衣寒未去。不卷珠帘,人在深深处。红杏枝头花几许。啼痕止恨清明雨。 尽日沉烟香一缕。宿酒醒迟,恼破春情绪。飞燕又将归信误。小屏风上西江路。

---

① 王灼著,岳珍校正:《碧鸡漫志校正》卷二,第34页。

② 况周颐:《历代词人考略》卷一六,《蕙风词话·广蕙风词话》,第255页。

上片不正面写人，而伤春之情、伤别之态已从环境、景物中透出，下片仍就其居处的寂寞着笔，“恼破春情绪”为正面点明，“归信误”而移怨于飞燕，最后不作怀人之句，而出怀人之意。这一结句馀音袅袅，情意无尽，如沈际飞《草堂诗馀正集》所云：“末路情景，若近若远，低徊不能去。”结合作者的遭遇，此词之幽约凄婉，或有托闺怨而诉深衷之旨。

《浣溪沙》写情愁而含蓄婉约，自有一种风流格调：

槐柳春馀绿涨天。酒旗高插夕阳边。谁家墙里笑秋千。　往事不堪楼上看，新愁多向曲中传。此情销得是何年。

上片写春景，可见首句“绿涨天”，次句“夕阳边”的色彩对比，上结由墙里秋千传来的笑声，贯下而言“往事”，虽未明言，但“不堪”二字，已传其愁怨，能想见当为男女情事，新愁只能借曲中传出，对句工稳，蕴情甚深，最后的感叹轻中见重，却不失其风度。

另一《浣溪沙》将闺怨写得极其轻淡难见：

水满池塘花满枝。乱香深里语黄鹂。东风轻软弄帘帏。　日正长时春梦短，燕交飞处柳烟低。玉窗红子斗棋时。

上片三句，转换数个场景，满纸春色撩人，而上结令人想起“春风不相识，何事入罗帏”（李白《春思》），怀人之意出而蕴之。下片的日长梦短，可想见对打断梦中相见的不足，而燕子的交飞岂非反衬人的孤单，还是用玉窗斗棋打发时光为好，这样就能转移心思、不会怀人不止了。全词转换优美的意象，而“象”中微露其“意”，读者要“抉发”始能稍得，确实是婉转而隐约。

《清平乐》一首很得论者欣赏：

春风依旧。著意随堤柳。搓得蛾儿黄欲就。天气清明时候。　去年紫陌青门。今宵雨魄云魂。断送一生憔悴，只销几个黄昏。

此词末二句，论者甚多。李攀龙《草堂诗馀隽》云：“对景伤春，至‘断送一生’语，最为悲切。”王世贞以此二句为“恒语之有情者也”[①]。俞陛云则云：“抚今追昔，人之常情。此词结末二句，何沉痛乃尔。”[②]而钱锺书则认为：“‘断送一生憔悴，只销几个黄昏！’取景造境，亦《君子于役》之遗意。”[③]

---

① 王世贞：《艺苑卮言》，《词话丛编》，第388–389页。
② 俞陛云：《唐五代两宋词选释》，第248页。
③ 钱锺书：《管锥编》（一）上卷，第102页。

《蝶恋花》(商调十二首)更是赵令畤在体式上的创造。秦观用汴京流行的《调笑转踏》,作《调笑令》(十首并诗),以一诗一词相间,每首咏一事,共咏十事。赵令畤此组作品却用十二首组成一套鼓子词,演张生与崔莺莺相恋故事。其谓这一故事"惜乎不被之以音律,故不能播之声乐,形之管弦",故"详观其文,略其烦亵,分之为十章。每章之下,属之以词。或全摭其文,或止取其意。又别为一曲,载之传前,先叙前篇之义。调曰商调,曲名蝶恋花。句句言情,篇篇见意"。而"奉劳歌伴,先定格调,后听芜词"诸语,则为唱者所设,可见决非案头之作。此处录其第一、第四、第七、第十二首:

丽质仙娥生月殿。谪向人间,未免凡情乱。宋玉墙东流美盼。乱花深处曾相见。　密意浓欢方有便。不奈浮名,旋遣轻分散。最恨多才情太浅。等闲不念离人怨。

庭院黄昏春雨霁。一缕深心,百种成牵系。青翼蓦然来报喜。鱼笺微谕相容意。　待月西厢人不寐。帘影摇光,朱户犹慵闭。花动拂墙红萼坠。分明疑是情人至。

一梦行云还暂阻。尽把深诚,缀作新诗句。幸有青鸾堪密付。良宵从此无虚度。　两意相欢朝又暮。争奈郎鞭,暂指长安路。最是动人愁怨处。离情盈抱终无语。

镜破人离何处问。路隔银河,岁会知犹近。只道新来消瘦损。玉容不见空传信。　弃掷前欢俱未忍。岂料盟言,陡顿无凭准。地久天长终有尽,绵绵不似无穷恨。

由于主于叙事,且顾及听众,此组作品与赵令畤婉约风流的主体风格不甚合,其实也可见出与苏门词人为近的多种探索、尝试。这十二首《蝶恋花》,是传奇《会真记》发展为杂剧《西厢记》的一个重要的中间环节;又上承敦煌曲子词的连章体,下开金诸宫调套曲,是由曲而词、又由词而曲的重要中介。

惠洪(1071—?),字觉范,自称洪觉范,人又称之为德洪。俗姓喻,筠州新昌(今江西宜丰)人。曾为小吏,度为僧。识张商英、郭天信,并因此受累而决配崖州,北还后又被诬坐狱。工诗文绘画,与苏轼、黄庭坚等为方外交。著有《石门文字禅》、《冷斋夜话》等,词集有后人辑本《石门长短句》。

胡仔《苕溪渔隐丛话》曾引许彦周语,谓惠洪"善作小词,情思婉约,似秦少游。至如仲殊、参寥虽名世,皆不能及"[①]。魏庆之引胡仔语云:"忘情绝爱,此瞿昙氏之所训。惠洪身为衲子,词句有'一枕思归泪'及'十分春瘦'之语,岂所当然。又自载之诗话,矜衒其语,何无识之甚耶。"[②]叶申芗亦说:"僧觉范尝赋《西江月》赠女道士云:'十

① 胡仔:《苕溪渔隐丛话》后集卷三七,第296-297页。
② 魏庆之:《魏庆之词话》,《词话丛编》,第210页。

指嫩抽新笋，纤纤玉染红柔。人前欲展强娇羞。微露云衣霓袖。　最好洞天春晓，黄庭卷罢清幽。凡心无计奈闲愁。试捻梨花频嗅。'此僧亦大通脱矣。"[①]可见虽为僧人，却凡心未泯，"通脱"确是其特点。而杨慎又称其词"类山谷"[②]，举其咏梅词而以"清俊"[③]言之。故此处以清俊通脱综言惠洪词的特点。

《浣溪沙》（妙高墨梅）颇见清俊特色：

日暮江空船自流。谁家院落近沧洲。一枝闲暇出墙头。　数朵幽香和月暗，十分归意为春留。风撩片片是闲愁。

梅花高洁清幽，宋人作墨梅，更去其色而传其韵致品格，此词为题画之作，细品词意，梅花仅是画中的一部分，此外还有江、船、院落等，而出墙之梅花则是画的中心。过片的"数朵幽香和月暗"最能传梅之精神，而一"暗"字尤见墨梅之韵致，作者还赋情于梅而有留春、闲情诸语，可见又不止于清俊而已。

《青玉案》为怀人之作：

绿槐烟柳长亭路。恨取次、分离去。日永如年愁难度。高城回首，暮云遮尽，目断人何处。　解鞍旅舍天将暮。暗忆丁宁千万句。一寸柔肠情几许。薄衾孤枕，梦回人静，彻晓潇潇雨。

上片写长亭送别，想到别后离愁日增，高城目断而不见人之所去。下片从行者拟想居者，在旅舍之中、天暮之时，暗忆分别时的叮咛，再想象女子孤单寂寞、梦回失眠，听雨声直到天明的情景。此词岂非许彦周所说的"情思婉约，似秦少游"？以僧人而作此，不能"忘情绝爱"，岂非"通脱"之甚？

不过，作为僧人，惠洪毕竟未忘自己的身份，其《述古德遗事作渔父词八首》皆为高僧而作，在宋词中极为罕见，录其中三首。《丹霞》：

不怕石头行路滑。归来那爱驹儿踏。言下百骸俱拨撒。无剩法。灵然昼夜光通达。　古寺天寒还恶发。夜将木佛齐烧杀。炙背横眠真快活。憨抹挞。从教院主无须发。

《药山》：

---

① 叶申芗：《本事词》卷上，《词话丛编》，第2338页。
② 杨慎：《词品》卷二，《渚山堂词话·词品》，第86页。
③ 杨慎：《词品》卷二，《渚山堂词话·词品》，第89页。

野鹤精神云格调。逼人气韵霜天晓。松下残经看未了。当斜照。苍烟风撼流泉绕。　闺阁珍奇徒照耀。光无渗漏方灵妙。活计现成谁管绍。孤峰表。一声月下闻清啸。

《灵云》:

急雨颠风花信早。枝枝叶叶春俱到。何待小桃方悟道。休迷倒。出门无限青青草。　根不覆藏尘亦扫。见精明树唯心造。试借疑情看白皂。回头讨。灵云笑杀玄沙老。

从中可见禅宗既呵佛骂祖,又在泛神中悟道的特点。而这一组词,也是词中另类。

自欧阳修以来,组词之作渐多,从秦观到赵令畤、惠洪,所作都有自己的特点,可见此类形式在得到较多尝试同时,其艺术上的开拓也逐渐见多。

三、间有雅调　清丽芊绵:毛滂与王安中

将毛滂与王安中置于一起,是因为二人本皆受知于苏轼,但毛滂后依附蔡京,王安中则为人反复无定,有相似之处,在苏门外围词人中,属为人、气节有亏者。

毛滂(1160—1124后),字泽民,衢州江山(今属浙江)人。初以文为苏轼所知。曾为杭州司法参军,后知武康县,改官舍"尽心堂"为东堂,自号东堂居士。徽宗崇宁初,除删定官,后罢官归里,依附蔡京兄弟而得进用,为人所薄。兼工诗、词、文,有《东堂集》,词集名《东堂词》。

王灼对此期词人的判断,是将毛滂放在第二层次:"贺方回、周美成、晏叔原、僧仲殊各尽其才力,自成一家。贺、周语意精新,用心甚苦。毛泽民、黄载万次之。"[①]先著、程洪在评毛滂词《浣溪沙》(银字笙箫小小童)时,称之为"'三影郎中'之次也。清超绝俗,词中故自难"[②]。而《四库全书总目》则以"其词则情韵特胜"[③]概括之。毛滂以《惜分飞》为苏轼所赏,虽论者以为它词亦佳,但陈廷焯所说较近事实:"毛泽民词,意境不深,间有雅调。"[④]

毛滂的雅调自以《惜分飞》为代表。此词题为:"富阳僧舍代作别语。"词云:

泪湿阑干花著露。愁到眉峰碧聚。此恨平分取。更无言语。空相觑。
短雨残云无意绪。寂寞朝朝暮暮。今夜山深处。断魂分付。潮回去。

---

① 王灼著,岳珍校正:《碧鸡漫志校正》卷二,第34页。
② 先著、程洪:《词洁辑评》卷一,《词话丛编》,第1344页。
③ 永瑢等:《四库全书总目》卷一九八,第1810页。
④ 陈廷焯著,屈兴国校注:《白雨斋词话足本校注》卷一,第73页。

据周煇《清波杂志》，此词是毛滂罢杭州法曹，至富阳的赠别之作，“因是受知东坡。语尽而意不尽，意尽而情不尽，何酷似少游也”[①]。作者被恋人从杭州一直送到富阳，可最终还是要分别，此词即作于富阳僧舍的离别之时。上片写女子流泪的容颜如露水打湿的花朵，离愁使眉峰颦蹙，如远山凝碧，这离恨应是两人平分的，可因过于伤感，以至只有无言空相对。“短雨残云”二句，语意双关，既是此时景色及此后设想，又用《高唐赋》“旦为行云，暮为行雨，朝朝暮暮，阳台之下”之意，可见二人恋情的行将结束。最后结情于景，适状离恨的绵绵无期。与歌妓的恋情能写成如此雅调，确为难得。

再看其《烛影摇红》(松窗午梦初觉)：

一亩清阴，半天潇洒松窗午。床头秋色小屏山，碧帐垂烟缕。　　枕畔风摇绿户。唤人醒、不教梦去。可怜恰到，瘦石寒泉，冷云幽处。

此词当写夏日情景，清阴、松窗、屏山、碧帐，极其清幽的内外环境；枕畔风摇、人醒梦回，而梦中的瘦石寒泉、冷云幽处，真教人不愿醒来。词中境界极其清幽静谧，用语极为精准美妙，真是清超绝俗，情韵兼得。

《临江仙》(都城元夕)亦一直为人所赏：

闻道长安灯夜好，雕轮宝马如云。蓬莱清浅对觚棱。玉皇开碧落，银界失黄昏。　　谁见江南憔悴客，端忧懒步芳尘。小屏风畔冷香凝。酒浓春入梦，窗破月寻人。

作者并未到过都城，故用“闻道”开头，上片写灯夜胜景，仅“雕轮宝马如云”一句以状热闹，其馀皆为虚写、侧写、就“效果”而写。下片自言此时此地的自我感受，可孤寂中又不失清幽潇洒，尤其结二句，被贺裳称为“晚唐五律佳境”。[②]

《八节长欢》为毛滂创调，调名得之于二至(夏至、冬至)、二分(春分、秋分)、四立(立春、立夏、立秋、立冬)。录其登高词一首：

泽国秋深。绣楹天近，坐久魂清。溪山绕尊酒，云雾浥衣襟。馀霞孤雁送愁眼，寄寒闺、一点离心。杜老两峰秀处，短发疏巾。　　佳人为折寒英。罗袖湿、真珠露冷钿金。幽艳为谁妍，东篱下、却教醉倒渊明。君但饮，莫觑他、落日芜城。从教夜、龙山清月，端的便解留人。

---

① 周煇：《清波杂志》卷九，《宋元笔记小说大观》，第5110页。
② 贺裳：《皱水轩词筌》，《词话丛编》，第697页。

如陈廷焯所说,意境不深,却清疏幽秀,仍不失为雅调。

毛滂兼擅诗词,亦如秦观、赵令畤等人,也在形式发展上有所探索,独创“诗词”一体,即一诗一词分写相同的一人一事,最后还有《破子》、《遣队》。迻录其中部分:

诗:

珠树阴中翡翠儿。莫论生小被鸡欺。鹳鹊楼高荡春思,秋瓶盼碧双瑠璃。御酥作肌花作骨。燕钗横玉云堆发。使梁年少断肠人,凌波袜冷重城月。

词:

城月。冷罗袜。郎睡不知鸾帐揭。香凄翠被灯明灭。花困钗横时节。河桥杨柳催行色。愁黛有人描得。

(以上崔徽)

诗:

武宁节度客最贤。后车摛藻争春妍。曲眉丰颊亦能赋,惠中秀外谁争怜。花娇叶困春相逼。燕子楼头作寒食。月明空照合欢床,霓裳舞罢犹无力。

词:

无力。倚瑶瑟。罢舞霓裳今几日。楼空雨小春寒逼。钿晕罗衫烟色。帘前归燕看人立。却趁落花飞入。

(以上盼盼)

诗:

春风户外花萧萧。绿窗绣屏阿母娇。白玉郎君恃恩力,尊前心醉双翠翘。西厢月冷濛花雾。落霞零乱墙东树。此夜灵犀已暗通,玉环寄恨人何处。

词:

何处。长安路。不记墙东花拂树。瑶琴理罢霓裳谱。依旧月窗风户。薄情年少如飞絮。梦逐玉环西去。

(以上莺莺)

诗：

半天高阁倚晴江。使君宴客罗纨香。一声离凤破凝碧，洞房十三春未央。沙暖鸳鸯堤下上。烟轻杨柳丝飘荡。佩瑶弃置洛城东，风流云散空相望。

词：

相望。楚江上。萦水缭云闻妙唱。龙沙醉眼看花浪。正要风将月傍。云车瑶佩成惆怅。衰柳白须相向。

(以上张好好)

破子：

酒美。从酒贵。濯锦江边花满地。鹔鹴换得文君醉。暖和一团春意。怕将醒眼看浮世。不换云芽雪水。

又：

花好。怕花老。暖日和风将养到。东君须愿长年少。图不看花草草。西园一点红犹小。早被蜂儿知道。

遣队：

歌长渐落杏梁尘。舞罢香风卷绣茵。更拟缘云弄清切，尊前恐有断肠人。

王安中(1076—1134)，字履道，号初寮，中山阳曲(今山西太原)人。曾学于苏轼、晁补之。哲宗元符三年(1100)进士，授瀛州司理参军。徽宗政和间以文辞为徽宗所赏，自秘书少监除中书舍人，擢御史中丞、迁翰林学士，再迁承旨。宣和元年(1119)拜尚书右丞，后迁左丞。靖康初罢为观文殿大学士，后被贬。高宗绍兴初复为左中大夫。不久卒。工诗文，有《初寮集》，词集名《初寮词》。

王安中学出苏、晁，后却受知于蔡京，其人品不足称，然文才出众。王灼论其词，谓"善作一种俊语，其失在轻浮"①。毛晋云："其破子如'安阳好'九阕，六花冬词六阕，为时所称。"疑黄昇《绝妙好词》之不尽录，"岂亦疵其人耶"②。《四库全书简明目录》所

---

① 王灼著，岳珍校正：《碧鸡漫志校正》卷二，第34页。

② 毛晋：《初寮词跋》，《词籍序跋萃编》，第161页。

说较为公允可取:“安中人不足称,然学出苏轼、晁补之。其文章之富艳,亦不可掩。以其馀技填词,犹清丽芊绵,与专门者联镳并驾。”[1]

《蝶恋花》(六花冬词)亦为一诗一词的形式:

长春花口号:

露桃烟杏逐年新。回首东风迹已陈。顷刻开花公莫爱,四时俱好是长春。

词:

曲径深丛枝袅袅。晕粉揉绵,破蕊烘清晓。十二番开寒最好。此花不惜春归早。　青女飞来红翠少。特地芳菲,绝艳惊衰草。只殢东风终甚了。久长欲伴姮娥老。

山茶口号:

无穷芳草度年华。尚有寒来几种花。好在朱朱兼白白,一天飞雪映山茶。

词:

巧剪明霞成片片。欲笑还颦,金蕊依稀见。拾翠人寒妆易浅。浓香别注唇膏点。　竹雀喧喧烟岫远。晚色溟濛,六出花飞遍。此际一枝红绿眩。画工谁写银屏面。

蜡梅口号:

雪里园林玉作台。侵寒错认暗香回。化工清气先谁得,品格高奇是蜡梅。

词:

剪蜡成梅天著意。黄色浓浓,对萼匀装缀。百和薰肌香旖旎。仙裳应渍蔷薇水。　雪径相逢人半醉。手折低枝,拥髻云争翠。嗅蕊捻枝无限思。玉真未洒梨花泪。

红梅口号:

---

① 永瑢等:《四库全书简明目录》卷二〇,第890页。

千林腊雪缀瑶瑰。晴日南枝暖独回。知有和羹寻鼎实,未春先发看红梅。

词:

青玉一枝红类吐。粉颊愁寒,浓与胭脂傅。辨杏猜桃君莫误。天姿不到风尘处。　　云破月来花下住。要伴佳人,弄影参差舞。只有暗香穿绣户。昭华一曲惊吹去。

迎春口号:

年年节物欲争新。玉颊朱颜一笑频。勾引东风到池馆,春前花发自迎春。

词:

雪霁花梢春欲到。饯腊迎春,一夜花开早。青帝回舆云缥缈。鲜鲜金雀来飞绕。　　绣阁纱窗人窈窕。翠缕红丝,斗剪旛儿小。戴在花枝争笑道。愿人常共春难老。

小桃口号:

鸳瓦铺霜朔吹高。画堂歌管醉香醪。小春特地风光好,艳粉娇红看小桃。

词:

秾艳夭桃春信漏。弄粉飘香,枫叶飞丹后。酒入冰肌红欲透。无言不许群芳斗。　　楼外何人揎翠袖。剪落金刀,插处浓云覆。肯与刘郎仙去否。武陵回路相思瘦。

《安阳好》(九首并口号破子)录其四:
口号:

赋尽三都左太冲。当年偏说邺都雄。如今别唱安阳好,胜日佳时一醉同。

一

安阳好,形胜魏西州。曼衍山河环故国,升平歌鼓沸高楼。和气镇飞浮。
笼画陌,乔木几春秋。花外轩窗排远岫,竹间门巷带长流。风物更清幽。

二

安阳好，戟户府居雄。白昼锦衣清宴处，铁梁丹槲画图中。壁记旧三公。棠讼悄，池馆北园通。夏夜泉声来枕簟，春风花影透帘栊。行乐兴何穷。

八

安阳好，御讳又翚飞。拨垅旋栽花密密，著行重接柳依依。鸳瓦荡晴辉。池面渺，相望是荣归。两世风流今可见，一门恩数古来稀。谁与赋缁衣。

九

安阳好，千古邺台都。穗帐歌人春不见，金楼梦凤夜相呼。辇路旧萦纡。闲引望，漳水绕城隅。暗有渔樵收故物，谁将宫殿点新图。平野漫烟芜。

《破子清平乐》：

烟云千里。一抹西山翠。碧瓦红楼山对起。楼下飞花流水。　　锦堂风月依然。后池莲叶田田。缥缈贯珠歌里，从容倒玉尊前。

以上所作，虽李调元认为“安阳只叙人物风土，而鸳瓦飞甍，层见叠出，了无意味。六花如‘云破月来花下住’，袭张三影句，而以‘下往’二字代之，真仙凡别矣”①。但总体上仍不失为“俊语”，“清丽芊绵”。王安中还有《北山移文哨遍》之作，此类形式，应是受到苏轼的影响。

第二节　东山词的创意与艺术

贺铸(1052—1125)，字方回，晚自号庆湖遗老，卫州共城(今河南辉县)人，祖籍越州山阴(今浙江绍兴)。宋太祖贺皇后族孙。初以祖荫授右殿班直。后以李清臣、苏轼荐，改入文阶，为承直郎。崇宁时通判泗州，改判太平州。致仕卜居苏、常，后复荐起，迁朝奉郎，后再致仕。有《庆湖遗老集》，词集名《东山词》、《贺方回词》，清道光时汇辑为《东山寓声乐府》三卷，补遗一卷。

贺铸为北宋词坛名家，黄庭坚《寄贺方回》诗云：“少游醉卧古藤下，谁与愁眉唱一杯？解道江南断肠句，只今惟有贺方回。”以贺铸足比秦观，认为在秦观逝后，贺铸就是当今词坛第一人。叶梦得以之“博学强记，工语言，深婉丽密，如次组绣。尤长于度曲，掇拾人所遗弃，少加檃括，皆为新奇”，又记其言曰：“吾笔端驱使李商隐、温庭筠，

---

① 李调元：《雨村词话》卷三，《词话丛编》，第1423页。

常奔命不暇。”[①]虽近代如王国维以贺铸词为北宋名家的“最次”，且说：“其词如历下、新城之诗，非不华瞻，惜少真味。”[②]但自北宋以来，历代论家对贺铸词的评价多较高，尤以陈廷焯为最，如《云韶集》卷三云：“词至方回，悲壮风流，抑扬顿挫，兼晏、欧、秦、柳之长，备苏、黄、辛、陆之体，一时尽掩古人。两宋词人除清真、白石两家外，莫敢与先生抗行。”[③]近人蔡嵩云不仅从文学上论贺铸词，还特地将他列入最为知音识律的词家之列：“北宋如屯田、方回、清真、雅言诸家，南宋如白石、梅溪、梦窗、草窗、玉田诸家，大都妙解音律，所为词，声文并茂。”[④]补充了张耒以贺铸“大抵倚声而为之，词皆可歌也”[⑤]之说。因方回知音识律，所以《东山词》不仅长于创意，而且善于用调，能恪守倚声之道，在词的艺术表现上，亦所创甚多。

一、幽闲思怨　骚情雅意

贺铸词有何新的创意呢？我们不妨先看宋人的论述。程俱称其“戏为长短句，皆雍容妙丽，极幽闲思怨之情”[⑥]。王灼说：

> 前辈云：“《离骚》寂寞千年后，《戚氏》凄凉一曲终。”《戚氏》，柳所作也。柳何敢知世间有《离骚》？惟贺方回、周美成时时得之。贺《六州歌头》、《望湘人》、《吴音子》诸曲，周《大酺》、《兰陵王》诸曲最奇崛。或谓深劲乏韵，此遭柳氏野狐涎吐不出者也。[⑦]

张耒论贺铸词已经有“幽洁如屈、宋”之说，程俱也注意到了贺铸词“极幽闲思怨之情”，而王灼进而将这种幽闲思怨坐实于《离骚》。

词为小道，为何能有屈宋之拟、《离骚》之说呢？这当结合贺铸其人其词而论之。贺铸是太祖孝惠后族孙，仕途却并不平坦。他“豪爽精悍”[⑧]，“仪观甚伟”，又“老于文学，泛观古今”[⑨]，为人极有“丈夫气”，程俱云：

> 方回少时，侠气盖一座，驰马走狗，饮酒如长鲸；然遇空无有时，俯首北窗下，作牛毛小揩，雌黄不去手，反如寒苦一书生。方回仪观甚伟，如羽人剑客……方

---

① 叶梦得：《贺铸传》，《建康集》卷八，转引自贺铸撰，钟振振校注《东山词》，上海古籍出版社1989年版，第524页。（版本后同）

② 王国维：《人间词话删稿》，《蕙风词话·人间词话》，第224页。

③ 陈廷焯：《云韶集》卷三，转引自《白雨斋词话足本校注》，第70页。

④ 蔡嵩云：《柯亭词论》，《词话丛编》，第4899页。

⑤ 张耒：《东山词序》，《词籍序跋萃编》，第121页。

⑥ 程俱：《贺方回诗集序》，转引自贺铸撰，钟振振校注《东山词》，第533页。

⑦ 王灼著，岳珍校正：《碧鸡漫志校正》卷二，第36–37页。

⑧ 程俱：《宋故朝奉郎贺公墓志铭》，转引自贺铸撰，钟振振校注《东山词》，第522页。

⑨ 龚明之：《中吴纪闻》卷三引李邦直语，《宋元笔记小说大观》，第2868页。

回慷慨多感激,其言理财治剧之方,亹亹有绪,似非无意于世者。①

贺铸不是纯粹文人,"其言理财治剧之方,亹亹有绪",程俱又具体谓之"为吏极谨细。在管库,常手自会计,其于窒罅漏逆奸欺无遗察。治戎器,坚利为诸路第一。为巡检,日夜行所部,岁裁一再过家,盗不得发"。②可见很有理政之才。但是,由于他说话不顾忌,口无遮拦,极喜谈论世事,贬损权贵,故长期沉抑下僚,直到四十岁才转为文官。他十七岁到汴京,作右班殿直,后到地方上担任武职,即使任低级武职,仍有抗击西夏、戎马报国之志,元祐三年(1088)作者三十七岁时所作的长调《六州歌头》③,就表达了这一志向。可由于壮志难伸,故而"幽洁如屈、宋",这里虽屈、宋并称,但对贺铸而言,应是"宋"过于"屈",因为除迟暮之意以外,方回词中多为类于《九辩》的贫士失职、志意不平、寥廓羁旅、惆怅自怜,以及"独耿介而不随兮","宁处穷而守高"之意。张耒明确将词与屈、宋牵合,其《东山词序》云:

余友贺方回博学业文,而乐府之词,高绝一世……夫其盛丽如游金张之堂,而妖冶如揽嫱、施之祛,幽洁如屈、宋,悲壮如苏、李。④

其后则有上引王灼的一段话。王灼认为"柳何敢知世间有《离骚》?惟贺方回、周美成时时得之"。"时时得之"固为太过,但贺铸之词确可偶见《楚辞》况味。

如《芳心苦》(踏莎行):

杨柳回塘,鸳鸯别浦,绿萍涨断莲舟路。断无蜂蝶慕幽香,红衣脱尽芳心苦。　返照迎潮,行云带雨,依依似与骚人语。当年不肯嫁春风,无端却被秋风误!

陈廷焯《云韶集》卷三指出:"此词必有所指,特借荷寓言耳。通首如怨如慕,如泣如诉,有多少惋惜,有多少慨叹!淋漓顿挫,一唱三叹,真能压倒今古。"⑤其《词则》又云:"此词应有所指,骚情雅意,哀怨无端,读者亦不自知何以心醉也。"⑥俞陛云说:"屏除簪绂,长揖归田,已如莲花之褪尽红衣,乃洗净铅华,而仍含莲子中心之苦,将怨谁耶?故下阕言当初不嫁春风,本冀秋江自老,岂料秋风不恤,仍横被摧残,盖申足上阕

① 程俱:《贺方回诗集序》,转引自贺铸撰,钟振振校注《东山词》,第533页。
② 程俱:《宋故朝奉郎贺公墓志铭》,转引自贺铸撰,钟振振校注《东山词》,第522页。
③ 钟振振:《贺铸〈六州歌头〉系年考辨》,《中华文史论丛》1982年第四期。
④ 张耒:《东山词序》,《词籍序跋萃编》,第121页。
⑤ 陈廷焯:《云韶集》卷三,转引自贺铸撰,钟振振校注《东山词》,第79页。
⑥ 陈廷焯:《词则·大雅集》卷二,第64页。

之意也。"[①]笔者以为,"断无蜂蝶慕幽香,红衣脱尽芳心苦"的荷花形象,"当年不肯嫁东风,无端却被秋风误"的美人自道,全词孤芳自赏而又感叹失时之旨,得"骚人"一句的点醒,更可知这是《离骚》"制芰荷以为衣兮,集芙蓉以为裳"原型的演化,所以,作者沉抑下僚而"不遇"之寓意不难体会。

再如《横塘路》(青玉案):

凌波不过横塘路,但目送、芳尘去。锦瑟华年谁与度?月桥花院,琐窗朱户。只有春知处。　　飞云冉冉蘅皋暮,彩笔新题断肠句。若问闲情都几许?一川烟草,满城风絮,梅子黄时雨。

黄苏说:"按方回有小筑在姑苏盘门内,地名横塘。时往来其间,有此作。方回以孝惠皇后族孙,元祐中,通判泗州,又倅太平州,退居吴下。是此词作于退休之后也。自有一番不得意,难以显言处。言斯所居横塘,断无宓妃到。然波光清幽,亦常目送芳尘,第孤寂自守,无与为欢,惟有春风相慰藉而已。次阕言幽居肠断,不尽穷愁。惟见烟草风絮,梅雨如雾,共此旦晚耳。无非写其景之郁勃岑寂也。"[②]此词之用语、意象,有《洛神赋》与义山诗的痕迹,《离骚》以"求女"表达对理想的追求,"求宓妃"(洛神)即为其中的一求。而"锦瑟华年谁与度?月桥花院,琐窗朱户,只有春知处",大有《离骚》"美人迟暮"的深衷。贺铸五十多岁时居苏州,借美人以自伤,黄苏以此词有"孤寂自守,无与为欢","无非写其景之郁勃岑寂"之意,确是看出了其中的"骚"情。

《人南渡》(感皇恩)几乎就是上词的姊妹篇:

兰芷满芳洲,游丝横路。罗袜尘生步。迎顾。整鬟颦黛,脉脉两情难语。细风吹柳絮。人南渡。　　回首旧游。山无重数。花底深朱户。何处?半黄梅子,向晚一帘疏雨。断魂分付与、春将去。

不是交代自己与所恋者的"当下"情况,而是用整个上片写对方虽来,却在迎顾中难通情愫,终于南渡而去的状况。下片的回首旧游,高山阻隔,伊人不知何处,当是理想无法寻觅的象征,望中无得,终于转为春将归去、梅子半黄之时的借景抒情。所以,此词虽与上词在用语构象上有相似之处,也皆为郁勃岑寂之景,但一者落在借美人而自伤迟暮,而一者借美人之远去表理想的失落。

《小梅花》似也与《人南渡》题旨相近:

思前别,记时节,美人颜色如花发。美人归,天一涯,娟娟姮娥,三五满还

---

① 俞陛云:《唐五代两宋词选释》,第254页。

② 黄苏:《蓼园词评》,《词话丛编》,第3057页。

亏。翠眉蝉鬓生离诀，遥望青楼心欲绝。梦中寻，卧巫云，觉来珠泪，滴向湘水深。　　愁无已，奏绿绮，历历高山与流水。妙通神，绝知音，不知暮雨朝云、何山岑？相思无计堪相比，珠箔雕阑几千里。漏将分，月窗明，一夜梅花忽开、疑是君。

词中的巫云、湘水，因屈宋所咏，几乎已经成为了具有象征意义的符号，是特殊的感情载体，而绿绮琴奏出的高山流水之曲，却"妙通神，绝知音"，暮雨朝云难通，这种阻隔、相思，很能令人起理想失落的联想，最后的梅开而疑人来，不妨可看作是作者期待中的错觉，可"疑是"终于点明，则更见失落。

《望湘人》(春思)为贺铸自度曲，主旨为伤别怀人，又似蕴骚、辩之意。词云：

厌莺声到枕，花气动帘，醉魂愁梦相半。被惜馀薰，带惊剩眼，几许伤春春晚。泪竹痕鲜，佩兰香老，湘天浓暖。记小江、风月佳时，屡约非烟游伴。　　须信鸾弦易断，奈云和再鼓，曲终人远。认罗袜无踪，旧处弄波清浅。青翰棹舣，白蘋洲畔。尽目临皋飞观。不解寄、一字相思，幸有归来双燕。

上片的厌莺声花气，谓醉魂愁梦相半，是为了过去的恋情，因此而惜被之馀香，惊腰带之剩眼(意谓消瘦)，在暮春时节，斑竹泪痕正新，配兰香气已老之时，想起过去小江之畔、风月佳时，经常与恋人的相聚(咸通中，临淮武公业爱妾步飞烟，善秦声，好文章，此借指)。过片承上启下，以鸾弦易断，虽云和再鼓，而曲终人远，言恋人之远去。"认罗袜无踪"以下，写江畔望中所得，而终不见伊人芳踪，幸亏只有归来双燕，还带来一丝安慰，而若作细品，"不解寄、一字相思"，"幸"者实又不幸。李攀龙《草堂诗馀隽》云："词虽婉丽，意实展转不尽，诵之隐隐如奏清庙朱弦，一唱三叹。"[①]可见在读后尚有"词"外之"意"一想，而"展转不尽"之意，如"青庙朱弦，一唱三叹"，是接受者的感觉，却难以指实。黄苏进一步说："意致浓腴，得骚怨之遗韵。方回以孝惠皇后族孙，通判泗州。又倅太平州，退居吴下，自号庆湖居士。张文潜称其乐府，妙绝一世。幽索如屈宋，悲壮如苏李，断推此种。"[②]因《离骚》借男女以比君臣，受这一"美人香草"传统影响，此词"得骚怨之遗韵"，怕并非外加。

为何贺铸词具有《离骚》、《九辩》之旨呢？从其《阳羡歌》(踏莎行)可知：

山秀芙蓉，溪明罨画，真游洞穴沧波下。临风慨想斩蛟灵，长桥千载犹横跨。　　解组投簪，求田问舍，黄鸡白酒渔樵社。元龙非复少时豪，耳根清净功名话。

---

① 李攀龙：《草堂诗馀隽》，转引自贺铸撰，钟振振校注《东山词》，第455页。

② 黄苏：《蓼园词评》，《词话丛编》，第3088页。

此词是贺铸致仕客居苏州后所作，当时经常往来常州、宜兴间，宜兴古称阳羡，故将词调名改为《阳羡歌》。词上片写此地山、溪、洞穴、长桥的风光，以及周处斩蛟的史迹，还足阳羡题面。下片写自己，因弃官而解组投簪（组为佩印的阔丝带，簪为固冠的长针），将过求田问舍、黄鸡白酒、亦渔亦樵的生活，即使当年有陈登（字元龙）忧国忘家之志，现在也无这样的豪情，而是只求耳根清净，不讲功名之事了。此时正值徽宗朝，在作者看来，当时“鼠目獐头登要地，鸡鸣狗盗策奇功”（《诗集拾遗·题任氏传德集》），以自己的禀性、为人，就只有退隐一路了。如此，岂非“当年不肯嫁东风，无端却被秋风误”，“佩兰香老”、“罗袜无踪”？因“孤寂自守”而“无与为欢”，其词“幽洁如屈、宋”，入以骚情雅意，是很自然的事。陈廷焯说：“方回词，胸中眼中，另有一种伤心说不出处，全得力于楚《骚》，而运以变化，允推神品。”[①]正因在“得力于楚骚”同时，又“运以变化”，故难以一一指实，然而方回词之“骚情”却是此前词所未见、或极少见的。贺铸自己也有学习《离骚》的自觉，其《鹦鹉洲》诗中说：“文章俪坟诰，俛就犹诗骚……近结屈平好，佩兰杂申椒。”《金陵留别僧讷》一诗则云：“诗解穷人未必工，苦调酸声效《梁父》。荥阳道人方外交，谓我有言追屈《骚》。”

“幽洁如屈、宋”，不仅是风格，在宋词领域，这也是较大的题材开拓，因此，吴梅说：“要之骚情雅意，哀怨无端。盖得力于风骚，而出之以变化。故能具绮罗之丽，而复得山泽之清。”[②]缪钺诗云：“匡济才能未得施，美人香草寄幽思。《离骚》寂寞千年后，请读《东山乐府词》。”[③]至于其寄意与载体，则如刘永济分析《芳心苦》（杨柳回塘）一首的开头所说：“此词表面系咏荷花，实则以荷花自比。此又在托闺词以抒情之外别立一格，古所谓‘索物言情’也。”[④]此外，还有以男女之恋相拟者。夏敬观《手批东山词》屡言稼轩之学东山，以笔者看来，稼轩沿东山词而发展，最主要的就在骚情雅意，虽云也有夏氏所说的：“稼轩秾丽之处，从此脱胎。细读东山词，知其为稼轩所师也。世但言苏、辛为一派，不知方回，亦不知稼轩。”[⑤]当然，稼轩兼及《离骚》的四种“比体”，即以古比今、以仙比俗、以物比人、以男女比君臣，而方回仅后二种（即“美人香草”）。不过，因人们往往只言稼轩词与屈骚的关系，却较少道及东山词，对此是应该着重说明的。

二、笔势飞舞　变化无端

苏轼“以诗为词”无疑是一个很大的变革，由于迈出的这一步太大，无论是将歌者之词变为诗人之词，还是将可歌之词变为案头之作，都难以为人所接受，所以苏门之

① 陈廷焯著，屈兴国校注：《白雨斋词话足本校注》卷二，第69页。
② 吴梅：《词学通论》，第53页。
③ 缪钺、叶嘉莹撰：《灵谿词说》，上海古籍出版社1987年版，第279页。
④ 刘永济：《唐五代两宋词简析》，第44页。
⑤ 夏敬观：《手批东山词》，转引自龙榆生《唐宋名家词选》，第149页。

士中仅晁补之是极力追随苏轼的,可“晁无咎则有意蹈扬湖海,而力又不足”[①]。黄庭坚亦有意学东坡,却又多俗词,可见并非全然学苏,而是对柳词亦多兴趣。然而,又应看到,苏轼以诗为词的影响或已溢出苏门,贺铸与苏轼及苏门诸子都有交往,但不是苏门中人,而他所走的却是以诗为词之路。前面所论的骚辩之旨的阑入词中,就是以诗为词在内容、题旨上的表现,而伴随着题材的开拓,词在艺术上的表现手法和相关的风格,也会引起相应的变化。论家多能注意到姜夔的《白石道人诗说》,并以之与姜夔的词联系起来,从谢章铤到郭绍虞,都指出了姜夔的诗论即其词论。而将贺铸的诗论与其词的创作联系起来,却极少有人论及。贺铸的诗论见于《王直方诗话》所载:

> 方回言学诗于前辈,得八句云:“平淡不流于浅俗;奇古不邻于怪僻;题诗不窘于物象;叙事不病于声律;比兴深者通物理;用事工者如己出;格见于成篇,浑然不可镌;气出于言外,浩然不可屈。”尽心于诗,守此勿失。[②]

夏敬观《手批东山词》在引用了这八句话后说:“此八语,余谓亦方回作词之诀也。”[③]

若以贺铸学诗体会的八句相衡,东山词中的骚情雅意,与其中的“题诗不窘于物象”,“比兴深者通物理”相合。因为此类作品的物象,其表层义与深层义有所不同,由于言此而意彼,故确实是题旨不为物象所窘。而言意相分的寄托,是建立在“物理”相通的基础之上,又通过比兴手法来实现。所以,因以诗为词,且具体凭借上述二点,东山词移入《离骚》的香草美人传统,为词提供了骚情雅意的新质。

读东山词,可以明显感到与此前他人所作词的不同。陈廷焯道出了自己的阅读感觉:

> 方回词极沉郁,而笔势却又飞舞,变化无端,不可方物,吾乌乎测其所至?[④]

所说应是指方回词能将立意的“沉郁”,与笔势的“飞舞”统为一体,所以变化无端、不可方物。我们知道,就诗歌的风格而言,杜甫的沉郁与李白的飘逸,是难以统为一体的,而陈廷焯却认为方回词能从立意与运笔上合二者为一(“飞舞”与“飘逸”意近)。如果说陈廷焯所言还是一种直观的感觉,那么,通过对作品的具体分析,则可见东山词“沉郁”与“飞舞”的统一,亦能与贺铸的诗论相印证。

如前引的《望湘人》一首,俞陛云分析道:“此词但标题《春思》,而鸾弦易断,自来多咏悼亡,观其《思越人》词‘头白鸳鸯失伴飞’等句,此词当有望庐思人之感,非泛写

---

① 陈廷焯著,屈兴国校注:《白雨斋词话足本校注》卷一,第73页。
② 王直方:《王直方诗话》,《宋诗话辑佚》,第92页。
③ 夏敬观:《手批东山词》,转引自龙榆生《唐宋名家词选》,第154页。
④ 陈廷焯著,屈兴国校注:《白雨斋词话足本校注》卷一,第70页。

春思也。题意重在起笔之'厌'字,'莺声'、'花气',正娱赏之时,而转厌其搅人愁梦,乃极写伤春之情绪。'泪竹'三句笔势展布,且凄艳动人。上阕既云兰竹湘天,后又云罗袜凌波,则所思者,当在水一方,想像于湘云楚雨间也"①。大体指出其笔势飞舞、变化之处。又如《子夜歌》(忆秦娥):

三更月,中庭恰照梨花雪。梨花雪,不胜凄断,杜鹃啼血。　　王孙何许音尘绝,柔桑陌上吞声别。吞声别,陇头流水,替人呜咽。

词中上片写三更时分的中庭月色,如梨花、如雪一般洁白,传来凄凉的杜鹃声,令人想起其泣血之啼。下片陡作时空转移,"王孙何许音尘绝"一语突然而出,然后回到"柔桑陌上吞声别"的记忆,再移情于物,转到呜咽的陇头流水之声以作结。此词虽小令,亦见其意之沉郁,与笔势变化的统一。

再看《画楼空》(诉衷情):

吴门春水雪初融,触处小桡通。满城弄黄杨柳,著意恼春风。　　弦管闹,绮罗丛,月明中。不堪回首,双板桥东,罨画楼空!

上片写吴门初春时节的景色:从积雪初融,春水渐涨,到处皆可小桡通行,到满城杨柳似著意恼春风之晚来,渐次见到它们舞弄鹅黄嫩色。如果说上片是逐渐展现吴门春景,那么下片则笔势飞舞,场景频繁调动转换:当时曾有过明月之下、绮罗丛内、弦管声中的浪漫享乐,如今这些都成为了不堪回首的往事,最后补足往事的发生地,即双板桥东的画楼,可现在已经是被一片空寂所覆盖了。下片如按文意,应是:不堪回首之处,是双板桥东的画楼,当年在明月之下,这里绮罗成丛、弦管声声,可现在已成空寂之地了。而词人却将顺写改作逆写,以灵动的笔势置诸般意象于不同的时空,变化无端而使词意更见沉郁。

又,《惜馀春》(踏莎行):

急雨收春,斜风约水,浮红涨绿鱼文起。年年游子惜馀春,春归不解招游子。　　留恨城隅,关情纸尾,阑干长对西曛倚。鸳鸯俱是白头时,江南渭北三千里。

此词题出李白《惜馀春赋》,并衍其"惜馀春之将阑,每为恨兮不浅"之意。起二句,以风雨之势写春之将收,尤其第三句,将水面漂浮的残花,涨起的池水,鱼儿掀起的波纹,合之为典型的馀春景色,还足了题面。"年年游子惜馀春",写游子多情,而

① 俞陛云:《唐五代两宋词选释》,第249页。

"春归不解招游子",则是春天不解此情,两句"互动"而两情不能互动,匪夷所思之语,表沉郁之意,由写景变为游宦之情,则见转换之快。下片前三句更是笔势大转:"留恨城隅"是分手之时,"关情纸尾"是别后书信,"阑干长对西曛倚",则是自己对夕阳、倚阑干,怀念亲人的形象,时空、情景都是腾踔飞舞。最后以白头鸳鸯自比夫妻二人,而一在江南为宦,一在渭北(以长安的地理方位代指汴京)居住,三千里的空间阻隔,使得化用"渭北春天树,江东日暮云"(杜甫《春日怀李白》)之意更见沉郁,也衬出了过片的情感之重。短短小令,却将词意沉郁与笔势飞舞统为一体,变化无端,令人回味不尽。

贺铸的长调与柳永的铺叙不同,也不是柳词的三段式时空结构,其腾挪跌宕、飞舞变化可见于《将进酒》(小梅花):

城下路,凄风露,今人犁田古人墓。岸头沙,带蒹葭,漫漫昔时流水今人家。黄埃赤日长安道,倦客无浆马无草。开函关,掩函关,千古如何不见一人闲。　　六国扰,三秦扫,初谓商山遗四老。驰单车,致缄书,裂荷焚芰接武曳长裾。高流端得酒中趣,深入醉乡安稳处。生忘形,死忘名,谁论二豪初不数刘伶。

上片前六句以悲天悯人的胸怀,发人世沧桑之感:城下的道路,风露凄迷,今人所犁的田垄,或者就曾是古人的坟墓;岸头沙边,芦苇苍苍,在经历了漫漫岁月之后,过去的流水,现在已经成为人家居住的陆地。有了对宇宙、人世的这种认识,后五句就对当下人们的忙忙碌碌表示不以为然:在通往长安的大道上,黄尘起而赤日照,旅人干渴无水,马匹也无草料,如此奔波,无非是为了功名利禄,此处不说奔波劳碌的结果,最终还是归于黄泉,但无声胜于有声;接着由典型的具象转换到历史,函谷关一会儿开,一会儿关,在开开关关中改朝换代,富贵终难于长久的道理应该都知道吧?可为什么千古以来,就只见纷扰忙碌而不见悠闲自在呢?下片仍就历史继写,自己回答"千古如何不见一人闲"的问题,而专就"闲人"着笔:"六国扰,三秦扫"概括了扫灭六国,建立秦朝,到汉朝的再度统一,在历史的动乱中,原来以为"商山四皓"这样的隐士会处身局外的,却在张良让太子亲自写信派车,敦请入朝中后,也就穿上官服,不做隐士了;同样,隐居钟山的南齐周彦伦,也应诏做官,所以孔稚珪《北山移文》讽刺其"焚芰制而裂荷衣,抗尘容而走俗状",而"曳裾"一语则出于汉邹阳《上吴王书》的"何王之门不可曳长裾乎?"最后五句,以饮酒之士同名利客对照:真正的高人才懂得酒中之趣,深入醉乡中得到安稳,王绩《醉乡记》假设阮籍、陶渊明等游于醉乡,"没身不反,死葬其壤,中国以为酒仙",而刘伶《酒德颂》假设贵公子和缙绅处士"二豪",原先反对饮酒,后却被感化。

为何可从以诗为词来观照贺铸词的词意沉郁、笔势飞舞、不可方物呢?对此,可有不同的理解。《默记》卷下说:

贺方回遍读唐人遗集，取其意以为诗词，然所得在善取唐人遗意也，不如晏叔原尽见升平气象，所得者人情物态。叔原妙在得于妇人，方回妙在得词人遗意。[①]

上引的《惜馀春》(踏莎行)，既用李白《惜馀春赋》之意，又化用杜甫的《春日怀李白》诗。而《将进酒》(小梅花)上片尤见“善取唐人遗意”，改用了顾况的《悲歌》：“边城路，今人犁田昔人墓。岸上沙，昔时流水今人家。”及顾况《长安道》：“长安道，人无衣，马无草。”二诗本为二意，贺铸用之而陡接，使之意沉郁而辞飞舞，然后再转为以函谷关的关闭，写政权的更迭，又是一次大的转换，以至给人以变化无端之感。又如《芳心苦》(杨柳回塘)一首，刘永济指出“当年不肯嫁春风，无端却被秋风误”二句，出于杜甫寄薛璩、毕曜诗云：“不嫁惜娉婷。”[②]以及陈师道用其意所作的《放歌行二首》：“春风永巷闭娉婷，长使青楼误得名。不惜卷帘通一顾，怕君著眼未分明。”“当年不嫁惜娉婷，抹白施朱作后生。说与旁人须早计，随宜梳洗莫倾城。”还有张先《一丛花令》的“沉恨细思，不如桃杏，犹解嫁东风”。晏几道《蝶恋花》的“照影弄妆娇欲语，西风岂是繁华主”。而“红衣脱尽芳心苦”则出于晏几道上词的结句“朝落暮开空自许，竟无人解知心苦”。可见贺铸不仅善取唐人诗意，亦善用宋人词意，既能“比兴深者通物理”，又能“用事工者如己出”，在善取善用中形成转折变化，而不是平叙顺出。

唐诗遗意与唐人字面是两回事，因而夏敬观对周密、张炎所说的贺铸善用李贺、李商隐、温庭筠之字面，表达了自己的不同意见。其《手批东山词》云：

小令喜用前人成句，其造句亦恒类晚唐人诗。慢词命辞遣意，多自唐贤诗篇得来，不施破碎藻采，可谓无假脂粉，自然秾丽。张叔夏谓“与吴梦窗皆善于炼字面者，多于李长吉、温庭筠诗中来”，大谬不然。方回词取材于长吉、飞卿者不多，所以整而不碎也。[③]

贺铸的以诗为词，取径甚多，张耒所说的“幽洁如屈、宋，悲壮如苏、李”，虽就风格立论，又何尝不是立意与取径问题？陈廷焯说：“方回词，笔墨之妙，真乃一片化工。离骚耶，七发耶，乐府耶，杜诗耶，吾乌乎测其所至。”[④]也隐约道出其取径之广。笔者以为，除前面已论的骚辩之旨、骚情雅意之外，杨希闵《词轨序》所说的一段话，可作“别解”，即：“书家学真书，必从篆隶入乃高胜。吾谓词家亦当从汉魏六朝乐府入，而以温韦为宗，二晏贺秦为嫡裔。欧苏黄则如光武崛起，别为世庙。”[⑤]我们可以置其他

① 王铚：《默记》，《宋元笔记小说大观》，第4567页。
② 刘永济：《唐五代两宋词简析》，第44页。
③ 夏敬观：《手批东山词》，转引自龙榆生《唐宋名家词选》，第154页。
④ 陈廷焯：《词坛丛话》，《词话丛编》，第3722页。
⑤ 杨希闵：《词轨序》，转引自贺铸撰，钟振振校注《东山词》，第562页。

于不顾，而单取其“词家亦当从汉魏六朝乐府入”一说，而杨希闵所说，可谓歪打正着，因为贺铸词确实有从汉魏乐府入，从唐人歌行出的特点。《将进酒》(小梅花)不仅立意、用语、句式都高古似汉魏乐府，且又见李白《将进酒》的影响。因乐府、歌行较之律绝来，更多腾挪、转折的变化，此当是贺铸词意沉郁而用笔飞舞的一个主要原因。再举一例，如《夜捣衣》(古捣练子)组词，词调名出于晋宋以来常见的《捣衣》，此组所写为调名本意，第一首残缺，录馀下第二、第三、第六首：

收锦字，下鸳机，净拂床砧夜捣衣。马上少年今健否？过瓜时见雁南归。
砧面莹，杵声齐，捣就征衣泪墨题。寄到玉关应万里，戍人犹在玉关西！
边堠远，置邮稀，附与征衣衬铁衣。连夜不妨频梦见，过年惟望得书归。

此组小词不仅具有汉乐府民歌“感于哀乐，缘事而作”的精神，而且各首都分别着眼于征人思妇，作时空的大跨越，亦见笔势或转折、或递进，变化较多。若对比《将进酒》(小梅花)与《古捣练子》，前者可谓“奇古不邻于怪僻”，后者则“平淡不流于浅俗”。

三、格见成篇　气出言外

杨希闵《词轨总论》论由诗入词之理，并作源与委之辨：

长短句为诗之馀，然则诗源而词委也，源不远，委何能长？温韦、二晏、秦贺皆能诗，苏黄尤卓卓，姜辛诗亦工，安身立命不在词，故溢为词夐绝也。屯田、清真、梅溪、梦窗、碧山、玉田诸子，藉词藩身，他文翰一无可见，有委无源，故绣绘字句，排比长调以自饰。①

由于贺铸虽工诗文，却更以词闻名，其于倚声一道用力尤多，以其学诗之法为其作词之诀，我们也能看到东山词较之前人词确有较多的发展变化。而贺铸论诗的“格见于成篇，浑然不可镌；气出于言外，浩然不可屈”二语，可用作自评其词。

王灼说：

贺方回、周美成、晏叔原、僧仲殊各尽其才力，自成一家。贺、周语意精新，用心甚苦。②

“语意精新”与“用心甚苦”，并不是见于个别语句，东山词是极少被人以警句相摘的，而是以整篇的浑成见长，体现出其自己所说的“浑然不可镌(刻、削、凿意)”。

---

① 杨希闵：《词轨总论》，转引自贺铸撰，钟振振校注《东山词》，第562页。

② 王灼著，岳珍校正：《碧鸡漫志校正》卷二，第34页。

先看其令词。对于北宋令词的评价,周之琦《十六家词录》说:

> 词之有令,唐五代尚矣。宋惟晏叔原最擅胜场,贺方回差堪接武。其馀间有一二名作流传,然皆专门之学。自兹以降,专工慢词,不复措意令曲,其作令曲,仍与慢词声响无异。大抵宋词闲雅有馀,跌宕不足。长调则有清新绵邈之者,小令则少抑扬抗坠之致。盖时代升降使然。虽片玉、石帚,不能自开生面,况其下者乎。①

此说将“最擅胜场”者定为晏几道,其次是贺铸,而未及晏殊、欧阳修、张先、秦观,且不说是否公允,至少是将贺铸作为北宋令词的次席了。平心而论,贺铸可能因腹笥太富,在“遍读唐人遗集,取其意以为诗词”的过程中,也有平庸之作,故此王国维讥其“惜少真味”②,刘体仁谓之“拾人牙慧”③。但是,贺铸“格见于成篇,浑然不可镌”的令词也不少。如悼亡之作《半死桐》(思越人,亦名鹧鸪天):

> 重过阊门万事非,同来何事不同归?梧桐半死清霜后,头白鸳鸯失伴飞。原上草,露初晞,旧栖新垅两依依。空床卧听南窗雨,谁复挑灯夜补衣!

作者之所以将《鹧鸪天》改名为《半死桐》,是缘于汉人枚乘的《七发》,谓龙门有桐树,树根半生半死,伐以制琴,其声为天下之至悲;又,如其词中的“梧桐半死清霜后”,以此寄托悼亡的哀思。贺铸的夫人赵氏出身皇族,与词人结缡后,因夫君沉抑下僚而生活拮据,赵氏勤俭持家,夫妻间相濡以沫,琴瑟甚和。据研究,大概在宋哲宗元符元年(1098)六月后到徽宗建中靖国元年(1101)九月前,贺铸服母丧,停官闲居苏州,其间曾于元符三年(1100)冬天有北行之举,赵氏可能死于此时。“重过阊门万事非”,即指从北方归来,妻子已弃己先去,因内心万分悲痛,故发“同来何事不同归”之问,问得无理正是深蕴其情的体现。三四句用孟郊《列女操》的“梧桐相待老,鸳鸯会双死”。妻子的亡故对词人是重大的打击,故喻为梧桐遭严霜而半死,“鸳鸯”未能白头双死,临老还只得失伴而飞。汉乐府诗《薤露》云:“薤上露,何易晞!露晞明朝更复落,人死一去何时归?”词的换头用此意,“原上草,露初晞”,是以草上露水初干喻妻子新殁,词人的感情牵萦于新坟与旧居之间,“依依”两字极尽其缠绵之意。结尾的“空床卧听南窗雨,谁复挑灯夜补衣”,可证于作者当年的《问内》诗,其中有句:“庚伏厌蒸暑,细君弄针缕。乌绨百结裘,茹茧加弥补。劳问汝何为,经营特先期……”如今爱妻已去,最令人难忘的就是日常生活中这类充满亲情的小事,所以“空床”之“空”已可见“失伴

---

① 周之琦:《十六家词录》,转引自杜文澜《憩园词话》卷二,《词话丛编》,第2865页。
② 王国维:《人间词话删稿》,《蕙风词话·人间词话》,第224页。
③ 刘体仁:《七颂堂词绎》,《词话丛编》,第620页。

飞”的悲凉，挑灯夜补衣的不可再得，就更显凄惋难抑。

再如《陌上郎》(生查子)：

西津海鹘舟，径度沧江雨。双艣本无情，鸦轧如人语。　　挥金陌上郎，化石山头妇。何物系君心？三岁扶床女！

上片写沧江烟雨中的送别画面：在西面的渡口，轻捷如海鸥般的船，径直渡过沧江，冲破烟雨，向远方而去。船夫摇动双橹，这本是无知之物，但发出的鸦轧声，竟好似是人的说话。下片说：远行者走了，说不定会变成当年的秋胡，外出做官多年后回家，在大路上见到采桑女，心悦之而以金相诱，被坚决拒绝，到家后才知原来是自己的妻子。而在家等待丈夫归来的女子，常爬上山头向远方眺望，终于化作了石头。词人对行者的谴责虽轻犹重，对居者的同情很深很深。词的最后提了一个问题：究竟有什么东西能系住你的心？你能不能想想刚能扶床学步的女儿呢！委婉相劝，其情也真，其意也重，真能给人以强烈的感情震撼。此词其意屡转，“飞舞”变化，却又浑成难分。

其《太平时》八首中，虽有《晚云高》这样几乎就是集句而乏真味之作：

秋尽江南叶未凋，晚云高。青山隐隐水迢迢，接亭皋。　　二十四桥明月夜，弭兰桡。玉人何处教吹箫？可怜宵。

但也有“格见于成篇，浑然不可镌”之词，如《替人愁》：

风紧云轻欲变秋，雨初收。江城水路漫悠悠，带汀洲。　　正是客心孤迥处，转归舟。谁家红袖倚津楼，替人愁？

《梦江南》：

九曲池头三月三，柳毵毵。香尘扑马喷金衔，涴春衫。　　苦笋鲥鱼乡味美，梦江南。阊门烟水晚风恬，落归帆。

贺铸“格见于成篇，浑然不可镌”的中长调更多。如《凌歊》(铜人捧露盘引)一首，《凌歊》实为题，《铜人捧露盘引》才是调，《词谱》以此调为“又一体”，其实所列各体中以贺铸所作为最早，故应是贺铸的创调。词云：

控沧江，排青嶂，燕台凉。驻彩仗，乐未渠央。岩花磴蔓，妒千门、珠翠倚新妆。舞闲歌悄，恨风流、不管馀香。　　繁华梦，惊俄顷；佳丽地，指苍茫。寄一笑、何与兴亡！量船载酒，赖使君、相对两胡床。缓调清管，更为侬、三弄斜阳。

词开头写江山形势，牛渚、天门夹峙大江，故曰“控沧江”，长江水冲开险阻而下，故曰“排青嶂”，宋孝武帝登凌歊台，建离宫以消夏，故曰“燕台凉”。但“驻彩仗、乐未渠央”一语，浓缩了时间，只剩下山岩上的野花与石磴上的藤蔓，似还在妒忌当年的千门珠翠，无限新妆。如今空对着歌舞不再、似还散发出脂粉馀香的风流地，只能令人生出无限怅恨。过片承上而怀古伤今，表人世沧桑之感。由于词人来此地之时，已入暮年，而官位甚低，故有“寄一笑、何与兴亡”之叹。以下用“桓伊三弄”之典，写对朋友之情，并表不得志之意及自己的伤感。词中虽或有警句可摘（如换头数句），但更是情景互寓、意境完整、格调很高，确实“浑然不可镌”。

贺铸因怀才不遇，沉抑下僚，以词传情，未免如张耒序其词所说，是“满心而发，肆口而成，不待思虑而工，不待雕琢而丽者，皆天理之自然，而情性之至道也”①。所成之词，也是“气出于言外，浩然不可屈”。如前已论之《阳羡歌》（踏莎行），虽自谓“解组投簪，求田问舍”，“元龙非复少时豪，耳根清净功名话”，但“临风慨想斩蛟灵，长桥千载犹横跨”，犹见其真气沛然，有雄心被抑的悲壮感。《芳心苦》（踏莎行）虽感叹“当年不肯嫁春风，无端却被秋风误”，幽怨之中仍可感到“气出于言外，浩然不可屈”。再如《天门谣》：

> 牛渚天门险，限南北、七雄豪占。清雾敛，与闲人登览。　待月上潮平波滟滟，塞管轻吹新阿滥。风满槛，历历数、西州更点。

此词写采石登高怀古之情。牛渚矶绝壁凌空而突出于大江之中，其西南方有天门山夹峙，形成天险，故词以此开头，长江天堑，南北之限，历史上有东吴、东晋、宋、齐、梁、陈、南唐“七雄”，恃此天险而建都于金陵。作者来时，清雾敛去，似故意给“闲人”登览之良机。下片不写登临所见，却笔意一换，说如果待到月上潮平之时，这里所见应是波光潋滟的美景，此时当轻吹羌笛，奏唐明皇所作笛曲《阿滥堆》（翻骊山飞禽“阿滥堆”之声而成），满槛之风应吹来金陵西州（在台城西面）的更点之声。虽似写得很平淡，但词中凭吊兴亡之情，还是“气出于言外”。

《伴云来》（天香）为游宦羁旅、悲秋怀人的传统题材，贺铸却能写得甚有笔力：

> 烟络横林，山沉远照，逦迤黄昏钟鼓。烛映帘栊，蛩催机杼，共苦清秋风露。不眠思妇，齐应和、几声砧杵。惊动天涯倦宦，骎骎岁华行暮。　当年酒狂自负，谓东君、以春相付。流浪征骖北道，客樯南浦。幽恨无人晤语。赖明月，曾知旧游处，好伴云来，还将梦去。

上片先写晚景，视听兼到，意象苍茫雄浑，再转为室中夜景，仍兼及见、闻，然后由

① 张耒：《东山词序》，《词籍序跋萃编》，第121页。

景人情，拈出因清秋风露而生出的一个“苦”字。“不眠”二句，再补夜景，不眠的既是思妇，也是词人自己，至此，本应顺着思妇与捣衣砧杵声，而自然生出自己的怀人念远之情，作者却突作换笔，以天涯倦宦的感叹年光勒住。换头转为回忆，当年好酒使气，自视甚高，为人甚狂，自以为春神会很照应自己的，却不料一直是浪迹南北，历尽辛酸，幽恨无可告语。“赖明月”以下再转，意谓既然当年明月曾知道我与她的旧游，那么，就请月儿伴着她化作彩云飞入我的梦里，然后再把她送回去。此词本是游宦中感念岁华之逝，自悲身世，而入以妓情之作，词人却化伤感为悲壮，易柔情为感慨，变明写为妙想，加以“烟络横林，山沉远照”的开阔意象，“征骖北道，客樯南浦”的时空跨越，使得“气”胜于情，以致朱孝臧有“横空盘硬语”[①]之评，夏敬观《手批东山词》亦有“稼轩所师”[②]的四字批语。

《行路难》(小梅花)是用乐府诗题为词题，且很得乐府遗意之作：

缚虎手，悬河口，车如鸡栖马如狗。白纶巾，扑黄尘，不知我辈可是蓬蒿人！衰兰送客成阳道，天若有情天亦老。作雷颠，不论钱，谁问旗亭美酒斗十千？

酌大斗，更为寿，青鬓常青古无有。笑嫣然，舞翩然，当垆秦女十五语如弦。遗音能记秋风曲，事去千年犹恨促。揽流光，系扶桑，争奈愁来一日却为长！

此词明显透出了怀才不遇、英雄失路的怨愤，吴梅认为“颇似玉川长短句诗”[③]。词以“缚虎手，悬河口”陡然开局，三句意谓：有缚虎之力的勇士，有悬河之口的谋士，都未得重用，也没给他们相应的待遇，竟然是车如鸡窝马如瘦狗。以下说：穿着白衣(未出仕者所服)进京，冒着京城的黄尘，不知能否博得个一官半职？奔走于风尘之中，老天若有情也会为之伤心的。由困惑，到牢骚，再进一步则是狂饮烂醉，此即“作雷颠”数句之意。下片继写饮酒，由上片的失意之愁转为对人生短促之愁。人不能长生，就要抓紧享受歌舞之乐，《秋风曲》“遗音”指汉武帝的《秋风辞》，至今虽事过千年，犹恨千年之短促。为此而突发奇想：要揽住太阳，系于扶桑树，不让它走。而最后却来了一个极大的反跌：忧愁驻心之人，连一天都觉得太长！矛盾中更见苦闷之重。此词虽抒发伤感、怨愤、颓放之情，将行路难的题旨表达得非常充分，但因利用调式近于歌行的特点，直用或化用李白《南陵别儿童入京》、《行路难》，李贺《金铜仙人辞汉歌》，直到汉乐府《羽林郎》，写得抑扬顿宕、顿挫转折、刚健雄浑。王士禛称其“绝似稼轩手笔”[④]，陈廷焯谓之“掇拾古语，运用入化，借他人之酒杯，浇自己之块垒。赵闻礼所谓‘酒酣耳热，浩歌数过，亦一快也’”。[⑤]俞陛云以之“节短而韵长，调高而音凄，其雄恢

① 朱祖谋：《手批东山乐府》，转引自龙榆生《唐宋名家词选》，第150页。
② 夏敬观：《手批东山词》，转引自龙榆生《唐宋名家词选》，第149页。
③ 吴梅：《词学通论》，第53页。
④ 王士禛：《花草蒙拾》，《词话丛编》，第681页。
⑤ 陈廷焯：《词则·别调集》卷一，第593页。

才笔，可与放翁、稼轩争驱夺槊矣”[①]。而夏敬观《手批东山词》则说：“稼轩豪迈之处，从此脱胎。豪而不放，稼轩所不能学也。”[②]总之，与“气出于言外，浩然不可屈”之说是较为接近的。

四、盛丽妖冶　幽洁悲壮

张耒《东山词序》称“……其盛丽如游金张之堂，而妖冶如揽嫱、施之祛，幽洁如屈、宋，悲壮如苏、李，览者自知之，盖有不可胜言者矣。”[③]对贺铸词的多样性风格概括甚当。

而历代论《东山词》风格者，还有多人多说。如《词学集成》引宋征璧语云：

> 吾于宋词得七人焉：曰永叔，其词秀逸。曰子瞻，其词放诞。曰少游，其词清华。曰子野，其词娟洁。曰方回，其词新鲜。曰小山，其词聪俊。曰易安，其词妍婉。[④]

刘熙载云：

> 叔原贵异，方回赡逸，耆卿细贴，少游清远。四家词趣各别，惟尚婉则同耳。[⑤]

王鹏运云：

> 北宋人词，如潘逍遥之超逸，宋子京之华贵，欧阳文忠之骚雅，柳屯田之广博，晏小山之疏俊，秦太虚之婉约，张子野之流丽，黄文节之隽上，贺方回之醇肆，皆可模拟得其仿佛。唯苏文忠之清雄，敻乎轶尘绝迹，令人无从步趋。[⑥]

即此，已可见在盛丽、妖冶、幽洁、悲壮之外，还有新鲜、赡逸、醇肆等说。

樊增祥亦论贺铸词的艺术，且以之与张先、秦观相比：

> 方回乐府，见称宛邱，妖丽之云，殆犹未称。论其圆吭徐啭，明姿淡演，意周乎调，情馀于词，固亦三影之壎篪，淮海之鼓吹也。[⑦]

---

① 俞陛云：《唐五代两宋词选释》，第255页。

② 夏敬观：《手批东山词》，转引自龙榆生《唐宋名家词选》，第147页。

③ 张耒：《东山词序》，《词籍序跋萃编》，第121–122页。

④ 江顺诒：《词学集成》卷五，《词话丛编》，第3272页。

⑤ 刘熙载：《艺概》卷四《词曲概》，第109页。

⑥ 王鹏运：《半塘遗稿》，转引自龙榆生《唐宋名家词选》，第126页。

⑦ 樊增祥：《东溪草堂词选自序》，《樊山集》卷二十三，第690–691页。

陈廷焯对贺铸评价极高,他曾说:

昔人谓方回词,妖冶如揽嫱施之祛,富艳如入金张之堂,幽索如屈、宋,悲壮如苏、李,此犹论其貌耳。若论其神,则如云烟缥缈,不可方物。①

贺方回之韵致,周美成之法度,姜白石之清虚,朱竹垞之气骨,陈其年之博大,皆词坛中不可无一,不能有二者。②

笔者认为,虽后代评贺铸词有新出之见,但还是张耒所说较为可取,而张说又能与陈廷焯《云韶集》卷三所说相统,即:

方回词,儿女、英雄兼而有之。

如果说"盛丽""妖冶"为"儿女",那么"幽洁""悲壮"则为"英雄"。龙榆生在《唐五代宋词选》中说:

(贺铸)词语意精新,用心甚苦,又能出以奇崛之笔,实兼"豪放"、"婉约"二派之长。

倘按此说,则盛丽、妖冶、幽洁可划入婉约一类,而悲壮则近于豪放(周济曾说辛稼轩"变温婉,成悲凉",此语可作"豪放"注脚)。

以下列举分属盛丽、妖冶、幽洁、悲壮不同风格的贺铸词,而不作分析。

盛丽者如《第一花》(鹧鸪天):

豆蔻梢头莫漫夸,春风十里旧繁华。金楼玉蕊皆殊艳,别有倾城第一花。
青雀舫,紫云车,暗期归路指烟霞。无端却似堂前燕,飞入寻常百姓家!

《晕眉山》(踏莎行):

镜晕眉山,囊熏水麝。凝然风度长闲暇。归来定解鹔鹴裘,换时应倍骅骝价。　　殢酒伤春,添香惜夜,依稀待月西厢下。梨花庭院雪玲珑,微吟独倚秋千架。

《掩萧斋》(浣溪沙):

---

① 陈廷焯:《词坛丛话》,《词话丛编》,第3723页。
② 陈廷焯:《词坛丛话》,《词话丛编》,第3732页。

落日逢迎朱雀街，共乘青舫度秦淮。笑拈飞絮罥金钗。 洞户华灯归别馆，碧梧红药掩萧斋。愿随明月入君怀。

《凤求凰》：

园林幂翠，燕寝凝香，华池缭绕飞廊。坐按吴娃清丽，楚调圆长。歌阑横流美眄，乍疑生、绮席辉光。文园属意，玉觞交劝，宝瑟高张。 南薰难销幽恨，金徽上、殷勤彩凤求凰。便许卷收行雨，不恋高唐。东山胜游在眼，待纫兰、撷菊相将。双栖安稳，五云溪、是故乡。

妖冶者如《艳声歌》（太平时）：

蜀锦尘香生袜罗，小婆娑。个侬无赖动人多，是横波。 楼角云开风卷幕，月侵河。纤纤持酒艳声歌，奈情何！

《花幕暗》（太平时）：

绿绮新声隔坐闻，认殷勤。尊前为舞郁金裙，酒微醺。 月转参横花幕暗，夜初分。阳台拚作不归云，任郎嗔。

《减字浣溪沙》：

宫锦袍熏水麝香，越纱裙染郁金黄，薄罗依约见明妆。 绣陌不逢携手伴，绿窗谁是画眉郎？春风十里断人肠。

《薄幸》：

艳真多态，更的的、频回眄睐。便认得、琴心相许，与写宜男双带。记画堂、斜月朦胧，轻颦微笑娇无奈。便翡翠屏开，芙蓉帐掩，与把香罗偷解。 自过了收灯后，都不见、踏青挑菜。几回凭双燕、丁宁深意，往来翻恨重帘碍。约何时再？正春浓酒暖，人闲昼永无聊赖。厌厌睡起，犹有花梢日在。

周济说："耆卿镕情入景，故淡远。方回镕景入情，故秾丽。"[①]这应是贺铸词盛丽与妖冶的一个原因，须在此说明。

---

① 周济：《宋四家词选目录序论》，《介存斋论词杂著·复堂词话·蒿庵论词》，第12–13页。

幽洁者除前引《芳心苦》、《青玉案》、《小梅花》等作外,又如《芳洲泊》(踏莎行):

露叶栖萤,风枝袅鹊。水堂离燕褰珠箔。一声横玉吹流云,厌厌凉月西南落。　江际吴边,山侵楚角。兰桡明夜芳洲泊。殷勤留语采香人,清尊不负黄花约。

《想娉婷》(临江仙):

鸦背夕阳山映断,绿杨风扫津亭。月生河影带疏星。青松巢白鸟,深竹逗流萤。　隔水彩舟然绛蜡,碧窗想见娉婷。浴兰熏麝助芳馨。湘弦弹未半,凄怨不堪听。

《摊破浣溪沙》:

双凤箫声隔彩霞,朱门深闭七香车。何处探春寻旧约?谢娘家。　旖旎细风飘水麝,玲珑残雪浸山茶。饮罢西厢帘影外,玉蟾斜。

尤其是《减字浣溪沙》:

楼角初销一缕霞,淡黄杨柳暗栖鸦,玉人和月摘梅花。　笑捻粉香归洞户,更垂帘幕护窗纱。东风寒似夜来些。

陈匪石说:"方回此作,纯是唐、五代遗音,通首不见一情语,而深厚之味、绵邈之情,必几经讽咏始能领会。"[①]而玉人和月摘梅花的形象,则似较天寒翠袖、日暮倚竹的佳人更为幽洁。

不似靖康事变之后,南渡之词多入悲壮一路,因时代原因,贺铸词能称悲壮者不多,以下诸作只能说是略为接近而已。如《清平乐》:

林皋叶脱,楼下清江阔。船里琵琶金捍拨。弹断么弦再抹。　夜潮洲渚生寒。城头星斗阑干。忍话旧游新梦?三千里外长安!

《诉衷情》:

不堪回首卧云乡。羁宦负清狂。年来镜湖风月,鱼鸟两相忘。　秦塞险,

① 陈匪石:《宋词举》,《宋词举》(外三种),第137页。

楚山苍。更斜阳。画桥流水，曾见扁舟，几度刘郎？

《望扬州》：

铁瓮城高，蒜山渡阔，干云十二层楼。开尊待月，卷箔披风，依然灯火扬州。绣陌南头，记歌名宛转，乡号温柔。曲槛俯清流。想花阴、谁系兰舟？　念凄绝秦弦，感深荆赋，相望几许凝愁。殷勤裁尺素，奈双鱼、难渡瓜洲。晓镜堪羞：潘鬓点、吴霜渐稠。幸于飞、鸳鸯未老，不应同是悲秋。

《台城游》（水调歌头）：

南国本潇洒。六代浸豪奢。台城游冶，襞笺能赋属宫娃。云观登临清夏，璧月留连长夜，吟醉送年华。回首飞鸳瓦，却羡井中蛙。　访乌衣，成白社，不容车。旧时王谢，堂前双燕过谁家？楼外河横斗挂，淮上潮平霜下，樯影落寒沙。商女篷窗罅，犹唱后庭花！

不过，前引的《小梅花》二首，尤其是《六州歌头》，可说与悲壮已很接近：

少年侠气，交结五都雄。肝胆洞，毛发耸。立谈中，死生同。一诺千金重。推翘勇，矜豪纵。轻盖拥，联飞鞚，斗城东。轰饮酒垆，春色浮寒瓮，吸海垂虹。闲呼鹰嗾犬，白羽摘雕弓，狡穴俄空。乐匆匆。　似黄粱梦。辞丹凤，明月共，漾孤篷。官冗从，怀倥偬，落尘笼。簿书丛。鹖弁如云众，供粗用，忽奇功。笳鼓动：渔阳弄，思悲翁。不请长缨，系取天骄种，剑吼西风。恨登山临水，手寄七弦桐，目送归鸿！

通过以上四方面的论述，可以认为，贺铸在北宋词的艺术发展历程中具有特殊的意义。陈廷焯说：

北宋晏、欧、王、范诸家，规模前辈，益以才思；东坡出，而纵横排宕，扫尽纤浮；山谷倔强盘曲，另开生面；张、晁则摇曳生姿，才不大而情胜；秦、柳则风流秀曼，骨不高而词胜。自方回出，独辟机杼，尽掩古人。①

虽"尽掩古人"或对贺铸评价过高，然而上说不仅论诸大家、名家较为准确，以贺铸"独辟机杼"也并不为过。陈匪石就其承上启下而论之，所见持平公允：

---

① 陈廷焯：《云韶集》卷二，转引自《白雨斋词话足本校注》，第808页。

贺铸洗炼之工、运化之妙,实周、吴所自出,小令一道,又为百馀年结响。[①]

况周颐从学词的角度而言,为深味有得之见:

按:填词以"厚"为要旨。苏、辛词皆极厚,然不易学,或不能得其万一而转滋流弊,如粗率、叫嚣、澜浪之类。东山词亦极厚,学之却无流弊,信能得其神似,进而窥苏、辛堂奥何难矣!厚之一字,关系性情。"解道江南断肠句",方回之深于情也。[②]

第三节　知音　体物　铺叙:一论周邦彦

北宋后期词,断推周邦彦为大家。周邦彦(1056—1121),字美成,自号清真居士,钱塘(今浙江杭州)人。早年"疏隽少检,不为州里推重,而博涉百家之书"[③]。神宗时为太学生,后因献《汴都赋》赞颂新法,擢为太学正。元祐时出为庐州教授,知溧水县,绍圣末还为国子主簿,历秘书省正字、校书郎、考功员外郎等,政和时先后知隆德军府、明州、召拜秘书监,进徽猷阁待制,提举大晟府,未几,出知顺昌府,徙处州,值方腊起义,道阻未赴,提举南京(今河南商丘)鸿庆宫。卒赠宣奉大夫。兼工诗、文、词,著有《清真居士集》等,已佚。性好音律,善自度曲。词集名《清真词》,一名《片玉集》。

周邦彦可能词名晚起,故其同时之人,论词少及之,虽如陈师道说过:"美成笺奏杂著俱善,惜为词掩。"[④]却以秦七黄九为"当今词手"而不及清真,馀如晁补之《论本朝乐章》,李之仪《跋吴思道小词》,历评多人,却未提清真只字,李清照《词论》亦未论之。清真词之名声当起于南宋初,王灼云:"贺方回、周美成、晏叔原、僧仲殊各尽其才力,自成一家。贺、周语意精新,用心甚苦。"[⑤]又说:"前辈云:'《离骚》寂寞千载后,《戚氏》凄凉一曲终。'《戚氏》,柳所作也,柳何敢知世间有《离骚》?惟贺方回、周美成时时得之。贺《六州歌头》、《望湘人》、《吴音子》诸曲,周《大酺》、《兰陵王》诸曲最奇崛。或谓深劲乏韵,此遭柳氏野狐涎吐不出者也。"[⑥]不过,王灼尚是贺、周并称,而到南宋末,清真的地位已在所有词人之上,如刘肃云:"周美成以旁搜远绍之才,寄情长短句,缜密典丽,流风可仰,其征辞引类,推古夸今,或借字用意,言言皆有来历,真足冠冕词林。欢筵歌席,率知崇爱。"[⑦]尹焕则说:"求词于吾宋者,前有清真,后有梦窗。此非焕

① 陈匪石:《声执》卷下,《宋词举》(外三种),第206页。
② 况周颐:《历代词人考略》卷一四,《蕙风词话·广蕙风词话》,第248页。
③ 脱脱等:《宋史》卷四四四《周邦彦传》,《二十五史》,第6660页。
④ 沈雄:《古今词话·词评》上卷,《词话丛编》,第990页。
⑤ 王灼著,岳珍校正:《碧鸡漫志校正》卷二,第34页。
⑥ 王灼著,岳珍校正:《碧鸡漫志校正》卷二,第36–37页。
⑦ 刘肃:《周邦彦词注序》,《词籍序跋萃编》,第97页。

之言,四海之公言也。"[①]直到清代中后期,周济称:"清真,集大成者也。""问途碧山,历梦窗、稼轩以还清真之浑化。余所望于世之为词人者,盖如此"。[②]陈廷焯誉之为"千古词宗"[③],王国维《人间词话》虽对周邦彦常有贬抑,但其《清真先生遗事》却甚而有"词中老杜,则非先生不可"[④]之说。诚然,以上对清真词的推崇未免有过誉之处,但我们也确应认真思考这些看法的合理性。笔者以为,清真词确实是经得起时间考验的,陈郁说:"周邦彦字美成,自号清真,二百年来乐府独步,贵人学士市儇妓女,知美成词为可爱。"[⑤]接受面之广,可证周邦彦对词的发展之功。

一、抚弦动徵 吹律含商

周邦彦富有音乐才能,《宋史·文苑传》云:"邦彦好音乐,能自度曲,制乐府长短句,词韵清蔚,传于世。"[⑥]他自号其堂为"顾曲",系自比周瑜。《三国志·周瑜传》云:"瑜少精意于音乐,虽三爵之后,其有阙误,瑜必知之,知之必顾。故时人谣曰:'曲有误,周郎顾。'"[⑦]因精通音乐,故此周邦彦在晚年被宋徽宗任命为大晟府提举官。宋人对周邦彦的精于音乐多有评论,如潜说友云:"邦彦能文章,妙解音律,名其堂曰顾曲,乐府盛行于世。"[⑧]陈振孙云:"邦彦博文多能,尤长于长短句自度曲,其提举大晟府亦由此。"[⑨]楼钥云:"……乐府传播,风流自命,又性好音律,如古之妙解,顾曲名堂,不能自已。"[⑩]《词源》卷下所说甚详:

> 古之乐章、乐府、乐歌、乐曲,皆出于雅正。粤自隋唐以来,声诗间为长短句,至唐人则有《尊前》、《花间集》。迄于崇宁,立大晟府,命周美成诸人讨论古音,审定古调,沦落之后,少得存者,由此八十四调之声稍传;而美成诸人又复增演慢曲、引、近,或移宫换羽为三犯、四犯之曲,按月律为之,其曲遂繁。[⑪]

由于大晟乐于崇宁四年(1105)修成,大晟府的"新燕乐"于政和三年(1113)修成,而周邦彦提举大晟府在政和六年(1116),张炎未搞清史实,以至夸大了周邦彦对大晟府乐制创立的作用。然而也可看出,正是由于周邦彦对发展词乐、词调有很大的贡献,故张炎会有上面的误解。

---

① 引自黄昇:《花庵词选·中兴以来绝妙词选》卷十,第354页。
② 周济:《宋四家词选目录序论》,《介存斋论词杂著·复堂词话·蒿庵论词》,第12页。
③ 陈廷焯著,屈兴国校注:《白雨斋词话足本校注》卷二,第129页。
④ 王国维:《清真先生遗事》,转引自周邦彦撰、吴则虞校点《清真集》,中华书局1981年版,第112页。
⑤ 陈郁:《藏一话腴》外编卷上,四库全书本。
⑥ 脱脱等:《宋史》卷四四四《周邦彦传》,《二十五史》,第6660页。
⑦ 陈寿:《三国志·吴志》卷九《周瑜传》,《二十五史》,第1219页。
⑧ 潜说友:《咸淳临安志》卷六六《人物传》,《宋元方志丛刊》,中华书局1990年版,第3960页。
⑨ 陈振孙:《直斋书录解题》卷一七,第487页。
⑩ 楼钥:《清真先生文集序》,《攻媿集》卷五一,丛书集成初编本,中华书局1985年版,第707页。
⑪ 张炎:《词源》,《词源注·乐府指迷笺释》,第9页。

直到清代,朱彝尊论北宋时期之词因新声而发展,仍尤重以周邦彦为代表的大晟词人:

宋之初,太宗洞晓音律,制大小曲,及因旧曲造新声,施之教坊,舞对曲凡三百九十,又琵琶一器,有八十四调;仁宗于禁中度曲,时则有若柳永;徽宗以大晟名乐,时则有若周邦彦、曹组、辛次膺、万俟雅言,皆明于宫调,无相夺伦者也。①

周邦彦自己既精通音乐,又与乐师有交,故于词的制谱创调一道贡献尤多。王灼云:

江南某氏者解音律,时时度曲。周美成与有瓜葛,每得一解,即为制词,故周集中多新声。②

南宋以来,对周邦彦在词的调谱上的贡献,论家皆有肯定,且以其腔谱为典范。如赵以夫云:"唐以诗鸣者千馀家,词自《花间集》外不多见,而慢词尤不多。我朝太平盛时,柳耆卿、周美成羡为新谱,诸家又增益之,腔调备矣。后之倚其声者,语工则音未必谐,音谐则语未必工,斯其难也。"③沈义父云:

古曲谱多有异同,至一腔有两三字多少者,或句法长短不等者。盖被教师改换,亦有嘌唱一家,多添了字。吾辈只当以古雅为主,如有嘌唱之腔,不必作。且必以清真及诸家目前好腔为先可也。④

刘将孙云:

今曲行而参差不齐,不复可以充口而发,随声而协矣。然犹未至于大曲也。及柳耆卿辈以音律造新声,少游、美成以才情畅制作,而歌非朱唇皓齿如负之矣。自是以来,体亦屡变,长篇极于哨遍、大酺、六丑、兰陵,无不可以反复浩荡,而豪于气者,以为冯陵大叫之资。风情才子,乃复宛转作屏帏呢呢以胜之,而词亦多术矣。⑤

明清人也多将周邦彦与柳永并称,屡为称道二人的腔谱,后又入以姜夔、周密、张

---

① 朱彝尊:《群雅集序》,《曝书亭集》卷四〇,四部丛刊本。
② 王灼著,岳珍校正:《碧鸡漫志校正》卷二,第39页。
③ 赵以夫:《虚斋乐府自序》,《词籍序跋萃编》,第329页。
④ 沈义父:《乐府指迷》,《词源注·乐府指迷笺释》,第80页。
⑤ 刘将孙:《新城饶克明集词序》,《词籍序跋萃编》,第482页。

炎等风雅派词人。并称周柳者，如王骥德《论曲源》：

入唐而以绝句为曲，如《清平》、《郁轮》、《凉州》、《水调》之类。然不尽其变，而于是始创为《忆秦娥》、《菩萨蛮》等曲……周侍御、柳屯田其最也……[①]

万树《词律·发凡》：

唐律以后，浸淫而为词，尤以谐声为主。倘平仄失调，则不可入调。周、柳、万俟等之制腔造调，皆按宫谱，故协于歌喉，播诸弦管。[②]

朱祖谋《手书〈柳永词〉》：

……以前作者，所谓长短句，皆属小令。至柳三变乃缵其未备，而曲尽其变。讵得以工为俳体而少之？尝论乐府原于燕乐，故词者，声之文也，情之华也，非娴于声，深于情，其文必不足以达之，三者具而后可以言工，不綦难乎？求之两宋，清真外微耆卿其谁欤？[③]

益以另外数家的如谢元淮：

自度新曲，必如姜尧章、周美成、张叔夏、柳耆卿辈，精于音律，吐辞即叶宫商者，方许制作。[④]

清代先后出现了浙西、常州词派，分别推举姜张、梦窗诸家，柳永因词多俚俗，得失参半，累及对其乐律的评价。然而，对周邦彦在词的律谱之学上的地位，仍多肯定。如先著云：

柳永以乐章名集，其词芜累者十之八，必若美成、尧章，宫调、语句两皆无憾，斯为冠绝。[⑤]

《词学集成》引赵函《碎金词叙》云：

---

① 王骥德：《曲律》，第30页。
② 万树：《词律·发凡》，第14页。
③ 朱祖谋：《手书〈柳永词〉》，转引自姚学贤、龙建国纂《柳永词详注及集评》，第255页。
④ 谢元淮：《填词浅说》，《词话丛编》，第2515页。
⑤ 先著、程洪：《词洁发凡》，《词话丛编》，第1329页。

宋词以清真、白石、草窗、玉田四家为正宗。清真典掌大晟，白石自订词曲，草窗词名笛谱，玉田词源一书，所论律吕最精。凡此四家之词，无不可歌。①

所以，《四库全书总目》对周邦彦因知音而创调的评价甚为公允：

邦彦妙解音律，为词家之冠。所制诸调，不独音之平仄宜遵，即仄字中上、去、入三音亦不容相混。所谓分刌节度，深契微芒。②

樊增祥遥接陈郁之说，对周邦彦精通音律，达到文与乐相表里，肯定其在宋代后期的地位与影响，他说：

宣和之世，爰有美成，集乐府之大成，为词林之韶濩，抚弦动徵，吹律含商。至于北里知名，禁廷倾耳，不其盛欤？

这岂非前引《藏一话腴》乙集卷上的“贵人学士市儇妓女，知美成词为可爱”？所不同者在于更为强调周邦彦因其音乐的造诣，故能使其词“抚弦动徵，吹律含商”。

对于周邦彦的新曲，以及其词的音乐、格律特点，王国维所辨甚为精详：

楼忠简谓先生妙解音律，惟王晦叔《碧鸡漫志》谓：“江南某氏者解音律，时时度曲，周美成与有瓜葛，每得一解，即为制词，故周集中多新声。”则集中新曲，非尽自度，然“顾曲”名堂，不能自已，固非不知音者。故先生之词，文字之外，须兼味其音律，惟词中所注宫调，不出“教坊十八调”之外，则其音非大晟乐府之新声，而为隋、唐以来之燕乐，固可知也。今其声虽亡，读其词者犹觉拗怒之中，自饶和婉，曼声促节，繁会相宣，清浊抑扬，辘轳交往。两宋之间，一人而已。④

由上说可见，周邦彦知音，然而其词集中的“新声”非尽为自度，而多为精于音律的江南某氏度曲后为之所制词；而据其词所注宫调，可知其音不是大晟新声，而是隋唐燕乐旧调，不出教坊十八调，不是张炎、朱彝尊等人所说的八十四调。然而，周邦彦的知音识律却是毋庸置疑的，如其所创的《瑞龙吟》一调，《钦定词谱》即引黄昇语云：“此调前两段，双拽头，属正平调。后一段，犯大石调，‘归骑晚’以下，仍属正平调也。”⑤

---

① 江顺诒：《词学集成》卷一，《词话丛编》，第3228页。
② 永瑢等：《四库全书总目》卷一九八，第1811页。
③ 樊增祥：《东溪草堂词选自序》，《樊山集》卷二三，第691页。
④ 王国维：《清真先生遗事》，转引自周邦彦撰、吴则虞校点《清真集》，第113页。
⑤ 王奕清等编著：《钦定词谱》卷三七，第2654页。

何良俊《草堂诗馀序》云:“宋初,因李太白忆秦娥、菩萨蛮二辞以渐创制。至周侍御领大晟府乐,比切声调十二律,各有篇目。柳屯田加增至二百馀调,一时文士复相拟作,而诗馀为极盛。”[1]柳、周二人对宋词的创调贡献最大。邹祗谟也说:“僻调之多,以柳屯田为最。”[2]“……清真、乐章,以短调行长调,故滔滔莽莽处,如唐初四杰,作七古嫌其不能尽变。”[3]近人蔡嵩云说:“……当时创调制谱最有名者,首推柳耆卿。所制新声独多,饮水处都歌柳词,是其一证。”[4]虽非如柳永的多用市井新声,周邦彦仍是柳永之后对北宋词创调贡献最大的词人。据《词谱》,明言为周邦彦所创有十七调;虽未指明为周所创,但见于《清真乐府》或《片玉词》者,更多达二十馀调。此处举二例,以求能见美成的创调之功。如《烛影摇红》:“王都尉有《忆故人》词……徽宗喜其词意,犹以不丰容宛转为恨。遂令大晟府别撰腔。周美成增损其词,而以首句为名,谓之烛影摇红。”[5]又,《六丑》:“既而朝廷赐酺,师师又歌《大酺》、《六丑》二解,上顾教坊使袁绹问,绹曰:‘此起居舍人新知潞州周邦彦所作也。’问《六丑》之义,莫能对,急召邦彦问之。对曰:‘此犯六调,皆声之美者,然绝难歌。昔高阳氏有子六人,才而丑,故以比。’”[6]

夏承焘《论唐宋词字声之演变》[7]一文,正文依次立目为:温飞卿已分平仄;晏同叔辨去声,严于结拍;柳三变分上去,尤严于入声;清真用四声,益多变化;南宋方、杨诸家,拘泥四声;宋季词家辨五音,分阴阳。其中论清真词的四声变化篇幅最长。夏氏此文指出:“乐章集中严分上去者,犹不过十之二三;清真则除南乡子、浣溪纱、望江南诸小令外,其工拗句、严上去者,十居七八。即以一句一章论,亦较三变为密。”在列举清真词中四声的错综变化诸例后,夏氏尤重其去声之用,指出:“去声最为拗怒,取介在两平之间,有击撞戛捺之妙;今虽词乐失传,但依字声读之,犹含异响。”又举上去连用、间用皆在两结之例,并说:“案中原音韵有‘末句’条,备列三声不可改易之格,如……其法殆出于宋词。在宋词中能严守此律者,莫先于清真也。”因《中原音韵》有论“务头”云:“要知某调某句某字是务头,可施俊语于其上。”并附定格四十首,夏氏此文认为:“予疑其法亦出于宋词。词中以拗调为警句者,三变已有,至清真而益密。盖一词之中,必有数句数字为音律最美听处,当施以警句俊语;其位置在词之头腹尾无定,而在尾者尤多。”并举清真词之拗句多例以明此理。还就郑文焯谓清真特严入声之律一说,进而指出:“予以为清真入声,重在拗句及结声,与其用上去同。”夏氏总结道:

---

① 何良俊:《草堂诗馀序》,《词籍序跋萃编》,第670页。
② 邹祗谟:《远志斋词衷》,《词话丛编》,第645页。
③ 邹祗谟:《远志斋词衷》,《词话丛编》,第651页。
④ 蔡嵩云:《柯亭词论》,《词话丛编》,第4900页。
⑤ 吴曾:《能改斋漫录》卷一七,第496–497页。
⑥ 周密:《浩然斋词话》,《词话丛编》,第232页。
⑦ 夏承焘:《夏承焘集》第2册,第52–83页。

总之,四声入词,至清真而极变化。惟其知乐,故能神明于矩矱之中。今观其上下片相同之调,严者固一声不苟,宽者往往二三合而四五离。是正由其殚精律吕,故知其轻重缓急,不必如后来方、杨之一一拘泥也。读周词如不明此义,将谓清真四声之例,犹不如方、杨之纯,则疑子贡贤于仲尼矣。

由于周邦彦知音识曲,非仅坚守词为倚声之道,在隋唐教坊燕乐十八调中继有发掘,创造新调,且在四声入词上大有发展,故一直得到多数论者的推崇。如戈载《宋七家词选》所说:"清真之词,其意淡远,其气浑厚,其音节又复清妍和雅,最为词家之正宗。"

兹据吴则虞校点之《清真集》,将首见于此集的词调名列表于下:

卷 上	卷 下		补 遗
瑞龙吟	华胥引	大酺	玉团儿
琐窗寒	宴清都	玉烛新	一剪梅
渡江云	西园竹(四园竹)	花犯	双头莲
还京乐	齐天乐	六丑	大有
扫花游(扫地花)	霜叶飞	兰陵王	万里春
解连环	蕙兰芳引	西河	瑞鹤仙
玲珑四犯	塞垣春	黄鹂绕碧树(注)	粉蝶儿慢
丹凤吟	丁香结	绮寮怨	红窗迥
忆旧游	氐州第一	拜星月慢	南浦
垂丝钓	解蹀躞	绕佛阁	长相思慢
隔浦莲近拍	庆宫春	意难忘	昼锦堂
侧犯	红林擒近	红罗袄	烛影摇红
塞翁吟	解语花	夜飞鹊	无闷
	倒犯	凤来朝	青房并蒂莲

注:晁端礼亦有《黄鹂绕碧树》,难考谁作在先。

可见,《清真集》中所创新声调多达五十五调,而《清真集》存词共二百零六首,用调一百多,"新声"所占比例之高可见,其"创调之才多"可谓丝毫不逊于柳永。

二、言情体物 穷极工巧

生活在北宋后期的周邦彦,面对着前人丰厚的遗产,要想在词的创作上能有所突破、发展,也依然会走上既遵体又破体的道路。

此前,温庭筠、柳永可算作遵体兼破体的词人,而苏轼则重在破体。温庭筠借助于文学之外,是以画为词,柳永则在文学之内,是以赋为词,但二人都尤重词的倚声特质,故能视之为遵体兼破体的改革、发展。而苏轼则是以诗为词,较之温、柳的以画、以赋为"用",其变革更大,更具以诗为"体"的特点。此外,贺铸也受到了以诗为词的影响,在艺术上汲取了《楚辞》及乐府诗的表现特色。

周邦彦"集乐府之大成,为词林之韶濩,抚弦动徵,吹律含商",精通音律,自是其遵体的表现,而与此同时,就文学性的艺术表现而言,则是柳永之后又一位以赋为词的实践者。陆机《文赋》云:"赋体物而浏亮。"刘勰《文心雕龙》云:" 赋者,铺也,铺采摛文,体物写志也。”[①]可见,赋这种文体具有长于“体物”的功能,以及“铺采摛文”的特点。周邦彦为太学生时因献《汴都赋》而擢升太学正,即可见其作赋之才,以此才能用于词中,就使其词兼具体物与铺叙之长。此处先论其词之善于“体物”。

强焕《片玉词序》已指出:

> 一觞一咏,句中有眼,脍炙人口者,又有馀声,声洋洋乎在耳侧……其模写物态,曲尽其妙。[②]

后来王国维又将“模写物态,曲尽其妙”一语,发展为“言情体物,穷极工巧”[③]。王国维还在《清真先生遗事》中说:“境界有二:有诗人之境界,有常人之境界,诗人之境界惟诗人能感之而能写之,故读其诗者亦高举远慕,有遗世之意;而亦有得有不得,且得之者亦各有深浅焉。若夫悲欢离合,羁旅行役之感,常人皆能感之,而惟诗人能写之,故其入于人者至深而行于世也尤广。先生之词属于第二种为多,故宋时别本之多,他无与匹,又和者三家,注者二家,自士大夫以至妇人女子,莫不知有清真;而种种无稽之言,亦由此以起,然非入人之深,乌能如是耶。”[④]周邦彦之词,所写者确实多为“悲欢离合,羁旅行役之感”,是“常人之境界”,而之所以能“入于人者至深而行于世者尤广”,则得力于周邦彦的擅长体物言情。

对清真词之长于体物,先师万云骏教授曾有论述:

> 周邦彦善于描写自然景物,不但生动、形象,而且能表现出它们的个性特点。例如写雨,就写出了它各色各样的特点:
>
> 甲、“朝云漠漠散轻丝,楼阁淡春姿。”(少年游)这是写微雨。
>
> 乙、“坠叶惊离思,听寒螀夜泣,乱雨潇潇。”(忆旧游)这是写乱雨。
>
> 丙、“对宿烟收,春禽静,飞雨时鸣高屋。”(大酺)这是写大雨。风急雨骤,故用“飞”字,骤雨打在屋瓦上潇潇作响,故用“鸣”字。形象、声响都写出来了。
>
> 丁、“密云衔雨暗城西。”(望江南)这是写欲下未下的雨。“衔”字、“暗”字,锻炼得好。“密云不雨,自我西郊。”出自《易经》,这里以古为新,形象更觉生动。
>
> 戊、“叶上初阳干宿雨,水面清圆,一一风荷举。”(苏幕遮)这是写在朝阳闪耀中荷叶上的隔夜之雨。
>
> 己、“快风收雨,亭馆清残燠。”(六么令)这是写夏雨初止,雨后凉生。
>
> 庚、上面写为人看到或听到的雨,周词中还写人所没有看到、听到的雨。如

① 刘勰著、范文澜注:《文心雕龙注》,第134页。

② 强焕:《片玉词序》,《词籍序跋萃编》,第96页。

③ 王国维:《人间词话》,《蕙风词话·人间词话》,第206页。

④ 王国维:《清真先生遗事》,转引自周邦彦撰、吴则虞校点《清真集》,第113页。

“古帘暗、雨苔千点。”(夜游宫)这是写暗雨。雨滋苔生,但什么时候下的雨,下过几次雨,却并不知道。

辛、有时把下雨和其他自然形象结合起来描绘。如浣溪沙:“新荷跳雨泪珠倾。”雨下在新生的荷叶上象泪珠在跳动,既写了新荷,又联系泪如雨下的人,造成了鲜明丰满的形象。又如隔浦莲近:“浓翠迷岸草,蛙声闹,骤雨鸣池沼。”岸边春草丛生,急雨声与蛙声相杂,热闹地鸣唱起来,既有形象性,又有音乐性。

以上不过略举一端。周邦彦追琢字句、塑造形象的能力是惊人的。他有时只在一句中换掉一个字,便能写出两种不同的形象。如:

“乱叶翻鸦,惊风破雁,天角孤云缥缈。”(氐州第一)

“衰柳啼鸦,惊风驱雁,动人一片秋声。”(庆宫春)[①]

周邦彦词固然“模写物态,曲尽其妙”,但“体物”不是最终目的,我们且看清真词是如何以体物服务于缘情的。先看其《苏幕遮》:

燎沉香,消溽暑。鸟雀呼晴,侵晓窥檐语。叶上初阳干宿雨。水面清圆,一一风荷举。　　故乡遥,何日去。家住吴门,久作长安旅。五月渔郎相忆否。小楫轻舟,梦入芙蓉浦。

此词在清真集中是少有的自然明快之作,善于体物的特点在其中颇能见之。写早晨的鸟叫,予以了感情、知觉,故写为“鸟雀呼晴,侵晓窥檐语”,极具神态。词中尤以善写风荷见称,俞陛云说:“‘叶上’三句笔力清挺,极体物浏亮之致。”[②]王国维更称道这三句“真能得荷之神理者”,相较之下,“觉白石《念奴娇》、《惜红衣》二词,犹有隔雾看花之恨。”[③]词中的体物写景,固然有其独立意义、价值,但更是为抒情服务的。周邦彦是钱塘人,而钱塘有西湖之美,“三秋桂子,十里荷花”,则是夏秋两季的胜景。此词因睹风荷而生思乡之情,所以下片说:“故乡遥,何日去。家住吴门,久作长安旅。”表达了自己因为宦而作客他乡的故园之思,而最后又结之于荷花:“小楫轻舟,梦入芙蓉浦。”

再看《扫花游》:

晓阴翳日,正雾霭烟横,远迷平楚。暗黄万缕。听鸣禽按曲,小腰欲舞。细绕回堤,驻马河桥避雨。信流去,想一叶怨题,今在何处。　　春事能几许。任占地持杯,扫花寻路。泪珠溅俎。叹将愁度日,病伤幽素。恨入金徽,见说文君更苦。黯凝伫。掩重关、遍城钟鼓。

---

① 万云骏:《清真词的艺术特征》,《词学》第一辑,华东师大出版社1981年版,第53–55页。(版本后同)

② 俞陛云:《唐五代两宋词选释》,第307页。

③ 王国维:《人间词话》,《蕙风词话·人间词话》,第207页。

沈际飞仅以“词稼意稳”[①]四字评之，那么，其“词”是如何达“意”的呢？此词的开头即描绘了一幅暗淡的春景图：一早所见就是阴云遮蔽了太阳，雾霭烟横，迷失了远望的平林，“暗黄万缕”写新柳，鸟儿藏于其中，故云“听鸣禽按曲”，因柳而起小蛮之想，故曰“小腰欲舞”，善于“体物”而写景幽微，其作用正如俞平伯所说：“难得鸣禽巧啭，樊素之口宛然；弱柳垂丝，小蛮之腰如见，此所以怅触绮怀，而‘细绕回堤’欤？遂至春阴酿雨，驻马河桥，‘信流去’三字，使人意远，一叶怨题，杳不可寻，春水碧波，伊人何处？”[②]所以，作为“旅邸相思之作”，词中写景是为抒情服务的。俞平伯又说：“夏闰庵云：‘宋人词最善写景’，此言似浅实深。盖写景非仅如画点缀而已，乃有种种不同之作用焉。如《还京乐》春景只略点，而曰‘光阴虚费’。盖人不在此，则无论光景如何好，皆不足重也。此阕似是写景多，而意在写胸中之幽怨，所谓幽素是也。故上半点景，曲曲含情，下片一经指明，神态都活。然若无以前之细针密缕，则亦不见下半之入骨萦心，此实以众妙成一妙，最足耐人寻味者也。”[③]

王世贞认为“李氏、晏氏父子、耆卿、子野、美成、少游、易安至矣，词之正宗也”[④]，但又说“美成能作景语，不能作情语，能入丽字，不能入雅字，以故价微劣于柳”[⑤]。而实际上美成词之景语实为情语，体物是为了缘情，故刘体仁辨之曰：“周美成不止不能作情语，其体雅正，无旁见侧出之妙。”[⑥]“无旁见侧出”就是对其景语的“定性”。

又如《花犯》：

> 粉墙低，梅花照眼，依然旧风味。露痕轻缀。疑净洗铅华，无限佳丽。去年胜赏曾孤倚。冰盘同宴喜。更可惜，雪中高树，香篝薰素被。　今年对花最匆匆，相逢似有恨，依依愁悴。吟望久，青苔上、旋看飞坠。相将见、脆丸荐酒，人正在、空江烟浪里。但梦想、一枝潇洒，黄昏斜照水。

此首为咏梅之作，宋人咏梅词极多，此词的体物之笔分见于“露痕轻缀。疑净洗铅华，无限佳丽”的总写梅之高格清调，“雪中高树，香篝薰素被”的写雪中之梅及其幽香，“青苔上、旋看飞坠”的落梅，“一枝潇洒，黄昏斜照水”的梅影，可见善写梅花的各种形象，堪称曲尽其妙。但写梅并非目的，黄昇云：“此只咏梅花，而纡徐反复，道尽三年间事，昔人谓好诗圆美流转如弹丸，余于此词亦云。”[⑦]可见是以梅花写三年间事。黄苏所说更为详明可从：

---

① 沈际飞：《草堂诗馀正集》，转引自周邦彦著，孙虹校注，薛瑞生订补《清真集校注》，中华书局2002年版，第95页。（版本后同）

② 俞平伯：《清真词释》，《俞平伯全集》第4卷，第138页。

③ 俞平伯：《清真词释》，《俞平伯全集》第4卷，第138页。

④ 王世贞：《艺苑卮言》，《词话丛编》，第385页。

⑤ 王世贞：《艺苑卮言》，《词话丛编》，第389页。

⑥ 刘体仁：《七颂堂词绎》，《词话丛编》，第622页。

⑦ 黄昇：《花庵词选·唐宋诸贤绝妙词选》卷七，第114–115页。

玉林词选云……愚谓此为梅词第一。总是见宦迹无常,情怀落漠耳。忽借梅花以写,意超而思永。言梅犹是旧风情,而人则离合无常。去年与梅,共安冷淡,今年梅正开,而人欲远别梅,似含愁悴之意。而飞坠梅子将圆而人在空江中时,梦想梅影而已。[①]

上面所引的《扫地花》已见运笔构词的"穷极工巧",如俞平伯所说:"上半点景,曲曲含情,下片一经指明,神态都活。然若无以前之细针密缕,则亦不见下半之入骨萦心,此实以众妙成一妙。"[②]此首《花犯》,体物是为了缘情,而作为长调,更见其摛藻用思的"穷极工巧"。陈洵言其大概:"起七字极沉著,已将三年情事,一齐摄起。旧风味从去年虚提。露痕三句,复为照眼作周旋。然后去年逆入,今年平出。相将倒提,梦想逆挽。圆美不难,难在浑劲。"[③]陈匪石《宋词举》亦论之极详,文长不录。

三、尤善铺叙 富艳精工

以周邦彦为词家正宗,其中一个主要原因在于周词以"缘情"为本,未向"言志"移位。其《西平乐》(稚柳苏晴)流露出北宋将亡的预感,似是仅见,即如金陵怀古的《西河》(佳丽地),所表兴亡之感也较为轻淡。周词除恋情题材外,多写羁情旅思、宦游离别、迟暮之悲、故人之情等。这些题材,清真多出以长调,其之善于运意,在方法上则得力于铺叙。陈振孙即从檃括及铺叙论清真,赞其"多用唐人诗语檃括入律,浑然天成,长调尤善铺叙,富艳精工,词人之甲乙也"[④]。本小节论其"尤善铺叙"及"富艳精工",下面再论其善于檃括唐诗。

周邦彦擅作长调,而铺叙即为长调的基本功。沈义父言大词小词作法云:

作大词,先须立间架,将事与意分定了。第一要起得好,中间只铺叙,过处要清新,最紧是末句,须是有一好出场方妙。小词只要些新意,不可太高远,却易得古人句,同一要炼句。[⑤]

"中间只铺叙",因"中间"是全词的主体,可见其重要。前谓周邦彦长于作赋,而"赋者,铺也",周词的善于铺排确实是得力于其作赋之功。且看其《夜飞鹊》一词的铺叙技巧:

河桥送人处,凉夜何其。斜月远堕馀辉。铜盘烛泪已流尽,霏霏凉露沾衣。

---

① 黄苏:《蓼园词评》,《词话丛编》,第3084–3085页。

② 俞平伯:《清真词释》,《俞平伯全集》第4卷,第138页。

③ 陈洵:《海绡说词》,《词话丛编》,第4869页。

④ 陈振孙:《直斋书录解题》卷二一,丛书集成初编本,第585页。

⑤ 沈义父:《乐府指迷》,《词源注·乐府指迷笺释》,第84页。

相将散离会处，探风前津鼓，树杪参旗。花骢会意，纵扬鞭、亦自行迟。　迢递路回清野，人语渐无闻，空带愁归。何意重经前地，遗钿不见，斜径都迷。兔葵燕麦，向残阳、欲与人齐。但徘徊班草，唏嘘酹酒，极望天西。

黄苏云："一首送别词耳，自将行至远送，又自去后，写怀望之情。层次井井，而意致绵密，词采秾深。时出雄厚之句，耐人咀嚼。"①主题是送别，黄苏指出词中的四个层次：将行、远送、去后、怀望，词中依次作了层次井井、意致绵密、词采秾深的铺叙。清真此词的铺叙，不是柳永的平铺直叙，依次演进，而是变化极多，并以此寄寓自己的感情。

陈匪石所析极其详明：

起句从"送人"说入。"送人"是事，即全篇感慨所由生。"河桥"是地，为后遍之"前地"伏根。然缓缓说去，有地有事，渐引到当时情景。"良夜何其"，贯下三句。"斜月"是夜景。"烛泪"是"离会"。"凉露沾衣"是将散未散时。由此"离会"即散，故继之曰"相将散离会"。"风前津鼓，树杪参旗"，著一"探"字，则夜已向晨，行色匆匆矣。于是再言"花骢"，言"扬鞭"，则竟由会散而送一程矣。临别依依之意，早含于月堕"馀辉"、"烛泪""流尽"之中。至"花骢"两句，则马且"行迟"，人意可想，透一层写法，一语可抵千万。以"意"字替代无数言语，极简括，极恢廓，是省字妙法，以措语沉痛到极处，不能再加一句也。前遍将"送人"之事已依次说尽，则后遍更有何说？故过变即说归途。送时愿其"行迟"，归时觉其"迢递"，同此经行之地，而心理不同。所以然者，前此有人对语，今则各自西东，临歧之语已"渐无闻"，但带离别之愁独自归去。然有作万一之想者，"重经前地"，或有遗迹可寻耳。而有无"遗钿"既不可见，并所经"斜径"亦都迷惘，惟如刘禹锡之重过玄都观，"兔葵燕麦，摇动春风"，"向残阳、欲与人齐"。旷地无人，见葵麦而觉其似人，凄恻之境，亦情景交融之极。"残阳"与"斜月"对照，将昨夜至今晡情事，曲曲写出。荏苒光阴，不觉向夕，乍见葵麦，始知已是"残阳"，其妙处尤耐寻味也。"但"字以下，写此时感触。所送之人既不可见，只有"徘徊"于"班草"之旧处，"欷歔"于"酹酒"之往事，向"天西""极望"，致其深情。于前遍之"送人"、"离会"，遥遥绾合，词境词笔既深厚沉著，章法亦极完密。②

较之于柳永的铺叙，周邦彦显见详略、剪裁得当，在选择中用虽客观却能显现性格的手法，以突出人物的形象，也在叙事中抒情。如《少年游》：

---

① 黄苏：《蓼园词评》，《词话丛编》，第3088页。
② 陈匪石：《宋词举》，《宋词举》(外三种)，第98页。

并刀如水，吴盐胜雪，纤手破新橙。锦幄初温，兽香不断，相对坐调笙。低声问向谁行宿，城上已三更。马滑霜浓，不如休去，直是少人行。

此词为悦妓之作，却写得颇为雅致，不见猥亵之意。词中先用"特写镜头"，由局部的刀、盐，再到展现女子纤手破橙的全景，然后写室内由锦幄、兽烟等构成的雅致摆设、温馨气氛，再是二人对坐调笙之情景。上片已是对环境、事由作由小到大、由近而远的选择，下片不再继续铺叙，而是转为女子的低声相问，在关切中相劝留宿，仅以此写其深情，虽直而曲，虽显而婉。故王又华《古今词论》引毛稚黄语曰："……后阕绝不作了语，只以低声问三字，贯彻到底。蕴藉袅娜，无限情景，都自纤手破橙人口中说出，更不必别著一语，意思幽微，篇章奇妙，真神品也。"[①]又说："周美成词家神品，如《少年游》'马滑霜浓，不如休去，直是少人行'，何等境味。若柳七郎，此处如何煞得住。"[②]沈谦亦言："'马滑霜浓，不如休去，直是少人行。'言马言他人，而缠绵偎依之情自见。若稍涉牵裾，鄙矣。"[③]周济则谓："此亦本色佳制也。本色至此便足，再过一分，便入山谷恶道矣。"[④]因此，婉而约之，较之铺而不止、叙而不休，显然有更好的艺术效果，如孙麟趾所说："恐其平直，以曲折出之，谓之婉。如清真低声问数句，深得婉字之妙。"[⑤]但是，即如此词下片以客观的转"叙"其言，代作者之直叙其事，仍应抓住关键，如谭献所说："丽直而清，清极而婉。然不可忽过'马滑霜浓'四字。"[⑥]

柳永词虽擅铺叙，但安排较平，易于循迹。清真词不作平铺直叙，而是收纵、递进、层深、往复，离合繁杂，错落多变，铺叙手法极其丰富。此处再举二例，以见其铺叙中的时空变化、腾挪跌宕技巧。如《少年游》：

朝云漠漠散轻丝，楼阁淡春姿。柳泣花啼，九街泥重，门外燕飞迟。　而今丽日明金屋，春色在桃枝。不似当时，小楼冲雨，幽恨两人知。

小令本以抒情写景或景中传情见长，而清真令词却加入了叙事成分，而具有故事情节，同时，也长于铺叙，此词即是如此。词中所叙实为两个故事，前一则所写是当时，后一则是如今。在一个朝云漠漠的蕴雨的早晨，楼阁在雨雾中显得身姿暗淡，柳如泣，花如啼，九街泥重，连燕子都打湿了羽毛，飞不起来。这就是最后所说的"小楼冲雨，幽恨两人知"的"当时"。而"如今"是：艳阳高照，金屋藏娇，春色十分，已在桃花之上，可见二人已经如愿同居。因小令的体式所限，"叙"而不能"铺"，但作者不是简

① 王又华：《古今词论》，《词话丛编》，第609页。
② 王又华：《古今词论》，《词话丛编》，第610页。
③ 沈谦：《填词杂说》，《词话丛编》，第632页。
④ 周济：《宋四家词选眉批》，《词话丛编》，第1648页。
⑤ 孙麟趾：《词迳》，《词话丛编》，第2556页。
⑥ 谭献：《谭评词辨》，《清人选评词集三种》，第157–158页。

单直叙，而是将时空腾挪，由昔而今，再由今而昔，写得韵味无穷。

再看《拜星月慢》：

夜色催更，清尘收露，小曲幽坊月暗。竹槛灯窗，识秋娘庭院。笑相遇，似觉琼枝玉树，暖日明霞光烂。水眄兰情，总平生稀见。　画图中、旧识春风面。谁知道、自到瑶台畔。眷恋雨润云温，苦惊风吹散。念荒寒、寄宿无人馆。重门闭、败壁秋虫叹。怎奈向、一缕相思，隔溪山不断。

此词的题旨，虽陈洵说得太实："画图昭君，瑶台玉环，以比师师。在美成为相思，在道君为长恨矣，当悟此微旨。"[①]但所写确系怀念歌妓。陈廷焯说："迤逦写来，入微尽致。当年画中曾见，今日重逢，其情愈深。旅馆凄凉，相思情况，一一如见。"[②]而铺叙中的抒情，又得力于写景的对比，如俞陛云所说："起笔五句写景幽丽，仿佛见小姑居处。下阕'雨润云温'何等旖旎，'秋虫空馆'何等荒寒，两相写照，情孰能堪!人与寒蛩，同声叹息矣。"[③]因而乔大壮认为"此篇转折酣美"[④]。至于其铺叙中时空转换、以今写昔的技巧，则如周济所指出："全是追思，却纯用实写。但读前阕，几疑是赋也。换头再为加倍跌宕之，他人万万无此力量。"[⑤]

清真词的铺叙，无论是写人写景，都常伴随着工笔描绘，故陈振孙将其词的"善于铺叙"与"富艳精工"连称。即以本小节所论的四词言，《夜飞鹊》中的斜月馀辉、铜盘烛泪、遗钿不见，《少年游》的并刀、吴盐、纤手、新橙、锦幄、兽香，《少年游》的楼阁春姿、柳泣花啼，丽日金屋、春色桃枝，《拜星月慢》的清尘收露、小曲幽坊、竹槛灯窗、琼枝玉树、暖日明霞、水眄兰情、雨润云温，都是典丽、精工，甚至不失为富艳。而这样的工笔重彩，目的在于创造鲜明的意境和人物形象，以期能抒情而感人。清真词在铺叙中的富艳精工，又可见于《解语花》一词：

风销焰蜡，露浥烘炉，花市光相射。桂华流瓦。纤云散、耿耿素娥欲下。衣裳淡雅。看楚女、纤腰一把。箫鼓喧，人影参差，满路飘香麝。　因念都城放夜。望千门如昼，嬉笑游冶。钿车罗帕。相逢处，自有暗尘随马。年光是也。唯只见、旧情衰谢。清漏移，飞盖归来，从舞休歌罢。

《东京梦华录》有关于元宵的记载："正月十五日元宵，大内前自岁前冬至后，开封府绞缚山棚，立木正对宣德楼，游人已集御街两廊下。奇术异能，歌舞百戏，鳞鳞相

---

① 陈洵：《海绡说词》，《词话丛编》，第4871–4872页。
② 陈廷焯：《云韶集》，转引自《清真集校注》，第204页。
③ 俞陛云：《唐五代两宋词选释》，第316页。
④ 乔大壮：《乔大壮手批周邦彦片玉集》卷九，齐鲁书社1985年版。（版本后同）
⑤ 周济：《宋四家词选眉批》，《词话丛编》，第1648页。

切,乐声嘈杂十馀里……其馀卖药、卖卦,沙书地谜,奇巧百端,日新耳目。至正月七日,人使朝辞出门,灯山上彩,金碧相射,锦绣交辉。面北悉以彩结,山沓上皆画神仙故事……"[①]此词上片写元宵夜的景况,却并非只写热闹,而是显得非常美丽幽雅。因此张炎云:"昔人咏节序,不惟不多,付之歌喉者,类是率俗,不过为应时纳祜之声耳。所谓清明'拆桐花烂漫'、端午'梅霖初歇'、七夕'炎光谢',若律以词家调度,则皆未然。岂如美成《解语花》赋元夕云:(略)如此等妙词颇多,不独措辞精粹,又且见时序风物之胜,人家宴乐之同。"[②]词中写灯的"风销焰蜡,露浥烘炉,花市光相射",写月色的"桂华流瓦",写气氛的"满路飘香麝",写环境的"千门如昼,嬉笑游冶。钿车罗帕",都堪称富艳精工。

清真词之富艳精工,如仕女画之作勾勒之笔,周济对此颇有体会,故其云:"钩勒之妙,无如清真;他人一钩勒便薄,清真愈钩勒、愈浑厚。"[③]又云:"清真浑厚,正于钩勒处见。他人一钩勒便刻削,清真愈钩勒、愈浑厚。"[④]此处试举小令《望江南》一例,以见其因勾勒而见艳丽工巧,却"愈钩勒愈浑厚"的特点:

歌席上,无赖是横波。宝髻玲珑欹玉燕,绣巾柔腻掩香罗。人好自宜多。无个事,因甚敛双蛾。浅淡梳妆疑见画,惺忪言语胜闻歌。何况会婆娑。

此词所叙为歌席所见,重点写了歌妓的形象。陈廷焯说:"此词最芊绵,丽而有则,他手自不及。"[⑤]又说:"艳词至美成,一空前人,独辟机杼。如此词下半阕不用香泽字面,而姿态更饶,浓艳益至,此美成独绝处也。"[⑥]《白雨斋词话》则说:"美成艳词,如《少年游》、《点绛唇》、《意难忘》、《望江南》等篇,别有一种姿态,句句洒脱,香奁泛语吐弃殆尽。"[⑦]虽不用香泽字面,但在铺写中,"宝髻玲珑欹玉燕,绣巾柔腻掩香罗","浅淡梳妆疑见画,惺忪言语胜闻歌"四句,却无疑是勾勒笔墨,通过这一用心用力的"工笔",在将"香奁泛语,吐弃殆尽"同时,也可见作者对歌妓的欣赏赞美,弃轻薄而见浑厚。

陆行直将"周清真之典丽",与"姜白石之骚雅,史梅溪之句法,吴梦窗之字面"相并,提出应"取四家之所长,去四家之所短"[⑧]。彭孙遹云:"宋人张玉田论词,极推少游、竹屋、白石、梅溪、梦窗诸家,而稍诎美成……美成词如十三女子,玉艳珠鲜,政未

---

① 孟元老:《东京梦华录》,孟元老等《东京梦华录》(外四种),第37–38页。
② 张炎:《词源》,《词源注·乐府指迷笺释》,第21页。
③ 周济:《介存斋论词杂著》,《介存斋论词杂著·复堂词话·蒿庵论词》,第6页。
④ 周济:《宋四家词选目录序论》,《介存斋论词杂著·复堂词话·蒿庵论词》,第12页。
⑤ 陈廷焯:《云韶集》卷四,转引自《白雨斋词话足本校注》,第627页。
⑥ 陈廷焯:《词则·闲情集》卷一,第902页。
⑦ 陈廷焯著,屈兴国校注:《白雨斋词话足本校注》卷八,第625页。
⑧ 陆辅之:《词旨》上,《词话丛编》,第301–302页。

可以其软媚而少之也。"[①]典丽、玉艳珠鲜，都与富艳精工近义，是美成词的特点，也是对词的富贵、香艳传统的继承发扬，也应是清真词集北宋之成的体现。

第四节 法度 变化 集成 开拓：二论周邦彦

宋词运行至徽宗之时，已有诸多的开拓、探索。在周邦彦之前，"歌者之词"已经诸多文人之手，进行了士大夫文化的改造，苏轼的"以诗为词"，更成就了"诗人之词"，在词的诗化与雅化上走出了一条新路，并影响了黄庭坚、晁补之、贺铸等人。另一方面，柳永则将中晚唐以来走出宫廷教坊的歌词，作了借助"新声"的发展，使"歌者之词"在新兴的市井文化基础上有较大发展，在获得市民喜爱的同时，欧阳修、黄庭坚、秦观等都受到不同程度的影响。苏轼以诗为词还不能广为人所接受，而士大夫文人对于柳永则各有弃取，赞赏其雅词而鄙弃其过于俚俗之作，因此在柳、苏这两座高峰矗起之后，摆在词人面前就有一个孰为师从，及如何师从的问题。与苏轼同时的晏几道，几乎无视柳词的存在，所走的是一条独特的道路，将令词艺术作了个性化的发展。秦观、贺铸比周邦彦年长不多，应是同一代人，不过秦、贺都较周邦彦成名早，秦观作词路数不同于苏轼，可由于二人同时在词坛相并，星光易于为太阳所掩；而贺铸则在受到苏轼以诗为词的影响同时，又作了多方面的探索。因此，词名晚成的周邦彦，终能选择了全面的以雅改俗、兼容雅俗的道路，不仅坚持词的倚声特质，且有较多的雅声创调，不是以诗为词，而是词、乐结合的词内发展，以至能做到"二百年来乐府独步"，而且开南宋风雅词（又名格律词）一派。

周邦彦以其全面的文艺修养，又倾力创作，对北宋词作了集大成的工作。可以认为，他是宋词发展的一道分水岭。至此，以自然见胜之词结束，而清真词则开启了以人工见长的时代，因此，周邦彦确实就是宋词结北开南的人物。本节拟论其词之法度、变化、集成、开拓。

一、下字运意 皆有法度

沈义父说："凡作词，当以清真为主。盖清真最为知音，且无一点市井气，下字运意，皆有法度，往往自唐、宋诸贤诗句中来，而不用经史中生硬字面，此所以为冠绝也。"[②]"知音"且无市井气，前者与柳词同，后者与柳词异；再则就是下字运意注重"法度"，不用经史中的生硬字面，则是周词有别于辛词者。

王国维"词中老杜，则非先生不可"一说，可作不同的理解，笔者以为，其中最重要的，是如胡应麟《诗薮》所说："工部体裁明密，有法可寻。青莲兴会标举，非学可至。"[③]

---

① 彭孙遹：《金粟词话》，《词话丛编》，第721页。
② 沈义父：《乐府指迷》，《词源注·乐府指迷笺释》，第44—45页。
③ 胡应麟：《诗薮》外编卷四，第188页。

周邦彦词与杜甫诗都讲究法度,在这一点上可以找到共同点。陈廷焯亦如胡应麟之比较李杜:"美成、白石,各有至处,不必过为轩轾。顿挫之妙,理法之精,千古词宗,自属美成。而气体之超妙,则白石独有千古,美成亦不能至。"又:"美成词,于浑灏流转中下字、用意,皆有法度,白石则如白云在空,随风变灭,所谓各有独至处。"①

词初起时,主要用于侑觞佐欢,多为小令,当以自然明快、听清易晓为尚。柳永始多长调慢词,求悦于市井之人,除重叙事性以引起听者兴趣外,又多浅言俗语,至于章法结构,即使是其羁旅行役或帝里风光之作,变化亦不多。苏轼以诗为词,主要是指词的内容、意格、境界近于诗,而因才大气盛,其长调之作多为才气所运,难见精心结撰的人工痕迹。倒是贺铸词的谋篇布局很见多方取径,故陈廷焯说:"方回词,笔墨之妙,真乃一片化工。离骚耶,七发耶,乐府耶,杜诗耶,吾乌乎测其所至。"②而笔者前面也论其得益于乐府诗之处。面对着二晏令词之成,柳、苏、秦、贺等在长调上的多方开拓,清真词之集北宋大成,当以人工胜于自然,而见于兼及令词与长调的用字,尤其是长调的运意。

近人陈匪石云:"千锤百炼之说,多施诸字句。盖积字成句,积句成段,积段成篇,诗文所同,词亦如是。向之作者,以炼字炼句为本。"③宋季杨缵《作词五要》的第五要即为炼字炼意之说:"第五要立新意。若用前人诗词意为之,则蹈袭无足奇者。须自作不经人道语,或翻前人意,便觉出奇。或只能炼字,诵才数过,便无精神,不可不知也。更须忌三重四同,始为具美。"④近人蔡嵩云也说:

> 填词即舍律而论文,亦正难言。意境神韵无论矣,字法句法章法,一毫松懈不得。字法须讲倅色揣称,句法须讲层深浑成,章法须讲离合顺逆贯串映带。如何起,如何结,如何过变,均须致力。否则不成佳构。

对于周邦彦词"下字"的"法度",沈义父的看法显然是有针对性的,辛弃疾以文为词,常用经史中字面,对传统有很大的突破,却不为坚持"词性"者所接受,而诗词是近邻,诗的语言材料入于词已有长期的实践,周邦彦紧接贺铸的步武,尤擅用唐诗之语入于词,其中甚多檃括之作,读来不觉生硬,如陈振孙《直斋书录解题》所说:"多用唐人诗语檃括入律,浑然天成。"⑥清真的《西河·金陵怀古》,檃括刘禹锡《金陵五题》中的《石头城》、《乌衣巷》等诗。《满庭芳·夏日溧水无想山作》,更见用唐诗之多:"风老莺雏"出杜牧的"风蒲燕雏老"(《赴京初入汴口晓景即事》),"雨肥梅子"用杜甫的"红绽

① 陈廷焯著,屈兴国校注:《白雨斋词话足本校注》卷二,第129页。
② 陈廷焯:《词坛丛话》,《词话丛编》,第3722页。
③ 陈匪石:《声执》卷上,《宋词举》(外三种),第187页。
④ 杨缵:《作词五要》,《词话丛编》,第268页。
⑤ 蔡嵩云:《柯亭词论》,《词话丛编》,第4902-4903页。
⑥ 陈振孙:《直斋书录解题》卷二一,第585页。

雨肥梅”(《陪郑广文游何将军山林》十首之五),“午阴嘉树清圆”出刘禹锡的“日午树阴正”(《洲居池上亭独吟》),“黄芦苦竹”出白居易《琵琶行》,“且莫思量身外”则化用杜甫《绝句漫兴九首》之四的“莫思身外无穷事,且尽生前有限杯”。此词很能体现周词引用、化用唐诗“如同己出”的特点。

对于周词“运意”的“法度”,当求证于周邦彦的擅写诗赋,因为这也是“破体”而“旁借”的结果。前已论其长于作赋,而陈郁说及其为诗:“……至于诗歌,自经史中流出,当时以诗名家如晁、张,皆自叹以为不及……拟清真者又当于乐府之外求之。”[①]由于具有作赋与诗歌(尤其是古体)之长,周邦彦词极擅铺叙,其“用意”之“法度”亦尤见于长调铺叙之功。

此处举《西河》(金陵怀古)一例,以见周邦彦用字运意之法度:

> 佳丽地。南朝胜事谁记。山围故国绕清江,髻鬟对起。怒涛寂寞打孤城,风樯遥度天际。　断崖树,犹倒倚。莫愁艇子曾系。空馀旧迹郁苍苍,雾沉半垒。夜深月过女墙来,赏心东望淮水。　酒旗戏鼓甚处市。想依稀、王谢邻里。燕子不知何世。入寻常巷陌人家相对。如说兴亡斜阳里。

王安石的《桂枝香》是咏金陵的名作,作者因看到了宋朝上下追求享受,坐吃山空,民怨渐起,危机潜生,故借金陵怀古的传统题材,表现了对六朝沦亡的历史教训的重视。周邦彦此词仅是怀古而已,并无《桂枝香》的立意,但其艺术性却得到诸多论家的肯定。沈际飞《草堂诗馀正集》说:“介甫《桂枝香》独步不得。”又说:“吴彦高:‘旧时王谢,堂前燕子,飞向谁家。’逊婉切。”许昂霄指出其“檃括唐句,浑然天成”的最大特色,并说其运意的大体安排:“‘山围故国绕清江’四句,形胜;‘莫愁艇子曾系’三句,古迹;‘酒旗戏鼓甚处市’至末,目前景物。”[②]陈廷焯《云韶集》认为:“此词纯用唐人成句融化入律,气韵沉雄,苍凉悲壮,直是压遍古今。金陵怀古词,古今不可胜数,要当以美成此词为绝唱。”虽不无过誉之处,其“纯用唐人成句融化入律”却确实是成功的。梁令娴亦引梁启超语云:“张玉田谓清真最长处在善融化古人诗句,如自己出。读此词,可见此中三昧。”[③]唐圭璋对其用字运意分析甚当,对其评价亦较客观:

> 此首金陵怀古,檃括刘禹锡诗意,但从景上虚说,不似王半山之“门外楼头”、陈西麓之“后庭玉树”,搬弄六朝史实也。起言“南朝盛事谁记”,即撇去史实不说。“山围”四句,写山川形胜,气象巍峨。第二片,仍写莫愁与淮水之景象,一片空旷,令人生哀。第三片,藉斜阳、燕子,写出古今兴亡之感。全篇疏荡而悲壮,

---

① 陈郁:《藏一话腴》外编卷上,四库全书本。

② 许昂霄:《词综偶评》,《词话丛编》,第1554页。

③ 梁令娴:《艺蘅馆词选》,第82页。

足以方驾东坡。[①]

长调一体,柳永始大量创作,而柳词之构思及章法,相对较为简单。周邦彦所作,题材与柳词多近,而运意、结构,则复杂多变。试看其《尉迟杯》:

隋堤路。渐日晚、密霭生深树。阴阴淡月笼沙,还宿河桥深处。无情画舸,都不管、烟波隔南浦。等行人、醉拥重衾,载将离恨归去。　因念旧客京华,长偎傍疏林,小槛欢聚。冶叶倡条俱相识,仍惯见、珠歌翠舞。如今向、渔村水驿,夜如岁、焚香独自语。有何人、念我无聊,梦魂凝想鸳侣。

此首为夜宿舟中之作。头二句写舟行所见晚景。“阴阴”两句,写舟泊河桥夜景。“无情”四句,恨画舸无情载人到此地。换头回忆过去作客京华时欢聚之地,及欢聚之人(“冶叶倡条”指妓)。“如今向”以下回到现在,“渔村水驿”回应“河桥深处”,在孤独无聊中只有梦中与鸳侣相见。唐圭璋引陈述叔语云:“‘隋堤’一境,‘京华’一境,‘渔村水驿’一境,总收入‘焚香独自语’一句中。”又说:“盖所语者,即当日之乐与今日之苦也。清真之因今及昔,因景及情,皆从柳出,特较之更深婉,更多变化耳。末句,言此际无人念我,我则念人不置,用意极朴拙浑厚。”[②]所言极是。

再如《大酺》:

对宿烟收,春禽静,飞雨时鸣高屋。墙头青玉旆,洗铅霜都尽,嫩梢相触。润逼琴丝,寒侵枕障,虫网吹粘帘竹。邮亭无人处,听檐声不断,困眠初熟。奈愁极顿惊,梦轻难记,自怜幽独。　行人归意速。最先念、流潦妨车毂。怎奈向、兰成憔悴,卫玠清羸,等闲时、易伤心目。未怪平阳客,双泪落、笛中哀曲。况萧索、青芜国。红糁铺地,门外荆桃如菽。夜游共谁秉烛。

此词亦为柳永所擅的羁旅行役之作,运意构思却较柳永同类之作复杂、精巧。词中“邮亭无人处”一句为之点明所在,换头“行人归意速”则点出题旨,而词的上片用了大量景物和环境描写,以渲染孤馆之中的孤独气氛,下片又用了兰成(庾信)悲留北、卫玠之羸弱、平阳客(马融)伤感而写《长笛赋》三个典故,以表自己的羁愁,最后由情而景,转为惜花伤春之叹。比起柳永较为平直的措意,近于口语的用词,尤见法度之精细,用语之典雅。俞陛云说:

起笔言“烟收”、“禽静”,以下“琴丝”三句,从旁面景物着想,为“春雨”传

---

① 唐圭璋:《唐宋词简释》,第138页。
② 唐圭璋:《唐宋词简释》,第137页。

神。"愁极"、"梦轻"三句从听雨者着想，皆不落滞相。转头处恐"流潦妨车"，别开意境，兼寓思归之意。"憔悴"三句用垫笔，为下文作势。"哀曲"句下复用"况"字以振起之，更见力量。结处不欲一泻无馀，故"秉烛"句以含蓄出之。通首如公孙舞剑，极浑脱流利之观。史梅溪《春雨》词云"恐妨他佳约风流"，与此结句意略同。①

可见虽角度调动甚多，线索也较复杂，不似柳词之多为单线式、平行式展开，但文心极细密，法度丝毫不乱。

再举《应天长》一例：

条风布暖，霏雾弄晴，池塘遍满春色。正是夜堂无月，沉沉暗寒食。梁间燕，前社客。似笑我、闭门愁寂。乱花过、隔院芸香，满地狼藉。　长记那回时，邂逅相逢，郊外驻油壁。又见汉宫传烛，飞烟五侯宅。青青草，迷路陌。强载酒、细寻前迹。市桥远，柳下人家，犹自相识。

此词为怀人之作，调名出于《老子》的"天长地久"一语，可见其情之深。据词意，全首可分为四层：起头三句为第一层，为寒食日的白天之景。第四句至上结为第二层，写今日的夜色。换头三句为记忆中的追思，写过去寒食日的邂逅。"又见汉宫"至结尾，为第四层，写今日重访前迹。对于词中运意、布局，《古今词论》引毛稚黄（先舒）语，以论其法度："前半泛写，后半专叙，盖宋人多此法。如子瞻《贺新凉》，后段只说榴花，《卜算子》后段只说鸣雁。周清真寒食词，后段只说邂逅，乃更觉意长。"②先著、程洪联系姜夔之词作比较之论："空淡深远，较之石帚作，宁复有异。石帚专得此种笔意，遂于词家另开宗派。如'条风布暖'句，至石帚皆淘洗尽矣。然渊源相沿，固是一祖一祢也。"③因姜夔有《琵琶仙》、《淡黄柳》等作与之有类似处，故有此影响与平行的比较。乔大壮批《片玉集》则论其写景之法："此篇写景处，明示北宋法度，且多情景交融之处，尤宜三复。"④

又如《浪淘沙慢》：

昼阴重、霜凋岸草，雾隐城堞。南陌脂车待发。东门帐饮乍阕。正拂面垂杨堪揽结。掩红泪、玉手亲折。念汉浦离鸿去何许，经时信音绝。　情切。望中地远天阔。向露冷风清，无人处、耿耿寒漏咽。嗟万事难忘，惟是轻别。翠尊未竭。凭断云留取、西楼残月。　罗带光销纹衾叠。连环解、旧香顿歇。怨歌

① 俞陛云：《唐五代两宋词选释》，第280页。
② 王又华：《古今词论》，《词话丛编》，第607页。
③ 先著，程洪：《词洁辑评》卷四，《词话丛编》，第1360页。（版本后同）
④ 乔大壮：《乔大壮手批周邦彦片玉集》卷一。

永、琼壶敲尽缺。恨春去、不与人期，弄夜色，空馀满地梨花雪。

陈廷焯说："美成善于摹写秋景。每读晏、欧词后，再读美成词，正如水逝云卷，风驰电掣，觉万汇哀鸣，天地变色。"[①]又说："美成词，操纵处有出人意表者，如《浪淘沙慢》一阕。上二叠写离别之苦，如'掩红泪，玉手亲折'等句，故作琐碎之笔。至末段云：'罗带光销纹衾叠，连环解，旧香顿歇。怨歌永，琼壶敲尽缺。恨春去不与人期，弄夜色，空馀满地梨花雪。'蓄势在后，骤雨飘风，不可遏抑。歌至曲终，觉万汇哀鸣，天地变色。老杜所谓'意惬关飞动，篇终接混茫'也。"[②]进而道出此词运意的独特之处。而陈洵则言其时空转换及着意经营："自起句至'亲折'，皆是追述别时。下二段全写忆别。上下神理，结成一片，是何等力量。"[③]

即使《玉楼春》皆为七字句，易于写成如七律般的凝重，然而周邦彦却能作运意的变化：

桃溪不作从容住。秋藕绝来无续处。当时相候赤栏桥，今日独寻黄叶路。烟中列岫青无数。雁背夕阳红欲暮。人如风后入江云，情似雨馀黏地絮。

俞平伯言自己的阅读体会："……渐省其通体记叙，以偶句立干，以规矩立极，辞固致佳，惟于空灵窅眇，荡气回肠，似尚有所歉。顷徐而思之，始叹其尽工巧于矩度，敛飞动于排偶。"[④]"尽工巧于矩度，敛飞动于排偶"实为运意的关键。沈祖棻《宋词赏析》析其以动荡、流丽济排偶、凝重："这首词是作者在和他的情人分别之后，重游旧地，枨触前情而写下的……这一词调的组织形式是七言八句，上、下片各四句，原来的格局就倾向于整齐。作者在这里，没有像其他词人或自己另外填这一调子时所常常采取的办法，平均使用散句和对句，以期方便地形成整齐与变化之间的和谐，却故意全部使用了对句，从而创造了一种与内容相适应的凝重风格。然而由于排偶之中，仍具动荡的笔墨，所以凝重之外，也兼备流丽的风姿。这是我们读这首词时，特别值得加以思索之处。"[⑤]

清真词的运意、结构，可从姜夔《白石诗说》(被谢章铤认为即其词论)得到印证：

小诗精深，短章蕴藉，大篇有开阖，乃妙。[⑥]

---

① 陈廷焯：《云韶集》卷四，转引自《白雨斋词话足本校注》，第84页。
② 陈廷焯著，屈兴国校注：《白雨斋词话足本校注》卷一，第83页。
③ 陈洵：《海绡说词》，《词话丛编》，第4873页。
④ 俞平伯：《清真词释》，《俞平伯全集》第4卷，第93页。
⑤ 沈祖棻：《宋词赏析》，上海古籍出版社1980年版，第118-120页。(版本后同)
⑥ 姜夔：《白石诗说》，《六一诗话·白石诗说·滹南诗话》，第29页。

波澜开阖，如在江湖中，一波未平，一波已作。如兵家之阵，方以为正，又复是奇；方以为奇，忽复是正。出入变化，不可纪极，而法度不可乱。[①]

一篇全在尾句，如截奔马，辞意俱尽；如临水送将归，意尽辞不尽。若夫辞尽意不尽，剡溪归棹是已。辞意俱不尽，温伯雪子是已……[②]

小令多出自然，故沈祥龙曰："小令须突然而来，悠然而去，数语曲折含蓄，有言外不尽之致。著一直语、粗语、铺排语、说尽语，便索然矣。"[③]而从"法"的角度言，则如彭孙遹所云："长调之难于小调者，难于语气贯串，不冗不复，徘徊宛转，自然成文。今人作词，中小调独多，长调寥寥不概见，当由兴寄所成，非专诣耳。"[④]沈祥龙则说：

长调须前后贯串，神来气来，而中有山重水复、柳暗花明之致。句不可过于雕琢，雕琢则失自然。采不可过于涂泽，涂泽则无本色。浓句中间以淡语，疏句后接以密语，不冗不碎，神韵天然，斯尽长调之能事。[⑤]

清真词的小令可称精深、蕴藉，但相较而言，更以长调见长。其所作善于开阖，常见一波未平、一波已作，确实是出入变化，法度不乱；语气贯串，不冗不复，徘徊宛转；也较能与沈祥龙所说的诸多辩证关系相合；且多句尾结响，姜夔所说的三种结尾亦可见之。

二、开阖动宕　回环往复

因皆以写羁旅行役、离别怀人见长，又均擅长调慢词，故柳、周并称，可由于后出转精是文艺发展的规律，在词的艺术，尤其在长调的章法结构上，周应胜于柳。柳永"序事闲暇，有首有尾"[⑥]，"以平叙见长"[⑦]，因此，夏敬观所言甚是："耆卿多平铺直叙，清真特变其法，一篇之中，回环往复，一唱三叹，故慢词始盛于耆卿，大成于清真。"[⑧]陈廷焯云："词至美成，开阖动荡，包扫一切……两宋作者，除白石、方回，莫与争锋矣。"[⑨]陈洵则称其"离合顺逆，自然中度"[⑩]。清真词以法度见长，然而其法度并不是规行矩步，而是变化极多。因其有法而又能变。此处择陈廷焯与夏敬观之说，以"开阖动

---

① 姜夔：《白石诗说》，《六一诗话·白石诗说·滹南诗话》，第31–32页。
② 姜夔：《白石诗说》，《六一诗话·白石诗说·滹南诗话》，第33页。
③ 沈祥龙：《论词随笔》，《词话丛编》，第4050页。
④ 彭孙遹：《金粟词话》，《词话丛编》，第725页。
⑤ 沈祥龙：《论词随笔》，《词话丛编》，第4050–4051页。
⑥ 王灼著，岳珍校正：《碧鸡漫志校正》卷三，第36页。
⑦ 周济：《宋四家词选眉批》，《词话丛编》，第1651页。
⑧ 夏敬观：《吷庵词评》，《词学》第五辑，第199页。
⑨ 陈廷焯：《云韶集》卷四，转引自《白雨斋词话足本校注》，第76页。
⑩ 陈洵：《海绡说词》，《词话丛编》，第4841页。

宕"、"回环往复"二语,论清真词最突出的章法结构的变化。

《六丑》(蔷薇谢后作)是清真的创调名篇:

正单衣试酒,怅客里、光阴虚掷。愿春暂留,春归如过翼。一去无迹。为问家何在,夜来风雨,葬楚宫倾国。钗钿堕处遗香泽。乱点桃蹊,轻翻柳陌。多情为谁追惜。但蜂媒蝶使,时叩窗槅。　东园岑寂,渐蒙笼暗碧。静绕珍丛底、成叹息。长条故惹行客。似牵衣待话,别情无极。残英小、强簪巾帻。终不似、一朵钗头颤袅,向人攲侧。漂流处、莫趁潮汐。恐断红、尚有相思字,何由见得。

蒋敦复云:"清真《六丑》一词,精深华妙,后来作者,罕能继踪。"①首先,此词又可作"言情体物,穷极工巧"之证。词中的"春归如过翼","乱点桃蹊,轻翻柳陌","蜂媒蝶使,时叩窗槅","渐蒙笼暗碧","长条故惹行客。似牵衣待话,别情无极","钗头颤袅,向人攲侧"诸语,都因文心极细而得,极见情态与形神。其次,作者以情会物,因心造境,其章法结构极其多变。词的题旨如黄苏所说:"自叹年老远宦,意境落漠,借花起兴。"但写来却是变化极多:"以下是花是自己,比兴无端。指与物化,奇情四溢,不可方物。人巧极而天工生矣。结处意致尤缠绵无已,耐人寻绎。"②周济说:"(“愿春”三句)十三字千回百折,千锤百炼,以下如鹏羽自逝。"又云:"不说人惜花,却说花恋人。不从无花惜春,却从有花惜春。不惜已簪之残英,偏惜欲去之断红。"③指出其借宾定主、从对面着笔的写法。陈廷焯云:"……'为问家何在?'上文有'怅客里光阴虚掷'之句,此处点醒题旨,既突兀,又绵密,妙只五字束住。下文反复缠绵,更不纠缠一笔,却满纸是羁愁抑郁,且有许多不敢说处,言中有物,吞吐尽致。大抵美成词,一篇皆有一篇之旨,寻得其旨,不难迎刃而解,否则病其繁碎重复,何足以知清真也。"④笔者以为,此词起三句暗点误过了赏花之时,第四到第六句,写"谢后"、春归,作题前盘旋,第七到十二句渐入正题,写谢时而非谢后,第十三到十五句,写蜂蝶而侧写他人之不惜花。下片:换头四句从初夏景象转入正题,写谢时而非谢后,五到七句,以花恋人写人惜花,是反衬,八到十二句,簪花又不满意,推开一层设想,是一正一反,十三句到最后,开而又合。全词的结构极尽腾挪跌宕之能,极其复杂多变。

《满庭芳》(夏日溧水无想山作)亦为清真名篇:

风老莺雏,雨肥梅子,午阴嘉树清圆。地卑山近,衣润费炉烟。人静乌鸢自乐,小桥外、新绿溅溅。凭栏久,黄芦苦竹,拟泛九江船。　年年,如社燕,飘流瀚海,来寄修椽。且莫思身外,长近尊前。憔悴江南倦客,不堪听、急管繁弦。歌

---

① 蒋敦复:《芬陀利室词话》卷一,《词话丛编》,第3635页。

② 黄苏:《蓼园词评》,《词话丛编》,第3095页。

③ 周济:《宋四家词选眉批》,《词话丛编》,第1647页。

④ 陈廷焯著,屈兴国校注:《白雨斋词话足本校注》卷一,第77页。

筵畔，先安簟枕，容我醉时眠。

陈洵认为此词“层层脱卸，笔笔钩勒，面面圆成”[①]。陈廷焯则赏其顿挫之妙：

美成词，有前后若不相蒙者，正是顿挫之妙。如《满庭芳》（夏日溧水无想山作）上半阕云：“人静乌鸢自乐，小桥外、新绿溅溅。凭栏久，黄芦苦竹，拟泛九江船。”正拟纵乐矣，下忽接云：“年年，如社燕，飘流瀚海，来寄修椽。且莫思身外，长近尊前。憔悴江南倦客，不堪听、急管繁弦。歌筵畔，先安簟枕，容我醉时眠。”是乌鸢虽乐，社燕自苦，九江之船，卒未尝泛。此中有多少说不出处：或是依人之苦，或有患失之心。但说得虽哀怨，却不激烈，沈郁顿挫中别饶蕴藉。后人为词，好作尽头语，令人一览无馀，有何趣味？[②]

再看《兰陵王》（柳）：

柳阴直。烟里丝丝弄碧。隋堤上、曾见几番，拂水飘绵送行色。登临望故国。谁识。京华倦客。长亭路，年去岁来，应折柔条过千尺。　闲寻旧踪迹。又酒趁哀弦，灯照离席。梨花榆火催寒食。愁一箭风快，半篙波暖，回头迢递便数驿。望人在天北。　凄恻。恨堆积。渐别浦萦回，津堠岑寂，斜阳冉冉春无极。念月榭携手，露桥闻笛。沉思前事，似梦里，泪暗滴。

此词三叠，第一叠紧扣柳树而专写离别，第二叠转写自己的离情，第三叠写别后之情。从词中可见，周邦彦虽厌于“京华倦客”的生活，无意于继续宦游，当然想回归故园，可当他离开了谋生之所在，要同在此地所建立起来的友情、恋情惜别时，却又会感到十分痛苦。这是他个人的人生体验，却又不限于个人，而有相当的代表性。陈廷焯言其结构及线索：“……‘登临望故国，谁识京华倦客。’二语是一篇之主。上有‘隋堤上，曾见几番，拂水飘绵送行色’之句，暗伏‘倦客’之根，是其法密处。故下接云：‘长亭路，年去岁来，应折柔条过千尺。’久客淹留之感，和盘托出。他手至此，以下便直抒愤懑矣；美成则不然，‘闲寻旧踪迹’二叠，无一语不吞吐。只就眼前景物，约略点缀，更不写淹留之故，却无处非淹留之苦。直至收笔云：‘沉思前事，似梦里，泪暗滴。’遥遥挽合，妙在才欲说破，便自咽住，其味正自无穷。”[③]唐圭璋析其结构及命意，更得其妙：

---

① 陈洵：《海绡说词》，《词话丛编》，第4869页。
② 陈廷焯著，屈兴国校注：《白雨斋词话足本校注》卷一，第79页。
③ 陈廷焯著，屈兴国校注：《白雨斋词话足本校注》卷一，第76–77页。

此首第一片,紧就柳上说出别恨。起句,写足题面。“隋堤上”三句,写垂柳送行之态。“登临”一句陡接,唤醒上文,再接“谁识”一句,落到自身。“长亭路”三句,与前路回应,弥见年来漂泊之苦。第二片写送别时情景。“闲寻”,承上片“登临”。“又酒趁”三句,记目前之别筵。“愁一箭”四句,是别去之设想。“愁”字贯四句,所谓愁者即风快、舟快、途远、人远耳。第三片实写人。愈行愈远,愈远愈愁。别浦、津堠、斜阳冉冉,另开拓一绮丽悲壮之境界,振起全篇。“念月榭”两句,忽又折入前事,极吞吐之妙,“沈思”较“念”字尤深,伤心之极,遂迸出热泪。文字亦如百川归海,一片苍茫。①

《瑞龙吟》也很见开阖动宕、回环往复:

章台路,还见褪粉梅梢,试花桃树。愔愔坊陌人家,定巢燕子,归来旧处。
黯凝伫。因念个人痴小,乍窥门户。侵晨浅约宫黄,障风映袖,盈盈笑语。
前度刘郎重到,访邻寻里。同时歌舞,惟有旧家秋娘,声价如故。吟笺赋笔,犹记燕台句。知谁伴,名园露饮,东城闲步。事与孤鸿去,探春尽是,伤离意绪。官柳低金缕,归骑晚、纤纤池塘飞雨。断肠院落,一帘风絮。

此词题旨如周济所说:“不过桃花人面,旧曲翻新耳。”然而亦如周济所言:“看其由无情入,归结无情,层层脱换,笔笔往复处。”②龙榆生也说:“欲见周词之风格,毕竟当于高健幽咽,层深浑成处,参取消息矣。”③那么,此词是如何做到“层层脱换,笔笔往复”,又如何“层深”而又“浑成”呢?俞陛云言其大体:

首段言人如巢燕归来,花事方酣,人家依旧。次段回忆此地初逢,笑语风姿,宛然在目。三段实赋访旧,歌姬舞侣,大半飘零,闻说秋娘尚在,如洛中柳枝娘,犹能忆诵玉溪诗句。而此日名园寥寂,伴饮无人,伤别伤春,惟有一鞭归去。帘栊风絮,独自徘徊,通篇宛转写来,情景两融。“孤鸿”句至结句,景中见情,妙在不说破,其味无尽。夏闰庵云:“清真平写处,与屯田无异;至矫变处,自开境界。其择言之雅,造句之妙,非屯田所及也。”④

陈洵论其深心运意,及相关的结构安排、离合顺逆:

第一段,地。“还见”逆入,“旧处”平出。第二段,人。“因念”逆入,“重到”平

---

① 唐圭璋:《唐宋词简释》,第126页。
② 周济:《宋四家词选眉批》,《词话丛编》,第1646页。
③ 龙榆生:《清真词叙论》,《龙榆生词学论文集》,上海古籍出版社1997年版,第319页。(版本后同)
④ 俞陛云:《唐五代两宋词选释》,第295页。

> 出，作第三段起步。以下抚今追昔，层层脱卸。“访邻寻里”，今。“同时歌舞”，昔。“惟有旧家秋娘，声价如故”，今犹昔。而秋娘已去，却不说出，乃吾所谓留字诀者。于是“吟笺赋笔”，“露饮”“闲步”，与“窥户”“约黄”，“障袖”“笑语”，皆如在目前矣。又吾所谓能留，则离合顺逆，皆可随意指挥也。“事与孤鸿去”，咽住，将昔游一齐结束。然后以“探春”二句，转出今情。“官柳”以下，复缘情叙景。“一帘风絮”，绕后一步作结。时则“褪粉梅梢，试花桃树”，又成过去矣。后之视今，犹今视昔，奈此断肠院落何。[①]

夏敬观评《清真集》则尤其指出其“末段挺接处尤妙，用‘潜气内转’之笔行之。”[②]较之于柳永较为简单的今昔对照，或今、昔、今三段式结构，此词首叠重在写今日，次叠重在写往昔，三叠今昔连结难分，可见其层次既错落多变，又繁复中能见分明，收纵、递进、层深、往复，极尽章法的变化。而陈洵所见，则可证毛稚黄所说：“填词长调，不下于诗之歌行。长篇歌行，犹可使气，长调使气，便非本色。高手当以情致见佳。盖歌行如骏马蓦坡，可以一往称快。长调如娇女步春，旁去扶持，独行芳径，徙倚而前，一步一态，一态一变，虽有强力健足，无所用之。”[③]论此词主要论其运意，然而又不止于此，如沈义父《乐府指迷》就以此词结句为以景结情的典范：“结句须要放开，含有馀不尽之意，以景结情最好。如清真之‘断肠院落，一帘风絮’，又‘掩重关，遍城钟鼓’之类是也。”[④]夏敬观评《清真集》则赏其对偶句：“词中对偶句，最忌堆砌板重。如此词‘褪粉’二句，‘名园’二句，皆极流动，所以妙也。”[⑤]

周词开阖动宕之作难以尽述，方法很多。有论文归纳出其词的多种抒情结构：突出自然时序的综剖式，“逆入法”，突出空间转换的横向式，由今而昔的反逆式，多重时空交叉，幻中设幻的复迭式，前果后因的逆挽式等多种结构。而清真词之结构词章还善用疏密、断续、开合等多种方法[⑥]，所论可参。

三、前收柳秦　复开姜史

对于周邦彦，并不是众口一词的赞誉。宋元之交的张炎就说：“词欲雅而正，志之所之，一为情所役，则失其雅正之音；耆卿、伯可不必论，虽美成亦有所不免。”[⑦]又说：“美成词只当看他浑成处，于软媚中有气魄，采唐诗融化如自己者，乃其所长。惜乎意趣却不高远。所以出奇之语，以白石骚雅句法润色之，真天机云锦也。”[⑧] 然而不可否

---

① 陈洵：《海绡说词》，《词话丛编》，第4865页。
② 转引自龙榆生：《唐宋名家词选》，第178页。
③ 王又华：《古今词论》引毛稚黄语，《词话丛编》，第609页。
④ 沈义父：《乐府指迷》，《词源注·乐府指迷笺释》，第56页。
⑤ 转引自龙榆生：《唐宋名家词选》，第178页。
⑥ 顾伟列：《论清真词的抒情结构》，《文学遗产》1987年第1期。
⑦ 张炎：《词源》，《词源注·乐府指迷笺释》，第29页。
⑧ 张炎：《词源》，《词源注·乐府指迷笺释》，第30页。

认的是,即使是被张炎极力推尊的姜夔,也受到了周邦彦的影响。周济说得好:“美成思力独绝千古,如颜平原书,虽未臻两晋,而唐初之法,至此大备,后有作者,莫能出其范围矣。”①其更称“清真,集大成者也”。②笔者以为,对清真词集北宋之大成一说,似可以这样理解:周邦彦因生活及创作时代处于北宋的最后时期,以其独到的词学理念和才能,坚持士大夫文化的立场,对文人士大夫长期以来所熟习的令词艺术,作了全面的继承和发展;与此同时,继续创作与市井文化的“新声”相伴生的长调,在延续柳永所擅题材同时,又作了雅化的处理,“不肯浪下笔”(王灼语),从文学与音乐两方面,将其艺术表现水平作了较大的提升;周邦彦词虽不乏怀古、言志之作,但仍是坚守“缘情”本位,体现了以士大夫情趣从词的内部所作的提升、改造,而不是“以诗为词”的道路。至于“词中杜甫”的涵义,自非指关心国事、关怀民生,而似可理解为周邦彦对宋词的改造、发展,类似于杜甫的既“力亲风雅”,又“不废齐梁”,在以“缘情”“体物”为主而非“言志”的词中,做到了内容与形式的高度统一,达到了如同杜诗艺术上的“沉郁顿挫”。蒋兆兰云:“词家正轨,自以婉约为宗。欧晏张贺,时多小令,慢词寥寥,传作较少。逮乎秦柳,始极慢词之能事。其后清真崛起,功力既深,才调尤高。加以精通律吕,奄有众长,虽率然命笔,而浑厚和雅,冠绝古今,可谓极词中之圣。”③大体阐明了清真词的“集成”之义。

作为北宋词的集成,周邦彦所集为何人与何所长呢?对此,陈匪石所论甚恰:

> 周邦彦集词学之大成,前无古人,后无来者,凡两宋之千门万户,《清真》一集几擅其全,世间早有定论矣。然北宋之词,周造其极,而先路之导,不止一家。苏轼寓意高远,运笔空虚,非粗非豪,别有天地。秦观为“苏门四子”之一,而其为词则不与晁、黄同赓苏调,妍雅婉约,卓然正宗。贺铸洗炼之功,运化之妙,实周、吴所自出,小令一道,又为百馀年结响。柳永高浑处、清劲处、沉雄处、体会入微处,皆非他人屐齿所到。且慢词于宋蔚为大国,自有三变,格调始成。之四人者,皆为周所取则,学者所应致力也。④

虽词史上周、柳并称,实际上周词非仅柳永一源,周柳的相近之处,及周对柳的发展,前已论,此处再论其他三人。如陈匪石所说,秦观不赓苏调,不走以诗为词一路,其词以缘情为本位,“妍雅婉约,卓然正宗”,自为周邦彦所沿袭。贺铸的小令在二晏基础上“为百馀年结响”,在长调上又自有创获,尤其“洗炼之功,运化之妙”(如以唐诗入词,措意运笔的方法等),明显影响了清真词。以上三人,作为清真词的“先路之导”,自无疑义。至于苏轼,其词的清雄似与清真的“软媚”大相径庭,然而,苏词“寓意

---

① 周济:《介存斋论词杂著》,《介存斋论词杂著·复堂词话·蒿庵论词》,第6页。
② 周济:《宋四家词选目录序论》,《介存斋论词杂著·复堂词话·蒿庵论词》,第12页。
③ 蒋兆兰:《词说》,《词话丛编》,第4632页。
④ 陈匪石:《宋词举》,《宋词举》(外三种),第83页。

高远，运笔空虚，非粗非豪，别有天地”，力纠柳永之俚俗，使词回归于士大夫文化，故清真词虽题材与柳永相近，却工丽典雅，应是受到苏轼的影响。由于陈廷焯力贬柳词，故不论柳，而以美成“前收苏、秦之终”，实际上不仅应包括贺铸，更不能以苏易柳，为了尊重历史事实，故本小节题目虽用陈廷焯语，却将“苏”还之为“柳”。

陈匪石以柳、苏、秦、贺四家为周邦彦的先路之导，诚然不错，然而对此四家，清真之集成应是有所选择和侧重的。苏轼以诗为词，陈、晁继其步武，贺铸亦受到影响，只有秦观仍坚持妍雅婉约的本色一路，清真亦守定词之“缘情”园苑，继踵少游，不离其妍雅婉约，更进而为精工典丽。显然，在苏、秦、贺三家之中，清真取资秦观者当更多，因二人皆“卓然正宗”，因此词史上又有“周秦”的并称。但比较而言，如《词苑萃编》引《词洁》所说：“美成词乍近之，觉疏朴苦涩，不甚悦口，含咀之久，则舌本生津。”[①]不同于秦观的如花初胎、以韵见胜。至于清真与柳永的异同，以及如何从接受的角度看周词，刘永济所论甚好：

> 后人以周与柳耆卿并称，盖二人皆长于抒写别离之情，羁旅之感。而周之深静和雅，与柳之奇爽疏快则异趣。读周词须看其疏密相间，虚实互发处，而笔姿宛转流美，意趣不穷，复有无垂不缩之妙。至其铸词协律，则沈伯时所谓“法度”也。不善学者，务讲法度，则为所束缚，易流为软媚。救弊之法，唯有一“真”字。有真情，写真景，乃有真词。故知学古之难，不在文字之末，而在性情之真。[②]

从词史上言，为何论者能以清真收柳、秦、贺，甚而得苏轼之长，在艺术上集北宋之大成呢？刘永济逐录陈廷焯《白雨斋词话》、张炎《词源》、沈义父《乐府指迷》对周邦彦的评价，对他们所说作了认真辨析：

> 陈氏所谓“顿挫”，指其造语；“沈郁”指其用意。张氏“浑厚和雅”之评，“浑厚”亦就用意言；“和雅”则指措词。沈氏则指出其“知音”。三家之评，已足尽美成之长矣。[③]

词为音乐文学，美成知音识律，将“以诗为词”所造成的案头化创作，又作了回归“倚声”的校正，非诗而(歌)词，可谓得其本原；其词虽以羁旅行役、离别感怀为大宗，却用意“浑厚”、“沉郁”，能以真情感人，属“为情造文”，而非“为文造情”，对词之“缘情”有深化、雅化和个性化的发展；就语言及文学形式而言，其词汲取、借鉴诗赋之长，造语措词“和雅”精工，运意行笔“顿挫”多变，将天才英发变为“人工”与“法度”。

---

① 冯金伯：《词苑萃编》卷四，《词话丛编》，第1852页。
② 刘永济：《微睇室说词》，上海古籍出版社1987年版，第108-109页。(版本后同)
③ 刘永济：《微睇室说词》，第108页。

周邦彦既集北宋之成，又导南宋之先。谭献说："南渡词境高处，往往出于清真。"[①]陈廷焯更认为：

> 词至美成，乃有大宗。前收苏、秦之终，复开姜、史之始，自有词人以来，不得不推为巨擘。后之为词者，亦难出其范围。[②]

而刘永济所说的知音、用意、造语三者，既是清真词对北宋词的主要"集成"，又是其开辟南宋词的关键因素。所以，周邦彦由北开南，是体现了宋词由"浑雅"而"精能"的风会之变。清真词在创作实践上为南宋词坛树立了榜样，故刘永济云：

> 盖当美成之时，词体变而与诗近。美成知音又能文，故所作独得其体之正，虽多赋丽情，而出之以和雅之笔，故不伤格，所以享盛名于时。每制一词，名流辄和，方千里、杨泽民至和其全集，非无故也。[③]

实际上，不仅是"每制一词，名流辄和，方千里、杨泽民至和其全集"，周邦彦还开启了南宋以姜夔、史达祖、吴文英、周密、王沂孙、张炎为代表的"格律词派"。对此，《词洁》曾比较秦周而说道："词家正宗，则秦少游、周美成。然秦之去周，不止三舍。宋末诸家，皆从美成出。"[④]清严沆《古今词选序》说得更为到位：

> 故论词于北宋自当以美成为最醇。南渡以后，幼安负青兕之力，一意奔放，用事不休；改之、潜夫、经国尤而效之，无复词人之旨；由是尧章、邦卿，别裁风格，极其爽逸芊艳；宗瑞、宾王、几叔、胜欲、碧山、叔夏继之，要其原皆自美成出。

"无复词人之旨"的词，固然多写政治性、社会性题材，与现实关系密切，其思想价值也高于传统的婉约词，但因是"以诗为词"或"以文为词"，多少疏离了词的音乐文学本质。元初，仇远的《山中白云词序》云：

> ……世谓词者诗之馀，然词尤难于诗。词失腔犹诗落韵，诗不过四五七言而止，词乃有四声、五音、均拍、重轻、清浊之别，若言顺律舛，律协言谬，俱非本色。或一字未合，一句皆废；一句未妥，一阕皆不光采，信戛戛乎其难……[⑤]

---

① 谭献：《谭评词辨》，《清人选评词集三种》，第164页。
② 陈廷焯著，屈兴国校注：《白雨斋词话足本校注》卷一，第74页。
③ 刘永济：《微睇室说词》，第108页。
④ 先著、程洪：《词洁辑评》卷三，《词话丛编》，第1356页。
⑤ 仇远：《山中白云词序》，《词籍序跋萃编》，第391页。

以苏辛自居者，其末流未免流为“言顺律舛”之作，甚而连“言顺”都难以做到。而另外一类，则是“律协言谬”之词，如《乐府指迷》所说：

> 前辈好词甚多，往往不协律腔，所以无人唱。如秦楼楚馆所歌之词，多是教坊乐工及闹井做赚人所作，只缘音律不差，故多唱之。求其下语用字，全不可读。甚至咏月却说雨，咏春却说秋，如《花心动》一词，人目之为一年景。又一词之中，颠倒重复。如《曲游春》云：“脸薄难藏泪”，过云“哭得浑无气力”，结又云“满袖啼红”，如此甚多，乃大病也。[①]

因此，“美成知音又能文，故所作独得其体之正”，既言顺，又律协，下开南宋重音律文辞一派，坚持“词性”，力求“正宗”，不仅是否定不得，而且可以说是其功甚伟。

后人对周邦彦有不同的评价。张炎崇尚“清空”“骚雅”，以清真有“软媚”之失，是从意格着眼。而郑文焯却看法不同，其《致朱祖谋书》云：“玉田谓清真诸大家取字皆从温李诗中来，此犹浅识。实以清灵之气，发经籍之光，不特举典新奇，遂工侧艳也。”[②]《远志斋词衷》以清真长调尚未至高境，不逮后出南宋诸人：“余常与文友论词，谓小调不学花间，则当学欧、晏、秦、黄。花间绮琢处，于诗为靡。而于词则如古锦纹理，自有黯然异色。欧、晏蕴藉，秦、黄生动，一唱三叹，总以不尽为佳。清真、乐章，以短调行长调，故滔滔莽莽处，如唐初四杰，作七古嫌其不能尽变。至姜、史、高、吴，而融篇炼句琢字之法，无一不备。”[③]而冯煦却说：“周之胜史，则又在浑之一字。词至于浑，而无可复进矣。”[④]对此，见仁见智，自可不同。有一点要指出的是，如朱祖谋评《清真词》所说：“两宋词人，约可分为疏、密两派，清真介在疏、密之间，与东坡、梦窗，分鼎三足。”[⑤]由于词之疏密起于唐人，温密韦疏，已为人所公认，朱氏所说，足令人思索领会，以清真介于疏、密间，与东坡、梦窗分鼎三足，对此，当沿流讨源，作宏观认识，又可见清真的作用和地位。

元初的赵文因反思宋亡之由，而给予宋词，尤其是清真词太多太重的谴责，其《吴山房乐府序》云：“观欧晏词，知是庆历、嘉祐间人语，观周美成词，其为宣和、靖康也无疑矣。声音之为世道邪，世道之为声音邪？有不自知其然而然者矣，悲夫！美成号知音律者，宣和之为靖康也，美成其知之乎？‘绿芜凋尽台城路’、‘渭水西风，长安乱叶’，非佳语也。‘凭高眺远’之馀，‘蟹螯’、‘玉液’以自陶写，而终之曰‘醉倒山翁，但愁斜照敛’，观此词，国欲缓亡，得乎！渡江后，康伯可未离宣和间一种风气，君子以是知宋之不能复中原也。近世辛幼安，跌荡磊落，犹有中原豪杰之气，而江南言词者宗美成，中

---

① 沈义父：《乐府指迷》，《词源注·乐府指迷笺释》，第69页。

② 郑文焯：《致朱祖谋书》，《词学》第七辑，华东师范大学出版社1989年版，第209页。（版本后同）

③ 邹祗谟：《远志斋词衷》，《词话丛编》，第651页。

④ 冯煦：《蒿庵论词》，《介存斋论词杂著·复堂词话·蒿庵论词》，第63页。

⑤ 朱评：《清真词》，转引自上彊村民重编，唐圭璋笺注《宋词三百首笺注》，第119页。

州言词者宗元遗山,词之优劣未暇论,而风气之异,遂为南北强弱之占,可感已。《玉树后庭花》盛,陈亡;《花间》丽情盛,唐亡;清真盛,宋亡。可畏哉。”①

对于词这种兼跨音乐与文学的文体,即使从娱宾遣兴、佐欢侑觞,发展为自我抒情,亦似不宜给予太过沉重的政治、社会功能负担,对清真词也不应如此责难。回到艺术上而言,清真词标志着五代北宋词“浑雅”时代之结束,而开启了“精能”的南宋时代,风会之转移也是事物发展的规律所使然。戈载《宋七家词选》云:

> 词学至宋,盛矣备矣,然纯驳不一,优劣迥殊,欲求正轨以合雅音,以周清真、史梅溪、姜白石、吴梦窗、周草窗、王碧山、张玉田七人,允无遗憾。

七人之中,仅清真属北宋。王国维虽对清真不无贬语,却又认为:

> 唐五代之词,有句而无篇。南宋名家之词,有篇而无句。有篇有句,唯李后主降宋后之作,及永叔、子瞻、少游、美成、稼轩数人而已。②

戈载与王国维词学理念不同,选择标准有异,却仅有周邦彦为二人所共推,即此,就可见其在词史上的地位。

第五节　大晟词、谐谑词及其他

宋徽宗赵佶统治时期,适逢辽、夏衰败,女真未兴,似乎外患不显,天下太平。此时“党人”打入“另册”,上下噤声,“真仁之世”的士大夫精神、气节已不可见。蔡京据《易经》语而提出“丰亨豫大”口号,迎合徽宗太平享乐之需,广建宫室,重修礼乐,于是,遂有修大晟乐一事。大晟乐之成,及大晟府之建制,见于《宋史》的《乐志》:“崇宁四年七月,铸帝鼐八鼎成。八月,大司乐刘昺言:‘……今所造大乐远稽古制,不应杂以郑卫。’诏罢之。又依昺,改定二舞,各九成,每三成为一变,执钥、秉翟、扬戈、持盾,威仪之节,以象治功。庚寅乐成,列于崇政殿……既奏新乐,天颜和豫,百僚称颂。九月朔,以鼎乐成,帝御大庆殿受贺。是日,初用新乐,太尉率百僚奉觞称寿。有数鹤从东北来,飞度黄庭,回翔鸣唳。乃下诏曰:‘礼乐之兴,百年于此,然去圣愈远,遗声弗存……昔尧有《大章》,舜有《大韶》,三代之王,亦各异名。今追千载,而成一代之制,宜赐新乐之名曰《大晟》……其旧乐勿用。’……朝廷旧以礼乐掌于太常,至是,专置大晟府大司乐一员,典乐二员,并为长贰大乐令一员,协律郎四员,又有制撰官,为制甚

---

① 赵文:《吴山房乐府序》,《青山集》卷二,四库全书本。
② 王国维:《人间词话删稿》,《蕙风词话·人间词话》,第240页。

备。于是礼乐始分为二。”[1]

大晟府于宣和七年罢，历时二十多年，据统计，可考的大晟府职官，有二十九人[2]。这二十九人中，仅七人有词收入《全宋词》。按作品从多到寡的顺序是：周邦彦、晁端礼、万俟咏、晁冲之、田为、徐伸、江汉。

晁端礼（1046—1113），字次膺，济州巨野（今属山东）人。熙宁六年（1073）进士，曾任地方官，坐事罢职。徽宗时，以承事郎为大晟府制撰协律，至京未逾月即卒。有词集《闲斋琴趣外编》六卷。

万俟咏（生卒年不详），字雅言。元祐间以诗赋擅名，游上庠而不第。肆力于词章，自称大梁词隐。徽宗时，召试补官，曾任大晟府制撰官。

晁冲之（生卒年不详），字叔用，初字用道，济州巨野人。说之、补之从弟，尝从陈师道学诗，名列《江西宗派图》。举进士不第，授承务郎。哲宗党事起时，隐于河南新郑具茨山下。政和间为大晟府丞。

田为（生卒年不详），字不伐。政和末，充大晟府典乐，后罢典乐，为大晟府乐令。善琵琶，能绘事。

徐伸与江汉均仅存词一首。

本节论大晟词派，拟主要论周邦彦以外的前四人。

一、颂圣贡谀　病于无韵

由上《宋史·乐志》可见，《大晟》乐之得名，是欲继尧之《大章》、舜之《大韶》，徽宗罢息党人言论，自以为可追三代之治，也期望能得到普遍的颂圣之声。大晟词人虽多个人化创作，然而作为两宋各朝仅有的御用词人，其松散的群体亦有较为一致的颂谀性创作倾向。北宋士大夫重视出处大节，晁端礼虽出于名门，却在居家近二十年后，耐不住寂寞，入朝撰进颂谀词，不久即逝。而其他几位大晟词人，似乎人品也不很高。不过，以颂谀为业，除了词人的个人品质外，更与朝廷的需要、引导有关。

太平盛世是需要歌颂的，而由于徽宗极其崇道，宗教结合政治，缘古老的君权神授、天人合一，遂玩起了许多时尚新把戏。崇宁四年（1105）八月，安九鼎于九成宫。政和三年（1113）四月建玉清和阳宫，冬十月，颁郊祭大礼，百名方士执威仪。政和六年（1116）春正月，赐道士林灵素号通真达灵先生，自此更是不断翻新崇道花样，而上天也似乎祥瑞纷呈。蔡絛《铁围山丛谈》载：“元圭既出，时晋阳上一石，有字曰‘尧天正’。石绿色，方可三尺馀，字当中，咸大如掌。其画端楷，政若人以手指画之者。‘尧’字独居右，而‘天正’两字缀行于左。朝廷验之于都堂，差官监视，命工磨砻焉。既去石三分，而字愈明，乃于‘尧’字下又出一‘瑞’字，盖曰‘天正尧瑞’。若是，则四字相对，布置始匀正矣。‘瑞’字其画独浅，未与三者配，则不敢更加砻。于是内外咸

---

[1] 脱脱等：《宋史》卷一二九《乐志》，《二十五史》，第5574–5575页。

[2] 陶尔夫、诸葛忆兵：《北宋词史》，黑龙江人民出版社2004年版，第449页。（版本后同）

喜,谓晋阳,尧都,方元圭出,适有此瑞,信天意也。”①同卷又有崇宁甲申作九鼎,有神光达禁中,“有群鹤几数千万飞其上,蔽空不散。翌日上幸之,而群鹤以千馀又来,云为变色,五彩光艳”②之载。以及政和初,“势隆治极之际,地不爱宝,所在奏芝草者动三二万本……汝、海诸近县,山石皆变玛瑙,动千百块,而致诸辇下”,同则又有伊阳太和山崩,而出水晶,长沙益阳县山溪流出生金等种种祥瑞之载③。

通过徽宗时代的绘画可观照文艺的“颂圣”之需:“其后以太平日久,诸福之物,可致之祥,凑无虚日,史不绝书。动物则赤乌、白鹊、天鹿、文禽之属,扰于禁御;植物则桧芝、珠莲、金柑、骈竹、瓜花、来禽之类,连理并蒂,不可胜纪。乃取其尤异者,凡十五种,写之丹青,亦目曰《宣和睿览册》。复有素馨、末利、天竺、娑罗,种种异产,究其方域,穷其性类,赋之于咏歌,载之于图绘,续为第二册。已而玉芝竞秀于宫闼,甘露霄零于紫篁,阳乌、丹兔、鹦鹉、雪鹰,越裳之雉,玉质皎洁,鹫鹭之雏,金色焕烂,六目七星,巢莲之龟,盘螭翥凤,万岁之石,并干双叶,连理之蕉,亦十五物,作册第三。又凡所得纯白禽兽,一一写形,作册第四,增加不已,至累千册。各命辅臣题跋其后,实亦冠绝古今之美也。”④“睿览”之作,皆出于“太平日久”而得的“诸福之物”,徽宗以帝王之尊,遂平生之愿,命画师们图绘珍禽异兽、名木奇葩。这些绘画,兼有颂谀与审美之用。徽宗本人对《瑞鹤图》的题诗,既见“道君皇帝”对道教的痴迷,亦见对“呈祥告瑞”的期待。诗云:“清晓觚棱拂彩霓,仙禽告瑞忽来仪。飘飘元是三山侣,两两还呈千岁姿。似拟碧鸾栖宝阁,岂同赤雁集天池。徘徊嘹唳当丹阙,故使憧憧庶俗知。”祥瑞与富贵原不可分,这也成为了大晟颂谀词的主要内容。

在“丰亨豫大”的气氛中,颂盛世、歌祥瑞而得官,亦成为一时风气。《铁围山丛谈》记载了从毛滂献词得官,到晁端礼入大晟为制撰等事:“大观、政和之间,天下大治,四夷向风……有毛滂泽民者有时名,上一词甚伟丽,而骤得进用。大观中有赵企企道者,以长短句显,如曰:‘满怀离恨,付与落花啼鸟。’人多称道之,遂用为显官,俾以应制……政和初,有江汉朝宗者,亦有声,献鲁公词曰:‘升平无际,庆八载相业,君臣鱼水……’时两学盛讴,播诸海内。鲁公喜,为将上进呈,命之以官,为大晟府制撰使,遇祥瑞时时作为歌曲焉。又有晁次膺者,先在韩师朴丞相中秋坐上作《听琵琶》词,为世所重。又有一曲曰:‘深院锁春风,悄无人桃李自笑。’亦歌之,遂入大晟,亦为制撰。时燕乐初成,八音告备,因坐徵招、角招,有曲名《黄河清》、《寿香明》,二者音调极韶美。次膺作一词曰:‘晴景初升风细细……’时天下无问迩遐小大,虽伟男髫女,皆争气唱之。”⑤

“是时海宇晏清,四夷向风,屈膝请命,天气亦氤氲异常,朝野无事,日惟讲礼乐庆

① 蔡絛:《铁围山丛谈》卷一,《宋元笔记小说大观》,第3043页。
② 蔡絛:《铁围山丛谈》卷一,《宋元笔记小说大观》,第3044页。
③ 蔡絛:《铁围山丛谈》卷一,《宋元笔记小说大观》,第3044页。
④ 邓椿:《画继》卷一,邓椿,庄肃《画继·书继补遗》,人民美术出版社1964年版,第3-4页。(版本后同)
⑤ 蔡絛:《铁围山丛谈》卷二,《宋元笔记小说大观》,第3055-3056页。

祥瑞，可谓升平极盛之际”。[1]所以，“为大晟府制撰使，遇祥瑞时时作为歌曲”，正是君相的需要，而大晟词人自己也主动请求作颂圣之词。王灼云：

崇宁间建大晟乐府，周美成作提举官，而制撰官又有七。万俟咏雅言，元祐诗赋科老手也，三舍法行，不复进取，放意歌酒，自称大梁词隐。每出一章，信宿喧传都下，政和初召试补官，置大晟乐府制撰之职。新广八十四调，患谱弗传，雅言请以盛德大业及祥瑞事迹制词实谱，有旨依月用律，月进一曲，自此新谱稍传。时田为不伐亦供职大乐，众谓乐府得人云。[2]

万俟咏的《三台》（清明应制）即“依月用律，月进一曲”之作，虽如李攀龙《草堂诗馀隽》所说：“铺叙有条，如收拾天下春归肺腑状。”然而词中“好时代、朝野多欢，遍九陌、太平箫鼓”诸语，可见此类作品不离颂圣之意。大晟词人之中，作为领袖的周邦彦并无颂谀词，如王国维所说：“徽宗时，士人以言大乐颂符瑞进者甚多，楼《序》、《潜志》均谓先生妙解音律，其提举大晟府以此，然当大观、崇宁制作之际，先生绝不言乐……不闻有所建议，集中又无一颂圣贡谀之作。”[3]而其他大晟词人则此类词不少。

且看晁端礼的三首。《并蒂芙蓉》：

太液波澄，向鉴中照影，芙蓉同蒂。千柄绿荷深，并丹脸争媚。天心眷临圣日，殿宇分明敞嘉瑞。弄香嗅蕊。愿君王，寿与南山齐比。　池边屡回翠辇，拥群仙醉赏，凭栏凝思。萼绿揽飞琼，共波上游戏。西风又看露下，更结双双新莲子。斗妆竞美。问鸳鸯、向谁留意。

据《能改斋漫录》：“政和癸巳，大晟乐成。嘉瑞既至，蔡元长以晁端礼次膺荐于徽宗。诏乘驿赴阙。次膺至都，会禁中嘉莲生，分苞合趺，夐出天造，人意有不能形容者。次膺效乐府体属词以进，名并蒂芙蓉。上览之称善，除大晟府协律郎，不克受而卒。”[4]而此词虽为晁端礼创调，艺术上却无多少可称道之处。“上览之称善”也无非是“天心眷临圣日，殿宇分明敞嘉瑞。弄香嗅蕊。愿君王，寿与南山齐比”之类的谀辞。

《寿星明》：

露湿晴花，散红香清影，建章宫殿。玉宇风来，银河云敛，天外老人星现。向晓千官入，称庆山呼鳌抃。凤髓香飘，龙墀翡翠，帘栊高卷。　朝罢仗卫再整，肃鸣鞘，又向瑶池高宴。海宇承平，君臣相悦，乐奏徵招初遍。治极将何报，检玉

① 蔡絛：《铁围山丛谈》卷二，《宋元笔记小说大观》，第3056页。
② 王灼著，岳珍校正：《碧鸡漫志校正》卷二，第41页。
③ 王国维：《清真先生遗事》，转引自周邦彦撰，吴则虞校点《清真集》，第109-110页。
④ 吴曾：《能改斋漫录》卷一六，第479页。

泥金封禅。见说山中居民,待看雕辇。

此调亦是晁端礼所创[①],上片的写景笔墨尚见功力,而下片则又是大段谀语。《黄河清》:

晴景初升风细细。云收天淡如洗。望外凤凰双阙,葱葱佳气。朝罢香烟满袖,近臣报、天颜有喜。夜来连得封章,奏大河、彻底清泚。　君王寿与天齐,馨香动上穹,频降嘉瑞。大晟奏功,六乐初调清徵。合殿春风乍转,万花覆、千官尽醉。内家传敕,重开宴、未央宫里。

黄河因沙多水浊,自来有河清而圣人出之说,上有所好,下必从焉,于是各地纷报黄河水清,晁端礼此词即因此而作,亦为其所创调。词中同样谀语甚多,蔡絛说"时天下无问迩遐小大,虽伟男髫女,皆争气唱之",除"音调极韶美"的原因外,可见以承平自居已经成为自上而下的普遍心理。

万俟咏的颂谀词有八首,虽不及晁端礼的十多首,但由于他存词仅二十八首,可见此类词竟然占所作的近三分之一。录其《快活年近拍》一首:

千秋万岁君,五帝三王世。观风重令节,与民乐盛际。蕊宫长春,洞天不老,花艳蝉辉,十里照春珠翠。　闹罗绮。遥望太极,一簇通明里。钧台奏寿,蓬山呈妙戏。六宫人来,五云楼迥,风送歌声,依约睿思圣制。

此调为万俟咏所创,开头的"千秋万岁君,五帝三王世。观风重令节,与民乐盛际",阿谀逢迎的媚态,较晁端礼更甚。

清王昶云:"论词必论其人,与诗同。如晁端礼、万俟雅言、康顺之,其人在俳优戏弄之间,词亦庸俗不可耐。周邦彦亦未免于此。"[②]可见,由于大晟词被纳入了宫廷文化的运行轨道,其创作具有了御用性质,与作为北宋主导文化的士大夫文化离异,王昶所言,对周邦彦或为太过,而以其他大晟词人"在俳优戏弄之间,词亦庸俗不可耐",至少对于那些阿谀逢迎、令人肉麻的颂谀词来说,是并不过分的。

王灼说:"沈公述、李景元、孔方平、处度叔侄、晁次膺、万俟雅言,皆有佳句,就中雅言又绝出。然六人者,源流从柳氏来,病于无韵。"[③]此说确实点中了要害,大晟词人的作品的确常见"无韵"之病,而"源流从柳氏来"一说更可找到印迹。

柳永善于歌颂太平盛世,其中写帝里、节令之词尤可见之。晁端礼的节令词固然

---

① 吴藕汀、吴小汀:《词调名辞典》以《寿星明》即《沁园春》,证以宋无名氏之作,然二者格律不同。

② 王昶:《江宾谷梅鹤词序》,《词籍序跋萃编》,第565页。

③ 王灼著,岳珍校正:《碧鸡漫志校正》卷二,第35页。

是如柳永那样写节令民俗，却较柳词更多颂谀之意。如《金人捧露盘》：

天锡禹圭尧瑞，君王受釐，未央宫殿。三五庆元宵，扫春寒、花外蕙风轻扇。龙阙前瞻，凤楼背耸，中有鳌峰见。渐紫宙、星河晚。放桂华浮动，金莲开遍。御帘卷。须臾万乐喧天，群仙扶辇。　　云间，都人望天表，正仙葩竞插，异香飘散。春宵苦长短。指花阴，愁听漏传银箭。京国繁华，太平盛事，野老何因见。但时效华封祝，愿岁岁闻道，金舆游宴。暗魂断。天涯望极长安远。

《玉女摇仙佩》：

宫梅弄粉，御柳摇金，又喜皇州春早。盛世生贤，真仙应运，当日来从三岛。车马喧青(按，疑是清字之误)晓。看千钟赐饮，中人传诏。最好是、芝兰并砌，鸣珮腰金，彩衣相照。炉烟袅。高堂半卷珠帘，神仙缥缈。　　须信槐庭荫美，凤沼波澄，屈指十年三到。九叙重歌，元圭再锡，已把成功来告。四海瞻仪表。庆君臣会集，诗符天保。况自有、仙风道骨，玉函金篆，阴功须报。方知道。八千岁月椿难老。

二首中的"天锡禹圭尧瑞"，"元圭再锡"，可从上引的《铁围山丛谈》卷一得到印证，词中的道教气息颇重，又见时代的印迹，二词的铺叙描写，与柳永较为接近，但由于颂谀太过，总体的艺术水平尚不逮柳，与周邦彦差距则更大。

万俟咏也有写上元的《醉蓬莱》：

正波泛银汉，漏滴铜壶，上元佳致。绛烛银灯，若繁星连缀。明月逐人，暗尘随马，尽五陵豪贵。鬓惹乌云，裙拖湘水，谁家姝丽。　　金阙南边，彩山北面，接地罗绮，沸天歌吹。六曲屏开，拥三千珠翠。帝乐□深，凤炉烟喷，望舜颜瞻礼。太平无事，君臣宴乐，黎民欢醉。

词之结尾，亦为颂圣世、歌太平的套话，不过比起晁端礼的道家色彩，此词上片的人间丽景、风情还写得较为生动。

相较而言，其《雪明鳷鹊夜慢》虽亦有颂谀，却表现为人民的良好愿望，对节日气氛、民情风俗的描写，较为客观，有助于后人了解当时的经济、社会状况。而且此调为大晟乐新声，《全宋词》中仅见一首，颇足珍贵。词云：

望五云多处春深，开阆苑、别就蓬岛。正梅雪韵清，桂月光皎。凤帐龙帘萦嫩风，御座深、翠金间绕。半天中、香泛千花，灯挂百宝。　　圣时观风重腊，有箫鼓沸空，锦绣匝道。竞呼卢、气贯调欢笑。暗里金钱掷下，来侍燕、歌太平睿藻。愿年年此际,迎春不老。

元宵词还有晁冲之的《传言玉女》:

一夜东风,吹散柳梢残雪。御楼烟暖,正鳌山对结。箫鼓向晚,凤辇初归宫阙。千门灯火,九街风月。　绣阁人人,乍嬉游、困又歇。笑匀妆面,把朱帘半揭。娇波向人,手捻玉梅低说。相逢常是,上元时节。

此词上片写元宵的御楼、鳌山、箫鼓,凤辇归宫后所见景象,“千门灯火,九街风月”二句概括甚佳,且很有帝都气势。下片转为写人,因这一节令无论是贵族小姐,还是平民妇女,都得以尽兴出游,故侧重写她们,从动作到语言,无异于是生动的特写,可见在节日气氛中,青年男女还是可以冲破礼教之防的。

倘将大晟词人的节令词与《东京梦华录》相比较,可以认为,他们所写并非粉饰太平,较之于纯粹的颂谀词来,无论从现实基础言,还是从艺术性而言,都更为可取。

颂圣贡谀之词虽艺术上多“病于无韵”,但大晟词人善于创作以颂谀为主的“新声”词调,对词的形式发展是有贡献的。兹列首见于晁端礼、万俟咏、田为、晁冲之四人词调:

姓名	所创词调				创调数	存词数	用调数	新声%
晁端礼	上林春	金人捧露盘	金盏倒垂莲	庆寿光	12	142注	73	16
	春情	脱银袍	玉叶重黄	并蒂芙蓉				
	寿星明	黄河清	舜韶新	吴音子				
万俟咏	雪明鳷鹊夜慢	凤凰枝令	明月照高楼慢	钿带长中腔	12	28	26	46
	春草碧	三台	恋芳春慢	安平乐慢				
	卓牌儿	梅花引	快活年近拍	芰荷香				
田为	探春	惜黄花慢	江神子慢		3	6	5	60
晁冲之	传言玉女				1	16	9	11

注:晁端礼连存目词2首,共计142首。又,笔者所统计与陶尔夫、诸葛忆兵《北宋词史》有些微差别。

二、雅致与侧艳

《宋史》卷一二九《乐志》载,崇宁五年九月诏曰:“宜令大晟府议颁新乐,使雅正之声被于四海。”[①]可见,大晟之立,是为了雅乐建设的需要,大晟词人所作,当然以雅正

① 脱脱等:《宋史》卷一二九《乐志》,《二十五史》,第5575页。

为归。王灼《碧鸡漫志》卷二论大晟词人，侧重在万俟咏，可见他因适应大晟府的创作需要，去其本来擅长之侧艳，而专作雅词的情况：

雅言初自集分两体：曰雅词，曰侧艳，目之曰《胜萱丽藻》。后召试入官，以侧艳体无赖太甚，削去之。再编成集，分五体：曰应制、曰风月脂粉、曰雪月风花、曰脂粉才情、曰杂类，周美成目之曰《大声》。次膺亦间作侧艳。田不伐才思与雅言抗行，不闻有侧艳。①

大晟词人所作题材偏窄，晁端礼存词虽多，内容亦不广。举三首，以见其雅词面目。《满庭芳》写济南：

北渚澄兰，南山凝翠，望中浑似仙乡。万家烟霭，朱户锁垂杨。好是飞泉漱玉，回环遍、小曲深坊。西风里，芙蕖带雨，飘散满城香。　微凉。湖上好，桥虹倒影，月练飞光。命玳簪促席，云鬓分行。谁似风流太守，端解道、春草池塘。须留恋，神京纵好，此地也难忘。

词中善作铺叙描写，语言明净，风格俊爽，写法近于柳永赋杭州的《望海潮》，因“端解道、春草池塘”之语，可见此地太守或为谢姓。因晁端礼在为官十年后被免，长期失意，故有《水调歌头》之作：

忆昔红颜日，金玉等泥沙。青楼紫陌，惟解惜月与贪花。谁信如今憔悴，尘暗金徽玉轸，藓污匣中蛇。一事都无就，双鬓只堪嗟。　恨无情，乌与兔，送年华。不如归去，无限云水好生涯。未用轻蓑短棹，犹有青鞋黄帽，行处即吾家。回首人间世，幽意在青霞。

词中虽有过去留连青楼的艳迹自暴，却不作艳语，而重在写时光流逝，理想成灰，一事无成，在不得已之中表其归隐之志。所写不见丝毫晦涩，极易循迹以求，明确而畅达。

晁端礼的《绿头鸭》(咏月)是长达一百三十九字的长调：

晚云收，淡天一片琉璃。烂银盘、来从海底，皓色千里澄辉。莹无尘、素娥淡伫，静可数、丹桂参差。玉露初零，金风未凛，一年无似此佳时。露坐久，疏萤时度，乌鹊正南飞。瑶台冷，阑干凭暖，欲下迟迟。　念佳人、音尘别后，对此应解相思。最关情、漏声正永，暗断肠、花影偷移。料得来宵，清光未减，阴晴天气

① 王灼著，岳珍校正：《碧鸡漫志校正》卷二，第35页。

又争知。共凝恋、如今别后,还是隔年期。人强健,清尊素影,长愿相随。

此词上片写中秋月景:先写云收天淡,为月出张开了天幕;再写月从海底升起,展开了皓色千里;然后是月中素娥、丹桂;接着转写玉露金风,一年的好时节;又从坐久写所见流萤、乌鹊,二语分别从韦应物诗句"流萤度高阁",曹操"月明星稀,乌鹊南飞"化出;最后是观赏至久,感凉意而不忍下。望月思人几成一种民族性的思惟定势,故下片转表怀人之意:过片承"欲下迟迟"而从对方写起,料想佳人应解相思;接着写漏声、花影,见时间之流去,暗表见面无期之意;再写来宵之想,担心望月或受制于天气;因别后再见此月,当在隔年,月关离人,回首而可知为何上结云"欲下迟迟"了;结语亦苏轼《水调歌头》结尾祈愿之意。此词铺叙层次清晰,善于化用前人诗句,写得委婉而和雅。胡仔云:"中秋词,自东坡《水调歌头》一出,馀词尽废;然其后,亦岂无佳词,如晁次膺《绿头鸭》一词,殊清婉,但樽俎间歌喉,以其篇长惮唱,故湮没无闻焉。"[①]所言甚是。

万俟咏之词,甚得当时好评。黄昇谓之"所作有《大声集》五卷,周美成为序。山谷亦称之为一代词人"[②]。又说:"雅言之词,词之圣者也。发妙旨于律吕之中,运巧思于斧凿之外,平而工,和而雅,比诸刻琢句意,而求精丽者远矣。"[③]吴梅亦云:"今《大声集》虽不传,而如《春草碧》、《三台》、《卓牌儿》诸词,固流播千古也。"[④]录《春草碧》:

又随芳绪生,看翠霁连空,愁遍征路。东风里,谁望断西塞,恨迷南浦。天涯地角,意不尽、消沉万古。曾是送别长亭下,细绿暗烟雨。 何处。乱红铺绣茵,有醉眠荡子,拾翠游女。王孙远,柳外共残照,断云无语。池塘梦生,谢公后、还能继否。独上画楼,春山暝、雁飞去。

《卓牌儿》(春晚):

东风绿杨天,如画出、清明院宇。玉艳淡泊,梨花带月,胭脂零落,海棠经雨。单衣怯黄昏,人正在、珠帘笑语。相并戏蹴秋千,共携手、同倚阑干,暗香时度。 翠窗绣户。路缭绕、潜通幽处。断魂凝伫。嗟不似飞絮。闲闷闲愁,难消遣、此日年年意绪。无据。奈酒醒春去。

二者铺写转换自然,景语与情语衔接无痕,意象清美,语言晓畅。但亦如汪东所说:"雅言词名极盛,黄叔旸至有词圣之目。今览其体制格律,最与耆卿为近。然但有

① 胡仔:《苕溪渔隐丛话》后集卷三九,第321页。
② 黄昇:《花庵词选·唐宋诸贤绝妙词选》卷七,第119页。
③ 黄昇:《花庵词选·唐宋诸贤绝妙词选》卷七,第122页。
④ 吴梅:《词学通论》,第60页。

雍容铺叙之才，而无沈著透快之笔，此所以未可并论也。唯精于音律，在大晟府尝按月律进词，创调之功固不在周、柳下。”[1]

万俟咏的长调非柳永可比，更难逮清真。相比之下，似令词艺术性更高些。如《昭君怨》：

春到南楼雪尽。惊动灯期花信。小雨一番寒。倚阑干。　莫把阑干倚。一望几重烟水。何处是京华。暮云遮。

据此词结尾意，当是灯期怀念京华之作。虽短短小令，却语浅情深，上结与过片，一正一反，转折之意可见，最后所写，化用李白“总为浮云能蔽日，长安不见使人愁”诗意，实景而兼有比兴之义。

又如《诉衷情》(送春)：

一鞭清晓喜还家。宿醉困流霞。夜来小雨新霁，双燕舞风斜。　山不尽，水无涯。望中赊。送春滋味，念远情怀，分付杨花。

此词上片写还家的喜悦，突然而来，又逆写昨夜的悠然而醉，然后回到当今，雨霁燕舞，景中传情。过片是归家过程的概括，由轻快转为深沉，最后将送春、念远的愁苦，都分付给杨花，幽默轻松，一反传统写法。全首构思能自出机杼，写得一气流转，清婉新丽。

万俟咏善于化用前人诗意，翻出新的意境。如《忆少年》(陇首山)：

陇云溶泄，陇山峻秀，陇泉呜咽。行人暂驻马，已不胜愁绝。　上陇首、凝眸天四阔。更一声、塞雁凄切。征书待寄远，有知心明月。

北朝乐府民歌有《陇头歌辞》：“陇头流水，流离山下。念吾一身，飘然旷野。”“陇头流水，鸣声呜咽。遥望秦川，心肝断绝。”此词显然是从此翻出，沉咽幽怨相同，而因多次用“陇”字，涵括云、山、泉，所言更广，且有回环接续之美，长短错落之中，显得更为深沉抑郁。

《长相思》(雨)显是化用温庭筠的《更漏子》，却未明出“雨”字，较温词为含蓄：

一声声。一更更。窗外芭蕉窗里灯。此时无限情。　梦难成。恨难平。不道愁人不喜听。空阶滴到明。

---

① 汪东：《唐宋词选评语》，《词学》第二辑，华东师范大学出版社1983年版，第79页。(版本后同)

晁冲之的雅词可举《汉宫春》(梅)一首:

潇洒江梅,向竹梢稀处,横两三枝。东君也不爱惜,雪压风欺。无情燕子,怕春寒、轻失佳期。惟是有、南来归雁,年年长见开时。　清浅小溪如练,问玉堂何似,茅舍疏篱。伤心故人去后,冷落新诗。微云淡月,对孤芳、分付他谁?空自倚,清香未减,风流不在人知。

此词开头即使梅竹为伴,为全篇奠定了清高绝俗之调。江梅不得春神爱护,风雪欺凌,却无改其品,燕雁本不与梅相关,牵挽而入,甚见笔力。下片以梅傍清溪、茅舍、疏篱,而与玉堂甚远,则如不慕荣名利禄之人。"伤心"句贯下,意谓林逋去后已无知己,梅只能孤芳自赏,最后隐约可见杜甫《佳人》诗意。此词咏物而自有寄托,梅品与环境高度和谐,笔致疏淡,风格典雅,俨然是一幅文字的墨梅。

田为存词很少,其《南柯子》(春思)虽写情却很见雅致:

团玉梅梢重,香罗芰扇低。帘风不动蝶交飞。一样绿阴庭院、锁斜晖。　对月怀歌扇,因风念舞衣。何须惆怅惜芳菲。拚却一年憔悴、待春归。

此词上片意境极似温庭筠《菩萨蛮》,应是写所爱的女子。过片当转写自己,怀歌扇、对舞衣,均因物而思人之意,其人的身份亦出。最后则为自劝,"待春归"语意双关,当是春归人回之盼。此词语言明丽而蕴意朦胧,构思奇特而耐人遐想。

有学者认为,大晟词人分别通过融化前人诗句,推敲章法,追求韵外之致,注重音韵声律等途径,以达到博雅、精雅、风雅、醇雅①,笔者赞同其说,此处不再论。

大晟词人既有雅词,亦有侧艳之词。

今传万俟咏侧艳之词较少,略近于此者有《武陵春》:

燕子飞来花在否,微雨退、掩重门。正满院梨花雪照人。独自个、怯黄昏。　轻风淡月总消魂。罗衣暗惹啼痕。谩觑着、秋千腰褪裙。可瞧是、不宜春。

虽词中有个别用语近于"艳",但总体上此词是对闺中孤独女子的同情,"满院梨花雪照人"更是孤中见洁,"谩觑着、秋千腰褪裙",亦状其思念怀人而消瘦而已。

晁端礼艳词较多。试举二例。《满庭芳》:

浅约鸦黄,轻匀螺黛,故教取次梳妆。减轻琶面,新样小鸾凰。每为花娇玉嫩,容对客、斜倚银床。春来病,兰薰半歇,一凭舞衣裳。　悲凉。人事改,三

---

① 陶尔夫、诸葛忆兵:《北宋词史》第四章。

春秾艳，一夜繁霜。似人归洛浦，云散高唐。痛念你、平生分际，辜负我、临老风光。罗裙在，凭谁为我，求取返魂香。

此词上片塑造了一位歌妓的形象，下片则转为因之而生的感情抒发。换头数句急转而下，不作腾挪变换，而直道你、我，使其情直切可感，最后因物思人，结句的"求取返魂香"，很见设想新奇。

《蝶恋花》：

骨秀肌香冰雪莹。潇洒风标，赋得温柔性。鬆髻遗钿慵不整。花时长是厌厌病。　枕上晓来残酒醒。一带屏山，千里江南景。指点烟村横小艇。何时携手重寻胜。

上片写所爱的女子，不作细部描写，而前三句即得其大概及神韵、性格，四五句写其慵、病之状。经过片的转换，睹屏山之所画，指点其景，幻中设想，变换一般写法，很见新奇。

晁冲之与晁补之不同，补之词近苏轼，而冲之却近柳永。今存晁冲之的十六首词，多写男女柔情。如《汉宫春》：

黯黯离怀，向东门系马，南浦移舟。薰风乱飞燕子，时下轻鸥。无情渭水，问谁教、日日东流？常是送、行人去后，烟波一向离愁。　回首旧游如梦，记踏青殢饮，拾翠狂游。无端彩云易散，覆水难收。风流未老，拚千金、重入扬州。应又是、当年载酒，依前名占青楼。

此词上片因景而抒情，首句点出离怀，"东门系马，南浦移舟"相对，燕子、轻鸥，似无知却又似有情，渭水东流而无情，在送走行人之后，凝望这无情之水，烟波上却带着离愁。至此，"离愁"呼应"离怀"，总围绕一"离"字。下片回忆旧游，写心中所感所思，并表不惜千金、追寻旧欢之愿。词中意象频接，语言爽丽，表述明白，不掩其风流情怀。

又如《玉蝴蝶》：

目断江南千里，灞桥一望，烟水微茫。尽锁重门人去，暗度流光。雨轻轻、梨花院落，风淡淡、杨柳池塘。恨偏长。佩沉湘浦，云散高唐。　清狂。重来一梦，手搓梅子，煮酒初尝。寂寞经春，小桥依旧燕飞忙。玉钩栏、凭多渐暖，金缕枕、别久犹香。最难忘，看花南陌，待月西厢。

此词上片写与所爱女子别后的所见所思，首三句写别后，寄情于景。"尽锁重门人去"以下,为过去欢爱之地的现状,"雨轻轻"二句,翻用晏殊句,却更见"象"中带"意",以景现情。上结二典,顺势而出,用得恰到好处。下片换意写别而有梦,及梦中情景,"寂寞经春"以下数句,是只身旧地,因物而重温往日之情。结尾则点明昔日最难忘的看花待月之往事,二句相对,馀韵不断。此词情思悠长,风格婉美,语言工丽,很具风韵。

三、滑稽无赖 谐谑嘲讽

与大晟词派并兴的,还有谐谑词派。此派无定名,系因性质特点而名之,故又有俳谐词、滑稽词、诙谐词等不同名称。

我国古代虽以文学为经国之大业,而实际上文学中的俳谐传统由来已久,其中缘由之一当在于人主亦有诙谐幽默之需,汉武帝与东方朔就是一个很好的例子。词中的谐谑,几乎与词的起源同步,孟棨《本事诗·嘲戏第七》载:唐时,御史大夫裴谈、唐中宗皆惧内。内宴时,优人唱《回波乐》词:"回波尔时栲栳,怕妇也是大好。外边只有裴谈,内里无过李老。"结果"韦后意色自得,以束帛赐之"[①]。至此,谐谑词一直继作不休,北宋时期,较早的有陈亚的药名词,后又有柳永、苏轼之作[②]。关于此派词在北宋后期的发展及主要代表,下述甚详:

> 长短句中,作滑稽无赖语,起于至和。嘉祐之前,犹未盛也。熙、丰、元祐间,兖州张山人以诙谐独步京师,时出一两解。泽州孔三传者,首创诸宫调古传,士大夫皆能诵之。元祐间,王齐叟彦龄,政和间,曹组元宠皆能文,每出长短句,脍炙人口。彦龄以滑稽语噪河朔。组潦倒无成,作《红窗迥》及杂曲数百解,闻者绝倒,滑稽无赖之魁也。夤缘遭遇,官至防御使。同时有张衮臣者,组之流,亦供奉禁中,号曲子张观察。其后祖述者益众,嫚戏污贱,古所未有。组之子知合门事勋,字公显,亦能文。尝以家集刻板,欲盖父之恶,近有旨下扬州,毁其板云。[③]

谐谑词之盛于哲宗到徽宗时期,确实与政治有关,宋初"与士大夫共治天下"的"既定方针"已经发生了很大变化,哲宗"绍述"后,官僚集团内部斗争愈形激烈,徽宗时期政治更加腐败。崇宁元年诏焚元祐法,立元祐奸党碑,崇宁三年又重定元祐、元符党籍,新旧党都遭受重大打击。此后徽宗即陶醉于太平,尽情享受,如开造作局、建延福宫、万岁山,置花石纲等事,都使百姓大受其害。徽宗又受童贯等人怂恿,欲开边建功业,以表明超过其祖宗。在奸臣的包围中,君主只能听好话,逢迎者得宠,直言者遭殃,在难见言论自由的情况下,谐谑词的创作遂成为一种发泄的途径。后人论元代

① 孟棨:《本事诗·嘲戏第七》,《唐五代笔记小说大观》,第1253页。
② 关于谐谑词的发展概况,可参刘扬忠《唐宋俳谐词叙论》一文,载《词学》第十辑。
③ 王灼著,岳珍校正:《碧鸡漫志校正》卷二,第35页。

散曲，有“抑圣为狂，寓哭于笑”一说，谐谑词之盛，亦差能以此观照之。仅《中吴纪闻》卷六所载，即可知百姓的喜怒哀乐。其《结带巾》一则云，宣和初，“俄有旨令士人结带巾，否则以违制论。士人甚苦之”，故有谑词之作：

头巾带，谁理会？三千贯赏钱新行条制。不得向后长垂，与胡服相类。法甚严，人尽畏，便缝阔大带向前面系。和我太学先辈，被人叫保义。①

同卷《朱氏盛衰》一则，说朱勔主持花石纲事大肆扰民害民，其败后，有人作谑词云：

做园子，得数载，栽培得那花木就中堪爱。特将一个保义酬劳，反做了今日殃害。　诏书下来索金带，这官诰看看毁坏。放牙笏便担屎担，却依旧种菜。

又云：

叠假山，得保义，幞头上带着百般村气。做模样偏得人憎，又识甚条制。今日伏惟安置，官诰又来索气。不如更叠个盆山，卖八文十二。②

另一方面，宋徽宗虽有很高的文艺修养，却又耽于淫乐，故亦喜好俗艳，为迎合君主，以至于擅长淫媟谑浪之语者，很能讨得徽宗的欢心，蔡京之子蔡攸，以及先后官至宰相的王黼、李邦彦，都是以“善谑”著称的，因此，词之向俗的方向发展，确实又有君主所好的原因。上层的审美导向影响了下层，以至于一直到南渡后，还是“今少年妄谓东坡移诗律作长短句，十有八九不学柳耆卿，则学曹元宠”③。

《碧鸡漫志》论谐谑词，以王齐叟与曹组为两大家，该书卷二说：王齐叟“初官太原，作《望江南》数十曲嘲府县同僚，遂并及帅，帅怒甚，因众入谒，面责彦龄：‘何敢尔！岂恃兄贵，谓吾不能劾治耶？’彦龄执手板顿首帅前曰：‘……’帅不觉失笑，众亦匿笑去”④。这一引发众笑之词即《望江南》：

居下位，常恐被人谗。只是曾填青玉案，何曾敢作望江南。请问马都监。

现《全宋词》中仅收其二首，另一首失调名，并非谑词，故难以见其谐谑全貌。

另一谐谑词家为曹组。曹组（生卒年不详），字彦章，后更字元宠，颍昌（今河南许昌）人。六举不第，以文词为徽宗所赏。官至阁门宣赞舍人、睿思殿应制。有《箕颍

① 龚明之：《中吴纪闻》卷六，《宋元笔记小说大观》，第2917页。
② 龚明之：《中吴纪闻》卷六，《宋元笔记小说大观》，第2916页。
③ 王灼著，岳珍校正：《碧鸡漫志校正》卷二，第37页。
④ 王灼著，岳珍校正：《碧鸡漫志校正》卷二，第48页。

集》,不传。词有后人辑本《箕颍词》。

曹组著名的《红窗迥》未能留下一首,现存词中俚俗而又近于谐谑者有以下诸作。《相思会》:

人无百年人,刚作千年调。待把门关铁铸,鬼见失笑。多愁早老。惹尽闲烦恼。我醒也,枉劳心,谩计较。　粗衣淡饭,赢取暖和饱。住个宅儿,只要不大不小。常教洁净,不种闲花草。据见定、乐平生,便是神仙了。

《醉花阴》:

九陌寒轻春尚早。灯火都门道。月下步莲人,薄薄香罗,峭窄春衫小。梅妆浅淡风蛾袅。随路听嬉笑。无限面皮儿,虽则不同,各是一般好。

《脱银袍》:

济楚风光,升平时世。端门支散,碗遂逐旋温来,吃得过、那堪更使金器。分明是。与穷汉、消灾灭罪。　又没支分,犹然递滞。打笃磨槎来根底。换头巾,便上弄交番厮替。告官里。驼逗高阳饿鬼。

曹组谐谑词多未能留存,说明世俗虽有一时之好,但近于弄臣、俳优者终难以为人所重,因其子曹勋之贵,故"尝以家集刻板,欲盖父之恶。近有旨下扬州,毁其板"。五代时,"曲子相公"和凝为自掩浪迹而毁其早岁艳词,而曹勋则毁乃父谑词,可谓是异途同归。

应指出的是,曹组虽作谐谑词,却并非滑稽无赖。况周颐即辨其并非仅为谐谑:"宋曾慥《乐府雅词》录曹元宠词三十一首。据晦叔《漫志》谓:'元宠滑稽无赖之魁。'今就《雅词》所录审之,唯《相思令》、《品令》、《醉花阴》三首稍涉俚谚,自馀皆雅正入格,尤有疏爽冲淡之笔,讵可目之曰滑稽,诋之为无赖邪。"[①]又说:"宋倚声家如曹元宠、康伯可辈,专工应制之作。其词有诵无规,亦无庸寄托感慨,所谓和声鸣盛,雍容揄扬,亦复有独到处。"[②]曹组的《蓦山溪》就是一首雅词:

洗妆真态,不在铅华御。竹外一枝斜,想佳人、天寒日暮。黄昏小院,无处著清香,风细细,雪垂垂,何况江头路。　月边疏影,梦到销魂处。结子欲黄时,

---

① 况周颐:《历代词人考略》卷二三,《蕙风词话·广蕙风词话》,第287页。
② 况周颐:《历代词人考略》卷二五,《蕙风词话·广蕙风词话》,第308页。

又须著、廉纤细雨。孤芳一世，供断有情愁，销瘦却，东阳也，试问花知否。

沈际飞《草堂诗馀正集》以之“微思远致……结句自清俊脱尘”。许昂霄《词综偶评》甚而誉之为“几于合杜、苏而一之”[①]。黄苏认为：“此词佳处，不在‘一枝斜’句。佳在前后段跳脱处，情景交融，语多隽永耳。前段梅不御‘铅华’，如佳人安于寂寞院落也。人尚不自见，况风雨‘江头’，谁知其清香乎。次阕言不独花开冷淡，即‘结子欲黄’，尚多如尘之雨。盖伊一生，惟供人之有情者见而生愁，今我亦瘦如‘东阳’，花知之乎。语语超隽，自是一篇拔俗文字。”[②]俞陛云亦赏其“梅花品格之清高与赏梅者情怀之伊郁，于上、下阕后数句见之”[③]。可见对谐谑词人也应有具体分析，不能一概而论。

偶有谐谑之作的词人，尚有陈瓘、李廌等，道教天师张继先也有谑词。

陈瓘所作有《减字木兰花》：

华胥月色。万水千山同一白。南北相望。独醉香山旧草堂。　淮岑妙境。十载醺酣犹未醒。一腹便便。也读春秋也爱眠。

世间药院。只爱大黄甘草贱。急急加工。更靠硫黄与鹿茸。　鹿茸吃了。却恨世间凉药少。冷热平均。须是松根白茯苓。

后者更见谐趣。尤其是与朋友打趣的《蝶恋花》，透出了因入党籍而被贬的悲凉：

有个胡儿模样别。满颔髭须，生得浑如漆。见说近来头也白。髭须那得长长黑。　□□□□□□□。筇子镊来，须有千堆雪。莫向细君容易说。恐他嫌你将伊摘。

李廌的《品令》戏嘲善讴的老翁，亦可见宋人歌词“独重女声”的情况。张继先的《点绛唇》是与宋徽宗的对答。词前有云：“祐陵问：所带葫芦如何不开口？”可见徽宗所问本就是玩笑，而张继先的“对御作”则回答道：

小小葫芦，生来不大身材矮。子儿在内。无口如何怪。　藏得乾坤，此理谁人会。腰间带。臣今偏爱。胜挂金鱼袋。

《忆桃源》是关于修练的答问。词前曰：“蔡师元款予及神翁侍宸，师元发问予如

① 许昂霄：《词综偶评》，《词话丛编》，第1555页。
② 黄苏：《蓼园词评》，《词话丛编》，第3062页。
③ 俞陛云：《唐五代两宋词选释》，第333页。

何是修炼之术，予走笔成小词以答之。”词云：

长生之话口相传。求丹金液全。混成一物作神仙。丁宁说与贤。　　休咽气，莫胡言。岂知造化玄。用铅投汞汞投铅。分明颠倒颠。

另一善作谐谑词的是邢俊臣。沈作喆《寓简》载：“汴京时，有戚里子邢俊臣者，涉猎文史，诵唐律五言数千首，多俚俗语。性滑稽，喜嘲讽，常出入禁中。善作《临江仙》词，末章必用唐律两句为谑，以调时人之一笑。”徽宗朝，他奉命为花石纲作《临江仙》词，分别有神运石、陈朝桧二作，前者云：

巍峨万丈与天高。物轻人意重，千里送鹅毛。

后者云：

远来犹自忆梁陈。江南无好物，聊赠一枝春。

因“其规讽似可喜，上皇忍之不怒也”。梁师成“位两府，甚尊显用事，以文学自命，尤自矜为诗”。赵佶命俊臣“汝可为好词，以咏师成诗句之美”。命其押“诗”字韵，俊臣口占，末云：

用心勤苦是新诗。吟安一个字，捻断数茎髭。[①]

能借唐人成句以妙作讥讽，有一定的“安全系数”，自与直言惹祸效果不同。而关于后者，《中吴纪闻》有云：“徽宗即位，下诏求直言”，结果廷对时陈直言者，“唱名日，有旨驳放”，还被卫士击落数齿。因“时上书及廷试直言者俱得罪”，因此，京师遂传谑词《滴滴金》：

当初亲下求言诏，引得都来胡道。人人招是骆宾王，并洛阳年少。　　自讼监官并岳庙，都一时闲了。误人多是误人多，误了人多少。[②]

不过，邢俊臣的谑词除规讽之旨外，有些属于自叙寥落者，如《临江仙》后三句：“扪窗摸户入房来。笙歌归院落，灯火下楼台。”若谓此类反映了自己的生存状态，并无不当，那么，其嘲妓有体气而作“遥知不是雪，为有暗香来”，嘲妓体肥而作“只愁歌舞罢，

---

① 沈作喆：《寓简》，中华书局1985年版，第79页。

② 龚明之：《中吴纪闻》卷五，《宋元笔记小说大观》，第2894页。

化作彩云飞”,则情趣格调低下,开元明嘲妓散曲之先。

谐谑词属于俗词,前引《中吴纪闻》嘲朱勔的二首,调名已失,却应是同一调,二词格律不同,对照之下,可见此类俗词多衬字之用,类于敦煌曲子词。至于谐谑词的俚言俗语、巧比妙喻、透辟尖新,也在艺术上成为了元曲的先导。

四、轻倩温雅　闲丽清绮:谢逸与陈克

徽宗时期之词,除大晟词与谐谑词能以流派相观照,另一群可视作苏门外围、置于一起论述外,尚有一些难入以上各派的词人,如孔夷、阮阅、谢逸、葛胜仲、陈克等,其中艺术水平最高的当数谢逸、陈克,这里简论之。

谢逸(?—1113),字无逸,号溪堂,临川(今江西抚州)人。再举进士不第后,绝意仕进,终身隐居,以诗文自娱。有《溪堂集》,为后人辑本,词集名《溪堂词》。

谢逸以中年卒于政和年间,是真正的徽宗朝词人。其所作皆为小令,与晏几道不同的是,晏所作以言情为主,而谢逸则多写景之作,故《词学集成》引宋征璧语,以之“能写景”①,写景中虽有情性的抒发,怀抱的寄托,但仍给人以写景为主的印象。如《采桑子》,最后因砧声而兴起思妇之情,而全首却多写景:

楚山削玉云中碧,影落沙汀。秋水澄凝。一抹江天雁字横。　金钱满地西风急,红蓼烟轻。帘外砧声。惊起青楼梦不成。

《千秋岁》写隐居生活及情怀,景起而景结,当中又多插景语,写得极其清婉蕴藉:

楝花飘砌。蔌蔌清香细。梅雨过,蘋风起。情随湘水远,梦绕吴峰翠。琴书倦,鹧鸪唤起南窗睡。　密意无人寄。幽恨凭谁洗。修竹畔,疏帘里。歌馀尘拂扇,舞罢风掀袂。人散后,一钩淡月天如水。

《江神子》的吹梦长安,应是缘于作者的“进士情结”,而托之于歌女,但写景的清丽仍是最见特色之处:

一江秋水碧湾湾。绕青山。玉连环。帘幕低垂,人在画图间。闲抱琵琶寻旧曲,弹未了,意阑珊。　飞鸿数点拂云端。倚阑看。楚天寒。拟倩东风,吹梦到长安。恰似梨花春带雨,愁满眼,泪阑干。

《菩萨蛮》属闺怨词:

---

① 江顺诒:《词学集成》卷五,《词话丛编》,第3272页。

暄风迟日春光闹。蒲萄水绿摇轻棹。两岸草烟低。青山啼子规。 归来愁未寝。黛浅眉痕沁。花影转廊腰。红添酒面潮。

此词是典型的前景后情、因景生情之作,然而下片与温庭筠词过于相似,倒是上片的写景兼及风、日、水,足现春光特色,后二句写远景而明丽俊爽。

王灼对谢逸评价不高,他说:"谢无逸字字求工,不敢辄下一语,如刻削通草人,都无筋骨,要是力不足。"①然而如毛晋却认为其所作"皆小令,轻倩可人"②;《四库全书简明目录》在称道其诗词并工同时,又以其词"大抵淘炼清圆,点染工丽"③;冯煦则说:"溪堂温雅有致,于此事酝酿甚深。子晋只称其轻倩,犹为未尽。"④王灼论词,虽以典雅为重,却偏向于苏轼雄肆一路,因此,他对谢逸遂有如此评价。而明清诸人所说的"轻倩可人","淘炼清圆,点染工丽","温雅有致",也较准确地反映出谢逸词的艺术特点。

陈克(1081—1137),字子高,自号赤城居士,临海(今属浙江)人。曾任敕令所删定官。有《天台集》。后人辑其词为《赤城词》。

陈克主要生活在徽宗时期,而高宗时期较短,故可认作徽宗时期的词人。陈振孙称其"词格颇高丽,晏周之流亚也"⑤。杨慎以其词"甚工致流丽"⑥。周济则说:"子高不甚有重名,然格韵绝高,昔人谓晏周之流亚。晏氏父子,俱非其敌;以方美成,则又拟不于伦;其温韦高弟乎?比温则薄,比韦则悍,故当出二氏之门。"⑦陈廷焯所见近于周济,且对其评价很高:"陈子高词,婉雅闲丽,暗合温、韦之旨;晁无咎、毛泽民、万俟雅言等,远不逮也。"⑧李慈铭更以之为浙江词人之首,谓之"清绮婉约,直接《花间》,在北宋诸家中,可与永叔子野抗行一代,虽所传不多,吾浙称此事者,莫不先矣。浙之词人,两宋为盛,然仁英以前无闻。自元丰熙宁间,山阴贺方回铸、慈溪舒信道亶,始驰声南北。至钱唐周美成邦彦出,而《片玉》一集,遂为天下所宗……以我浙而论,当首推赤城,次推庆湖……"⑨虽为过誉,然陈克之为人所重,于此可见。

录其《菩萨蛮》:

绿芜墙绕青苔院。中庭日淡芭蕉卷。蝴蝶上阶飞。烘帘自在垂。 玉钩双语燕。宝甃杨花转。几处簸钱声。绿窗春睡轻。

---

① 王灼著,岳珍校正:《碧鸡漫志校正》卷二,第34页。
② 毛晋:《溪堂词跋》,《词籍序跋萃编》,第140页。
③ 永瑢等:《四库全书简明目录》卷二〇,第890页。
④ 冯煦:《蒿庵论词》,《介存斋论词杂著·复堂词话·蒿庵论词》,第62页。
⑤ 陈振孙:《直斋书录解题》卷二一,第586页。
⑥ 杨慎:《词品》卷四,《渚山堂词话·词品》,第111页。
⑦ 周济:《介存斋论词杂著》,《介存斋论词杂著·复堂词话·蒿庵论词》,第6页。
⑧ 陈廷焯著,屈兴国校注:《白雨斋词话足本校注》卷一,第87–88页。
⑨ 李慈铭撰,由云龙辑:《越缦堂读书记》,上海书店出版社2000年版,第1228页。(版本后同)

此词写暮春之景，在承平气象中寓闲适之意，可谓情在景中。王奕清《历代词话》引卢祖皋语："子高《菩萨蛮》云：'几处簸钱声。绿窗春梦轻。'《谒金门》云：'檀炷绕窗灯背壁。画檐残雨滴。'殊觉其香倩。"[①]陈廷焯评之曰："工雅芊丽，温韦流派。"[②]

又一《菩萨蛮》：

赤阑桥尽香街直。笼街细柳娇无力。金碧上青空。花晴帘影红。　黄衫飞白马。日日青楼下。醉眼不逢人。午香吹暗尘。

词上片写城市之春景，由"线"而"点"，色彩明艳，足见词人以文字为画的功夫，下片含蓄写出贵族青年青楼追欢、骄横而粗俗的形象。

《临江仙》：

枕帐依依残梦，斋房忽忽馀酲。薄衣团扇绕阶行。曲阑幽树，看得绿成阴。　檐雨为谁凝咽，林花似我飘零。微吟休作断肠声。流莺百啭，解道此时情。

上片由残梦、馀醒写起，引出春尽夏初时令，下片移情于景，故有问雨叹花之语，虽最后谓流莺解道此时之情，然而其情究竟为何，却始终不曾说破，馀音袅袅，给人以无限的想象馀地。

南渡之后，陈克的词风起了变化，如《临江仙》：

四海十年兵不解，胡尘直到江城。岁华销尽客心惊。疏髯浑似雪，衰涕欲生冰。　送老齑盐何处是，我缘应在吴兴。故人相望若为情。别愁深夜雨，孤影小窗灯。

不仅点明了因"十年兵不解"而导致的"胡尘直到江城"，从国变到家变，境遇与心情之变，使之一改以景传情的写法，而多作直接抒情，然而最后的结情于景，仍使感情有无限延伸之感。至于《谒金门》则写得极其含蓄：

愁脉脉。目断江南江北。烟树重重芳信隔。小楼山几尺。　细草孤云斜日。一向弄晴天色。帘外落花飞不得。东风无气力。

此词仍是春日怀人的传统题材，仍为寄情于景的写法，除了"目断江南江北"一句

---

① 王奕清：《历代词话》卷六，《词话丛编》，第1194页。

② 陈廷焯：《词则·大雅集》卷二，第76页。

外,几乎看不出是南渡后所作,然而仅此句及结句的"东风无气力",应是有所寓托。

对于陈克,周济与陈廷焯都有与温韦相比相接的看法,其实,谢逸与陈克是可以统观的。薛砺若说,谢逸"远规《花间》,逼进温、韦,浑化无痕,与陈克并为《花间》派唯一的传统人物,在同时和后来的此派词人,都不足望其项背"[①]。在大晟词与谐谑词之外,这是很不显眼的复古一派,但毕竟有自己的特色,故特为表出之。

---

① 薛砺若:《宋词通论》,台湾开明书店1978年版,第153-154页。